董学与儒学辨正系列

董学与孔学的正本清源

张珂 著

上册

人民出版社

责任编辑：雍　谊
封面设计：徐　晖
版式设计：刘　禾

图书在版编目（CIP）数据

董学与孔学的正本清源 / 张珂著 . —北京：人民出版社，2021.8
ISBN 978-7-01-021865-6

Ⅰ.①董…　Ⅱ.①张…　Ⅲ.①董仲舒（前 179- 前 104）—哲学
思想—研究　Ⅳ.① B234.55

中国版本图书馆 CIP 数据核字（2020）第 023349 号

董学与孔学的正本清源
DONGXUE YU KONGXUE DE ZHENGBENQINGYUAN
（上、下册）

张　珂　著

人民出版社 出版发行
（100706　北京市东城区隆福寺街 99 号）

北京新华印刷有限公司印刷　新华书店经销

2021 年 8 月第 1 版　2021 年 8 月北京第 1 次印刷
开本：880 毫米 ×1230 毫米 1/32　印张：27.25
字数：750 千字

ISBN 978-7-01-021865-6　定价：150.00 元（上、下册）

邮购地址 100706　北京市东城区隆福寺街 99 号
人民东方图书销售中心　电话（010）65250042　65289539

作者简介

张珂，字无可，笔名风隐。先后毕业于国际关系学院、北京大学和英国剑桥大学，获博士学位。在伦敦、纽约和香港等国际投资银行界工作多年，曾任香港上市公司总裁。多年来笔耕不辍，致力于哲学、历史学和诗词创作。现为沈阳城市学院客座教授及特邀研究员，辽宁周易协会副会长。已出版诗集《时间的夜影》和《时间的沉沙》，词集《萧月集》以及哲学专著《唯实主义》等。

自　　序

　　作为人类文明史上最悠久并且是唯一具有连续性的文明，中国文明的哲学精髓是什么？其意识形态及其精神脊梁是什么？其意识形态及其制度保障和支撑是什么？难道真的是主张道德主体性的孔学和儒家思想吗？如果不是，那又是什么？中国传统文明的政治哲学真的是外儒内法吗？如果不是，那又是什么？

　　中国文明具有至少五千年的悠久历史，有着人类历史中最为连贯的哲学史。然而在这个漫长的过程中中国历史经历了多次的国家行为模式的变革以及许多的王朝变更和与其相伴的思想和意识形态的调整，具有十分丰富和复杂的轨迹。为了适应不同王朝的政治需要，作为国家意识形态的中国哲学史经历过多次的微调，不同的帝王将相和思想家试图创立过不同的国家行为模式，无论在历史发展还是在哲学史上呈现出了多种错综复杂的形态和内容。每次国家行为模式的转变和王朝更替都会造成巨大的哲学文献的损失，许多王朝战争更是造成了灾难性的文献学浩劫，这些无疑为研究中国哲学史的后代学者制造了极大的障碍。

　　在延续了两千多年的传统文明形态之下，中国哲学一直被皇权牢牢地控制，成为国家意识形态的重要组成部分，当时并没有条件事实上也并没有形成真正的中国哲学史。在中国的传统文明形态衰落之后，中国哲学史从来没有被客观而公正地研究过和总结过，中国自民国以来对待中国哲学史的主流态度始终是否定和鞭挞，处理中国哲学史的方法论是用西方文明的价值观来审视和裁定自己。笔者所著的《唯实主义》为以科学精神研究历史学和哲学史提出了一个方法论。本书所采用的方法论就是唯实主义，或者说本书就是唯实主义的理念、原则和方法在董学与孔学系统比较上的一个实际应用。

具体来说，首先根据观念唯实主义的方法和原则对两者的观念事实进行了唯实解构。本书认为，哲学体系和思想的本质在于其所表现的价值观，价值观是辨别哲学思想异同的最终标准，之所以认为董学与孔学是完全不同的哲学思想就在于两者具有完全不同的甚至是相互冲突的价值观。通过观念唯实主义本书也对传统的观点和结论进行了唯实重构，得出了新的结论。

本书的主题是对董学（即董仲舒的哲学体系）和孔学（即孔子的思想）进行唯实比较，来彻底地纠正这个持续了两千多年的哲学和历史冤案，解开种种学术和历史谜团，为冤案平反。为此，以两者的观念事实为基础，辨明两者是本质上完全不同的哲学思想。通过董学和孔学的唯实比较，目的是要为中国哲学史进行一定的拨乱反正和正本清源的工作，为重新阐明中国传统哲学史的核心、主体和逻辑主线，为明确中国文明的意识形态，为构建符合观念事实和历史事实的中国哲学史尽一份绵薄之力。

根据内在的逻辑线索和内容，本书分为六部。

第一部说明了本书所采用的方法论是唯实主义。

第二部是《董学的本质》，集中分析了董学的体系，涉及核心概念体系、方法论、天人合一理论、阴阳哲学、人性理论、皇权主义的政治哲学、教化论以及在国家体制方面的设计和政策建议等诸方面，挖掘出其价值观。

第三部是《孔学的本质》，集中分析了孔学的思想，涉及核心概念体系、理念和方法，指出了孔学内部诸多的空白领域和内在的悖论，对其价值观进行了认定。

　　第四部是《董学与孔学是完全不同的哲学思想》，对董学和孔学的本质进行了概括性的总结，指出两者是本质上完全不同的哲学思想，体现着相互对立的价值观。两者另一个重要的分野在于董学是皇权时期的国家意识形态，而孔学只是这个意识形态中的组成部分，是一个由皇权树立起来的"形象代言人"。

　　第五部是《董学与孔学的重新定位》，对董学与孔学的真正关系进行了重新的定位，认为董学是中国传统文明的国家意识形态，孔学只是这个意识形态之中的一个局部，中国哲学史的主线是董学而不是孔学；董学将孔学进行了扬弃和同化，成为其体系中的一个子系统和一项具体的政策。

　　第六部是《董仲舒"托孔入世"策略考辨》，对董仲舒对于孔学的处理方式即"托孔入世"的策略进行了系统的考辨，认为这是中国哲学史中的"董冠孔戴"现象的滥觞。

　　本书是笔者寒窗苦读和深入思考十几年之后慎重再三的著作，自认为该书的方法、论证过程诚实、厚重和实在，结论有事实依据，才敢于不揣粗陋和冒昧，在业界专家和世人面前抛出以便进行商榷和探讨，实乃抛砖引玉之举，望专家和读者多多包容、指正。

　　本书是董学与儒学唯实比较的第一本书，在本书之后，还会有董学与其他儒学流派如曾子儒学、子思儒学、孟子儒学、荀子哲学和宋学与理学等的后续比较，以图对中国哲学史进行一定程度上系统的正本清源和拨乱反正的工作，希望这个探索之路能够得到各界的支持和包容。

张　珂
2016 年 1 月 26 日

目　录
CONTENTS

第四部　董学与孔学是完全不同的哲学思想

第五部　董学与孔学的重新定位

第六部　董仲舒"托孔入世"策略考辨

绪　论

一、中国传统文明的意识形态基础是什么？

作为人类文明史上最悠久并且唯一具有连续性的文明，中国文明的意识形态及其背后哲学精髓是什么？其意识形态及精神脊梁是什么？其制度保障和支撑是什么？难道真的是主张道德主体性的孔学和儒家思想吗？如果不是那又是什么？中国传统文明中的政治哲学真的是外儒内法吗？如果不是，那又是什么？

当人们带着这些问题去现有的中国哲学史中寻找答案时，往往会失望而归。这说明，现有的中国哲学史还包藏着诸多的谜题，还隐藏着诸多的冤案。

中国哲学史的历史冤案和学术冤案是人为造成的，其制造者就是中国传统文化的皇权，皇权是中国哲学史的诸多谜团的始作俑者。

中国哲学史冤案的内容是董仲舒和孔子的位置被人为地颠倒了。作为中国历史上伟大的哲学家董仲舒被默默无闻地尘封在中国哲学史的角落，而孔子则被奉在神坛之上，形成了董冠孔戴的现象。这个冤案从董仲舒生活的年代，即汉武帝时期便开始了，并一直延续到今天。

中国哲学史的复杂性取决于中国哲学史的意识形态性和中国历史的复杂性。中国哲学史在其发展过程中被国家意识形态所左右，缺乏独立的个性，发挥着为国家权力提供思想佐证的辅助性政治功能。研究中国哲学史必须以中国政治史为线索，在政治与意识形态的互动中把握其脉搏和逻辑线路。中国历史的复杂性体现在它的悠久性、经历的丰富性和王朝变化的经常性上。中国历史的复杂性和王朝政治的多变性使中国哲学史一直处于王朝政治的冲击之下，虽然中国传统文明的历史轨迹基本上没有偏离其基本的行为模式，但是王朝政治为中国哲学史制造了许多谜团和冤案。

中国具有五千多年的悠久文明史，有人类历史中最为连贯的哲学史。然而在这个漫长的过程中中国历史经历了多次的国家行为模式的变革，许多的王朝变更和与其相伴的思想和意识形态的变革和调整，具有十分丰富和复杂的轨迹。为了适应不同王朝的政治需要，作为国家意识形态的中国哲学史经历过多次的微调，不同的帝王将相和思想家试图创立过不同的国家行为模式，无论在历史发展还是在哲学史上呈现出了错综复杂的形态和内容。每次国家行为模式的转变和王朝变换都会造成巨大的哲学文献的损失，许多王朝战争更是造成了灾难性的文献学浩劫，这些无疑给研究中国哲学史的后代学者制造了极大的障碍。

在延续了两千多年的封建王朝统治下，中国哲学一直被皇权牢牢地控制，作为国家意识形态的重要组成部分，当时并没有条件，事实上也并没有形成真正的中国哲学史。在皇权被推翻之后，中国哲学史却没有被客观而公正地研究和总结，自民国以来对待中国哲学史的态度是否定和鞭挞，处理中国哲学史的方法论是用西方文明的价值观来审视和裁定自己，一直被一种自卑情结所笼罩。

中国哲学史的完善是个必须加以解决和重视的问题，是刻不容缓的文化和文明工程。然而，真正挖掘中国哲学，建立起科学、公正而客观的中国哲学史是个十分艰巨的工程，它牵涉到太多的领域，面临着太多的人为制造的迷雾、陷阱，源远流长的误解和偏见以及技术上的种种困难。

二、方法论的不足

从方法论上来看，中西哲学史研究所采取的方法论仍然是哲学观念史的研究方法，这种方法古已有之。中国古代长期以来并没有明确而自觉的哲学史研究和编撰意识，直到明末清初的黄宗羲的《明儒学案》，古代中国才出现独立的哲学史著作。学案体虽然强调传承和师传，然而实际上哲学概念和范畴是其唯一的线索和逻辑，这是明显的哲学观念史方法。即使是这样的方法，在全祖望完成《宋儒学案》之后也没有得以继承。在西方，经黑格尔的《哲学史讲演录》而在近现代成为西方哲学史的主流的甚至唯一的研究方法。

在中国哲学史有意识地作为一门学科而存在的一百年来，还几乎谈不上方法论上的创新和突破，民国时期是如此，新中国成立以来也是如此。事实证明，新中国成立以后中国对于阶级斗争分析法和唯物主义唯心主义的鉴别法的应用并不十分成功，它们所做的在很大程度上并不是学术研究，而是政治检测。冯友兰的《中国哲学史》以及作为高校教科书的各种《中国哲学史》等，同样都是哲学观念史。胡适虽然强调对中国哲学史材料进行考据的重要性，但是在他身上显然更多的是来自西方哲学史的影响，在价值观上体现出强烈的全盘西化的立场。冯友兰对于哲学史研究方法的讨论仍然是观念史，仍然没有超出黑格尔的范围。虽然他对于董仲舒哲学提出了一个十分著名的论断，即认为董仲舒终结了先秦子学时代，开辟了经学时代，但是却停留于此，没有进一步深入剖析中国哲学史的内在机理和逻辑线索，错过了破解中国哲学史的种种谜团和纠正冤案的机会。

中国哲学史要真正取得突破，达到能够客观、公正和科学地来看待、分析和评估各种哲学思想，方法论上的创新和突破是必不可少的。

三、本书的目的和逻辑

本书的主题是对董学（即董仲舒的哲学体系）和孔学（即孔子的思想）进行唯实比较试图解开种种学术和历史谜团。为此，本书以两者的观念事实为基础，辨明两者是本质上完全不同的哲学思想。通过董学和孔学的唯实比较，进行一定的拨乱反正和正本清源的工作，为重新阐明中国传统哲学史的核心、主体和逻辑主线，为构建符合观念事实和历史事实的中国哲学史尽一份绵薄之力。

传统的观念认为中国传统文化是儒家思想，儒家思想是中国传统哲学史当然的核心和逻辑主线，作为儒家思想的创始人和代表人物的孔子是中国传统哲学史中最核心的人物，是中国文化的基石，是中国传统文明的奠基人。这个观点似乎是关于中国文化和中国传统哲学史的常识性结论。而本书则持否定的意见，认为中国传统哲学的奠基人是董仲舒，董仲舒与汉武帝根据董学创立了新的国家意识形态，并且在此基础之上构建了"公羊模式"，革命性地改变了中国历史的进程，也使中国文明发生了质变，也就是说，董仲舒才是中国传统文明的奠基人，董学才是中国哲学和中国传统文明的主体和主旋律。

要证明笔者的这个观点就必须对董学和孔学进行系统、全面、深入而公正地比较。但是如何进行这样的比较呢？比较容易，要做到系统、全面、深入和公正却是很难的。

难关之一在于技术层面。中国哲学史具有几千年的历史，然而却并没有进行哲学比较的方法论。而纵观世界哲学，也缺乏进行哲学比较的方法论。虽然西方近现代出现了比较哲学，但是它却将范围严格地限定在了对不同文明体系之间的哲学思想进行比较的区域内。方法论的缺乏使对董学和孔学进行系统地比较无从下手。难关之二在于几千年的思维定式的抵制。孔子作为中国传统哲学史的核心人物已经持续了两千多年了，要否定它所遇到的文化和思维定式的阻力是可想而知的。

　　第二个难关是笔者无法掌控和解决的。但是，第一个难关确实可以掌控和解决。为此，笔者不揣浅陋，经过多年的思考提出了一个新的方法论——唯实主义的哲学史研究方法论。

　　本书便是笔者根据唯实主义的方法对董学与孔学所进行的系统比较。首先根据观念唯实主义的方法和原则对两者的观念事实进行了唯实解构。本书认为哲学体系和思想的本质在于其所表现的价值观，价值观是辨别哲学思想异同的最终标准，本书之所以认为董学与孔学是完全不同的哲学思想，就在于两者具有完全不同的甚至是相互冲突的价值观。本书对传统的观点和结论进行了唯实解构，并且通过观念唯实主义进行了唯实重构，得出了新的结论。

第一部　董学与孔学比较的
方法论和理论框架

在本部分中，我们将集中探讨哲学史研究和哲学比较的方法论问题。

笔者提出的唯实主义，包括历史唯实主义和观念唯实主义，可参见《唯实主义》一书。

中国哲学虽然具有几千年的历史，但是严格意义上的中国哲学史却只有不到一百年的学术生命，而在这一百年之中，受制于全盘西化思潮和各种势力的伤害和妨碍，中国哲学史还有许多重大的理论工作要去探索、正本清源、挖掘和整合。虽然董学与孔学的相互关系表面上看已有定论，但是这个结论是否能够经得起唯实主义的检验呢？本书就是要对两者按照唯实主义的原则和方法进行唯实比较，也就是说，本书所进行的董学与孔学的比较所采用的方法论就是唯实主义的原则，比较的理论框架直接派生于唯实主义，是唯实主义的一次具体的应用。

第一章　唯实主义的具体应用

　　进行董学与孔学的辨正 ① 就是要对两者进行全面、系统而深入地比较，在这个过程中，唯实主义的原则将得到具体的应用。也就是说，唯实主义的归零重启法将得到一次具体的应用。归零重启法将董学与孔学只看做两种纯粹的哲学思想，将对它们所做出的任何先前的结论、评价和定位都归零，在比较之前和比较过程中唯一的焦点、原则和参照物都是观念事实；在完成了唯实比较之后，根据观念唯实主义的原则和方法对两者之间的关系进行唯实解构和唯实重构，即根据事实性来解构先前的结论，再根据事实性来重新构建两者之间的关系，重新确定两者的定位。归零重启法在董学与孔学比较中的应用最为重要的一点就是对观念唯实主义的去意识形态化原则的使用。必须彻底地去意识形态化，必须完全摆脱皇权主义的意识形态作伪的各种影响及与其关联的各种思维定式，这是有效地对董学和孔学进行唯实比较的重要前提。如果不能够彻底地进行去意识形态化，那么便无法忠实地呈现董学与孔学之间的真实面貌，两者之间的定位便无法取得突破，本书便失去了存在的理由。

　　根据观念唯实主义，我们首先将系统而全面地应用唯实比较法，即从概念体系、理念体系、方法论等方面来挖掘和确定董学与孔学的观念事实。

　　其次是对唯实解构法的运用，即根据董学与孔学的观念事实来对两者在历史上所获得的各种评价和定性进行对比，如果观念唯实

---

　　① "辨正"一词古已有之，它包括辨别和纠正两个层次，与本书的目的恰好契合。辨证是通过辨别以证明之意，与辨正意思接近但略有差异。

主义的结论与历史上的传统结论之间产生了差异甚至冲突，那么唯实解构法便有了发挥作用的机会，唯实解构法就要对导致各种错误的与不准确的结论及其产生的根源进行唯实性的解构。在唯实解构法的实施过程中，对于意识形态的态度、立场和处理方法会再次成为一个核心问题。

最后是对唯实重构法的应用。唯实重构法的运用可分为两个层次，第一个层次是以观念事实和历史事实作为依据，对两者之间的关系进行重新评价和定位，第二个层次是根据唯实主义的原则对中国哲学史的某些方面进行"重构"。

第二章　董学与孔学唯实比较的理论框架

针对董学与孔学所进行的辨正是根据唯实主义的唯实比较法来进行的。唯实比较法是根据唯实史料挖掘观念事实，从观念事实所包括的核心概念、理念、体系性和方法论等诸方面来展开。

一、两种时代性的比较

观念唯实主义认为任何哲学都离不开时代性。任何哲学都诞生于特定的时代之中，而为了解决时代的困难、困境和危机而提供根本性方案是哲学的基本目的之一。时代性不仅同样适用于董学与孔学的唯实比较，并且是其中的一个十分重要的方面。孔学处于春秋晚期，周朝的意识形态和国家制度处于"礼崩乐坏"的瓦解时期，孔学就是孔子为乱世提出的一个解决和治理方案；董学则处于秦朝在完成了国家的统一之后又迅速瓦解，而西汉虽然建立起了名义上的再次统一却深陷各种危机的时代背景之下，董学就是为了避免国家统一局面的再次崩溃而提出的一整套解决方案。

这两个时代具有不同的性质，孔学和董学也肩负着完全不同的历史使命。这是准确理解孔学和董学之异同的重要背景和前提。

二、两者在观念事实上的比较

根据观念唯实主义，观念事实是进行哲学比较的基础和核心，这对于董学和孔学的唯实比较尤其如此。

（一）核心概念和范畴的唯实比较

从哲学比较方法论的角度来看，在董学和孔学两者之间进行核心概念的比较并不具有对等性，也缺乏对称性。这是因为董学是个蔚为大观的哲学体系，所包括的概念和范畴众多，而孔学的概念则相对要少得很多。

然而，在这种不对等的情况下，在董学和孔学的核心概念之间进行深入的唯实比较却是揭示两者本质区别不可或缺的重要一环，对于揭示两者不同的价值体系具有基础性的奠基作用。由于缺乏概念体系的对等性，对两者的核心概念的比较包括对孝、仁、义和忠等具有重合性的概念的比较。

两者在概念体系上的不对称性和不对等性以及重合性导致了概念之间严重的体系性壁垒，本书在行文中将董学的概念体系的分析与其哲学理念一并进行，这样会更有利于系统地展开和分析董学的逻辑结构。

（二）体系性的唯实比较

哲学的体系性是哲学思想的一个重要层面，是哲学的深度和广度的折射。许多哲学家在创立哲学时并不会刻意地发展一个体系，按照既定的方案是无法发展出真正的哲学体系的，只是当他的思想发展到了一定的成熟度和深度之后，就必然会涉及众多的哲学命题，渗入诸多的哲学领域，体系性也由此而自然而然地形成了。如果一种思想不够成熟和深刻，也必然不会构成哲学体系。因此，用体系性来衡量和分析一种哲学并不是受"西方哲学的影响"[①]，而是表现出了哲学生成的一般规律。

根据观念唯实主义，哲学的体系性分为两个层次，理念层次和形式构成层次。理念层次集中于哲学理念的逻辑性和体系性，形式构成层次集中于哲学理念所涉及的不同哲学领域之间的结构性、逻辑关系和系统性。对于成熟的哲学体系来说，体系性的两个层次都会得到自发性的表现。在体系性比较方面，董学与孔学的唯实比较同样具有不对等性。从严格意义上讲，董学与孔学并不能够从体系性上进行有效的唯实比较。

---

① 韩星：《孔学述论》，陕西师范大学出版社 2008 年版，第 14 页。

（三）方法论上的唯实比较

在方法论的比较上，董学和孔学同样存在着不对等性和不对称性。董仲舒创立出了博大精深、逻辑严密、环环相扣的完整的哲学体系，这与他有着明确的方法论意识密切相关，加上罕见的哲学思辨能力，董仲舒发展和独创出了具有成熟而多元化的方法论。相比之下，作为中国第一位教育家的孔子虽然十分强调学习的方法，但是孔子并没有方法论的自觉意识，他的思维方式和所使用的方法还无法上升到严格的哲学方法论的高度。

三、两者在价值观上的唯实比较

哲学的本质在于探讨人类的价值观。决定哲学在本质上是否具有同一性和差异性的最终标准正是在于价值观的异同。这个重要的唯实主义原则无疑也适用于孔学和董学的比较。除了发现和验证董学与孔学在核心概念、范畴和方法论等观念事实上的重要差异之外，挖掘出两者的价值观是唯实比较法要完成的下一个任务。

四、两者在意识形态上的唯实比较

在意识形态上对董学与孔学进行比较是个十分重要的维度，也是十分复杂的工程。为此，观念唯实主义与历史唯实主义进行了有机的结合，从观念事实和历史事实的两个层面对董学和孔学与意识形态的关系进行辨正。

五、两者对于中国历史影响的唯实比较

准确地发现和确认董学与孔学对于中国历史的影响也需要观念唯实主义与历史唯实主义的有机结合，所比较的重点包括董仲舒与孔子所处的两种截然不同的时代性以及两种哲学思想对于当世和后世的政治和国家行为所产生的影响的比较。这尤其涉及公羊模式的构建、演化和变异，这些命题将在另书中专述。

第二部　董学的本质

　　本部分要根据观念唯实主义的方法和原则对董学进行系统的分析，对其理念和价值观进行唯实重构，还原其本真的面目，为对董学进行客观和公正的评价以及与同孔学的系统比较打下坚实的唯实主义基础。

第三章　董仲舒的生平

关于董仲舒的生平事迹留下的资料并不多，只是在《史记·儒林列传》和《汉书·董仲舒传》中有所记载。但是两部史书的记载都有失简略，尤其是前者，不但没有为董仲舒单独立传，对其生平所作的简略得不能再简略的寥寥数笔描述也是避重就轻；后者虽然为董仲舒单独列了传，对其生平有所补充，尤其是补入了至关重要的《天人三策》等史料，但是董仲舒的生平仍然漏洞颇多，无法形成一个完整的时间链条和有关事件的前后顺序。这不能不说是中国哲学史上的一个重大的缺漏和遗憾。

本章的重点并不在于对董仲舒的生平进行详细的考证，而是对董仲舒的生平和仕途中的要点进行一些梳理。

第一节　董仲舒的生活经历概括

鉴于史籍中关于董仲舒生平的记载十分缺乏，我们不得不通过对有限史料的仔细考证和认真推敲才能获得他生平的一些基本信息。

一、出生地考

董仲舒的故里是个有争议的问题。《史记·儒林列传》和《汉书·董仲舒传》均载："董仲舒，广川人也。"广川在战国时期属于赵国，但是广川的具体辖区在历史上曾多有变化，这就使该地的具体归属产生了分歧，现有德州、景县和枣强三地都认为董仲舒是该地之人。经王永祥分析，董仲舒的出生地应该是"衡水地区景县境内的大董故庄"[1]，但该庄已无董仲舒的后裔，且无一户董姓。而德州和枣强等地都是董仲舒曾经活动过的地区，并不是他的出生地。

由此可以断定，董仲舒是燕赵地区的人，他出生于此，并且早年也应该主要生活于此。

二、早期生活经历

关于董仲舒早期的生活经历现存史书上并没有明确的记载。然而从他的性格和为人风格可以推想出董仲舒是个心静而又心怀天下的哲人。他在早年打下了这种素质基础，整个中年他都在孜孜以求地思考，默默地创立自己庞大而深邃的哲学体系，直到与汉武帝的《天人三策》而一鸣惊人于天下，完成了华丽的升华。

三、生卒年考

关于董仲舒的出生和去世日期史籍中并没有记载。学者们只能通过文献中的零星文字加以推断。对于董仲舒生卒年份进行比较详细考证的是在近期。周桂钿的《董学探微》和王永祥的《董仲舒评传》等书进行了比较有代表性的分析。

（一）出生日期

考定董仲舒出生日期最重要的线索来自《汉书》的两处记载：

仲舒亲见四世之事。（《匈奴传下》）

抑抑仲舒，再相诸侯，身修国治，致仕悬车。（《叙传》）

董仲舒曾经在元光元年，即公元前133年上疏汉武帝。马邑之谋发生在元光二年，汉武帝调动三十万大军设伏，并且要诱使匈奴上钩需要大半年或者一年时间。在元光元年廷议对匈奴政策时，董仲舒提出了他的建议。如此，班固才提到董仲舒"亲见四世之事"。从倒推得知，四世是指武帝朝、景帝朝、文帝朝和惠帝朝。如此，

---

[1] 王永祥：《董仲舒评传》，南京大学出版社1995年版，第64页。

董仲舒应该出生于汉惠帝时期，即公元前194年至前188年。但是这个倒退法仍然无法令人信服，因为班固并没有指明吕后当朝的八年是否也算一"世"，如果算的话，董仲舒就应该出生于吕后时期，即公元前187年至前180年之间。虽然有人会提出按照传统观念，吕后并没有称帝，因此她的统治时期不应该被算作一世，但是班固并不这样认为，在《汉书》中有《高后纪》，置于《惠帝纪》和《文帝纪》之间，显然班固认为吕后朝为一世。如此一来，董仲舒的出生时期就应该是在吕后朝。

《史记·儒林列传》说："汉兴至于五世之间，唯董仲舒名为明于《春秋》，其传公羊氏也。"后来学者多将这个五世当做董仲舒亲历了汉初的所有五朝，这是不正确的。司马迁此处的意思是说董仲舒是汉兴以来《公羊传》最有成就的大师，其目的并不是要说明董仲舒的出生日期。

还有一个误区是董仲舒提出对待匈奴政策建议的年份。从行文的内容来看，此次上疏应该发生在汉武帝并没有最后确定对匈奴政策之前的廷议阶段。元封四年，即公元前107年，距汉朝与匈奴开战已经十多年之久，在元狩年间汉朝已经取得了对匈奴反击战的决定性胜利，匈奴要么归降汉朝，要么远遁漠北，只是余孽尚未清理完毕，因此董仲舒在此时建议"与之厚利以没其意"其目的在于不要继续对匈奴作战，而是要通过经济和外交手段打击之。因此，董仲舒的建议并不是在谋划马邑之谋之前，而是在元封四年。汉武帝基本上采纳了董仲舒的建议，对于强大的的匈奴没有即刻开战，但是也没有通过采取授之以厚利的方式来促使停止匈奴对汉朝的骚扰。在元封四年匈奴单于死、新单于继位之际，汉武帝试图招降匈奴，他采纳了董仲舒的"质其爱子以累其心"的建议，派特使杨信出使匈奴传达此意。周桂钿和王永祥将元光元年和元丰四年之事相混淆了。这样便产生了22年的误差。这22年的误差并不意味着要从两位先生推断出的董仲舒的生卒年中减除，而只是推翻了他们的推断而已。

事实上，班固在《汉书》中并没有标明董仲舒上疏的年份，鉴于董仲舒曾经给汉武帝多达一"百二十三篇"的上疏来看，仅《汉书》中的片断式的记载是不适合作为推断董仲舒年龄的依据的。而《汉书》之外的其他书籍中的片言只语则更缺乏根据，无法令人信服。因此，笔者认为，根据现存十分有限的史料是很难确定董仲舒的出生日期的。根据现有史料所能做出的推断只能是一个时段，即吕后统治时期的公元前187年至前180年之间。如果要推断确切的年份的话，比较稳妥的是取其中数，即公元前184年左右。

（二）去世日期

关于董仲舒的去世《汉书·董仲舒传》说他"年老，以寿终于家"，此外再无记载。因此，要确定董仲舒的去世日期也只能根据现存的资料进行推断了。同样，这种方法无法得到确切的日期。

董仲舒并不贪婪权贵，他因为厌于官场的钩心斗角，害怕再次成为权力斗争的牺牲品而曾经多次称病请求辞官，这就说明董仲舒辞职时的年龄并非古制所规定的七十岁而是更早，即不到七十岁。《汉书·董仲舒传》说"仲舒在家，朝廷如有大议，使使者及廷尉张汤就其家而问之，其对皆有明法"。张汤任廷尉的最后一年是在元狩二年，即公元前121年。这说明，董仲舒在六十三岁的时候在家中研究学问、著书立说，这与桓谭在《新论》中所说的"董仲舒专精于述古，年至六十余，不窥园中菜"不谋而合。司马迁在《史记》中提到董仲舒在致仕之后"居家，至卒，终不置产业，以修学著书为事"，也说明董仲舒退休的时间是相当漫长的，否则便不会给世人留下如此强烈的印象了。

考察董仲舒去世年份的一个重要的参考是他关于匈奴问题的上疏。《汉书·匈奴传下》记录了董仲舒应对匈奴的几点意见：

> 义动君子，利动贪人。如匈奴者，非可以仁义说也，独可说以厚利，结之于天耳。故与之厚利以没其意，与盟于天以坚其约，质其爱子以累其心，匈奴虽欲展转，奈失重利何，奈欺

上天何，奈杀爱子何！夫赋敛行赂不足以当三军之费，城郭之固无以异于贞士之约，而使边城守境之民父兄缓带，稚子咽哺，胡马不窥于长城，而羽檄不行于中国，不亦便于天下乎！

汉武帝召集朝臣集中讨论是否对匈奴开战有两次。一次是在元光元年，一次是在元封四年。元光元年的廷议是讨论是否要对匈奴发动大规模的反击战，元封四年再次讨论是否发动对匈奴的第二次战争。但是两次对匈奴战争的背景已经发生了本质的变化。元光元年之议时，汉朝仍然处于匈奴的战略压制之下，积蓄待发，处于挑战强大的匈奴的弱势地位，战争的性质属于自卫反击战。根据董学大一统的原则和"荣复仇"的理念，董仲舒不会反对汉武帝发动针对匈奴的自卫反击战，从该文的内容上分析，它也不会是在元光元年而做。在匈奴屡屡南犯，大肆屠杀汉朝命官和无辜百姓的情况下，董仲舒是不可能提议"用财富米赎买和平"这样的绥靖主义和卑躬屈膝的投降主义建议的，何况汉武帝在元光元年便已经开始筹备马邑之谋，汉武帝发动对匈奴反击战的决策已经完成。因此，这个上疏不可能是在元光元年做出的。

而元封四年之时，经过元朔和元狩年间的五次大规模反击战，汉朝已经取得了对匈奴的决定性胜利，被打得丢盔卸甲的匈奴已经远遁生存条件十分严酷的阿尔泰山区，物质生活十分贫乏。但是匈奴对于汉朝在政治上并不顺从，在军事上也不肯示弱，仍然与汉朝处于对抗的状态。匈奴还与西域的部分国家联手频频骚扰汉朝往来于丝绸之路的商队和外交团队。因此，如何处理与匈奴的关系对于汉朝来说仍然是个悬而未决并且十分棘手的问题。在此背景下，董仲舒提出了先礼后兵的建议。由此可知，在元封四年即公元前107年，董仲舒仍然活着。从此之后，《汉书》便再没有关于董仲舒活动的记载了。这个年份当然并不能表明董仲舒生命的下限。该上疏思路清晰，逻辑缜密，这说明董仲舒在元封四年身体仍然不错，他完全有可能会再继续生活几年。如果根据常识做一推测，假定董仲舒会继续生活五年的话，那么董仲舒的卒年便在太初三年，即公元前 102 年。

　　根据以上分析可以得出这样的结论：董仲舒生于吕后统治时期，约公元前 184 年，卒于约太初三年，即公元前 102 年，享年约八十二岁。这个年龄可能会存在正负三年的误差。

第二节　董学的创立

　　董仲舒能够创立博大精深的董学与他所处的时代和地域，尤其是个人素质直接相关。

一、齐赵燕三地的学术传统

　　相比于现代社会，古代交通和资讯都极不发达，在这样的条件下，地域性对于一个人的思想和习惯具有更大的影响。这对于古代的思想家同样如此，古代学术十分重视师承和家传便是这种社会环境的反映。在中国古代，从先秦一直到清朝末期都是如此。

　　董仲舒出生在广川即今天的河北南部，是古代齐国和赵国的交汇地，与燕国也很接近。在董仲舒身上不可避免地会打下齐国、赵国和燕国学术传统的烙印。广川与鲁国也相距不远，隔着齐国相望。因此，董仲舒的出生地在地理上具有四通八达的开放性，在学术上则是个各类学派交融的地区，这对于年轻的董仲舒海纳百川般的学习无疑提供了相对便利的条件。

　　齐赵燕的学术传统与鲁国和楚国的学术传统并不相同。这使董仲舒的价值取向与黄老之学和孔孟儒学并不相同。这或许是促使董仲舒创立董学的一个深层原因。

二、董仲舒做学问的特点

　　在中国古代哲学家中，董仲舒做学问的方法具有鲜明的特点。

（一）海纳百川般的广博

董仲舒是集学者与思想家于一身的哲学大师。他对于先秦百家烂熟于心，博采众长，学问十分广博，是个顶尖的学者。然而，董仲舒并没有局限于做一个出色的学者，他的真正成就在于思想家。每个时代都会有一批出色的学者，但是并不是每个时代都会产生具有超越时代的能力的哲学家和思想家。董仲舒就是这样一位旷世哲学奇才，作为出色学者的深厚功力夯实了他思想和哲学的基础。

在董仲舒的著作中，对于先秦百家的思想可谓是信手拈来，对于前儒学（本书中用来指汉武帝朝之前，即董仲舒之前的儒学，包括先秦儒学和西汉初期儒学）、阴阳家、墨子、黄老之学等学派都能够旁征博引，而绝没有学派的局限和偏见。或许正是这种开放性的思维促使董仲舒能够深入地理解前人的思想，为创立自己的哲学体系打下了坚实的学术基础。

（二）锥子般的专深

在拥有广博的同时，董仲舒还有锥子般的专深。对于先秦百家所推出的哲学和政治命题董仲舒都能够一针见血地抓住要害，要么进行批驳，要么进行完善，要么进行整合，在几乎所有的命题上都能够入木三分地加以透彻的理解和评判。

（三）蓬勃的创造力

真正能够体现董仲舒哲学才能的并不是作为学者的董仲舒学问的广博与专深，而是其思维的创造性。董仲舒对于他所研究和涉猎过的命题都能够给出自己独特的见解，表现出了洞若观火的穿透力，并且能够将他的创造性的见解赋予逻辑性和理论性，将其纳入系统性的逻辑网络之中，成为他博大精深的哲学体系的有机组成部分。

（四）哲学思辨的天才

董仲舒的哲学创造力不仅表现在对于个别命题的处理上，而且体现在对于所有命题的再创造以及完成体系构建的能力。出色的哲学家可以在特定的命题上取得突破，但能够创立独特的哲学体系的哲学家在古今中外的哲学史上都是凤毛麟角，在这凤毛麟角的哲学体系的创立者之中，董仲舒也是站在最顶峰的几个人中的一员。春秋战国时期无数的思想者和学派在几百年间所探讨的命题在董仲舒的哲学体系中都找到了答案，这就是为什么说董仲舒是先秦百家的集大成者和终结者的原因。董学和公羊学成为先秦百家的思想归宿。这个事实不可否认地表明，董仲舒是哲学思辨的天才，是中国哲学史上最具有创造力和影响力的哲学家，是中国哲学史乃至整个世界哲学史上的旷世奇才。

第三节　独特的品行

除了《汉书·董仲舒列传》中的"廉直"的评价之外，对于董仲舒的品行古人并无涉及，然而到了现代、当代董仲舒的人格开始受到诋毁。但是，董仲舒一生的行为证明了他是一个超然物外、淡泊名利的哲人和君子。

一、从容于入世与出世之间的哲人

董仲舒几次出世与入世，出入之间折射出了高洁的品格。

（一）哲人的人格结构

1. 责任感。在中国历史上，政治哲学永远是高风险的学问，尤其是在皇权建立之后。在战国时期出现了中国历史上最为开明和开放的时期，在各国君王都在寻求富国强兵的强大需求的鼓励之下，各种权力学说层出不穷，形成了百家争鸣的黄金时期。然而战国时期的结束意味着思想自由的结束，战国时期的百家争鸣的局面随着秦国统一中国戛然而止，焚书坑儒成为秦朝文化政策的代表性符号。从此，关于国家权力的思想成为官员的专利，在很大程度上政治哲学成为思想禁区，任何认真思考国家权力的人都将自己置于身败名裂的压力之下。

正是在这种政治氛围和文化环境之下，董仲舒横空出世。除了过人的智慧和才华之外，董仲舒的责任感是更为可贵的品质。凭借董仲舒的才华和学识，他完全可以如大多数学者一样成为一名政府的高官，衣食无忧，享受荣华富贵。但是，董仲舒却并不看重这些，而是殚精竭虑地将毕生贡献给了哲学研究，贡献给了自己哲学体系的创立。没有对于民族和国家的高度责任感，没有对于生命终极目的的苦苦追求，没有对于世俗享乐的超越，是断不可能达到如此境界，取得如此成就的。

孔学的目的是要将士人打造成君子，在政府部门谋得官职和官差，以便过上衣食无忧和养尊处优的生活。这种境界与董仲舒的境界是完全不同的。因此，不可将孔学的伦理学与董仲舒的人格境界混为一谈，将董仲舒纳入"儒者"之列。

2. 淡泊于物外。董仲舒对于权力和财富看得很淡，他的人生追求绝不是荣华富贵，这种人生态度与主父偃和公孙弘等势利小人是截然不同的。

对学问的单纯追求是董仲舒的最高目的和人生目标。对于官场，董仲舒要求的是自我保护和能进则进、能退则退，从容于"入世"与"遁世"之间，可以说是最早体现了儒道之间的完美结合，虽然在他的哲学体系中并没有明显的道家痕迹。董仲舒不擅长更不喜欢官场中的钩心斗角，也不刻意地追求高官厚禄带来的所谓的成功。虽然汉武帝曾经将董仲舒比作管仲，要重用董仲舒为其左膀右臂，但是在各种机缘巧合之下董仲舒却拒绝了汉武帝的重用，而没有深入地涉足官场。董仲舒在功成名就之后仍然淡泊名利，晚年退出官场和政坛，返回家乡，专心于读书、著述和讲学。董仲舒对于读书的痴迷是十分著名的，其"三年不窥园"的故事有可能发生在他青年时期追求功名的时候，更有可能发生在他晚年回归故里之后。

董仲舒退休之后身居"陋巷"，可见他在为官期间并没有大搞腐败，拼命捞钱，仍然保持了两袖清风的本色。《史记》说董仲舒在退休之后"终不置产业，以修学著书为事"。

3. 以思想治世。但是董仲舒又不是独立于世外的超脱者和学究型的学者，而是心系天下的思想家。通过自己的思想和哲学来治世是董仲舒的人生理想。

（二）与权贵的关系

作为立志要以自己的哲学来改变国家命运的哲学家，董仲舒是入世和经世的文人，这就不可避免地使他要面对权贵。但是作为一个并不贪图富贵和虚荣的学者，董仲舒并不会不顾自己人格的底线去追求权势。这种具有相反倾向的价值走向使董仲舒对于权贵有着十分复杂的关系。董仲舒对于这种对立的倾向具有清醒的认识。如同创立自己的哲学体系一样，董仲舒依靠理性来设计他与权贵的关系，找到了一个既要入世经世又要与包括皇帝在内的权贵产生建设性互动的平衡点。

董仲舒的思想是以政治哲学为主体的哲学体系，入世和经世即对国家的现实政治提供哲学层面的论证和指导是其必然的使命，因此董仲舒的思想是与时代主题直接挂钩的，是直接针对时代的危机而产生的；同时，董仲舒的人格和个性决定了他并不是个贪恋权贵的势利之徒，他不会像公孙弘、主父偃等人一样为了权势和利禄而上下其手，不择手段，不惜祭上自己的人格。同时，董仲舒对权势对于思想者所能带来的伤害有着十分清醒的认识，因此，他时时都在"慎其行"，每次与皇帝的接触都经过精心的包装和设计，力图在表达自己的见解的同时不使自己处于危险的境地，总是试图在时效性和明哲保身之间取得平衡。这就是所谓的"智不危身"的境界吧。在被汉武帝黜免死罪之后，董仲舒似乎对于仕途已经心有余悸，主动提出了致仕。《史记·儒林列传》说"董仲舒恐久获罪，疾免居家"，《汉书·董仲舒传》也说"仲舒恐久获罪，病免"。董仲舒并不贪恋权势和资产，而是毅然辞官，重归了著书立说的学者生涯。

董仲舒对于皇权的深刻认知使其对待权势体现出了双重性。为了救国济民，董仲舒必须要与国家权力发生关联，但是他又必须要保护自己，避免受到皇权的伤害。在与汉武帝的关系中，这种双重性发挥到了极致。一方面，董仲舒低调自保的入世策略取得了成功，汉武帝慧眼识人发现了董仲舒，将董学上升为国家意识形态，他自己也成为公羊学家，为公羊学的发展和实施做出了重要的贡献；另一方面，董仲舒仍然无法躲开皇权的迫害，因言获罪，几乎被处死。可以说董仲舒的人生轨迹是在皇权的双重性的两个极端起起伏伏。他虽然为朝廷命官，却不是顶级高官；他虽然为国家意识形态奠定了基础，立下了殊功，却并没有因此而大权在握；他虽然是旷世的哲学奇才，却被剥夺了应该属于他的荣誉，成为"无冕之王"；他虽然在致仕之后仍然受到皇帝的礼遇，却在死后遭到冷遇，没有获得应得的谥号和待遇。

从某种程度上看，董仲舒是自己哲学的受害者。

董仲舒成就了一个国家和民族的历史性的辉煌，却并没有受到足够的认可，无论是在生前还是在死后都没有获得应得的承认和荣誉。

他如同火把，照亮了世界，却灼伤了自己。这是典型的殉道者的生命结局。

（三）一生专注于学问

仕途的顺利与否并不是决定一个哲学家本质的最重要的要素，仕途的顺利反而会吞噬掉哲人的人格，将其转化为一个贪恋虚荣和权势的庸人。甚至哲学家生命的内容和形式也不重要。对于真正的哲学家来说，最重要的要素还是哲学本身，也只能是哲学本身。专注于自己的学问和思考，思有所成，并且能够为后世留下不朽的著作，才是一个真正哲学家的生命形态和人生归宿，而这些董仲舒都做到了。

作为哲学家的董仲舒的一生虽然不乏重大的遗憾，无论在仕途还是在名声上都遭遇了重大的扭曲和委屈，但是从哲学家的角度看董仲舒却享有了一个堪称完美的哲人的人生。在哲学领域中，董仲舒俨然是个超然的王者。

无论是为官还是独处，董仲舒都是一个献身于哲学的思想家。他对于天地和自己的国家充满了责任感。他献身于哲学就等于为自己国家和民族的强盛事业奉献出了毕生的心血，鞠躬尽瘁，死而后已。古往今来古今中外能有几个人够格被称为纯粹的思想家？而通过自己的思想改变了自己国家和民族命运的哲人，改变了一个文明的轨迹的哲人，人世间又有几个呢？

（四）教书育人

董仲舒一生致力于教书育人，拥有众多弟子。教书育人，传播自己的思想，或许这也是董仲舒维持生计的一种方法。董仲舒的教学方法十分独特，他隔帘而授，学生们只听其声而不见其人，有些弟子即使跟随了他多年也不得谋面。这样做的原因或许是为了不打断他自己的思路，但却在先生与学生之间产生了距离感和疏远感，不利于建立师生间的感情，其效果需要商榷。司马迁对董仲舒的态度就可见一斑。司马迁铭记董仲舒的思想，并且从先生那里获得了深刻的启发，使他成为一位公羊学家，但是他对于董仲舒并没有深厚的个人感情，不但没有在《史记》中为他单独立传，反而刻意贬低董仲舒的贡献，严重违背了历史事实。另外，在董仲舒的学生中虽然也出现了一些高官，但是除了司马迁之外却没有出色的学者，以至于在他身后董学体系并没有得到发扬光大。

（五）退休之后的寄托

董仲舒在主动申请致仕之后便重新专注于学问，一方面著书立说，一方面教书授业。《史记》说董仲舒在退休之后：

> 居家，至卒，终不置产业，以修学著书为事。

董仲舒应该是享有了二十年左右的退休时光，这段时光董仲舒专注于思考和著述。除了继续为汉武帝的决策提供意见以及写作《春秋决狱》之外，可以推断《春秋繁露》中的许多文章都是在这时写作、修改、润色和最终定稿的。在经历了十几年的宦海沉浮之后，董仲舒对于皇权和政治有了充分的实践经验，这对于他的思考一定是难得的营养。我们后人在两千年的辗转之后能够有幸读到的《春秋繁露》，其中的每个字也一定都凝结了这位旷世哲学巨匠的心血！

（六）"必仁且智"的典范

董仲舒对于理想的士人的标准是德才兼备。他在《春秋繁露·必仁且智》中专门论述了这一点。董仲舒的一生身体力行地做到了，成为中国古代德才兼备的典范。

二、归隐士人的典范

中国文化中一直存在着隐士文化。一些上古时期的隐士高人成为传奇，为后代士人所崇敬和模仿。魏晋时期的历史学家皇甫谧在《高士传》中为古代九十多位隐士专门立传，歌颂他们不与权贵合作的高洁品行。东晋的陶渊明"不为五斗米折腰"，毅然放弃官位，回归乡野，悠然过其隐士的生涯，成为后代士人的楷模。但是这些隐士与董仲舒比起来真可谓是"小巫见大巫"了。之所以如此断言是指他们在归隐期间的作为而言。上古的隐士虽然品格高洁，但是并无任何的创建流芳后世，陶渊明在归隐期间创作了不少的诗歌，但是诗歌的分量与哲学是无法相比的。在中国历代的归隐士人中能够留下庞大的哲学体系的智者凤毛麟角，而董仲舒不仅是第一个，而且是成就最高的一个。从这个角度看，董仲舒在中国历史的归隐士人中是空前绝后的。

三、哲学成就空前绝后

作为春秋战国时期子学时代的终结者，董仲舒的哲学成就是空前的。而在董仲舒之后的两千多年来，中国没有一位哲学家能够达到他的高度。宋学产生了大量的思想家，南宋的朱熹将理学发展成了一个哲学体系，但是朱熹的理学在理念和逻辑上仍然是在董学和公羊学所划定的范围之内思考，虽也有一些新的创见，却并没有超越董学。董仲舒的哲学因此也可以说后无来者。

董学与理学的唯实比较将在另书中专论。

第四节　董仲舒仕途中的重要节点

通过对董仲舒残缺的生平史料的梳理，我们可以整理出他仕途中的一些重要节点。

一、《天人三策》发生的时间考辨

董仲舒何时向汉武帝面陈《天人三策》在《汉书》中并没有明确的记载，以至于后代的史书对此只能依靠各种蛛丝马迹来进行猜测。之所以从古至今的学者对这个问题如此不厌其烦地进行探讨是因为它不仅牵涉到对董仲舒生平的考证，也直接关系到汉武帝设立五经博士制度的时间，而后者是中国哲学史和经学史上一个需要澄清的重要的技术性问题，对与董仲舒相关的其他一些问题时间次序的排定和分析也有赖于对这个时间的确定。具体说来，关于《天人三策》发生的时间有以下几种观点：建元元年说、建元五年说、元光元年说、元光五年说。

其实董仲舒对策时间本来并不是个问题。据《汉书》记载，汉武帝只有两次下诏招贤，一次是在他就位当年的建元元年，一次是在六年之后的元光元年。董仲舒对策的具体时间在《汉书·武帝纪》中写得十分明确，就在元光元年，即公元前133年，汉武帝即位的第七年，当时汉武帝二十三岁。

（元光元年）五月，诏贤良曰：……于是董仲舒、公孙弘等出焉。

董仲舒正是应对这个招贤令才与汉武帝当面进行了三次应对，

提出了著名的《天人三策》。本来十分明确的一个历史事件之所以会出现争论是因为两件事：一是司马迁在《史记》中没有明确记载；二是因为司马光在《资治通鉴》中将对策时间提到了建元元年，即汉武帝即位之年。

司马迁对于汉武帝朝史实的记载多有曲笔和疏漏，这已是史学界的共识，而在涉及董仲舒的事件上尤其如此，因此不能将司马迁的隐笔当做事件是否发生的依据。最大的混乱来自于司马光。司马光看似轻描淡写的安排是经过深思熟虑的。它被处理成一个看上去的技术性调整，即使被发现了也只能被说是技术性的失误。其实不然。司马光的这个改动是费尽心机的，背后隐藏着他个人以及整个宋学的政治目的性。司马光这样安排的目的在于混淆董学与儒学的关系，将前者纳入后者的范畴之中。这种安排是司马光和宋学为了否定董学和公羊模式的系统工程的重要一步。

元光元年之外的其他观点都是建立在对有限的文献记载的推演和猜测的基础上的，都无法自圆其说，不值得深究。

学者们更应该看到的事实是：董仲舒在汉武帝继位初期便发生了两人之间的深入互动，这个互动的结果便是促使汉武帝全盘接受了董仲舒哲学。两个巨人在汉武帝担任皇帝初期便开始了合作，这给汉武帝在近半个世纪的统治时期内将董仲舒的思想和政策设计转化为国家体制和国家行为提供了保证。这个事件才是对于中国历史、中国哲学史和中国文明史来说十分重要的一个历史事实。

二、三次任相

董仲舒一生曾经三次任相，其中两次出任江都相，一次出任胶西相。董仲舒任相是个矛盾的事情，是其仕途高峰和低潮的混合体。从职位上看，出任大诸侯国的国相对于一般的士人和官僚来说并不是个低落的事情，但是如果放在董仲舒身上，出任诸侯国相国则代表着董仲舒仕途的不顺。董仲舒是个有"王佐之才"（刘向语）

的思想家和大战略家，是汉武帝意识形态的缔造者，是新的国家行为模式的理论奠基人，这样的人理所应当应该在汉武帝身旁出谋划策，指点江山，成为一代英主的左膀右臂。但是董仲舒却远离朝廷，远离权力中心，虽然就此并不能割断董仲舒和汉武帝之间的沟通，但是董仲舒对于国家决策的参与无疑会大打折扣。董仲舒第一次出任江都相是汉武帝主动任命的，而后两次则都与公孙弘和主父偃对董仲舒的陷害直接相关。

（一）两任江都相

1.首任江都相。根据《史记》和《汉书》的记载，董仲舒是在与汉武帝完成了《天人三策》之后被任命为江都易王的国相的。

易王刘非是汉武帝的兄长，他依仗帝兄的身份骄横无礼，好勇斗狠，以残暴出名。汉武帝将董仲舒任命为他的国相表面上是要将董仲舒推入"火坑"，实际上却不乏深意。汉武帝具有过人的发现人才的慧眼，在与董仲舒的对策之中他一定发现董仲舒是个人格高尚、胸藏万千韬略的治国人才，但是董仲舒又缺乏治国的行政经验，更没有在宦海中斗争的经历。汉武帝选择了一个最艰难的诸侯国让董仲舒来治理，无疑是要弥补他在这方面的欠缺与不足。从这个刻意安排中，我们可以窥到汉武帝要重用董仲舒担任重要的行政高官的计划，担任江都相实际上是董仲舒掌握大权的一个试用期和实习期①。但是事情并没有按照计划而行，董仲舒在任江都相期间被"中废为中大夫"，其具体原因无论是《史记》还是《汉书》都没有说

---

① 西汉初期的皇帝将大臣派到诸侯国具有多种含义。根据《汉书·屈原贾生列传》，汉文帝将他欣赏的才子贾谊派往长沙国担任太傅实际上是一种贬黜。汉文帝要提拔贾谊为公卿，却遭到了勋旧重臣的一致反对。汉文帝断不会因为一介书生而与拥立他担任皇帝的文武重臣产生罅隙，将贾谊派到偏远而无关紧要的异姓诸侯国实为是要通过惩罚贾谊来向勋旧重臣表示他是多么的重视旧臣。当贾谊与汉文帝的关系缓和之后，汉文帝又将他派到梁王身边担任太傅。梁王是汉文帝最疼爱的儿子，表明了汉文帝对于贾谊的信任，而一旦梁王长大成人被委以重任之后，贾谊的仕途高升也便顺理成章了。同样是担任诸侯国的太傅，其含义却是天壤之别。汉武帝派董仲舒到江都这个最难处理的诸侯国担任国相绝无惩罚和疏远之意，理解为作为治国的试用期和实习期是最合乎情理的解释。

明缘由。

厄运还没有结束。《史记·儒林列传》载：

> 中废为中大夫。居舍，著灾异之记，是时辽东高庙灾，主父偃疾之。取其书奏之。

汉武帝看后大怒，将董仲舒收监入狱，定为死罪。此事件的爆发使汉武帝培养和考察董仲舒的计划戛然而止。董仲舒的仕途事实上也中断了。

2.再任江都相。

汉武帝最终赦免了董仲舒，再次任命他为江都相。但是这次任相颇有展示汉武帝的宽免与赏赐之意，再次将他置于易王帐下则具有惩戒的意味了，这与第一次任相在性质上已经完全不同了。一个曾经的死刑犯出任骄横的易王的国相，董仲舒先前的威信和待遇一定是丧失殆尽了，一定会饱受刘非的戏谑、怠慢甚至凌辱，这就是为什么董仲舒在相位上颇感不适而主动要求迁调的原因了。

（二）出任胶西王相

在公孙弘就任丞相之后，曾经斥责公孙弘"从谀"的董仲舒不得不放下身段，主动写信给公孙弘，自称"误被非任，无以称职"，建议他能"大开萧相国求贤之路，广选举之门"，实际上是向这个当朝丞相提出了再次调往中央的请求。这个机会是伪善而工于心计的公孙弘求之不得的，他没有将董仲舒调往中央，而是将其迁调到胶西国任相。

胶西王刘端"亦上兄也"，也是汉武帝的兄长，较易王刘非的残暴有过之而无不及。刘端对于中央派遣来的国相和高官十分仇恨，已经多次滥杀了两千石的朝廷命官。于此可以看出，刘端对于中央政府并不买账，具有自己做大的野心。他的理想十分可笑，是想效仿齐桓公和越王勾践称霸诸侯，而在汉武帝朝这无异于谋反。公孙弘将强调大一统的董仲舒调往胶西国，肯定会与刘端产生正面冲突，无异于将其推入火坑，时刻有杀身之祸。董仲舒来到胶西国之后，刘端希望董仲舒能够像管仲和范蠡等名臣一样辅佐他成就霸业，对董仲舒说"桓公决疑于管仲，寡人决疑于君"，这无异于胁迫董仲舒谋反，背叛汉武帝和中央政府。对此，董仲舒做了如下的回答：

> 仁人者正其道，不谋其利；修其理，不急其功，致无为，而习俗，大化，可谓仁圣矣，三王是也。《春秋》之义，贵信而贱诈。诈人而胜之，虽有功，君子弗为也。是以仲尼之门，五尺童子，言羞称五伯。为其诈以成功，苟为而已也，故不足称于大君子之门。五伯者，比于他诸侯为贤者，比于仁贤，何贤之有？譬犹珷玞比于美玉也。（《春秋繁露·对胶西王越大夫不得为仁》）

董仲舒在此以孔子作为挡箭牌，依靠托孔而得以脱身。《史记》和《汉书》载，董仲舒因"恐获罪"或者"恐久获罪"而托病辞官应该就是指此事而言。

至此，董仲舒已经看透了官场的凶险和黑暗，对于自己的仕途已经彻底失望了。他回家归隐，恢复了他作为哲学家的本色。而这次回归才展现了他生命的真正力量之所在。

第五节　董仲舒多受小人的陷害

董仲舒一生多遭小人陷害，而每次陷害都对他造成了巨大的冲击，不仅仕途夭折，还被判了死刑，几乎被处死。董仲舒之所以屡遭陷害，主要有三方面的原因：一是他出众的哲学才华使他成为别人嫉妒和仇恨的对象；二是汉武帝对他的重用威胁到了一些功利之徒的利益；三是他正直的人格使他不与蝇营狗苟之徒同流合污。

一、主父偃的陷害

主父偃借辽东庙起火事件来陷害董仲舒这件事折射出了董仲舒

在朝廷中的分量。如果是一个一般迂腐的博士用灾异论来推演辽东庙起火应该是个无关紧要的事，并不会有任何重要的影响，会引起两个后果，要么是置之不理，要么是杀头以儆效尤，以防其他人仿效这个做法来讽喻朝政。董仲舒说出这个话却非同小可，以至于投机分子主父偃不辞辛苦地亲自跑到汉武帝面前告御状，其目的是要将董仲舒置于死地。汉武帝的震怒也折射出了董仲舒言行与众不同的分量。

汉武帝在给董仲舒定罪之前有个细节十分耐人寻味。汉武帝召集群臣，以匿名的方式讨论董仲舒的《灾异之记》。这样做的目的是要检验董仲舒所言是否符合灾异论的原则，同时也为汉武帝处置董仲舒打下一个舆论基础，避免臣僚指责汉武帝以私心处置董仲舒。当董仲舒的弟子吕步舒对董仲舒所写文章进行抨击之后，汉武帝认定董仲舒违背了公羊学的灾异论原则，是董仲舒个人之错，而不是灾异论的理论出现了错误。因此，此时治董仲舒的罪便不会引起整个意识形态的地震了。

汉武帝治董仲舒以死罪显然有量刑过当之嫌。之所以要重罚，是因为汉武帝害怕董仲舒的言论会动摇他的皇位，并以此而冲击他所构建的以天人合一为基石的意识形态基础，而这个意识形态基础正是董仲舒的公羊学。因此，一旦新的意识形态的理论奠基人董仲舒出言反驳汉武帝的行为，汉武帝的努力将毁于一旦，这就是敏感的汉武帝要处死董仲舒的原因。但是，考虑到董仲舒对于汉武帝所做出的方方面面的贡献和在朝中的巨大影响，以及汉武帝对于国家决策方面对董仲舒的依赖，一时动气过度了的汉武帝又不得不赦免了董仲舒，以贬为出任诸侯国的相国作为惩罚。由此也可以折射出董仲舒在当朝的地位和分量：如果出任诸侯国的相国被用作一种惩罚的话，那么董仲舒之前的地位只能是远远高于这个位置，在朝中具有相当的分量。

二、公孙弘的陷害

公孙弘荐董仲舒去江都国任相是一个阴险的狠招。一方面，公孙弘可以将才德和学问都远在自己之上的董仲舒逐出朝廷，铲除了朝廷中的一个最强劲的竞争对手；另一方面，江都国王是出名的暴戾的刘氏权贵，董仲舒稍有不慎便会如同其前任一样有杀身之祸。

与主父偃陷害董仲舒一样，公孙弘的这个行为揭露了董仲舒在朝廷中具有重要地位的事实。如果董仲舒只是个只知道之乎者也的学者而没有参与到朝廷的决策和运作的话，公孙弘便不会感到巨大的威胁，而非要置其于死地而后快了。

三、胶西王刘端

如上所述，胶西王刘端直接劝诱董仲舒与他一起谋反，不管其真实居心如何，对于董仲舒来说都是一个致命的陷阱。董仲舒能够及时脱身才幸免于难。

四、连锁式的下行之路

董仲舒三次任相都饱受小人陷害之苦，其经历是一环扣一环的下滑之路，道路的末端是万劫不复的深渊。董仲舒的仕途之路可谓是充满了凶险和杀机。

第六节　董仲舒是汉武帝朝决策的重要参与者

董仲舒是否直接参与朝政，这是个对于评价董仲舒的生平具有重要意义的问题，也是理解武帝朝历史乃至整个中国历史的一个重要问题。然而这个问题在中国历史学和哲学史中却一直是个空白。司马迁在《史记》中对此只字未提，现代学者对此要么不置可否，要么模棱两可，而王永祥则认为董仲舒"没有直接参与朝政"[①]"终未得到朝廷的重用"[②]。其实，班固在《汉书》中为回答这个问题提供了诸多线索。

一、董仲舒与汉武帝的关系紧密

从《汉书》中只言片语的记载来看，董仲舒积极参与朝政的最高决策得到了反映。《汉书·董仲舒传》载：

> 仲舒所著，皆明经术之意，及上疏条教，凡百二十三篇。而说《春秋》事得失，《闻举》、《玉杯》、《蕃露》、《清明》、《竹林》之属，复数十篇，十余万言，皆传于后世。惓其切当世施朝廷者著于篇。

由此可见，董仲舒给汉武帝呈上了大量的疏文，两人之间保持了十分密切的沟通。这些上疏的内容都是关于意识形态建设和国策的。

在《汉书》的《匈奴传下》和《食货志》中，班固还直接引述了董仲舒给汉武帝的上疏，设计了国家的经济政策、社会政策、司法政策及外交和战争政策等各个方面。董仲舒对于汉武帝朝国策的介入是十分广泛而深刻的。

汉武帝频频派出高级官员去向已经致仕的晚年董仲舒请教政事和法事同样是个例证。汉武帝朝的许多重大举措都与董仲舒的原则和理念不谋而合，这些无不说明了一个不争的事实，即董仲舒积极参与了汉武帝朝的最高决策。正因如此，高屋建瓴的董仲舒才会遭到公孙弘和主父偃等功利之徒屡次三番的陷害和排挤。

董仲舒长期不在长安，但是这并不影响他与汉武帝之间的沟通。汉武帝时期西汉已经建立起了完备的驿站制度，给皇帝的加急

---

① 王永祥：《董仲舒评传》，南京大学出版社1995年版，第80页。
② 王永祥：《董仲舒评传》，南京大学出版社1995年版，第74页。

文书用快马几天便可以从全国各地送到皇帝手上。在国力仍然疲弱的汉文帝时期，贾谊被贬黜到遥远而交通不便的长沙国时仍然能及时为汉文帝上疏提供政策建议便是证明，在已经恢复元气并且获得了长足发展的汉武帝时期中央政府与各地的交通应该更不是问题了。

《汉书·董仲舒传》载：

> 凡相两国，辄事骄王，正身以率下，数上疏谏争，教令国中，所居而治。

这表明，董仲舒在出任江都相和胶西相期间也曾给两个诸侯王上疏，但是这些上疏不会是"皆明经术之意"的，而更有可能是针对具体的事件而上谏，不会是其上疏的主体。

受开罪于汉武帝而获死罪事件的影响，董仲舒的地位一落千丈，司马迁不得不对董仲舒的贡献做了"隐笔"的处理，而使后人无法在《史记》中看到董仲舒在汉武帝朝决策中的巨大作用。虽然事出有因，但是对董仲舒的隐笔使《史记》的价值打了折扣。若不是东汉的班固在《汉书》中进行了一些及时的补救，董仲舒或许就隐没于中国历史，如果这样的事情发生的话，中国哲学史和政治史将成为一个无法破解的谜团，这不但是董仲舒个人的悲剧，也是汉武帝的时代悲剧，更是中国历史的悲剧。

二、董仲舒是国家意识形态的塑造者

董仲舒或许并不是以行政的身份参与政令的执行，其参与方式在于对于汉武帝重大决策过程的影响上，为汉武帝对公羊模式的逐步构建和重大国策的形成提供意识形态和哲学上的指引和支撑。正是从这个意义上看，董学被汉武帝提升为国家意识形态。这个转化的过程不可能只是汉武帝的独角戏，而一定是在董仲舒的指引以及两者之间的积极互动中逐步完成的。这正是班固强调董仲舒的上疏"皆明经术之意"的原因。

第七节　汉武帝与董仲舒之间的关系考

记载董仲舒与汉武帝之间关系的史料主要集中在司马迁的《史记》和班固的《汉书》，后者提供的材料无论从数量上还是质量上都远远超过了前者，是研究董仲舒与汉武帝关系的最重要的唯实史料来源。根据这些现存的史料可以看出，汉武帝与董仲舒之间的关系是十分复杂的，颇有些令人感到扑朔迷离。

一、史籍中的记载

史籍中关于汉武帝与董仲舒之间关系的记载并不完全和系统。但是通过散落在各处的片断可以基本拼接出两人关系的完整链条。尤为重要的是，汉武帝主导的西汉的国家行为以及后来的历史提供了充分的间接史料，从中折射出了在汉武帝和董仲舒之间到底发生了什么，也看出了董仲舒个人命运的大起大落的轨迹和逻辑。

汉武帝与董仲舒具有巨人之间的惺惺相惜，两者之间的合作完成了公羊模式的建设。汉武帝是董仲舒心中理想的皇帝，不但雄才大略，富有使命感，而且拥有高度的智慧。在汉武帝眼中，董仲舒则正是他苦苦寻觅的哲人和智者。董仲舒为汉武帝指点迷津，破解了他心中所有的形而上学和意识形态上的谜团，董仲舒的《天人三策》和公羊学可谓是醍醐灌顶，使汉武帝茅塞顿开，找到了治国之道。两者合作的成果就是公羊模式的构建。董仲舒为汉武帝提供了意识形态及其坚实的哲学基础，汉武帝则在现实中成功地将董学和公羊学的理念演变成了公羊模式中的体制和制度。汉武帝与董仲舒之间的帝王和哲人的配合可谓是天衣无缝，在中国历史和世界历史上都可谓绝无仅有。

但是这种美好的关系并没有能够善终。一个小人的告密使两人之间的关系发生了逆转，董仲舒的命运发生了突然的断裂和崩塌。

二、两个巨人之间的联手

董仲舒是罕见的哲学巨擘，汉武帝则是雄才大略的皇帝，两者的结合迸发出了巨大的历史能量。

（一）汉武帝与董仲舒的联手为中国历史所仅见

在对古代中国的国家行为逻辑的追踪过程中，董仲舒在汉武帝朝中所起的至关重要的作用得以揭示和展现。董仲舒不仅参与了汉武帝朝的最高决策，而且对汉武帝塑造新的国家行为模式起到了理论指导和支撑的作用。董仲舒是汉武帝的精神领袖和导师，汉武帝构建公羊模式的路线图实际上是由董仲舒规划出来的。董仲舒与汉武帝的联手是哲学与皇权的融合，由此产生了作为意识形态的董学、公羊学以及作为新的国家行为模式的公羊模式，而由于新的国家意识形态和国家行为模式的诞生，中国文明也进入了一个崭新的阶段。至高无上的皇权与旷绝于世的哲学家进行结合所爆发出来的能量足以重塑一个文明形态的内涵，足以决定一个民族的历史进程，而由此又可以决定人类历史的走向。董仲舒与汉武帝的联手完成了中国历史上最为成功和最具影响力的一次自上而下的政治变革，其对于中国历史和中国文明的冲击和影响是任何一次改革和变法都无法比拟的。

中国历史应该庆幸会产生这两个亘古难遇的巨人，应该庆幸这两个亘古难遇的巨人能够出生于同一个时代，更应该庆幸这两个巨人能够密切地携手，在惺惺相惜和配合之间所撞击出来的火花能够完成"武帝改制"，并以此奠定了中国文明未来两千多年的漫漫征途。汉武帝与董仲舒这两个巨人之间的联手是中国历史上最富有创造性和最具有建设性的合作，也是理解整个中国历史和文明史的一个枢机。

在中国的变法史上，董仲舒和汉武帝之间的合作所产生的冲击和影响只有商鞅变法在一定程度上可以与之相媲美。商鞅变法改变的是一个国家的命运，而汉武帝变法所改变的则是一个民族和文明的命运。董仲舒与汉武帝之间的关系类似于商鞅与秦孝公之间的合作，所不同的是董仲舒并没有像商鞅一样获得国家最高行政权来直接部署和实施变法。由于种种原因，董仲舒没有完全发挥出他的才能，没有成为丞相，但是他的哲学却成为国家意识形态，主导了汉武帝的对内和对外政策，帮助汉武帝构建起了公羊模式。中国古代的变法组合都是国王或者皇帝重用一个能人来一手完成，这个能人要负责制度的再设计、政策的再设计，还要负责制度的建设和政策的实施，不仅要负责行政方面，整饰吏治，管理财政，还要参与军事行动，甚至挂帅征战在前线。商鞅、范仲淹、王安石、张居正等无一不是这种全能的角色。与中国历史上的其他变法不同，汉武帝的变法所倚重的并不是一个人，而是许多人。在思想和意识形态上，汉武帝倚重的是董仲舒，董仲舒也是汉武帝变法的总设计师和思想指导；而在变法的实施上，汉武帝依靠的是公孙弘等行政人才，在财政上重用桑弘羊这个理财专家，在军事上重用的是卫青、霍去病等军事奇才，法律上重用张汤等人。在用人方面，汉武帝体现出了他对人才的辨别和驾驭能力，这是使公羊模式能够得以构建成功的重要因素。

（二）汉武帝挺立董学的过程

汉武帝根据董学和公羊学重建了西汉的国家意识形态，并且在国家意识形态的重建过程中可谓是亲力亲为，不遗余力，而作为公羊学大师和公羊模式的理论奠基人的董仲舒自然无法置身其外。董仲舒协助汉武帝创建以董学和公羊学为核心的国家意识形态并不是一蹴而就的过程，其中充满了挑战。

汉武帝将董学上升为国家意识形态经历了四个阶段：

第一个阶段是汉武帝个人对董学的接受。汉武帝与董仲舒进行的《天人三策》标志着汉武帝接受了董学。一个皇帝欣赏和接受一个才子和谋臣的观点是很常见的事情，汉文帝就十分欣赏少年才子贾谊的观点，但是皇帝的欣赏并不意味着被欣赏的观点能够上升到国家政治层面，能够转化为国家政策。《天人三策》体现了汉武帝与董仲舒个人层面上的默契的建立，有幸的是这种默契的建立成为汉武帝将董学提升为意识形态的开端。

第二个阶段是在朝廷和学术界推广董学。汉武帝将董学上升为政治层面是两人合作的最重要的一步。汉武帝要让满朝文武接受董学，也要学术界和士人阶层接受董学。为此，汉武帝和董仲舒可谓是颇费心机，两人通力合作，上演了一幕幕学术擂台和重塑古籍的重头戏。

《史记》和《汉书》中有多处记载汉武帝组织学者与董仲舒公开进行辩论的场景，这就是汉武帝为了推广董学而为董仲舒搭建的最好的平台。想必董仲舒在推广董学以及进行古籍编撰的过程中受到了其他学者和官员的质疑和挑战，汉武帝为了能够服众而特意在国家最高级的场合设置了辩论擂台。在这个擂台上，董仲舒曾经与瑕丘、江公就《公羊学》与《谷梁春秋》的优劣是非展开过公开的辩论，瑕丘和江公失败，从而扫除了汉武帝立董学为官学的学术障碍。

第三个阶段是向社会上的士人传播董学。汉武帝将《公羊传》作为董学的代表，按照董学的原则来裁剪"五经"，设立并巩固了五经博士制度。类似的公开辩论也会涉及关于选择哪一门家传作为正宗的官学五经博士的辩论，而最终的确定无疑在很大程度上体现出董仲舒的影响，因为汉武帝设立五经博士制度的哲学基础和理论支点就是董学。

董仲舒在《天人三策》中提出"罢黜百家，独尊孔术"的政策建议，而要将其付诸实施必须有汉武帝的诏书才行。汉武帝完全接受了这个建议并下诏执行之。因此，用董学的原则和理念来挑选、修订和重撰古籍，没有汉武帝的许可和支持是绝无可能进行和成功的，也就是说董仲舒对"五经"的重新编撰是在汉武帝的直接授意之下进行的，不是董仲舒的个人学术行为，而是国家的政治行为。

博学多才、思路清晰、能言善辩的董仲舒每次都能够在辩论中驳倒质疑者，董仲舒因此被公认为"儒者宗"，同时，这也使汉武帝对他的信任进一步加强了。汉武帝允许董仲舒来确定和编撰"五经"便顺理成章了。董仲舒的博学和威望使汉武帝的撰书运动和意识形态建设能够在堵住质疑的声音后得以顺利地完成。

第四个阶段是将董学国家制度化。根据董学的原则，汉武帝开始了新的国家行为模式的打造。这个浩大的打造工程是从五经博士制度的设立开始的。

董仲舒和汉武帝创立了经学，将《公羊传》《易经》《尚书》《仪礼》和《诗经》五部古代典籍上升为经学，列为国家意识形态的经典著作，而剔除了直接记录孔孟儒学思想的《论语》和《孟子》等正宗的儒家典籍，这本身便是十分耐人寻味的。这个举措说明在董仲舒和汉武帝的主观认知中，董学与先秦儒学代表的是不同的学术和政治体系，经学体现的是董学的哲学，而不是儒学的观点。

（三）巨人联手的成果

董仲舒的《天人三策》是两人联手的开始。在《天人三策》中，董仲舒提纲挈领地介绍了他的董学理论体系，也提出了政策要点，即要根据公羊学来重建国家意识形态，遏制其他的百家学说，通过察举制来改变国家与士人阶层的关系，将士人阶层纳入国家的权力体系，使之成为一种体系内的势力和国家资源。

1. 经学的产生和五经博士制度的建立。五经博士制度的建立是董仲舒与汉武帝联手的直接成果。这个制度的建立一方面表明汉武帝接受了董仲舒将董学和公羊学作为国家意识形态的建议，另一方面汉武帝改变了对待士人的策略，开始将士人改造为读书人，成为国家的人才库。五经博士制度的核心是董学，离开了董仲舒的贡献经学就无从谈起，五经博士制度也无法建立起来。这明确地反映出了董仲舒对于汉武帝决策的重大影响力，以及董仲舒与汉武帝共同塑造公羊模式的历史事实。

2.皇权主义的确立。董学的皇权主义和大一统原则对汉武帝的内政和外交两方面都产生了重大的影响。在内政方面，董仲舒的公羊学为汉武帝进一步强化"强干弱枝"政策提供了理论支撑，使汉武帝成功地解决了西汉初期中央政权的一个重大的内部政治危机，困扰了西汉初期诸侯国不断挑战中央政权的现象在汉武帝时期得到了彻底解决，在汉武帝之后没有再次发生。

3.对匈奴的自卫反击战。在国家的外部行为方面，董学的大一统原则和"荣复仇"的原则为汉武帝解决来自匈奴的军事威胁提供了理论依据，促使汉武帝发动了长达半个世纪之久的针对匈奴的复仇战争。对匈奴战争的胜利彻底改变了中国文明的存在状态，从被欺凌的国家变成了一个能够按照自己的意志和意愿存在的国家。随着横亘欧亚大陆的庞大的游牧帝国匈奴向北方和西方逃遁，中华民族的威名也第一次远扬国际。

4.公羊模式的构建。从汉武帝统驭下的西汉国家行为来看，汉武帝重大的内外政策都与董学的原则严丝合缝，可见汉武帝是在董仲舒的指导之下制定和实施这些重大的国家行为的。无论如何，董仲舒和其公羊学成为汉武帝国家行为的指导原则，在内政和外部行为方面促进了西汉从大统一逐步完成向大一统的过渡并起到了决定性的作用。

三、两个巨人关系的逆转

正是因为董仲舒对于汉武帝的深刻影响，才使他遭到公孙弘和主父偃等人的嫉妒和陷害。他们的谗言破坏了性格耿直的董仲舒与不可一世的汉武帝之间的关系，影响到了董仲舒的仕途和他在汉武帝心目中的地位。汉武帝并没有像秦孝公信任商鞅一样信任和重用董仲舒，而是在诽谤和陷害面前对董仲舒产生了不信任，将其远配到遥远的诸侯国担任相国。

对董仲舒的嫉妒和排挤也表现在他的弟子司马迁身上。司马迁在《史记》中忽略了董仲舒对于汉武帝的影响，通过故意的"漏记"将董仲舒排斥于历史学之外。

同僚的嫉妒和陷害、皇帝的逐渐失信和弟子的抹杀使董仲舒成为中国哲学史上最大冤案的受害者。但是令人欣慰的是，他的哲学被汉武帝全面而深刻地落实到了国家行为的各个方面和层次，并且由于这些机制和政策的成功使他的哲学影响了一个文明和一个民族。虽然没有获得实至名归的完美结局，但是董仲舒心系天下的鸿愿也算是得以实现了。董仲舒一生小心翼翼地避免正面与皇权产生摩擦，但是他仍然成为权力、官场和人心陷害的对象。虽然董仲舒没有像商鞅一样曾经大富大贵，权倾天下，但是也避免了被处死的悲惨结局。这种令人唏嘘的结果董仲舒在构建他的哲学的时候是否能够预想得到呢？面对错综复杂的身后事，董仲舒是否会含笑九泉呢？

（一）辽东高庙事件是个分水岭

辽东高庙事件成为两个巨人之间关系的分水岭。这个事件的冲击力是十分巨大的，更是后来董仲舒的一切命运波折的源头。

董仲舒与汉武帝的关系因为灾异之记而发生突变。董仲舒用灾异论对辽东高庙火灾私下里进行了解释，却被主父偃告发，汉武帝大怒，竟判了董仲舒死罪，董仲舒从皇帝导师一夜之间沦为死囚犯。虽然董仲舒因以前的功劳而豁免，不予追究，但是他的地位却一落千丈，从仕途的顶峰重重地摔了下来。

这个事件对于董仲舒与汉武帝之间的关系具有决定性的影响，两人之间的关系发生了突变。董仲舒从此失宠于汉武帝，汉武帝变成了他所深深惧怕的生杀予夺的恶魔。这件事对于董仲舒的心理打击是十分巨大的，以灾异论开始获得汉武帝接纳和信任的董仲舒在此事件之后竟然"不复言灾异"，已经到了要改变自己的言行和本性的地步了。这个事件虽然是董仲舒由于受到主父偃的陷害所发生的，却反映了董仲舒与汉武帝之间的分歧以及两人在配合上的裂隙。

汉武帝本来是笃信灾异论的，在他继位之后全国屡发自然灾害和奇异天象，这使汉武帝深受其扰，是董仲舒的灾异论让汉武帝豁然开朗，成为其全盘接受董学和公羊学的契机。董仲舒再次用灾异论解释一场火灾应该是在情理之中，汉武帝勃然大怒更为重要的原因或许是主父偃对董仲舒添油加醋的诽谤。董仲舒会在汉武帝身上使用灾异论，表明他对于汉武帝的政策存在不满之处，试图通过灾异论来对汉武帝进行劝谏。史书并没有记载董仲舒在何事上要对汉武帝进行劝谏，但是董仲舒的动机一定是善意的，这就是为什么汉武帝会很快冷静下来，能够原谅和赦免董仲舒，令其官复原职的原因。但是，从此之后，汉武帝便无法再正式重用董仲舒了，董仲舒也草草地结束了仕途，致仕返家，专心于著书立说。

汉武帝对待董仲舒的方式与其对待司马迁的方式是十分相似的。司马迁为李陵变节事件进行了辩护，却由于一言不慎被汉武帝治罪，虽然死罪被赦免，却付出了宫刑的代价。司马迁在汉武帝眼中并没有董仲舒的分量，因此也并没有如董仲舒般幸运。这或许成为司马迁怨恨和迁怒于董仲舒的原因之一。

（二）辽东高庙事件对董仲舒的影响

辽东高庙事件对于董仲舒的余生产生了决定性的影响。

汉武帝不仅中断了董仲舒的仕途，剥夺了董仲舒应得的地位和荣誉，更为重要的是汉武帝剥夺了董仲舒的历史贡献。汉武帝变成了压制、篡改和扭曲董仲舒的强权，也是造成中国哲学史上最大冤案的始作俑者。

汉武帝十分清楚儒学与董学的本质区别，十分清楚董仲舒的哲学和治国方略与孔子完全无关，但是为了能够起到最佳效果，他仍然默许了用孔子代替董仲舒，将其国家意识形态的荣誉戴在了孔子头上。汉武帝的这个决定在成功地迷惑了天下士人的同时，也剥夺了董仲舒赢得的荣誉和地位。在具体做法上，汉武帝并没有直接用孔子来取代董仲舒，在武帝朝意识形态宗师的地位一直空缺。这种真空状态给后来的文人造成了误解也为他们提供了搬弄是非的机会，以"儒"代"董"的一字之差最终造成了一桩董冠孔戴的哲学冤案。

董学和孔学从此发生了奇怪的错位：孔学有名而无实，孔子被放在了宗师的位置上接受膜拜；董学和公羊学有实却无名，董仲舒在乡野备受冷落。这种"莫须有"的反差才是董仲舒在晚年悲鸣"士不遇"的真正原因。董仲舒不是个贪图功名的人，他的境界远远超越了世俗的功利性，但是剥夺了他的思想的荣誉和光荣却是无法令人排解的屈辱。

（三）对董仲舒尴尬的定位

与汉武帝之间错综复杂的关系和他命运的大起大落使董仲舒在晚年和去世后的地位变得十分尴尬。

1. 布衣导师。汉武帝虽然曾经严惩过董仲舒，并且导演了一出董冠孔戴的哲学冤案，却并没有忘记这个被他冤枉了的智者和指路人，不仅恢复了他的江都相的官职，在朝廷商议国是时仍然要听取他的意见。在董仲舒称病致仕之后，朝廷中无法决断之事仍然要屡屡不辞辛苦地派廷尉张汤这样级别的高官去民间陋巷向董仲舒请教。《汉书·董仲舒传》载：

> 仲舒在家，朝廷如有大议，使使者及廷尉张汤就其家而问之，其对皆有明法。

《汉书》提到了董仲舒在退休之后曾著《春秋决狱》，可见汉武帝对董仲舒在法律问题上也多有依赖。汉武帝派张汤请教董仲舒也透露了一个重要的信息：董仲舒参与了汉武帝的酷吏政治。其实这点并不奇怪，董仲舒虽然在一些场合上经常引述孔子之言，但是这只是他托孔入世的一个策略，董仲舒从来没有提倡过孔学式的"仁政"，而是将大一统作为董学的核心理念和原则，为了实现和维护大一统而采取一些严酷的手段是顺理成章的。从"朝廷如有大议"

汉武帝便特意派使者和高官向董仲舒请教的行为也说明了董仲舒对汉武帝朝国策的决策过程的参与是十分宽泛的，这点从《汉书》中《食货志》和《匈奴传》等章节中所载的董仲舒的谏言上再次得到了证明。

汉武帝对董仲舒频繁请教的这个行为暴露了这样一个事实：汉武帝对于董仲舒在思想上和决策上存在着强烈的依赖，即使是在董仲舒退休成为一介布衣之后仍然如此，而在董仲舒致仕之前，汉武帝的最大决策一定是离不开向董仲舒进行反复的咨询和讨教的。也唯有如此，汉武帝才能以董学为原则构建起其复杂而庞大的公羊模式。这也就是对于宫廷内幕了如指掌的皇族学者刘向认为董仲舒有"王佐之才"的原因。

但是，这里面便出现了一个疑问：既然汉武帝如此倚重董仲舒，他为何不叫董仲舒出山，担任一个正式的朝廷官职呢？史籍中没有回答这个问题。但是从董仲舒的个人追求和品格来看，他一定是以年迈体衰等借口固执地婉拒了汉武帝的邀请，将精力完全投入到了著书立说之上。或许董仲舒认为，通过文书的形式保持与汉武帝之间的沟通是最佳的方式，这样他可以远离朝廷中的钩心斗角，也可以专心著述，又可以影响到汉武帝的决策，可谓是"一举三得"。如此一来，董仲舒的文章一定会不断地上报给汉武帝。从《春秋繁露》所辑录的文章中可以看出，它们并不是针对学生的讲义，而是对国家意识形态的哲学基础和逻辑的阐述，其中不乏十分犀利的字句，而这些词句或许并不能为汉武帝所完全接受。

汉武帝虽然无法说动董仲舒再次出山，但是他通过为董仲舒的后代打开仕途之门对董仲舒进行了补偿。《汉书·董仲舒传》载：

家徙茂陵，子及孙皆以学至大官。

在当时并没有科举制，高官的任命绝大部分都是出自乡里或者地方政府的举荐，董仲舒的子孙能够都出任大官很显然是受到了汉武帝网开一面的照顾。

2.有污点的巨人。汉武帝与董仲舒这种错综复杂的关系或许并不为外人所知，以至于董仲舒的官方身份仍然没有改变。对于同时代人来说，董仲舒仍然是一个有污点的巨人。汉武帝出于国家利益的综合考虑，也没有对董仲舒采取任何的"平反昭雪"等正式举措，仍然延续了以孔子来作为董学的形象代言人的将错就错的安排。对于像司马迁这样自身难保的史官来说，对一个曾经的死囚犯进行歌功颂德显然在政治上是绝对错误的，只能给自己带来新的麻烦。于是，人们对于董仲舒的贡献就只能三缄其口了，对于他的历史评价就只能避重就轻了。这无疑造成了对董仲舒历史形象的抹杀。而这个抹杀是由他的学生司马迁在《史记》中完成的。若不是班固，我们或许仍然会接受这个抹杀，在今天都无法看清董仲舒对于中国文明所做出的无与伦比的伟大贡献了。

四、董仲舒与汉武帝合作的年限

董仲舒虽然与汉武帝进行了密切的合作，并且深刻地影响了汉武帝朝的意识形态塑造和国家制度建设，但是由于董仲舒的被定罪和贬黜，这种默契在后来有所减弱，况且董仲舒的年龄远大于汉武帝，董仲舒去世之后，公羊模式的建造工程只能由汉武帝一人来承担了。

根据上述对董仲舒生卒年份的考订，董仲舒对汉武帝的辅助从《天人三策》的公元前134年至其于公元前102年去世，历时32年，因此董仲舒对于汉武帝施与重要影响的时期是在《天人三策》之后的十几年间。董仲舒出任诸侯相并不意味着董仲舒对汉武帝影响的中断，但两人交往的频率会有所降低。而在董仲舒致仕之后两人虽然仍然有联系，但可以想见董仲舒对汉武帝影响的频率和力度必然会进一步降低了。

有一个惊人的巧合值得注意。从太初元年（公元前104年）至后元二年（公元前87年）是汉武帝的晚年。这个时期的汉武帝朝无论是在国家内部还是外部都出现了危机。根据前面的考证，董仲舒大概去世于太初三年，即公元前 102 年。考虑到《汉书》中所记载的董仲舒对汉武帝的劝谏，不能排除一种可能性，即在董仲舒去世之后，汉武帝失去了一个敢于直谏的战略高参，发动了远征西域的战争，将国家置于内忧外患之中。

据《汉书·食货志》记载，董仲舒上疏汉武帝，对汉武帝提出了堪称振聋发聩般的直谏。这篇著名的奏章历史上被称为《限民名田议》：

> 古者税民不过什一，其求易共；使民不过三日，其力易足。民财内足以养老尽孝，外足以事上共税，下足以蓄妻子极爱，故民说（悦）从上。至秦则不然，用商鞅之法，改帝王之制，除井田，民得买卖，富者田连阡陌，贫者无立锥之地。又颛川泽之利，管山林之饶，荒淫越制，逾侈以相高；邑有人君之尊，里有公侯之富，小民安得不困？又加月为更卒，已复为正，一岁屯戍，一岁力役，三十倍于古；田租口赋，盐铁之利，二十倍于古。或耕豪民之田，见税什五。故贫民常衣牛马之衣，而食犬彘之食。重以贪暴之吏，刑戮妄加，民愁亡聊，亡逃山林，转为盗贼，赭衣半道，断狱岁以千万数。

> 汉兴，循而未改。古井田虽难卒行，宜少近古，限民名田，以澹不足，塞并兼之路。盐铁皆归于民。去奴婢，除专杀之威。薄赋敛，省徭役，以宽民力。然后可善治也。仲舒死后，功费愈甚，天下虚耗，人复相食。

董仲舒的直谏可谓是十分尖锐，他甚至用秦朝的灭亡来直接提醒汉武帝，劝导汉武帝不要重蹈秦朝的覆亡之路。董仲舒劝谏的核心在于保持公羊模式内在的结构平衡，不要因为外向结构的过度扩张而牺牲了内向结构的稳定，实际上是在劝导汉武帝进行亚行为模式的转化，即从立功亚模式向立德亚模式进行转化。

可惜，在董仲舒去世之后，汉武帝失去了能够如此尖锐地直谏和指导他的哲人，以至于造成了"仲舒死后，功费愈甚，天下虚耗，人复相食"的局面。班固将汉武帝晚年的危机与董仲舒的直谏与去世直接画上了等号，建立了因果关系，不容置疑地指出了董仲舒对于汉武帝的决策所起到的不可或缺的导师作用。

五、董仲舒与汉武帝之间的分歧

纵观史籍，我们可以总结出董仲舒与汉武帝之间分歧的本质和要点。

（一）分歧的本质在于度的把握

汉武帝在董仲舒的指导之下完成了对公羊模式的构建，两人在原则和理念上是完全一致的，具有意识形态上的同一性，正是具有了意识形态上的同一性，两人才能够从事和最终完成对公羊模式的构建。

但是在公羊模式的构建过程中，两位巨人之间存在着分歧，有时这种分歧还十分激烈，董仲舒的《灾异之记》几乎使其丧命。即便如此，董仲舒对于汉武帝的劝谏也十分尖锐，这从他的《限民名田议》可以清晰地体现出来。

董仲舒与汉武帝之间分歧的本质在于对国家行为力度的把握。汉武帝往往用力过猛，其效果虽然突出，但是副作用也大，有过犹不及之误；董仲舒则强调减轻行为力度，避免产生高度的副作用，保持国家和社会之间的平衡。

（二）分歧的要点

1.灾异论。灾异论牵涉对西汉初期国家状况的评价，董仲舒的直言批评触怒了汉武帝，董仲舒由此被"打入冷宫"，两人的关系出现了陡然的逆转。

2.战争的力度。董仲舒支持汉武帝发动对匈奴的反击战，但是并不主张以牺牲社会的经济体系为代价来发动第二次大规模的征服匈奴的战争。

3. 对公羊模式的平衡点的把握。董仲舒对于汉武帝的劝谏的核心在于把握公羊模式的内向结构和外向结构之间的平衡，不要因为外向结构的过度扩张而导致内向结构的崩溃。

第八节　身后的冷遇

董仲舒去世之后并没有被赐予谥号，不仅如此，他去世的时间在《史记》和《汉书》中都没有提及，史籍中也没有关于他的葬礼的记载。可以说，董仲舒的晚年和身后受到了冷遇。对此，董仲舒早已深有痛觉，《士不遇赋》正是这种心情的准确反映。

董仲舒身后所受到的冷遇与孔子所受到的无以复加的礼遇相比是十分令人痛心和难以接受的。

其实在皇权主义的国家体制之下，董仲舒所受到的这种身后的冷遇是很正常的，皇权是不会礼遇一个死刑犯的，更不会赐给他谥号，只是这个冷遇发生在董仲舒这个皇权主义的重要缔造者身上充满了皇权的冷酷以及强烈的讽刺味道。

好在董仲舒能够"年老，以寿终于家"（《汉书·董仲舒传》），这与商鞅遭受五马分尸之刑相比已经幸运很多了。

汉武帝后来或许觉得对董仲舒的冷遇有些过分。《汉书·董仲舒传》载：

> 家徙茂陵，子及孙皆以学至大官。

这或许是他对董仲舒所受的冷遇而采取的一些补偿措施吧。然而这种补偿与董仲舒所做出的贡献相比显然是微不足道的。

第九节　董仲舒赞

董仲舒乃一介平民，他完全可以像其他的芸芸众生一样专注于追求功利，以荣华富贵为最高的人生目的，而以董仲舒的才华他完全可以获得更多的高官厚禄，但是董仲舒却选择了献身学术的人生道路。虽有"王佐之才"，却并不追求权力，虽有成为丞相的机会，却并不专营投机，争功夺利，不论荣辱都能够保持人格的方正，两袖清风，以哲学为己任，一生孜孜不渝。为什么呢？这只能归咎于董仲舒的人格境界。董仲舒的人格境界超越了这些"世俗"的追求，他的行为动机不是个人的利益和虚荣，而是对于国家、民族和历史的责任。责任感代表了董仲舒的人格境界。一介平民何以会有心系天下的责任感？天下、历史、国家、人民这些虚无缥缈的东西关乎董仲舒何事？这或许就是人性中那些最为特别和高尚的极少数人对于生命的理解，这就是作为天才、伟人和英雄的与众不同之处，也是他们高贵的行为令人无法理解之处。

董仲舒的行为方式体现了学者的使命感，他的成就证明了哲学家对于人类历史的主导作用。人类的历史是由行为塑造的，而人类的行为是由人的大脑支配的，而人的大脑又是受人的认知决定的，人的认知又是受人的智慧左右的，而人的智慧在很大程度上受到卓越的哲学家的影响。当哲学家与最高权力发生对接和融合的时候，哲学家的思想和哲学便会上升为国家意识形态，其理念就会通过国家行为表现出来，人类社会的革命和深刻变革便会发生。董仲舒与汉武帝的联袂就是如此。作为哲学家的董仲舒与作为皇帝的汉武帝实现了无缝对接，共同创造了公羊模式，中国文明的历史也从此产生了分水岭式的变化。董仲舒有幸在有生之年遇到了千古一帝的汉武帝，汉武帝在即位初期便发掘到了董仲舒，这是两个伟人的幸运，也是中国文明的幸运。

董仲舒与汉武帝的结合是人类最高等级的智慧和最强有力的权力的结合。智慧与权力的结合是改变人类历史的杠杆，人类历史上所有的革命都是在这对组合之下才得以发生的。单靠智慧/哲学和单靠权力都无法决定人类历史的进程。智慧/哲学是卓越的认知，但是如果没有最高权力的接受便无法转化为行为，无法在实践中体现其价值；同样，没有智慧 / 哲学支撑的权力只能是平庸的权力，无法对历史造成冲击和影响，世界上有太多庸庸碌碌的帝王将相了。

在智慧与权力的组合中，智慧居于主导地位。掌握权力的人多如牛毛，而思想和哲学的创造者则十分难得。同样地，在董仲舒与汉武帝的组合中，董仲舒的分量更重一些。皇帝可以更换，假如刘彻无法理解和采纳董仲舒的哲学，自会有其他的帝王在痛定思痛之后认识到董仲舒思想的伟大，继而加以采纳。而出类拔萃的哲学家则是无可期待的，他们的出现是权力或者任何因素所无法主宰、预知和设定的。中国文明的幸运就在于董仲舒和汉武帝能够出现在同一个时代，就在于汉武帝能够及时地理解董学，并且将之全面而彻底地付诸国家行为的实施。

天才对于人类历史的影响，思想家对于人类文明的作用，哲学对于人类行为的塑造力，都在董仲舒身上得到了最为典型的体现。

而面对历史上持续了两千多年的对于董仲舒的轻视、误解、篡改和谩骂，我们应该牢记刘向对董仲舒的评价：

> 董仲舒有王佐之才，虽伊、吕亡以加，管、晏之属，伯者之佐，殆不及也。(《汉书·董仲舒列传》)

第四章　对董仲舒著作的唯实考辨

根据观念唯实主义，在试图对某个哲学家的思想进行理解和分析时首先要确定其可以信赖的著作、文献和史料，即确定唯实史料，这点对于董学来说同样如此。只是董学所涉及的著作、文献和史料充斥着种种谜团，要花大量的精力进行唯实考辨，对于《公羊传》和涉及董仲舒的生平特别是他在汉武帝朝所起到的作用尤其如此。

第一节　公羊学考辨

公羊学是董学的政治哲学的重要组成部分，是历史哲学和政治哲学的统一体。公羊学的核心是皇权主义，皇权主义理论贯穿公羊学的历史哲学和政治哲学的始终，是公羊学的逻辑主线和演绎主体。

一、公羊学与《春秋》

公羊学的文献基础是《公羊传》，《公羊传》是《春秋》三传之一。

（一）《春秋》的性质

1.《春秋》的两个层次。研究《春秋》一定要区分开两个层次，否则会经常造成混淆，使思路混乱。第一个层次是《春秋》经文，第二个层次是《春秋》的传文。

《春秋》经文自成体系和风格，在三传中基本上是相同的。它们应该是来自于春秋时期鲁国的国家历史档案，很有可能经过晚年孔子的编纂修订而成书。

《春秋》三传则绝不是出自孔子，而是后人根据自己的思路和目的所进行的发挥。这些发挥有些与《春秋》经文的关系十分紧密，是对经文的诠释，而有些则与经文没有诠释关系，《春秋》经文只是后人阐述自己思想的一个载体而已。在后人对《春秋》经文的发挥上形成了两种思路：一种思路是从历史的角度对经文进行扩展，即有了作为史书的《左氏春秋》，即《左传》；另一种思路是从义理的角度进行发挥，即有了《公羊传》和《谷梁传》，尤其是前者成为一部卓越的历史哲学著作。

2. 春秋笔法。如果我们相信孟子所说的话，认为《春秋》是经过孔子晚年根据鲁国的国家档案裁定过的鲁国历史的话，那么《春秋》一书即《春秋》三传的经文部分已经不是一部史书，而是一部史论，是根据特定的价值观念和行为标准对鲁国春秋时期的十二位君主的行为和他们所经历过的或者是在他们的治下所发生的重大历史事件以编年史的形式编撰而成的一部史论集。

《春秋》经文的价值观和行为准则体现了孔学的价值观和行为准则。

而孔学从本质上讲并不是一个哲学流派，而只是一种价值取向。这个价值取向是向周朝的宗法制度以及由宗法制度派生出来的和与之相关的在官方、民间和个人层面的行为规范的回归。

根据这个价值取向，孔子对鲁国和与鲁国相关的春秋国家的重大历史事件进行了臧否和解读。孔子的历史观点并没有通过独立的历史理论的方式加以系统的阐述，而是将他的价值取向在具体的文字表述中体现出来，这就是所谓的"微言大义"和"春秋笔法"。

春秋笔法包括以下方面：

第一，对历史事件的选择上。孔子并没有将鲁国的历史全盘尽录，对于记录了的历史事件也不一定记录全部过程，而是进行了大量的删减和取舍，而删减和取舍的标准便是孔子的价值取向。

第二，对历史事件表述的简繁上。对于孔子本人重视的历史事件孔子会施以较为浓重的笔墨，对于一些比较重要的历史事件孔子则用几个字带过。

第三，对历史事件的用字和措辞上。对措辞的使用典型地体现了微言大义的春秋笔法。中国古代的文字是一种精妙的语言体系，对于同一个事物、同一个行为可以从不同的角度和层次进行不同的表达，而这些不同的表达都有专门的名词加以体现。因此，选择对一个历史事件表达的角度和层次便成为复杂的事情，通过对措辞的选择本身便可以微妙地、巧妙地和明确无误地体现出评论者与事件中的人物关系的远近、亲密程度以及赞许、中立、讥讽、批评和批判的立场。孔子将中国古代语言的丰富性、微妙性、含蓄性和倾向性推演到了极致的境界。

用现代西方的哲学语言来说，《春秋》是一部历史解释学著作。而其进行解释的工具则是西方文明的语境中无法寻觅得到的。

凝结了孔子的春秋笔法的三种表现的一个典型的例子是鲁隐公元年发生的"郑伯克段于鄢"这六个字。

这句话记录了春秋初年发生在郑国的一件大事。郑武王有两个儿子，大儿子寤生和小儿子段，寤生作为嫡长子被立为太子。但是郑国的王后武姜却不喜欢寤生，而宠爱段，希望段能够继位国王，但郑武王并没有答应。郑武王去世后，寤生继位，就是郑庄公。武姜和段决定发动政变，夺取王位。为了发展力量，武姜为段要求一块富庶的封地。郑庄公爽快地答应了。在自己的封地内段果然大张旗鼓地招兵买马，扩张势力。郑庄公表面上装作不知，任凭大臣们多次劝说，仍然按兵不动。可当段准备就绪，和武姜密谋好要里应外合地发动政变的前夕，郑庄公果断出手，以迅雷不及掩耳之势囚禁了武姜，击败了段。

孔子对于郑庄公的行为颇有微词，于是只用六个字记录了这个相当复杂的历史事件。在这六个字中，孔子用"郑伯"来称呼郑庄公，将他的爵位由"公"连降两级，成了"伯"，明显地对郑庄公的行为充满了贬义；孔子用"克"来表述兄弟之间的内战，而"克"是用来表述两国之间的战争的，说明两兄弟之间已经没有了兄弟之情，其关系已经完全蜕化为敌国之间不共戴天的关系；另外，孔子忽略了对段在战败之后逃亡到自己的封地的事实，是表明郑庄公的本意是要杀死段，兄弟之间的杀意既出，就是没有杀死也按杀死来论，加重了对郑庄公的谴责。

3.历史书的种类。历史书有两种：一种是作为行为事实的历史书，即行为史书；一种是作为历史事实的历史书，即价值史书。

行为史书是指在行为发生过程中由当代人所做出的记载，也可被称为是动态史书①。

价值史书是指行为事实转化为历史事实之后，由后人对行为事实的历史性质所做出的判断，也可被称为是判断史书②。

4.《春秋》的历史学定位。春秋笔法表明，《春秋》经文是一部价值史书，属于价值历史学范畴。《春秋》是中国历史上第一部价值史书。春秋笔法是中国历史上第一种价值历史学方法。

（二）《公羊传》的性质

由于《春秋》已经不是一部史书，而是一部史论集，那么作为对《春秋》进行解释的《公羊传》更不是史书，而是一部对史论的再次论述和解释，只是《公羊传》的价值观和行为准则较《春秋》发生了变化。《公羊传》的价值观和行为准则已经是公羊学的了，

---

① 动态史书中的"动态"相当于德国古典哲学中的Becoming或者是Things-Becoming，是一种正在实现中的、处于过程中的事物，这个实现的过程可以是行为事实本身，也可以是人们对于行为事实的了解。动态史书就是对正在实现过程中的事物的历史记录，它包括行为和事件的当事人和参与者的行为，以及当时的观察者对他们的行为所做出的描述和记录。这些材料对于事件的当事人来说是他们行为的载体和媒介，而对于历史学家来说则是了解事件的过程的必要的依据和材料。动态史书记录的事实是行为事实。行为事实还不是历史事实，但是它会过渡和转化为历史事实，进入历史的范畴。

② 判断史书相当于德国古典哲学中的Become或者是Things-Become，是一种已经完成了的、展现过程结束了的事物。判断史书的书写者是历史学家和哲学家，或者是历史哲学家。他们根据在动态史书中所了解到的行为事实对它们的性质做出判断，对他们的作用、效果和意义做出评价。判断史书记录的事实是历史事实。

而不再是孔学的。《公羊传》因而也成为以《春秋》为载体的服务于西汉初期的政治现实的历史哲学和政治哲学的书籍。

公羊学的历史哲学和政治哲学是通过对《春秋》所载史实进行价值的再判断和再褒贬扬抑来表达和阐述的。用现代西方哲学的语言来说，就是《公羊传》是对作为历史解释学著作的《春秋》进行再解释的历史哲学著作。

《公羊传》的笔法是尊重《春秋》的"春秋笔法"的，在许多方面的运笔和风格也是与《春秋》的"春秋笔法"一脉相承的，只是《公羊传》的风格更为直白，多次直接使用"讥""隐"等字词。

但是，必须加以说明的是，虽然董仲舒尊重孔子的春秋笔法，但是他并不因此而将孔子通过春秋笔法而表达的是非观和价值观照单全收。事实上，董仲舒对于孔学的是非观和价值观多有修正甚至否定，因为董仲舒通过春秋笔法所要表达的是他的公羊学的哲学理念，而不是阐释孔子的观点。

（三）春秋三传的差异

在具体的史实上，《公羊传》与《左传》及《谷梁传》都遵循同样的历史线索，在对礼仪的细节的描述上虽有不同，但并不突出，而且在对历史事实的价值判断上三者也具有众多的重合之处。但在政治功能上，《公羊传》与《左传》却存在明显的分野，前者已经跳出了孔门儒家的藩篱，成为自成一派的价值观。

1.《公羊传》与《左传》。

公羊学与《左传》在价值观上的主要不同表现在：

（1）目的性和作用不同。公羊学的价值观体现在大一统上，具有明确的政治目的性和现实政治性。除此之外，《公羊传》更是作为一个独立的哲学体系，即公羊学的抛砖引玉之作，是董学的哲学体系的一个组成部分。

而《左传》则体现在再现作为历史事实的鲁国和春秋历史，力求客观而中性地反映出周朝的宗法制度和各个诸侯国的国家行为。

（2）历史观不同。

体现在对历史时代的划分上。公羊学体现的是"三世异词"说／"张三世"的历史理论，是一种进化的历史观，与孔学的复古和倒退的历史观是南辕北辙，完全不同的。相比之下，《左传》则基本上忠实于孔学的价值取向，将周朝的宗法制度和行为方式在很大程度上看做是理想的政治制度和行为方式，暗含着复古周朝历史观。

（3）《公羊传》的体例与《左传》完全不同。

从其体式、行文和立意来看，《公羊传》与《左传》完全不同。除了两本书所依据的经文基本相同之外，两者可以看做是完全不同的两本书，而不是一本书的两种版本。

《公羊传》的作者在主观上完全不把该书当做史书来处理，春秋史只是其阐述董学体系的一个载体和媒介，而不在意对史实的记载和求真。因此，《公羊传》对于春秋史上一些"热点"事件采取了完全回避的处理方法，只要是与公羊学的原则和主张没有关联的历史事件全部不加注释。但是，对于一些看似细枝末节的事情，只要它应该作为载体能够引发出公羊学的寓意，《公羊传》便会不厌其烦地加以强调。由此可以看出，《公羊传》作者是在主观上有意地没有把该书看做一部史书，其将传文注释的重点放在了对与公羊学有关的非史实性的事物，尤其是行为事实的历史性质的挖掘之上。

从其体式和行文风格来看，《公羊传》明显是后人对一部因年代久远而本意已经模糊和失传了的古书中所记载的古代社会的政治制度、历史行为和礼仪制度的再解释和再释义，是一本具有"诠释学（Hermeneutics）"特征的、用来阐述公羊学哲学的"新书"。

（4）成书过程不同。

关于《公羊传》的传承在史籍中并没有明确的记载，直到唐朝时期才有人勾勒出了一个所谓的传承路线图，不过这个路线图漏洞百出，完全经不起推敲，不宜再用。实际上，被汉武帝尊为经典的《公羊传》是出自董仲舒之手，关于此点下文会有详细的考证。

而对于《左传》历史上也是争论不断。据研究，《左传》是在战国时期成书的，在战国时期已经开始在民间流传，只是到了西汉中后期，刘歆大力推举之，将其作为古文典籍，在王莽时期被列为官学。后人指责《左传》是刘歆伪作，是他为王莽篡汉服务的政治工具。这种质疑和指责在乾嘉时期不绝于耳，公羊学学者刘逢禄便认为该书是刘歆的"妄作"，并且后人窜入了许多"附益"之论，在清末这种质疑声仍然十分流行，康有为便是其中最重要的怀疑者和批评者。

当代著名的《左传》学者杨向奎认为《左传》的来源不一，是各国史书的"记事合编"，致有不相协调的地方，但并不是后人的"窜加"。

（5）对《公羊传》的误解。

在中国哲学史上存在着对于《公羊传》的误解和攻击，其中的一种攻击方法便是基于对《公羊传》性质的不理解而做出的。这种方法将该书看做是如同《左传》一样的史书，将两者进行比较，以《左传》的标准来衡量《公羊传》，这种方法所得出的结论自然是一些不必要的批评。例如，唐代的孔颖达便是如此。孔颖达不理解《公羊传》的性质和深意，多次做出了激烈但却是不着边际的批评。在评价《公羊传》对"西狩获麟"的传文时，孔颖达认为其"言既不经，事无所据，苟炫时世，妄为虚妄"。事实上，《公羊传》的结尾是《公羊传》最为重要的部分，是理解《公羊传》的关键中的关键，在与它的开头进行逻辑上遥相呼应的同时，它给出了公羊学的目的性和哲学定位。可以说，不理解《公羊传》的结尾，便不能理解它的开头，便不能理解《公羊传》的全书。不幸的是，孔颖达却以这样一种激烈和傲慢的方式暴露了他的无知，完全不解《公羊传》作为一部旨在为了解决西汉初期的政治危机所做的抛砖引玉的政治哲学方案的本意，而根据《左传》对《公羊传》进行虚妄攻击。像孔颖达这样的独领唐代经学风骚的大师尚且如此，其他历代的陈陈相因的平儒显然更无法准确理解《公羊传》的真意和深意了。

对《公羊传》性质的这种误解一直延续到清朝的乾嘉时期。著名的朴学学者钱大昕仍然按照史书的标准来评价《公羊传》，认为其不如《左传》，今文学家刘逢禄对此进行了针锋相对的回击和驳斥，才在一定程度上纠正了人们的视听。

2.《公羊传》与《谷梁传》。

（1）两书或为一书。

《谷梁传》与《公羊传》具有相同的体式、行文和立意，都重义理而轻史实，其目的都在于以鲁国的历史档案为载体来解释周朝的礼制，而非记载春秋时期的历史。

相传两书都传于孔子的弟子子夏。而顾颉刚则更进一步，他曾考证认为："'毂'与'公'为双声，'梁'与'羊'为叠韵。"① 这表明，顾颉刚认为两书其实同为一书。

《谷梁传》的作者是谁至今仍不可考。

（2）两书的性质不同。

两传虽然有诸多相似之处，但在对历史事实的价值判断上却有许多不同甚至针锋相对之处。两者最大的不同之处在于，《谷梁传》局限于解释周朝的礼制，遵循孔学的价值取向，并没有自己的政治和历史理念，也没有明确的政治目的性；而《公羊传》则是"醉翁之意不在酒"，以古书为载体来阐述公羊学的历史哲学和政治哲学理念，具有明确的政治目的性，即要为危机四伏的汉初政治现实提供一套可行的解决方案。

另外，《谷梁传》比《公羊传》更为侧重周朝的宗法制度。也正是这点使汉宣帝对它青睐有加。《谷梁传》在汉宣帝时被列为官

---

① 承载撰：《春秋谷梁传译注》，上海古籍出版社 2004 年版，第 5 页。

学，设为博士。

（3）《谷梁传》可作为《公羊传》的证据。

《谷梁传》的这些特征从侧面加强了《公羊传》的作者是董仲舒的证据。可以看出，在先秦和汉初通过私学流传过程中的《公羊传》和《谷梁传》具有同源性，并且《谷梁传》有很大的可能就是被董仲舒加工之前的《公羊传》，或许是董仲舒在撰写《公羊传》的过程中的一个文献参考和原始模本。

（4）《公羊传》的开头和结尾。

《公羊传》的开头和结尾最能反映出它与《左传》及《谷梁传》的不同性质。《公羊传》的开头和结尾是《公羊传》最为精彩的部分，其立意上的前后呼应、逻辑上的连贯性得到了天衣无缝的展现。

如果说《公羊传》的开头便开宗明义，畅快淋漓地充满了该书的本意与基本的目的和逻辑主线的话，那么《公羊传》的结尾则同样地耐人寻味、意味深长，与其不同凡响的开篇相得益彰，形成一个气势恢宏的整体。

《公羊传》戛然绝笔于鲁哀公十四年。在这一年，孔子得悉"西狩获麟"，便顿然怅然而泣。

> 孔子曰："孰为来着！孰为来着！"反袂拭面，涕沾袍。
> 孔子曰："吾道穷矣！"①

这个结尾是在告诉世人，孔子之道已经穷绝了，一个旧的时代已经结束了，世间必须要有新道出现才能挽救已经混沌不堪的现世。而这个新道是什么呢？作者留下了一个振聋发聩的悬念、一个无比巨大的问号。很显然，这个新道就是公羊学，而《公羊传》则是为这个新道的横空出世提供了一个逻辑契机和历史的连续性。

作为哲学大师的董仲舒就是以这样的魄力和自信来提出他的公羊学的，他的历史使命感和责任感和"浩然之气"即便是孟子也无

---

① 王维堤、唐书文撰：《春秋公羊传译注》，上海古籍出版社 2005 年版，第 562 页。

法相比，可以说这种豪迈的气质在中国哲学史上是绝无仅有的。

《公羊传》结尾处所引的孔子的话很有可能并不符合历史事实，因为它们得不到《左传》及《谷梁传》的印证，在其他史书和文献中也缺乏记载，尤其是孔子并不相信祥瑞，从不言"怪力乱神"，从不相信天人感应。而天人合一的理论则是董仲舒的公羊学的重要命题、方法和原则。因此，此处引述孔子因为天人感应而痛苦并感叹道"吾道穷矣！"并不符合孔学的一贯原则。《公羊传》以这样的方式结尾恰恰明确表明了《公羊传》是"托孔入世"的著作，其真意正是要依托孔子来引导出公羊学的原则、方法、概念和哲学体系。

第二节 《公羊传》的真正作者

《公羊传》的真正作者历来是个未解之谜。但根据现有的观念事实和历史事实来判断，《公羊传》的作者只能是董仲舒。

一、历史上的《公羊传》作者是个未解之谜

《公羊传》虽然在正式成书之前有过漫长的流传史和私学史，但是作为经书之首的《公羊传》即今本《公羊传》的作者绝不会是传说中的传授者。如同其他的经书一样，如果《公羊传》在流传过程中早已有定稿，该书便不会与其他版本的《春秋》产生如此多的分歧和差异。更为重要的是，如果《公羊传》的作者是春秋和战国时期的人物，《公羊传》中便不可能保存如此众多的"现代"即汉代的政治理念，更不可能以现代的政治理念作为主题和逻辑主体而贯彻和统领全书。从它的政治理念、政治目的性和政治逻辑来判断，《公羊传》只能是成书于汉武帝时代，而绝不可能是在之前，更不可能是在之后。

《公羊传》虽然保留了董仲舒之前的传授人的一些观点，如书

中提到的"子公羊子""鲁子""子北宫子""子女子""子沈子"等，但是这些观点都是零星散碎的，都不是主流。

从行文和语气来看，《公羊传》绝不可能是由公羊子所撰。《公羊传》中两次出现"子公羊子曰"，这完全是第三者的语气，是以后代的弟子或者学者的角度所做出的评述和转载。而子公羊子所做出的两个评论都是些无关紧要的小问题。这无疑否定了《公羊传》的成书作者是公羊子。从对全书的逻辑的统领、术语的运用上看，虽然加入了如前所述的其他人的评论，可是全书的行文并没有出现逻辑和语义上的矛盾和错乱，这表明《公羊传》全书是由一人修订和定稿的。其中绝大部分的传文尤其是关键性的要点只能与董学和公羊学一致，我们只能说该书是董仲舒撰写或者编定的。因此，《公羊传》的真正作者只能是董仲舒，绝不会是其他人。

徐复观甚至认为《公羊传》不应该以公羊氏来命名，而历史上之所以由公羊氏来命名该书则是一个"偶然"事件。徐复观写道：

> 尤其值得注意的是，出于公羊子的两条，口气完全相同，且不含有重大意义；我们可以推测，在传承中可以考见的七个人中，子公羊子不是主要的人物，且可能是在时间上为最迟的人物。……就全《传》内容看，没有称为《公羊传》的理由。其所以称为《公羊传》，或汉初所传的，是出于子公羊子后学之手，这只能算是偶然的称呼。①

二、《公羊传》作者为董仲舒考证

《公羊传》的真正作者只能是董仲舒，这是因为：

（一）历史上关于《公羊传》作者的记载

史书上关于《公羊传》流传的记载皆不可信。《汉书·儒林传》特别重视关于先秦经学文献的传承的记述，为班固所列传的儒生都

---

① 徐复观：《两汉思想史（第二卷）》，华东师范大学出版社2004年版，第201页。

是在各部经书的传承过程中占有重要地位的人物，但是，班固却唯独没有关于"五经"之首的《公羊传》的传承的记载。这是非常耐人寻味的。班固的不言无外乎两种情形，一是《公羊传》的流传线索不清楚，二是官方和学界共尊的《公羊传》并没有留下明确之线索。对于第一种情形，班固是选择了回避一个无法厘清的历史难题；对于第二种情形，班固的做法则表明他对于这个问题没有必要做出描述。

在《汉书·艺文志》中，班固记录有《公羊传》十一卷，并注曰："公羊子，齐人。"在此，班固点出了公羊子的名字，却没有说明公羊子就是《公羊传》的作者。六百多年之后的唐朝学者却将《公羊传》与公羊家族联系了起来。但是唐人的唯一依据却是推崇谶纬学的东汉中后期的戴宏的推断。奉诏治经的颜师古注曰："名高。"唐人陆德明在《经典释文·序录》中说："公羊高受之子夏。"但是，颜师古的注的来源是《春秋纬说题辞》，而纬书是公认不足为信的，故颜说并不可靠。

唐人徐颜《春秋公羊传疏》中引东汉戴宏序云：

> 子夏传与公羊高，高传与其子平，平传与其子地，地传与其子敢，敢传与其子寿。至汉景帝时，寿乃共弟子胡母/毋子都著于竹帛，与董仲舒皆见于图谶是也。

戴宏的这段描述被后世认为是公羊传早期传授线索的定论。但是这个描述是十分经不起推敲的。

第一，这是纬书中的记载。东汉纬书盛行，在许多正统的经学留有空白的地方谶纬学大肆发挥，别有用心的各路儒生望文生义，对经学极尽歪曲之能事，其奇谈怪论经不起推敲，已经被官方和学界所唾弃。而戴宏依据纬书的描述当然是不足为信的。

第二，这个说法是个"孤证"。除了戴宏的描述之外，再没有任何其他的古代文献可以提供旁证，因此难成定论。

第三，这段描述将董仲舒看做是胡毋生的弟子，这也是难以成立的。董仲舒是赵人，胡毋生是齐人，据《史记·儒林传》记载，两人都是汉景帝时的博士，师父和弟子当然不能同为一科的博士。另外，《史记·儒林传》同时记载，（胡毋生）"与董仲舒同业"，而绝不提两人有任何的师承关系；"仲舒著书称其（胡毋生）德"，这明显是对前辈学者推重的语气，而绝非弟子对先生的口气。

第四，清末民初学者崔适在其《春秋复始》中对于戴宏的描述直接进行了质疑：

> 子夏少孔子四十四岁。孔子生于襄公二十一年，则子夏生于定公二年。下迄景帝之初三百四十余年。自子夏至公羊寿，甫及五传，则公羊世世相去六十余年；又必父享耄年，子皆夙慧，乃能及之，其可信乎？ [①]

这个简单的计算无疑戳破了戴宏关于公羊学流传的谶纬学臆想。

第五，关于《公羊传》传承的臆想之所以会出现在东汉时期，这一方面是由于谶纬学在当时的盛行，另一方面，根据徐复观的推断，是由于：

> 《公羊》和《左传》在东汉初的互相争胜，《公羊》家为提高自己的地位，私自造出来，以见其直接出于孔门的嫡系单传。 [②]

（二）史书上看不到董仲舒《公羊传》的传承线索

如果说董仲舒的《公羊学》并不是传自于公羊家族，那么他的《公羊学》又是师承何人呢？无疑将董仲舒的公羊学立为官方意识形态的官方记载应该会提供一些线索，哪怕是未必全部真实的线索。但是，我们看不到官方文献关于《公羊传》的出处和传承的记载。也许是当时的文献丢失了才造成了这种缺失，但是在与汉武帝

---

① 转引自徐道勋、徐洪兴：《中国经学史》，世纪出版集团/上海人民出版社2006年版，第359页。

② 徐复观：《两汉思想史（第二卷）》，华东师范大学出版社2004年版，第199页。

时代相去并不遥远的刘向父子所著的《别录》和《七略》中仍然没有得到补述，这就等于排斥了官方文献丢失的可能性。特别是刘歆在其《七略》中还刻意攻击《公羊传》等是依靠"口说"而"流行"，这就等于确认了《公羊传》没有明确的传承线索的事实。而对于经学传承线索十分重视的东汉大史家班固同样找不到新的线索，所以他就只能接受刘向和刘歆父子的结论，而这就等于默认了董仲舒的《公羊传》是出于董仲舒本人，而其出处和传承并不需要这样的官方立场和态度。

（三）《公羊传》由西汉初年成书的事实

在各种史籍中《公羊传》定稿于西汉汉武帝年间是不争的事实，没有定稿于汉武帝时期便不会将其列为"五经"之首。这个事实同样支持《公羊传》的最终作者是董仲舒的结论。

董仲舒是《公羊传》的真正作者的结论是不容置疑的、经得起推敲的结论。但是，董仲舒成书的情况应该是重著和定稿，而不是凭空一手创造。据统计《公羊传》中的经文共 16572 字，传文共27583字，合计共44155字①。即使传文中的大部分是由董仲舒所著，依靠口头背诵也要有两三万字之多，徐复观认为，这仅靠公羊一家代代相传是不可能的。况且，《史记·儒林传》中有关于伏生依靠背诵而保存了《尚书》中的一部分的记载，而并没有关于《公羊传》也是如此流传的记载。鉴于《公羊传》在西汉前期的重要性要远大于《尚书》，如果前者也是依靠背诵口头相传的事实的话，应该不会被司马迁错过。

因此，最有可能的情况是《公羊传》在战国时期已经有各种版本的竹帛记载流传于世。董仲舒是在各种战国时期的竹帛"原传"中进行取舍增删，按照自己的公羊学的原则再进行修订，在重要的关节点渗入公羊学的观点，甚至按照公羊学的原则进行重新撰写和

---

① 徐复观：《两汉思想史（第二卷）》，华东师范大学出版社 2004 年版，第 197—198 页。

解读，将社会上流传的作为不完整的史书的《公羊传》改造为一部系统阐述公羊学思想的政治哲学著作《公羊传》。

（四）史书关于董仲舒与《公羊传》"特殊"关系的记载

虽然西汉的官方文献并没有明确提及董仲舒的《公羊传》的出处和传承，但是作为董仲舒的学生和同时代人的司马迁在《史记》中关于董仲舒与《公羊传》的关系的两处记载却提供了颇值得玩味的线索和依据。

1. "推""义"之辨。

司马迁在《史记》中明确提到了董仲舒与《春秋》的关系。在《史记·十二诸侯年表第二》中，司马迁写道：

> 上大夫董仲舒推《春秋》义，颇著文焉。

此句的"推"和"义"二字颇值得玩味。

第一，司马迁肯定了董仲舒与《春秋》存在着十分密切的关系，是《春秋》在当时（西汉初期汉景帝和汉武帝年间）重要的传承人。

第二，司马迁否定了董仲舒是《春秋》的被动的全盘接受者，董仲舒是借《春秋》来发挥自己的思想。

第三，司马迁认为董仲舒并不一定是儒家的传人，是"推""义"，而非"承""义"，是"推""义"，而非"推""文"。所推之义显然与孔学的理念有差距，否则，司马迁断不会使用"推"和"义"二字来概括董仲舒与《春秋》的关系。

2. "明"之辨。

在《史记·儒林列传》中，司马迁写道：

> 故汉兴至于五世之间，唯董仲舒名为明于《春秋》，其传公羊氏也。

司马迁认为，在西汉建立之后的五世即汉高祖、汉惠帝、汉文帝、汉景帝和汉武帝中，只有董仲舒一人"明"于《公羊传》，而其他的以研究《春秋》出名的学者如被东汉的何休奉为《公羊传》正宗传人的胡毋生只能"言"《春秋》而已。

3. 司马迁认为《左传》为正统《春秋》。

司马迁关于董仲舒与《春秋》的关系可谓是别有深意，却又欲言又止。司马迁强调了董仲舒与《公羊传》的紧密关系，却又不承认董仲舒所传的《春秋》是孔子的春秋。在《史记·十二诸侯年表》中，司马迁写道：

> 是以孔子明王道，干七十余君，莫能用，故西观周室，论史记旧闻，兴于鲁而次《春秋》，上记隐，下至哀之获麟，约其辞文，去其烦重，以制义法，王道备，人事浃。七十子之徒口受（授）其传指，为有所刺讥褒讳抑损之文辞不可以书见也。鲁君子左丘明惧弟子人人异端，各安其意，失其真，故因孔子史记具论其语，成《左氏春秋》。

这段话是司马迁关于《春秋》传承的唯一一次明确记载。它肯定了《左传》是鲁学，左丘明的《左氏春秋》是孔子《春秋》的正宗后传。这无疑就否定了董仲舒的《公羊传》是孔子《春秋》之正宗后传。

4. 司马迁对于《公羊传》的看法。

事实上，通过司马迁在《史记》中对董仲舒与《公羊传》之间关系以及他对于《春秋》传承的描述，已经可以得出司马迁关于谁是《公羊传》作者的明确看法了。

司马迁对于董仲舒与《公羊传》的关系的表述方法是典型的"欲言又止"，而这种表述方法背后的含义是十分明确的，那就是"董仲舒是《公羊传》的真正作者，董仲舒的《公羊传》与儒家世传的《春秋》并没有承继的关系和渊源"。

司马迁是董仲舒的学生，是历史学大师，也是一位公羊学大师，他对董仲舒的评价是十分可靠的，尤其是他与董仲舒错综复杂的微妙关系（后文会专门分析）更能证明此点。

（五）董仲舒本人关于《公羊传》传承的立场

作为依靠《公羊传》而成名和立足的董仲舒关于《公羊传》传

承的态度是十分重要的切入点和证据，对于破解《公羊传》的传承之谜具有特别重要的意义。但是，董仲舒关于这个问题没有留下只言片语，完全回避了这个至关重要的问题。无论是在面对汉武帝的《天人三策》中还是在《春秋繁露》等著述中，董仲舒绝没有提到《公羊传》的出处和传承问题一个字。这或许是因为汉武帝从来没有任何兴趣询问这个问题。汉武帝关心的是治国安邦的现实的政治问题和可行的政治哲学和国家政策，而不是董仲舒的《公羊传》是否是出自孔子还是其他人的学术传承问题。

汉武帝的实用主义的态度决定了董仲舒对于《公羊传》的传承问题的处理方式，也给了他灵活的处理空间和底气。董仲舒的这种处理方法也恰恰进一步加强了《公羊传》是出自董仲舒之手的结论。

事实上，董仲舒确实没有必要再去纠缠《公羊传》的传承和出处问题，因为汉武帝的认可和接纳已经为这个问题画了个完美的句号。而对于以经世为目的的哲学家来讲，董仲舒既然要"托孔入世"，何必还要主动留下破绽呢？既然假戏已经成真，何必还要告诉世人自己演的是一部假戏呢？既然汉武帝已经钦定他的《公羊传》为正宗，他自己何必还要自我拆台呢？

（六）"董氏《公羊传》"就是正宗的《公羊传》

通过以上分析，关于正版的《公羊传》的作者问题已经水落石出般地明确了。种种史实表明：作为官方认可的《公羊传》即当时被认为是正宗的《公羊传》版本就是董仲舒编撰和审定的《公羊传》。董氏《公羊传》就是正宗的《公羊传》，就是中国哲学史在两千多年的历史中流传下来的今本《公羊传》。

三、董仲舒作《公羊传》的可能性分析

除了史籍中的诸多线索之外，可行性分析同样是证明董仲舒为《公羊传》作者的逻辑线条中不可或缺的一部分。

（一）先秦著书的方法

1. 不署名。

在先秦和西汉初期并不存在公开发行问题，更不存在版权问题，人们著书的目的是给弟子的教学和在家族等小范围内的流传之用。先秦诸子的许多著作并非由他们本人执笔，而是由他们的弟子门人代笔，往往是他们的讲课笔记和谈话录。秦始皇在读了韩非子的《孤愤》和《五蠹》等作品之后以为是古人的作品，叹不"得见此人，与之游"。幸亏李斯告诉秦始皇这些文章的作者不是古人，而是他的同学韩非，秦始皇才喜出望外地要千方百计地得到韩非。而文学作品同样也没有记录作者姓名的习惯。汉武帝在读司马相如的《子虚赋》时伤叹道："朕独不得与此人同时哉！"这种著书方式使先秦书籍的来源产生疑问，也为后人假借前人之名而创做出自己的著作提供了可能性。

作为致力于著书立说的董仲舒来说，当然也要按照当时流行的方法来著书，他利用了这种方法来为自己的著作的入世打开了一扇方便之门。

2. 成书不等于定稿。

先秦书籍只在弟子门生和私家范围内小规模地流传，并没有定稿之说，由于各种技术条件的限制，一本书往往会出现多个版本，也就是说，一本书的成书年代即使确定了也不能证明该书的主题思想、重要段落和主要结论的确定时间，后人仍然有可能来对该书的主题思想、重要段落和主要结论等方面进行修订和篡改。也就是说，先秦书籍的成书与定稿之间存在着不协调性和不统一性，成书并不等于书籍的定稿。这种状况为先秦书籍的伪托和再创造提供了可行性，这也成为先秦书籍的作者和成书年代扑朔迷离而需要专门的考据学来加以辨正的原因之一。

作为将一生致力于著书和学说创造的董仲舒来说当然对这种传统了然于胸、洞若观火，使之成为推出和传播自己的学说的一个巧妙的方法。

（二）汉武帝的全力支持

董仲舒撰写《公羊传》的最大的可能性在于汉武帝的全力支持。

董学获得汉武帝的认可开始于董仲舒与汉武帝之间进行的著名的《天人三策》的互动，也就是说汉武帝最初接受的只是董学的浓缩版，汉武帝在此之后应该会仔细阅读董仲舒所撰的《公羊传》。在阅读之后，汉武帝深为赞赏，决定将其对董学的支持公开化，于是汉武帝对董学的支持进入了第二个阶段。在这个阶段汉武帝推广董学的媒介就是《公羊传》。汉武帝安排了董仲舒与其他版本的《春秋》学者如《谷梁传》专家在朝廷上进行了公开的辩论，董仲舒全都大获全胜，于是"《公羊传》大兴"。

在这个过程中，不难看出汉武帝的幕后推手。为了推广董学，汉武帝是不允许董仲舒在大庭广众上落败的；为了推广《公羊传》，汉武帝也是不会允许董仲舒推行一个漏洞百出、充满了错误的版本的。同样地，为了在辩论中获胜，董仲舒对原本凌乱不堪的版本进行系统的整理和编订也是十分正常的事，汉武帝也是会全力支持的。

正是有了汉武帝的许可和认同，董仲舒才有可能名正言顺地编撰《公羊传》，才能够密切地配合汉武帝重塑意识形态的努力；也正是有了皇帝的全力支持，技术上的障碍才能够顺利地得到克服，新的版本才能够顺利诞生。于是，这部由董仲舒编撰的《公羊传》便成为皇家钦定的版本在官员、学者和社会上流行，而这个版本遂成为《公羊传》的定版。

（三）何休的反证

东汉后期的何休著有《春秋公羊经传解诂》一书，被认为是关于公羊学的一部重要的著作。何休对于公羊学的一些观点进行了进一步的阐述，尤其是关于"张三世"的历史理论等。但是何休关于

《公羊传》的传承问题的态度是颇耐人寻味的。

虽然他奉行和发扬了公羊学的历史哲学理论，但是他在著作中并没有提及董仲舒。在其自序中提到"往者略依胡毋生《条例》，多得其正"。由此可以看出，胡毋生或曾著有《公羊条例》，或许因为早已亡佚，后人并没有看到，但是在刘向父子和班固的记载中并没有此书，其他人也没有提及，因此此书是否存在有疑点。而如果何休从一本或许并不存在的古书中"多得其正"，或许只能表明何休要刻意拒绝承认董仲舒为《公羊传》的正宗，即使"无中生有"也在所不惜。而他认为世间流行的《公羊传》版本即官方版本和董仲舒版本"其中多非常异义可怪之论"，这又表明他对于正统版本的《公羊传》颇有诋毁之意，徐复观认为或许此举是受到了纬书谬说所左右。

何休并没有认为胡毋生版本是《公羊传》的"原本"，也没有因此而攻击董仲舒的版本。鉴于何休对于董仲舒的抵触情绪，如果他有任何关于《公羊传》渊源的切实的资料，他一定会大加利用。何休关于《公羊传》传承问题的暧昧态度只能说明官方版的《公羊传》并不是来自于公羊家族，而董仲舒的《公羊传》则是董仲舒个人的作品。这或许是何休对于董仲舒颇有微词却又不便公开批判的原因之一吧。

（四）"思想上的传承"

有的学者不否认《公羊学》的传承是后人伪造之说，但是仍然拒绝承认《公羊学》的真正作者是董仲舒。其方法是要说明公羊学的传承就不能从世系入手，而应从思想入手。[①]

这个说法听起来有一些道理，但是在具体的操作和处理方面却无法令人信服。

第一，它回避了历史文献关于《公羊传》传承问题的完整记载。

---

① 参见蒋庆：《公羊学引论》，辽宁教育出版社 1995 年版，第 74 页。

在得知历史文献无法合理说明《公羊学》的传承线索之后，作者便拒绝了进一步考察历史文献，而置关于这个问题的其他历史文献于不顾，这种"唯取己用"的功利主义方法是不科学的。

第二，它只看到了《公羊传》中的经文，而没有看到传文。事实上，如前所析，《公羊传》的本质是在传文，而不在经文。三传中的经文部分基本上都是相同的，其差异在于传文部分，正是传文的不同决定了三传具有不同的本质，使《左传》成为一部史书，而《公羊传》成为一部历史哲学著作。

第三，它有"避重就轻"之嫌。作者并没有将视角锁定在《公羊传》的传文之上，而是将研究的重点放在了孟子和荀子之上，这种研究方法等于是"丢了西瓜拣芝麻"。孟子和荀子对于《春秋》的论述是只言片语和支离破碎的，与《公羊传》有天壤之别。要通过它们来为《公羊传》寻求"思想上的传承"，而置董仲舒的《公羊传》于不顾，无疑是"不走阳关道，而专走独木桥"。

第四，"泛儒学化"和"泛孔子化"的思维定式在作祟。其实，作者在认定公羊学是儒家的政治哲学时是受着这两种中国哲学史中最常见和最顽固的思维定式所左右的。作者或许觉得将公羊学看做是儒家的一部分是不言而喻的事，甚至除此之外是不可能有其他的可能性的。但是这显然并不符合前儒学和公羊学的观念事实。事实上，也没有必要过于责怪作者，不知不觉地受制于各种思维定式是中国哲学史研究中的通病。

四、董仲舒为何选择《公羊传》

董仲舒选择《公羊传》是因为《公羊传》是董仲舒"托孔入世"的最佳载体。

（一）理念上的契合

《公羊传》的经文虽然十分简洁，但其中却包含着丰富的历史事件，尤其是关于周王和诸侯之间关系的记载和各种"不正常"的天象和自然现象的记录为董仲舒提供了引入其政治哲学理念的机会，公羊学的大一统理论和灾异论成为《公羊传》的重点。

（二）一个自我保护的外壳

董仲舒处理《公羊传》的方式完美体现了中国人的含蓄、低调、考虑周全、务实和明哲保身的处事风格，体现出了一种隐约之美和分寸之巧，做到了进可攻退可守。成可以弘扬公羊学，败则可以推诿于孔子和《左传》，而不会伤及自身。

在拥有绝对权力的皇帝制度下发展哲学，尤其是建立新的意识形态，是一项十分危险的事业，若不合皇帝的心意或者触怒了皇帝，哲学家不但会断送仕途，还会面临杀身之祸。因此，从事哲学工作是一份高危职业。

（三）抛砖引玉

董仲舒在《公羊传》中并没有将其整个的政治哲学理论全盘托出，而是依托历史的外衣抛出了其公羊学的大一统理论和灾异论，而几乎没有系统地触碰其关于"天"的哲学理论。这或许是由于《春秋》的内容和题材所限，也可能是董仲舒刻意回避了更多的公羊学议题，以观外界对本书和他的思想的反应。在董仲舒的《天人三策》获得了汉武帝首肯之后，董仲舒才得以将其公羊学理论没有限制地付诸文字加以全面而系统地阐述，写成了《春秋繁露》等著作。

董仲舒抛出《公羊学》这块砖，为的是引出自己的玉，这个玉就是他的系统的董学和公羊学的哲学体系。"抛砖引玉"是个委婉含蓄的说法，徐复观就没有那么客气了，他认为董仲舒将《公羊传》看做他的哲学的"踏脚石"和"刍狗"。他写道：

> 这不仅是把《公羊传》当做构成自己哲学的一种材料，而是把《公羊传》当做是进入到自己哲学系统中的一块踏脚石。有文字以求事故之端；由端而进入于文义所不及的微眇；由微眇而接上了天志；再由天志以贯通所有的人伦道德，由此以构

成自己的哲学系统，此时的《公羊传》反成为刍狗了。[1]

（四）招纳儒学拥趸

在西汉前期属于"显学"的学派是前儒学和黄老之学。西汉前期的几位皇帝和政权操纵者多在两者之间徘徊，儒生和相信黄老之学的人士都在朝廷做官。汉高祖倾向于前儒学，窦太后倾向于黄老之学，而汉文帝和汉景帝则在两者之间保持一种微妙的平衡，两种学派的士人都受到了使用。只有窦太后比较极端，为了力挺黄老之学而对儒生如辕固生等进行过直接的迫害和打击。其实窦太后的这个举动也说明了儒生在朝廷中的势力并不弱于黄老之学，窦太后由此而气愤不已才羞辱辕固生。

在汉武帝即位之后，黄老之学明显处于式微的下滑轨道之中，这使儒生得到了更多的发挥空间。因此，与前儒学有着错综复杂关联的董仲舒并没有放弃利用儒生这个相对庞大的学者群，将其视作发展自己学说的土壤。

五、董仲舒的《公羊传》中的历史学与政治哲学的关系

作为公羊学开山鼻祖的董仲舒虽然托借史书《春秋》来引导出他的哲学体系，开始通过历史学来为公羊学开路；虽然在《公羊传》中董仲舒阐述了他政治哲学的一些重要概念，将历史学与政治哲学进行了紧密的结合，但是这种结合仍然是初步的和具有试探性的，《公羊传》仍然是一部历史哲学。

在先秦时期，历史与政治哲学是交织在一起的，通过历史来阐述政治哲学主张是先秦诸子普遍的思维和著述习惯。而在他的另一本巨著《春秋繁露》中，董仲舒则完全改变了历史哲学与政治哲学之间的关系。

---

[1] 徐复观：《两汉思想史》（第二卷），华东师范大学出版社 2004 年版，第 206 页。

六、董仲舒的《公羊传》不是诠释学著作

受到西方诠释学哲学的影响，中国学术界掀起了一股构建"中国解释学"的潮流。这个潮流是要用西方的诠释学理论来解读中国传统学术的学术行为。这本无可厚非，但是这个潮流却颇有"席卷"一切古代典籍的冲动，而忽略了对不同的典籍应根据其内在的内容来进行具体的分析和判断，尤其是将董仲舒的《公羊学》视为一部诠释学著作，是对孔子的《春秋》的诠释，就是颇值得商榷的。陈其泰认为：

> 公羊学的特征之一是"解释性"，公羊学专讲"微言大义"，对《春秋》、《公羊传》中简略的文字，大胆地阐释、发挥，故公羊学可视为中国古代的一种解释学。①

刘国民的《董仲舒的经学诠释及天的哲学》及其他一些学者的著作也将董仲舒的《公羊传》列入诠释学。

事实上，董仲舒的《公羊传》虽然具有一些诠释学的特征，但是《公羊传》与诠释学是不同的，它并不是诠释学著作。从技术上看，将董仲舒的《公羊学》认定为一部诠释学著作或许并没有错，但这只是表面现象，诠释只是《公羊学》的部分内容，这种表面现象和部分内容改变不了《公羊学》作为独立的政治哲学和历史哲学著作的本质。实际上，通过传文对春秋经文的诠释恰恰是董仲舒引入自己的公羊学理论的一种巧妙的形式，是董仲舒"托孔入世"的一种策略。

（一）方法论与哲学

无论是传统的神学诠释学还是现代的哲学诠释学，西方的诠释学的本质都是一种方法论。虽然现代诠释学向本体论哲学进行了延伸，但是其方法论性质仍然是其根基。而《公羊传》虽然包含了"解经"的方法，但是它却是一部历史哲学和政治哲学著作，两者在本

---

① 陈其泰：《董仲舒与今文公羊说体系的形成》，《孔子研究》1998 年第 1 期。

质上是不同的。

（二）经传的目的不同

即使是在方法论上面，《公羊传》与西方诠释学也是不同的。

1. 西方诠释学的两个基本原则。

西方传统的神学诠释学的目的是要破解上帝在《圣经》中对信徒的启示，也就是说它包含两个原则：一是严格的方法，二是以诠释上帝的"真义"为唯一的宗旨。尽管"正宗的"天主教教会和后来的新教对于《圣经》的解释在方法上不同，甚至由此而引发了激烈的宗教冲突，但是西方传统的神学诠释学的目的却始终不曾变化，在破解上帝的含义上并没有出现独立于《圣经》的其他企图，在历史上也从来没有人利用《圣经》来引入自己独立的理论，这种做法无论是在神学领域还是在哲学上都不曾出现。这与公羊学的以经为引子、以传为主的做法是完全不同的。

2. 不存在所谓的"微言大义"。

《公羊传》采用的是以传为主、以经为引子的方法，这种方法并不是对经文进行所谓的微言大义的阐释。

董仲舒对《公羊传》的撰写采用的是对春秋经文注释的方式进行的，经传共存，无经无传，经传直接相对应，每个传文都被置于经文之下。《公羊传》的这种体制和结构很容易被认为传是对经的注释，即所谓的对孔子"微言大义"的发挥。但是，通过对董仲舒哲学体系的构建以及对《公羊传》与其他两传的对比研究就会发现，董仲舒的《公羊传》虽然不乏对春秋经文的含义的解释，具有一定的"解释性"，却不具备作为诠释学所必备的"翻译性"，其目的并不在于阐释经文的原意，而是要借着春秋经文的载体来引出公羊学的原则，也就是说，《公羊传》的经文是引文，传文才是真正的重心，并不存在所谓的微言大义，董仲舒所做的只是借壳上市，利用孔子作为载体来表达自己的哲学理念。

（三）《公羊传》的不同之处

事实上，对古籍的诠释学方法在中国就有悠久的历史，在先秦时期就已经存在了。三家诗（齐、鲁、韩）是对《诗经》的诠释，《易传》是对《易》的诠释，这些书籍都是诠释学著作，甚至《谷梁传》也是《春秋》的诠释学著作。这些著作都遵守了诠释学的两个最基本的原则，即诠释首先是作为方法而存在的，其次诠释是翻译，是对经文和原文进行忠实的解释，是为了扫清语言障碍，使后来人能够更方便地理解原义。但是，这两个基本原则明显不适用于董仲舒的《公羊传》，这一点必须要加以鉴别和认清。

（四）《公羊传》的方法论

董仲舒在《公羊传》采用的是"以传代经"的方法论，经是引子，传才是核心，通过传展开公羊学的理念才是目的。这是在解读董学和公羊学中必须加以强调的。

第三节　董学的其他著作

除了《公羊传》之外，董仲舒的其他著作同样可以作为董学研究的唯实史料，这包括《天人三策》和《春秋繁露》。

一、《汉书·董仲舒传》中的"天人三策"

董仲舒在《天人三策》中向汉武帝概述了公羊学的主要原则，集中说明了实行意识形态大一统的必要性，并且提出了具体的政策建议，就是"罢黜百家，独尊六经"。该文载于班固所著《汉书·董仲舒传》之中。

二、《春秋繁露》

《春秋繁露》是董仲舒的文集，是研究董学最重要的唯实文献。

1.《春秋繁露》的性质。

《春秋繁露》是董仲舒的论著，是他的最为完整的论文集。如果说《公羊传》是在借《春秋》经文进行托孔入世，《天人三策》是在向汉武帝进行献策的官样文件的话，那么《春秋繁露》则是学术著作，它更加直接地反映董学的哲学义理和哲学思辨过程，是最为哲学化和系统化的董学著作。

正因如此，《春秋繁露》是研究董学的重要的唯实文献和无价之宝。

2.《春秋繁露》的结构。

《春秋繁露》现存八十二篇，其中第三十九篇和四十篇为阙文。从大的格局上看，《春秋繁露》可分为两大部分，第一部分是对《春秋》的解读，第二部分是对公羊学的系统阐述。而第二部分又可以分为几个具体的部分，包括阴阳哲学和五行哲学在内的天的形而上学、人性哲学以及政治哲学和历史哲学等。

3.《春秋繁露》的文献考证。

《史记》和《汉书·艺文志》中并没有《春秋繁露》这个书名。在《汉书·董仲舒传》中记载了其中的部分文章：

> 而说《春秋》事得失，《闻举》、《玉杯》、《繁露》、《清明》、《竹林》之属，复数十篇，十万余言，皆传于后世。

这说明，在西汉时期，董仲舒的著作是以单篇文章的形式流传于世的，而《春秋繁露》并不是董仲舒自己命名的书籍名称，而是由后人辑定而成，至于何时被编撰成书则仍然是个谜。该书的流传过程也十分复杂。有学者认为该书在在魏晋南北朝时期曾被编纂过，在个别地方有失董仲舒的原意①。

《春秋繁露》书名在史籍中正式出现在《隋书·经籍志》中：

> 《春秋繁露》十七卷，董仲舒撰。

---

① 在《董仲舒生平疑点考略》（载《董仲舒与儒学论丛：董仲舒学术思想国际研讨会论文集》，河北人民出版社 1996 年版）一文中，作者刘月峰认为："现在流传下来的《春秋繁露》，大概是经过了魏晋南北朝人的编纂，在某些地方有失董仲舒的原意。"

但是这十七卷并没有具体说明其下的篇数。这便产生了关于该书流传的两种情况：一是其辑定的过程是逐步完成的，是一个由少到多的过程；另一种情况是该书经历了从部分散佚到再次补订的曲折过程。

北宋欧阳修曾记载《春秋繁露》在当时有四十篇。直到南宋，才辑满八十二篇。南宋楼钥在其所著《攻愧集·跋春秋繁露》中记录了他发现该书完本的过程：

> 闻婺女潘同年叔度景宪，多收异书，属其子弟访之，始得此本，果有八十二篇……喜不可言。以校印本，各取所长，悉加改定。①

楼钥本被认定为《春秋繁露》的权威版本，在明初被收入《永乐大典》。清朝《四库全书》也以楼钥本为基础，根据其他版本对其文字进行了增删和改定，形成了现代的版本。

《春秋繁露》的编订者和成书时间都不得而知。徐复观推测该书是在东汉明德马后之后和《西京杂记》成书以前完成的。这个说法并非没有道理。南宋王应麟在《汉艺文志考证》中曾说：后汉明德马后尤喜董仲舒书②。王应麟此语出自《后汉书·明德马皇后纪》，记载明德马皇后：

> 能诵《易》，好读《春秋》、《楚辞》，尤善《周官》、《董仲舒书》。

也许明德马皇后时期已经有了董仲舒著作的合集，但是《董仲舒书》未必就是《春秋繁露》。《春秋繁露》作为书名出现是在《西京杂记》中，该书记载：

> 董仲舒梦蛟龙入怀，乃作《春秋繁露》词。③

《西京杂记》的作者被认为是晋朝的葛洪，其成年是在公元4

---

① 引自徐复观：《两汉思想史》（第二卷），华东师范大学出版社2004年版，第190页。
② （南宋）王应麟：《汉制考汉艺文志考证》，中华书局2011年版，第207页。
③ （晋）葛洪撰，周天游校注：《西京杂记》，三秦出版社2006年版，第96页。

世纪前中期度过的，距董仲舒生活的时代已经过去了400年。但是根据现有的史料，我们也没有进一步的线索来研究《春秋繁露》的成书年代了。或许考古学能从地下发现新的竹书和帛书给我们带来惊喜。

《春秋繁露》一直没有注疏本。据梁启超考证，直到清朝乾嘉期间学者凌曙（字晓楼）著《春秋繁露注》十七卷，才率先为该书作注。晚清苏舆著《春秋繁露义政》十七卷，"精审又驾棱注之上了"①。

新中国成立之后对于《春秋繁露》的研究几乎是空白，是冷门中的冷门，几成"死学"。但是近来已经有些学者对于该书重新产生了兴趣，已有几种版本的书籍出版。钟肇鹏主编的《春秋繁露校释（校补本）》采各家之说，集历来考据之成果，又能进行分析和取舍，颇有集大成之势。

4.《春秋繁露》非后人伪托。

从《春秋繁露》的流传历史可以看出，该书确是经过后人的编辑，其中个别用词或许变动比较大，是否是董仲舒的原笔不可定论。但是后人对《春秋繁露》的真实性提出的质疑并不能认定该书是后人伪托，更不能否定该书是董仲舒本人的著作。

对于《春秋繁露》这样独特的古代哲学著作进行考证需要明确一个方法上的问题，这就是孤证与真实性的问题。

不能否认《春秋繁露》在漫长的流传过程中经过了后人的编辑，在此过程中有个别文字在誊写过程中有所变动，但是《春秋繁露》集中反映了董仲舒的哲学思想这个事实是不可否认的。其中涉及古代哲学文献考证的方法问题，即对于具有明确的独特性的哲学思想来说，孤证恰恰是证明其真实性的有力证据。

独特的概念体系和与众不同的思维方式和结论使别人和后人无

---

① 梁启超：《清代学者整理旧学之总成绩》，商务印书馆1997年版，第74—75页。

法对其进行系统的伪造。如果伪造者具有能够达到独创一个哲学体系的水平，那么他就不会是个古书的伪造者，而是一个独立的思想家和哲学家了。在古代的社会氛围和特定的历史条件下，这个思想家和哲学家有可能伪托古人的作品来引出或者阐述他个人的观点，却无法系统地伪造古人的全部哲学思想。对于《春秋繁露》的考证就是这种方法的典型表现。

但是，这个标准和方法并不适用于历史著作，因为只要存在特定的前提，历史事实是可以伪造的。特定的历史前提是指皇权的支持和垄断以及伪造者具有特别高超的古文字水平。魏晋时期的梅赜对于《古文尚书》的伪造便属于此种情况。

5.《公羊传》与《春秋繁露》。

《公羊传》与《春秋繁露》是董仲舒最重要的两部著作，它们共同构建起了董学的哲学体系。董仲舒的《天人三策》和他的上疏同样十分重要，前者凝结了董学的部分精华，后者则是董学的原则和理念在政策层面的运用。这些上疏都是对汉武帝在构建公羊模式过程中提出的系统性的政策建议。

《公羊传》是董仲舒的公羊学的抛砖引玉之作，是一部历史哲学巨作，董学通过该书得以出世。而最全面、系统和深刻地阐述了董学的著作并不是《公羊传》，而是《春秋繁露》。

在《公羊传》中，虽然经过董仲舒的巧妙而精心的穿针引线，使董学的部分主要理念和逻辑主线得以体现，实现了董学的历史哲学与政治哲学的有限度的结合，但是这种结合是具有试探性的。受到《春秋》的经文和历史事件的体制的限制，董学的全部体系和理念无法在《公羊传》中完全得以表现。而在《春秋繁露》中，董仲舒则抛开了所有的限制，直接阐述他的哲学思想，构建出了他的博大精深的董学的哲学体系。

在董学的体系之内，《公羊传》与《春秋繁露》的分量和功能是不同的。《公羊传》是董仲舒早年的著作，是其哲学的先导和引论，也是他入世所凭借的一个载体和武器。由于采用了托孔入世的策略，在"世俗"的政治和社会层面的推广上，《公羊传》要比《春秋繁露》起到了更为重要的作用。但是，《公羊传》毕竟只是阐述了董学体系中的政治哲学部分的理论，如大一统理论和灾异论等，受到体裁和形式的限制，它在广度和深度上都不及《春秋繁露》。董学的其他重要的理论如天的形而上学、人性哲学和阴阳五行哲学等在《公羊传》中都没有展开的机会。

董仲舒是在《春秋繁露》中完成这些更深层次的理论的。《春秋繁露》是对董学体系的系统的逻辑阐述，是表达了其全面的哲学思想的纯粹的哲学著作。从其内容和行文方式来看，《春秋繁露》中的绝大部分文章应该是在董仲舒致仕归田之后的晚年时期的著作，是在他的董学获得了汉武帝的认可而上升为国家意识形态之后的著作。它摆脱了《公羊传》在体裁和形式方面的束缚，可以直抒胸臆地表达他的哲学观念。因此，《春秋繁露》是更能代表董仲舒的哲学体系的著作。

6.《春秋繁露》是个未开发的哲学宝藏。

无论在历史上还是在当代，对于《春秋繁露》的研究还处在十分初级的阶段，对于其真正的义理和价值人们认识的还很少。受各种思维定式的影响，人们在详读原著之前便已经有了先入之见，已经为它定了性。对于《春秋繁露》的哲学思想的发掘是观念唯实主义的重点项目之一。只有真正理解了《春秋繁露》的哲学思想，才能够真正理解中国哲学史，才能够真正理解公羊学和儒学，才能够真正澄清董学和孔学两者之间的关系，才能够真正破解中国哲学史之谜。

三、《史记》

司马迁的《史记》是部公羊学著作。《史记》的价值远远超出了作为史籍的价值，而是一部体现了公羊学原则的历史哲学著作。

作为公羊哲学著作的《史记》才是《史记》的真正价值。

但是，在司马迁受到汉武帝的宫刑之后，他对于包括汉武帝和董仲舒的评价打了折扣，对其评价趋于保守，在某些方面出现了负面评价的倾向，这种转变在《史记》中得到了体现，从而在一定程度上削弱了《史记》作为公羊学巨著的价值和分量。

四、《汉书》

司马迁对于董仲舒、董学和公羊学体系的折扣在班固的《汉书》中得到了很大程度的补充和纠正。在许多重要和关键的节点上，《汉书》都修正和弥补了《史记》中的偏颇和司马迁个人的偏见。事实上，若没有《汉书》的补记和对司马迁的纠正，后世是很难看到董仲舒对于公羊模式的贡献和客观地复原汉武帝时期的历史原貌的。因此，《汉书》成为一部重要的公羊学巨著，与《史记》相辅相成，相映生辉，使其与董仲舒的《公羊传》一样并列成为公羊学在史学领域中的三部代表作。

第五章　董学与公羊学

虽然公羊学出自董学，是董学的一个子系统，但两者的关系因为广义公羊学的出现而变得复杂和具有了多层次性。

第一节　董学与公羊学之间的关系

虽然从发生学的角度看公羊学是董学的组成部分，然而董学与公羊学具有错综复杂的关系，两者你中有我我中有你，但是两者的本质是相同的，之所以会出现董学与公羊学的划分是由于董学的意识形态化，其内部的领域受到了不同程度的政治化所致。

即使是按照现代的标准来看，董学仍然是个庞大而完整的哲学体系，它包括天的形而上学，皇权主义的政治哲学和历史哲学、人性理论、伦理学、经济理论和教化论等领域。董学是学术层面的公羊学，是纯粹的哲学。董学之所以能够实现内在的逻辑同一性是因为在董学的逻辑中始终贯穿着同样的哲学理念和方法论。虽然在上升为皇权意识形态的过程中，董学的所有领域都被政治化了，但是不同的领域被政治化的程度是不同的。受到政治化最深的部分是董学的皇权主义的政治哲学。董学政治哲学的重要范畴和理念，如大一统、授命论、灾异论等，由于在董仲舒的《公羊传》之中得到了率先的表现，受到了特别的重视。在汉武帝大力推广《公羊传》的条件下，公羊学理所当然地受到了官僚体系和学术界的特别关注。

然而，从理念上看，董学相对于公羊学的重要性是无法被忽略的：董学不仅是狭义公羊学的出处，也是广义公羊学的哲学内核。董学是广义公羊学的本源和核心，其他人对于公羊学的发展和扩展都是在董学的基础上进行的。

在公羊学成为新的皇权意识形态的代名词的情况下，作为政治哲学的公羊学得到了进一步的发展，这就使对公羊学的理解不能仅仅从董学的层面和视角来进行了。经过司马迁等人的努力，公羊学在历史和历史哲学方面得到了突破性的延伸，这使得董学的皇权主义的政治哲学理念在获得了更加牢固的历史支撑的同时，广义的公羊学也突破了董学的狭义公羊学的范畴，变成了在历史哲学上更加广泛和巩固的政治哲学思想。除了学术层面之外，公羊学在国家制度和皇权主义的权术方面也获得了重大的发展。于是从公羊学又派生出了两个新的维度：公羊模式和公羊道。公羊模式是一套完整的国家行为模式，是公羊学的政治化和国家制度化；公羊道则是皇帝按照公羊学的原则来驾驭皇权和皇帝制度的方式和方法，是皇帝特有的治国之术，是皇家权术。

虽然公羊学进入了广义阶段，然而公羊学的核心概念体系并没有变化。董学的核心概念体系完全是由董仲舒一人创立的，其他的公羊学大师如司马迁和何休等虽然对董学的一些核心概念进行了一些突破性的补充和变革，但是并没有提出新的公羊学的概念和范畴。这个博大精深的哲学体系后人只是在从不同的层次和侧面对其进行理解和解读，而董学的核心理论和概念体系在董仲舒之后并没有改变。因此，分析公羊学首先要从董仲舒的哲学体系入手，董学也是公羊学的基础和绝大部分的逻辑和原则，而董仲舒和司马迁两人的公羊学则构成了公羊学的全部的内容、原则和逻辑。

第二节　公羊学的四个维度

从宏观的构成来看，广义的公羊学包括公羊学的政治哲学思想、皇权主义的国家意识形态、公羊模式和公羊道等四个维度。最能体现公羊学本质的是作为皇权主义国家意识形态的公羊学和作为国家行为模式的公羊模式。研究公羊学不但要重视董学，也要重视广义的公羊学。在中国传统的哲学史中，无论是对狭义的还是广义的公羊学的介绍和研究可以说都处于十分贫瘠的状态。

由于董学被汉武帝所采纳，与皇权进行了完美的结合，公羊学上升为一个新的国家意识形态。这不仅仅意味着国家政策的改变，而是意味着一个新的国家形态即超级国家形态的诞生；这个超级国家形态具有新的国家行为模式，即公羊模式。公羊模式形成之后，中国的意识形态便进入了成熟阶段，中国的国家行为也从此有了一定之规，被模式化，成为两千多年中国文明的行为准则。

这同时也意味着作为一国之君的皇帝的治国之术的革命。公羊学将治国之术提高到了"治国之道"的高度和境界，终结了战国时期和西汉初年关于"王道"和"霸道"的争论。公羊道成为驾驭公羊模式的一整套的治国理念、方法和权术的综合。中国历史学研究长期拘泥于皇权在运作方式上的王道和霸道之争，这是对中国历史和皇权的模糊理解所致，其实汉武帝已经用公羊道完美地解决了这个问题，超越了它们的掣肘。

在西汉的现实政治中，公羊道代替了法家的严刑峻法、黄老之学的无为而治、儒家的柔弱尚文而成为各代帝王所奉行的最终的治国之道。由于公羊模式的空前成功，汉武帝将公羊学从国家意识形态转变为皇家权术，将公羊道作为刘氏家族的治国私学在皇家内部流传。

因此，公羊学的本质和灵魂是董学的哲学理念，进行公羊学研究必须要把握住公羊学的四个维度，以董学为依托和平台来进行分析。

第三节　广义公羊学的出现

董仲舒是公羊学的滥觞，董学是公羊学的母体，公羊学是董学的政治哲学部分。在汉武帝将董学提高到国家意识形态的高度之后，公羊学也吸引了一大批精英的注意，在这个过程中公羊学不仅在理论上获得了进一步的丰富和发展，尤为重要的是董学和公羊学由纯粹的哲学理论开始转化为国家制度，开始成为一种全新的国家行为模式的意识形态基础和哲学支柱。

在汉武帝朝，公羊学有一个庞大的团体，而并不仅仅是董仲舒一个人。司马迁和汉武帝是除董仲舒之外最大的公羊学家，前者对公羊学在理论上做出了重要的补充和丰富，后者是公羊学的实践者，并且在理论上也对公羊学做出了补充。司马迁和汉武帝与董仲舒是西汉时期最重要的三个公羊学家。

司马迁和汉武帝都是卓越的公羊学家，他们将董学内的公羊学部分加以深化和扩展，这使得公羊学完成了一次理论升级，使公羊学从作为董学组成部分的狭义的公羊学发展成了在许多方面超出董学范畴的广义的公羊学，广义的公羊学在理论上也变得更加丰满和完善。

一、司马迁

司马迁不仅仅是优秀的历史学家，同时也是卓越的公羊学理论家。事实上，司马迁的史学的原则正是公羊学的原则，是公羊学在历史学的表现，《史记》是通过历史学来表现的公羊学。

司马迁是董仲舒的学生，其思想自然会受到老师的影响，但是司马迁成为公羊学家的动力却更可能来自于另一位公羊学大师汉武帝。在个人层面上司马迁与董仲舒的关系十分复杂，司马迁在《史记》中对于董仲舒的记叙颇失公允，甚至有刻意贬抑之举，但是司马迁却拓展了公羊学的历史哲学，使得董仲舒的公羊学在历史层面更为丰富和令人信服。

司马迁对公羊学的贡献表现在两个方面，即夯实了历史哲学在以公羊学为基础的意识形态中的地位，使公羊史学成为国家意识形态的核心组成部分；将公羊学的历史哲学表述从董仲舒的《公羊传》中的春秋时期扩展到上古时期，将黄帝作为中国文明大一统的原点，在时间维度上大大地扩展了公羊学大一统理论的外延。

二、汉武帝

除了董仲舒，汉武帝是最大的公羊学家。在中国的帝王之中并不乏具有思想家素质的智者，上古的黄帝、秦朝的秦始皇、西汉的汉武帝、唐朝的唐太宗等都是不可小觑的思想者。哲学帝王将思想家和国家权力进行文明的结合，形成了现实版的"哲学皇帝"，取得了非凡的文治武功，建立了一个又一个盛世，将中国文明推向了一个又一个高潮。

汉武帝对于中国传统文明的意识形态和国家行为模式的建设都做出了奠基性的工作，堪称是对中国历史和中国传统文明做出了最重要贡献的皇帝。

汉武帝对于公羊学在理念和意识形态上的贡献表现在三个方面，即战争观、空间维度上对大一统外延的扩展和国家主义经济学。

三、汉朝的其他公羊学家

作为公羊学家的汉武帝具有独特的鉴别人才的标准，他凭借其过人的识人之能提拔了一批公羊学人才，正是在这些公羊学人才的帮助下，汉武帝才能够完成对公羊模式——这个全新的国家行为模式的构建，才能完成中国历史上最为彻底和成功的变革，即武帝改制。

在汉武帝身边的公羊学家中包括行政方面的人才如公孙弘和霍光等，财政方面的人才如桑弘羊，军事方面的人才如卫青和霍去病等，历史方面的人才如司马迁，法律方面的人才如张汤等。正是因为汉武帝能够发现和打造出这群星璀璨的公羊学人才，才能够使其成功地在半个世纪的执政期间实施为中国文明量身定做的国家行为模式——公羊模式。

值得注意的是，汉武帝所重用的这些人才没有一个是所谓的儒者，无论是在理念还是在行为方式上他们都与孔孟儒学所提倡的儒家人格相去甚远。这也是鉴别公羊学与孔孟儒学之间的本质区别的一个方面。

（一）公孙弘

公孙弘是汉武帝时期以公羊学立世闻名的又一个重要人物。公孙弘的作用并不表现在理论而是表现在行政上，他对公羊学在现实政治中的推广落实和对公羊模式的建立也做出过重要的贡献。公孙弘之所以能做出如此贡献完全是汉武帝一手提拔和塑造的结果。汉武帝将公孙弘而不是董仲舒提拔为丞相，正是看中了他过人的行政能力。在朝廷政治上，公孙弘也比董仲舒更为老辣，成为权力博弈中的胜利者，公孙弘与董仲舒的博弈对后者的仕途产生了重要的负面影响。

1. 公孙弘是长于行政的公羊学人才。

在汉武帝重用公羊学人才的用人体系之下，两人都得到了汉武帝的重用，成为汉武帝构建公羊模式过程中最高端的人才，但是两人的功能和所起到的作用是不同的。董仲舒是思想领袖，是公羊模式的意识形态的缔造者和奠基者。虽然汉武帝有将董仲舒提拔为王佐之位的计划，但是董仲舒一介耿直书生并不善于与人相处，更不会向皇帝和权贵投机钻营，损人利己，何况又屡遭公孙弘和主父偃等人的陷害，由于这些董仲舒最终没能在仕途上更进一步达到汉武帝的期望，只是在诸侯国做了两次国相就告老还乡，专心著述。可以说，董仲舒在现实政治的争斗中完败给了公孙弘。

董仲舒在官僚体系中的职能却恰恰由公孙弘所替代，在某种程度上这不能不说是一个讽刺。公孙弘也以对《公羊春秋》的研究而闻名，但是他在理论上的造诣远不如董仲舒，这从他应答汉武帝的《招贤诏》中便可以看得出来，否则他也不会因为嫉妒而陷害董仲舒。另外，公孙弘为人圆滑，老于世故，善于揣摩汉武帝的心思，处处以汉武帝的意志为尊，而深得汉武帝的信任；公孙弘具有更高的组织能力和行政能力，他对于正在推行公羊学和构建公羊模式的汉武帝来说是个有力的行政助手。

2. 公孙弘是汉武帝为士人阶层树立的典型和榜样。

正因如此，汉武帝对公孙弘多有重视和奖赏。虽然公孙弘出道时已经年高七旬，却能够在六年之内被连续破格提拔，不但任命为丞相，更被破例封为平津侯，达到了汉武帝对人才封赏的最高点。《史记·儒林列传》载：

> 公孙弘以《春秋》白衣为天子三公，封以平津侯。天下之学士靡然乡风矣。

心机深沉、深谋远虑的汉武帝显然是要通过重赏公孙弘为天下的士人树立一个生动而有分量的榜样。可以说，汉武帝对公孙弘的封赏和破格提拔具有重大的政治象征意义，是汉武帝将士人阶层改造为读书人阶层的重要的"广告"。

3. 公孙弘对于五经博士制度的贡献。

虽然在《史记》和《汉书》等史籍中公孙弘的形象都不甚好，但公孙弘并不是浪得虚名，他在汉武帝构建公羊模式的过程中也做出了重要的贡献。在公羊模式的内向权力的构建方面，公孙弘帮助汉武帝立了文治，公孙弘提出了五经博士弟子制度，丰富和补充了汉武帝的五经博士制度，为汉武帝将士人阶层转变为读书人阶层立下了大功。

4. 公孙弘支持汉武帝征伐四夷的系列战争。

在外向权力结构的构建方面，公孙弘的作用同样不可忽视。公孙弘坚决支持汉武帝反击匈奴、平定四夷，帮助汉武帝立下了卓越功勋。《盐铁论·刺复》载：

> 当公孙弘之时，人主方设谋垂意于四夷，故权诡之谋进，荆、楚之士用，将帅或至封侯食邑，而克获者咸蒙厚赏，是以

奋击之士由此兴。其后，干戈不休，军旅相望，甲士糜弊，……①

从反对汉武帝发动对外战争的儒生口中可以看出，公孙弘对于汉武帝发动征伐四夷的系列战争发挥了重要的作用，公孙弘的作用不仅是在政策上支持汉武帝，更是在国家机制的构建上为汉武帝提供了方方面面的保障，否则汉武帝是不可能对匈奴发动历时几十年的征伐并大告全胜的。

相比之下，董仲舒虽然在理论上支持汉武帝强化皇权，但是他更多的是体现在对内向权力的构建之上，体现在强干弱枝，削弱诸侯王对中央权力的挑战之上；在对外战争和讨伐匈奴问题上，董仲舒虽然也提出了明确的政策建议，但是汉武帝并没有采纳，只是在第二次对匈战争陷入困局之后才痛惜当初没有接受他的劝谏。

（二）桑弘羊

桑弘羊是卓越的公羊学政治家，他对于公羊模式的贡献体现在对于具体的公羊学的财政政策的制定和实施上。

桑弘羊是被低估了的政治家。桑弘羊是汉武帝看重和信任的公羊学政治家，堪称是汉武帝在构建公羊模式过程中的重要助手。桑弘羊对于公羊学的贡献不在于著述，而在于政策的制定和实施上，体现在辅助汉武帝对于公羊模式的成功构建上。

具体来讲，桑弘羊对于公羊模式的贡献表现在：

第一，经济政策的制定和实施。

桑弘羊制定了国家对于经济活动全面干预的政策，通过行政手段、法律手段和经济手段使国家权力全面地介入到了经济活动的各个层面和角落，可以说是开辟了中国宏观经济政策的先河，具有重要的经济学意义。

桑弘羊的宏观经济政策是十分成功的，没有桑弘羊主持财政，采取创造性的财政政策，汉武帝便无力发动对匈奴长达半个世纪之

---

① 王利器校注：《盐铁论校注》（上），中华书局 1992 年版，第 132 页。

久的讨伐，匈奴便仍然可以雄踞中国北方威胁中国的国家存在，所谓的公羊模式也就无从建立。作为公羊模式的构建人之一，桑弘羊对于公羊模式有着超过其他人的深刻理解。

第二，舌战群儒，维护公羊模式。

作为托孤大臣的桑弘羊在汉武帝去世后仍然坚定地奉行汉武帝的国策，不遗余力地维护公羊模式，在盐铁会议中击败了反对汉武帝和公羊模式的政治势力的反攻倒算，在政治上和思想上维护了公羊模式，这可谓是对中国文明做出了奇功伟业。

桑弘羊是霍光的政敌，两人在政治上并没有严重的分歧，都是汉武帝一手提拔和委以重任的公羊学政治家，但是两人却卷入了你死我活的政治斗争，桑弘羊成为失败者，被霍光以谋反罪处死，桑弘羊的名声也因此受到了玷污。

（三）主父偃

据《汉书·主父偃传》记载，他"学长短纵横术，晚乃学《易》、《春秋》、百家之言"，从学术上看不是公羊学者，并且他为人狡诈，不惜一切地沽名钓誉，献媚权贵，将主父偃这样的机关算尽的势利小人划入公羊学家似乎并不合适，正是主父偃的陷害才使董仲舒身陷囹圄，被判死罪，造成了董仲舒个人仕途的中断，也促使形成中国哲学史上最大的冤案和谜团。但是，主父偃对于公羊模式的建立确实做出了重要的贡献。据《汉书·主父偃传》记载，主父偃所提的推恩令、设立朔方郡和令天下"豪杰兼并之家"迁徙茂陵等政策建议都被汉武帝所采纳，这对于皇权的巩固、大一统的建立都起到了加强和巩固的作用。可见，主父偃的贡献并不在于哲学和意识形态方面，而在于将公羊学的原则和理念转化为具体的国家政策和行政措施方面。

（四）霍光

与桑弘羊一样，霍光也是卓越的公羊学政治家，他对于公羊学的贡献体现在对于公羊模式的继承和维护上。

在汉武帝去世之后，反对汉武帝的各种政治势力开始了诋毁汉武帝和推翻公羊模式的运动。霍光策划了盐铁会议，却并没有改变汉武帝的国策，而是维护了汉武帝打造的公羊模式，保持了国家的稳定。可以说霍光没有辜负汉武帝任命他为托孤大臣之首的使命，他巧妙地化解了汉武帝之后所遭遇的第一轮对公羊模式的攻击，这对于中国历史具有重要的政治意义。但是霍光在晚年独断专行，独揽朝纲，为他招来了杀身灭族之祸。

（五）刘向

晚于董仲舒一个朝代的刘向的身份十分特殊：他一方面是刘氏皇族的血亲嫡系，是名副其实的皇家利益的维护者；另一方面又是出色的学者。这两方面的要素相结合使刘向成为一个特殊的人物：他是能够遍览皇家的私藏秘籍的皇族学者。因此，刘向的判断和立场最能够体现皇家的利益和价值观。刘向的价值观和哲学理念是公羊学的，他的著作也是以公羊学的原则为价值取向的。刘向认为"董仲舒有王佐之才，虽伊、吕亡以加，管、晏之属，伯者之佐，殆不及也"。可以说，刘向对于董仲舒的评价是最中肯和准确的。

然而有一件事需要加以澄清。刘向曾经力挺《谷梁春秋》被列为经学，在石渠阁会议上代表《谷梁春秋》一方参加了与《公羊学》的辩论。《谷梁春秋》最终被列为经学之一，这个事件开启了稀释董学对于经学垄断的过程，在经学史上具有重要的意义。刘向参与了这样的行动，似乎是反对董学的。然而仔细推敲，事情却又不那么简单。将《谷梁春秋》列为经学是汉宣帝的不懈追求，刘向作为皇帝倚重的刘姓皇族只能迎合皇帝的意志。况且，汉宣帝的目的并不是要挑战公羊学作为国家意识形态的地位，而是要加入他对于经学的理解，同时出于政治考量也希望能够平息其他的未被列为经学的家学和政治势力的不满，这有利于维护政局的稳定。

（六）班固

班固是《汉书》的作者，但实际上《汉书》是班家两代人共同努力的结果。班固的父亲班彪在世时已经开始了《汉书》的写作，当时取名为《史记后传》，只是书还没有写完便在52岁的盛年过早地去世了。班固继承了父亲的未竟事业，将毕生的精力投入到了这部巨著的写作之中。《汉书》的结构尤其是其思想基调是由班彪确定的。班彪所写的《略论》①总结了之前的史学历史，对于司马迁的《史记》进行了评价，在肯定的同时也指出了该书的不足之处，认为《史记》"甚多疏略"。班固是按照这个指导思想来进行写作的。现在《汉书》中的《元帝纪》和《成帝纪》等就是班彪的原作。在基本上完成了《汉书》之后，班固参加了讨伐北匈奴的远征，回来之后受冤入狱，死于狱中。汉和帝下诏命其妹妹班昭续写《汉书》。班昭基本上完成了班固没有写完的七表，并且对班固散乱的手稿进行了整理，而《汉书》中的《天文志》则由著名学者马续完成。这样历经80年，由班彪、班固、班昭和马续四人执笔，《汉书》这部巨著才最终得以完成。因此，《汉书》的成书凝结了班家两代三人的心血。

1. 中国史学的开山鼻祖之一。

班固与司马迁有重要的相似之处。两人都是汉朝及中国历史上最重要的历史学家，虽然班固的《汉书》只记录了西汉上至汉高祖刘邦下至王莽之死的230年的历史，但是他对于中国历史学的贡献在许多方面并不亚于司马迁，以至于《汉书》被普遍认为是与《史记》比肩的史学巨著，是前四史中最重要的两部巨著。两人也共同开辟了中国历史学的体制和风格②。更为重要的是，班固同样也是位出色的公羊学家，他与司马迁一样都对公羊学的历史哲学做出了卓越的贡献。

---

① 详见《后汉书·班彪传》。
② 关于司马迁与班固作为历史学家的比较并不在本书的范围之内，故从略。

2. 出色的公羊学家。

历史学是一个复杂的学科，虽然是讲述历史，却与哲学和政治血脉相连。任何一位杰出的历史学家一定会是一位思想家，同时也是一位具有明确的政治倾向的人物。没有深邃而系统的哲学思想作为后盾是无法写出流芳百世的史学巨著的。班固的哲学基础和政治立场就是公羊学。公羊学思想是指导班固父子写作《汉书》的哲学思想根据，用公羊学的历史观来看待西汉历史便是《汉书》的政治倾向。

关于班家父子与公羊学的关系有学者已有洞见。在《汉武帝的三张面孔》中姜鹏写道：

> 班彪的一生，亲眼目睹了从西汉灭亡，到光武帝刘秀恢复汉室的整个过程。……班氏家族和西汉皇室的这层关系（即班家为汉室刘家外戚），必然会影响《汉书》的政治倾向。西汉王朝的伟大及其正统性，是《汉书》的重要论证目的。[①]

这个观点是符合史实的。班彪的言行也充分证明了他是一个在乱世中信奉和履践公羊学的官员和学者。他主张大一统，奉劝盘踞西北的隗嚣放弃割据。在隗嚣拒绝之后，班彪投靠了窦融，并且最终说服窦融放弃了割据，投靠了刘秀，帮助刘秀统一了中国。班彪的《王命论》则是一篇典型的公羊学文章。

两汉之间经历了王莽篡汉和国家破碎以及动乱不止的惨痛经历，百姓饱受涂炭。正是在公羊学的指导之下汉室才能够再次统一中国，将百姓从战争和痛苦中拯救了出来。作为这个剧烈动荡时代的参与者，班彪深刻体会到了公羊学对于中国政治和历史的价值，以至于一生淡薄于锦绣的仕途，致力于著史，力图通过对于西汉兴亡的准确表述来提醒世人不要忘记这段历史的宝贵经验和深刻教训，这就是《汉书》的政治和哲学目的。

[①] 姜鹏：《汉武帝的三张面孔》，华东师范大学出版社 2012 年版，第 7 页。

班固决心继承父亲的遗志完成该书的写作，却被以"私修国史"的罪名告发入狱，只是由于其弟班超的直谏上疏才使汉明帝将其赦免。后来汉明帝下诏令班固续写《汉书》，其目的也是要让班固进一步宣扬"汉德"。而所谓的汉德就是董学、公羊学和公羊模式，这与汉宣帝所说的"汉家制度"是完全一脉相承的。

3. 对于董学和公羊学的贡献。

在对董学和公羊学的研究上，更要对班固致以特别的敬意，因为如果没有班固客观而公正地看待董仲舒，后世便更加无法看清董仲舒对于中国历史和文明所做出的里程碑式的贡献，便有可能被司马迁对于董仲舒的刻意轻慢所蒙蔽，而永远无法了解到中国哲学史和政治史的真相，中国哲学史和中国历史的冤案会更加浓重，以至于无法破解。

班固在以下三方面为公羊学做出了卓越的贡献：

第一，《汉书》的基本政治立场在于弘扬公羊模式。

如前所述，无论是在私修国史还是在奉旨著史阶段，班家父子都具有明确的政治目的性，那就是要弘扬公羊模式，而《汉书》也确实为理解董学、公羊学和公羊模式起到了重要的作用。

第二，班固对于董仲舒的《天人三策》的补记具有极其重要的价值。

在历史学和文献学上，班固对于公羊学和中国哲学史做出的贡献具体表现在他对于董仲舒的《天人三策》的补记，这实在是一处价值千金的补充。正是通过对这个至关重要的历史事件和历史文献的补记，我们才能够更为清晰地看到汉武帝和西汉的历史真相，才能够抓住中国哲学史上最重要的革命，才能够认识到中国古代文明的真正纪元之所在。

《天人三策》是董仲舒出道的第一部重要著作，它不仅浓缩了董学体系的精华，也是汉武帝认识到和接受公羊学并且将其上升为国家意识形态的重要根据。没有班固的补充我们或许永远无法认识到公羊学的发展历程，无法了解董仲舒与汉武帝之间的关系，中国哲学史的真相或许会被永远抹杀于这个致命的遗漏之下。

班固之所以能够掌握这个文件的原貌是因为汉成帝作为对班婕妤的赏赐曾经赐予班家一套皇家藏书的副本，这套皇家藏书应该是班家父子（班固及其父亲班彪）著述《汉书》的文献学基础，也是班固能够弥补司马迁在《史记》中的许多遗漏的来源。

除了对于《天人三策》的补记之外，在《汉书》的《匈奴传下》和《食货志》中，班固还直接引述了董仲舒给汉武帝的上疏。这些上疏涉及了国家的经济政策、社会政策、司法政策及外交和战争政策等诸多方面，反映了董仲舒是汉武帝朝国家决策的重要参与者这样的事实。这些对于董学研究、中国哲学史和西汉历史来说都是十分珍贵的历史资料。

第三，班固是《白虎通义》的编纂者。

《白虎通义》标志着汉朝经学史的一次质变。虽然班固是受命记录白虎观会议的内容[1]，但《白虎通义》是在董学、公羊学和公羊模式经历了古文经学和谶纬学的冲击之后对于公羊学进行的一次权威的整合和再阐释。该书巩固了公羊学作为意识形态的地位，将谶纬学和古文经学纳入到了公羊学的理论和原则中，在中国经学史上具有里程碑式的作用，其中不能不说是凝聚了班固个人的理解和贡献的。

第四，亲自参加讨伐匈奴的战争。

班固虽然是一介书生，却曾经亲自参与了讨伐匈奴的战争。在汉和帝永元元年（公元 89 年），他以五十八岁的高龄参加了窦宪统领

---

① 据《后汉书·班固传》记载："天子会诸儒讲论五经，作《白虎通德论》，令固撰集其书。"这表明这次会议的原始记载应为《白虎通德论》，此书亡佚，后来流传的《白虎通义》是班固所著。而在《后汉书·儒林列传》中又有记载曰："建初中，大会诸儒于白虎观，考详同异，连月乃罢，肃宗亲临称制，如石渠故事，顾命史臣，著为通义。"班固此时为史官，汉章帝命其记录会议，当无异议，然而现行的《白虎通义》是原始的会议记录还是班固后来的进一步编撰则仍有些争议。

的征伐匈奴的大军。窦宪的这次北征与南匈奴配合默契，多次大败北匈奴，迫使其向西北远遁，从而彻底解决了困扰中国两千年之久的匈奴外患，具有重要的历史意义，而在远征军中就有班固的身影，班固可谓是用自己的行动撰写了中国历史上最为精彩的一章。勇于投身军旅，参加战争，班固的这个壮举是他与其他历史学家的不同之处。

班固的从军行为生动地反映了他的战争观。班固完全赞成公羊学的积极防御的战争观，将战争视为维护大一统和保护国家和民族利益的必要手段，而没有半点的儒家畏战避战的道德乌托邦主义倾向。

班固的行为并不是偶然的，强烈的尚武精神是班家的传统。班固的祖上几代生活在漠北地区，对于北方游牧民族颇为了解。班固的弟弟班超投笔从戎，经略西域长达31年，屡次粉碎匈奴侵占西域的企图，保持和巩固了中国在西域的疆域，为中国的大一统做出了卓越的贡献。

第五，班固的理论贡献不多。

班固对于公羊学的贡献更多的是通过历史学来体现的，必须看到班固在纯粹理论上的贡献并不突出。虽然在《白虎通义》中班固对于以今文经学来统领古文经学和谶纬学有所贡献，明确和巩固了公羊学作为国家意识形态的地位和作用，这个结果的产生更多的是出于皇权的需要，其中有多少是班固个人的贡献并不明确。

（七）何休

何休（公元129—182年），任城樊县（今山东曲阜）人。虽然他的父亲位列九卿，但何休并不看重仕途，而是专心于学问。何休不顾今文经学已经式微的现实，仍然潜心于公羊学的研究，他前后花费了17年完成了《春秋公羊经传解诂》，成为继董仲舒之后最为著名的公羊学著作。何休也因此成为著名的公羊学理论家，该书是研究《公羊传》不可或缺的参考文献。

虽然何休强调《公羊传》中的政治哲学理念，志在发挥今文经学，从政治哲学的角度来看，何休并没有任何理论创新，他只是在重复、强化和重新解读董仲舒的公羊学观点，尤其强调被他视为公羊学两个支柱的大一统理论和三世说。

何休将董仲舒的"三世异辞说"发展为"三世说"，提出了"据乱世—升平世—太平世"的理论。但是同样，何休的三世论仍然是历史循环论，因为他认为的最高阶段的理想社会是实行井田制的上古社会。乱世从上古中来，太平世又回到了上古，历史在微观的进步过程中实现了宏观上的大循环。

何休没有正面论述董仲舒的天的形而上学，试图将公羊学中与天相关的神学因素最小化，这表明何休并不是董学的忠实传人。从其笃信纬书和占星术的事实表明何休尊奉的是被后人谶纬学化了的董学。何休将公羊学的灾异论推到了新的高度，也在对天象的进一步解读中强化了对于天人合一理论的演绎。何休通过对纬书的演绎来进一步将孔子神化，认为孔子是如神怪般的赤鸟，为汉代制法。如果说董仲舒刻意拔高孔子是为了"托孔入世"，引入他的公羊学的话，那么何休将孔子比作神怪则表现出了更多的迷信和神秘主义色彩。

何休根据三统说和三世说进一步归纳出了"三科九旨"说。唐徐彦将其总结为：

> 三科九旨者，新周、故宋、以《春秋》当新王，此一科三旨；又云所见异辞、所闻异辞、所传闻异辞，此二科六旨；又内其国而外诸夏，内诸夏而外夷狄，是三科九旨。[①]

从何休的行文中可以看出，他对于董仲舒的著作十分熟悉，对于《春秋繁露》中的命题运用自如，实际上是董仲舒思想的继承者，但是何休却并不承认这一点，他不认同《公羊传》为董仲舒所著，董仲舒是公羊学的创始人，在《春秋公羊经传解诂》的序言中，他

---

① 转引自陈其泰：《清代公羊学》（增订本），上海人民出版社 2011 年版，第 38 页。

反而将《公羊传》看做是孔子的著作，并称所言"略依胡毋生《条例》，多得其正"，而在其著作中对公羊学的宗师董仲舒则鲜有提及，似乎是在有意回避与董仲舒公开扯上关系。这一方面表明了到东汉末年董仲舒的公羊学受到了怎样的扭曲，以至于到了无法正面见人的地步，另一方面也反映了当时古文经学被视作学术正宗，对今文经学构成了巨大的学术压力。在这种情况下，何休只能将《公羊传》纳入儒学，视孔子为公羊学鼻祖，而无法以独立、客观的眼光来审视公羊学。

在方法上，何休同样采取了与董仲舒完全一样的方式，即假借对《公羊春秋》经文的解释来引出自己的哲学。因此，与董仲舒的《公羊传》一样，何休的《春秋公羊经传解诂》也是一部带有诠释学特征的政治哲学著作。它在一些命题上对董仲舒的公羊学的观点进行了深化、补充和通过其他视角进行了解读，但是在学术和哲学上它仍然没有超越董仲舒的《公羊传》的范畴。

何休重振公羊学是有着现实的政治目的的，东汉末年的皇权十分脆弱，宦官集团、外戚集团和官僚集团形成了三股政治势力，相互内斗，尤其是宦官集团的乱政使东汉的江山处于内忧外患、风雨飘摇之中。何休希望通过公羊学的大一统等理念再次重振皇权，实现国家的复兴，但是在国家的实际权力控制在他人之手的情况下皇帝无所作为，他的愿望无法得以实现。因此，何休对于公羊学的贡献体现在学术领域，无法像董仲舒一样在最高的政治舞台上大展宏图。

第六章 董学的天的形而上学

中国古代哲学有形而上学，这典型而深刻地体现在董学的天的形而上学之中。与西方的形而上学相比，董学的形而上学自有其深刻而系统的体系性。

第一节 董学的体系性

董学是个庞大的体系，由两个主体系构成，即哲学系统和应用系统。哲学系统由三个子系统构成，即天人合一的形而上学体系、皇权主义的政治哲学体系以及"性三品"的人性理论。应用系统是由哲学系推演出来的具体的国家政策建议，包括教化论、五经博士制度和察举制等。无论是从其总系统的构建还是从两个主系统的构成来看，董学体系都是个十分完整的由统一的逻辑链条牢牢串联起来的严密的哲学体系，其逻辑的紧密性和结构的完整性在世界哲学史上是十分罕见的。如果考虑到公羊学对于一个民族、文明和国家的性质的塑造力，那么董学则可以被称作人类历史上独一无二的哲学体系。

由于董学的体系性十分全面，本书将根据不同的哲学领域来加以分析，而对于其核心概念体系的唯实分析也贯穿其中，不再单独成章。

第二节 形而上学

"形而上"是在战国时期便存在的哲学概念，作为概念本身是中国哲学史固有的概念，并不是从西方哲学引入的舶来品。"形而上"与"形而下"是相对而生的。《易·系辞上》对此有明确的定义：

> 形而上者谓之道，形而下者谓之器。

但是在近现代，形而上学似乎成了西方哲学的专利，中国的哲学界似乎认为只有西方才有形而上学，中国哲学史中并不存在形而上学。

对中西哲学的形而上学的认识并不是一个概念之争和名词之争，而是关于中国哲学的性质的定性问题。只要客观地、历史地和科学地看待中国哲学史就会发现这不仅是个不可回避的技术问题，同时它也牵涉到中国人对于自身文明的价值判断问题。在近现代哲学史中，形而上学的内涵就是指西方的形而上学，中国的形而上学固有的内涵已经完全被铲除掉了。

事实上，中国哲学具有最为完善的形而上学理论体系，其逻辑的严密性、体系的广度和哲学结论的成熟度和平衡性要超过西方形而上学。

一、西方形而上学的本质特征

形而上学（Metaphysics）是西方哲学的核心概念，基本含义是超越物理，即要发现具体的物理现象之后的基本因素。在很大程度上，西方哲学史就是形而上学史。它最早起源于古希腊哲学，柏拉图（Plato）的"理念观"（Theory of Form）是西方哲学史上第一个形而上学理论。亚里士多德（Aristotle）不但推出了形而上学的概念，也提出了他自己的更为细腻而明确的形而上学理论。柏拉图和亚里士多德的形而上学理论代表了古希腊哲学的最高成就。

亚里士多德认为，形而上学的目的是要解决 Being，即"存在"

或者"是"①的问题，存在的概念也是西方形而上学最核心的命题和范畴，对于它的探讨构成了本体论哲学（Ontology）。但是在西方哲学史上，关于存在的探索却并不成功，在各种解读和理论的众说纷纭的争论中，西方哲学仍然无法形成关于存在的内涵和本质的统一观点。

西方形而上学的另一个本质特征是将认识论（Epistemology）作为核心和基点。西方哲学强调人的思维对于客观世界和自身的自觉性的反思，认为这种反思性的思考才是真正的哲学，以至于西方的哲学命题都源自于对认识论问题所进行的反思。欧洲近代哲学的开端在笛卡尔，因为笛卡尔提出了新的认识理论，而不在于他关于上帝存在问题所得出的结论。康德的超验哲学也是对传统的形而上学认识论提出了挑战，掀起了一场哲学革命。长期处于对立状态的英国经验主义哲学和欧洲大陆理性主义哲学的差异正是认识论的方法不同所造成的。恩格斯认为，哲学的基本问题或者最高问题就是思维与存在的关系问题。显然，这就是认识论问题。恩格斯的这句话是对西方哲学的这个本质特征具有代表性的概括。由此，西方哲学派生出了两个基本派别，即唯物主义和唯心主义。

其实，并非西方哲学才有形而上学，在其他文明和国家的哲学中同样存在形而上学。董仲舒的天人合一理论是中国古代哲学中形而上学理论的代表，也是最高点。中国的形而上学与西方哲学具有不同的概念体系、逻辑体系和本质特征。

二、中国的形而上学

中国早期的神话、传说和关于天的观念中已经包含了形而上学的要素，中国上古时期早熟的宇宙观和时空观都是形而上学的基本

---

① 如何翻译Being在中国哲学界一直存在分歧，赞成两者的学者都有。为了避免混乱，本书一律使用"存在"。

要素。中国哲学观念史中系统的形而上学是在老子哲学中首次出现的。老子关于"道"的理论是中国形而上学的第一个哲学理论，道也从此成为中国哲学史中的一个重要的概念和范畴。但是老子哲学仍然是框架性的，对于许多命题并没有深入而明确的论述，尤其是它与从秦朝开始的中国历史的新的时代性已经产生了脱节。虽然战国后期和西汉初期有学者试图将老子哲学与黄帝相结合形成了黄老之学，试图使老子哲学跟上时代的脚步，但是由于缺乏内在的机理，黄老之学仍然无法解决西汉初年的意识形态危机和政治危机。黄老之学被公羊学的全面取代是历史的必然。

中国哲学观念史上的第二个形而上学理论来自于墨家思想。墨家的天志论表述了天人之间的关系，提出了"人顺天意"和"政顺天意"等思想。但是，墨家的天人关系仍然十分粗糙，天人之际还没有建立起逻辑演绎。

董仲舒结束了春秋战国时期的子学时代，将中国的哲学史和政治史带入了以董学为核心的意识形态层次和公羊学时代。董学这个庞大的哲学体系的理论基础就是以天人合一理论为核心的形而上学体系。这个体系不但具有内在的、严密的逻辑系统，并且成功地演绎出了成熟而有效的政治哲学。以公羊学为意识形态建立起来的公羊模式在几经考验之后成为中国文明的理想的国家行为模式，在两千多年的实践中使中国文明成为人类历史上最为成功的文明形态。

宋学试图重新以道为核心来重建中国的形而上学，中国的形而上学在宋朝得到了一次新的发展，作为宋学集大成者的朱熹理学对中国哲学进行了一次系统的梳理。可以说，在中国哲学史上，只有董学和朱熹的理学发展出了系统的形而上学理论，代表着中国哲学和形而上学的最高峰。但是，对董学和理学在内容、逻辑和结论上进行深入的分析之后便会发现，理学的形而上学并没有超越董学的范围，虽然在一些概念、提法和表述方式上进行了更新和改变，但是理学在许多方面仍然只是在重复董学的哲学逻辑，没有超越更没有替代董学的形而上学。

因此，董学的形而上学对于中国哲学的形而上学是具有代表性和典型性的，无论是在核心概念体系、命题还是在逻辑结构上都是中国的形而上学的主干。

三、作为形而上学的天人合一理论

在天人合一理论中，西方形而上学的所有核心命题都得以涉及和解答，而西方形而上学无法解决的问题也得到了解答。

天人合一理论是中国哲学的形而上学的绝对主干和理念的核心，从汉朝到清末贯穿于整个传统文明时期的哲学史。包括朱熹理学在内的宋学的各种形态都没有脱离这个主干，只是以不同的概念和范畴对其进行了重新阐述而已。

四、董学与西方哲学关于形而上学的不同解读

不同哲学体系之间的系统性差异是指两者在对哲学要素的整体布局上的差异。哲学要素包括哲学的目的性、命题、核心概念、方法论以及内在的逻辑关联等。不同的哲学体系在哲学要素的构成上会有共性，也会存在差异性甚至本质性的不同。对哲学要素的不同布局和连接会形成不同的哲学体系，会体现出哲学体系之间的系统性差异。

如果将中国形而上学和西方形而上学看做是两个大的哲学系统的话，那么两者之间则存在着巨大的系统性差异。两者的系统性差异表现在：

（一）哲学要素构成的差异

董学的形而上学具有宏观视野，将天地人作为核心要素，涵盖了最为广泛的命题。

西方的形而上学虽然也要探讨世界的本质，却将世界割裂，只将个别的要素列为哲学思辨的命题。

可以说，董学的形而上学是"宏观的形而上学"，而西方的形而上学是"微观的形而上学"，前者强调整体性，后者强调技术性。问题是在缺乏宏观把握的情况下所谓的技术性是缺乏方向的，其技术性的结论在逻辑上是无法完全成立的。

（二）内容构成差异

中西形而上学的结构性差异体现在内容构成、方法论、同一性和自然哲学观等四个方面。

1. 内容构成差异。

董学包括形而上学、政治哲学、人性理论、历史哲学和国家政策，取得了系统上的整体性（Systemic Entirety）。董学的形而上学是体系性的存在，只有在与其他方面的相互依存性中才能够真正理解董学形而上学的真义。

这与西方哲学的分裂性是完全不同的。在西方哲学中，形而上学可以独立地存在而不受其他维度的逻辑限制。在失去整体性的情况下，西方的形而上学失去了依托。而失去了这个依托，形而上学或者任何人类的思想和哲学都无法获得正统性。

这个依托是什么呢？就是人性本身。

2. 方法论差异。

在方法论上，董学的形而上学强调逻辑的贯通性和结论的统一性。董学的形而上学的逻辑和结论贯穿于其政治哲学、人性理论、历史哲学和国家政策之中，相互之间形成了一个相辅相成的和谐系统。

相比之下，西方的形而上学侧重于微观的结论，但是缺乏贯通性和统一性，其看似深入的具体结论往往难以自圆其说，难以形成一个浑圆的逻辑整体。

3. 同一性差异。

在整体性的基础之上，董学取得了同一性。其形而上学、政治哲学、人性理论、历史哲学和政策建议是统一的、和谐的，是相辅相成的。这种同一性使董学的各个部分都得以建立在坚实而充分的基础之上，可以从其他维度和领域中获得逻辑和观点上的支撑。

失去了整体性，西方的形而上学要获得同一性便无从谈起。西方的形而上学、政治哲学、人性论和国家政策虽然都有一定的联系，却无法取得如董学一样在逻辑和体系上的同一性，始终处于相互矛盾和冲突的状态之下。

4. 自然哲学观差异。

天人合一哲学是一种自然哲学。天、人和万物都被视为自然界的一部分，而人要生存在这个世界上就必须与其他的自然界要素和谐相处，这就是天人合一的出发点、哲学前提，也是其最终结论。按照董学的天人同类的观点，天与人一样具有情绪、感知等人格特征，这样便完成了天的人格化和人的自然化的双重过渡，使两者在自然哲学的平台上完成了同一化。这与西方哲学将天与人对立起来的观点是完全不同的。天人合一的自然哲学观在两千多年前便以一种成熟而严密的逻辑呈现出来，是了不起的哲学成就。董学的自然哲学取向一直成为中国哲学的原则而贯穿于后来的玄学、宋学之中，得到了继承和发扬，成为中国哲学史一个恒定的取向和原则。

西方哲学直到 16 世纪和 17 世纪的启蒙哲学时期才发现自然哲学观。在启蒙哲学之前，神学和经院哲学统治着西方哲学。

（三）本体论的根本性差异

中西形而上学在核心概念上存在着巨大的差异，虽然在深层次上的哲学命题上两者会发生重合和交叉，但是无论在核心概念的构建还是在方法上都代表着截然不同的两种思辨方向和方法。

董学的核心概念是"天""人""元""阴阳""五行"和"气"等。董学的形而上学的核心主题是天人合一理论。相比于西方形而上学，中国的形而上学具有独特的概念体系、逻辑体系和理论体系，可谓是自成一家，自圆其说。

核心概念的不同所体现的是两者在本体论上的差异，而本体论上的差异是不同的哲学体系所能产生的最根本性的差异。

从结构上看，董学的本体论是皇权和人的二元一体性。所谓二元一体性的本体论就是皇权，它是董学形而上学的绝对概念核心，而人则决定着皇权的目的性，是其逻辑枢纽，两者相辅相成，相互决定，相互制约，共同构成董学形而上学的逻辑主体。事实上，董学的概念构建和理念构建是具有同一性的，两者是一个事物的不同侧面。二元一体性的理念基础恰恰是人性理论性，因此皇权的人性基础成为二元一体性的本体论的表现形式。

相比之下，西方形而上学的核心概念是"存在"，其探讨的核心主题是本体论和认识论。在西方哲学史中，本体论和认识论等主题几经改变，形成了相互矛盾和冲突的不同理论，却始终无法解决它们提出的命题。

从概念本身来看，中国形而上学的天似乎与宗教和神学更近，但是人的地位使中国的形而上学将天的神学特征纳入了人的范畴之内，置于相对于人的次要地位，服从于人的目的性和人的行为，从而获得了"理性"的色彩。中国的天人合一哲学将作为主体的人与作为他体的外部世界／自然界形成了一个以人为中心的完整有机体，取得了人与自己以及人与自然的和谐，处于自然哲学的框架内。

而西方形而上学却始终没有摆正人的正确位置，始终不知道如何正确地看待自己。无法看待自己也就无法正确地看待外部世界／自然界，就无法建立起人与自然的和谐的关系，最终只能选择向宗教靠拢。

（四）基本理念的差异

中国形而上学的基本理念之一是基于人性的道德性。基于人性的道德性是中国形而上学的核心概念之一，它在许多时候甚至被认为是天和人的行为的最高规范，也被看做是宇宙运动的基本规律，是一个不容触碰的底线。

西方形而上学的宗教化倾向在古希腊哲学时期已经成为基调，

柏拉图的哲学始终贯穿着宗教性，认为上帝是万物的本源，这点与犹太教和基督教的教义并没有本质性的区别。柏拉图虽然也强调道德性，但是他并没有将道德性与本体论结合起来形成道德主体性。在欧洲古代文明的高峰时期即罗马帝国后期，西方形而上学的宗教性达到了高潮，基督教被罗马帝国提升为国教，压倒了希腊化哲学成为国家意识形态。在中世纪时期，柏拉图哲学中的宗教性被发掘出来，使得古希腊哲学与基督教的结合成为可能。圣奥古斯丁完成了柏拉图哲学的基督教化，圣托马斯进一步将亚里士多德的哲学与基督教相结合，古希腊的形而上学完成了与基督教的彻底融合，两者共同完成了经院哲学的构建，古希腊形而上学完全被纳入到了宗教体系之中，成为了神学的一部分。

启蒙运动和康德哲学冲击和部分地打破了形而上学的神学桎梏，试图建立起以人为中心的认识论，但是这种冲击并不彻底，黑格尔哲学再次将形而上学置于神学的统驭之内。在与宗教性抗争的同时，康德试图建立道德本体论，用道德性来代替宗教性。然而，康德的努力在德国哲学和欧洲哲学中并没有得到共鸣，代替宗教性的不是道德性，而是对人性的彻底的误解。被文艺复兴和启蒙运动解放了的关于人的理念确认了人的欲望和追求欲望的行为自由，西方的形而上学走向了另一个极端，但是如何看待人，如何与外部世界／自然界建立起和谐的关系这个任务却仍然无法完成，最终选择了通过暴力来劫掠世界财富的征服之路。由此看来，西方哲学至今为止始终没有建立起关于人的完整的哲学，始终缺乏自己与自然界和其他文明形态和谐相处的认知和方法。

（五）目的论上的差异

董学的形而上学注重实际的应用和效果，最终目的是要为人的存在和生活服务，是政治哲学的逻辑基础，具有现实的实用性，是扎根于现实主义的哲学思想。董仲舒在《春秋繁露·人副天数》中明确地提出了这样的定论：

　　天地之精，所以生物者，莫贵于人。

　　由于天与地的精华都凝聚在人之内，人与天地是一体的，这句话也就等于是将人的地位摆在了首位的明确的哲学论断。

　　在《春秋繁露·天地阴阳》中，董仲舒多次强调了人之"贵"：

　　以此见人之超然万物之上，而最为天下贵也。人，下长万物，上参天地。

　　圣人何其贵者，起于天，至于人而毕。毕之外谓之物，物者投所贵之端，而不在其中。以此见人之超然万物之上，而最为天下贵也。

　　在董学的哲学世界中，人是唯一的主体，人是自己的意志的主人，而"天"只是现世的人的世界的逻辑补充，是从属于人的现实世界的。

　　相比之下，西方的形而上学缺乏目的性，而这是其重要的特征。表面上看西方形而上学侧重于单纯的思辨性，实际上却是缺乏目的性的一种表现和反映。由于忽略了与人和社会的实用性的联系，更与国家行为没有建立起直接的因果联系，这就是它无法抵御来自神学的攻击并且最终融于基督教的根本原因。在基督教和经院哲学中，人是上帝的奴仆，是带有原罪的罪人，人的生命是向上帝赎罪的过程，人存在的价值是要由上帝的末日审判来确定的。可见，中西形而上学的对立可谓是极端的，在哲学理念上是水火不容的。

（六）整体性和局部性的差异

　　中国形而上学的长处在于整体性布局的系统性和结构构建上的合理性，这点在董学的天人合一的哲学中尤为突出；而西方形而上学的特点在于对于具体命题的深入探究。中国的形而上学注重"面"，即体系性和结构性；西方的形而上学注重"点"，即侧重于对个别命题的深入的哲学考究。

　　事实上，在没有合理的整体性布局的前提下，要取得关于具体命题的真正突破，要获得"真理"是不可能的。这种只见树木而不见森林的方法不仅会导致对命题的探讨脱离正轨，也可能使不同的命题之间产生矛盾和冲突。在西方形而上学中这两个问题都以激烈的方式暴露了出来，至今没有得到解决。

另外，西方形而上学的确在局部问题上取得了一定的创新，但仍无法纠正其整体性上的缺陷。而在中国的形而上学中，虽然个别的结论并不准确和令人信服，但是这并不影响其整体布局的合理性，这使得中国形而上学具有顽强的生命力，在不同的历史情境和针对不同的命题都能够进行持续性的和重新的解释。中国形而上学整体性的完善往往能够弥补在具体问题上的不足。

（七）柏拉图与董仲舒

柏拉图是西方哲学中最接近董仲舒的哲学家。在许多方面，柏拉图和董仲舒可以被视为代表古希腊哲学和中国古代哲学的可比较物，虽然董仲舒的成就无论是在纯粹的哲学领域，在对于国家行为的政治冲击力上，还是在对于一个民族的思想和文化塑造上，都远远超越了柏拉图。

两者都对其之前的哲学进行了系统的总结，在吸收了先哲的思想营养的同时推出了自己的哲学体系，都可谓结束了一个时代，又开创了一个新的哲学时代，都具分水岭般的作用。柏拉图主要吸取了诸如毕达哥拉斯（Pythagoras）、巴门尼德斯（Parmenides）、赫拉克利特（Heraclitus）和苏格拉底等人的精华，按照罗素的理解，柏拉图的哲学实际上是对以上四位哲学家思想的综合，例如他的形而上学的核心即唯名论（The Theory of Ideas or Forms）哲学是对巴门尼德斯的现实与现象的观点、赫拉克利特的变化论以及毕达哥拉斯的神秘主义和宗教性进行综合的结果。从毕达哥拉斯那里柏拉图延续了对于数学和神秘主义的传统，从巴门尼德斯和赫拉克利特那里柏拉图进入了对于认识论问题的探讨，从苏格拉底那里柏拉图传承了对于伦理学的重视。柏拉图将这些前人的要素融入了他自己的哲学之中，充分地吸取了前人的营养。实际上，柏拉图所受到的前人的影响不止这些，还可以列出其他的前苏格拉底（pre-Socratic）哲学家。值得注意的是，这些对柏拉图施以重要影响的前苏格拉底哲学家都属于"自然主义（Naturalism）"，即强调客观事物自身的规律对于事物运动的影响，而不再将传统的希腊神话中的诸神看做是决定事物运动的过程和结果的主宰者和干预者。但是，柏拉图并没有脱离神秘主义和宗教，只是其宗教色彩更为浅淡一些罢了。上帝在柏拉图的哲学体系中仍然是造物主（Creator），仍然是决定一切事物的最高主宰。

与柏拉图对古希腊哲学传统的开放性继承相似，董仲舒同样受到了先秦众多哲学流派的影响。从董仲舒的著作中可以看到，广博性是董仲舒思想的一个重要特征。董学体系并不是凭空出世的，而是体现了中国哲学的继承性和连续性。在董仲舒的哲学体系中，阴阳学、墨家、商家、儒家等流派中的营养被充分理解和吸收。正是在广泛吸取了先秦子学的思想营养的基础上，董仲舒构建了自己博大精深的董学的哲学体系，在结束了子学时代的同时开创了中国哲学史的新纪元。

作为希腊哲学和中国哲学的奠基人，在内涵和价值取向甚至在一些重要的结论上，两者的思想都具有相通和相同之处。柏拉图也强调道德（the Good）的作用，认为道德的地位要高于科学和真理，道德虽然不是对事物本质的追求，却更有尊严和力量；道德在唯名体系中享有最高的地位，是统领各种物质性的唯名物体和人的其他精神品质的范畴；柏拉图也重视道德对于国家行为的制约性，认为最好的权力形态是建立在道德本体论上的集权制。虽然在程度上远弱于柏拉图，但董学中也存在神学因素，天并不是一股完全自然的力量，而是具有人性化和神性化的超自然力量。柏拉图认为最佳的权力形态是由哲学王（the Philosopher King）掌握国家权力的国家，为此柏拉图十分重视教育的作用，并在《理想国》^①中详细地设计了如何通过系统的教育来培养出合格的哲学王。但是他的设计是建立在想象和虚构基础之上的，是违反人性的，在现实中是无法实现的，因此只能作为乌托邦而存在。这就是"柏拉图的困境"（The Platonic Dilemma）。柏拉图的困境使他无法为雅典的政治指引出一条可行的道路，使其从现实中的失败境地中走出来。即使在伯罗奔尼撒战争中被强权的斯巴达打败，雅典仍然无力自救，只能依旧在政治上停留在城市国家阶段，无法从所谓的民主政体和固有的行为方式中更进一步。这种无力自救的结果只能是希腊的城市文明从此一蹶不振。

从纯粹的理念上看，柏拉图的哲学王思想与董仲舒的皇帝观十分相似，但是柏拉图始终没有找到将其理念付诸实践的渠道，只是作为纯粹的哲学思想而存在。虽然董仲舒对于皇权的设计具有后发性，即董仲舒的哲学认知是后于国家行为的实践的，是在皇权已经基本建立、大统一在西汉已经再次完成的前提下提出的，但是董仲舒的哲学为国家行为的实践指出了明确而可行的道路，从这个意义上看他的哲学同样具有超前性。因此董学的哲学和政治成就既是历史性的和总结性的，也是指导性的和前瞻性的。

相比于董仲舒，柏拉图的思想始终无法深入地在每个命题上都建立起强大的逻辑结构。董仲舒的形而上学体系将每个重要的命题都建立起逻辑严密的子系统，并且通过统一的逻辑链条将各个子系统有机地联系在一起，使得董学成为一个更为深刻、庞大、逻辑性更强的哲学体系，对于政治哲学的支撑也更为坚实有力。

深度、广度和体系构建上的不同也成为两者具有不同的政治命

---

①《理想国》（*The Republic*）的意义不仅是提出了柏拉图的政治哲学理念，也集中地阐述了他的形而上学即唯名论哲学、认识论、伦理学等方面，柏拉图其后的著作都是以该书中的主题和原则进行进一步的阐述。因此，该书被认为是柏拉图最重要的著作是有根据的。从这个角度看，《理想国》与董仲舒的《天人三策》颇为相似。

运的原因之一。董仲舒的形而上学成为国家意识形态，是公羊模式的哲学基础，主导了中国文明长达两千多年之久，促使中国文明成为人类历史上最为成功的文明形态；而柏拉图的哲学虽然对于西方哲学史、思想史和宗教史产生了巨大的影响，却从来没有成为国家意识形态，也没有促成一种国家行为模式。

董仲舒的哲学和柏拉图的哲学在哲学史的处境上有一点颇为相似：后来的人们或赞赏，或批评，或扭曲他们，却并不能够全面而深入地把握他们的思想，致使两者的思想内核多年来一直饱受误解。当然两者受到误解的原因并不相同，董仲舒是受到了皇权的人为扭曲；柏拉图则在近现代的西方受到所谓的民主思想的蒙蔽而遭到回避，西方人不愿意直面西方哲学的奠基人之一是反民主和推崇"哲学王"这样的"专制"政治的哲人。柏拉图的哲学与西方近现代哲学具有本质性的区别，西方哲学史并没有理解和继承更没有拓展柏拉图的道德本体论取向。在西方哲学史中，柏拉图是个不愿意被正视的也是被背叛了的哲学先祖。

（八）西方哲学的本质缺陷

概括地看，西方哲学的本质缺陷体现在人性理论的缺失和形而上学的内部结构的错位等方面。

1. 人性理论的缺乏。

西方哲学的本质缺陷就是从来不知人为何物，从来不知将人放在何处，从来不愿认真地审视人的问题。

在古希腊哲学中，人性哲学基本上是个空白。苏格拉底曾经提出了"人是何物"的问题，他本人无力回答，后来的柏拉图和亚里士多德等也无力回答。古希腊哲学的归宿是被融入了基督教哲学，欧洲中世纪的经院哲学将柏拉图和亚里士多德的哲学与基督教哲学结合了起来，完成了对其宗教化的改造，成为基督教神学的一部分。

在基督教哲学中具有明确的人性观，但是这个人性观是极度宗教性的和反人类的：人是上帝的罪人和奴仆，人是上帝无条件的、绝对的附庸，人生的目的是要在现实世界赎罪，要等待上帝的末日审判。人性中当然具有宗教性的甚至是强烈的宗教性的倾向，但是宗教性是人性的一部分，而不是凌驾于人性之上的异物，更不是奴役人性的力量。

文艺复兴推翻了基督教哲学的枷锁，获得了人的独立性和自由，但十分不幸的是，在西方文明中，人并没有恢复自己真正的自我，反而以另一种方式继续受到了扭曲，直至异化。在近代西方哲学中，人性论被置于道德哲学领域之内，但是道德哲学并没有形成系统的人性理论。启蒙哲学中并不存在统一的"人"的概念，从启蒙哲学开始人的概念一直被种族主义和殖民主义所割裂，这种思想状况深刻地影响了道德哲学。所谓的道德哲学对于西方的殖民主义、种族主义和征服世界的战争行为熟视无睹，甚至还提供理论根据，这一方面使西方的道德哲学破产，另一方面形成了西方二元对立的人性观。在二元对立的人性观之下，西方的道德观和行为出现了本质性的割裂。为了自己的物欲和利益，西方国家和文明将所有的非西方国家和文明视为征服、屠杀和奴役的对象，发动了一系列的战争。

近现代心理学的发展开辟了西方文明研讨人性的新的角度，人性论有从道德哲学领域向心理学过渡的倾向。20世纪初期的弗洛伊德是从心理学角度考研人性理论最突出的人物。作为心理学家，他曾提出以性欲为核心的人性论，即行为的心理分析理论。但是心理分析理论显然是片面的，它或许能够帮助人们看到人性的碎片，却无法使人类看到人性深刻而全面的本质。尤其是当弗洛伊德试图将其心理分析的心理学理论上升到历史和哲学层面时，便得出了令人匪夷所思的结论。这种企图的失败也标志着从心理学角度来建立人性理论的失败。西方心理学界在20世纪50年代已经承认了这种失败，心理学从此也不再以构建人性理论为其目标。

20世纪50年代兴起的后现代哲学反对西方的哲学传统，反理论化成为其主题。如同对形而上学不屑一顾一样，所有的后现代哲学都对人性理论嗤之以鼻。

2. 以认识论为哲学出发点的逻辑错误。

强调认识论并无不妥，关键是如何定位和使用认识论。

西方哲学在缺乏系统的人性理论的前提下强调认识论，等于忽略了主体而只强调被忽略了的主体所看到的客体。这样的逻辑程序是错误的。

（九）董仲舒的形而上学体系的不足

董仲舒的形而上学体系虽然无论从世界哲学史的维度还是从中国哲学史的纵向维度衡量都是最为博大精深和深具逻辑性和合理性的哲学体系，但是它同样具有一些不足之处。

董仲舒的形而上学与政治性的联系过于紧密，这是董学和公羊学的一个优点，同时也是它们的一个弱点。董仲舒因此忽略了政治性不强或者不具有政治性的一些命题。

获得了国家意识形态的地位是董学的一个伟大成就，但是与此同时它也束缚了作为哲学和学术的董学和公羊学的进一步发展，以至于在董仲舒去世之后，虽然作为意识形态和政治哲学的公羊学的地位牢不可破，而作为哲学和学术的董学却没有取得持续性的逻辑发展，出现了青黄不接、后继无人的局面，这是董学被本末倒置地纳入了儒家的一个重要原因。

在方法论上，董学的天人合一理论采用了天和人的类比法，但是在近现代科学的眼中这种类比法只能算是比附法，缺乏充分的事实性和科学性。

董学的不足与其早熟、完善性和政治性有着紧密的联系。董学在入世之后便与国家权力完成了堪称完美的结合，迅速上升为国家意识形态，董学和中国形而上学从此便被置于国家权力的严格监管之下，在很大程度上失去了思想自由，这成为妨碍中国哲学发展的一个重要掣肘。

董学虽然也涉及认识论的问题，其天道认识论是其天的形而上学的逻辑链条之一，但是董仲舒的目的并不是要科学地探讨人类认识的规律，而是将重点放在了政治功利性之上，为其王教论提供理论支撑。因此，对于认识论问题董仲舒点到为止，并没有深入探讨名义论等命题。这与古希腊哲学和近现代西方哲学试图挖掘人类认识过程的规律相比显然具有差异性。直到宋朝时期，学者们才开始认真思考认识论问题，朱熹的理学和陆九渊的心学才各自发展出相对系统的认识论理论，这也算是强化了董学形而上学和中国哲学史的一个理论薄弱之处。

令人遗憾的是，中国的形而上学在清朝灭亡之后便基本上停止了，中国哲学的自主性发展也戛然而止，中国哲学史开始进入了自我阉割主义和唯西方论的阶段。

第三节　中国古代的"天学"

中国古代具有源远流长的关于天的学问，天的观念渗透于诸多领域。董学的天人合一哲学是对古代天学的哲学总结。

一、天学概念提出的必要性

所谓的天学是中国古代关于天的系统观点的总称。之所以要提出天学这个概念是因为现有的概念如天文学、占星学等都不能准确地概括中国古代关于天的系统认知。中国古代的天学包含天文学、占星学和政治学，三者之间呈现出十分复杂的相互渗透现象和互为因果的逻辑关系，要想将其中的一个要素单独抽出来进行演绎和解释都是行不通的，可以说三者形成了你中有我我中有你的复杂统一体，超越了单纯的科学、迷信、宗教和政治所能够做出的单一解释。因此，只有尊重这一客观事实，根据古人的观念本身的特点进行研究，而不是强行地将它们削足适履般地纳入天文学等的范围中，才能够做到尊重古人，尊重历史，才能够客观、科学和公正地了解和理解古人关于天的复杂的认知系统。因此，提出天学的概念是有历史基础的。

二、天学的内涵

中国古代的天学包括四个系统，即宇宙观、星宿观、历法和天人关系。有关宇宙观、星宿观和历法的内涵尤其是其起源的时间和地域因素以及对其内涵的理解现在仍然充斥着众多的谜团，现代人对于它们的了解寥寥，理解仍然处于雾里看花、挂一漏万的猜测状态。由于各种原因，中国古代天学的许多内容都已经失传了，这是中国文化的重大损失。我们只能根据流传下来的古籍文献、考古发现和简帛等资料来逐渐地拼凑起这个复杂的认知系统。

天人关系属于政治范畴，中国古人观测天象的目的一是出于生产和生活的需要，更重要的则在于对天学的政治学的引申性应用。天人关系在中国国家的产生过程中起到了至关重要的作用。

三、天学研究的方法

对于商朝以前的天的观念即本源状态的天和天的发生学方面我们现在知道的还不充分，这是中国哲学史研究的盲点之一。长期以来，关于天学的发生学的研究属于文献学的范围，即研究者只能根据古代文献中关于天的各种记载来研究古人对于天的认识，但是这种方法面临着缺乏文字、距离年代十分久远以及对于上古时期人类文化进化和发展过程缺乏明确而具体的认知等不利因素的阻碍。天文考古学的发现改变了这种被动的局面。

中国的天文考古学诞生于20世纪60年代中期[1]，著名考古学家夏鼐是奠基者。中国天文考古学是利用最近几十年来丰富的考古学发现来对古代和上古时期的天文学／天学进行研究的新兴的科学分支。它摆脱了长期以来仅仅依靠古代文献来研究上古时期天学的方法，而直接面对考古学中的天学发现，这样便形成了对于上古时期的天学研究的一次解放，堪称一个里程碑式的突破。20世纪90年代，中国的天文考古学取得了重要的突破。考古学和天文学两个领域形成了结合，研究的重点放在了上古／史前时期，将天学的起源与中国文明的起源结合了起来。这些进步都标志着中国的天文考古学已经步入了科学的专业阶段，进入了成熟期。

同时必须看到，虽然中国的天文考古学在短短几十年的时间里已经取得了一些突破性的成绩，但仍然是个新兴的学科，发展的道路还很长，而许多关键问题的最终解决还要依靠未来更多的天文考古实物的发现。天文考古学是中国上古考古学中最令人期待的一个领域，一旦天文考古学取得了重大突破，就会对中国文明起源的研究带来取得重大突破的机会，也意味着将会给上古中国哲学史的研究带来取得重大突破的机会，在中国文明的光辉历史将进一步生动而明确地展现在国人和世界面前的同时，中国哲学史的许多谜团也将逐一得到破解。

中国天文学的兴起对于中国哲学史尤其是上古和先秦哲学史的研究具有重要的意义。中国天文学考古的发现为王国维的二重证据法的合理性和有效性提供了进一步的证据。在关于中国哲学概念的发生学研究中，我们可以摆脱对于古籍无条件的依赖，可以将重点

---

[1] 中国的天文考古学的诞生和发展得益于中国悠久的文明史和丰富的考古学发现，是在独立于西方天考古学的情况下自主发展起来的。西方的天文考古学起源于对于英国的巨石阵（Stonehenge）的研究，诞生于20世纪初期。相比于西方天文考古学只侧重于揭示古代建筑的方位指向线的狭窄的研究范围，中国的天文考古学的研究领域和视野要广阔得多。参见冯时：《中国天文考古学》，中国社会科学出版社2007年版，第1—16、71页。

转到考古发现上，不但为上古中国哲学史的研究提供了新的方法和研究领域，也可以用它们来检验古籍中的记载是否准确。

四、天学与中国哲学史

对于天学的模糊不清给中国哲学史带来的一个盲点是关于古代的天人关系的模糊性认知。对于"天人感应""天人合一""天人同类"和"灾异论"等概念的认知处于模糊不清的状态，相互混淆使用。这不但表明了对于中国上古哲学史研究的不足，也暴露了对于董学的认知的严重缺乏。不仅如此，中国哲学史也无法将中国祖先对于天学的认知与天人感应和天人合一建立起合理的连接，以至于各讲各话，形成了考古天文学与哲学史的断裂。有鉴于此，对于中国古代哲学史的天人关系认知的模糊而无法有机地融入中国哲学史，也无法与中国考古天文学建立起合理的对接，这种状况严重妨碍对于中国哲学史的整体性把握，成为中国哲学史研究中的一个绊脚石。

五、天学的内涵

中国古代的天学是个庞大而完整的体系，这从其内在的构成得以充分的体现。

（一）天的概念

1. 先秦时期天的内涵。

作为文字的"天"在中国的产生十分久远，在甲骨文中便存在着大量的天字。在甲骨文中天是个象形词，表示在人的头顶。这说明在商朝的时候，天字已经是一个被经常使用的成熟的概念了。从先秦文献中可以看出，天的内涵也十分丰富，即是自然中的一个事物和现象，也被赋予了丰富的宗教内容，其作用十分复杂。丁山曾经对先秦时期对于天的称呼进行过描述：

这位至高无上的宇宙大神，见于先秦记载的，似乎没有一定的尊号——有时称天，有时称皇天，有时称昊天、旻天，有时称天鬼，有时称帝，有时称上帝，有时称皇天上帝，有时称昊天上帝，有时称皇皇后帝，有时省称曰皇帝。要而言之，秦以前的文献里，天神的尊称非皇则帝。①

这些称谓说明在先秦时期天是宗教和神学意义上的超自然力量，天代表着宇宙间的最高权威。从殷商卜辞中可以看出天是商王时卜问的对象，这验证了天的宗教属性。虽然在程度上有所降低，向天问卜的方法被周朝继承，这在《尚书》中得到了体现。

2. 郭沫若的一个失误。

郭沫若在《先秦天道观之进展》中认为：

卜辞称至上神为帝，为上帝，但决不曾称之为天。

卜辞既不称至上神为天，那么至上神称天的办法一定是后起的，至少当得在武丁以后。我们可以拿这个做一个标准，凡是殷代的旧有的典籍如果有至上神称天的地方，都是不能信任的东西。那样的典籍在《诗经》中有《商颂》，在《尚书》中有《商书》。②

郭沫若在此是在使用王国维的二重证据法来判断史书的真伪，其方法本身是不错的，但是由天是否出现来判断古书的真伪则无法成立。

首先，殷商的"帝"就是"天"，就是"天帝"和"上帝"。殷商的卜辞无论是祷告祖先还是祷告上帝都是在告天，"天"与"帝"并没有本质上的不同，是无法被分割开来的。但天的范围更广，既包括祖先也包括上帝，在一些场合两者又是不加区别的，在卜辞中用"帝"字可确指祷告的对象是上帝。

其次，卜辞中使用"帝"是一种习惯，是出于方便和实用性的

---

① 丁山：《中国古代宗教与神话考》，上海文艺出版社 1988 年版，第 171 页。
② 郭沫若：《青铜时代》，中国人民大学出版社 2005 年版，第 4 页。

考虑。卜辞是刻烙在甲骨和牛颊骨之上的文字，是一个复杂而烦琐的工艺，要由专门的卜官来负责，而卜官为了提高效率往往采用简单的通假字来替代一些复杂的文字，如用"又"来代替"佑"（如"卅人王受又"），用"受"代替"授"（如"贞帝不我其受又"），用"史"来代替"使"（如"于帝史凤，二犬"）等，以及用单个字来代替复合词（如用"贞"来代替"贞臣"），用"咸"来代替"咸戊"（商朝被奉为神灵的巫觋），用"伊"来代替"伊尹"（商汤时的明臣），用"四方"来代替"四方之神"。同样地，用"帝"来代替"天帝"和"上帝"既准确又能够提高效率。在卜辞中用固定的单字来替代特定的神灵和祖先或许是殷商礼制的一部分。至于为何要用笔画更多的"帝"字而不是用更为简单的"天"字来称谓上帝是因为祭祀和祷告的对象是具体的上帝，而不是祖先，这是要在殷商的礼制中加以区别的。但是卜辞的这个方法并不一定在殷商其他文字记载中也必须使用。因此，非卜辞的殷商文件用"天"来称谓上帝是完全有可能的。

据考古学家考证，商代人对于文字的使用已经十分普遍，在丝帛上书写已经很普通，并且使用毛笔及朱、墨等，在北方使用竹简也很流行 ①。因此，甲骨文只是一种君王特用的书写方式而已。

在《诗经》里，《商颂》"列祖"一段有"自天降康，丰年穰穰"，《玄鸟》中有"天命玄鸟，降而生商"。此处的"天"明显是指上帝。这是诗歌，口口相传，或者依靠竹帛等通过文字传播，不是卜辞，不一定要按照卜辞严格的规矩来称上帝为帝，也不需要依靠甲骨和牛骨等复杂的方式来传播，因此在诗歌中用天字来指上帝并不能得出诗歌是后世伪造的结论。

在《尚书》的《商书》12 篇中也提到天，同样是指上帝和天神。郭沫若认为除了《微子》和《西伯戡黎》之外其余的都不可信。其

---

① 参见胡厚宣、胡振宇：《殷商史》，上海人民出版社 2003 年版，第 361 页。

实这是十分武断的。这些文章不是卜辞，而是史官对于君王的政令和谈话的记录，著于丝帛或者竹简之上，其措辞不如卜辞那样严格，使用天泛指天神和上帝是完全有可能的。

3. 天学的发生学源头。

中国上古天学的发生学源头并不是如现在所公认的那样完全起源于农耕文化，是完全为了适应中国的农业发展而产生和发展的。农耕文化固然在天学的发展过程中起到了十分重要的作用，天学发展的目的性也离不开对农耕文化的时间性的指导和帮助，但是天文考古学的发现却将中国天学的最初起源地指向了北方，北方的渔猎文化更有可能成为中国古代天学的最初发源地。

可以从原始人类进化的一般规律、中国文明起源和发展的最初走向中获得线索，利用倒推法来进行一些合理的推断。事实上，在缺乏完整的考古学链条的情况下，根据现有的考古学发现和文献学资料通过倒推法对上古文化和文明进行合理的推断是我们获得关于上古时期的人类生活状态以及认证水平和方式的唯一方法。

根据现有的考古资料和文献记载可以初步得出这样的结论：在黄帝时期中国天学的主体部分便已经形成了[1]，而在红山文化的考古发现中已经显示了黄帝年代的证据。

中国文化的传统和主流观念认为，天的观念起源于农业文明，因为农业生产对于气候的影响具有依赖性[2]。中国上古时期的传说中关于神农的记载体现了农业对于中国文化发展的重要性。《白虎通义·号》写道：

> 古之人皆食禽兽肉，至于神农，人民众多，禽兽不足，于是神农因天之时，分地之利，制耒耜，教民农作，神而化之，使民宜之，故谓之神农也。

---

[1] 参见冯时：《中国天文考古学》，中国社会科学出版社 2007 年版，第 71 页。

[2] 参见冯时：《中国天文考古学》，中国社会科学出版社 2007 年版，第 15—16 页。

农业生产对于气候具有依赖性是不错的，"因天之时"是农业生产中必须遵守的自然规律，但是其他的经济形态如渔猎经济以及畜牧业等同样对于气候具有依赖性。从新石器中后期人类的生活方式来判断，天的观念不会被以农业经济为核心的地区和文化圈所垄断，北方渔猎和游牧民族同样具有十分古老的关于天的观念，并且这些观念与中国文化中的天学是一脉相承的。

北方渔猎文化之所以对于中国文明的起源时期起到了十分重要的作用，除了这种生活和生产方式对于天象同样具有严重的依赖性之外，还因为在不同文化形态之间的交流和互动中，北方渔猎文化更能够获得统治地位。北方相对寒冷的气候使北方部族在身体和意志力方面更为强悍，往往成为战争——这种激烈的和十分常见的文化交流方式——中的获胜者，而获胜者的文化往往成为主流文化，这就是战争在人类文化发展中所起到的作用。如果说在研究人类的文明史中可以清晰地看清战争对于人类历史、国家和民族的命运塑造力的话，那么在文明诞生之前战争同样起着十分重要的作用，战争堪称是人类跨入文明门槛的接生婆。而对于战争在史前史的作用的重视程度仍然是远远不够的，这是我们必须补上的一课。

在中国上古文化中存在着不同的新石器时期的文化体系，例如有仰韶文化、大汶口文化等，时间的古老性和文化的传承性是判断不同的文化体系的源流和主导性的原则。根据这两个原则，红山文化在中国的上古文化体系中的主导性作用被越来越多的学者和有识之士所认同。红山文化对于中国文明起源中的地位应该受到客观而科学的评价，这对于中国文明起源的研究将起到突破性的作用。

4. 中国古代"天学"的特征。

中国古代文化对于天的认识不仅十分古远，而且十分广泛，除了被看做是客观事物，用科学的方法进行研究之外，天也是一个多元化的因素，是具有超自然和自然属性的混合体，这样的天的观念渗透于中国古代文化的各个侧面，其影响也是深刻的和多方面的。

这与古希腊的天文学是完全不同的。古希腊哲学虽然也曾赋予天以神学的特性，但是亚里士多德更多的是将天作为一种客观事物来进行研究，将其看做是天文学。这就使得古希腊哲学对于天的认识范围要较中国文化狭窄得多。如果将天看做是科学来进行研究的方法称作天文学的话，那么中国古代文化中具有超自然和自然双重属性的天被称为"天学"应该更加符合中国历史的实际。

（1）天文学。

中国古代文化的天文学研究在人类历史上长期处于领先地位，可以说是一种早熟的成就。根据天文学的考古发现和古代文献的记载，中国的天文学发轫于新石器时期，中国是世界上最早从事天文学研究的文明形态之一，并且在黄帝时期已经十分成熟了。

中国古人在天文学上的成就主要体现在早期星宿观、宇宙观和历法等方面。

在漫长的实践中，中国古人建立起了复杂的天学体系。这个天学体系以北斗为核心，并且形成了复杂的星宿系统。星宿观包括四象说和二十八星宿等内容。虽然当今我们明确知道二十八星宿的名称，但是对于四象的起源、二十八星宿形成的时间等基本问题仍然不甚清楚。四象说是指由龙、虎、朱雀、龟和蛇五种动物构成的代表着东西南北四个方向的星宿部分，每个象由七宿构成。苍龙代表东方，白虎代表西方，朱雀代表南方，由龟和蛇组成的玄武代表北方。经过考证，四象被确定为中国先民最早的星系结构，后来的二十八星宿是在四象说基础之上发展而来的。

中国古代的星宿系统是独特的，有别于任何其他文化，这或许会成为破解中国上古文明起源的一把钥匙。

中国古人能够建立起如此复杂的星宿系统的事实表明他们对宇宙已经有了比较系统的认知，形成了比较系统的宇宙观。中国古代的宇宙观有三种学说，即盖天说、浑天说和宣夜说。三种学说的起源十分久远，却已经无法确切考证其起源的时间。但是根据现有的资料可以判定盖天说起码在公元前 4000 年之前便已经产生了。三种宇宙观中最古老也最具影响力的是盖天说。宣夜说在东汉时期已经失传，浑天说则是在盖天说和宣夜说基础之上发展出来的学说。

（2）被政治化了的天人感应。

除了天文学的成就以外，将对天的认知与人的存在和行为发生关系是中国古代天学的重要特征。这就是天人感应观。

天人感应观是中国上古天学的核心内容和指导性原则，它与中国早期的创世观、宇宙观和天文学密不可分，也与中国文化的源头密切相关。如果能够确切地发现和证实天人感应观的最初源头，那么在很大程度上便会揭示出中国文化的最初源头。至今为止的人类学、考古学和历史学的资料表明，天人感应观应该最早起源于北方的渔猎民族，后来扩展到北方游牧民族和南方的农业文化中。天人感应所体现的是"靠天吃饭"的自然经济观、原始宗教观和朴素的哲学观，它反映了人类早期对于自然界的被动性的依赖，是对北方渔猎民族和草原游牧民族的生活方式和行为方式的概括和总结。

中国早期的天人感应观与占星术有密切的关系。上古时期西方和中国的天文学都与宗教相联系，都具有占星术的特征。占星术与天文学应该是同时起源的，最初两者之间并没有重要的区别，两者在相当长的历史时期内也一直纠缠在一起。西方的占星术侧重于人出生时在星空的位置，即星座，根据星座来推断个人的命运，这是一种静态的和先验的占星术。中国的天学也存在天上世界与地上人间的对应关系，但是更加侧重于天与人之间的动态的和后天的天人关系。天人感应是中国上古占星术的指导原则。天人感应强调天象对人间行为的预示功能，尤其重视奇异天象的警示作用。中国古人认为好的天象和自然现象可以为人间带来吉祥，凶的天象和自然现象可以为人间带来灾难，从而将天作为人的行为的仲裁者，并且认为奇异天象对于人间的命运存在着预示作用。日食现象最初被认为是吉象，而后来则发生了逆转，变成了厄运的前兆。在商朝，日食出现之后要通过高级别的祭祀（用九头牛作为祖先的贡品）来化解日食可能带来的厄运。

虽然中西方的占星术在上古时期都是科学、神话和迷信的综合体，但中国的占星术更多地被政治化了。按照上古时期的传说，颛顼帝发布了"绝地天通"的命令，斩断了普通百姓进行占星的权利，只有部族和国家权力的掌握者才有权仰观天象。这很有可能是怕普通百姓通过查观天象而窃得国运的行迹，于是占星术便被国家的统治者所垄断。从甲骨文的卜辞中可以看出，占星术是商朝君王祭祀的重要内容之一，而占卜和占星已经专业化和官员化，商朝最著名的巫师和占星家巫咸享有神灵的待遇，贞人则是专门为帝王占卜的巫师和占星家。周代的保章氏也是专门的占卜官员，其官位十分重要并且是世袭的，这在《周礼·春官·保章氏》中有明确的记载。中国上古时期的巫觋具有特殊的地位，巫觋与国家权力的产生具有直接的联系。但是与西方等其他文明形态不同的是中国的巫觋始终没有从王权中分离出去形成独立的宗教性的特权阶层，而是成为王权的组成部分，甚至是王权最主要的来源之一。这是因为，在国家产生的过程中，巫觋与部族和国家权力的掌握者并没有实现二元分化，也就是说，巫觋本人往往就是部族的首领，部族首领垄断了与上天沟通的特权，重要的权力生成方式在源头上便避免了神权与世俗权力的分裂。

董学和公羊学将天学的政治色彩进一步浓化，形成了严密的逻辑体系，上升成为皇权意识形态的重要内容，并以此完成了对公羊模式的国家制度构建。

（3）天学成为国家意识形态的重要构件。

商朝是极其重视宗教的朝代，是神权国家，对上帝的崇拜是国家的意识形态。从出土的甲骨文卜辞中可以看出，向上帝祈祷是商朝国君进行决策的重要组成部分，君王的每个重大决定都要受制于上帝，都要体现出上帝的意志，上帝事无巨细地干预着君王的决策和国家的行为过程，并且决定着决策和行为的结果。

商朝的宗教和神权可以被看做是天人感应观的一种极端形式。

西周是在推翻了商纣王之后建立起来的新王朝。鉴于这个经历，西周的开国元勋认识到宗教无法保佑一个王朝的国祚，掌握国运的手不在于上帝而在于君王自己，上帝不会无条件地辅佐一个失德的君王，君王要获得上帝的保佑就必须要有德行，君王自己要对自己的行为负责，这样，西周摒弃了神权，形成了相对理性的天德观。周公改制建立起了以宗法制为核心的新的意识形态。在这个新的意识形态中，天代替了商朝的上帝，成为神灵的代表。虽然西周已经从商朝的宗教狂热中清醒了过来，但是，西周"敬天"的天德观的形成并不意味着对宗教的完全摒弃，对天的崇敬不再是出于宗教狂热，而是出于政治的现实需要，对天神的敬畏变成了有意识的政治工具，这对于被征服了的商朝旧民尤其重要。

在西周初年，天第一次作为宗教和政治概念出现在了中国的政治舞台。西周的天是所有神灵的抽象综合体。

（4）战国时期的百家关于天的观念。

在先秦百家中，墨家思想具有比较明确的关于天的观念，这是墨家在先秦百家中的特别之处。在《墨子·天志》中墨家的天志观得到了阐述。

墨子的天志观认为天是有意志的。墨子说道：

> 然则天亦何欲何恶？天欲义而恶不义。

也就是说，天的意志是"义"。墨子虽然没有明确为义下定义，但是下面这句话则清楚地表明了义的内涵：

> 天下有义则生，无义则死；有义则富，无义则贫；有义则治，无义则乱。

也就是说，义意味着生、富裕和秩序，无义意味着死亡、贫穷和混乱。

墨子认识到了天与人的关系，而人要顺应天的意志，也就是要

"人顺天意"。墨子说道：

> 然则率天下之百姓以从事于义，则我乃为天之所欲也。我为天之所欲，天亦为我之所欲。(《墨子·天志上》)

墨子认为政治也要顺应天的意志，也就是要"政顺天意"。墨子说道：

> 义者政也。
>
> 当天意而不可不顺。
>
> 顺天意者，义政也；反天意者，力政也。(《墨子·天志上》)

实施义政的君王就是"圣王"，就会得到上天的奖赏，实施力政的君王就是"暴王"，就会得到上天的惩罚。墨子说道：

> 顺天意者：兼相爱，交相利，必得赏；反天意者：别相恶，交相贼，必得罚。

由此可见，墨子的天志观建立起了天与人、天与政之间的联系，但是这种联系仍然是粗线条的，天与人之间仍然没有逻辑支撑和具体的交流手段和机制。

在先秦百家中，除了墨家的天志观之外，荀子也有明确的关于对天的认识。与墨家的天志观不同，荀子认为天完全是自然界的天，是没有意志的物理性的天，完全不存在宗教和神学的成分，这也使荀子关于天的观念属于纯粹的自然天论。荀子的自然天论斩断了中国源远流长的天人感应观，是与上古哲学传统的一次决裂。

荀子的自然天论也使荀子思想与孔孟儒家划清了界限。传统的观点是将荀子思想划入儒家，认为他是战国后期儒家的典型代表人物，实际上荀子思想与孔孟儒学存在着重要的分歧。荀子的自然天论完全不同于孔孟作为宿命论的天命观，这个分歧说明了荀子思想与孔孟儒学是建立在不同的哲学基础和前提之上的。

在《荀子·天论》中，荀子明确地阐明了其自然天论。他说道：

> 天行有常，不为尧存，不为舜亡。

> 殃祸与治世异，不可以怨天，其道然也。
>
> 天有其时，地有其财，人有其治，夫是之谓能参。
>
> 天有常道矣，地有常数矣，君子有常体矣。
>
> 唯圣人为不求知天。

既然天是纯粹的物理性的天，那么天与人之间的关系便不存在所谓的"感应"了，天变成了人生存的客观环境，变成了纯粹的生产和社会资料的来源。

荀子认为，在天和人的地位中，人是主体，天是客体，并且主张"天人之分"，即要将天和人分割开来。在《荀子·天论》中，荀子说道：

> 故明于天人之分，则可谓至人矣。
>
> 从天而颂之，孰与制天命而用之？……故错人而思天，则失万物之情。

荀子提出了"天人之分"而不是天人合一，这样便完全否定了上古以来的天人感应的哲学传统，斩断了天人感应的思想。荀子否定了天与人的意志和行为有任何逻辑和情感上的联系，天、地和人都是按照各自的规律和方式在运行，并没有先验的和必然的关联。在天人关系上，荀子主张"制天命而用之"，就是说，在天人关系中，人是主宰，不是人受制于天，而是人按照自己的意志来塑造天命，天命变成了实现人的目的的手段和工具。

这表明荀子的自然天论与董仲舒哲学的天人合一理论是完全对立的，董学与荀子学说的形而上学基础是完全不同的。

第四节　董仲舒的天的形而上学

虽然天的概念在中国的起源十分古老，天学也经历了数千年的演绎，但是只有在西汉初年才由董仲舒将凌乱不堪的各种关于天的传说和概念进行了全面而系统的整理和升级，在中国哲学史上第一次构建成了完整而深刻的天的形而上学。董仲舒之所以能够终结先秦百家的子学时代，在形而上学的高度上重构存在了几千年的天学，形成了博大精深的董学，其天人合一理论起到了核心作用。董学的天的形而上学无论是在理论的广度、深度还是在思辨的结构性和逻辑的严密性上都大幅度地超越了先秦哲学，占据了整个中国哲学史在形而上学领域内的最高点，至今仍然无人能够企及。称董仲舒的这项理论再创造对于中国哲学史是个划时代的哲学贡献是符合实际和恰当的。

董仲舒之所以能够完成对先秦哲学的天学和天道观的重构，一方面是因为他将先秦哲学关于天的各种要素进行了系统化的整合，将关于天的观念与阴阳五行哲学巧妙地糅合在了一起，革命性地提出了天人合一理论；另一方面是将天的形而上学延伸到政治哲学之中，不仅创造性地论证了皇权主义的合法性和合理性，也重构了人性理论、国家伦理学和教化论等，渗透进了国家政治行为的各个领域和层面，形成了博大精深而环环相扣的哲学系统。这种对天学和天的观念的结构化改造和对于整个哲学体系的系统化建设是一个庞大而艰巨的思想工程，董仲舒凭借一己之力将其在有生之年完成，这就是他的天才之所在。无论是从纯粹的哲学创造还是从他的哲学对于一个文明形态的重塑的成功性来看，董仲舒的哲学天才和对于人类文明的贡献在人类历史上应该说是绝无仅有的。

徐复观认为中国哲学史上的"天的哲学"是由董仲舒构建完成的：

> 古代天由宗教的意义，演变而为道德价值的意义，或自然的意义，这都不足以构成天的哲学。因为这只是由感情、传统而来的"虚说"，点到为止，没有人在这种地方认真地求证验，也没有人在这种地方认真地要求由贯通而来的体系。到了董仲舒，才在天的地方，追求实证的意义，有如四时、灾异。更以

天贯通一切，构成一个庞大的体系。[①]

这个观点是符合董学的观念事实的。然而，鉴于哲学内容的宽泛性以及近来人们对于哲学一词的轻率使用，将董仲舒关于天的哲学体系冠以天的哲学有失笼统。同样地，天道观则更多地用来特指上古时期和先秦时期古人对于天的认识，董仲舒虽然仍然使用天道一词，却不再以之来概括他关于天的哲学思想，因此再用天道来概括董学关于天的哲学体系就失去了准确性。在此情况下，将董学关于天的系统哲学思想冠以"天的形而上学"更能准确地把握住董学的观念事实以及天在董学体系中的核心地位和功能，这是符合董学的哲学实际的。

需要指出的是董学对于先秦天学的整合并不在于建立起所谓的世界图式，也不在于重建星宿观和历法等"形而下"的具体应用，没有如《吕氏春秋》般试图建立起以阴阳气数与天象之间的对应性为内容的占星术，而在于对于这些具体领域内在的运作逻辑、原则和义理等方面，即形而上学方面。也就是说，董学并没有如许多学者所说的"宇宙观"[②]，董学是要以哲学的方法和理念来建立起天人关系的哲学，是要建立起关于天的运行的内在规律的哲学体系，他所关注的是各种功能性的天学现象和应用背后的抽象的运行机理，而不是用来占卜的神学和占星术。从这个意义上看，董仲舒的天的形而上学更符合形而上学理性主义的本质性内涵规定，是天人关系的一次理性革命。

董学的天的形而上学的核心是天人合一理论。天人合一理论是在中国哲学史上具有革命性的理论：一方面，它将外在的天作为价值的来源和人的行为根据，否定了孔学和儒家将内在的伦理性作为

---

① 徐复观：《先秦儒家思想的转折及天的哲学的完成——董仲舒〈春秋繁露〉的研究》，《两汉思想史（第二卷）》，华东师范大学出版社2004年版，第229页。

② 参见周桂钿的《董学探微》中的《宇宙论》一章，王永祥的《董仲舒评传》中的《自然神论的宇宙观》等。

价值来源和人的行为根据的价值取向；另一方面，阴阳五行哲学是天人合一理论的运行规律和方法论，阴阳五行哲学内在地规定着天的形而上学，决定着天的性质；再者，董仲舒抛弃了试图在阴阳气数和天象之间建立起固定的感应模式的方法，而由灾异论这样的动态方式来作为天和人之间的沟通模式，再加上皇帝行为要遵循五行次序的规律，两者建立起了皇权主义的政治行为的逻辑基础。以上三点对于中国上古和先秦的天人感应传统都是里程碑式的变革。由此，董仲舒完成了将先秦时期的天学向董学的天的形而上学的转变，完成了由天人感应观念向天人合一理论的升华。

事实上，董仲舒的天的形而上学在世界古代哲学史范围内也是最为系统和最有逻辑的哲学体系。在西方古典哲学中并不存在关于天人关系的哲学，关于天人关系的探讨完全被形形色色的神学所垄断。在古希腊哲学史中，在柏拉图时期产生了比较系统的宇宙论，柏拉图的宇宙产生论是古希腊哲学中最成熟的，对于西方哲学也最具影响力。柏拉图将宇宙论纳入了神学的范畴，除了在"威力"上较为逊色之外，他的上帝与犹太教和基督教的教义并没有本质的区别。直到16世纪，由于哥白尼（1473—1543）的太阳中心论的诞生，欧洲才从神学和宗教的宇宙论中逐渐解放出来，相比中国古代晚了近2000年。

将天的范畴赋予形而上学的哲学内涵是董仲舒形成天的形而上学的概念基础和前提。在董仲舒的哲学理论大厦中，天是核心的支柱性概念。以上所述的天的内涵因为董仲舒的界定而变得明确和清晰。

董仲舒对于天的形而上学的重建，除了厘清和整合了天的范畴之外，是将先秦的天人感应观发展为系统的天人合一理论。古老的天人观从此有了严谨的逻辑基础，成为严格的哲学概念和范畴。现有的中国哲学史和文化史在天人感应观和天人合一理论上混乱不清，要么相互替代，要么前后颠倒。这是不了解董仲舒的思想和其对中国文化的影响的结果，有必要加以厘清。

董仲舒的天人合一理论与其大一统理论并列作为董学政治哲学的两大理论支柱，是公羊学核心中的核心，以此为依托而建立起来的皇帝制度又是公羊模式的核心。

事实上，董仲舒对于天的理解就是后来中国文化对于天的理解，董仲舒的天人合一理论代表了中国传统文化对于天的理解的最高阶段也是最后阶段。天人合一理论派生出了系统的皇权主义的政治哲学，在董学被汉武帝上升为意识形态之后，皇权主义派生出了全新的、有别于秦始皇的健全的皇帝制度，而随着皇帝制度的确立，天人合一理论无论是在政治哲学还是在社会文化上都内化为中国文明和中国文化的核心组成部分。从这个意义上看，董仲舒的天的形而上学是中国哲学史和文化史上关于天的认知的一个转折点，是董仲舒对于中国哲学和中国文化所做出的一个典型的贡献。可以说，正是对于天的形而上学的构造，董学才对于中国文明产生了全方位的深远影响，甚至可以说董仲舒由此而重塑了中国文明的重要方面，改造了中国文化价值观。

在先秦时期，除了天的观念中包含了形而上学因素之外，阴阳观和五行观也都具有一定的形而上学特征。在战国后期形成的相对一体化的阴阳五行观即阴阳学的形成，标志着先秦时期已经形成了较为系统和完整的形而上学了，可以说阴阳学是先秦时期最为成熟的形而上学。

阴阳学的形而上学在先秦具有重要的影响，这在司马谈的《论六家要旨》中得到了体现。在《论六家要旨》中，阴阳学被列为诸家之首，排在老子、墨家和儒家之上。董仲舒的天的形而上学有机地融合了先秦天的观念、阴阳观和五行观，并且全部超越了它们，将其阴阳五行观融入到天的形而上学之内，作为独立学派的阴阳学也消失了，而成为天的形而上学的重要内容。中国哲学的形而上学从此进入了天的形而上学时期，进入了董学时期。

如果用一个范畴来描述董学的本质的话，那么这个范畴就是天人合一。是否能够准确地理解董学的天人合一理论直接关系到对于整个董学的理解，直接关系到对于孔学的理解，直接关系到对于中国哲学史的本质的理解，直接关系到对于中国古代文明的真正内核的理解，直接关系到对于几千年中国历史运行规律的理解。

一、董学的天的形而上学的体系性存在

董学是关于天的哲学体系，是一套完整的形而上学体系。天是董学的最高范畴之一，而天人合一则是董学的最高理念和原则，是其天的形而上学的灵魂。同时，天人合一也是贯穿于其所有领域和范畴的基本观点和逻辑主线，可以说，董仲舒在将天人合一的理念和原则应用于不同的哲学领域时便演绎出了不同的哲学观点，形成了庞大的哲学体系。天人合一不仅是董学无处不在的哲学理念、原则和方法，它本身也是董学的政治哲学的主体，在政治哲学中得到了最充分的应用，也将其在现实政治中的功能化推到了极致，这说明天人合一的形而上学是董学的体系性存在的观念事实。

作为体系性存在的董学天的形而上学是由天地人三维本体论、天道认识论和天人合一的政治哲学等部分构成的，它们又向人性理论、教化论、伦理学、历史哲学等领域进行了渗透，由此董仲舒在完成了对先秦哲学整合的基础之上创立了具有众多子系统的庞大的哲学体系。

二、宇宙论

董仲舒的天的哲学是中国古代最完整、系统和具有逻辑性的宇宙论。董仲舒的宇宙论并没有具体地提出新的宇宙形态，没有提出类似盖天说的学说，也没有创造出类似盘古开天地这样的神话，但是董仲舒提出了宇宙生成的原则，完成了宇宙的基本要素，即天、元、阴阳、五行、四时等，并将这些要素构建成了一个严谨的逻辑

体系，不但使董仲舒之前的宇宙观得到了整合，也规定了后来两千多年中国文化关于宇宙的认知。因此，董仲舒的天的哲学集中国古代宇宙论之大成，代表了中国传统文化关于宇宙的最高认知水平。

在天的哲学中，董仲舒纳入了新的哲学概念"元"，并将气、阴阳与五行等中国古代哲学的概念进行了整合，形成了完整的逻辑体系。从此，气、阴阳、五行等概念不再散乱，存在于先秦子学的各个学派之中各自为战，不再支离破碎相互矛盾，而是结成了一个相辅相成的逻辑整体，成为董学的宇宙论的有机构件。除了对先秦儒学进行系统的扬弃和整合之外，董仲舒的天的哲学和宇宙论是他对先秦哲学加以整合的重要组成部分。

董仲舒的天的哲学和宇宙论成为中国传统文明的哲学基石，为公羊模式的意识形态提供了坚固的理念支撑。

三、董学形而上学中的"元"

元是董学的形而上学体系中的一个重要的哲学范畴。元与天、阴阳五行、一和端等概念共同构造成了董学的形而上学的哲学概念体系。

元字具有悠久的历史，在《易》中便出现了元字。董仲舒将元纳入了他的哲学体系之中，成为其天的形而上学体系中重要的一环。元是《公羊传》中春秋经文的开篇第一个字：

元年春，王正月。

通过对这个开篇字的深入阐释，董仲舒展开了他的哲学体系，因此不妨认为董学体系是由元字开头的。

董仲舒在《春秋繁露》和《天人三策》中也多次提到元，对其进行了多次的说明和定义，足见他对这个概念的重视程度。

在中国哲学史上，由于对于董仲舒思想研究的疏漏，对于元的概念虽然也有一定的关注，但是对于其内涵的把握却与董仲舒的原意已多有背离。这种状况显然是与对董仲舒的整体哲学思想的研究与继承的不足直接相关的。

（一）"元"的概念

"元"字在甲骨文中便已经存在，与兀同源，是象形字，表示人头，在金文和篆文中的意思相同。元在《易经·乾》中的意思发生了变化：

> 乾：元亨，利贞。

> 《彖传》曰：大哉乾元，万物资始，乃统天。

此处的元是大与始的意思[1]，是形容词，并不是个严格的哲学概念，在《易经》中也仅出现了这一次。

元在其他的先秦古籍中也曾偶尔出现。

《尚书·酒诰》载：

> 惟天降命，肇我民，惟元祀。

> 兹乃允惟王正事之臣，兹亦惟天若元德，永不忘在王家。

此处的元仍然是大的意思，并不是个哲学概念。

《孟子·滕文公》载：

> 勇士不忘丧其元。

此处的元是个名词，指头颅。

（二）元的内涵

在董仲舒的天的形而上学体系中，"元"的意义得到了重释，上升为重要的哲学概念和范畴。从董仲舒的整个公羊学哲学体系来看，元起到了发生学的作用，成为其形而上学、政治哲学和伦理学的生成源头。元为董学的天人合一理论提供了逻辑推理的基础，元也将其形而上学、政治哲学和伦理学等不同子系统连接成为一个逻辑整体，使这些子系统之间在概念和逻辑上层层递进，相互呼应，环环相扣。

从董仲舒对于元的使用上可以看出，董仲舒对于其哲学体系的

---

[1] 参见金永译解：《周易》，重庆出版集团／重庆出版社 2006 年版，第 2 页。

总体和各个子系统之间的关系进行了通盘布局，无论是在内容还是入世的策略上在推出之前已经谋划成形，其入世可谓是"按图索骥"，按照事先的深思熟虑的计划来进行，而不是随性发挥，投机取巧，时时修改。

1. 元的本质。

《春秋繁露·重政》载：

> 惟圣人能属万物于一而系之元也。终不及本所从来而承之，不能遂其功。是以《春秋》变一谓之元。元犹原也，其义以随天地终始也。
>
> 故元者，为万物之本，而人之元在焉。安在乎？乃在乎天地之前。

《天人三策》载：

> 臣谨案《春秋》谓一元之意，一者万物之所从始也，元者辞之所谓大也。谓一为元者，视大始而欲正本也。《春秋》深探其本，而反自贵者始。故为人君者，正心以正朝廷，正朝廷以正百官，正百官以正万民，正万民以正四方。

《春秋繁露·立元神》载：

> 君人者，国之元，发言动作，万物之枢机。枢机之发，荣辱之端也。失之毫厘，驷不及追。故为人君者，谨本详始，敬小慎微。

《春秋繁露·玉英》载：

> 谓一元者，大始也。知元年志者，大人之所重，小人之所轻。是故治国之端在正名。

以上的引述表明元在董学体系中是核心的概念和范畴，是在其形而上学和政治哲学中都具有举足轻重位置的重要概念。

董仲舒赋予了元双重内涵：

其一是元的形而上学内涵。在董学的形而上学体系中，元就是天，是万物之源。这表明了董学的一元论的哲学立场。万物无论多么复杂，其来源只有一个，即元。

其二是元的政治哲学内涵。元意味着"正"。正是正统，是正直，是正确。据此，正是皇帝治国平天下的内在基础和保证，失去了元和正便无法成为合格的皇帝，无法驾驭百官，无法管治国民，无法扬威于国际。

可见，在董学体系中，无论是在发生学层次还是在内涵上，元不但居于核心的地位，还具有不容置疑的权威性。

2. 元是天与人间和皇权的逻辑纽带。

从董仲舒对于元的定义上可以看出元是董学的形而上学体系中的一个重要环节，是他的天的哲学中的一个基本概念，也是董学从形而上学向政治哲学进行逻辑过渡的一个关键枢机。元作为董学的形而上学和政治哲学的逻辑枢机的作用在《春秋繁露·玉英》中得到了明确的阐述：

> 是故《春秋》之道，以元之深正天之端，以天之端正王之政，以王之政正诸侯之即位，以诸侯之即位正境内之治，五者俱正而化大行。

在此，"元之道"被置于天道之上，成为董学形而上学的最高范畴，也是其政治哲学最终的概念和逻辑依托。由此我们可以推定，董学的天人合一理论、皇权主义、责任论和大一统等理念都是元的转化和具体表现，这些理念之所以具有本质的同一性和逻辑的连贯性，正是因为它们都是建立在共同的基础——元之上的，正是所谓的"万事归一，万物归元"。

3. "五始说"。

元字是《公羊传》开篇第一个字。隐公元年开篇：

> 元年春，王正月。

对这句话的引申是《公羊传》最为著名的传文之一，它开宗明义地引出了公羊学的核心命题——大一统理论。同时，这句话也具有董学的形而上学的内涵。按照董学的逻辑，元为万物之始，春为一岁之始，王为治道受命之始，正月为王者年号和制证之始，王的即位为一国之始，这五个"之始"就是公羊学的"五始说"。

何休在《春秋公羊学解诂》中对五始说进行了透彻的阐释：

> 元者气也。无形以起，有形以分，造起天地，天地之始也。故上无所系，而使春系之也。

> 《春秋》以元之气，正天之端，以天之端，正王之政，以王之政，正诸侯之即位，以诸侯之即位，正竟（境）内之治。诸侯不上奉王之政，则不得即位，故先言正月而后言即位；政不由王出，则不得为政，故先言王而后言正月也；王者不承天以制号令，则无法，故先言春而后言王；天不深正其元，则不能成其化，故先言元而后言春。五者同日并见，相须成体，乃天人之大本，万物之所系，不可不察也。

4.元与天的关系。

在董学的形而上学体系中，虽然天具有重要的位置，但是天并不是最高的范畴，元的位置是在天之上的，是比天更高的范畴。这是董学独特的内容，在先秦哲学中所未见，同时又是后来的中国哲学史所忽略的一个要点。

元是天的本源，元规定了天的性质。天的权威性和道德性都来源于元。这个观点揭示了董学的形而上学体系的自然哲学的本质。天虽然具有神和人格化的特征，但是天并不是天地万物的最后依据，并不是主宰一切的最高权威，元才是。这样就将董学与神学和宗教彻底地撇清了关系，使认为董仲舒的哲学是所谓的"神学目的论"的帽子变成了一句笑谈。

5.元与一的关系。

在董学形而上学体系中，元与一是互为因果的逻辑实体，正因为有元，是以万物归一，万物归一的最高根据在于元是万物的最高范畴和最后依托，是万物的本源。

6.元与"建元"。

根据五始说，董仲舒推演出了"改年号，立正朔"。

这表明董仲舒的元的概念一经推出便被汉武帝所接受，成为公羊模式和皇帝制度中的重要概念。从此之后，建元制度成为皇帝制度的重要内容，每个王朝开创伊始首要的工作便是要重立正朔，建立自己的皇家符号系统。

四、董学中的"一"的概念

在中国上古时期，许多数字都被赋予了特别的意义。如八和六在八卦中是基本的数字，八卦中的每卦都由六爻组成，在易经学中被认为充满了哲理和玄妙；十二在天学中代表一年拥有十二个月份，被认为是最大的数字；四代表四方和四季等时空观念；五在五行学中代表构成世界的五种基本要素，其相生相克的关系构成了世界的运行规律；九在上古的地缘政治中代表中国的组成部分和疆域，等等。

这些言论都是在政治哲学层面上来论述的，体现了战国时期士人对于天下"一"统的向往和追求。此时的"一"的概念还十分单薄，还是个未成形的理念。而作为形而上学意义上的"一"的概念在先秦还没有出现。

（一）先秦哲学中的"一"

现将先秦哲学中具有代表性的关于一的提法作一概览。

1.《孟子》中的"一"。

在《孟子》中孟子也提到了"一"的概念，如：

　　孟子见梁襄王……卒然问曰："天下恶乎定？"吾对曰："定于一。""孰能一之？"对曰："不嗜杀人者能一之。"（《孟子·梁惠王上》）

2. 荀子的"壹"。

荀子的形而上学并不完善，但这并不妨碍他提出"壹"的概念。关于"壹"（同"一"），荀子提出了"虚壹而静"的命题。

3. 商学中的"一"。

在董仲舒之前的中国的先秦哲学史上，作为政治概念的一便出现了，如商鞅在《商君书》中多次提到了一，并且已经具备了大一统观点的雏形。

另外，在《尸子》中提出了"一天下"的概念：

> 臣天下，一天下也。一天下者，令于天下则行，禁焉则止。
>
> （《尸子·贵言》）

（二）董学中的"一"

董学中的"一"是个多元的概念。一在董学体系中则被赋予了特别的双重含义：在形而上学层面，一代表着同一性，是天人合一理论的核心概念；在政治哲学层面，一是公羊学的大一统理论的核心组成部分，代表着天下一统的国家形态以及万民归一的皇权政治状态。从此，一便成为中国政治哲学和国家意识形态中的一个核心概念。

董学形而上学的一规定和体现着天道的唯一性和绝对性。一是作为二的对立物而存在的，是二相反的范畴。有一意味着无二。天道为一意味着"天道无二"。

董仲舒强调一的唯一性和绝对性，为此他在《春秋繁露》中专门写作了《天道无二》一篇，其中说道：

> 天之常道，相反之物也，不得两起，故谓之一。一而不二者，天之行也。阴与阳，相反之物也，故或出或入，或右或左。
>
> 不一者，故患之所由生也。是故君子贱二而贵一。

在《春秋繁露·五行相生》中，董仲舒对于他的形而上学体系进行了概括：

> 天地之气，合而为一，分为阴阳，判为四时，列为五行。

在此，董仲舒以最凝练的语言概括出了董学的形而上学的逻辑结构。这个逻辑结构层次鲜明，线条清晰而明确，体现出了作为哲学大师的董仲舒的思想的高度的成熟性以及塑造和驾驭复杂的哲学问题的不凡能力。

从这句话可以看出几个关键的数字成为串联这个逻辑结构的不同部分的关键，数字成为董仲舒表达逻辑思想的一个有力工具，它们将不同的概念和范畴举重若轻地融合在了一起。

（三）董学的自然哲学本质

"一"是董仲舒的天人合一形而上学理论的核心范畴和逻辑落脚点，天人关系的归宿为归一，天人具有同一性和一体性，自然与人是一体，人间的规律和行为方式是自然界的规律的体现。"一"在此明确地显示了董学形而上学的自然哲学本质。

（四）气是"一"的物质载体

在《春秋繁露·五行相生》中，董仲舒认为天地之气是一：

> 天地之气，合而为一，分为阴阳。

董仲舒将一与"二"相对应地使用，体现了褒一贬二的价值取向。

（五）政治哲学中的"一"

董学在政治哲学层次上对于一的理解与应用可以看出商学对他的影响。作为先秦时期最完整的逻辑体系，商学具有成熟的关于"壹"的哲学理念。商学的壹是指臣民的思想和价值观念统一到农战之上，心无旁骛，一心一意地从事农耕和战斗。为此，商鞅进一步提出了"作壹"的概念。所谓的作壹就是国家通过一系列的国家政策塑造臣民的价值观，使其专心于农战，成为贯彻国家意志的有力行为工具。商鞅变法的政策原则就是在各个层面上作壹，而作壹也是商学的核心理念。商学在秦国获得了巨大的成功，其作壹理念扮演了举足轻重的角色。

董仲舒虽然没有直接阐明商学对他的影响，但是从董学的政治哲学理念和逻辑结构来考订，董学吸取了商学关于壹的政治哲学理念是确定无疑的。但是，董仲舒也超越了商学关于壹的理论，这体现在董仲舒将一的政治哲学与其天人合一的形而上学理论和大一统的皇权主义原则进行了完美的结合，不但使一达到了新的理论境界，也充实了董学的皇权主义的政治哲学逻辑体系。

1. 皇权的合法性依据。

天人合一体现了天、皇权和人的同一性，皇权的合法性来自于一，来自于天。

2. 大一统是"一"的体现和内在规定性。

一是大一统的组成部分，大一统是董学的皇权主义的核心内在规定性，因此，一是董学和公羊学的核心范畴。

（六）国家伦理学中的"一"

董仲舒将一引入到他的国家伦理学中。通过对一的解读，董仲舒阐明了忠的来源。在《春秋繁露·天道无二》中董仲舒说道：

> 古人据而书文，止于一中者，谓之忠；持二中者，谓之患。患，人之中不一者也。不一者，故患之所由生也。是故君子贱二而贵一。

董仲舒在此说明了"从一而忠"的内涵，不仅如此，从一不但可以成忠，还是一个人安身立命的必备品德，也是一个国家建立功勋、取得成功的必要的行为方式。

> 人孰无善，善不一，故不足以立身；治孰无常，常不一，故不足以致功。

五、董学中的"气"

在董学的形而上学体系中，气、阴阳和五行是一个有机的整体。虽然这些概念和范畴在先秦哲学中已经存在，但是只有在董学中它们才被成功地体系化，形成了一个具有严密的逻辑关系的不同环节。关于它们之间的逻辑关系，董仲舒在《春秋繁露·五行相生》中给予了明确的概括：

> 天地之气，合而为一，分为阴阳，判为四时，列为五行。

虽然董仲舒对于气的概念并没有过多地展开，但它是董学的天的形而上学和阴阳五行哲学之间的一个过渡性的范畴，是其中的一个逻辑链条。

六、董学的天的本质

董仲舒对于天的范畴进行了系统的归纳和改造。在中国历史上，从上古到战国时期一直流行关于天神创世的传说[①]，董仲舒将天的神话色彩完全剔除。虽然他的著作中经常提到上古的三皇五帝，但是他们是作为论证其哲学理念的先例出现的，三皇五帝在董学中不再代表神话谱系。天已经不再是神化了的祖先，也不再是人格神，而只是作为一种自然神和一种抽象的权威出现在董学的形而上学和政治哲学之中。在董学中，神变成了一种理性的道德力量，而不再具有宗教意义上的神性。

董仲舒对于天的改造成为他的董学的天的形而上学的概念基础。天在董学体系中本质上始终是个抽象的概念，虽然并不主动介入人间事务，却是整个天的形而上学体系的重要一级和逻辑支撑点之一。在董学的皇权体系之中，天这个抽象的权威显得空洞，在许多时候似乎并不显山露水，但是人间的皇权运作却离不开它，在国家政治出现了重大问题、发生了危机的时候，天才会作为仲裁者和惩戒者出现，而在皇帝更迭和改朝换代之时，天的意志更是不可或缺的要点。

关于董仲舒的天的性质，王永祥认为："通观董仲舒的天论，除了上述的自然物质性和封建人伦性之外，他的'天'还具有明显的神圣性，可以说是自然物质性、封建人伦性和神圣性三者的混一"，"在董仲舒那里，自然性、人伦性、神圣性三者，自然性是基础，封建人伦性是核心，神圣性是形式，其人伦性和神圣性都离不

[①] 现在发现最早的古代创世的传说是1942年和1973年在湖北子弹库发现的楚帛画和帛书，其中完整而系统地描述了宇宙产生的过程，也粗线条地勾勒出了从三皇五帝直到夏商的谱系。

开它的自然性，即都是通过自然性来表现和实现的"①。这个归纳是符合董仲舒对于天的多重性看法的。

（一）天的多重性

董学对于天的属性的规定具有明显的多重性，针对不同的命题天发挥着不同的功能，扮演着多重的角色。董仲舒也在两个层次上使用天：一方面是抽象的天，天是世界万物的本源，是自然规律的最高体现；另一方面天又是具体的、物质的天，即是个由十种要素组成的总体概念，同时天也是这十种要素之一。董仲舒对天的两个层次进行了具有模糊性的交叉性使用。

（二）天是自然的天

在董学中，天的本质是大自然本身，代表着这个自然界及其运动规律。这是准确理解和正确把握董学的天十分关键的原则。董学的天仍然具有神性的因素，但是这种神性并不是宗教性的，是自然神性的一种延伸，因此它并不会改变董学的天是自然的天的本质。

董学的天的自然性质体现在董仲舒对于天的构成的"十端"说之中：

> 天、地、阴、阳、木、火、土、金、水，九，与人而十者，天之数毕也。（《春秋繁露·天地阴阳》）

> 天有十端，十端而止已。天为一端，地为一端，阴为一端，阳为一端，火为一端，金为一端，木为一端，水为一端，土为一端，人为一端，凡十端而毕，天之数也。（《春秋繁露·官制象天》）

十端论对于鉴别董学的天的本质具有十分重要的作用和意义。十端中的阴阳和五行是天和地两个范畴的下游，是其构成要素，其性质和成分是对天的本质的直接折射和反映。既然阴阳和五行都是自然现象、自然要素和自然规律，那么作为这些自然性的事物的唯

---

① 王永祥：《董仲舒评传》，南京大学出版社 1995 年版，第 122 页。

一内涵的天就只能是自然现象、自然要素和自然规律。董仲舒曾经提到"天者百神之君也"（《春秋繁露·效义》），但是这句话却并没有建立起独立于十端论的关于天的内在构成和规定性的另一种体系。这句话仿佛天外飞仙，与董仲舒在《春秋繁露》中的逻辑和理念显得格格不入，十分突兀。十端论表明，董仲舒关于天的自然性本质的创造性改造充分地体现在他对于天的内在运行机理的构建之上，董学的内在逻辑只能指向一个方向，即董学的天是具有神性的自然的天。董学关于天的自然性本质的重新规定在中国哲学的发展史上是具有里程碑般的重要意义的。

在董学的形而上学体系中，天在上游和下游都被进行了重新的规定，天的内在性质发生了根本的变化。在上游方面，天并不是事物的唯一根据。在天之上还有元，元是天的抽象的规定者，是世界和万物的最后理义根据。元虽然抽象，但并不是神和造物主，也不是不可捉摸和把握的神秘力量。元和天一样都是自然规律。在下游方面，天的功能是通过阴阳五行来实现的。阴阳五行体现的是自然规律，自然界的四季、阳光与黑暗、生老病死等都是阴阳五行规律作用的结果。

董仲舒对于天的构成和内在机理都做出了重新的规定，完成了彻底的改造，董学的天与先秦的天有着完全不同的内涵和运行机制。这种被董学逻辑规定了天的运行是自然规律的体现，是自然的内在规律决定了天的功能和运行方式，而不是外在的神的创造和赋予。这样，董仲舒便从逻辑上根本否定了天的神学可能性，等于是在董学与宗教和神学之间画了一条红线。

（三）天的神性成分

论者将董仲舒的天视为神学的"证据"主要有两个来源。一是董仲舒在《春秋繁露·郊义》中说的一句话，是董学的天人同类观。

董仲舒在《春秋繁露·郊义》中说道：

> 天者，百神之君也，王者之所最尊也。

类似的话在《春秋繁露·郊语》中也出现过一次。

在董学中，天人之间无论是在形体、情绪、行为方式还是在生命周期方面都存在着诸多的相似性，存在着"天人同类"的现象。在《春秋繁露·立元神》中董仲舒写道：

> 天、地、人，万物之本也，天生之，地养之，人成之。
>
> 天地人，三者互为手足，合以成体，不可一无也。

可见，董学的天人合一中的天人关系是一种生成、养育和成熟的关系，天地人三者是结为一体的。

徐复观认为，董氏所说的天似乎回到古代宗教的人格神上面去了。我相信董氏常会有宗教神的影响往来于他的心目之中①。徐复观的这个评价是不准确的。如果说基督教的上帝是典型的人格化了的神的话，那么董仲舒的天则并不具有人格神的特征，而只能说是具有一定的神性。

这句话体现了董学的天具有神性，说明董学的天是最高的神，具有一神论的属性，这与汉武帝的最高神"太一"神相呼应。但是理解董学的天绝不能根据这句话便盖棺定论。天是董学整个哲学体系的最重要的哲学概念，也是统领其各个子系统的核心范畴和方法论，董学的基本理念和逻辑的出发点都在于天。因此，董学的天是董学中最大的体系性存在。这就使我们必须从体系性的层次、从整体上来把握董仲舒关于天的观念事实规定，否则便会以偏概全扭曲了董仲舒的本意。

董仲舒在这句话中所体现的天的神性特征并不表明天具有宗教的本质，而只是说明作为自然的天具有自然和超自然的双重属性，而前者无疑仍然是居于核心地位的，后者只是其延伸。董仲舒的天具有自然和超自然的双重属性，这并不会改变天作为自然的本质。

董学中的天与人一样有喜怒哀乐，这些的确是人格神的特征，

---

① 参见徐复观：《两汉思想史》（第二卷），华东师范大学出版社2004年版，第245页。

但是这并不表明天具有独立的意志。董仲舒是通过经验主义的比拟法看出两者之间的相似性的，也就是说，董仲舒认为这种相似性是一种自然界的物质现象，而不是天对人的刻意规定，人并没有体现天的意志。这与基督教神学认为上帝按照自己的形象塑造了人是完全不同的。

董学的天没有被赋予自身的目的性，也没有将人置于自己的目的性之下，或者将人作为实现其自身目的的工具，相反，天的喜怒哀乐完全系于人的境遇，是对人类生存状况的反馈。董学的天虽然具有神的某些特征，却已经基本失去了作为神的本质，失去了作为神的独立性。在董学的天的形而上学中，它有价值观和是非观，它对于人类的命运和福祉负有最高的责任，天是作为皇帝行为的仲裁者、警戒者和惩罚者和臣民的保护者而存在的，虽然天的作用至关重要，却扮演着辅助的角色。也就是说，董学的天是从属于人的天，是人的载体。

对于这种双重角色最好的概括应该是：董仲舒的天是自然和自然界的运动规律，其人格神特征是自然力量的延伸。

（四）天是最高的道德权威

董学中的天不是邪恶的力量，不是中立的力量，也不是善恶相交的力量，而是最高的道德力量的体现，是董学中最高的道德权威，是人间道德的仲裁者和维护者。

天通过灾异与君王沟通则是善意的教化行为，其目的是制约皇权，限制皇权的滥用，避免恶政的出现，更好地监督皇权的运行，完全是积极的思维和行为，代表着纯粹的善的力量。从这个意义上看，天人合一是道德上的同一性，代表着一种积极的、善良的和正面的理念。

董学通过两个方面重建了天的威严。

一方面，董仲舒恢复了天的权威。笃信天威的商朝被西周取代，这个事实对于天的威信是个堪称毁灭性的打击。周朝实际上是摒弃了天作为权力基础的地位，而将"德"作为其王朝的权力基础的合法性的依托。这个转变在中国哲学史上具有重要的影响。春秋战国时期，天的权威进一步退化，春秋的诸侯国和战国时期的新兴国家已经不再提及天的权威了。

董仲舒在新的历史条件下重新塑造了天的权威，认为天具有无上的权威，万物的命运都崛起于天，人类社会的运行也取决于天。在此，天具有一定的人格化和神化的特征。但是，天威在殷商灭亡之后便逐渐衰微了，人们对于天已经不存在敬畏之心。在西周后期和东周即春秋时期，天已经丧失了权威，而成了一种虚位的象征性的意义。

另一方面，董仲舒将天威的本质定位为道德权威而不是宗教的和神秘的不可知的权威。

商朝人的天威是"力量"的权威，即天是通过主宰自然界的各种现象如风雨雷电等来展现和实施其权威的。这种思想在西周的绝大部分时间里得到了继承，与"德"的观念相混合。董学的天则将德树立为最高的道德权威。天不再主动地干预人/帝王的行为，而是对帝王的行为进行裁决，而裁决的标准是道德性，即看其政策是否对天下百姓有利。

因此，董仲舒的天是具有高度人伦性的天。在董仲舒看来，天作为道德权威的属性超越天作为自然观和作为人格神的角色，也就是说，无论是在自然领域还是在精神领域，天都具有道德权威。

董仲舒对于天的权威的重新塑造尤其是将天威定义为道德权威对于中国哲学史具有拨乱反正的意义。

那么，天的道德性的内涵是什么呢？对于这个问题董仲舒并没有给出直接的答案。但是从天人关系上看，既然天的目的和归宿是人，那么保障人的生存自然会是天的道德性的最终使命。另外，从天对人的道德品质的规定上也可以折射出天的道德品性。董仲舒认为，人的道德品质来源于天，阴阳五行哲学规定人的道德品质的内涵，具体来说人的道德品质就是三纲五常。三纲是指君为臣纲，父为子纲，夫为妻纲；五常是指仁义礼智信。三纲五常是董学伦理学的核心，是天人合一理论在伦理学的具体反映。

（五）天是"天道"

董学的天是核心哲学范畴。天的运行规律就是天道。

正是因为天具有以上种种属性和特征，董仲舒的天就是最广泛和最深刻意义上的天道，这个天是自然界中的一切规律和原则的总和，不但是人类最高的道德权威，也代表着人类最高的道德境界，是道德本体论的来源和依据。

董学的天的形而上学维度是由作为天道的天来实现的。天道是人道的来源和根据，天道规定人道，人道必须符合天道才能够有好的结果。同时，人道是天道的"副本"，是对天道的模仿。这样的天道观在《易》和《易传》中已经得到了反映，其中的"人必合天"的原则就是此种理念之表现。

董仲舒则将天道与人道之间的关系进行了深化，使两者的关系由单方面的人道对于天道的模仿演变成天人之间的相互感应，由此使两者呈现出同一性。天道与人道凝结成同一性的状态意味着天人合一理论的形成。

董学的天人合一将《易》中天道与人道的模糊性变成了人道在具体的内容、形式和行为规律上也处处遵循天道。《春秋繁露·四时之副》载：

> 天之道，春暖以生，夏暑以养，秋清以杀，冬寒以藏；暖暑清寒，异气而同功，皆天之所以成岁也。圣人副天之所行以为政，故以庆副暖而当春，以赏副暑而当夏，以罚副清而当秋，以刑副寒而当冬。庆赏罚刑，异事而同功，皆王者之所以成德也。庆赏罚刑，与春夏秋冬，以类相应也，如合符。故曰：王者配天，谓其道。

同样的思想在《天人三策》中也有表述：

> 臣闻天者群物之祖也，故遍覆包函而无所殊，建日月风雨
> 以和之，经阴阳寒暑以成之。故圣人法天而立道，亦溥爱而亡
> 私，布德施仁以厚之，设义立礼以导之。春者天之所以生也，
> 仁者君之所以爱也；夏者天之所以长也，德者君之所以养也；
> 霜者天之所以杀也，刑者君之所以罚也。由此言之，天人之征，
> 古今之道也。

《春秋繁露·离合根》则具体地指明皇帝的行为也要遵循天道：

> 天高其位而下其施，藏其形而见其光。高其位，所以为尊
> 也；下其施，所以为仁也；藏其形，所以为神；见其光，所以
> 为明。故位尊而施仁，藏神而见光者，天之行也。故为人主者
> 法天之行，是故内深藏，所以为神；外博观，所以为明也；任
> 群贤以受成，乃不自劳于事，所以为尊也。汎爱群生，不以喜
> 怒赏罚，所以为仁也。

（六）董学的天不是宿命论

虽然董学的天具有神学因素，但是这个天却不是宿命论。董学的天并不预设事物、皇权和人伦的命运，事物的结局以及皇权和人伦的命运要通过事物本身的规律和人类自身的行为来决定，人的行为始终是自主的因素。这与孔孟儒学中的天命观是完全不同的。孔孟儒学并没有深刻到能够触及形而上学的层次，虽然它们并不提倡神学，其天命观却是一种被动的、听天由命的宿命论。

后世的谶纬学将天看做是宿命论，看做是上天对于事物、皇权的事先设定，这与董学的天的概念是没有关系的，反而与孔孟儒学的天命观一脉相承。可见，将谶纬学的泛滥归咎于董学是没有根据的。

（七）天的哲学定位是带有神学因素的自然哲学

董学的天的核心是其形而上学方面，董学对天的演绎和升级表现在天的形而上学性质方面，侧重于演绎天的内在的逻辑和规律。除了脱离了关于天的神话和传说成分之外，董仲舒的天的形而上学并不侧重于天学的具体物质构成，故董学极少涉及"形而下"的宇

宙观和星宿观等。

单纯强调董学中天的神学因素是片面的，是无法把握住董学的天的准确的哲学定位的。令人遗憾的是后来者对董学的天的神学因素紧抓不放，并且加以无限度的放大和夸大，致使董学的天的形而上学不断受到扭曲。后世的谶纬学将董仲舒的天的形而上学变成了关于天的神话，将神秘主义当做是董仲舒的天的观念，这是对董仲舒的天的思想的严重的扭曲和绑架。而现代学者将董学定位为"神学目的论"同样失于偏颇，导致了对董学的严重歪曲。

如何定位董学的天的形而上学不能依靠主观的臆断，不能依靠片面的断章取义，更不能借助意识形态的力量，而应该尊重董学本身的观念事实，利用观念唯实主义的原则和标准来加以分析和判定。根据观念唯实主义能够比较全面和准确地概括董学的天的形而上学的本质的是将其视为自然哲学。也就是说，与其硬说董仲舒的天是神学的天，还不如尊重董仲舒的逻辑线条本身，将董学中的神学因素纳入作为自然力量的天，将其视为自然哲学的组成部分。事实上，无论是在中国古代哲学还是在西方近代哲学中，自然哲学都包含一定的神学因素，即所谓的"自然神"，但这并不妨碍神学因素服从于自然哲学的总体逻辑。

（八）董仲舒对天的具体应用

天在董学中是形而上学的抽象概念，同时董仲舒也在具体的层面上来使用天。在十端论中天就有两层含义。《春秋繁露·官制象天》载：

> 天有十端，十端而止已。天为一端，地为一端，阴为一端，阳为一端，火为一端，金为一端，木为一端，水为一端，土为一端，人为一端，凡十端而毕，天之数也。

此处的天即是抽象意义上的天，也是具体层面上的天。

在《春秋繁露·顺命》中董仲舒说道：

> 天子受命于天，诸侯受命于天子，子受命于父，臣妾受命

于君，妻受命于夫，诸所受命者，其尊皆天也，虽谓受命于天亦可。

此段的天也有两个层次的含义。天即是指抽象意义上的天，同时也被用来作比喻，即诸侯、臣妾等都要像服从天一般地服从"上级"。

因此，董仲舒的天在本质上是个抽象的范畴，但是董仲舒对于天的概念的使用却具有灵活性和特定性，是抽象和具体的统一，是先验和经验的统一，是概念和比喻的统一。

第七章 董学的天人合一哲学

天人合一哲学是董仲舒的哲学创新，董仲舒将上古时期的天人感应这个不确定和不系统的古老观念发展成了一个思想深刻的哲学理念和逻辑严密的方法论，使之作为董学的形而上学的主干贯穿于董学的整个体系之中。

第一节 天人合一哲学是董学的灵魂

董学的天的形而上学的核心理念在于天人合一理论。董学关于天的性质的规定都是在为天人合一理论进行铺垫。天人合一理论贯穿于整个董学体系，是董学体系最重要的理念和逻辑线索，在许多方面，董学在各个不同的领域具有针对性的理论和观念正是天人合一理论在不同领域得到贯彻和应用的结果。董仲舒依靠天人合一理论将庞大的子系统牵连成串，形成了和谐互动的有机整体。因此，天人合一理论即是董学基本的理念，也是基本的方法论，是董学整个体系的主线，是董学的哲学灵魂。

第二节 从天人感应向天人合一的过渡

本节将唯实解析董学的"天人同类观"及其向天人合一理念的过渡。

一、天人同类观

在《春秋繁露》中董仲舒阐述了天人同类观，这是从天人感应向天人合一过渡的逻辑中介。

（一）天人同类观的内容

在先秦哲学中，"同类"是个哲学命题，《易经》《庄子》《尸子》《吕氏春秋》《荀子》等都有所论及。在先秦的哲人们看来，所谓的同类就是具有相同的起源和性质，只有同类才能相互作用，不是同类便无法相互作用。虽然在先秦哲学中已经出现了天人同类的思想萌芽，但其重点是要论述自然界中不同事物之间的相互作用和感应现象。

在先秦子学时代便出现了天人同类观点的萌芽。在《礼记·中庸》中便有：

> 诚者，天之道也；诚之者，人之道也。

这是子思儒学在"诚"的概念上关于天道与人道同一性的具体演绎，尚没有提高到形而上学的总体层面上来认识天与人的同类性。即使如此，在《礼记》的出处仍然无法确定的情况下，这个思想的确切出处同样无法明断。关于这个问题，在公羊学与五经关系的论述中会进一步分析。

在《庄子·达生》中，庄子提出：

> 夫形全、精复，与天为一。天地者，万物之父母也。合，则成体；散，则成始。

庄子此处更多的是从个体与整体的关系而不是从天与人的性质来分析天地与人的一体性。

董仲舒继承了先秦子学关于同类的观点，将同类与天人两个命题有机地结合起来，形成了明确的天人同类的哲学观。在董仲舒的天人同类观中，天是兼具多重性质和侧面的哲学概念，他的人虽然兼具抽象的人类和按照他的人性论所划分的具体的人的多重性质，但在此更多的是指抽象的、作为整体的人类。

天人同类观是董仲舒天人合一理论的前提和基础，是董仲舒进一步展开其政治哲学逻辑的理论基础，因此天人同类观可以看做是天人合一理论的形而上学基础。

在《春秋繁露·官制象天》中，董仲舒明确地表述了天人同类的观点。天与人不仅在形态上同类，在"数"上也是同类，数之同类是天人同类的重要内容和表现：

> 求天之微，莫若于人，人之身有四肢，每肢有三节，三四一十二，十二节相持，而形体立矣。天有四时，每一时有三月，三四十二，十二月相受，而岁数终矣。官有四选，每一选有三人，三四十二，十二臣相参，而事治行矣。以此见天之数，人之形，官之制，参相得也。人之与天，多此类者，而皆微忽，不可不察也。

> 人生于天，而体天之节，故亦有大小厚薄之节，人之气也。

在《春秋繁露·人副天数》中，董仲舒说明了天之数与人之数的同类关系：

> 天以终岁之数，成人之身，故小节三百六十分，副日数也；大节十二分，副月数也；内有五藏，副五行数也；外有四肢，副四时数也；乍视乍暝，副昼夜也；乍刚乍柔，副冬夏也；乍哀乍乐，副阴阳也；心有计虑，副度数也；行有伦理，副天地也。……于其可数也，副数；不可数者，副类，皆当同而副天，一也。是故陈其有形以著无形者，拘其可数以著其不可数者。以此言道之亦宜以类相应，犹其形也，以数相中也。

《春秋繁露·为人者天》除了进一步阐释天与人在形体和天数上的同类之外，天人在情绪上的对应关系也得到了明确的反映：

> 为生不能为人，为人者天也。人之为人本于天，天亦人曾祖父也。此人之所以乃上类天也。人之形体，化天数而成；人之气血，化天志而仁；人之德行，化天理而义；人之好恶，化天之暖清；人之喜怒，化天之寒暑；人之受命，化天之四时；人生有喜怒哀乐之答，春夏秋冬之类也。喜，春之答也；怒，秋之答也；乐，夏之答也；哀，冬之答也。天之副在乎人，人

之情形有由天者亦。

天人同类的标准更在于道德性，人的仁义也来自于天。董仲舒在《春秋繁露》中写道：

> 美事召美类，恶事召恶类。（《同类相动》）

> 天之为人性命，使行仁义而羞可耻，非若鸟兽然，苟为生，苟为利而已。（《竹林》）

在《同类相动》中，董仲舒认为天人同类的媒介是阴阳：

> 天有阴阳，人亦有阴阳。天地之阴气起，而人之阴气应之而起；人之阴气起，而天地之阴气亦宜应之而起；此道一也。

可见，董仲舒的天人同类的观点是全方位的和系统的，不仅在气质上、身体的构造上而且在君王的官制上都是按照同一个原则来制定的，这样天、人和皇帝制度便具有了一体性，是同一个本质的不同表现形式。

（二）天人同类观的意义

董仲舒的天人同类观在将人纳入自然界的同时也消除了自然界的现象和人的行为之间的区别，将自然事实与行为事实合而为一，将自然规律与伦理道德完全混合在一起加以同等看待。这种观点在今天看来是不符合事实的，是超出了合理的度的，因而在逻辑上是站不住脚的。

虽然董仲舒关于具体的天人比类显得有些牵强甚至幼稚，但是我们的重点是要通过这些具体的例子来探究董仲舒思想的哲学意义。董仲舒如此强调天人同类的目的在于为天人合一理论进行充分的逻辑铺垫，由于天人合一理论是董学体系的形而上学的核心内容，也是从形而上学向政治哲学转化的枢机和中轴，只有充分理解了天人同类的观念，才能够充分地理解天人合一理论和其政治哲学。

同类相应是宇宙间的普遍规律，据此，同类可以相动，这是先秦哲学已经发现和确立了的观点。在董仲舒的天人同类观中，天人之间的同一性和互动性得到了进一步的推演，通过同类相推这个逻辑手段推导出了天人合一的理论。

二、从天人感应到天人合一

在中国哲学史中，天人感应和天人合一这两个概念之间一直存在着模棱两可的关系，两者的内涵并没有清楚的界定，各自的来源也语焉不详，因而两者经常被当做同一个范畴而加以混用。这种做法是不准确的。天人感应与天人合一是两个不同的范畴，代表着天道哲学发展的不同阶段。

天人感应说在中国具有十分悠久的历史，是中国上古的占星术的主要内容。天人感应所表达的天与人之间的关系是神秘主义的，所指十分宽泛。它虽然可以用来解释人类生活的许多方面，但所指却并不具有确定性和逻辑性，并不具有特定的政治哲学内涵与意义。

董仲舒将天人感应说进行了深刻、系统和全面的哲学化改造，以天人同类观为逻辑跳板，将其发展成了天人合一的形而上学理论，并将其渗入了政治领域，创立了皇权主义的政治哲学。董仲舒的天人合一理论突破了占星术的藩篱，也回避了上古的天人感应观中的一些内容，如具体的天文学划分，剔除了其中的一些政治隐喻如"分野论"等。分野论是夏商周时期重要的占星术观点，认为天上的星宿与地上的方国是有对应关系的，某一星宿的奇异天象的出现预示着与其相对应的方国将发生重大的政治事件。这个占星术理论在先秦时期十分盛行，但在已经完成中国统一的西汉却不再合时宜，或许是出于这个理由，董仲舒将其排除在了天人合一理论之外。

第三节　天人合一理论的原则

董学的天人合一理论有两个原则，即天与人的同一性和天与人的二元性。

一、天与人的同一性

董仲舒认为，人是天的副本，人在精神、形体和行为方面都是与天一体的，都是天的具体反映。董仲舒的这个思想在《春秋繁露·人副天数》中得到了最为具体的阐述：

> 天德施，地德化，人德义。
>
> 天气上，地气下，人气在其间。
>
> 天地之符，阴阳之副，常设于身，身犹天也，数与天相参，故命与之相连也。
>
> 于其可数也，副数；不可数者，副类，皆当同而副天，一也。

二、天与人的二元性

天人合一是个组合概念，其中包括了天和人两个范畴，天人合一概括地反映了天与人之间的关系。然而，天人合一所体现的天人关系是具有二元性的，即除了同一性之外，还包天与人之间的相互地位的复杂关系。

天人合一明确地表明了人的属性并非来自于其自身，而是来自于外在力量即天，是天赋予了人的属性，决定了人的特征，这就是天人合一的同一性的内涵。也就是说，人的价值并非来自于人的内在性，而是来自于外在的天，是由外在力量所赋予的。但是，天人合一并不意味着人是天的附属物，人是天的工具，恰恰相反，在董仲舒看来，人是天的目的，天是为人服务的，天是人实现目的的工具，这在董仲舒的十端说中具有明确的阐述。

天人合一的二元性就是：天规定了人的属性，是人的价值的来源，而人则决定了天的目的，人赋予了天的目的性。这种复杂的关系形成了天与人的二元性，形成了天人合一理论的辩证性。天人合一的二元性被纳入了董学的三维本体论中，成为三维本体论的重要内容。

<h2 style="text-align:center">第四节　天人合一理论与皇权主义的政治哲学</h2>

天人合一提出了人的属性规定来自于外在的天，这无疑认为人类社会的价值是由天所决定的。这个观点是董学的政治哲学在逻辑上和理念上的前提、基础和出发点。董仲舒正是根据天人合一理论来展开他的皇权主义的政治哲学的。

两者之间的关系将在第九章中进一步分析和阐述。

第八章　董学的阴阳五行哲学

董仲舒将先秦的阴阳观和五行观纳入了他的天人合一的形而上学体系，与元、天、气、一等概念共同形成了董学的概念体系和逻辑链条，建立起了严密的董学的阴阳五行哲学。董学的阴阳五行哲学一方面是董仲舒对于先秦的阴阳哲学和五行观的继承，另一方面也是对它们的改造和发展，是董仲舒整合先秦哲学的重要方面。

第一节　阴阳观与五行观

在董仲舒创立阴阳五行哲学之前，阴阳观和五行观在中国哲学史中已有漫长的历史。

一、阴阳观和五行观概览

先秦的阴阳观和五行观都是试图用来解释世间各种现象的理论，具有十分悠久的历史，在上古时期便已经初露端倪。但是关于两者确切的产生时间由于唯实史料的缺乏现在难有定论。虽然随着考古学的深入会获得新的线索，然而在相当长时间内它们或许仍将成为中国哲学史的两个谜团。

阴阳观和五行观具有不同的视角，也代表着不同的思维方式和层次。五行观具有更为明显的"形而下"的特性，是靠五种具体的自然物质即金、木、水、火和土之间的互动和转化来推演客观世界的运行规律的方法。将某种具体的自然物质认定为世界本源的思想反映了上古时期人类共同的认知世界的方法和层次，这在其他文化圈中同样存在。例如在古希腊哲学的早期阶段便存在此种不同的观点，分别将火、木等单独的物质看做是世界的本源。毕达哥拉斯对存在于他之前的此类观点进行了综合，将水、火、土和木等四种物质看做是构成世界的基本物质元素。柏拉图继承了毕达哥拉斯的观点，并据此提出了他的宇宙观。

相比之下，阴阳观则更为抽象，具有明显的形而上的特性。阴阳观超越了具体的物质形态，而将事物的两种特征看做是独立于物质载体的实体，认为两者之间的相互作用和转化形成了世界运行的基本规律，以两者之间的相互作用和转化来对世界上的各种现象进行统一的形而上学的解释。

阴阳观和五行观最初是独立发展的，并无交叉，有可能分别存在和流行于中国上古时期不同的亚文化圈内，直到战国后期，齐国的邹衍才将两种理论融合起来，进行了创造性的发挥和发展，形成了统一的阴阳五行观，中国哲学史上的"阴阳家"也由此诞生。

如果说阴阳观和五行观都具有一定的形而上学特征的话，那么阴阳五行观则已经形成了更为完整的形而上学。相比于《易》中朴素的阴阳观和老子的"道"，纵观先秦哲学，可以肯定地说，邹衍的阴阳学是先秦时期最为成熟的形而上学。

从哲学观念史的角度来看，阴阳家的形而上学在战国时期曾经发挥了重要的影响，这在司马谈的《论六家要旨》中得到了体现。在该文中，阴阳家被列为先秦诸家之首，排在老子、墨家和儒家之上，这无疑是肯定了阴阳家在先秦形而上学发展史上的重要地位。只是在西汉时期董仲舒的天的形而上学的出现才超越了阴阳家。董仲舒将被其再创造之后的先秦阴阳五行观融入了天的形而上学之内，使之成为其阴阳五行哲学的概念体系和逻辑框架，并使之成为天的形而上学的重要内容。

在汉代以后，阴阳观和五行观的哲学命运并不相同。由于与《易》的盘根错节的关系，阴阳观一直受到古代思想家的重视，以至于到了宋朝时由于宋学和理学的出现和流行，阴阳哲学出现了太极说，朱熹也通过对理的重新解读再次使阴阳哲学出现了一个高潮。而五行哲学则逐渐无人问津，基本上退出了古代哲学的研究视野。

从总体上看，后世学者对于阴阳观和五行观的认识已经变得十分模糊了。后来者不但已经无法了解阴阳观和五行观的起源，而且对于阴阳五行观的理解处于严重的退化之中。清末民初的梁启超曾在其所著的《阴阳五行说之来历》一文中说：

> 春秋战国以前所谓阴阳五行，其语甚希见，其义甚平淡。且此二事从未尝并为一谈。诸经及孔老墨孟荀韩诸大哲，皆未尝齿及。然则造此邪说以惑世诬民者谁耶？其始盖起于燕齐方士，而其建设之，传播之，宜负罪者三人焉。曰邹衍，曰董仲舒，曰刘向。[①]

此处不仅集中地表达了近现代知识分子对于阴阳五行说的不解和抗拒，甚至将其视为"惑世诬民"的"邪说"，颇为偏激。这或许与西方文化在晚清和民国时期的强势侵入直接相关。作为中国传统哲学重要构成的阴阳五行哲学被认为是糟粕而受到了中国人自己的歧视和摒弃。被视为民国时期的"大儒"的梁启超尚且如此，此时一般的知识分子对于中国古代哲学史的极度自卑和困惑无知就可想而知了。后来更有"又红又专"的知识分子将阴阳五行说视为封建迷信和糟粕而加以摒弃唾骂，自不必多言。

从对阴阳观和五行观的历史命运的简单回顾便可以折射出中国哲学史的种种扭曲和弊端。人类认知能力的进步果然会使古代的一些观念变得落后，但是这并不是抹杀这些观念的历史价值和观念事实价值的理由。哲学史并不是一个追求时髦的游戏，也不是弄权者的工具，建立科学而客观的中国哲学史显得尤其必要。

---

① 此文收入梁启超的《饮冰室合集》，此处转引自徐复观：《中国思想史论集续篇》，上海书店出版社 2004 年版，第 10 页。

二、先秦的阴阳观

阴阳观源远流长，但由于唯实史料的匮乏，历史上关于其本意和起源歧义丛生。

（一）阴阳的本义

文字学认为阴阳脱胎于"侌昜"。侌昜分别代表阴天和晴天。段玉裁在《说文解字注》中认为"此阴阳正字也。阴阳行而侌昜废矣"。

（二）阴阳观的起源

关于阴阳观的起源可谓是众说纷纭，歧义纷呈，至今仍然是个悬案。

班固认为阴阳起源于古代的天学，他在《汉书·艺文志》中进行了这样的描述：

> 阴阳家者流，盖出于羲和之官。敬顺昊天，历象日月星辰，敬授民时，此其所长也。及拘者为之，则牵于禁忌，泥于小数，舍人事而任鬼神。

班固对于先秦百家起源的看法继承了刘歆在《七略》中的观点，刘歆的观点又来自于其父刘向。此处的阴阳家是指持有阴阳观的人，与战国后期已经与五行观相结合而形成的系统的阴阳家是不同的。他们将阴阳观看做是后来的阴阳家最古老和最重要的源头。这句话表明最早持有阴阳观的人是在上古时期掌握天学的官员，鉴于上古天学在权力产生中的重要地位，可以说其起源是相当高贵的。但是与其他先秦流派的命运一样，后来持有阴阳观的人却沦落为术数之人，拘泥于迷信鬼神，成为算命先生，跌落到了社会的下层。

然而徐复观并不接受这个观点，他认为在西周时期阴阳观还没有出现。据统计在《诗经》中有 8 个"阴"字，是指阴天、阴暗和覆荫；有 18 处使用了"阳"字，是指山水的方位和气候的温暖；一处阴阳连用，也是指山的南北。因此断定西周还没有出现阴阳观①。而他对刘向父子和班固等人对阴阳家起源的看法则并没有正面进行评述。

需要指出的是此处有个方法的问题。虽然"阴""阳"两字具有形而上学的意义，但是它们作为形容天气的原义和本义并没有因为其哲学语义的出现而消失，"阴""阳"两字仍然是在日常生活中被经常使用的基本词汇。因此，不能根据按照其原义和本义而使用这两个字便推测在如此使用这两个字的时期阴阳观并没有产生。这是个常识性的错误。因此，根据作为诗歌集的《诗经》中没有在哲学意义上使用"阴""阳"二字而得出阴阳观在西周时期并没有出现的观点在逻辑上是无法成立的。

在《左传》和《国语》中关于阴阳的记载也是关于阴阳观的最早的史料之一。

（三）阴阳观与《易》

阴阳观与《易》具有深刻的内在联系。《易》中也蕴含着阴阳观产生的线索。

有学者认为《易》产生于商朝时期的蓍草占卜，而与阴阳无关，用阴阳观来解释八卦是后来的事②。烧过的蓍草形状纷乱，如何能够从中归纳出八卦和六十四卦并没有人能够解释清楚，即使是强行加以说明恐怕也无法自圆其说。因此，这种提法只是个不着边际的猜测而已。

这种观点代表了一种试图跨过《易》本身"另起炉灶"来追溯阴阳观起源的方法，这种方法其实是"丢了西瓜拣芝麻"的舍本求末的方法。事实上，在现存的古籍中，《易》本身是研究包括阴阳起源在内的阴阳观的最重要的史料。这种方法在将关于阴阳观起源的探索引入歧途的同时，也扭曲了《易》的本质。

---

① 参见徐复观：《中国思想史论集续篇》，上海书店出版社 2004 年版，第 10—16 页。
② 参见冯友兰：《中国哲学简史》，新世界出版社 2004 年版，第 121 页。

（四）《易》的本质

《易》的本质就是阴阳这两种被认为是最基本的形而上学要素之间的演绎。阴阳之间的互动所代表的是一种二元论。阴阳之间的二元论就是两者的内在规定性。这种内在规定性的表现是多元的，也是统一的。

第一，体现为两者存在的同一性。阴阳相互依托，共同存在，相互转化，缺一不可。

第二，两者具有排斥性。阴阳具有不同的性质，代表不同的运行方式和发展规律，具有排斥性。

第三，两者具有面向彼此的回归性。阴阳虽然具有不同的性质，相互间存在着排斥性，但是两者不但"斗而不破"，反而在一定的条件下向对方进行转化。

第四，八卦是对阴阳之间关系的二元论演绎。八卦的基本构成是阴和阳两个要素，除此之外并无其他要素，六十四卦和三百八十四爻都是阴阳之间的不同排列组合，除了阴阳之间的二元论演绎之外《易》并没有其他的内容，离开了阴阳之间的演绎就不存在八卦和《易》本身了。

阴阳观是《易》的灵魂和逻辑基础，《易》是阴阳观的具体演绎方式的总汇。如果要否定八卦与阴阳观之间的关系，就必须找到另外一对范畴能够代替阴阳之间所具有的内在规定性，使八卦能够被另外一种二元论认同，那么阴阳观一样或者起码是类似的解释和演绎。但是纵观中国哲学史，除了阴阳观之外，并没有任何其他的一对范畴能够如阴阳观般对八卦进行合理的解释和演绎，而缺乏了具有替代性的一对二元论范畴就无法推翻八卦起源于阴阳观的结论，而各种脱离了阴阳观而另辟蹊径地去推测阴阳观起源的说法都只能是不符合逻辑和无法自圆其说的猜测而已。

（五）关于《易》的错误判断

有学者认为用阴阳观来解释《易》是"后来的事"，即发生在春秋或者战国时期。这是十分错误的。

但是，我们也要避免另一种倾向，即将后来的阴阳哲学直接归于《易》。《易》中虽然体现了中国早期古老的阴阳观，但是它是以符号的形式来展示和流传的。符号并不是体现人类哲学思想的最有效的方式，尤其是对于如阴阳观般这样高度抽象的、系统而深刻的哲学思想。对于《易》中的阴阳符号的解读可谓是众说纷纭，歧义丛生，很容易被巫术和术士所利用。因此，语言在哲学表达方面的作用是不可替代的①。战国后期开始出现的《十翼》虽然是用文字来解释卦象，但却常常脱离阴阳观的主体，变得支离破碎和缺乏系统性，仍然可以被各色人等所利用，《易》对巫术和术士的大门并没有关闭。因此，虽然《易》中的确包含着古老的阴阳观念以及对阴阳之间的互动关系所进行的各种复杂的演绎，但是《易》中的阴阳观还没有进入系统的阴阳哲学，它也并不等于后来中国哲学史上的阴阳哲学。中国哲学史上的阴阳哲学的成形和成熟是由董仲舒完成的，这点是要加以明确和强调的。

（六）《吕氏春秋》中的阴阳观

《吕氏春秋》也试图重组阴阳观，但是它所采取的方法和其核心内容与董学完全不同。《吕氏春秋》的阴阳观本质上并没有超越上古天学的取向，虽然它延续了邹衍阴阳家的天人感应的观念和方法，但它实际上是要用阴阳五行来解释天象，要在天象与人的行为之间建立起一种静态的和固定的感应模式。《吕氏春秋》并没有阐明这种感应模式的逻辑关系，实际上是在强化占星术，或者说《吕氏春秋》中的天人关系只是占星术的加强版。

----

① 西方19世纪后期的逻辑实证主义试图全盘推翻语言在哲学表达方面的作用，20世纪中后期德里达的解构主义试图证明语言在哲学表达的模糊性、相对性和无效性，这些质疑和否定都无法改变语言作为哲学表达最佳载体的地位和作用。如果说语言表达并不具有绝对性的话，那么失去了语言，人类的抽象思维便不会存在，哲学也将消失。

三、五行观

五行观的起源与阴阳观一样在历史上有诸多的说法。

（一）五行观的起源

关于五行的起源在历史上可谓众说纷纭，归纳起来至少有六种观点。每种观点都有一定的依据和先秦文献学基础，但是每种说法却又难以自圆其说，力排众议。

第一种观点认为五行早在黄帝时期便已经产生了，这种说法的文献学依据是《史记》和《管子》。这是关于五行起源最早的观点。

第二种观点认为五行产生于夏朝初期，其文献学基础是《尚书·甘誓》。该文有"威侮五行"的提法。

第三种观点认为五行产生于商朝时期，其理由是五行来自于"五方"。

第四种观点认为五行产生于商周之际，其文献学基础是《尚书·洪范》。

第五种观点认为五行产生于春秋时期，其文献学基础是《左传》。五行来源于"五材"。

第六种观点认为五行产生于战国时期，其文献学基础是《荀子》。荀子在批评子思思想时提到了五行。

实际上，除了第一种观点之外，其他的观点都着重于关于五行的最早文献记载，而并不是在推断五行观的起源本身。最早的文献记载虽不能揭示五行观起源的准确时间，但是五行观的出现一定要比最早的文献记载要早，这是确定无疑的。

（二）五行起源的文献学分析

许多古代文献中都或多或少地提及五行的起源，但它们的说法并不一致。

1. 对《史记》中记载的分析。

司马迁在《史记·五帝本纪》中写道：

> 轩辕乃休德振兵，治五气，艺五种，抚万民，度四方。

时播百谷草木，淳化鸟兽虫蛾，旁罗日月星辰水波土石金玉，劳勤心力耳目，节用水火材物。有土德之瑞，故号黄帝。

其中的五气被认为是指五行，而其谥号"黄帝"的由来也是出自土德。可见，不仅五行观在黄帝时期已经流行，五德终始说的方法也已出现。

在《史记·历书》中写道：

盖黄帝考定星历，建立五行，起消息，正闰馀，于是有天地神祇物类之官，是谓五官。

这里明确指出黄帝制定了历法，"建立"了五行，五行也是黄帝建立官僚制度即五官的根据。

在《史记·律书》中写道：

律历，天所以痛五行八正之气，天所以成孰万物也。

此处的五行不仅与历法紧密相连，而且被赋予了天学和形而上学的特性。

从司马迁关于五行的表述可以看出，他关于五行观起源的观点是比较系统的，从多个侧面都有体现，绝非随意而言。

有学者认为，"黄帝实在太早了，很难令人信服"，并且，"《史记》虽然说了五行，但并不能确定是指金木水火土"①。因为太早了就难以令人信服更是不符合逻辑。先秦的"五行"有两种内涵，一种是金木水火土，另一种是指仁义礼智圣五种德行。后者出现在20世纪70年代在郭店楚墓出土的竹简《五行》一文之中。司马迁在《史记》中所指的五行都是指历法和律法等与自然相关的事物，并非在谈论道德修养，上下文的内容明显表明司马迁所指的不可能是五种德行。

司马迁的观点另一个重要的意义在于这是西汉时期最著名的历史学家关于五行起源的观点。作为历史学家和公羊学哲学家，司马

---

① 周桂钿：《董学探微》，北京师范大学出版社 2008 年版，第 426 页。

迁可谓是饱览先秦典籍，《尚书》《荀子》甚至《左传》一定是他反复研读的重要典籍，并且他读过的许多书后人都已经无法读到。其他几种观点都是近现代人的观点，近现代学者读过的书司马迁都读过，而司马迁读过的书后来人则没有读过。在缺乏新的证据如出土简帛和考古发现等的情况下，后来人要在这个问题上驳倒司马迁不免显得苍白无力。

2. 对《尚书》中记载的分析。

（1）《甘誓》。

从现存的先秦文献来看，以原件形式出现的记录了五行的最早的先秦文献是《尚书·甘誓》。《尚书·洪范》则对五行观做出了最早的解释。

关于《甘誓》是否是伪造和出现于何时曾经发生争论。有人认为该文为战国时人的伪作，但是主流的意见认为它是从上古流传下来的文献，其真实性不容怀疑。该文中的"威侮五行"被认为在夏朝初年便已经出现了五行观的有力证据。

（2）《洪范》。

《洪范》中关于五行的记载如下：

> 五行：一曰水，二曰火，三曰木，四曰金，五曰土。水曰润下，火曰炎上，木曰曲直，金曰从革，土爰稼穑。润下作咸，炎上作苦，曲直作酸，从革作辛，稼穑作甘。

这段关于五行的记载引发了激烈而持久的争论，历代不绝于史，凡是研究《尚书》的学者都要加入关于该文的考证和论战之中。争论的论点也十分广泛，涉及其是否属伪造、出现于何时、它的性质如何等，它与五行的关系则是争论中的焦点问题。本书的重点在于阐述和分析董学对于五行观的革新，因此并不想介入这种争论。

抛开各种题内和题外的争论，单就上述这段话来分析可以看出：

第一，五行出自箕子之口，箕子是在向商王介绍治国之法时引出五行的，是其洪范九畴的一部分。箕子明显是将五行看作意识形态的洪范九畴的一部分介绍给商王的，是用来指导国家行为的形而上学基础。

第二，洪范五行的顺序是水、火、木、金和土，箕子并没有提出五行相生或者相克的理论，而只是对五行的物理特征和形态进行了简单的描述，是粗线条的五行观。

3. 对《左传》中记载的分析。

《左传》在司马迁去世之后由于刘歆的鼓吹而得以流行，该书提供了另一种关于五行起源的线索。《左传》认为五行是从五材观发展和演化出来的。

《左传·文公七年》载：

> 六府三事，谓之九功；火水木金土谷，谓之六府；正德、利用、厚生，谓之二事。

可见最初出现的并不是五行，而是"六府"。在《左传·襄公二十七年》中，六行才变成"五材"：

> 子罕曰：……天生五材，民并用之，废一不可，孰能去兵。

子罕认为谷与土重复，谷实乃由土所生，于是六府去谷而成为五材。五材都是当时人们生活的必需品，都是指具体的实物而言。

在《左传·昭公二十五年》中出现了"五行"：

> 闻诸先大夫子产曰，夫礼，天之经也，地之义也，民之行也。天地之经，而民实则之。则天之明，因地之性，生其六气，用其五行。气为五味，发为五色，章为五声，淫则昏乱，民失其性。

在此，五行在先秦典籍中被赋予了抽象的意义，不仅与天地和气等概念相连接，而且被推演到五味、五色和五声等要素之上，可见五行的形而上学意义已经相当重要了。

但是，《左传》中对于五行观产生的线索的表述并不能使五行观的起源成为定案。

4. 其他文献的记载。

《月令》和《国语》也比较系统地阐述了五行观。由于与《尚书》和《左传》相近，在此不予详述。

由西汉后期的著名学者刘向编撰的专门记载战国时期各国内政外交的史书《战国策》没有提及五行观，其中没有一个字提到五行。刘向曾做《别录》，提出了自己的五行理论，而与战国时期的五行观相左，这或许是刘向回避战国时期的五行观的一个原因。

（三）对考察五行起源的方法的一点看法

周桂钿认为研究五行起源的关键在于"金"，只有在金器即青铜器出现之后才会出现五行观。因为他认为青铜器是在商朝时期出现的，因此五行应该起源于商周之际，即上述的第四种观点，而《尚书·洪范》中的记述是可信的。

将金的出现作为衡量五行观出现的一个重要标志体现了周先生的洞察力，但是认为青铜器出现在商朝就值得商榷了。

在先秦古籍中有许多关于青铜器的记载，而关于"九鼎"的记载尤为引人注意。《史记》认为九鼎是夏朝的第一个帝王禹制作的，《墨子》认为是禹的儿子夏朝的第二个帝王启制作的，但是不论是禹还是启，九鼎的制作年代都在距今 4000 年的夏朝初期。九鼎是中国上古时期国家权力的象征，是十分庄重的国之重器，史学家和学者在没有充分的确实资料支持的情况下是不可能随口谰言的，并且有多种史料可以相互佐证，是具有相当的可信度的。在《史记》中还记载了黄帝在湖北省荆山脚下收集铜矿的事迹，这又将中国青铜器产生的年代前推至距今至少 5000 年的黄帝时期。

近几十年的中国考古学取得了不小的成绩，在马家窑文化、仰韶文化、龙山文化和齐家文化等考古遗址出土了许多件青铜器，有剑、装饰品、工具等器物，经过碳十四方法的科学鉴定都被确认为是制作于距今至少 5000 年之前，其中在陕西姜寨出土的半圆形金属器物更是距今 6700 多年之久 ①。在河南二里头发掘出了夏朝末期的青铜器物，其中的青铜钺陈列在上海博物馆。从青铜钺的制作工艺和造型来看，当时的青铜器已经十分成熟了，无疑是经过了长期的发展和沉淀之后才能够制作出如此精美的青铜权杖。古代尤其是上古时期，与科技发展一日千里的近现代不同，包括科技在内的事物的进化是很慢的，一个科技和工艺从发明到发展再到成熟要经历十分漫长的时间。因此，仅仅从这个夏朝末期的青铜钺来推断，青铜冶炼术应该在夏朝的早中期便已经在中国出现了。这个结论与推断甲骨文产生的年代的方法是相通的。从 19 世纪末期开始在河南等地大量发现的甲骨文绝大多数是商朝中后期尤其是武庚时期的国家档案，研究表明这些甲骨文的字体和语法等早已经脱离了象形文字，已经形成了自成体系的表形、表意和表音的成熟语言，而要达到这样的成熟度是要经过长期甚至上千年的实践和发展。因此，中国文字的产生要远远早于商朝中期，应该在夏朝或者夏朝之前便已经出现了。在中国古籍中有记载说文字产生于黄帝时期，是黄帝的大臣仓颉创造出来的。虽然个人在文字的发展过程中会起到重要的作用，但是文字是经过长期的实践和积累而逐渐产生的，并不可能完全由一个人来完成，但是在揭示中国文字出现的时间方面，这个记载和传说并不是完全空穴来风、毫无根据的。

（四）五行相克

五行之间并不是没有关系的，而是相互联系的一个整体。最早的五行联系是五行相克说。五行相克也称五行相胜，在春秋时期便已经出现。《左传》中有零星的五行相胜的表述，如昭公三十一年云"火胜金"，哀公九年云"水胜火"。在成书于春秋后期的《孙子》和成书于战国时期的《墨子》中有"五行无常胜"说。《孙子·虚实》："故五行无常胜。"《墨子·经下》："五行毋常胜，说在多。"

---

① Li Xueqin, *Chinese Bronzes : A General Introduction*, Foreign Languages Press, 2007, p.12.

《白虎通义·五行》对于五行相克的原因进行了最明确的解释：

> 众胜寡，故水胜火也。
>
> 精胜坚，故火胜金。
>
> 刚胜柔，故金胜木。
>
> 专胜散，故木胜土。
>
> 实胜虚，故土胜水也。

第二节　阴阳学的创始人邹衍

邹衍是战国后期齐国人，具体生卒日期不详，比孟子要稍早一些。司马迁在《史记·孟子荀卿列传》中对他的生平和思想有简略的记载，而这也成为后世了解邹衍生平的唯一史料。邹衍被认为是阴阳学的创始人。根据《汉书·艺文志》的记载，邹衍的著作颇多。《史记》中记载邹衍曾作《终始》和《大圣》等文章，达"十馀万言"。但是十分可惜，这些著作都没有流传下来。直到晚清时期，马国翰将邹衍的言论辑录在其《玉函山房辑佚书》中，但所辑录的只有三百多字。文献的散佚无法使后人看到邹衍思想的全貌，所辑录的只言片语却也反映了邹衍思想的一些精髓。在《吕氏春秋·应同》中较为完整地记录了被认为是邹衍的五德终始说[①]。

邹衍曾经周游列国推广自己的学说。与孔子和孟子等先秦儒家们周游列国却饱受各国的闭门羹不同，邹衍所到之处风光无限，在赵国、梁国和燕国都受到国王特别的礼遇，被奉为上宾，这使得邹衍的学说在上流社会中得以流行。司马迁注意到了这个耐人寻味的对比，在《史记》中加以记载和强调。

司马迁对邹衍的方法颇有微词，认为"其语闳大不经，必先验

---

① 但有些学者拒绝接受《吕氏春秋》和《史记》中所反映的邹衍思想，其理由是"邹衍留下来的东西太少了，我们无法知道详情"（参见周辅成：《论董仲舒思想》，上海人民出版社1961年版，第63页），而把阴阳与五行相结合的阴阳论基本上归于董仲舒。

小物，推而大之，至于无垠"。言外之意就是认为邹衍的言论夸张至极，不可相信。

一、邹衍学说的主要内容

邹衍的学说全貌已不得而知，但从史籍的间接转述和记载我们仍然可以看到它的一些要点。

（一）阴阳学的形而上学

据说邹衍将流传已久的古代阴阳观和五行观相结合，他也由此创立了阴阳学[①]，创立了先秦最为成熟和最具有代表性的形而上学。除了将阴阳观和五行观相结合的努力之外，邹衍的另一个贡献是将阴阳学应用于对历史的诠释，创立了"五德终始说"的历史哲学。五德终始说试图揭示王朝演进的规律，是战国后期最具影响力的历史哲学。由此可见，邹衍已经掌握了三段论的逻辑方法，将阴阳五行观的普遍性应用到人类历史和政治领域。这些都是具有开创性的哲学贡献。

但是，由于年代久远和文献的散佚，从现存文献中我们无法直接看到邹衍学说，而只能从其他先秦文献的转述中知其大略，具体看不到他是如何将阴阳观与五行观结合起来的。在五德终始说中我们也只看到了五行观在历史中的应用，而不见阴阳观的影子。

由于无法看到邹衍学说的全貌，后人对于阴阳家的起源和思想内容只能接受司马谈等人的观点而无能为力。这种状况使得阴阳学成为先秦百家中的一个十分扑朔迷离的学派。

（二）九州说

九州之说古已有之，最早出现在《尚书·禹贡》中。邹衍对于禹贡中的九州说进行了扩展。根据司马迁的记载，邹衍认为大禹的

---

① 阴阳观在中国上古时期便已经存在了，《易》就是建立在阴阳观基础之上的，是对阴阳两种要素复杂关系的辨证演绎。然而，中国哲学史却并不将上古的阴阳观称为阴阳学，中国哲学史习惯上将阴阳观与五行观相结合之后的思想才叫做阴阳学。

九州只是指内陆而言，其实在内陆之外还有九州，与中原海水相隔，"人民禽兽莫能相通者"。这个新的九州说形成了"大九州说"。

大九州说扩展了古代中国人对于地理的认识，实际上代表了海洋文化对于内地文化的一种补充。但是，公羊学的大一统思想是以原来的九州说为地缘概念，并没有将邹衍的大九州说作为其地缘范围。大九州说因而并没有改变古代中国人以中原为中心的地理和地缘观念，没有成为中国文化的主流，其影响十分有限。

（三）五德终始论的历史哲学

邹衍将五行观上升为王朝递进的历史规律，将天人感应观具体化为五行说，并用五行说来解释帝王的更迭。

《吕氏春秋·应同》记录了比较完整的根据五行观对古代帝王更迭的解释，被认为是邹衍的五德终始说本身。这种解释是合理的，因为它具有理论的独特性，不会是后人对于邹衍思想的伪托。学者们对于这个判断没有异议。

《吕氏春秋·应同》载：

> 凡帝王者之将兴也，天必先见祥乎下民。黄帝之时，天先见大螾大蝼。黄帝曰："土气胜。"土气胜，故其色尚黄，其事则土。及禹之时，天先见草木秋冬不杀。禹曰："木气胜。"木气胜，故其色尚青，其事则木。及汤之时，天先见金刃生于水。汤曰："金气胜。"金气胜，故其色尚白，其事则金。及文王之时，天先见火赤乌衔丹书集于周社。文王曰："火气胜。"火气胜，故其色尚赤，其事则火。代火者并将水，天且先见水气胜。水气胜，故其色尚黑，其事则水。水气至而不知数备，将徙于土。

邹衍在此不仅对于古代著名帝王的五行归属进行了梳理，也对下一个帝王的五行进行了预测。邹衍认为下一个帝王即能够实现中国统一的帝王将属水，崇尚黑色，按照水的特性来处理国事。

秦始皇在统一了中国之后果然认定其秦朝为水命，崇尚黑色。

可见邹衍的五德终始说已经成为战国后期被公认的历史理论。

五德终始说是一种循环论的历史观，各个王朝根据五行属性进行交替，实际上是一种五行相克的体现。刘歆在《七略》中说："邹子有终始五德，从所不胜。土德后，木德继之，金德次之，水德次之，火德次之。"[①] 在完成了一个轮回的五行相克之后，历史便要根据五行相克的规律重新开始新一轮的交替。

从现存的只言片语来看，邹衍并没有指出五行相克的根据和其内在的逻辑性，更没有阐明是什么因素会启动五行相克的程序导致王朝的更替。这容易使人认为五德终始说只是一种机械和宿命的历史循环论。虽然确实具有历史循环论的色彩，但是五德终始说同时也是一种变化的历史观。从逻辑上看，五德终始说也并没有否定和拒绝进化。每一次五行的交替都可能带来进化，而不会是对上一个轮回同一个属性的特征的简单重复和教条性的照搬。对于循环过程中的变化，并没有看到邹衍反对进化的观点，因此，五德终始说是为历史中的进化留有余地的，循环并不一定要否定进化。而简单地将五德终始说归纳为机械循环论的历史观而看不到其中所蕴含的变化观和进化观是不全面的。

五德终始说还体现了天人感应的天人关系，这也是董仲舒天人合一理论在先秦哲学中的渊源和理论铺垫之一。

二、邹衍学说的影响

邹衍学说的核心是五德终始说。五德终始说是一种历史哲学，而并不是具有实践作用的政治哲学。它可以在认知层面解释王权的交替沿革，对于现实的国家行为却没有指导作用，也无力解决战国时期各国最关心的政治命题即富国强兵、统一六国或者抗拒强国的统一战争。这大概是司马迁认为邹衍的学说"其语闳大不经"的原

---

① 钟肇鹏主编：《春秋繁露校释（校补本）》（下），河北人民出版社 2005 年版，第 818 页。

因。邹衍周游赵、梁和燕等国时受到国王的特别礼遇与尊重，除了将其尊为国师之外却并没有重用他。

徐复观认为，邹衍的五德终始说除了在少数贵族中有一定的影响力之外并没有引起其他思想家的注意，其能够在政治中有所体现是在秦国统一天下之后[①]。

第三节　董仲舒的阴阳五行哲学

据统计，"《春秋繁露》中从第四十一至第六十四章的内容都是关于阴阳五行哲学的阐述，字数多达一万四千多字，其体系之完善、阐述之全面是此前任何著作都不具备的。如果单就阴阳五行思想与政治的结合这一视角来看的话，即使在此后的中国历史上也没有这样完整的论述"[②]。这个统计和评价是符合实际的。

在《春秋繁露》中一系列关于阴阳哲学的文章包括《阴阳位》《阴阳终始》《阴阳义》《阴阳出入上下》《阳尊阴卑》等文章中，董仲舒系统地阐明了自己的阴阳哲学。阴阳哲学在董学中是个一以贯之的理念，贯穿于其形而上学、政治哲学、人性理论等领域之中。

董仲舒创造性地整合了先秦散乱的阴阳观和五行观，不但在理念和逻辑上对其进行了梳理和再创造，将其上升为一个逻辑严密的哲学，更将其纳入了董学的天的形而上学，使其成为董学的体系性存在。同时，阴阳五行哲学是董学的重要的方法论，通过它董仲舒构建成了庞大的哲学体系。可以说阴阳五行哲学是董学体系的经脉。

早在标志着他出道的《天人三策》中，董仲舒便概括性地阐述了他的阴阳哲学，赋予了阴阳这对范畴以全新的形而上学和政治哲

① 徐复观：《阴阳五行及其有关文献的研究》，《中国思想史论集续篇》，上海书店出版社2004年版，第24—25页。

② 陈爱平译注：《阴阳家语录》，重庆出版集团／重庆出版社2008年版，第64页。

学的意义。其文曰：

> 然则王者欲有所为，宜求其端于天。天道之大者在阴阳。阳为德，阴为刑，刑主杀而德主生。是故阳常居大夏，而以生育养长为事；阴常居大冬，而积于空虚不用之处。以此见天之任德不任刑也。天使阳出布施于上而主岁功，使阴入伏于下而时出佐阳；阳不得阴之助，亦不能名，此天意也。王者承天意以从事，故任德教而不任刑。

这段话说明了董仲舒对于阴阳的三重规定：首先，阴阳是承载天道的载体；其次，阴阳具有形而上学意义；最后，阴阳具有政治哲学意义。

一、董仲舒的阴阳哲学

董仲舒对阴阳观的整合是十分严谨和系统的，是对阴阳观的一次扬弃和再定义。

（一）对阴阳性质的规定

1. 阴阳是气。

董仲舒认为阴阳是气。这个对阴阳性质的规定性在先秦哲学中古已有之，董仲舒继承了这个观点，在将其融入他的形而上学体系的同时，也使其成为承上启下的一个逻辑环节。在董学的形而上学体系内，作为天道的物质载体的气是一的体现，阴阳是一的第一次分解，作为气的分解的阴阳便成为承上启下的一个关键环节。由此，董仲舒也能够将先秦哲学中的阴阳哲学与气的哲学有机地融为一体，将这两个曾经各自发展毫不相关的哲学举重若轻般地纳入了他的董学形而上学体系。董仲舒也顺利地完成了对先秦的各种形而上学思想的逻辑和理论整合。

2. 阴阳是一的两种表现形式。

一是阴阳共同的依据，一规定着两者的性质，两者无法脱离一而独立地存在。阴阳虽然具有一体性和同一性，但是两者具有不同的特征，其运作的方式也是相反的。恰如董仲舒在《春秋繁露·天道无二》中所说道：

> 天之道，有一出一入，一休一伏，其度一也，然而不同意。阳之出，常系于前而任岁事；阴之出，常系于后而守空虚。……故开一塞一，起一废一，至毕时而止。终有复始于一。一者，一也。……故常一而不二，天之道。

3. 阴阳与四季。

四季的确立是中国上古天学的主要内容，它与方位的确立共同构成了上古的宇宙观。在西汉初期，除了拥有系统的天学体系之外，中国的历法也已经较为成熟。董仲舒的形而上学并没有过多地涉及宇宙观和历法学，他把重点放在了对于四时／四季的哲学解释上。对于天学进行哲学的阐释是董学形而上学的特征。通过对天学的哲学阐释，董仲舒与中国古代的天学产生了联系。

董仲舒是用阴阳观来解释四时的，这个理念从此便始终贯穿于中国哲学和文化中。

4. 阴阳之间的关系。

阴阳之间的关系是辩证性的，这种辩证性体现在"合"的概念上。合是董学特有的哲学概念，是董学辩证法的重要内涵。

在《春秋繁露·基义》中，董仲舒对阴与阳之间的合的辩证关系进行了概括：

> 凡物必有合：合必有上，必有下，必有左，必有右，必有前，必有后，必有表，必有里，有美必有恶，有顺必有逆，有喜必有怒，有寒必有暑，有昼必有夜，此皆其合也。

也就是说，合是阴阳之间对等的一对范畴，两者缺一不可。合有两个层次的内涵。首先，合体现了阴阳共同存在和相互依存的状态，阴阳之间在地位上是对等的，是具有平等性的，缺其一不成其二。其次，阴阳之间在功能上是存在着差异性的，阳为主，阴为辅，阳居于主导地位，对阴有统领的功能；阴则处于附属地位，对阳表现出忠诚和服从，配合阳发挥总体性的功能。

在《春秋繁露·阴阳位》中，董仲舒说道：

> 阳出实入实，阴出空入空，天之任阳不任阴，好德不好刑，如是也。

这表明阴阳的性质是不同的，有实空之分，在伦理上它们代表不同的道德品质，在政治上代表不同的皇帝治术和国家行为。除此之外，阴阳之间也是有主从之分的，阳为主，阴为从。

5. 董学的阴阳哲学的形而上学功能。

阴阳哲学规定了天的形而上学的内在属性，这是阴阳哲学最重要的哲学功能。阴阳的物质属性决定了天的自然属性，使天与神学划清了界限。

如果说天的范畴是董学的头的话，阴阳哲学就是董学的经脉，通过它天的理念被应用到董学的各个领域之中，将诸多子系统连接成一个统一的总系统。

（二）重新定义了仁

后人将董学与孔学混为一谈的根据是董仲舒经常会提到仁这个哲学范畴，于是断定董学继承了孔学的仁的观念或者仁道。这是望文生义的结论，没有看到这两个仁之间存在着巨大的体系性壁垒，违背了观念唯实主义的基本原则，是不符合董学的观念事实的。

董仲舒的仁绝非孔子的仁，而是他根据阴阳哲学重新定义了的仁，董学的仁与孔学的仁无论是在内涵、外延还是在价值观上都具有本质的不同。辨别清楚这个要点对于董学具有十分重要的意义。

董仲舒对于孔学的仁的处理也是十分耐人寻味的。如果董仲舒要继承孔子的衣钵，真的要去传播孔学，那么对于作为孔学核心范畴的仁一定要极力维护甚至辩解，并且要刻意强调他的仁与孔学的仁的相同性。但是董仲舒在《春秋繁露》中相关文章行文却刻意强调自己的仁的内在规定性，这无异于是在告诉世人：董学之仁绝非孔子之仁，而这也就是在说：董学非孔学。

因此，认清董学的仁绝非是孔学之仁具有十分重要的意义，它是后人能够清楚辨明董学与孔学本质区别的重要坐标。

关于董学的仁和孔学的仁的内涵和唯实比较可见后文详述。

（三）董学的阴阳哲学的伦理学功能

阴阳哲学是董学的伦理学的方法论和理念基础，其三纲理论正是建立在阴阳哲学基础之上的。也就是说，董学的伦理学基础是阴阳哲学，而不是孔学的孝道，绝不能用孝道来理解董学的三纲五常伦理学。

在君为臣纲、父为子纲和夫为妻纲这三纲中，居于核心地位的是君为臣纲，君臣之间关系的本质体现的背后理念和逻辑不再是孝道，而是阴阳哲学，也就是说，基于阴阳哲学的忠诚观是三纲的核心，而不是如孔学般将父子关系和家庭伦理学作为核心和原点来引出价值和看待政治和社会。这是在理解董学时要特别加以注意的。

董学的伦理学具体演绎了阴阳之间的合的辩证性。合是阴阳之间对等的一对范畴，两者缺一不可，合体现了阴阳共同存在和相互依存的状态，然而阴阳之间在功能上却存在着差异性，阳为主，阴为辅，阳居于主导地位，对阴有统领的功能，阴则处于附属地位，对阳表现出忠诚和服从，配合阳发挥总体性的功能。三纲中的三对伦理范畴完整地表达出了董仲舒关于合的辩证内涵[①]。

（四）董学的阴阳哲学对于国家行为模式的功能

阴阳哲学渗透于董仲舒的政治理念之中，与先秦百家各执一词的单维性思维不同，董仲舒一直采取阴阳哲学的辩证法来分析和看待事物，这种阴阳辩证法在政治哲学中的一个重要的表现就是对于国家行为模式的平衡性的把握。

[①] 董仲舒的阴阳哲学的合的辩证思想却并不为所有人所理解。蔡尚思认为董仲舒的阴阳观和三纲说是混乱的，原因就在于合的概念上。他认为合既然表达了阴阳之间的平等性，那阴阳之间就不应该再存在主次和从属关系。对于了解古文一词多义和辩证法的人来说，这个说法是无法站得住脚的。参见蔡尚思：《中国礼教思想史》，上海古籍出版社2006年版，第54页。

董仲舒否定了商学的极端功利性、孔学和儒家的道德乌托邦主义、老子的小国寡民的国家观、墨家的非攻兼爱的反国家倾向等所有这些先秦关于国家和国家行为模式的政治思想，建立起了一种皇权主义的国家观和具有内在的结构性平衡的国家行为模式，这是中国古代哲学史上划时代的哲学革命。

二、董仲舒的五行哲学

同对阴阳观的系统整合一样，董仲舒对先秦五行观同样带来了突破性的变革。

（一）董仲舒对先秦五行观的整合

董仲舒的五行哲学是建立在对先秦五行观的整合基础之上的，董学的五行哲学是中国传统的五行观发展过程中的一次具有里程碑意义的突破性发展。在董学的五行哲学之后，中国古代哲学史再也没有重要的新观点出现，因此，可以说董学的五行哲学代表中国古代哲学史五行哲学的顶点。

在《春秋繁露》中专门论述五行观的文章有 9 篇之多，如《五行之义》《五行对》《五行相生》《五行相胜》等，而在其他文章中也有多处涉及五行哲学。

对于先秦的五行观董仲舒有"破"有"立"。无论是在破还是在立的方面董仲舒都实现了对于先秦阴阳学的超越。

在形而上学上，董仲舒将先秦的五行观融入了他的天的形而上学体系，使之成为其中的一个环节，这是立的方面；在历史哲学上，董仲舒则进行了全面的破，用其三统三正说来代替阴阳学的五德终始说。

与对天和阴阳等既有概念和范畴进行创造性的梳理和再创造一样，董仲舒也系统地梳理先秦的五行观，创造性地提出了董学的五行观。

在《春秋繁露·五行之义》中，董仲舒专门阐述了他的五行理论：

> 天有五行：一曰木，二曰火，三曰土，四曰金，五曰水。木，五行之始也；水，五行之终也；土，五行之中也，此其天次之序也。木生火，火生土，土生金，金生水，水生木，此其父子也。木居左，金居右，火居前，水居后，土居中央，此其父子之序，相受而布。是故木受水而火受木，土受火，金受土，水受金也。诸授之者，皆其父也；受之者，皆其子也。常因其父以使其子，天之道也。是故木已生而火养之，金已死而水藏之。火乐木而养以阳，水克金而丧以阴，土之事天竭其忠。故五行者，乃孝子忠臣之行也。

在此段董仲舒阐明了以下内涵。

第一，五行哲学是董学逻辑体系中的一环。

五行上接其天的形而上学，下连其伦理学，并且与方位联系起来，五行哲学成为董学哲学体系中的一个子系统和董学逻辑链条上的一环。五行在形而上学上是"天次之序"，是"天之道"，在伦理学上是"孝子忠臣之行"。这样，五行哲学就被纳入了董学天人合一的体系之中。

第二，重新排定了五行的次序。

如前文所引述，董仲舒在《春秋繁露·五行之义》中对五行的排列是木、火、土、金和水。这与《洪范》中的顺序不同。《洪范》中的顺序是水、火、木、金和土，但是并未对其相互关系进行说明，也没有相克和相生之说。对于《洪范》为何如此排列五行我们不得而知。对此郑玄说"此数本诸阴阳所生之次也"。然而这种解释未必可靠，因为如果《洪范》真的出现于商末的话，那么当时还没有出现用阴阳观来解释五行的学说，这种学说直到战国末期才由邹衍提出。但是，对于董仲舒为何要重新排列五行之序我们却可以窥得其意。

董仲舒之所以要重新排定五行的次序是要确立五行之间的形而

上学的逻辑关系。五行之间的生成关系是父子关系，前一位的五行要素生成后一种要素，而新的要素对于前一个要素要进行养育。这与天和皇帝之间的父子关系是相同的，是天人合一理论的又一个表现形式。另外，《洪范》中的五行并没有建立起相互之间的等级和秩序，而根据天人合一的理论，天是有秩序的，人间因此也要建立起等级和秩序，这是皇权主义的政治要求。同时，五行相生说是为了阐明董学的五常伦理学。在董仲舒看来，五行与五常相对应，每个五行要素代表着特定的品格。因此，无论是从皇权主义等级秩序的必要性还是从董学的伦理学对于道德的规定性来看，《洪范》中的五行说都是无法满足董仲舒的要求的，这是董仲舒重新排列五行之序的原因。

第三，五行相生说。

在《春秋繁露·五行相生》中，董仲舒说道：

> 五行者，五官也。……东方者木，农之本。司农尚仁……故曰木生火。南方者火，本次也。司马尚智……故曰火生土。中央者土，君官也。司营尚信……故曰土生金。西方者金，大理司徒也，司徒尚义……故曰金生水。北方者水，执法司寇也。司寇尚礼……故曰水生木。

这样，五行之间的秩序被明确地建立起来了。相比于《洪范》、邹衍的学说和《吕氏春秋》，五行相生说取得了突破。

第四，五行与方位。

五行相生说的重新排定是要确定方位观，董学的方位观并不是纯粹的地理学上的方位观，而是政治哲学意义上的方位观，它代表着皇权主义和皇帝制度新的尊卑等级和社会秩序。由于古代帝王是坐北朝南，董仲舒的五行观便将五行与固定的方位联系了起来。"木居左"是说木在东方，"金居右"是说金在西方，"火居前"是说火在南方，"水居后"是说水在北方，而"土居中央"。

第五，五行与四季。

《春秋繁露·五行对》载：

> 水为冬，金为秋，土为季夏，火为夏，木为春。春主生，夏主长；季夏主养，秋主收，冬主藏。

第六，土行为尊。

在董仲舒的五行理论中，土占据最重要的地位：

> 土居中央，为之天润。土者，天之股肱也。其德茂美，不可名以一时之事，故五行而四时者，土兼之也。

> 土者，五行之主也。

> 圣人之行，莫贵于忠，土德之谓也。（以上《春秋繁露·五行之义》）

> 土者，火之子也，五行莫贵于土。

> 土者，五行最贵者也，其义不可以加矣。（《春秋繁露·五行对》）

土就是"地"。《白虎通义·五行》曰："地，土之别名也。"地上接天，下载人，人类生活都是在土地上进行的，五行中的其他四行没有一个能够离开土地而存在，人类的生活要素都是生产于大地之上，四季和方位的变化都只是大地生成万物的表现形式的变化和周期运行的过程而已。因此，董仲舒将土立为尊是有道理的，体现了他对于五行观的透彻理解和深刻的洞察力。

董仲舒还从土地关系的角度来阐述他对于地的理解，认为地"至有义"，具有"大忠"的品德。《春秋繁露·五行对》载：

> 地出云为雨，起气为风。风雨者，地之所为。地不敢有其功名，必上之于天命。若从天气者，故曰天风天雨也，莫曰地风地雨也。勤劳在地，名一归于天，非至有义，其孰能行此。故下事上，如地事天也，可谓大忠矣。

> 忠臣之义，孝子之行，取之土。

董仲舒对于地的品德的褒奖为他的国家伦理学进行了形而上学的铺垫，为其价值观的展开奠定了哲学基础。在此，我们又看到了董学体系在不同的子系统之间合理而自然的逻辑过渡和无缝衔接，再次看到了董学在构建上的体系性和完整性，再次领略了董仲舒哲学思维的成熟性。

第七，五行相胜。

董仲舒用"比相生而间相胜"来说明五行相胜的关系，在《春秋繁露·五行相胜》中董仲舒论述了五行相胜的次序，即木胜土，土胜水，水胜火，火胜金，金胜木。

第八，五行相生与五行相胜的兼容。

董仲舒虽然确立了新的五行相生说，但并不因此而否定五行相胜说，而是主张两者的兼容，因此在《春秋繁露》中不仅有《五行相生》，也有《五行相胜》，"比相生而间相胜"表明了五行相生与相胜之间的和谐关系。

（二）五行哲学的功能

1. 政治哲学功能。

董仲舒认为要治理好国家必须要按照五行的规律来行事：

> 故为治，逆之则乱，顺之则治。（《春秋繁露·五行相生》）

这句话是董仲舒以五行哲学来规定皇帝的政治行为的总原则。由此，皇帝的个人行为不再仅仅代表他个人，而变成了国家行为，其节奏、力度、分寸、表现形式等都要与五行相适应和相对应。

2. 三统三正的历史哲学。

董仲舒将五行哲学也用来比附人事，如"五行之为言""五行之随"和"五行之官"等；而在历史哲学层面，董仲舒则独创了三统三正说来代替五德终始说。关于三统三正说将在后面的"历史哲学"部分详述。

3. 三纲的伦理学。

除了用阴阳关系来规定父子关系之外，董仲舒还用五行哲学来阐释父子关系。

第一，董仲舒用五行哲学来重新解释孝。

《春秋繁露·五行对》载：

> 水为冬，金为秋，土为季夏，火为夏，木为春。春主生，夏主长，季夏主养，秋主收，冬主藏。……是故父之所生，其子长之；父之所长，其子养之；父之所养，其子成之。父之所为，其子皆奉承续行之……由是观之，父授之，子受之，乃天之道也。

再有：

> 故五行者，乃孝子忠臣之行也。（《春秋繁露·五行之义》）
> 忠臣之义，孝子之行，取之土。（《春秋繁露·五行对》）

这表明父子关系完全是五行相生的关系，父子关系被置于五行关系的逻辑推演之中，也就是说，父子关系是由天人关系的外在逻辑性所规定的，父子之间的孝是服从于五行关系的，这与孔学所认定的父子关系只是孝的关系的理念是完全不同的。

第二，五常的伦理学。

在《天人三策》中，董仲舒提出了仁义礼智信的"五常之道"，它不同于孟子的仁义礼智的"四端说"，这是中国历史上的首创。董仲舒的五常虽然针对性十分广泛，但是必须看到的是，五常首先是国家主义的伦理学范畴，而不是个人伦理学范畴。

董学强调天的道德属性，这个道德属性落实到人间的具体内容就是五常。五常首先是帝王的品德，皇帝只有具备了这样的品德才能够有效地治理天下；五常也是大臣应具备的品格，大臣只有按照五常的标准来为皇帝和国家服务才能够做一个好的臣子；五常也被推广到广义的社会层面，是皇权为社会所设立的道德标准。

4. 五行与官制。

五行与官制相辅相成，实际上，董仲舒是按照五行来划分五官、重新规定各自的职能范围的。在《春秋繁露·五行相生》中，董仲舒说道：

> 五行者，五官也。……东方者木，农之本。司农尚仁……

南方者火，本次也。司马尚智……中央者土，君官也。司营尚
信……西方者金，大理司徒也，司徒尚义……北方者水，执法
司寇也。司寇尚礼……

这样，方位、五官和五常都与五行相对应而紧密地结合了起来。

第四节　董学阴阳五行哲学的意义

如果说邹衍对于阴阳观和五行观的贡献在于将两者结合，并且将其应用于历史哲学领域的话，那么董仲舒的阴阳五行哲学则完成了阴阳观和五行观有机的逻辑整合，两者从此成为了一个系统化了的逻辑体系，阴阳辩证法也得创立。阴阳五行哲学成为董学天的形而上学的核心组成部分，阴阳五行哲学和阴阳辩证法也从此作为中国古代哲学中的重要理念和方法论贯穿于中国哲学史。这些哲学成就无疑是具有里程碑意义的。

一、对先秦哲学史的整合

董仲舒对于先秦的阴阳观和五行观进行了革命性的整合，使其由零散而众说纷纭的朴素观念上升为充满了逻辑性和系统性的哲学思想。说董仲舒终结了先秦子学时代，这其中包括董仲舒对于代表着先秦形而上学思想的阴阳观和五行观的理论整合。没有这种对于纯粹哲学思辨性的形而上学的整合，董仲舒也不会很好地完成对于先秦政治哲学的整合，更不会建立起皇权主义的政治哲学。

二、形而上学意义

天是董学形而上学体系最重要的范畴，天的本质是由阴阳五行哲学决定的，阴阳五行哲学规定了天的内在性质。董学的十端论列举了构成天的十种要素，这十种要素包括天地、阴阳五行和人，都是物质性的，也就是说这种物质性的规定性说明了天的自然本质，

将神学因素居于天的自然本质之下，体现天的自然本质的延伸。

董学的阴阳五行哲学在机理和逻辑上梳理清楚了阴阳观和五行观的相互关系，明确了"内阴阳外五行"的原则。客观世界中五行的呈现和相互的生克演化是阴阳互动的结果，是阴阳互动于五种五行要素才形成了五行运动的种种规律，也就是说，阴阳互动是世界运动的内在机制，五行则是阴阳互动的表现形式。从事物的生命周期来看，阴阳互动主导五行，涵盖了事物从生成到衰亡的整个过程；从自然界的季节轮回来看，五行的变化形成了四季／四时；从相互关系来看，五行可以相生，也可以相克，由此决定了世间物质的运动和变化规律。而五行的这些变化和运动之后的决定机制就是阴阳之间的有序互动。

在董学体系中，天地人阴阳五行这十种要素即十端达到了和谐的统一，实现了中和状态，体现了互动有序的规律性和完整性，是一个动态的、和谐的平衡系统。在董仲舒看来，这种系统的平衡性不仅体现在自然世界之中，也同样应该体现在人类社会，这就是董仲舒的天人合一哲学和皇权主义的政治哲学的最终落脚点和目的性。

董仲舒对先秦的阴阳哲学进行了梳理和总结，在相当长的时期内成为中国阴阳哲学的最高成就，直到北宋初期太极哲学的出现进一步丰富和发展了董学的阴阳哲学。同样地，董仲舒的五行理论是中国古代五行哲学的最高峰，在董仲舒之后，中国哲学史上再没有一个哲学家提出过比他的五行理论更为深刻、全面和系统的五行理论了。

三、政治哲学意义

在董学的哲学体系中，阴阳五行哲学是天的形而上学的基干，也是连接形而上学与政治哲学和伦理学的逻辑线索和方法论。在阴阳五行哲学的主导下，董仲舒提出了一系列关于皇帝和国家行为的具体限定和规范，成为皇权主义的重要组成部分。

阴阳五行哲学也为董仲舒重新论定国家和社会秩序的合理性提供了理论依据，也就是说，国家和社会秩序和等级体系是阴阳五行规律在人间的反映，是天人合一的组成部分，人间的秩序来自于阴阳和五行的规定性。皇权主义是强调等级秩序的，董仲舒通过阴阳五行哲学的政治哲学化，无疑进一步夯实了皇权主义在哲学上的合理性。

董仲舒说道：

（阴阳）并行而不相乱，浇滑而各持分。（《春秋繁露·阴阳出入》）

天有五行，一曰木，二曰火，三曰土，四曰金，五曰水。木，五行之始也；水，五行之终也；土，五行之中也。此天次之序也。（《春秋繁露·五行之义》）

根据阴阳五行哲学董仲舒为皇权设计了一整套行为方式，要求皇帝按照阴阳五行的规律来行事，以便在政治上贯彻天人合一的规律。阴阳互补，把握节奏，讲求秩序，因时而动，循节而行，这些天的行为特点同样要体现在皇帝的行为上，也就是说，董仲舒按照阴阳五行的规律来规范皇帝的行为方式。由于皇权与国家的一体性，这也是国家决策的具体的理论根据。皇帝的衣食住行都被赋予了政治意义，皇帝不再是个人，其一举一动都代表国家，皇帝的天子身份赋予了他特殊的人格，这个特殊的人格同样也具有特殊的行为规范，这就是阴阳五行规律。

董学理想的政治状态是善治，就是要在政治行为中体现天道，落实阴阳五行的运行规律。

四、历史哲学意义

根据阴阳五行哲学，董仲舒提出了三统三正说，其目的不但要对历史的运行规律进行总结，重要的是要为汉朝政权的合法性和正统性提供历史证据，这对于重建西汉的意识形态具有重要的现实和理论意义。

五、伦理学意义

董学与孔学的一个本质性差异在于伦理学。董学的伦理学是国家伦理学，其根据是天道，其规律来自于阴阳五行哲学，这与孔学的孝道是一切道德品质来源的理念是完全不同的。

在《春秋繁露·基义》中，董仲舒说道：

王道之三纲，可求于天。

可见，董学的三纲伦理学的哲学基础是天的形而上学，三纲是天的形而上学在伦理学上的逻辑延伸，三纲伦理学是董学的体系性存在。三纲五常的价值来源于天的规定性，是外向性的价值取向，而不是内在性的孝，也就是说，阴阳五行哲学是其三纲五常的伦理学的哲学和方法论基础，即三纲的基础是阴阳哲学，五常的基础是五行哲学。由此可见，董学的三纲五常的伦理学与孔学的君子伦理学在本质上是完全不同的。虽然孔学的孝道仍然是三纲五常所重视的品质，但它被外化了，被纳入了体现天道的阴阳五行哲学之内，孝道成为阴阳哲学的逻辑链条中的一环而已，对阴阳五行哲学只是起着辅助性的支撑作用，其重要性已经大为降低。这点在进行董学与孔学的辩证时是要特别加以明确和强调的。

六、方法论意义

阴阳五行哲学具有深刻的方法论内容和丰富的辩证法思想。阴阳五行哲学从来不是静止的观念，无论在阴阳观还是在五行观中，运动和转化都是最基本的观念和方法。董仲舒将阴阳观发展成为阴阳辩证法，代表了中国古代哲学在辩证法上的最高成就。

阴阳辩证法强调对立统一规律。阴阳两个范畴具有各自的独立性，但是两者又是统一的，两者的相互转化体现了运动观、量变到质变观等辩证法规律。

五行观不仅将整个世界看做是个有机的整体，而且将时间和空间有机地连接了起来，时间和空间被看做是具有内在联系的两个维度，这个思想在古代世界哲学史中是十分先进的。五行之间相互转化，相辅相成，时空在运动中构成世界的统一。

七、中医的哲学奠基人是董仲舒

据考证，《黄帝内经》虽然借用了黄帝之名，实为西汉时期的作品。虽然作为中医学代表作的《黄帝内经》在先秦时期便已经产生，但是却是在西汉时期完善和成熟的。《黄帝内经》的成熟标志着中医学作为一门成熟的医学体系的最终完成，而这与中国传统哲学的完善和成熟是同步的，也就是说，中医学的发展仰赖中国传统哲学的发展，中医学的完善与成熟是以中国传统哲学的完善和成熟为前提和基础的。

中医学的哲学基础和方法论就是阴阳五行哲学，是阴阳五行哲学在医学领域中的具体应用，就如同其在政治和历史领域的具体应用一样。中医理论的重要的哲学方法论就是天人合一理论和阴阳五行说。董学的阴阳五行哲学将纯粹经验主义的医学知识上升到理论和哲学的高度，将一些片断和零散的药理经验融会贯通，形成了一套能够自圆其说的医学体系。中医学重要的概念和范畴几乎是董学的阴阳五行哲学的原版植入，而其医学逻辑和病理推理也与阴阳五行哲学如出一辙。

中医学的阳气与阴气分别由日和月来代表，由两者的运动和变化来解释和推导人的生理规律和疾病的生成和恶化，并据此而提出治愈方案。阳气随着太阳的方位变化而有年节律、月节律、日节律和超年节律的不同，阴气则随着月亮的圆缺盈亏而呈现出消长盈虚，阴阳气血在经络上的流转也随着日、月和地球相对位置的变化而有规律地交接分布。中医学的诊断、开方用药、针灸配穴和养生法都是阴阳五行哲学的具体应用。

中医学与西医最大的不同之一在于中医的总体意识和大局观。中医学关于疾病的生成、恶化和治疗的观点都是阴阳观在人的生理上的具体落实和应用。中医学将人的身体看做是大自然的组成部分，身体的各个部位和器官都是相互联系的，即"人以天地之气生，以四时之法成"。人的身体和经络是天道的反映，即"人身一小天地"。因此中医强调通过自然界的草药治病和调理，强调人的身体各个器官和功能的平衡性，注意避免为了治愈一个器官上的病变而影响到其他器官和功能以及人的整体的健康性，而不像西医那样头痛医头脚痛医脚，侧重对于个别器官和功能的人为干预。中医学独特的养生观同样如此。

虽然将阴阳五行哲学应用到医学领域中的人不是董仲舒，但是没有董仲舒对于阴阳五行哲学的最终定形，中医也不会在西汉进入成熟期，从这个意义上看，董仲舒是中国中医理论的哲学奠基人。

不仅如此，董仲舒还主动地将阴阳哲学用于养生，形成了自己的养生理论。在《春秋繁露·循天之道》中，董仲舒提出了"循天之道以养其身"的著名理论，认为天之道在于中和，而人不仅要在政治上遵循天之道，同样要在养生中也遵循天道。在该文中，他说道：

> 是故能以中和理天下者，其德大盛；能以中和养其身者，其寿极命。

而所谓的"中和"就是：

> 中之所为，而必就于和，故曰和其要也。和者，天地之正也，阴阳之平也，其气最良，物之所生也。

而如何保持"最良"的气是养生的关键。董仲舒进而说道：

> 故仁人之所以多寿者，外无贪而内清净，心平和而不失中正，取天地之美，以养其身，是其气多且治。……气多而治，则养身之大者得矣。

可见，董仲舒根据阴阳哲学得出了一整套关于养生的理论，这对于中医学的完善、发展和成熟起到了引领作用。可见，董学的阴阳哲学对于中国医学和文化的影响和冲击是巨大的和刻骨铭心的，它已经成为中华民族的文化基因流淌在中国文化的血液之中。

相比之下，包括孔学在内的儒学对于中医则没有实质性的影响，任何将儒学与中医扯上关系的企图都是徒劳无益且违反事实的。

八、算命学的出现

阴阳五行哲学在成熟之后除了被应用到政治、历史和医学之外，还被应用到了算命学之中，算命学中的遁甲、六壬和太乙三大体系都是在汉朝完成了自身的发展，这与阴阳五行哲学在西汉初期的最终完成是直接相关的。

第九章　董学的三维本体论

本体论是关于世界的本体的系统观念，是形而上学的重要组成部分。庞大而完整的董学体系具有独特的本体论——天、地、人作为共同本体的三维本体论。三维本体论既直接来自于天人合一理论，也是天人合一理论的体现。

第一节　天、地、人共为本体

天是董学形而上学体系的核心和枢机，是最高的哲学范畴之一，但是天本身并没有垄断本体论的构成。在董仲舒看来，天、地、人这三个要素共同构成了本体论，形成了董学独特的三维本体论[①]。

在《春秋繁露·立元神》中，董仲舒论道：

何为本？曰：天、地、人，万物之本也。天生之，地养之，人成之。……三者相为手足，合以成体，不可一无也。

在《春秋繁露·官制象天》中，董仲舒说道：

何谓天之大经？三起而成日，三日而成亲，三旬而成月，三月而成时，三时而成功。……天地与人，三而成德。由此观之，三而一成，天之大经也，以此为天制。

此处，董仲舒再次强调了天、地、人三位一体而构成天制，是天之大经。天、地、人是"万物之本"，天、地、人"相为手足"，共同构成了"天之大经"，是"天制"本身，那么天、地、人不是

---

① 董学的三维本体论不但在中国哲学史上而且在世界哲学史中都是绝无仅有的，体现了董仲舒过人的哲学思辨创造力。

最高的本体又是什么呢？

董仲舒从"天有十端"^①的概括中再次论述了天、地、人三者共同的本体地位。同样出于《春秋繁露·官制象天》：

> 天有十端，十端而止已。天为一端，地为一端，阴为一端，阳为一端，火为一端，金为一端，木为一端，水为一端，土为一端，人为一端，凡十端而毕，天之数也。

也就是说，天的十端是由天地、阴阳、五行和人构成的，而阴阳和五行是天道运行的手段和方式，是下一层次的构成，因此，十端中本质的要素是天、地、人三端。

第二节　三维本体论中的对应范畴

在天、地、人三维本体论中实际上包括了董学最本质的范畴对应关系，即天人关系、天地关系和人地关系。

一、天人合一中的天人关系

天与人的关系在天人合一的哲学框架内得到了明确的规定。

（一）天人关系的二元性

天人关系最重要的原则和理念无疑是天人合一，这是董学形而上学的主干，但是天与人的同一性并不代表天人合一的全部内涵，天人关系是二元性的，天与人之间的相对地位只有在三维本体论中得到了正面的明确回答。天人合一明确地表明了人的属性规定性来自于外在力量即天，是天赋予了人的属性，决定了人的特征，这就是天人合一的同一性的内涵。但是，天人合一并不意味着人是天的附属物和工具，恰恰相反，在董仲舒看来，人才是天的目的，才是

---

① 在此，天具有两个层次的内涵。第一个层次是作为抽象意义的、作为最高哲学范畴的天，第二个层次是作为具体的、具有物质性质的天。

万物的精华，天是为人服务的，天是人实现目的的载体，这在董仲舒的十端说中具有明确的阐述。

在十端说中，董仲舒刻意将人放在十端的最后一位，是要表达人为天下最贵的思想，是要说明人是十端的目的和归宿。在《春秋繁露·天地阴阳》中，董仲舒写道：

> 以此见人之超然万物之上，而最为天下贵也。人，下长万物，上参天地。

可见，在董学的本体论哲学中，人是天人关系的主体，也是三维本体论的主体。

（二）人的构成

那么在董学中人是何物？人是由何物所构成的呢？

在董仲舒看来，人不是上帝和神灵的创造物，而是自然界的阴阳五行运行的结果，是"天生之，地养之"的人，是物质性的人，是自然人。

董仲舒的人是由君和民组成的。在《春秋繁露·为人者天》中，董仲舒说道：

> 君者，民之心也；民者，君之体也。心之所好，体必安之；君之所好，民必从之。

君王是天之子，是由天授命来统治百姓和管理国家的具有特殊使命、承担着特殊责任的人；其他人都是民，民包括了社会上的所有阶级和阶层。君民一体构成了整体的国家、社会和天下。

（三）人为本

关于天和人之间的关系，在《春秋繁露·王道通三》中，董仲舒说道：

> 天覆育万物，既化而生之，有养而成之。事功无己，凡举归之以奉人。

这句话是十分深刻的。它表明了天人合一的基础在于共有的自然性，明确地阐述了天的目的性这个哲学命题，同时也明确地说明了在天人合一的理论框架之内天和人之间的相互关系和地位问题。

在董学中，人是自己的意志的主人，人的生命就在于生命本身，没有任何有别于生命本身的任何目的和宿命。董学的天没有自为的目的性，而将他为作为目的性，这个他为是人，显然董学的天将人作为自己的目的性。

如果说天人合一理论回答了天人之间的同一性的问题，那么天、地、人共为本之三维本体论则回答了天与人之间的地位问题，也回答了神性与人性的相互地位问题。人不是天的附庸和傀儡，而是与天享有同等地位的本体中的一个维度，不存在高于人性的神性。从相互的地位上看，神性与人性是平级的；而在相互的功能上看，神性是为人性服务的。这种人文主义哲学出现在中国两千多年前在世界哲学史范围内是具有革命性意义的，它遥遥领先于包括古希腊哲学、犹太基督教哲学、印度佛教哲学等在内的世界其他文明形态的哲学思想。关于董学的人性理论请见后文。

二、天地关系

既然天是最高的哲学范畴之一，是自然界逻辑规律的把握者，而人是万物中之至贵，是天的目的和归宿，那么地又为什么成为三维之一？地又扮演着什么样的角色呢？对于这个问题的回答牵涉到了天地关系，而天地关系就是阴阳关系。在《春秋繁露·阳尊阴卑》中，董仲舒阐明了天与地之间的辩证关系：

> 地，天之合也，物无合会之义。

也就是说，天地共同构成了合，天离不开地，同时，地本身同样也离不开天，两者缺一都无法形成万物的合会。由此可见，从董仲舒的天的形而上学的体系性和逻辑性来看，地是不可或缺的一环。阴阳哲学中，天代表着阳，地则代表着阴，阴阳合二为一，缺少了阴便不存在阳，只有阴阳互动、相互转化和生成才能够构成董学天的形而上学的演绎。

三、人地关系

在董学的五行哲学中，土为五行之尊。在《春秋繁露·五行之义》中，董仲舒说道：

> 土者，五行之主也。

> 圣人之行，莫贵于忠，土德之谓也。

《春秋繁露·五行对》载：

> 土者，火之子也，五行莫贵于土。

> 土者，五行最贵者也，其义不可以加矣。

地即是土，土是五行的核心，离开了土五行便失去了依托和载体。

作为一对重要的对应范畴，人地关系在董学的伦理学中具有十分重要的地位，因为在董学伦理学中，地就是土。在《春秋繁露·阳尊阴卑》中，董仲舒说道：

> 土若地，义之至也。

《春秋繁露·五行对》载：

> 忠臣之义，孝子之行，取之土。

地代表着最纯粹的义，土德是义的典范，土德的最重要的品质是忠。作为董学的三纲五常伦理学的核心价值观的忠和孝都来自地，来自土德。

除了纯粹思辨的形而上学意义之外，从人的现实生存来看，地更是占据极其重要的地位。人的生存和一切活动都是在地上进行的，人的生产劳动也是如此，地就是人类的家园，就是食物和其他生活和生产资料的来源之处，没有了土地，人类便不会在自然界中存在。这是常识。因此，无论从何种标准和视角来看，地作为三维本体论的一维是有充分的理念和逻辑基础的。

由此可见，虽然天、地、人三者共同构成了本体论，天、地、人三维凝结了董学所有最重要的原则和理念，而尤其突出了人的核心地位。作为董学最高哲学范畴和逻辑出发点的天只是人的目的的实现手段，是人的现实世界的逻辑补充，天是作为一个具有先验性和超越性的杠杆和方法从属于人的现世世界的。

第三节 三维本体论与皇权主义

三维本体论与董学以皇权主义为核心的政治哲学在逻辑上完美契合。在《春秋繁露·王道通三》中，董仲舒如此解释"王"：

> 古之造文者，三划而连其中，谓之王。三划者，天地与人也，而连其中者，通其道也。取天地与人之中以为贯而参通之，非王者孰能当是。是故王者惟天之施，施其时而成之，法其命而循之诸人，法其数而以起事，治其道而以出法，治其志而归之于仁。

虽然从词源学的意义上看，董仲舒对王字的解读还有待商榷，但是董仲舒如此解读王字背后的逻辑意义却不容忽视。王，就是王权，是国家政权，在西汉初中期的政治背景下就是皇权。通过对王字的巧妙解释，董学的三维本体论与国家政权成为一体，天人合一的形而上学与皇权主义的政治哲学具有了同一性。董仲舒再次展示了董学内在结构的逻辑性。

后来论者看不到董仲舒本体论中的三维性，例如，试图用"天志"[①]和天意等来概括董学的本体论，也有将董仲舒的本体论概括为"一元论"的，这些都是片面的。至于将董学的天纳入神学，用所谓的"神学目的论"来等同于董学的本体论，显然更扭曲了董仲舒思想的本意。

董学的三维本体论不止在中国哲学史中，即使在世界哲学史中也是独一无二的本体论哲学，具有振聋发聩般的革命性意义，对于中国文化和文明起到了无比深远的影响，其深刻性和超前性远远超

---

① 参见周辅成所著《论董仲舒思想》中《董仲舒的世界观》一章，上海人民出版社1961年版。

越了希腊哲学和西方哲学。令人遗憾的是，迄今为止，中国哲学史并没有发现董学本体论的观念事实，更没有发掘出其深刻的哲学意义。要建立起科学、客观和公正的中国哲学史，这一课无论如何是要加以补充和补偿的。

第十章　董学的天道认识论 ①

认识论是关于认识的对象、来源以及认识的本质、过程和规律的哲学理论。董仲舒的认识论完全符合这样的界定。董仲舒的认识论是其天的形而上学的组成部分，是董学体系中的一个子系统。认识论是本体论在认知过程中的表现，本体论制约和决定认识论的原则。董学也不例外。董学的认识论的基础是其三维本体论，是天的形而上学的有机组成部分。

第一节　董学的名义论 ②

董仲舒的认识论的核心理念是名义论。名义论是名号论和义理论的统称。关于名号论董仲舒说道：

名者，所以别物也。（《春秋繁露·天地阴阳》）

万物载名而生，圣人因其象以命之。（同上）

《春秋》辩物之理，以正其名；名物如其真，不失秋毫之末。（《春秋繁露·深明察号》）

名者，大理之首章也。录其首章之意，以窥其中之事，则

---

① 许多近现代董仲舒的研究者用唯物主义和唯心主义的剪刀来裁剪董学，对认识论的裁剪更显得"得心应手"，认为董仲舒的认识论是"宗教唯心主义"（见周辅成的《论董仲舒思想》之《董仲舒的世界观》），侯外庐认为是神秘主义，有的认为是朴素唯物主义等。由于与历史唯实主义的原则相冲突，本书不会使用这把剪刀。

② 董学的名义论被一些学者冠以其他的名词，如王永祥称之为"名论"（详见其《董仲舒评传》的《辩物理、发天意的认识论》），周桂钿称之为"名讳论"，似都没有涵盖名义论的全部内涵，都忽略了义理观这一链条。

是非可知，逆顺自著，其几通于天地矣。是非之正，取之逆顺；
逆顺之正，取之名号；名号之正，取之天地。天地为名号之大
义也。（同上）

由此可见，名具有两个层次：第一个层次是对客观事物认知
的归纳总结的结果，是获得知识，这个过程实际上就是宋朝理学的
"格物致知"；第二个层次则在于与天地相通，是名号的真正目的。

由名号论董仲舒又推导出了义理论。通过名可以提供认识能
力，防微杜渐，预知祸福，之所以如此是因为名是"义"或"理"
的反映。董仲舒论道：

万物载名而生，圣人因其象以命之。然而可易也，皆有义
从也。故正名以名义也。（《春秋繁露·天地阴阳》）

由义理论董仲舒达到了认识论的真正目的。事物之所以会有义
理并不在义理本身，而在于天道，也就是说，义理是天道的表现。
董仲舒说道：

名者，异声而同本，皆鸣号而达天意者也。（《春秋繁
露·深明察号》）

事各顺于名，名各顺于天。天人之际，合而为一。（同上）

在董仲舒看来，天道赋予事物内在的义理，义理通过名表现出
来，也就是说名是表现事物的义理的，而所谓的义理则来自于天道。
因此，董仲舒的天道认识论的认识对象是天道，认识的目的是领会
天道。

第二节　天道认识论的功能性

在董仲舒看来，名包括关于客观事物的知识，义理则体现天道，
也就是说知识和天道都是董学认识论的认知对象。但是这两个认知
对象是有高低之分的。对董仲舒来说认知最主要的目的并不在于获
取关于自然界和客观事物的知识，而在于趋利避害的功利性，而这

只有通过领悟天道才能够实现，也就是说，知识性的认识要从属于功利性的认识，前者是要为后者服务的。董仲舒认为：

> 知者见祸福远，其知利害早。物动而知其化，事兴而知其归，见始而知其终。(《春秋繁露·必仁且智》)

这种更加重视认知对于人的行为的直接功利性的认识论与西方近现代以获取关于客观世界的知识的认识论显然是不同的。中国文化侧重于人际关系，而科学的地位则是从属性的，这种特征在董仲舒的天道认识论中得到了典型的反映。

第三节　圣人的作用

在董仲舒的认识论中，圣人起着至关重要的作用。名是圣人所起的，圣人是人的认识和天道的中介。在《春秋繁露·二端》中，董仲舒解释了圣人通道的方法。他说：

> 内动于心志，外见于事物，明善心以反道者也。

圣人之所以会成为圣人就是因为他们于内能体味自己的本性，于外能够了解事物的运行规律，内外兼修之下，他们更加透彻和准确地理解天道，举一反三，获得真知，通达利害祸福。圣人的这种特性就是董学的人性理论中的"圣人之性"，是一般人难以做到的。由此可见，圣人洞晓"天命成败"，实际上是天道的代言人。董仲舒论道：

> 明阳阳入出实虚之处，所以观天之志，辨五行本末顺逆、小大广狭，所以观天道也。(《春秋繁露·天地阴阳》)

> 君子察物之异，以求天意，大可见矣。(《春秋繁露·循天之道》)

> 正朝夕者视北辰，正嫌疑者视圣人。圣人之所名，天下以为正。(《春秋繁露·实性》)

董仲舒认为人类认识的对象在天道和天意，认识的目的在于理解天道。正因如此，董学的认识论可以被称为天道认识论。

圣人在认知过程中的地位和作用同时也体现了董学关于认识主体的观点。董仲舒说道：

> 夫目不视弗见，心弗论不得。虽有天下之至味，弗嚼弗知其旨也；虽有圣人之至道，弗论不知其义也。（《春秋繁露·仁义法》）

虽然这句话说明有眼睛的任何人都可以通过观察来认识客观世界，但是一般人对于外部世界的认识只能是感官认识，要用心来论天道则只有圣人才能够胜任。与董学性三品的人性理论结合起来就会发现，这句话所要阐述的内涵是：只有圣人才能够领悟天道，其他人即中民及斗筲之人则无法了解天道，而只能成为被圣人教化的被动的接受者。这与董学教化论的逻辑和理念形成了天衣无缝的同一性。

第四节　董学的天道认识论与孔学的比较

与董学相比，孔学还没有形成认识论，孔子对于人类认知的感悟还停留在对学习经验的总结上，还没有触及认识论的核心命题。在这种情况下，董学和孔学在认识论上无法形成以事实性为前提和基础的唯实比较，而只能进行勉强的类比。

虽然两者都提倡正名，但是董学的名义论与孔学的正名观是截然不同的。天道认识论的名在于表现天道，天道是所有认知的最终来源和依据，这与孔子以周礼为正名的观点是完全不同的。

第五节　董学的天道认识论是中国传统哲学史
在认识论上的最高点

董学的天道认识论阐明了物与名号、名号与义理、义理与天道之间的认识过程，具有完整的系统性和逻辑性，是中国传统哲学史对这个问题最早的系统阐述，后代的中国哲学家虽然在具体的命题上有不同的演绎和发挥，但是都没有达到董学的高度。

魏晋时期的王弼提出了"言意之辨"，提出了物与言、言与象、象与意的认识过程，这如同董学对认识过程阐述的翻版，然而王弼却出现了"言不尽意"与"言象尽意"之间的矛盾，破坏了董仲舒在认识逻辑上的和谐性[1]。朱熹的"格物致知"主要表达的是物与名号之间的关系，是董学的天道认识论的初始阶段，而其关于理的阐述同样只是以略有差异的方式重复董学的天道认识论，了无新意。

---

[1] 参见（魏）王弼注，楼宇烈校释：《王弼集校释（下）·周易略例·明象》，中华书局1980年版。

第十一章　董学的皇权主义

天人合一理论中的天人同类观是董学的形而上学部分，而天人合一理论的核心则是董学的政治哲学。董学的政治哲学即狭义公羊学是关于皇权的系统理论，是皇权主义。有了天人同类观的形而上学支撑，作为政治哲学的天人合一理论便如水到渠成般地在公羊学中展开了。

在天人合一理论被转化到政治哲学领域之后，其中人的概念更多的是指作为天和人类的媒介的皇帝。人的概念的重心的转变使董仲舒能够在天人合一理论中系统地揭示其关于皇权的理论。

第一节　天人合一理论下的政治哲学

天人合一理论是董学和作为公羊学的政治哲学的逻辑和理念基础，它在诸多重要方面重新规定了皇权主义的内涵和理念。

董学的政治哲学是其庞大的哲学体系在现实政治中的体现和落脚点，是董学的归宿。从董仲舒的主观动机来看，董学的目的就是要为西汉王朝所面临的各种危机提供一个彻底的、系统的和全面的解决方案，并且要使国家永远摆脱这些危机，使之发展成为一个强盛的皇权主义的和大一统的大国。董仲舒所有的思辨和理论创新都是为了实现这个政治目的而进行的。形而上学和人性理论为董学的政治哲学理论提供了稳固的铺垫。董学的政治哲学的核心是皇权主义，而作为皇权主义重要规定性的大一统理论则是其核心内容。

从董学的现实和历史成果来看，董仲舒所提供的一揽子方案不仅解决了西汉王朝的种种危机，也为中国文明发现了适合于自身的国家权力形态、政治模式和国家体制，照亮了中国文明在未来两千多年的前进道路。正是由于能够前无古人后无来者地出色地完成这个任务，董仲舒才成为中国历史上最伟大的哲学家，与汉武帝一道成为中国文明最伟大的奠基者。这一切的获得都基于董学的政治哲学。董仲舒对于中国传统文明举世无双的伟大贡献是通过他的政治哲学理念和对于新的国家行为模式的设计来体现的。因此，政治哲学是研究董学的重点。

一、董学政治哲学的构成

董学的政治哲学博大精深，涉及了国家行为的各个方面，涵盖了如下领域：天人合一的形而上学理念和方法论基础；皇权主义的意识形态，包括授命论／受命论、皇权至上性以及三统三正论的历史哲学等；皇权主义的内涵，包括大一统的存在形式；具体的国家制度和政策，包括五经博士制度的设立和察举制的选官制度等；国家行为模式的体系性和结构性平衡；皇帝治理国家和驾驭官僚体系的权术即公羊道等。

二、皇权主义

皇权主义是董学政治哲学的核心命题。整个董学都是围绕着如何确立皇权主义的内涵，如何为皇权主义找到正统性、合法性、合理性和有效性来展开的。之所以如此是因为西汉初期虽然在名义上和形式上继承了秦朝的皇权，但是无论是皇帝、官员还是学者对于皇权的理解都十分肤浅，无法为皇权找到正统性和合法性，刘家王朝对于自己打下的江山始终缺乏真正的自信，西汉王朝处于意识形态危机和权力危机之中，皇权处于逐渐被弱化的过程中。虽然西汉初期的历代皇帝都致力于化解这个意识形态危机和权力危机，但是无论是既存的先秦百家思想如儒学和黄老之学等，还是当代的官员学者如贾谊、晁错等，都不得要领，无法化解这个危机。董仲舒抓住了这个要害，彻底地从哲学高度化解了这个政治危机，为皇权找到了哲学基础，规定了皇权的内涵、必要的形式和所具备的要素，为奄奄一息的皇权注入了活力，从汉武帝开始，西汉的皇帝可以理直气壮地巩固、壮大和行使皇权，王朝的命运发生了质变。

（一）"天子"的新内涵

天子的概念在上古时代的商朝和西周已经存在，并不是董仲舒在汉代的发明。但是天子的内涵却并不相同，董仲舒对于天子进行了重新的定义，这与董仲舒的天人合一理论无疑是一脉相承的。

在上古和先秦时期，天子的含义更侧重于君王的神学本质，王是由上古时期的巫师转化而来的，天子的概念保留了王权的巫师身份，这种身份具有更加浓厚的神秘主义和原始宗教色彩。从《尚书·尧典》等文献以及当代对于玉器的突破性研究都可以看出，上古时期的王实际上就是个连接天地的大巫师，君王垄断了关于天的一切活动。这种传统据说来自于颛顼帝的"绝地天通"的改革，从此之后只有王才享有与上天进行沟通的特权，而王与上天的所谓沟通只是单向的，只是在接受上天的意志并用之来管理部落、部落联盟和国家等人间事务。因此王把持着祭天之礼的主持地位，负责解读天象以及制定和颁布历法的特权。而王如何与上天进行沟通由于缺乏详细的唯实史料而无法准确了解，从现存的零散史料记载来看，这种联系显然缺乏一定之规，缺乏制度性，更缺乏法理基础。为了解除旱灾和洪涝灾害而与天地沟通，如商汤般不惜将自己作为牺牲用自焚来求雨。其他任何人如果贸然与天进行沟通或者从事与天相关的活动都被视为非法的僭越行为，会受到严惩。另外，天子此时指的是王，而不是皇帝。王代表了国家产生的初级阶段，是国家权力的最初形态，王权还无法和皇权相提并论。

而在董仲舒的天人合一理论中，天子的内涵和功能则已经完全不同了。天子的身份已经不再是王权的掌握者，而升格为了掌握着皇权的皇帝。皇帝代表着国家权力的最新形态，也是其最高级的形态，由于大一统是建立在众多王权基础之上的"超级王权"，皇权的内涵与外延要比王权丰富、复杂和难以驾驭得多。由于皇权是踩着诸多王权的"尸体"建立起来的，作为天子的皇帝的合法性变得更加重要。这种合法性仍然需要神权的辅助，这就是皇权的神权色彩要较春秋战国时期的王权浓重一些的原因。

皇帝保留了与天进行沟通的权力，但是除了传统的神权色彩之外，权力的法理基础变得更为重要。这个法理基础就是上天与皇帝之间的契约制。这个契约制就是上天将皇权授予皇帝的授权制。根据授权制，上天之所以会将皇权授予皇帝是因为皇帝在地上代替上天行使管理国家和臣民的道德责任。皇帝获得权力不再是出于他大巫师的身份，而是出于上天对于他的授权，是一种责任的下放。皇帝权力的合法性在于道德责任，更在于他通过战争手段所取得的统一的政治成果和现实的功利性，而不再仅仅是他的神学和迷信背景。以此为枢纽，上天与皇帝之间的互动方式变成了双向的，地上的皇帝不仅要接受上天的"旨意"，上天也会根据皇帝的言行来对其进行判断和审核，以确定两者之间的契约关系是否要得以延续。因此，天人合一之下的天子的内涵和运作机制发生了根本性的转变，这种转变将皇权主义置于更为理性的法理基础之上。

天人合一理论确定了皇帝人格的特殊性和唯一性，实际上是在中国哲学史上第一次提出和完善了关于皇帝的伦理学，即皇帝伦理学。皇帝伦理学是董学的皇权主义的重要组成部分，是董学的国家主义伦理学的前提和基础，三纲五常等国家主义伦理学原则的展开都是以皇帝伦理学为依托的。

董仲舒的皇帝伦理学是一个重要的理论创新，它是董学的政治哲学的重要组成部分。它在世界伦理学史和哲学史上都是独一无二的，是董学对于中国哲学、中国文化和中国文明的宝贵贡献。

（二）皇权的来源和基础

天人合一理论首先解决了皇权的来源和基础的问题，而这个问题不仅是始终困扰着西汉王朝的政治和意识形态问题，也是哲学史一直没有解决的法理命题。

天人合一理论将天作为皇权的来源，这就肯定了皇权是自然界的一种现象，它的存在体现的不是人类的意志，也不是皇帝个人的意志，而是自然界的规律，是天道运行的结果和表现。这个结论是十分有力度的，在当时的条件下是很难辩驳的。从此，中国的皇权和皇帝制度便有了牢不可破的坚实哲学和逻辑基础，而建立在这个坚实基础之上的皇权和皇帝制度便被赋予了顽强而持久的生命。

通过天人合一理论，董仲舒奠定了皇权的法理基础，为皇权的存在和强势找到了合理的法律依据。这在中国的政治哲学史上是一个里程碑式的贡献。

天人合一理论成为皇帝制度的理论基础，成为整个皇帝制度的合法性和合理性的绝对来源。这个理论基础和绝对来源是如此的巩固，以至于它不但在中国文明中存在了两千多年，而且无论是皇权的拥护者还是反对者、真正的皇帝还是伪皇帝都对之趋之若鹜，认为自己是天人合一的一部分。

皇帝和伪皇帝都将天人合一理论作为自己权力的基础超越了公羊模式而存在。皇帝制度与公羊模式的分离是在东汉末年和三国时期一个具有里程碑式的重要政治现象。大一统是公羊模式的核心和基础，是公羊模式的外部前提和硬性的指标。但是大一统是十分难以实现的政治任务，只有很少一部分雄才大略的皇帝才能够真正实现中国的大统一并最终实现大一统。有鉴于此，脱离大一统的原则而仍然能够担任皇帝便被一些野心家所觊觎，伪皇帝制度在魏国应运而生并不是偶然的。

中国传统文明之所以在意识形态上十分稳定，就是因为公羊模式是建立在牢固的哲学基础之上的，而在公羊学的各种理论和逻辑中，天人合一理论无疑居于核心的位置，发挥了至关重要的作用。

（三）双向的天人交流方式

除了天对于人的警示作用之外，人的行为也可反作用于天的观点也逐渐萌芽。西周在商朝覆亡的意识形态废墟之上建立起了新的天道观，认为天并不是没有原则的，君王的"德行"会决定自身的命运。这里面已经蕴含了人对于天会产生影响的思想。

《尚书·洪范》关于第八个畴曰：

庶征：……

曰休征：曰肃，时雨若；曰义，时旸若；曰哲，时燠若；曰谋，时寒若；曰圣，时风若。

曰咎征：曰狂，恒雨若；曰僭，恒旸若；曰豫，恒燠若；曰急，恒寒若；曰蒙，恒风若。

这是说，如果君王的行为具有美德，则风调雨顺；如果君王的行为乖戾无德，则各种天灾不断。

《墨子·法仪》曰：

暴王桀、纣、幽、历，兼恶天下之百姓，率以诟天侮鬼，其贼人多，故天祸之，使遂失其国家，身死为僇于天下。后世子孙毁之，至今不息。故为不善以得祸者，桀、纣、幽、历是也。爱人利人以得福者，禹、汤、文、武是也。

这就是墨家学说的"天罚论"。

先秦的这些观点仍然属于天人感应范畴，天和君王以及国家行为之间的联系虽然存在着道德上的关联性和因果性，但是这种因果性仍然十分模糊和粗略，两者之间还缺乏严密的逻辑性。董仲舒在先秦天人粗犷的关系之间建立起了严密的逻辑关系，使天人感应发展成为天人合一的形而上学和政治哲学理论。

天人感应是单方面的，上天与人间的交流是单向度的。在董学的天人合一理论之下，天与人/皇帝的交流则是双向的、互动的，上天能够干预人事，人们的行为也能感应上天，上天不仅能对君王不符合天意的行为进行各种层次的警示和惩罚，还可对完美地贯彻了天意的君王进行鼓励和奖赏。

（四）天成为道德的最高仲裁者

皇帝行为的道德性是天人交流的内容。"善有善报，恶有恶报"。天的授命是否被天延续要取决于皇帝的行为。

这个理念与孔学的道德内在性的观点截然不同，它彻底否定了孔学的道德自主性原则，为伦理学尤其是政治伦理学确立了一个外在的标准，大大地强化了道德的权威性。

（五）授命论

授命论的观点在《尚书》中便有所体现。《尚书·酒诰》曰：

> 惟天降命，肇我民，惟元祀。

天人合一理论将授命论系统化，成为其政治哲学重要的论点。天人合一理论的授命论包括上天的授命和皇帝的受命两个方面。在《春秋繁露·为人者天》中，董仲舒明确了天的授命与皇帝的受命之间的关系：

> 故曰受，由天之号也。为人主也，道莫明（于）省身之天，如天出之也。使其出也，答天之出四时而必忠其受也，则尧、舜之治无以加。是可生可杀，而不可使为乱。
>
> 唯天子受命于天，天下受命于天子，一国则受命于君。君命顺，则民有顺命；君命逆，则民有逆命。

皇帝的权力与地位是由上天授命而得的，天是皇权的唯一来源，是皇权和皇帝身份的合法性和正统性之所系。而皇帝之所以能够掌握皇权是因为他从上天的手中接受了权力，这个权力是有条件的，并不是随着皇帝的主观意愿而转移的。上天授权是皇帝受权的前提，失去了这个前提，皇帝是不可能掌握皇权的。

授命论的核心是最高权力与最高责任的同一性。与权力同时被授予的是对于天下苍生的最高责任，最高责任是最高权力的另一个名称，正是因为承担着最高责任，皇帝才被授予了最高权力，而最高权力意味着皇帝要承担最高责任，两者相辅相成，具有互为条件和不可分割的同一性和整体性。

授命论的责任论揭示了皇权并不是绝对的，而是相对的，处于被动角色的、从上天手中接受授命的皇帝在法理上并不拥有绝对权力，也是不允许实施"极权"的。相反，如果皇帝实施极权，那是违反授命的，是非法的。

（六）主动性的交换

天人之间双向交流的主体是人，人是主动的，天只是对人的行为进行反应和仲裁，是被动的。上天授权，皇帝受权。上天授命是主动性的，是一种施与行为；皇帝受命是被动性的，是一种被接受和被认可的过程。

（七）警戒论

皇帝在从上天手中接到皇权授命的同时也接受了上天授予他的一套行为模式，皇帝必须接受这套行为模式的限制和制约，不能随意僭越这套行为规范，否则便会受到警戒。这表明，皇权是有条件的，是受到制度性的制约的，而不是所谓的"绝对权力"和"极权"。当皇帝的政策和行为违背了道德性的标准，无法有效地履行他所肩负的最高责任的时候，上天会通过灾异论来进行警告，目的在于向皇帝发出最初的预警，希望皇帝能够因此而自省，改变政策和行为，能够重新有效地履行最高责任。

董仲舒的灾异论是对皇权有层次的制约机制，而不仅仅像传统的天人感应观一样是单纯的惩罚机制，董仲舒对于灾异论的有序性和层次感有十分明确的表述：

> 天地之物有不常之变者，谓之异，小者谓之灾。灾常先至而异乃随之。灾者，天之谴也；异者，天之威也。谴之而不知，乃畏之以威。（《春秋繁露·二端》）

> 天地之物有不常之变者谓之异，小者谓之灾。灾常先至而异乃随之。灾者天之谴也，异者天之感也。谴之而不知，乃畏之以威。……凡灾异之本，尽生于国家之失。国家之失，乃始

萌芽，而天出灾害以遣告之。遣告之而不知变，乃见怪异以惊骇之。惊骇之而尚不知畏恐，其殃咎乃至。(《春秋繁露·必仁且智》)

国家将有失道之败，而天乃出灾害以遣告之，不知自省，又出怪异以警惧之，尚不知变，而伤败乃至。以此见天心之仁爱人君而欲止其乱也。(《春秋繁露·天人三策》)

对于天的警戒皇帝应该做出相应的反省，主动地悔过自新：

省天谴而畏天威，内动于心志，外限于事情，修身审己，明善心以反道者也。

这样，灾异就会消失。

（八）撤命论

撤命论的观点在西周初期便已经出现。《尚书·酒诰》认为上天亡商是因为商朝在纣王的带领下沉迷于酗酒而难以自拔的结果：

天降威，我民用大乱丧德，亦罔非酒惟行，亦罔非酒惟辜。

弗惟德馨香祀，登闻于天，诞惟民怨，庶群自酒，腥闻在上，故天降丧于殷。罔爱于殷，惟逸。天非虐，惟民自速辜。

今惟殷坠厥命，我其可不大监抚于时？

董仲舒将撤命论进行系统化，成为天人合一理论的重要组成部分。如果皇帝一再忽视上天的预警和告诫，仍然无法有效地履行最高责任，天便会收回对个别皇帝、某一姓家族甚至整个王朝的授命，改换门庭。上天会发出更加奇异的天象来向人间宣布这个决定，在从现有的皇帝手中撤回授命的同时，向新的皇帝进行授命，推举新的皇帝登基，甚至建立起新的王朝。于是，天人合一的机制便会启动新一轮的运行。

（九）等级体系

天人合一理论建立起了一套完整的等级体系，上到天，再到皇帝，下到官僚和百姓都在这个等级体系中拥有了自己的位置。天人合一的等级体系是个多元化的等级体系，不仅是国家权力和社会阶层的等级体系，也是国家和社会各个阶层的行为规范以及责任的等级体系。

对此，董仲舒在《天人三策》中也有明确的表述：

> 上承天之所为，而下以正其所为，正王道之端云尔。然则王者欲有所为，宜求其端于天。[①]

天是最高的等级，皇帝次之，皇帝的行为原则来源于天，而皇帝的行为方式又是大臣的行为原则，以此类推，这个国家和社会便都处于井井有条的秩序和行为规范之下。

天人合一理论包含着责任等级体系。根据权力的大小，国家成员上到皇帝下到黎民百姓都承担着不同的责任。

（十）天人合一理论对于皇帝制度的制度性规定

依据天人合一理论重建皇帝制度是董仲舒公羊学的重要目的之一，董仲舒在其著作中多次重点论述了根据天人合一理论来理解、重建和改造皇帝制度下的各种机制和制度的必要性和具体措施，提出了一整套皇帝制度的机制和礼仪。

秦朝猝亡之后，秦始皇创立的皇帝制度虽然被西汉王朝继承了下来，但是西汉王朝对于如何在意识形态上理解和解释这个新的权力形态却处于茫然若失的状态。皇帝和臣僚们无法证明这个权力形态是否具有合法性，不知道这个权力形态是否具有正统性，不知道如何重建这个权力形态。在先秦子学之中，商学是秦国和秦朝的意识形态基础，但是随着秦朝的猝亡和它的行为方式被普遍唾弃，西汉王朝是不可能再根据商学来重建自己的意识形态的，而先秦包括儒学和黄老之学在内的所有其他学派都无法解决这一系列的问题，这就使西汉王朝始终处于深刻的意识形态危机之中。

董学的出现解决了西汉王朝的意识形态危机，汉武帝如同抓住了"救命稻草"一般得到了重建西汉王朝的哲学基础和总体政策设

---

① （东汉）班固撰：《汉书·董仲舒传》，中州古籍出版社 1996 年版，第 778 页。

计方案。董学的政权和制度设计措施都被从汉武帝开始的皇帝们所吸收，从而使西汉创造出了完善而系统的皇帝制度。董学因此对中国的政治史产生了极其重要的影响，董学也因此而为中国文明史做出了里程碑式的贡献。

董仲舒根据天人合一理论对许多古代帝王的行为机制进行了重新的解读，赋予了新的意义，将其纳入了皇帝制度，成为皇帝制度固定的行为机制和制度。可以说，天人合一理论是皇帝制度得以重建的最重要的理论基石，皇帝制度所有的关键的制度设计都是根据天人合一理论来完成的。

董仲舒在《春秋繁露》中对于"官制"必依据天而定的思想进行了明确的阐述。在《官制天象》中董仲舒说道：

> 天有四时，每一时有三月，三四十二，十二月相受，而岁数终矣。官有四选，每一选有三人，三四十二，十二臣相参，而事治行矣。以此见天之数，人之形，官之制，参相得也。

东汉初期的《白虎通义》则根据董仲舒的思想对授命论与皇帝制度的许多行为机制和制度的关系做出了明确的解释和说明，这表明，在东汉初期，公羊学的原则继续体现了皇帝制度之中，或者说，根据公羊学的原则完善的皇帝制度在东汉初期已经被恢复，而皇帝制度在西汉中后期已经相当地完善和成熟了。这套皇帝制度在未来两千年的历史进程中成为皇权的模本，每个王朝建立、每个皇帝登基都将它重复一遍。虽然在具体的细节上或许会有所调整，但是其意识形态精神和制度设计的基础却从来未曾发生过改变。皇帝制度的确立不但是董仲舒为中国政治制度史所做出的不可磨灭的贡献，也使根据他的哲学建立起来的一整套国家行为方式得以模式化，形成了"公羊模式"。

1. 建元制度。

在董仲舒之前，国家制度中并没有建元的概念和制度。董仲舒的公羊学第一次提出了新皇帝要立年号，改阳朔，并将其作为新皇帝登基必须要率先确定的大事。这是根据天人合一理论中的授命论推导出来的。建元制度从此便成为皇帝制度中的首要制度。

《春秋繁露·楚庄王》载：

> 受命于天，易姓更王，非继前王而王也。若一因前制，修故业，而无有所改，是与继前王而王者，无以别。受命之君，天之所大显也。事父者承意，事君者仪志，事天亦然。今天大显已，物袭所代而率与同，则不显不明，非天志。故必徙居处，更称号，改正朔，易服色者，无他焉，不敢不顺天志而明自显也。

2. 祭天制度。

祭天制度在上古时期便已经实行，是中国政治制度史中一个十分古老的制度。但是祭天制度在秦朝已经被边缘化，不再受到重视。秦始皇一改周朝每年岁首举行一次郊祭的做法，每三年才举行一次。西汉初期的诸位皇帝也因循了这种改变。据记载，汉高祖和汉惠帝从未亲自参加过郊祭，执政长达二十三年的汉文帝仅参加过祭奠五帝的郊礼，从未亲自参加过祭天之礼，汉景帝也是如此。汉武帝随秦制，每三年参加一次郊祭。这种"废郊"的状况与当朝大臣和学者不理解祭天制度的意义和重要性直接相关。

有鉴于此，董仲舒十分强调祭天制度，堪称大声疾呼，在《春秋繁露》中的《郊祭》《郊祀》《郊语》和《郊义》等文章中用十分重的语气来强调祭天的重要性，力陈实施祭天郊祭这一天人合一的公羊学原则。终于，在汉成帝时期，西汉全面实施了每年由皇帝在岁首亲自主持祭天郊祭的制度，并从此立为定制而一直延续了两千多年。

《春秋繁露·郊祭》载：

> 《春秋》之义，国有大丧者，止宗庙之祭，而不止郊祭，不敢以父母之丧废事天地之礼也。……夫古之畏敬天而重天郊如此甚也，今群臣学士不探察，曰：万民多贫，或颇饥寒，足

郊乎？是何言之误！天子父母事天，而子孙畜万民，民未遍饱，无用祭天者，是犹子孙未得食，无用食父母也，言莫逆于是，是其去礼远也。先贵而后贱，孰贵于天子？天子昊天之子也，奈何受为天子之号，而无天子之礼？天子不可不祭天也，无异人之不可以不食父。为人子而不事父者，天下莫能以为可。今为天之子而不事天，何以异是？是故天子每至岁首，必先郊祭以享天，乃敢为地，行子礼也。每将兴师，必先郊祭以告天，乃敢征伐，行子道也。

《春秋繁露·郊语》载：

> 天子者，则天之子也。以身度天，独何为不欲其子之有子礼也？今为其天子而阙然无祭于天，天何必善之？

《春秋繁露·四祭》载：

> 已受命而王，必先祭天，乃行王事。

3. 封禅制度。

根据《白虎通义·封禅》：

> 王者易姓而起，必升封泰山何？报告之义也。始受命之日，改制应天，天下太平功成，封禅以告太平也。所以必于泰山何？万物之始，交代之处也。必于其上何？因高告高，顺其类也。……皆刻石纪号者，著己之功迹以自效也。

4. 谥号制度。

皇帝受命于天，其一生功过自然要在皇帝死后由天来评定。《白虎通义·谥》对此有明确的解释：

> 天子崩，大臣至南郊谥之者何？以为人臣之义，莫不欲褒称其君，掩恶扬善者也。故之南郊，明不得欺天也。

5. 皇帝为军事首领的制度。

皇帝受命于天，就要对上天赐予的江山社稷负有直接的责任，要作为军事首领亲征伐敌，保护上天的恩赐。《白虎通义·三军》载：

王法天诛者，天子自出者，以为王者乃天之所立，而欲谋危社稷，故自出，重天命也。

祭天制度和谥号制度在上古时期便已存在，但是它们在秦朝被废除，春秋时期的齐王和燕王以及秦始皇对泰山进行过封禅，但是西汉时期的官员和学者对此却多有非议，认为秦始皇是劳民伤财。如何理解先秦的一些做法是摆在西汉初期重要的意识形态课题，而先秦子学、儒家和黄老之学都没有提供系统而明确的答案，因此对于这些做法不知所措成为了西汉初期意识形态危机的重要内容。只是在董仲舒的天人合一理论出现之后这些问题才迎刃而解，不但系统而明确地得到了梳理，被赋予了新的意识形态意义，而且成为皇帝制度固定的和不可缺少的机制。

（十一）天人合一理论对于皇帝行为的规定性

皇帝的行为已经不再是个人的行为，而是上代表着天、下代表着万民的国家行为，为此皇帝必须按照天道来规范自己的行为。对皇帝的行为最为明显的制约是阴阳五行哲学，也就是说皇帝的行为要适应阴阳五行的排序，而不能倒错和违反阴阳五行次序。阴阳五行哲学的这些观点体现了国家政策和行为的次序和节奏安排。一年中的每一个季节、一天中的每一个时刻都被赋予了政治意义。

任何一个王朝或者皇帝履新登基都要首先敬拜上天，接受上天的授命，没有完成这个程序这个新的王朝或者皇帝便不合法，还不是真正的新皇帝。

董学的五行观认为春天是万物生发的季节，皇帝要鼓励养生而不适于杀生，因此，国家处决犯人不能在春天进行，而要在被认为是肃杀凋落的季节——秋天进行。而执行犯人死刑的具体时刻也选定在午时三刻，这是因为，根据董学的阴阳观，杀人是阴气制胜的事情，必须用阳气来调和过盛的阴气，而一天阳气最足的时刻是午时三刻。这样，处决犯人的时间便被规定在了午时三刻，成了国家处决犯人的法定时间。

同样，董学的阴阳五行观对于皇家建筑也有明确的制约。专门用来供皇帝敬天的建筑是皇家建筑中不可或缺的重要组成部分，它们代表着皇权，是皇权正统性和合法性的象征，是皇帝与上天进行私会和交流的神圣场所，其他人是不许进入的。天坛就是明清时期供皇帝履行如此功能的建筑。

第二节　天人合一理论的意义

天人合一理论是董学天的形而上学最重要的理念和方法论，它为董学的政治哲学提供了坚实的哲学基础和逻辑支撑，董学的政治哲学、人性理论、教化论等都是天人合一理论在不同领域的应用，正是在天人合一理论的指导下，这些具体的哲学领域和众多的哲学范畴才能够产生革命性的新思想并得以创建。天人合一理论之所以能够起到如此重要的作用在于它的理论内涵是符合国家、社会和民众的最终要求并符合中国历史发展的规律的。

一、人本主义

天人合一哲学的出发点和着眼点是人本主义，这是董学的一个基本价值观。

（一）人本主义是根本

天人合一理论的最终标准是"人"，是百姓的福祉。如果说董学有目的论的话，那么它的目的论只是人，只是百姓的福祉。这就是董学的人本主义。在董学的体系中这种人本主义贯穿在天的形而上学体系、天人合一理论、政治哲学和伦理学之中。

人本主义是董学的最终价值观、最初的出发点和最终的落脚点。只有理解了天人合一理论中的人本主义才算真正理解了包括天人合一理论在内的董学天的形而上学及其政治哲学的本质。

　　上天衡量皇帝行为的内容是其责任观，而责任观的对象和标准正是百姓的福祉。百姓对于自己的生活状态的评价会通过诉求、祷告和抗争等方式传达给上天，上天通过百姓的生活状态来评判皇帝的所作所为，这就是天人互动的双向交流方式。因此，皇帝的正统性和合法性的最终所系是他能否承担起对上天和百姓的责任。上天授予皇帝和王朝的使命是要他承担起对天下百姓的福祉的责任，这体现了上天—皇帝—百姓之间循环的逻辑互动关系，是皇帝存在的目的性和价值，也是天人合一理论的最终着眼点。

　　在一定的神学因素的外壳之下，天人合一理论是强调人性的理论，体现出了尊重人和保护人的理念，是一种政治道德化的表现机制。

（二）人本主义的根据

　　在天人合一理论中，天是人类社会一切行为准则的来源，也是人本主义的来源。在对人本主义的强调这点上，天道和人道是具有同一性的。这是天人合一的重要内涵和逻辑线条。

　　将天的形而上学作为人本主义的来源是董学的最大的理论突破和哲学创新，它打破了先秦儒学将孝、仁等内在性的个人伦理学进行政治化和泛化的道德主体性的方法论，在孔学的道德主体性之外另辟蹊径，将人类社会的行为法则的依据置于天的形而上学的哲学基础之上，这样不仅使其哲学体系的完整性丝丝入扣、逻辑完整，也在哲学体系的高度上完成了对孔学和先秦儒学的全面整合和超越。

（三）天人合一理论是人本主义的最高境界

　　纵观世界古代哲学史，从来没有一种政治哲学体现了如此高的人本主义境界，古今中外没有一种政治哲学以如此严格的人道主义作为其思想和理论的内核，没有一种政治哲学体系提出了如此绝对的责任感，将国家权力的目的性从属于天下百姓的福祉，而唯有董仲舒的天人合一理论。这就是董仲舒的哲学体系和形而上学理论的先进性和合理性。也正因为具有如此的责任感和人道主义本质，董学才成为一种和谐和进步的哲学，才能够获得中国文明的认同，才能够建立起公羊模式，公羊模式才能够将中华民族和中国文明带上人类文明史的最高峰。

那种将董学看做是神学目的论的看法是不符合其哲学实质的，是对公羊学的形而上学和天人合一理论的不理解和歪曲，是对观念唯实主义的践踏。天人合一的目的论在人，而不在天；天人合一的责任系于民，而不系于天；天人合一的实质在于人，而不在于神；天人合一理论是人性，而不是神学。

作为后来人我们更要对董学给予充分的尊重和理解，要根据其思想本身进行认真的研究，而不应该被表面现象所蒙蔽，要根据唯实主义的原则对董学进行客观而深入的重新审视和再评价。

（四）天人合一理论不是宿命论

在董学天人合一的形而上学理论中，天并不具有宿命论的内在规定性，在政治哲学领域，皇权也不受宿命论的制约。天对于皇权的授命并不是先验的、遗传性的和机械性的，而是后发性的和肯定性的。天子是根据个人的行为和品德为基础来判断其是否符合天道的原则，这意味着他必须具有向上对天和向下对百姓的双重代表性，对天和百姓必须承担起双向的责任。显然，这实际上是一种滞后性原则。滞后性原则体现的是检验论的方法，它与预先设定的、命定的先验论是完全对立的方法。天人合一下的皇权逻辑完全是互动性的，皇权的运程取决于自身的行为，而不是宿命论的先验规定。

明白了这一点，就会认清董学的天人合一理论与孔学宿命论的天命观的本质区别了。孔学的天是宿命的天，它是与人的行为和品德相脱离的、外在的力量，这个天主宰人事，而人只能被动地接受这个神秘的规定而完全无能为力。

明白了这一点，就会认清从王莽时期盛行的谶纬学并不是董学的衍生品。谶纬学是一种地地道道的宿命论，它宣扬神秘主义，认为帝王是由上天预定的，是具有先验性的。这就否定了董学天人合一哲学中的滞后性原则，其检验论被先验论代替了。谶纬学在逻辑和价值观上与董学绝没有内在的相通性，而是对董学的扭曲和误解。那些打着董学的名义宣传谶纬学的术士要么并不了解和理解董学，要么刻意扭曲之，而后人将谶纬学看做是董学的衍生品则曲解了董学。这是必须根据观念唯实主义加以澄清和纠正的。

二、责任论

天人合一理论的基石是责任。透过天人合一理论的种种形式和表现，其内核是一种环环相扣的责任体系，正是责任将自然界的天和由皇帝和百姓组成的人连接起来成为一个具有同一性的有机和互动的整体。董仲舒虽然在表面上是在论证物质性、生理性和情绪性的天人相类，而将天和人真正联系起来的核心构件却是责任。缺少了责任感，天和人便不会发生任何关系，便不会形成天、地、人的三维本体论，天、皇帝和百姓这三个核心构件之间便不会形成有机的互动，其中任何一个构件的变化和行为就不会对其他两个构件的变化和行为产生任何连锁互动，因此，天、皇帝和百姓结成了命运共同体，而这个三位一体的结构的纽带正是具有同一性的责任链条。没有了这个天人合一的形而上学的责任链条便不会有皇权主义及其具体的推演，便不会有整合后的皇帝制度以及作为新的国家行为模式的公羊模式。

董学对于责任的规定具有以下特征：

第一，天承担着最高的责任。

在董学体系中，天是一切道德的仲裁者，也是最高责任的担负者。

第二，皇帝替代天履行对于天下的责任。

天人合一理论赋予了皇帝替代天履行对于天下的责任的机制。虽然天是最高责任的担负者，但是皇帝才是责任的主体，即皇帝的行为体现着责任的履行和表现，没有责任的履行和表现，责任只是抽象的概念，无法进入实践的层面，而正是通过皇帝责任才能够从概念转化为实践，才能够进入实践的层面。

第三，国家是皇帝履行对于天下的责任的组织机构。

在公羊学的政治哲学中暗含着董仲舒的国家观。董仲舒并没有从国家的层面和视角来探讨政治，这是因为在董仲舒看来国家的作用附属于天人合一的逻辑和理念，国家只是作为皇权的组成部分而存在。具体地说，国家只是皇帝履行他对于天下的责任的组织机构，官僚体系只是皇帝履行责任延长了的手和脚而已。

第四，皇帝的责任具有契约性。

天人合一理论中的授命论赋予了皇帝以皇权，皇帝如果无法实现皇权的责任，他将被撤命，因此，皇帝的权力是受制于天与他所制定的契约。从理论上看，契约性剥夺了皇帝滥用权力的法理基础，使皇权成为有限的权力，是受到制约的权力，这就是皇权在具有至上性的同时并不具备成为绝对权力和极权的法理基础的原因。

皇权的契约性对于中国历史具有重要的影响，它使改朝换代成为可能。改朝换代成为符合天人合一的内在逻辑的、具有法理基础的合法行为。

第五，每个国民都承担着责任。

除了因为在国家结构中地位的不同而搭建起来的等级制的责任体系之外，在国家之外的社会上的每个国民同样承担着责任。一般公民所要承担和履行的社会责任就是三纲五常，即在家庭内部的孝悌、对待国家的忠和对于朋友的义。这些道德准则是天人合一理论的延伸，是国家伦理学的重要组成部分，它提出了一整套国家主义的道德准则，规范了国民的社会行为，体现出了国家对于国民的期待和要求。

第六，作为责任主体的皇帝具有功利性和非功利性的平衡性。

皇帝代替天承担了巨大的责任，但是这是有回报的，是具有功利性的收益的。天下的财富在理论上都是皇帝的，皇帝是天下最有权力和最富裕的人，同时皇帝也可以拥有独特的人格，在许多方面可以摆脱社会道德和社会行为规范的束缚。皇帝的特殊人格和地位是正当的收益，具有合法性。同时，皇帝的作用又是超越功利性的。皇帝的行为并不是以短期和即刻的利益回报为目的的，其着眼点在于"天下"，即国民和百姓的福祉。

第七，董学的责任观与西方的责任观的本质区别。

西方中世纪的国王的权力来自于上帝，是宗教权力在世俗政治中的体现。虽然西方中世纪政治中的世俗权力具有相对于神权的离心倾向，但是所有的国家权力的正统性和合法性的根源仍然在于神权。即使是作为法国大革命产物的拿破仑在称帝时也要接受罗马教皇的封赐和认可。这与公羊模式以责任观为基础的授命论在法理和逻辑上是完全不同的。

西方近现代以来的国家权力号称来自于人民，选举中的胜利被认为是民意赋予了政府权力的合法性。但是，这在逻辑上明显是不同的。选举本身就代表了分歧，一个党派或政治势力在获胜的同时意味着有众多的选民的意志被压制和否定，所谓的选举只能代表一部分人的意志，社会和国家仍然处于分裂的状态。获胜的党派所承担的责任是短期的和临时的，是职务性的。这样的责任与公羊模式下的皇帝所承担的责任的力度和压力是不可同日而语的。建立在职务性的临时责任之上的西方国家的国家权力只能实施短期行为，只能最大限度地满足自身的利益，而不会为国家制定出长远的战略，只有遇到了深重的危机之时，执政党才不得已以长远的视角来做出局部的调整和修补。西方代议制政体的短视性是建立在短期和职务性的责任制之上的，即使西方的政治家和学者也不得不承认这一点。

在古希腊和基督教的思想中同样存在着神灵和上帝对于人间的惩罚的观点（the divine punishment）。古希腊神灵对于人间的惩罚是由于人间违背了神灵的意志，而神灵的意志则完全是神灵自己随意的兴致和想法，是十分自私和颇具孩子气的。例如，如果某个国王在祭祀中所献的牛等牺牲少了，神灵便会不悦，就会引发自然灾害，或者致使该国在战争中失败作为报复。在基督教中，上帝会对人间施以惩罚是因为他们不信仰上帝，而与道德没有直接的关联。这些观念的幼稚性显然都与公羊学天的形而上学中的惩戒论在本质上完全不同。

三、天人合一理论的内化

董学的核心理念和逻辑主干是天人合一哲学，天人合一理念已被内化到皇帝制度和中国文化之中。

（一）天人合一理论向皇帝制度的内化

天人合一理论成为皇帝制度的核心内涵，是证明皇帝制度合法性的最主要的理论支柱。天人合一理论始终伴随着中国的皇帝制度的始终，与皇帝制度形成了不可分割的、互为表里的逻辑整体。从某种程度上看，皇帝制度与天人合一理论互为表里，皇帝制度是天人合一理论的组织表现形式，天人合一理论是皇帝制度的灵魂。

天人合一理论这种向皇帝制度的成功内化一方面使皇帝制度和公羊模式置于十分牢固的逻辑和理论基础之上，另一方面也使公羊学成功地扩展到了皇帝制度之内，使公羊学与皇帝制度和公羊模式结成了互为表里的逻辑整体。

在中国的皇帝制度存在的整个过程中，天的权威可谓是至关重要。公羊学的天人合一的互动关系始终是中国皇帝制度的最高原则。这个原则具体表现为两个方面的内容：一方面，皇帝的权力是天授予的，这一方面为皇权提供了不容置疑的合法性和正统性；另一方面，皇帝的政策和行为要对天负责，接受天的监督、警戒和惩罚，甚至替换。天的意志不但是现有皇权的最终基础和来源，也是能够替换皇权掌握者的出处。

　　只要包括伪皇帝在内的任何一位皇帝有登上最高权力宝座的野心和机会，都要建立起与天的密切关系，成为老天的龙子，承载了天命，都要借助与天的"亲戚"关系来证明自己是受惠于天命的不凡之人，是人中之龙。那些能够将自己与天"攀上亲"的知识分子则会受到皇帝的重用和赏识。皇帝与天的关系在东汉的开国元勋王常口中得到了最透彻的阐释。《后汉书·王常传》记载了王常决定归顺刘秀的道理：

　　　　往者成、哀衰微无嗣，故王莽得承间篡位。既有天下，而政令苛酷，积失百姓之心。民之讴吟思汉，非一日也，故使吾属因此得起。夫民所怨者，天所去也；民所思者，天所与也。举大事，必当下顺民心，上和天意，功乃可成。若负强恃勇，触情恣欲，虽得天下，必复失之。以秦、项之势，尚至夷覆，况今布衣相聚草泽？以此行之，灭亡之道也。今南阳诸刘举宗起兵，观其来议事者，皆有深计大虑，王公之才，与之合并，必成大功，此（天）所以祐吾属也。

　　作为汉家刘氏后代的刘秀身上有着特别的光环，自然容易得到天下豪杰的认同，而这个优势是十分巨大的，它是刘秀能够在众多的起义领袖和伪皇帝中脱颖而出并最终赢得天下的重要原因。

　　五德终始论和谶纬以及它们的各种推演和变异也是用来证明（包括未来的）皇帝接受了天命，是"真龙天子"，获得了这样的认可就等于受到了把持皇权的"执照"，而没有这个执照是无法"上岗"即登上皇位的。利用图谶来为自己造势最为成功的当属汉光武帝刘秀，他不但在打天下期间多次有意识地使用图谶，在登基之后还"宣布图谶于天下"。在其政权稳固之后，刘秀又对谶纬的使用进行严格的控制，对私自"造作图谶"者进行严酷的镇压，以防止其他人用同样的方法来与其争夺天下。而通过伪造图谶来为自己辩护最为拙劣的当属宋真宗了。为了弥补"澶渊之盟"所带来的耻辱，宋真宗多次伪造图谶来向天下证明自己仍然是真龙天子，澶渊之盟是按照天意而定的。但是这些举动都无法挽救北宋怯懦的心理和最终亡国于北方强悍的军事打击的命运。在中国历史上的所有皇帝之中，出身乞丐的明太祖朱元璋是最难包装的野心家，这就是破解了这个千古难题的谋士刘基能够被朱元璋另眼相看并且成为百姓心目中的传奇人物的重要原因之一。

所有的皇帝无一例外地都被称作"天子"，皇帝的诏书皆以"奉天承运，皇帝诏曰"开头，开宗明义地将皇帝的意志上升到天的层面，通过天来赋予皇帝的意志以不容挑战的合法性和凌驾于所有人之上的超越性。

在取得皇位之后，新皇帝的第一份诏书就要阐明自己作为真龙天子的身份，证明自己是依靠天命来统治国家的。之后的第二个规定动作便是要颁布新的年号，改阳朔，确定本朝在五行中的位置，即进行所谓的"建元"。这些都是根据公羊学的"五始说"推演出来的具有高度象征性和意识形态性质的皇权行为，具有明确的公羊学烙印。

皇帝的宫殿的布局都要与天道相符合，房间的走向和方位要体现出天道的规律。这样的布局不但被认为是皇帝作为天子之必然，也甚至如果违反了天道会影响到皇帝个人和整个国家的运程。

董仲舒的灾异论始终与皇帝制度相伴始终，并没有因为曾经受到谶纬学的损害而受到抛弃，反而变得更加强势。这是因为灾异论是天人合一理论的重要组成部分，抛弃了灾异论在某种程度上就等于抛弃了天人合一理论，而没有了天人合一理论整个皇帝制度就失去了意识形态支撑，失去了灵魂。因此，在汉朝之后，每次自然灾害的爆发仍然被视作是上天对皇帝的政策和行为的谴责而受到最高的关注，皇帝和大臣们都要首先做一番深入的自我检讨，然后才会想到采取赈灾的措施。而一旦风调雨顺和获得丰年，都被视作是皇帝的仁德所致，认为是上天对于皇帝的首肯和奖赏。

皇帝制度下的"天学"是探究"天道"秘密的综合学问，是天下最高级和最神秘的学问。天学其实是天文学、占星术和皇权政治的混合体，被认为是蕴藏着皇权走势的枢机，是皇帝制度和个别皇帝的合法性的最终依托。正因如此天学始终被皇帝独家牢牢垄断，绝不容其他人染指。作为天人合一理论的制度化体现，"天机不可泄露"，除了皇帝之外的任何人要谈论天象便是对皇帝制度的挑战，便是侵犯了皇帝的天威和尊严，要被视作犯了十恶不赦的谋反罪而被杀头和灭族。而制定和发布历法是任何一个皇帝都要完成的首要工作之一。历法象征着皇帝与天的特殊关系，是皇帝权威和合法性的来源。

（二）天人合一理论向中国文化的内化

天人合一理论的内化过程并没有在皇帝制度阶段停止，向皇帝制度的内化是对于社会的高级知识分子阶层即士人阶层和读书人以及皇权追逐者和掌握者阶层的思想观念和价值标准的内化，它的进一步的内化即向中国整体文化的内化则是这个价值标准社会化的进程。通过这两个内化过程，天人合一理论成为中国传统文化具有普遍性的社会价值标准、道德观念和行为标准。百姓对于皇权具有高度的认同感和依赖感，他们将皇权看做是高高在上的权威的同时，也将其视为自己生活中的重要组成部分，自己、子孙和家族的幸福都寄托在皇帝和官僚制度的政策上。

第三节　灾异论

天人感应是个具有高度政治敏感性的话题，董仲舒却大胆地对此进行了系统的阐述，这一方面是汉武帝需要有人对此给予系统的回答，另一方面体现了董仲舒不惜为了哲学而勇于踏入"雷区"的献身精神。然而，作为行事谨慎的哲人，董仲舒采取了托孔入世的策略，假借孔子之名以这个高度敏感的政治话题作为突破口来引出和阐述自己的公羊学理论。

一、灾异论是董学入世的突破口

董仲舒推出灾异论最重要的目的正是在于解答一个一直困扰着汉武帝的命题。

据《汉书·武帝纪》记载，汉武帝在元光元年对贤良所发布的诏书中曰：

> "朕闻昔在唐虞，画像而民不犯，日月所烛，莫不率俾。周之成康，刑错不用，德及鸟兽，教通四海。海外肃慎，北发渠搜，氐羌徕服；星辰不孛，日月不蚀，山陵不崩，川谷不塞；麟凤在郊薮，河洛出图书。呜呼，何施而臻此与！今朕获奉宗庙，夙兴以求，夜寐以思，若涉渊水，未知所济。猗与伟与！何行而可以章先帝之洪业休德，上参尧舜，下配三王！朕之不敏，不能远德，此子大夫之所睹闻也，贤良明于古今王事之体，受策察问，咸以书对，著之于篇，朕亲览焉。"于是董仲舒、公孙弘等出焉。

汉武帝的诏书表明：

第一，灾异论已经成为汉武帝执政初期最炙手可热的意识形态和哲学命题。汉武帝在接纳董仲舒之前显然已经有了相当深入的天人感应观念，将王朝的兴盛与否与自然现象紧密地联系在了一起，甚至已经形成了某种粗略的因果关系。这表明在西汉初期，将灾异政治化已经在统治者上层成为一种渐入主流的思维方式。董仲舒并没有"发明"灾异论，只是将这种思维方式进行了系统的梳理并使之哲学化了。

第二，灾异论仍然是个悬置的命题。汉武帝在执政初期对于他治下的天下灾异频发的现象十分苦恼，却苦思不得其解。他要得到两个层面的答案，其一是从他继位以来频发自然灾害和屡出奇异天象①的原因，其二是如何得到建立起如上古时期的理想王朝一样的国家状态的治国秘方。

汉武帝的这两个需求传达出了一个重要的信息，那就是当时的所有现存的政治理论包括先秦百家、前儒学和黄老之学等都无法为汉武帝所苦思冥想的天人之间到底有何关系这个问题提供答案，它们也都不是汉武帝孜孜以求的治国秘方。汉武帝的焦虑心态反映了西汉初期确实处于意识形态危机之中的事实，这种危机的严重性足以使一位刚刚继位不久、心怀大志的年轻皇帝彻夜难眠。而灾异论是解决当时的意识形态危机必须优先加以解决的政治命题。

事实上，西汉初期的天人关系在理念上处于十分混乱的状态，不但天人关系的历史纽带已被斩断，甚至出现了否定天人之间存在关系的观点。前儒学并不存在关于天的系统观点，被认为是先秦儒家思想代表之一的著名思想家荀子更是全面否定了天人之间存在任何关联和互动。

《荀子·天论》载：

> 天行有常，不为尧存，不为舜亡。
>
> 殃祸与治世异，不可以怨天，其道然也。
>
> 天有其时，地有其财，人有其治，夫是之谓能参。
>
> 唯圣人为不求知天。
>
> 星队（坠）、木鸣，国人皆恐，曰：是何也？曰：无何也。是天地之变、阴阳之化、物之罕至者也。怪之，可也；而畏之，非也。夫日月之有蚀，风雨之不时，怪星之常见，是无世而不常有之。上明而政平，则是虽并世起，无伤也；上暗而政险，则是虽无一至者，无益也。

---

① 据《汉书·武帝纪》载，在汉武帝继位的第三年，中原地区暴发了特大洪灾，引发了惨烈的饥荒，以至于"人相食"；第四年，"有风赤如血"，有旱灾发生；第五年，发生了严重的蝗灾。汉武帝注意到每次发生自然灾害都有奇异天象相伴。这使汉武帝深感困惑，却苦思而不得其解。

从天而颂之，孰与制天命而用之？……故错人而思天，则失万物之情。

荀子的这种"唯物主义"的思想对于汉武帝来说是全无帮助的，汉武帝反复思考天人之辨也表明他绝不会接受荀子和其他前儒学的观点。董仲舒对于天人关系的回答对于汉武帝来说可谓是及时雨，如久旱甘霖般地解决了汉武帝内心深处的种种疑惑和彷徨。董仲舒的观点锋芒毕露，直接阐明了他关于天人关系的要点。

在《天人三策》中，他开宗明义地说道：

臣谨案《春秋》之中，视前世已行之事，以观天人相与之际，甚可畏也。国家将有失道之败，而天乃出灾害以谴告之，不知自省，又出怪异以警惧之，尚不知变，而伤败乃至。以此见天心之仁爱人君而欲止其乱也。

汉武帝需要的是一个关于天人关系的新的答案，是一个新的治国秘方，而只有董仲舒的思想能够为他提供一整套的理论，能够解决汉武帝在哲学层面和国家制度层面的一系列困惑。董学既有深刻的哲学根基，又具有强烈的经世和治世功能的思想体系，这完全符合汉武帝的需求，使其能与汉武帝快速地完成"无缝对接"。

第三，汉武帝具有强烈的危机意识。虽然灾异与国家政治行为的逻辑关系还没有完全确立，但是它们之间的象征意义已然形成。灾害的频繁爆发和诡异的天文和自然现象的频繁出现是不吉利的，对于王朝政治是负面的。人们已经意识到西汉王朝处于危机之中，尤其令人感到恐惧的是人们无法准确地解读灾异所带来的危机意识，更没有办法和措施来化解它们。

当这种危机意识与皇帝内在心理特征相结合时，危机意识变得空前强烈。这使得汉武帝创立盛世和求贤的决心更加强烈。汉武帝拥有成为明君、使国家和民族强盛、将自己与古代帝王并列的强烈欲望，这种欲望是他日后励精图治能够成为一代雄主的内在动因，而为了这个目标，他会打破任何羁绊和偏见，不拘一格招揽人才，实行全方位的改制。汉武帝的这些内在品质在他统治的半个多世纪中都通过国家行为得以体现，是对于中国传统文明产生巨大影响的根源。

为了回答汉武帝的问题和为其解忧，董仲舒当然要对频繁的灾异现象进行深入的解读，他的解答是通过天人合一理论来系统地完成的。灾异论因此成为董仲舒和汉武帝发生哲学和政治对接的对接点。在《春秋繁露·郊语》中，董仲舒对于自然灾害与国家状态之间的关系进行了直白的总结，堪称是对汉武帝的忧虑的直接回答：

> 天下和平，则灾害不生。今灾害生，见天下未和平也。天下所未和平者，天子之教化不行也。

董仲舒的灾异论使汉武帝茅塞顿开，而接受了董仲舒的灾异论也就顺理成章地揭示了背后支撑灾异论的整个公羊学和董学哲学体系，董仲舒小心翼翼经营的入世策略以令他意想不到的方式取得了突然的成功。

二、受命之符与祥瑞

传统的天人感应观包括三方面的内容，即受命之符、祥瑞和灾异。

受命之符是新王诞生之时出现的征兆，上天通过它来预示和宣告新王的降临。董仲舒在《天人三策》中说道：

> 臣闻天之所大奉使之王者，必有非人力所能致而自至者，此受命之符也。天下之人同心归之，若归父母，故天瑞应诚而至。

祥瑞出现在太平盛世，上天用祥瑞来表达对于皇帝施政和行为的肯定和鼓励。《春秋繁露·王道》载：

> 五帝三王之治天下，……，故天为之下甘露，朱草生，醴泉出，风雨时，嘉禾兴，凤凰麒麟游于郊。

这是董仲舒对于祥瑞充斥的理想世界的描述。

综合董仲舒在《公羊传》和《春秋繁露》中的描述可以看出董仲舒眼中的祥瑞是指奇异的自然现象，所谓奇异的自然现象并不离奇和神秘，只是超出常规的自然界现象而已，虽然具有神秘主义色彩，但是其主体仍然是自然现象。这与谶纬学所说的祥瑞具有本质的区别。这点对于理解董仲舒的灾异论和政治哲学以及对于区别公羊学与谶纬学具有重要的意义。

三、灾异论中的自然因素

灾异论之所以能够成为西汉初期最为炙手可热的一个政治命题，首先是各种自然灾害的频繁暴发。没有了自然灾害的频繁暴发，灾异论便不会被人们提及，更不会成为西汉初期意识形态危机的一个缩影。

从地理环境上看，中国就是个灾害多发的地区。中国上古时期的文献如《尚书》等很早便有关于各种灾害的大量记载，以至于记载灾害成为中国古代史书的一个重要的组成部分。根据现代灾害学的研究，两汉时期是中国历史上第一个灾害的高发期[1]，而西汉初期又是相对的活跃期，旱灾、水灾和蝗灾等是西汉时期的重要灾害形式，地震、风灾和传染病（疾疫）等也频频发生。

四、灾异论中的人为因素

除了自然因素之外，人为因素也是造成西汉初期各种灾害频发的主要原因。人们对于人为因素在灾害中的模糊认识正是灾异论成为一个突出的政治命题的最重要原因。秦汉时期的科学知识相对落后，还不懂得维护生态环境和环境治理的重要性。西汉重新实现了大一统，农业经济逐渐恢复，在汉武帝登基时期可以说已经达到了历史的最高点。然而，在西汉王朝实施重农政策之时，往往出现以

---

① 陈业新：《灾害与两汉社会研究》，上海人民出版社 2004 年版，第 129 页。

破坏生态平衡为代价的大规模的农业和矿业开发，造成黄河中下游的植被受到持续性的重大破坏，以至于水土流失日趋严重，旱灾和水灾频繁发生，而一旦出现旱灾和水灾，由于缺乏及时有效的救灾措施，小的灾害容易恶化变成重大灾情波及数个郡县，成为"全国性"的灾害。人为因素导致各种灾害的频发和严重化使古人自然地将灾害与人类的行为联系起来，这是灾异论产生的重要基础。

从董仲舒对理想世界的描述可以看出，所谓的祥瑞其实是农业经济获得丰收时的一种自然景象。用现代的眼光来看，在好的年景，风调雨顺，生态环境保持了良好的平衡，各类植物花草茂盛地生长开放，动物在数量、质量和种类上也因食物链的充足而繁衍茂盛、发育良好，在平和的环境下生存。这是一种伊甸园般的和谐状态，是农业经济时代的理想社会图景，它的取得是大自然的力量和人力共同作用的结果。董仲舒在《春秋繁露·同类相动》中说道：

美事召美，恶事召恶类，类之响应而起也。

在此，董仲舒提出了两个循环，即利好循环和恶性循环。按照天人合一理论的解读，人力在其中所起的作用是要大于自然界的力量的，是获得丰年的决定因素。此处的天代表着自然意义的天即生态环境；此处的人代表着国家的政策，代表着人的行为。如果国家权力能够制定好的政策，合理地使用和调动各种资源，如疏通河道、不过度地使用民力、不误时令、对农民在农业生产中进行各种辅助等，一般性的自然灾害是能够被克服和治理的，百姓的生活是有保障和幸福安康的，这就是利好循环；而一旦政策不达，人力不致，各种小的问题便会积累起来，生态环境被破坏，奇花异草不出，由于食物链断裂，各种野兽要么逃离，要么饿死，要么被人猎杀，祥瑞自然不再，大的自然灾害会得以酝酿，一旦暴发人力便无法有效应对，导致严重的自然灾害，灾异现象便会出现，这就是恶性循环。

因此，天人合一理论将天灾归咎于人祸，而人祸的根源在于官员的行为，而官员的行为在很大程度上是由皇帝的行为所左右的，因此皇权要为灾异的发生承担责任。这种看法并不是神秘主义，而是基于当时的经济生活的实践而得出的结论，是对国家行为的深刻认知，其中蕴含着高度的、超越时代的高超智慧。由于处于 21 世纪的人类破坏了生态平衡，使大量的动植物灭绝，自然不会出现祥瑞，而气候变暖、环境污染导致异象天气和极端天气时有发生，则使人类深受其害，这种"灾异"的频频发生难道不是人类在自食其果吗？这些难道不是灾异论的体现吗？

在此，我们必须要看到天人合一理论和灾异论所蕴含的超越时代的合理性，而这种超越时代的合理性来自于对于国家行为的理性认知和把握，也来自于道德性，将两者归结为"道德理性"也是恰当的。那种不对董仲舒的思想进行深入而透彻的分析而简单地将之斥为迷信神秘主义和神学目的论并粗暴地加以摒弃的做法是极其荒谬和错误的，是对观念唯实主义的粗暴践踏。

五、灾异论的本质

灾异之所以能够成为令汉武帝彻夜难寐的难题，是因为灾害的频发会升级为经济和政治危机，从而对他的皇位构成威胁。

西汉的经济基础是以小农经济为基本单元的农业经济体系，而小农经济在灾害面前是十分脆弱的，小规模的自然灾害就会威胁到一家农户的温饱，将其赶出土地成为流民。失去了生活来源的流民成为游离于国家体制之外的不确定因素，当大量的流民聚集起来之后，他们时刻会堕为威胁社会稳定的反抗和敌对势力，从而威胁到皇帝的皇位和王朝的稳定。这就是汉武帝对于灾异十分敏感的原因。

董仲舒的灾异论一方面系统地回答了汉武帝种种关于灾异的恐惧和疑惑，另一方面也将灾异论巧妙地用作推行他的董学哲学体系的突破口。

在天人感应的三种表现中，受命之符和祥瑞的内容比较简单，比较复杂的是受命之符和灾异。董仲舒将对灾异的解释和推断作为重点系统地展开了他的天人合一理论。

灾异对于皇权的冲击力更大，对于皇帝的心理和行为的警示作用也更明显，因此虽然祥瑞论与灾异论是天人互动的具有同等功能的侧面，但是在董仲舒的天人合一理论中后者具有更为重要的地位。灾异代表着惩戒，更能体现天的权威，作为天威的具体表现形式的灾异是上天表达自己的意志和与皇帝交流更有分量的媒介和载体。董仲舒对灾异的强调体现了他对于西汉初期的各种危机具有清醒的认识。在《天人三策》中，董仲舒认为：

> 今汉继秦之后，如朽木粪墙矣，虽欲善治之，无可奈何。
>
> 汉得天下以来，常欲善治而至今不可善治。

可见，董仲舒对于西汉初期的国家治理是十分不满意的，其批评可谓是不留情面。董仲舒的批评与汉武帝的忧惧是契合的，汉武帝对于西汉以来的国家状况同样十分不满，这促使他苦苦地寻求新的治世良方。而恰恰在这一点上汉武帝与董仲舒在灾异论上产生了强烈的共鸣。

六、灾异论是天人合一理论的一环

灾异论是董仲舒的公羊学中天人合一理论的组成部分，也是天人合一理论重要的逻辑线索。在天人互动的过程中，公羊学将重心放在了灾异论上。

理解灾异论必须从天人合一理论的总体性加以把握，而不应该仅仅停留在对自然现象进行解读的层次上。通过灾异论这个逻辑线索和载体，董仲舒将天人合一理论引入了政治哲学领域，为其皇权理论奠定了理论和逻辑基础。

同时，灾异论是公羊学和天人合一理论的道德观的逻辑延伸。祥瑞和灾异的出现都是以皇帝是否把握住了天人合一的道德观为依据的。皇帝把握住了道德观，上天就会给予鼓励和奖励，祥瑞就会出现；皇帝违背了道德观，上天就会发出警告的信号，皇帝如果对这些警告置若罔闻，上天就会启动撤命论，王朝的改朝换代便会进入操作程序。

从学术渊源上看，董仲舒的灾异论继承了中国从上古时期便一直存在着的占星术中的核心观念即天人感应观，但是董仲舒的灾异论并不是占星术，而是脱胎于占星术原则的哲学理论。需要特别注意的是公羊学并没有涉及占星术，而是强调上天作为道德仲裁者对于皇帝行为的互动关系，尤其是奇异天象对于皇权政治的警示作用，这与谶纬学是完全不同的。

七、灾异论的方法论基础

董学的见微知著论是灾异论直接的方法论基础。董仲舒在《春秋繁露·二端》中将灾异论作为见微知著论的反的一面进行了明确的阐述。在该文中，董仲舒还说道：

> 因恶夫推灾异之象于前，然后图安危祸乱于后者，非《春秋》之所甚贵也。

这句话的意思是说灾异论并不是在灾异已经形成之时才推断安危祸乱，而是在灾异初露端倪的时候便加以洞察并及时采取措施进行纠正和改善。这句话说明了灾异论的方法论原则，也说明了灾异论的真正政治哲学意义在于防微杜渐，而不在于通过灾异的发生接受上天的惩罚。

八、灾异论的原则

灾异论在董仲舒的《公羊传》中率先得到了经常性的展示。然而，在《公羊传》中的灾异论阐述中，董仲舒侧重于天对于人的警示，也就是说仍然保持了先秦的天人感应的原则，而并没有体现出灾异论的全部内涵。而灾异论的全部内涵和意义则在《春秋繁露》中得到了全面的展开。

在《春秋繁露·必仁且智》中，董仲舒对于异和灾进行了说明：

天地之物有不常之变者谓之异，小者谓之灾。灾常先至而异乃随之。灾者天之遣也，异者天之感也。

在《春秋繁露·二端》中，董仲舒表达了同样的思想。这个解释并不是从灾和异的性质进行定性的阐述，而是说明了两者的分量，也就是说灾和异的重要性并不在于其本身，而在于两者的象征意义。这实际上是在进一步解释董仲舒在公羊传中所说的异重于灾的灾异论原则。

在《公羊传·定公十一年》中，董仲舒说"异大乎灾也"，也就是说，灾异论对于其政治哲学的重视要大于对各种灾害的重视，相比于实际发生的各种灾害，灾异论更强调异象的政治象征意义。

《公羊传》与《左传》及《谷梁传》的重要差异在于对天人感应的强调，即灾异论。虽然在三传的经文中都保留了对各种自然异象包括水灾、旱灾、蝗灾等自然灾害和反常的自然现象等的记载，但是三传对自然异象的解读却大相径庭。在每个经文异象记载的下面，《公羊传》都会附有传文进行解读，强调"记异也"。《公羊传》的经文记载了大量的奇异的自然现象，其为公羊学对自然异象进行政治化的解读，即为董仲舒的天人合一理论的切入铺平了道路。来源于《春秋》经文的记载无疑为董仲舒将它们进行理论升华提供了可行性和权威性。

相比之下，《左传》对于经文关于自然异象的记载则往往不加传文，即使有传文也不强调"记异"，而是进行一些文学性的联想，引述一些《诗经》或者民谣段落。

九、灾异论与皇权主义

灾异论在董学的皇权主义政治哲学中占有重要的地位。它不仅是天人合一理论中的一个不可或缺的逻辑环节和表现形式，也是制约皇权最主要的机制。如果说天人合一的授命论是从正的方面通过心灵激励的方法在责任感和道德观上从内在的维度来制约皇帝的话，那么灾异论则是从负的方面通过提示、警告、惩罚和废黜的方法从外在的强制力上来约束皇权。一正一负，一内一外，一柔一刚，授命论和灾异论构成了皇权制约机制的阴阳两极，体现了董学的阴阳哲学。

在《春秋繁露·二端》中，董仲舒说道：

内动于心志，外限于事情，修身审己，明善心而反道者也，岂非贵微、重始、慎终、推效者哉！

也就是说，董仲舒阐述了内外两种制约皇权的方法：一种是通过皇帝的内省，这是皇帝内在的自我约束；另一种是灾异论，这是上天实施的对皇帝行为的外在的制约方式。灾异论这种外在的制约方式在内在的自我约束无效之后发挥作用，是要通过外在的压力来促使内在的反省，在内在的自我约束完全失效之后，天才会以更具有威慑力的灾异来发出进一步的警告。这样逐步体现出的天威表现了理性的循序渐进的层次感，是更具有道德震慑力的约束和惩戒机制。

十、灾异论所体现的天人互动形式

先秦的天人感应观念包含了君王要按照五行的次序来安排行为方式和节奏的观点，这点被董仲舒所继承。然而，灾异论是董学所提倡的更为重要的天和人的互动方式。在天与皇权的互动方面，灾异论在两方面进行了修改。

一是灾异论抛弃了试图在天象和人的行为之间建立起静态的固定模式的方法。查看天象和星宿的变化，将其比附于人间的政治，并且以此来预测王权和国运的变化，这是在上古时期就已经存在的一种天人感应方式，这是天学政治化的一种应用。但是，董仲舒放弃了这种静态的天人感应方式，而将灾异论这种动态的方式作为天与皇帝互动的主要形式。

二是灾异论将先秦的单向度的天人感应形式进一步深化，提升为天人双向互动的二元形式。单向度的天人感应形式是宗教的一种形态。在商朝的天学观念中，天就是上帝，人的意志要完全服从上天的意志。在西周的天命观中，天人互动的观念开始萌动，认为天并不会无条件地支持王权，更不会纵容腐败的王权，只有有德的王权才会受到上天的保佑，王权存在与否在于天，更在于人自己的把握。西周的天命观较商朝已经有了进步，但是仍然没有摆脱从宗教的视野来界定天人关系。在战国时期，宗教性在天人观念中出现了淡化的趋势，天的自然性质得到了加强，但是天人关系的单向度形式仍然没有得到改变。单向度的天人感应方式在《易》和《易传》中得到了典型的反映。在《系辞传》中，上古的圣人都是在模仿天，从天的运行中获得启发，按照天的规律来制定人的行为方式，这时的天人感应是从天向人单方向地进行的，天高高在上，对人的行为并不干预。

董学的灾异论将先秦的天人关系发展到了双向互动的二元性阶段。上天授命于皇帝，委托皇帝管理天下和百姓，但是这个授权制是契约式的，而不是无条件的，一旦皇帝违背了契约中的约定，没有履行天的意志，使百姓受难，便会受到上天的警告，自然灾害便会发生，在警告之后，如果皇帝仍然没有改进，上天就会收回授权，结束契约，再选派一个新的代理人来充当皇帝。

灾异论是董学的天的形而上学和皇权主义的政治哲学中天人交流的唯一形式，其实质是将上古和先秦的粗线条的、单向度的和静态的天人感应观念扬弃整合成了具有严密逻辑程序的天人合一的二元性互动交流模式。因此，董学的灾异论在中国天人关系观念史上具有里程碑式的意义。

十一、灾异论是把双刃剑

灾异论具有两方面的功能：一方面，它能够为皇权提供正统性的依据以及赞美和支持皇权的理由，具有正面的效果；另一方面，它又可以变成对皇权的政策和行为的谴责和批评，具有负面的效果。正因如此，阴阳相兼的灾异论能够起到对于皇权的监督、规范和惩戒作用，使皇帝对于天既有感激之情，也怀有敬畏之心，能够在忧患意识之下以谨慎的行为方式来履行他对于天和百姓的责任。

即使是灾异论的理论宗主，董仲舒也因为灾异论而获罪。他关于辽东高庙失火的言论被主父偃告发，触怒了汉武帝，险些被处死。

第四节　皇权主义的逻辑

董学的皇权主义之所以能够被汉武帝所接受并成为皇权／国家意识形态是因为它具有内在的合理性。

一、皇权主义的合法性

一方面，天人合一理论为皇权的合法性提供了理论基础。

皇权的来源在于天的赐予，具有无可争辩的合法性和正统性。

皇帝的至上权力即皇权是上天授予的，皇权的合法性与天的合法性是同一体。接受了天的权威性就等于接受了皇权的权威性，接纳了天的合法性同时也就接纳了皇权的合法性。

公羊学关于皇权的合法性的推理不但超过了秦始皇建立在政治成就即功利基础上的合法性，同时也超过了西周建立在宗法制基础上的王权逻辑。而皇权的合法性意味着大一统的政治状态的合法性和必然性。

另一方面，任何不是来自上天授命的权力都不是正统的和合法的。

二、皇权主义的相对性

但是，天人合一理论并没有将皇权固定化，而是认为皇权的合法性并不是固定不变的，而是具有转移性的。

董学关于皇权的合法性的论证在中国哲学史和国家意识形态上是一个里程碑，董仲舒之后，中国的哲学家没有再提出对于皇权的合法性的怀疑和挑战。而历代的君王尤其是王朝的开创者们更是极力利用董仲舒的逻辑体系来证明自己与天的关系，从而确立自己的皇权的合法性。

董学对于皇权的合法性的论证可以说是董学对于中国的哲学史和政治史最重要的贡献之一。

三、皇权主义的制约机制

从天人合一的外在层次上看，皇权主义的外在制约机制包括授予皇权的授命论、对于既有皇权的灾异论和在警戒失效之后对皇权进行转换的撤命论等三个层面。外在制约机制的根本在于百姓对于皇权政策的感受和评价，天的意志最终反映的是天下百姓的意志，这是天人合一的政治哲学对于皇权进行外在制约的根本逻辑。

皇权主义的内在制约机制是皇权／皇帝的使命感和责任感以及道德观和善政观。皇权／皇帝的这种内在使命感和道德观并不是内生的，而是天的外在赋予。这是董学教化论的另一个境界，也是最高的境界。

四、皇权与神权的统一

董学的天人合一理论将皇权和神权有机地结合了起来，其结合方式的逻辑性、有机性和巧妙性达到了很高的境界。

在董仲舒的皇权主义逻辑体系中，皇权和神权因素互为因果，相辅相成，相互之间形成了一个严丝合缝的有机体。神权因素被令人信服地融入了皇权，而并没有丧失独立性，成为皇权机理中的积极的建设性因素，成为皇权走向绝对权力的制约因素。皇权从神权因素中获得了合法性和正统性，但是并没有超越神权，在获得充分的自主性的同时却无法忽视神权因素对其的有效制约。皇权和神权因素的这种你中有我、我中有你的有机渗透和融合在世界权力学说史上仅此一例。

以基督教为基础的欧洲中世纪权力造成了国家权力和神权的权力二元论。这个权力形态从罗马帝国灭亡之后便开始了。神权试图恢复欧洲的国家性存在，但是它并不是自己来完成国家的建立，而是要借助扶植王权来实现这个目标。最初的王权是在教会势力的扶植之下一步步形成的，王权完全依附在神权之上。而当王权壮大起来，国家已经普遍在欧洲建立起来之后，王权和神权之间便发展成为两种相互排斥的政治力量。世俗的王权和神权的教会权力共同对国家实行统治，造成了两者之间几个世纪的冲突和内斗。在中世纪，神权与王权之间的争斗不但是永不停歇的政治斗争的主旋律，也是欧洲大陆战争的重要原因，而每次战争都有宗教势力的积极参与。只有在十字军东征的时候王权和神权才暂停内斗，达成短暂的一致性。英国为了摆脱罗马教皇的控制，不得不以十分激烈的方式来挣脱其束缚，而随后改信新教的英国也成为欧洲的另类国家。血腥的三十年战争（1618—1648 年）宗教势力深深卷入，成为战争几次反复的导火索，也成为参战国进行战争的目的之一。三十年战争给欧洲大陆带来了重创，王权与神权之间的冲突和战争达到了顶点，也正是从这次战争开始，国家权力才真正体现出世俗性，开始了在制度上摆脱神权束缚的政治努力，欧洲国家权力才逐渐得以战胜神权。可以说，在欧洲历史上王权和神权之间的冲突给欧洲政治和人民带来了深重的灾难，而为了解脱权力二元论，欧洲国家付出了一千多年的时间。

而在信奉伊斯兰教的国家，神权和世俗权力同样无法相容和共处。从 19 世纪开始，受西方文明的冲击，世俗的国家权力的影响和势力增强，两者之间的冲突在意识形态、文化、政治和法律上全面展开，持续不断。但是，伊斯兰教的神权势力深入人心、基础牢固，世俗的国家权力并没有彻底地战胜伊斯兰教的神权势力。

五、皇权主义和国家主义的一致性

在天人合一理论中，天、皇权、国家和人这四个核心要素被看做是一个有机的整体，它们是建立在天人合一的责任观的基石之上的互动体系。作为四位一体的核心的皇权与国家是等同的，皇权就是国家，国家就是皇权，两者具有高度的一致性。

皇权主义是权力形态，国家主义是国家形态，两者在本质上并不具有获得一致性的必然性，反而冲突性更具有现实的可能性。在价值观上，皇权主义表现为忠君，国家主义表现为爱国。忠君和爱国之间产生价值观的冲突是经常性的。在孟子的政治理念即仁政观中，王权就与国家主义发生了冲突。为了协调这种冲突，孟子提出了民本思想和反王权观，而这个思路虽然超前和具有一定的进步性，却脱离了战国时期的国家政治的现实而受到了普遍的抛弃，使孟子儒学与孔学一样成为一种失败了的政治理念。

在现实的国家权力运作过程中，皇权主义更具有动态性，是通过手握大权的皇帝和受他所操纵的官僚体系在具体的权力运行中加以日常性的表现，因此它更倾向于压倒和代替国家主义，成为社会价值认同的最高归属和现实政治中的唯一权威表现；国家主义则更多地体现为一种静态的价值观，而无法更多地落实为日常性的权力表现形式，因此，国家主义往往从属于皇权主义，并且通过它来得以表现。

在董学天人合一的体系中，皇权主义和国家主义则在逻辑和价值观上实现了完全的统一。在这个体系中，皇权主义是国家主义的表现形式，国家主义的范畴要大于皇权主义，在皇权发生更替时国家主义也不会受到冲击和破坏，相反国家主义会因为新的皇权的授命而获得新的正统性和活力。

在董学的天人合一的体系中是不存在绝对的个人意志，也不存在个人主义的，即使是皇权的掌握者皇帝也不存在不受制约的个人主义，无论是在行为方式还是行为的目的性方面都要服从道德观和责任感的制约，而接受这种制约是皇帝能够得到上天授命的前提和基础。而对于其他个人来说，并不存在脱离了道德观和责任感的行为依据，也不存在脱离了皇权和国家对自己进行制约的行为方式，个人意志必须服从国家意志，个人的行为必须服从国家主义的制约。但是个人主义的丧失并不意味着国家权力的压迫，也不意味着个人的命运与苦难画上等号，相反，皇权和国家是个人福祉的来源和保障，这种来源和保障之一就是国家的土地分配制度。国家按照理念上平等的原则在国民之间分配土地，为国民提供最重要的生产和生活资料，并且为了保障国民的生活而调动国家资源，在经济、政治、军事和法律上对国民的生活提供保护。作为回报，分配到了土地的国民对国家承担纳税、劳役、当兵打仗等责任和义务。国家和国民之间形成了责任和义务的共同体。

国家主义对于个人主义是存在压制的，典型地体现在对待士人阶层的方式上。从春秋末期开始，士人阶层开始形成。士人具有独立的思想，具有突出的个人能力，他们对于国家权力的运行具有不同于掌权者的判断，这促成了先秦各种学派的产生和发展，他们不专注于农活，不再依靠血缘和宗法关系来决定自己的命运，而是希望依靠自己的能力来获得更高的社会地位和经济实力。战国时期是士人阶层高度活跃的时期，每个最大的历史事件都有士人的参与，他们扮演着要么是智者谋臣，要么是铁血将军，要么是刺客勇士的角色，在战国历史上打下了他们深深的烙印。活跃的士人阶层敢于挑战君权，对于当权者和现状来说是一种不稳定的因素，怎样处理士人阶层问题是西汉初期的一个难题，雄才大略的汉武帝对于郭解这样的民间侠客也没有办法，只能通过在肉体上消灭来处置。董学的国家主义提供了一个将士人阶层纳入国家治理轨道的方案，那就是将士人改造成读书人，通过考察和考试来授予读书人以官员身份，将他们纳入国家的官僚体系之中。历史证明，汉武帝根据董仲舒的建议而设立的五经博士制度成功地驯服了身怀技艺而又桀骜不驯的士人阶层，为发挥他们的才智和实现他们的价值铺筑了一条快车道。在汉武帝之后，读书人阶层彻底取代了士人阶层，后来科举制度的创立和成熟是这个制度进一步发展的结果。这表明国家主义在中国历史上取得了空前的成功，对于中国的繁荣和稳定做出了重大的贡献。

为了保持这个四位一体的国家有机体的有效运行，董仲舒提出了国家伦理学。关于董学的国家伦理学的唯实分析会在后文中展开。

六、皇权主义、国家主义和神权的统一

从以上的分析可以看出，董学的权力哲学实现了皇权主义和国家主义的统一，而其中的神权因素是服从于两者的一个背景因素，三者在天人合一的逻辑理念下有机地结合在了一起。这不仅在中国哲学史，即使是在世界政治哲学中也是独一无二的。这种巧妙的逻辑性编织成了一个丝丝入扣的庞大的和谐系统，体现出了董仲舒卓越的哲学智慧。

如果说近现代的西方文明是极端化了的个体主义即个人主义的典型代表的话，那么国家主义的政治价值观的典型代表则是中国传统文明。

在中国传统文明时期，国家与皇权是经常相互混淆的概念和范畴，两者无论是在学术、政治还是在伦理上都具有相互替代性。国家是皇帝的家，皇帝是一家之主，国民都是这个大家庭的子民，忠于皇帝就是忠于国家。这种现象的出现有皇权主义刻意渲染的成分，更是古代对国家和皇权的理解的如实反映。

但是，国家与皇权是两个不同的实体，在许多情况下两者之间的差异是无法相互替代的。在中国传统文明的许多情况下，尤其是

在国家处于外来势力的威胁之下时，皇权主义不再与国家主义完全重合，皇权并不代表国家，忠于国家与忠于皇帝个人变成了两种性质不同的理念，会导致完全不同的行为方式。在中国历史上，国家主义与皇权主义在国家处于危难之际产生激烈冲突的情况时有发生。例如，北宋宰相寇准被赞为"大忠"，因为在契丹大举南下的时候，他选择了忠于国家，力主为了保护国家利益而迎战，而没有选择愚忠皇帝宋真宗，结果阻止了契丹的进攻，签订了《澶渊之盟》。而为了讨好皇帝置国家利益于不顾的王钦若等人则因"小忠"而留下骂名。南宋将军岳飞的悲剧也是国家主义与皇权主义之间的剧烈冲突所造成的。岳飞坚持北上进攻，目的是要收复故土，体现的是国家利益，宋高宗赵构和秦桧极力避战，所要维护的是自己的皇权，反对收复北地和迎回徽宗和钦宗。十二道金牌决定了岳飞的命运，也造成了皇权践踏国家主义的行径。

另外，如果拉长历史的时间维度就会发现国家是常态化的存在，皇权是短暂的，皇权只是国家的一种表现形式。国家主义能够容纳下众多的皇权，皇权主义只是国家主义的一种现实体现而已。中国的王朝政治是这种关系的最好注脚。

七、天人合一理论的逻辑基点

从逻辑上看，皇权合法性的来源（授权论）、皇权的撤命论（对最高责任的监督和惩戒）、皇权至上性（皇权的地位）以及皇权的运作方式（皇帝制度）等都属于表面的层次，它们只是一些对于皇权的过程和形式上的安排。这些安排都是建立在天地人之间的本质上的同一性这个基础之上的。对于人性的维护才是天人合一理论和皇权论的出发点、归宿和根基，也是董学政治哲学最终的出发点、归宿和根基。失去了这个基点，董学的政治哲学的一切设计和逻辑便失去了灵魂。

皇权主义真正的合法性正是在于他对于天下百姓的福祉的分

配、管理和保护，皇帝的最高责任也正是建立在对于天下百姓的福祉上的责任。皇权主义与普遍人性的同一性也是董学、公羊学和公羊模式形而上学哲学的基础。

看不到这一层而拘泥于皇权的形式是无法真正理解董学和公羊学的本质的，是无法真正理解作为董学的政治哲学的公羊学的合理性和先进性的。董学、公羊学和公羊模式的表现形式可以被改变，但其哲学逻辑和理念内核却始终如一，这就是董学和公羊学能够经受住几千年的中国历史大浪淘沙般的多次检验和反复验证的根本原因。同时，这也是作为形而上学和政治哲学的董学优越于西方的形而上学和政治哲学的根源。

西方的政治哲学刻意追求国家权力的组织形式，强调所谓的代议制政府体制的优越性，却忽略了国家权力的最终目的。为了短暂的物质利益，西方国家和文明不惜大开杀戒，在全世界进行屠杀和掠夺，将自己对物欲的追求和满足建立在其他国家和文明的死亡、痛苦和贫穷之上。这不但违反了普遍的人性，也违反了作为行为主体的西方国家和文明的人性。从理念上看，虽然西方国家和文明依靠以科技为基础的战争机器可以逞强一时，它最终并不是人类文明的最后形态，所谓的"历史的终结"只是一句无知的妄语。

八、董学与孔学的本质差异

董学的天人合一理论体现了董学与孔学的本质性差异，是辨别两者不同的最重要和最核心的理论枢机。

（一）有无之辨

孔学不存在天的哲学，没有形而上学哲学，更没有董学的完整而逻辑缜密的形而上学体系。孔子时期也根本不存在皇帝，不存在董学和公羊学的政治哲学基础。

明确了这些差异便不会将董学和公羊学与孔学和儒学强行地混为一谈了。

（二）国家主义和个体性原则的对立

天人合一理论对于董学的价值观和方法论具有决定性的意义，它规定了董学价值观和方法论是严格的国家主义，也决定了董学与孔学之间最本质的区别。无论是在形而上学、政治哲学、人性理论还是伦理学上，国家主义都是董学贯彻如一的逻辑主线，国家都是董学进行价值判断和政治设计的出发点和归宿。董学的国家主义是由上至下、由外至内的价值取向和方法论。

相比之下，孔学的方法论则是个体性原则，以个人的伦理学价值观来判断国家和社会，是一种将个体性原则和个人伦理学进行泛化的方法论，是由内而外、由下至上的价值取向和方法论。

第五节　作为政治理念的皇权主义

观念唯实主义的基本原则是在对一个观念进行判断之前一定要充分了解其事实性。对于皇权主义来说，这个原则具有特别重要的意义。

一、皇权主义的本质

皇权主义之所以被普遍接受并在中国获得成功是因为它具有独特的优势，尤其是适合中国特定的国情，符合中国文明存在和发展的历史逻辑。

（一）皇权是一种新的国家权力形态

董学的皇权主义是一种新的权力观，是对皇权这种新的国家权力形态的系统规定和制度设计。

皇权产生于秦始皇，在秦始皇横扫六合建立起统一的国家之时皇权便产生了。但是秦朝的皇权如昙花一现很快就败亡了。除了在实践中的失败之外，在理论上皇权也并没有得到总结性阐述，秦朝和西汉初期的学者都没有对皇权的本质进行过深入的探讨，西汉初期的学者和官员的政论都在对秦始皇的暴政进行挞伐，却没有人真正在理论和制度上对皇权这种新的国家权力形态进行系统而深入的思考。也就是说，如果说中国的皇权在产生初期的实践并不成功的话，那么皇权在理论上却大大落后于其实践性。汉初的儒生、黄老之学都无法从正面解决这个重大的理论难题。以至于由于长期得不到解决，皇权本身已然成为汉初意识形态危机的一部分了。皇权在西汉初期处于全面危机的尴尬和危险的境地，对内面对诸侯国的桀骜不驯、公开的蔑视和挑战显得束手无策，对外面对匈奴的欺凌不得不唯唯诺诺，通过联姻和进贡这种屈辱的方式向匈奴祈求和平。在意识形态上更加进退无据，只能依靠黄老之学这种在本质上与皇权相冲突的过时而消极的无为主义来残喘度日。

董仲舒是中国历史上第一位对皇权的本质进行系统的探讨和总结的哲学家，董学的目的正是在于从哲学、历史、制度等多个层面上理解、规定和驾驭皇权，并且根据皇权的特征设计出一整套新的国家制度和国家行为模式，这就是皇权主义。董仲舒的哲学体系圆满地攻克了皇权这个理论难题，建立起了逻辑严密、具有无懈可击的说服力的皇权主义理论。而董学的皇权主义也成为中国哲学史中最为成熟的关于皇权的哲学，在未来的两千多年里没有受到挑战。董仲舒的皇权主义是董学能够上升为国家意识形态的重要原因。事实证明，董学的皇权主义不仅在政治实践中符合西汉初期的政治需要，更在哲学上一劳永逸地解决了什么样的国家权力形态和国家形态适合于中国文明这样的深层次问题。

从政治哲学的角度来看，董学的整个哲学体系构建了中国哲学史和世界哲学史上最为完善的权力观。董仲舒所构建的权力观至今仍然没有被古今中外的哲学家和政治家所超越。事实上，董仲舒对于国家权力的理解和构建具有西方的政治哲学所望尘莫及的深度和维度。而中国两千多年来的政治实践仍然按照董仲舒的思路在运行，这种思路仍然在以各种方式指导着中国的国家行为和政治学。

这就是董仲舒的权力观所达到的理论和实践高度。

董学的核心是皇权主义的权力观。董学的天的哲学、大一统理论、人性理论以及阴阳论和五行论的最后落脚点都体现在皇权主义的权力观之上。由此，董学发展出了中国哲学史上最为成熟的权力观，这也是整个中国哲学史的最高成就，是皇冠上最闪亮的一颗明珠。

董学皇权主义的权力观不仅全面超越了包括前儒学在内的先秦子学时代，而且比包括西方文明在内的其他文明形态要合理、成熟和复杂得多。如果说中国哲学史在世界哲学史范围内有任何优势和独特性的话，那么这就是董学的权力观。自从董仲舒创建了其权力观以来，中国哲学就再没有取得过比它更高的哲学成就，事实上，董仲舒的权力观成功铸造了中国哲学的本质和核心，后来的任何哲学家都无法超过这个成就。而在世界哲学史范围内，西方的哲学家和政治家仍然无法理解董学的权力观，仍然无法理解中国文明成功的奥秘。从这个角度看，西方的哲学尤其是政治哲学起码要落后中国哲学两千多年。

（二）王权与皇权

皇权之所以成为秦汉之际重大的政治哲学命题，在很大程度上在于它与王权之间的复杂关系。只有在理论上解决了皇权与王权之间的区别和联系，皇权才能够作为新的权力形态名正言顺地立足。

王权与皇权都是权力观的重要范畴，两者具有许多相似性和共同点，但是两者却是不同的概念。鉴于两者经常被混淆和滥用，辨别两者的区别是准确理解董学的皇权主义的重要一环。

1. 两者是不同的权力形态。

王权是最早产生的权力形态，与国家同时诞生，是国家最初的权力形态。而皇权的产生很晚，是在王权高度发达基础之上才得以形成，是对王权的超越，是国家权力的一种高级和复杂的形态。

2. 两者代表不同的历史阶段。

由于两者是不同的权力形态，两者代表着人类文明和国家进化的不同历史阶段。

3. 权力的层次不同。

在皇权确立之后，王权成为皇权的组成部分，在权力等级中处于不同的地位。皇权是中央政府所行使的权力，是国家最高等级的权力系统，而王权是从皇权派生出来的一种权力形态，是地方政权和诸侯国的权力等级，王权是由皇权授予的，王权对于皇权具有绝对服从的责任和义务。

4. 权力的统治范围不同。

无论是在皇权产生之前还是之后，王权的统治范围都要远远小于皇权。从统治疆域的大小上看，皇权是由众多的王权组成的综合体。

（三）皇权主义是国家权力的责任体制

皇权主义的形而上学基础是天人合一理论，天人合一理论既论证了皇权的来源，也规定了皇权的目的和本质，这就是替天行使治理天下的责任，也就是说皇权的本质是一种责任，是一种来源于天的责任体制。正是以这种责任体制为基础，皇帝制度内的权力分配体制和等级制度才能够成立。

（四）皇权主义是加强版的中央集权制

董学的皇权主义是一种在国家权力的权威性和合理性之间建立起来的微妙平衡，本质上是一种加强版的中央集权制。体现了这种微妙平衡的加强版的中央集权制不但体现出董仲舒卓越的思辨能力和解决复杂的政治问题的政治敏感性，在义理上解决了一个十分复杂的时代命题，更为重要的是这种平衡具有可行性，是适应中国社会和文化的要求的，因而是符合实际情况的。

皇权主义意味着皇帝对于国家权力的有力控制，能够削弱和有效控制国家权力结构中其他的中心，如诸侯国和高级官僚的强势地位。在皇权与诸侯国之间的关系中，董学的皇权主义坚定地选择了皇权，强干弱枝是皇权主义的重要政策举措。在皇权与相权的关系中，董学同样坚定地选择了皇权，将国家权力体系运行的决定权和国家行为的行使权放在了皇帝身上。皇权主义对于诸侯国和相权的强势地位得到了董学的国家伦理学的支撑。皇帝本人而不是诸侯国国君是受命于天的天子，天子只有一个，其他的权力中心的地位都在皇帝之下，都要服从天子。在三纲五常的政治伦理中，在君为臣纲的原则下，皇帝代表着阳，臣僚代表阴，阳为主，阴为辅，阴要配合阳的运行，也就是说代表阴的官僚体系和相权要最大限度地服从皇帝，配合皇帝的决策和行为，甚至不惜为皇帝献出生命。

国家权力的各个方面尤其是决策权、行政权和军权都要由皇帝来掌握，其他的权力中心只能在皇帝的授权之下才具有合法性和可行性。这样一来，无论是在理念还是在国家权力的分配机制上，皇帝变成了无可争议的权力核心，代表上天行使统治国家和管理天下的最高权力。

二、皇权主义的必要性

董仲舒力主皇帝要拥有至上的权力。皇帝必须拥有至上权力最重要的逻辑原因是出于维持大一统的政治格局的必要性。

三、皇权主义的相对性

董仲舒眼中的至上皇权与秦始皇手中的绝对皇权具有不同的内在规定性。

秦始皇手中的皇权的绝对性是指皇帝权力的不受约束性和皇帝的意志的绝对性，而董学中的至上皇权则是皇权的绝对性和相对性的有机统一体。

四、对皇权的制约机制

在董仲舒的眼中，皇权既是至高无上的，同时也受制于一整套制约机制的制约和限制。董仲舒对皇权的设计达到了权威性和制约性的平衡。

董仲舒在强调皇权的至上性的同时，为皇权至上性制定出了一整套的制约机制，力图将皇权至上性置于可控制的范围之内。

董仲舒眼中的至上权力是指皇帝的权力的来源所体现的正统性、唯一性和排他性，而对于皇权本身则具有一个循环的逻辑性。这个逻辑性是个巧妙的循环性的设计，它既表现出了皇权的绝对性，也使皇权受到了制约，使其具有了相对性。

对皇权至上性的制约机制包括：

第一，天的警示。

天并不干预皇权的运行，并不是一个现实中的政治势力。但是，天是皇权的监督者、告诫者和惩罚者。天会对皇权的运行状况进行评估，发出程度不同的赞许和褒奖或者警告和惩罚，这就是灾异论。

第二，民心所向。

天监督和评估皇权运行的标准在于民心所向。所谓的民心是指皇帝之下的民众的生活状况，包括物质生活、精神生活和在法律面前的公平性。

在当时的历史阶段，国家并没有评定民众生活状况的客观标准，但是公羊学还是想出来一个办法警示皇权要极度关注和关心民众的生活状况。这就是灾异论。天之所以会对皇帝通过灾异发出警示，是因为天感到了民心的忧虑和民生的苦难。

第三，法律。

虽然认为皇权具有至上性，但是董仲舒认为皇权仍然要受到法律的制约，要"依法听讼"（《春秋繁露·五行相生》），"依法刑人"（《春秋繁露·五行相胜》）。

第四，道德。

灾异论的基础是道德本位论。天是通过道德本位论来监督和评估皇权的运行的。这样，皇权至上性被置于道德本位论的制约之下。

道德本位论变成了现实政治中一个无处不在的行为准则，无时不在约束皇帝对权力的运行。公羊学的皇权是具有道德内在约束力的国家权力，是具有道德责任的国家权力。

并且，这个道德约束力是十分严格和强大的，一旦皇帝严重或者持续性地违反了道德本位论，皇帝付出的代价是失去他的皇权和王朝的合法性，不但个人要失去做皇帝的资格，他的家族和王朝都要失去继承皇权的合法性和资格。

灾异论不仅是一种对皇权的制约机制，它还体现了皇权与道德的同一性，而正是这种同一性赋予了皇权至上性以合法性和合理性，赋予了公羊模式以持久的生命力。

皇权与道德的同一性与欧洲国家的王权与神权的二元性形成了强烈的反差，使这两种在不同文明形态下的权力体现出不同的本质和行为逻辑。

第六节　对皇权主义的各种误解和诋毁的澄清

近代以来，受西方形形色色的意识形态和价值观的影响，在中国的历史学和政治哲学之内对于中国传统文明时期的意识形态和政治制度都采取了极端的否定和鞭挞的态度，对于作为文明核心的意识形态做出了严重的理论的误读和扭曲，而对于居于传统文明的意识形态的内核的皇权主义更是进行了恶意的讨伐。这不但扭曲和误读了董学和公羊学的义理和本质，也扭曲和误读了中国文明的本质，这是一个必须加以澄清的重要历史课题和哲学课题，是对中国哲学史进行正本清源的重要内容。

事实上，否定了皇权主义也就否定了中国过去两千多年的历史，也就等于彻底陷入了历史虚无主义的泥潭。中国文明过去两千多年来的辉煌历史表明：董学的皇权主义理论是积极的理论，它代表人类的政治哲学发展到了全新的高度，开辟了政治学、权力形态和国家形态的新境界，为中国文明和世界文明的发展做出了不可磨灭的理论、制度和行为实践上的贡献。

皇权主义的本质是国家权力的高度集中，是一种高度集权的权力形态。这是历史的进步，各种对它的诋毁和否定是缺乏科学与客观的历史观的，是不符合历史唯实主义和观念唯实主义的。

一、皇权主义不等于极权主义

在国家权力的理念上，皇权主义的皇权至上性与极权主义的绝对权力或者权力的绝对性是本质上不同的两种权力形态。

皇权主义下的皇权至上性是相对的最高权力范畴，是有限的权力范畴，具有内在诸多的规定性和制约性。如前所析，对皇权至上性的内在规定性就是天人合一，而天人合一的本质是对天下民众的责任，归根到底是百姓的利益，皇帝只是受命于天代替天来履行治理天下的责任。皇权不是凌驾于国家和百姓之上的独行者，而是具有管治性和服务性的内在本质的权力形态。

相比之下，极权主义下的绝对权力是秦式皇帝制度下的皇权，它毫不遮掩地强调国家权力的绝对性，皇帝的权力是不受任何外在和内在因素制约和限制的权力。这种绝对权力缺乏形而上学基础，缺乏对天下百姓的责任，将皇帝个人的好恶、欲望和意志凌驾于国家利益和百姓利益之上。极权主义的弊端是十分明显的，其失败性在秦朝的短祚中获得了充分证明。秦朝极权主义的惨烈失败对西汉的政治家和学者产生了深刻的震撼，而避免绝对权力的再次出现必然是时代的课题，更是以解决时代危机为己任的董学要从哲学和制度高度加以解决的最重要的命题。

董学下的皇权至上性也不同于英国哲学家霍布斯所描述的绝对权力（The Absolute Power of the Monarch）。霍布斯的绝对权力是无限的权力，它不受上帝的制约，更不受议会、民众和宗教的限制。显然，董学皇权主义的规定性与不受任何内在和外在限制的绝对权力是完全不同的。

皇权主义不等于独裁。在决策机制上，皇权至上性与独裁是两种完全不同的决策机制和决策方式。独裁的本质是国家元首一个人独揽大权，并且根据自己个人的喜好来对国家政策进行决策。独裁具有专断性、非理智性和随意性的特征，将个人的欲望与意志凌驾在国家的利益之上，国家成为满足个人欲望、体现个人意志的工具，将个人行为等同于国家行为。

显然，如前面的分析所述，董学皇权主义下的皇权至上性与独裁是完全不同的决策机制。内在和外在的制约机制使皇权主义与独裁划清了界限。

皇权主义不等于暴政。在国家行为方式上，皇权主义与暴政更是不能同日而语地画上等号。皇权主义的存在基础是天人合一，通过天的授命，皇权承担着对天地和天下苍生巨大的责任，履行为天下谋福利的义务，不仅如此，皇权还有效绩的考核，违背了这个责任和义务，无法达到一定的效绩，皇权便失去了存在的合法性和合理性。暴政则是将暴力作为执政的重要手段，用暴力政策来对付百姓实际上是将皇权与百姓对立起来，百姓成为国家权力掌握者施暴的对象。这与董学皇权主义的理念和执政方法是相对立的。

当然，皇帝制度下也会出现不称职的皇帝，他们不具备皇帝必备的各种素质和能力，无法驾驭皇权这个复杂的执政工具，无法履行被赋予的巨大的责任，在这种情况下，为了保持国家的存在和获取个人利益，暴政便会在皇帝制度下出现。但是，暴政的出现只是非典型的意外情况，是皇权主义的一种异化状态，已经走到了董学皇权主义的反面和对立面。

皇权主义不等于皇帝专制。董学的皇权主义不但在两端受制于巨大的道德责任，既要对天负责，也要为天下苍生负责，而且在决策过程中也受到道德原则的束缚，这种束缚使皇帝不能够简单地凭着自己的好恶和一时的想法而决断国策，而是要接受道德标准的衡量，受到来自大臣和官僚体系的监督。这使得皇帝在决策过程中要充分考虑到臣僚的意见，在政策中体现出与臣僚的共识，只有在特别的情境和难以与臣僚达成共识的情况下，皇帝才会按照自己的意志来决断国策。在对皇权主义的解释中，董仲舒始终强调君与臣是阴阳互补的关系，虽然皇帝是阳，但是作为阴的大臣是不可或缺的重要组成部分，善治是需要君与臣的相互作用才能够实现的。董仲舒从来没有提出通过皇帝一人专制便可以完善地治理国家达到善治的理念。

二、皇权主义不是政教合一的权力形态

董仲舒整合了上古和先秦的天学，将笼统而宽泛的天人感应思想发展成为严密而具体的天人合一理论。从某种程度上，董仲舒复兴了在战国时期被边缘化了的天学，使其成为完整的形而上学体系。对于天学的整合是董仲舒整合先秦哲学最重要的领域之一。这种整合是具有严格的原则性的，一方面董仲舒将天学从战国时期的没落状态下拯救出来，另一方面又没有恢复商朝的神学思想，没有恢复西周包括天在内的宗法制度。董仲舒的天是带有神性的自然之天，天人合一理论是以自然法则为基准的，并没有跨过神学的红线，而以自然之天为基础的皇权仍然是世俗的政治权力，不是神权，不是世俗权力与神权并立的二元制，也不是政教合一的权力形态。

三、皇帝制度是皇权主义的制度体现和保障

当董学的皇权主义通过国家的制度和体制加以反映的时候，新版的皇帝制度便出现了。皇帝制度的完善是董学上升为国家意识形态最重要的制度意义，也是公羊模式能够形成和长期存在的制度核心和保障。

汉武帝时期的皇帝制度得到了突破性的发展，从秦朝的秦式皇帝制度和汉初的弱态皇帝制度发展成为成熟而完善的皇帝制度，之

所以如此就是得益于董学的皇权主义。董学的皇权主义不但为皇帝制度的合法性和合理性进行了不可辩驳的正名，也为如何完善和构建皇帝制度提供了具体而切实可行的制度设计。从此之后，黄老之学对于小国寡民和前儒学对于政治无为主义的眷恋便一扫而去了，再也没有在中国的政治哲学和政治制度中出现过。皇帝制度从此成为中国文明理想的权力形态，以皇帝制度为核心的公羊模式成为中国文明理想的国家行为模式。正是在此种意义上，董学标志着中国政治史和文明史一次空前绝后的革命。

四、皇权主义的权威性

虽然董学并没有赋予皇权以绝对性，但是皇权主义的权威仍然是毋庸置疑的。皇权的至上性是相对于法律和国家的其他权力中心而言的。

皇权至上性与法律的关系具有双重性。一方面，皇权从法理上看是超越法律的，皇权只受上天和道德的制约，而不受法律的制约，事实上，根据天人合一理论，皇帝应该是国家法律的制定者，是国家最高的立法者；另一方面，在实践上，皇帝并不能够为所欲为，各种制度和法律无时不在约束着皇帝的言行，皇帝也无法真正地超越法律的束缚。

相对于国家内部其他权力中心如诸侯国、官僚体系、皇族成员等，皇帝的权威则是不容置疑的，享有直截了当的高压优势。这些权力中心在法理上都无法对皇权构成挑战，任何来自这些权力中心对于皇权的挑战都是叛逆的行为。

五、皇权主义的提出是巨大的历史进步

董学的皇权主义将皇权置于天人合一的制约之下，由于天具有天然的道德属性，受命于天的皇权因此便将道德纳入了内在规定性。对于这个设计绝不能以想当然的态度来看待，更不能熟视无睹，

因为它标志着中国的权力理论一个突出而独特的特质，与西方的国家权力理论具有本质性的不同。

在西方的权力设计中，道德力量由教会垄断，世俗权力本身并没有任何道德的约束，也没有任何道德的实际限制。如果没有来自教会的外在压力，国王是没有任何道德责任的。在这样的制度之下，国家权力被一分为二，形成了国家权力的二元制。

欧洲历史的发展是国王的世俗权力战胜了教会的权力，这意味着国家权力失去了外在的道德约束力，国家行为可以不受道德的制约，更不用承担道德责任。

第十二章 董学的大一统理论

西汉初期的政治危机从本质上看正是大一统的危机，无论是在内部还是外部皇权都受到了挑战，从秦朝继承下来的大一统被逐渐削弱和剥离。在董仲舒看来，大一统是皇权主义的必要条件，是皇权不可或缺的本质特征，失去了大一统便无所谓皇权和皇权主义，而要巩固皇权就必须在多个层次上实现和维护大一统。

第一节 董仲舒之前的大一统

在董仲舒之前的先秦哲学史上便有了类似于大一统的理念，如在商鞅变法中便提出了系统地在思想上进行整合划一的观点并且体现为国家政策在秦国得以有效实施。

一、"一"的概念

关于先秦"一"的概念的分析请见董学的形而上学部分。

二、先秦没有大一统的概念

虽然在战国后期出现了一和统的政治意念和强烈的现实政治需求并已经通过秦国的国家行为得到了持续的表述，但是在董仲舒的《公羊传》出现之前，作为一个完整的政治概念和范畴的"大一统"并没有出现。在董仲舒的《公羊传》中，大一统的概念不但被明确地提出，还被扩展为一个逻辑和内涵严密的范畴，被赋予了明确而完整的政治目的性，被置于董学的政治哲学体系的核心地位而得到系统的演绎。尤其值得注意和强调的是在孔子的著作中绝没有关于大一统的理念，也没有出现大一统的词汇。由于大一统是皇权主义的核心内涵，同时也代表着国家主义的价值观，因此大一统概念的有无是体现孔学与董学作为不同的哲学思想和价值体系最重要的标志之一。

另外，西周等朝代也曾经建立起统一的帝国，实现过中原在不严格意义上的统一，但是西周的统一与董仲舒所强调的大一统是不同的。这是因为西周和西汉是两种完全不同的国家形态，代表着国家和中国文明的不同阶段，两者有不同的政治本质：前者是建立在族群国家基础之上的帝国，其基本的社会单元是氏族、聚落、部落和部落联盟等族群；而后者则是建立在国家权力直接统治之下的、以个人为社会单元和国家要素的皇权主义的成熟的国家形态。

第二节 董学的大一统概念

作为一个政治学概念的大一统是由董仲舒提出的，这是毫无疑义的。大一统概念的提出标志着中国的皇权主义政治哲学的成熟，是董仲舒对于中国政治哲学做出的最伟大的理论贡献之一。

从政治哲学的维度上看，董仲舒在《天人三策》《公羊传》和《春秋繁露》等文献和著作中都提出了大一统的理念，是董仲舒发展出来的系统的和一贯的政治哲学理念，是其在深思熟虑之后得出的指引西汉现实政治的哲学结论。汉武帝接受和推崇董学是以推广董仲舒的《公羊传》为重点的，其目的是他要根据大一统理念来重铸皇权和在政治决策中推广大一统理念。因此，在国家意识形态的维度上，大一统的理念和原则更多的是与《公羊传》联系在一起的。而《公羊传》则在开篇便提出了大一统，在此汉武帝与董仲舒的唱和可谓是天衣无缝。

一、大一统的概念分析

关于大一统的字面解释有三种。

第一种中的"大"不是形容词，而是个动词，是"以……为大"的意思，具有推崇、重视和尊尚之意。因此，"大"不是被动的对事物的状态的描述，而是主动的行为，是带有目的性的追求，是国家的自觉性行为。"一统"也是动词，实际上，"一"和"统"代表着两种不同却先后关联的国家状态，也代表着皇权的行为方式和结果。这个解释是中国哲学史对于大一统的传统解释，虽然也包含着对于统一的政治现状的肯定的含义，但它更强调对未来结果的一种期待和动态的过程。在国家的外延即国家的疆域范围方面，考虑到董仲舒时期的西汉已经基本上继承了秦帝国所创建的大一统的政治局面，这个解释似与当时的政治现实并不完全吻合，但是在国家的内延即国家内部的统一状态方面，强大的诸侯王对于皇权的桀骜不驯和屡发叛乱则表明西汉初中期的国家仍然没有彻底实现大一统，在通向内部大一统的路上无所措手足、举步维艰，这也准确地反映了当时的政治主体，与时代性十分吻合。

第二种是将"大""一"和"统"三个概念并列而成。这个解释强调的是皇帝统治天下的方式，也是对皇帝统治之下的天下和国家状态的一种凝练的概括和描述。"大"表现出了当时国家外延的状态，即西汉初期基本上继承了秦朝打下的统一的江山，延续了对诸国争霸的战国之乱的政治统一，使整个华夏同属于一个国家之下；"一"则表现出国家的内延状态，整个国家上下一体，皇帝的号令被统一而不折不扣地执行；"统"则强调皇权是国家唯一合法的统治权力，整个国家都被置于皇权的统治之下。

第三种由两个概念即"大一"和"统"组成。大一即"太一"，在上古时期大和太是通假字。太一是中国上古时期神话中的天神和至上神，大一统就是指由太一来统领天地人间。皇帝作为太一的儿子是天子，由皇帝统治天下也暗合"太一统"的含义。这个解释强调的是皇帝的神学属性以及天人合一的理念，与上古时期的王由绝地天通的巫觋演化而来在理念上也是相通的。

二、董仲舒将西周作为大一统的渊源

董仲舒将他对大一统演绎确定在西周的统一王权之上，董仲舒将对大一统演绎的起点定在了周朝的统一王朝上，对周朝统一的政治状态的分析是董仲舒大一统理论重要的历史基础。

董仲舒将周朝作为大一统的渊源和逻辑起点是颇为耐人寻味和具有深意的选择。他没有像黄老之学一样推崇黄帝，将大一统的起点放在上古的黄帝时期，既回避了刚刚覆灭不久的秦朝更为彻底的大一统的事实，也回避了受到孔学推崇的在《尚书》中将尧舜作为中国历史信史的起点的观点。黄帝等三皇五帝时期是否实现了中国的统一并没有唯实史料的支撑，对于中国上古时期国家统一整体的描述停留在口头传说层次，在黄帝的历史定位没有得到确认的情况下，以黄帝作为大一统的开端和代表受到质疑的可能性会更大。秦朝虽然在中国历史上实现了真正意义上的大一统，但是秦朝却在十五年之后便灭亡了，而且西汉初年的学者和统治者都无一例外地将秦朝作为暴政和失败的典型，将秦朝作为大一统的典型显然不具有"政治上的正确性"，会引起很大的政治争议，为董学的推出设置障碍。

从纯粹的历史学标准来看，西周代替商朝成为君临中原的合法国家政权是历史事实，而其政治系统是否实现了大一统则见仁见智，实际上是有勉强的因素在内的。然而，董仲舒将周朝作为大一统的渊源却具有政治和学术上的意义，使他避免了政治和学术上的明礁和热点，将董学的第一个主要观点放在西周意味着董仲舒将自己的学说放在了风头正劲的黄老之学的监控范围之外，同时也回避了与前儒学的流派之争，因为西周是被前儒学所接受和推崇的。这样的处理不仅体现了董仲舒学术上的精微洞察力和政治上高度的敏感性，同时也体现了董仲舒在出道时要用前儒学的《公羊传》来投石问路的明哲保身的心态和策略。

三、大一统的内涵和目的性

董仲舒将西周的统一王权确认为中国大一统的渊源在《公羊传》开篇第一条便开宗明义地得以明示。

《公羊传》的开篇第一条便是：

> 经文：（隐公）元年，春，王正月。

> 传文：元年何者？君之始年也。春者何？岁之始也。王者孰谓？谓文王也。曷为先言王而后言正月？王正月也。何言乎王正月？大一统也。①

这个传文开篇极具震撼力和冲击力，毫无遮掩地以单刀直入的方式直接列出了全书的主题和逻辑主线，具有舍我其谁的气势，与春秋笔法的微言大义形成了强烈的反差，明确地表明了与《谷梁传》和《左传》的不同，鲜明地为《公羊传》定了性。从写作风格上看，《公羊传》的这种开篇方式体现了作者巨大的自信心、气魄和智慧。相比之下，《谷梁传》和《左传》则缺乏这种气势，显得循规蹈矩，缺乏目的性和冲击力。

但是，董仲舒如此开篇的哲学意义要远大于其写作风格上的冲击力。它的哲学意义在于它显示了《公羊传》与众不同的董学性质。这是董学与孔学和前儒学的一个本质性的不同之处。如果大一统的原则是儒学的传统原则和观点的话，作为被认为是更能体现其思想的其他两部春秋应该更加强调这个重要的观点并且将其作为统驭全书的纲领和逻辑主线而贯穿于全书，然而不但直接记载孔子言论的著作如《论语》没有一处提及大一统，就连两部春秋也同样绝没有一处提及大一统，而将其作为统驭全书的逻辑主线更成为奢谈。《谷

---

① 王维堤、唐书文撰：《春秋公羊传译注》，上海古籍出版社 2005 年版，第 1 页。

梁传》和《左传》两部春秋未提及大一统，再次证明了孔学和前儒学与大一统理论是没有逻辑和义理上的关联的。对于这种现象的唯一解释只能是：大一统是董学的原则，不是孔学的观点，而董学是与孔学在本质上不同的思想。

董仲舒的大一统理论是其董学与孔学分歧表现最为明确的一个根本要点，是最能够说明和代表董学的哲学观点，也是建立在董学基础之上的公羊学和公羊模式最为牢固的意识形态支撑之一。在董仲舒和汉武帝去世之后攻击公羊学和公羊模式的种种逆流中，却没有一位学者和官员敢于攻击大一统的理论和实践，虽然它与孔学、前儒学和鲁学的差异最为明显。公羊模式在汉武帝之后的两千年中始终作为国家正统意识形态而存在，大一统理论起到了巨大的支撑作用。事实上，大一统的理论不但是董学和公羊学最重要的政治哲学观念，而且已经被内化为中华民族和中国文明的核心理念，渗透到了每个中国人的血液和文化潜意识之中，变成了中国的民族精神和政治文化的核心基因，一直延续到了今天。在两千多年的历史风雨历程中，大一统理论对于中华民族保持民族完整和国家的统一所做出的杰出贡献是不可磨灭的。

但是同时应该看到这样一个逻辑链条的缺失。董仲舒在将大一统的起点放在西周统一王权的同时，却并没有顺其自然地进一步引述西周的统一模式，没有进一步介绍西周的权力体系和西周中央政府制约诸侯的权力运作方式，即"告朔制"。也就是说，董仲舒并没有以代表西周意识形态的告朔制来塑造其皇权主义的政治哲学体系。

在《公羊传·文公·六年》中，董仲舒再次强调了周朝的大一统，同时也省略了进一步涉及周朝大一统的权力模式。该段传文写道：

……然则周公之鲁乎？曰：不之鲁也，封鲁公以为周公主。

然则周公曷为不之鲁？欲天下之一乎周也。……①

告（gù）朔制也称告月制，是周天子为了制约诸侯的权力运行而实施的一套王权的行为规范。按照周制，天子于每年十二月将来年历书颁赐给诸侯。诸侯隆重地接受天子的颁赐，并将历书藏奉在祖庙中。每月的朔日即每月初一，诸侯都要祭庙，自己北面接受历书，称为告朔。根据周礼，政事的安排要与历法相合，十二月各有政事，具体的安排在《礼记》中的《明堂》和《月令》中有明确的规定。告朔仪式结束之后，诸侯按照历法的安排听治一月政事，称为听朔或者视朔。

董仲舒只是在《公羊传·文公·六年》中提到告月制，而且不是正面提及，而是在解释"闰月不告月，犹朝于庙"②的条文时顺便做了解释。

开篇之后，在《公羊传》后来的行文中西周的统一的政治制度只表现在礼制上，不再有对于统一的政治权力和国家行为的探究。这证明了董仲舒只是在巧借西周的统一来引出自己的思想体系。这种抛砖引玉的方法董仲舒多次应用。另一个典型的表现体现在对于孔子的假借上。由此可见，董仲舒对于西周的政治体制这种若即若离的处理方式表明了董仲舒对周制的统一体体制的处理方式并不是完全认同的，董仲舒强调的是大一统的权力形态，而不是西周执行大一统的权力结构，在肯定了西周大一统的权力形态之后，董仲舒并没有强调和突出西周的权力结构，因为董仲舒的目的是要建立自己独特的董学的皇权主义的大一统的权力结构和国家行为模式，而不是要以周朝的礼制为理想的政治模式。董仲舒并不是像孔子一样的复古主义者而将西周最为理想的政治体制，将董学变成如孔学一样的主张复古的政治哲学。董仲舒只是强调周朝大一统的权力形

---

① 王维堤、唐书文撰：《春秋公羊传译注》，上海古籍出版社 2005 年版，第 287 页。
② 王维堤、唐书文撰：《春秋公羊传译注》，上海古籍出版社 2005 年版，第 271—272 页。

态，是要将大一统的权力形态建立在他自己的哲学基础之上，是要借助西周的大一统的形态提出他董学的全新的大一统的国家行为模式。

四、大一统的层次感

董仲舒对于大一统的理解是有层次的，恰似一个同心圆。在《公羊传·成公·八年》中，他对这种同心圆般的层次感进行了直接的阐述：

> 曷为殊会吴？外吴也。曷为外也？《春秋》内其国而外诸夏，内诸夏而外夷狄。王者欲一乎天下，曷为以外内之辞言之？自近者始也。

董仲舒的这个理念体现在了他对于汉武帝构建公羊模式的看法上。

五、对大一统的维护

在《公羊传》中，董仲舒极力维护统一王权的必要性，即使在"天王"蒙难而王室衰落时刻也是如此。如在《昭公·二十三年》：

> 经文：天王居于狄泉。

> 传文：此未三年，其称天王何？著有天子也。

按照周制，在周天王去世（崩）之后，继任者当守孝三年，守孝期满之后才可以正式继位。周敬王在周景王死后仍在守孝期间，但是《公羊传》却不顾礼制规定率先称其为天王，表达了在诸侯纷乱擅越时期维护天下一统的立场。

相比之下，在《谷梁传》的传文中并没有任何强调天子的提示，《左传》对于这条经文则没有任何的传文解释。

在《公羊传》中充斥着反对非华夏诸侯即夷狄诸侯破坏国家统一，依靠武力行使天王权力的僭越行为，多次提到了"不与诸侯专封"，而对于被当时视为蛮夷的楚国等的僭越行为更是有强烈的鞭挞之意。如在《襄公·元年》：

> 传文：……（彭城）楚已取之矣，曷为系之宋？不与诸侯专封也。

彭城（今江苏徐州）原是宋国的城邑，后被楚国侵占，但是《公羊传》拒绝承认彭城是楚国的领地，仍然将它当做是宋国的领土。

相比之下，《谷梁传》的传文是"系彭城于宋者，不与鱼石，正也"[1]，从宋国大臣鱼石的个人品行不符合正统的角度进行了批评。《左传》与《谷梁传》的角度类似，在传文中强调了"凡去其国，国逆而立之，曰入；复其位，曰复归；诸侯纳之，曰归；以恶，曰复入"。[2]仍然从鱼石的复国行为缺乏正统性和诸侯不予接纳的角度进行了评价。两者都没有从维护大一统的原则和角度来看待和衡量此事。

《昭公·十三年》载：

> 经文：蔡侯庐归于蔡。
>
> 陈侯吴归于陈。
>
> 传文：此皆灭国也，其言归何？不与诸侯专封也。

虽然蔡国和陈国被楚国所灭，篡位为王的楚平王为了平息诸侯国的联合讨伐，又恢复了蔡国和陈国，但是《公羊传》拒绝接受"蛮夷"楚国擅自封灭华夏诸国的行为，仍然如从前一样称呼蔡国和陈国，表达了对周朝统一局面的坚持。

相比之下，《谷梁传》的传文也表达了对其的不满，"不与楚灭也"，但是却是就事论事，语气要弱得多，更没有上升到维护大一统的原则上来。《左传》只是记述了蔡国和陈国复国的事实，对于楚国的行为没有作任何的谴责。

《公羊传》提到了王权"不与大夫专执"。如在《定公·元年》：

---

① 承载撰：《春秋谷梁传译注》，上海古籍出版社 2004 年版，第 503 页。
② 陈戌国撰：《春秋左传校注》（下），岳麓书社 2006 年版，第 526 页。

……曷为贬？不与大夫专执。曷为不与？实与而文不与。文曷为不与？大夫之以，不得专执也。[①]

第三节　董学的大一统背后的政治理念

作为董学政治哲学的核心概念，大一统与其他政治概念和理念有着紧密的逻辑联系。

一、大一统是皇权主义的内核

在董仲舒的政治哲学理念中，大一统被视为理想的权力模式和国家存在状态。对大一统在哲学上的肯定和维护是董仲舒政治哲学理论的核心和要点。董仲舒的皇权主义是与大一统互为因果和互为表里的。正是因为实现了大一统，国家权力才能由王权上升为皇权，皇权才有了内在的政治形态来支撑其存在的合理性，而失去了大一统，皇权主义便失去了内在的核心，国家权力便退化到了仍然以王权为表现形式的层次。

二、大一统与国家主义

必须明确的是大一统首先是国家行为，是一种行为事实和行为存在，其次才是政治哲学的理念和原则。实现大一统是战国时期国家行为的最终目标。在战国时期，大一统意味着中国的统一，实际上是大统一，是大一统的初级政治目标。它在战国时期三百多年间统驭了各个主要国家的行为，而大一统作为政治概念和范畴出现要迟于作为行为事实的大一统几百年，直到董学才首次被提出。这种现象反映了人的行为和认知的差异性，以及人的认知相对于人的行为的滞后性，或者说人的行为相对于人的认知的超前性。所谓的

---

① 王维堤、唐书文撰：《春秋公羊传译注》，上海古籍出版社 2005 年版，第 503 页。

"行易知难"在大一统上得到了充分的体现。

三、大一统暗挺战争

董仲舒认为大一统是皇权主义的国家权力形式，是皇权必备的核心构件，这意味着他支持通过战争来统一中国，在政治哲学的高度上确认了战争的政治功能。要统一，不要分裂，就只能使用战争这个最有效的行为杠杆来完成。董仲舒为此发展出了系统的战争哲学（对董学战争观的唯实解析请见后文）。

董仲舒依靠战争来实现和维护大一统的思想与孔子完全否定和回避战争，主张依靠仁政来统一中国的主张是完全对立的。

四、大一统继承了秦朝的政治成果

董仲舒关于大一统和战争的观点实际上暗含他对于秦国通过战争统一中国方式的接受和首肯。虽然在政治言论上董仲舒如当时的主流舆论一样也多次将秦朝作为反证加以批评，但是在更高的政治哲学理念层次上，董仲舒并没有完全否定秦国和秦朝的意识形态和行为方式，这通过董学对于商学的继承也得以表现。

董学开宗明义强调大一统的政治功能就是要将大一统这个概念和范畴加以强化，从正面来维护汉朝的皇权。虽然在理念上董仲舒将周朝作为大一统的渊源和范本，但是在现实政治中，董仲舒则肯定了秦朝的政治成果。事实上，肯定了西汉的政治制度也就是肯定了秦朝大统一的政治成果，因为西汉初年的国家制度和政治体制都是直接承继了秦朝的。这就是董仲舒思想的巧妙之处。董仲舒没有给予秦朝以名义上的肯定，却在对现实政治和国家权力形式的选择中肯定了秦朝的政治成就——通过数百年的努力而实现的对于中国的大统一。秦朝完成了对于中国的大统一，却无力实现对中国的大一统，公羊学的最终目的就在于在秦朝所建立起来的大统一的基础上完成对于中国的大一统，为西汉政权找到一个理想的国家行为模式，使之避免秦朝因无法消化大统一而造成的短祚。

对于秦朝的评价是西汉以来十分矛盾的历史和政治命题。西汉初期的士人们如贾谊等无不对秦朝口诛笔伐，视其为暴政的典型，是政治失败的代名词。汉初的帝王们继承了秦朝的皇帝制度，在政治制度上"承秦制"建立起了西汉的国家制度。事实上，没有秦朝的政治制度就没有西汉对于全中国的掌控。但是西汉初期的知识分子只将矛头对准了秦朝的不足和弊端，而对于其所取得的卓越的历史成就却缄口不言，体现了他们在理念和现实政治中无法理解和消化秦朝的历史地位的纠结。董仲舒提出的大一统的政治理念则在更高的层次上化解了这种纠结。

第四节　董学的大一统理念的原则和特征

如果将大一统置于更广阔的政治背景下加以审视，那么它的意义会得到更加明显的展示。

一、大一统的原则

董仲舒对于大一统的规定具有多方面和多层次的意义。

（一）大一统具有多种层次

董学和公羊学的大一统概念是个具有多种层次的复杂的政治哲学理念，它包括意识形态、文化、地缘政治、种族的大一统，尤其是国家权力的大一统。

国家权力的大一统即政治上的大一统是大一统概念的重心和核心，也是其他层次的大一统存在的前提和基础。以国家权力的大一统为依托，董仲舒提出了皇权主义，而皇权主义正是董学政治哲学的内核和其他许多政治理念和原则的基础和出发点。从董学的内在逻辑和理念上看，国家权力的大一统是构成皇权主义的必要条件，缺乏了这个大一统，皇权主义便失去了支撑，董学的政治哲学也失去了合理性和精髓。

（二）大一统是"中国中心论"

大一统理论包含中国中心论的思想。中国中心论思想在董仲舒阐述三统三正说中得到了具体的说明。

在《春秋繁露·三代改制质文》中董仲舒写道：

> 三统之变，近夷遐方无有，生熟者独中国。然而三代改正，必以三统天下，曰三统五端，化四方之本也。天始废始施，地必待中，是故三代必居中国。法天奉本，执端要以统天下，朝诸侯也。

在此，董仲舒明确地提出了中国中心论的思想，界定了中国与天下的关系，说明了中国与"四方"之间的关系。在董仲舒看来，中国与天下是同义词，中国就是天下，中国的三统就是整个天下的三统，周边的民族和国家同样要奉行和遵守。董仲舒的大一统是以华夏文化为中心的同心圆般向四周扩展，具有文化和政治上的层次感。三统三正说成为董学大一统理论的自然延伸，也成为其进一步的佐证。

中国中心论的思想表现出了中国文明的自信和自我认同和期许，也是中国文明遥遥领先于世界的客观反映。此处表达出的"中国中心论"思想与西方文明的"西方中心论（Euro-centricism）"完全是两回事。与后者不同，董学和公羊学的中国中心论并不是虚妄和傲慢，也不是一种侵略、扩展和殖民主义的政策，而是中国文明在当时世界中的领先性和分量的自然和合理的反映。

（三）大一统不是殖民主义

董学的大一统理论主张"内其国而外诸夏，内诸夏而外夷狄"，体现出了明确而有层次的夷夏观。但是，董学的夷夏观仅仅体现在文化和政治观念之上，而并不是军事和政治行为上对夷狄进行歧视、屠杀和掠夺的借口，这与西方文明的种族主义具有本质的区别。西方文明的种族主义是为西方国家针对非西方文明和国家实施殖民主义提供理论借口，这与董学和公羊学的夷夏观是完全不同的。

事实上，董学和公羊学绝不提倡殖民主义，公羊模式也从不实行殖民主义，而是坚持以对等的道德观来对待周边的民族、国家和文明，这也是公羊模式与英国模式、中国文明与西方文明最重要的区别之一。

董学和公羊学提倡开放、动态的道德标准，以各国的品行来判断其是否进步，而不是固定地以种族来为各个国家和民族定性，是一种非常理性而公平的民族观和文明观。西方文明提出了"平等"和"正义"等政治哲学概念并将其奉为圭臬，但是在实践中却从来没有实施过"平等"和"正义"的政策，这在其对待非西方国家和文明的态度和政策中体现得尤其典型。中国文明和西方文明哪个更先进、更理性和更优越在此得到了不容置疑的展示。

（四）公羊学与黄老之学的根本区别

黄老之学也是一套治国理念和治国之术，但是它奉行的是老子"小国寡民"的国家形态，而董学倡导的则是大一统的超级国家形态。为了维护和有效治理两种国家形态就需要采取完全不同的治国之术：黄老之学采取的是无为而治的国家行为方式，而董学采取的是积极有为的皇权主义的行为方式。

然而，董学与黄老之学并不是在政治理念上完全对立的意识形态，例如两者都主张继承秦朝统一的国家形态，都主张延续秦始皇开创的皇帝制度，但是两者在对于政治统一的理解上却存在着巨大的分歧。董学提倡强硬的皇权主义，无论在国家的内向维度还是在外向维度上都要实现皇权的绝对统控地位，确立大一统；而黄老之学则具有保守性和被动性，面对内忧外患的各种危机拿不出解决的方案，只能无奈地应付，任凭大统一局面逐渐剥落。也就是说，如何看待大一统问题导致了两者之间产生了巨大的分歧和对立。面对西汉王朝所面临的现实的政治危机，大一统问题正是董学与黄老之学的根本区别。

（五）大一统是一种国家存在状态

董仲舒的大一统概念是指对"一"的范围的"统"，即在一定的地缘、文化和种族范围之内进行同一性的统治，因此，大一统不仅是一种国家统一的状态，更是一种自主的和自在的国家存在状态。在大一统的国家存在状态之下，中国文明和国家真正享有和平，没有了来自其他国家和国外势力对国家安全的威胁，中国文明和国家以自主的方式来生存和决定自己的国家行为方式。对于大一统的国家存在状态的界定在很大程度上取决于中国文明和国家在外向权力结构上的成就和状态。只有在消除了外在的对中国文明和国家的威胁之后，中国才能够真正进入大一统的国家存在状态。

按照董仲舒的理解，中国在周朝时期已经享有了大一统的国家存在状态。但是，周朝的大一统是不全面和不彻底的。西周的大一统并不完善，它更多地表现在政治上的大一统，在地缘、种族和文化上周朝并没有在中原地区实现大一统。秦朝统一了中原六国，但是秦朝并没有实现地缘政治上的大一统。北方强大的匈奴时刻威胁着秦朝的国家安全，秦朝并没有达到自在的国家存在状态。中国历史上第一次真正享有大一统的国家存在开始于汉武帝晚年，开始于在西汉击败匈奴之后，东汉初期进一步瓦解了北方的匈奴，造成了其分裂和向西远遁，这是汉武帝在国家外向维度扩展大一统的直接延续。从汉武帝晚年一直到东汉后期是中国文明实现全面大一统的第一个高潮。可惜董仲舒并没有看到汉武帝对大一统的实现，这对于董仲舒来说不能不说是一件憾事。

二、大一统的多重性

作为皇权主义的必要构件，董仲舒的大一统是内容丰富具有多重意蕴的政治哲学理念，覆盖了国家行为的各个方面和层次的事务。董学的大一统本身就是一个具有结构性的子系统，是董学的政治哲学和整个哲学体系的核心。

董学的大一统结构具有三个层次的内涵。第一个层次是指要空前地强化统一的中央政权，这是政治大一统最核心的内容，也是皇权主义的本质。第二个层次是指皇权主义的具体政治目标和机制。这包括两个维度的内容：一是皇权对于国内政治的决定控制，在西汉初中期的政治现实中，其重要任务是要彻底消除诸侯国的王权对于皇权的挑战，将其置于皇权的绝对控制之下；二是对于外部安全威胁的扫除，这主要是针对西汉王朝相对于北方匈奴在军事上的劣势和国家地位上的不平等以及匈奴对于西汉时刻存在着的安全威胁。第三个层次是皇权主义统治国家和控制社会的政治方法。为了建立和强化皇权主义，维护多重性的大一统，皇权需要一套全新的权术系统，这种需求促使了公羊道这个皇权主义治国术的出笼和不断完善化。

（一）皇权的大一统

皇权的大一统是皇权主义的内核。皇权的大一统包括三个方面的含义。第一个方面表现为皇权是天下最高的权力，王权、相权、将军等任何其他的权力形态在等级、地位和权限上都要低于皇权，都要为皇权服务，都要接受皇权的绝对控制和差使。第二个方面体现在正统性和授权体制上，皇权是其他权力形态的来源，没有皇权的授予它们是没有合法性的，是无法运行的。第三个方面表现为皇权的排他性，这是相对于诸侯王的权力和以相权为代表的官僚机构的行政权而言的。皇权不仅在地位上要高于诸侯王权和相权，在具体的权力行使和运行过程中诸侯王权和相权都不能对皇权进行任何形式的干预和挑战。诸侯王权仅限于诸侯国内，无法干预整个国家的权力运作；相权只是皇权的执行机构，是皇权的工具，只能在皇权的授权之下运行，没有独立性和自主性。如果王权和相权无法与皇权保持同一性，那么皇权便有绝对的权力在人事和制度上来制裁它们。

皇权的大一统是大一统结构的前提和基础，缺少了这个基石，任何其他层次和表现形式的大一统都将失去存在的合法依据和得到贯彻的现实可能性。

（二）意识形态上的大一统

意识形态上的大一统对于皇权的大一统具有特别的作用和意义。实现意识形态的大一统是董学的皇权主义政治哲学体系最重要的内容之一，也是董学在国家治理方面进行革命性变革的主要内容。董学意识形态上的大一统意味着要重建汉朝的国家意识形态，基于此重新构建新的国家行为模式。

在《天人三策》中，董仲舒以实现汉朝意识形态上的大一统做结尾，提出了"罢黜百家，独尊孔术"的政策谏言，这个谏言实际上是点明了他向汉武帝进谏的主题，表明了董仲舒滔滔不绝的谏言中的分析和论断都要归结为实现思想大一统。

实行意识形态上的大一统本身并不是董仲舒的首创，它来自商鞅的商学，并且由秦始皇在秦朝时得以继承和强化。但是，在具体的内容和政治意义上，董仲舒的思想上的大一统却具有不同的内涵和性质。

（三）政治上的大一统

董仲舒提出意识形态的大一统的目的在于维持政治上的大一统。董仲舒开宗明义地在《公羊传》中提到的大一统首先是政治意义上的大一统，其寓意在于：在汉朝基本上继承了秦朝的皇权和地缘大一统的政治前提下，加强政治上的大一统和维持地缘大一统的遗产是汉朝最重要的政治目的，而要实现这个政治目标就必须强化皇权，而强化皇权的最重要的政治手段便是实现意识形态的大一统。

政治意义上的大一统是大一统概念最核心和最基本的内涵，任何形式的大一统必须以政治上的大一统为基础才能够被称作是大一统，而大一统在内涵和外延上的任何变化和发展必须以政治上的大一统为其基础才能成立。

　　文化、地缘和种族意义上的大一统都是政治上的大一统的内涵和原则，大一统的定义和核心仍然是政治上的大一统。只有在政治上的大一统存在的前提下，文化、地缘和种族意义上的大一统才有存在的可能性和意义。由此可知，不存在缺失了政治上大一统的文化、地缘和种族的大一统。

（四）文化上的大一统

　　与政治意义上的大一统相适应，文化意义上的大一统是政治上的大一统的社会和文化支撑，文化大一统实际上是中国历史上最早的大一统观念，它最早体现在上古时期便已经存在的华夷观上。

　　在相当长的历史时期内，中国的政治范畴、文化范畴和地缘范畴是不相配合的，政治、文化和地缘虽然相互交叉，却并不重合，更没有同一性。中国的上古时期到战国时期，中原地区一直是华夏族和其他民族混杂居住的地区。从《公羊传》和《左传》中可以看到，春秋时期，即使在作为中原核心地区的郑国、晋国等地也都充斥着各种被称为夷狄的少数民族，他们的城邑和华夏族的城邑相交错，与华夏诸侯国进行交往，并处于经常性的战争状态。因此，虽然夏、商、周三朝和更早期的中国政权都将中原地区看做是其国家重要的疆域，但是在这个政治范畴之内却包含着许许多多与华夏文化不同的蛮夷民族和政权，它们并不是中原政权的组成部分，从严格意义上讲，这些中原政权有效的政治范围是无法控制作为文化范畴和地缘范畴的中原地区的，这也反映出在更为古远的西周时期在中原是不存在真正意义上的大一统的。

　　这种夏夷在文化和政治上混杂的状况就是孔子在《论语》中所提到的"诸夏"的历史背景。在《论语·八佾》中，孔子说道：

　　　　夷狄之有君不如诸夏之亡也。

　　所谓的诸夏是以西周的宗法制度和礼仪文化作为意识形态并且接受西周政权统治的居于中原地区诸多诸侯国的总称。虽然诸夏在政治上还没有出现大一统的政治形态，但是在文化上却具有鲜明的、与周边各民族和政治实体相区别的独特特征。

细品孔子的这句话，可以发现它体现了孔子的历史观和文化观的一些要点。

第一，孔子对于华夏文化的优越性具有近乎偏执的自信，其偏执程度已经到了非理性、盲目和不讲道理的地步。

第二，孔子的历史观并没有文化大一统的观念。在孔子的华夏文化优越感面前，对于所谓的夷狄的文化优越感甚至体现出了明确的敌意，要他尊重其他文化是不可能的。有鉴于此，通过平等的文化交流和互动等和平手段来实现华夏文化的融合和大一统对于孔子来说是不可能的。但是同时，孔子又没有通过其他手段例如战争来将夷狄文化纳入华夏文化的主张，因此对于孔子来说通过战争手段来实现华夏文化的大一统同样是不可能的。孔子的华夏观不仅体现出了孔学在逻辑上的诸多断裂之处，更为重要的是，从本质和手段上看孔子的历史观和华夏观都是与董仲舒的大一统理论格格不入的。

董仲舒在《公羊传》中提到的大一统虽然是指那些接受周朝中央政权统治的中原地区各诸侯国，具有政治上的大一统的意义，在文化上仍然是指华夏族的大一统，其内涵不包括不实行华夏族礼仪制度、文化习惯和行为方式被称为夷狄的少数民族，在地缘上不包括居住在中原地区的被少数民族所控制的地域。

（五）地缘上的大一统

秦始皇统一全国将中国的大一统观念落实到了地缘维度。在秦始皇统一中国之后，史料中再也看不到中原地区仍然存在夷狄王国的记载，这表明中原地区已经成为完全被中国文化和种族所覆盖的区域。秦朝的地缘大一统包括整个中原地区、西北地区和四川，它们成为秦朝的大一统所覆盖的地理范围。秦始皇还明确规定了中国地缘性的大一统的不间断的地缘范围。以中原为中心，地缘大一统是具有扩展性的，其范围于北方在蒙古草原的南端，将阴山山脉和河套地区划入中国的疆域范围；于西方包括巴蜀地区；于南部包括了整个的百越地区，并且直接延伸到了南海；于东部包括辽东地区，同样直临大海（包括今渤海、黄海和东海）。秦始皇的这个划定成为公羊模式地缘范围的核心部分和向外部扩展的基础。

在秦始皇划定的中国地缘性大一统的范围中最具代表性和最具历史影响的划定无疑是雄踞北方的万里长城的建立。长城是秦朝的在北方针对强大的游牧民族匈奴而建造的国家战略防御体系，在文化上是传统的华夷之间的分界线，而更为重要的是长城在中国历史上第一次划定了中国的大一统在北方的界线。长城也因此成为中国在北方大一统的象征和地缘界定，长城的这个文化和地缘上的意义直到清朝的康熙时期[①] 才被打破。

历史事实证明了秦始皇建立长城对于中国具有不可低估的地缘战略价值。能否实现大一统、能否将长城纳入自己的版图成了决定中国王朝命运的必要条件之一。能够继承秦始皇地缘大一统的划定的王朝如秦朝、汉朝、隋朝、唐朝、明朝和清朝等都可以有效地防止北方游牧民族的入侵；而无法实现秦始皇的地缘大一统的王朝如魏晋南北朝、五代十国和两宋等都不可避免地在北方游牧民族的入侵之下覆亡。17 世纪初中期，正是在吴三桂叛变引领清军兵不血刃地进入山海关，突破了长城防线之后，清军才击溃了李自成的起义军，迅速占领北京，入主中原的。这个充满了戏剧性的事件为长城对于中原王朝的重要性浓墨重彩地增添了一个感叹号。

历史事实同样证明，只要能够认真地按照长城部署防御，中原王朝便可以化战略被动为主动，处于进可攻退可守的主导地位，便可以有效地将游牧民族拒于国门之外。秦始皇围绕长城建立起的针对匈奴的国防部署是个一体化的整体部署，为此秦始皇动用了大量

---

① 康熙继续了满族对于蒙古刚柔相济的有效统治，将蒙古内化为清朝统治的一个强大支柱。康熙拒绝了在北方重修长城的做法，将蒙古民族作为清朝在北方的长城。康熙的这个战略在多伦会盟上得以实现。

的民力来扩展和加固长城，沿着长城防线建立一系列的后勤基地和城镇，修建了从首都咸阳直通长城防线的直道，为了向长城运输粮食在全国范围内建立了驰道，这些一体化的国防体系使匈奴多次被蒙恬指挥下的长城军团击溃而远遁大漠深处，在长城军团撤退到内地平叛之后，匈奴又席卷而至，使汉朝的皇帝刘邦陷入了白登之围，几乎将汉朝扼杀在摇篮里。

董仲舒大一统的地理范围与秦始皇是一致的，这无疑证明了董学对于秦朝是具有承接性和连续性的，董学对于秦朝是具有肯定因素的，而这种肯定性正是董学在政治哲学和现实政治中的重要基础。西汉继承了秦朝的地缘大一统，这也是董学大一统理念的政治、意识形态和文化基础。但是汉武帝并没有受到秦朝关于地缘大一统的范围的限制，通过对于匈奴和西南地区少数民族的战争，实现了对秦朝地缘大一统的突破。汉武帝收复了"河南地"即河套地区，在此设置了朔方和五原两个郡，朔方郡下辖十个县，五原郡下辖十六个县，将西北方的河西走廊和北方部分的大漠地区以及西南地区纳入了中国的大一统范围之内，奠定了未来两千多年中华民族大一统的地缘基础。汉武帝驱赶了匈奴人，在中国历史上第一次占据了河西走廊，在此设郡县，将其纳入了大一统的政治和地理范围之内，这在中国历史上无疑具有里程碑式的意义。

为了巩固这些胜利成果，汉武帝修筑了"汉长城"，使中国的长城在秦长城的基础之上进一步向西延伸。

（六）种族上的大一统

董学在文化上的大一统虽然具有种族意识，但是文化的范畴是高于种族范畴的，也就是说判断一个种族优劣的标准并不是其血统而是它所奉行的文化。司马迁的历史哲学丰富了这个观点，使文化与种族的关系获得了历史的纵深。司马迁的黄帝观补充了董仲舒的大一统理论，使后者在种族问题上更加明确地具有包容性。公羊学不以种族来区分"诸夏"和"夷狄"，而是以文化和道德水平来加以区别，根据这个原则，夷狄也可以称"子"，诸夏也堕落为"新夷狄"。

在《公羊传·宣公十二年》中记载：

> 夏六月乙卯，晋荀林父帅师及楚子战于邲，晋师败绩。大夫不敌君，此其称名氏以敌楚子何？不与晋而与楚子为礼也。

楚国本是南方蛮夷，中原国家都鄙夷楚国，然而在这场楚伐郑的战争中，晋国败绩，郑伯肉袒至楚师谢罪，楚庄王于是下令退师，将军子重谏曰："楚都距郑国数千里，此役大夫死者数人，士卒死者数百人，如此胜郑而退师，乃失民臣之力。"庄王曰："君子笃于礼而薄于力，服其人而不取其土，郑既告服，不赦不祥。……两君相恶，百姓何罪之有！"于是还师放走晋军。《公羊传·宣公十二年》在《春秋繁露·竹林》中，董仲舒再次提及此事：

> 《春秋》之常辞也，不予夷狄而予中国为礼。至邲之战，偏然反之，何也？曰：《春秋》无痛辞，从变而已移。今晋变而为夷狄，楚变而为君子，故移其辞以从其事。

在此，董仲舒从公羊学的"常变论"出发再次论证了其从道德和行为而不是从种族来划分"夷"和"夏"的观点。

董仲舒和司马迁的这个思想在当时的历史条件下是十分进步和超前的思想。它修正了孔子激进的夷夏观，使中国文化超越了种族的局限，为中国文明和公羊模式与周边民族的融合创造了条件，也为中国的大一统扫平了种族障碍。同时，公羊学包容性的夷夏观要较同时期的罗马帝国的文明观更加文明和进步。罗马帝国的文明观是以种族来画线的，与近代西方文明的种族主义堪称是一丘之貉。罗马人被看做是最优秀的种族，是享有各种政治、经济和法律特权的人群，而其他种族的人民只能充当下等人和奴隶，饱受制度性的歧视和奴役。在无论是国家的意识形态和主流的华夏思想都存在着华夏文化优越论和对周边少数民族进行歧视的情况下，司马迁的种族大一统却得出了截然不同的结论，这是公羊学对包括前儒学在内的主流思潮的一个重要的否定和修正。

（七）文明意义上的大一统

汉武帝根据董仲舒的哲学体系建立起来的公羊模式将中国的大一统提升到了文明的高度之上。文明意义上的大一统是对政治意义上的大一统的提高和升华。公羊模式提倡文明的转型，提倡将中国的先进文明通过和平的方式传播给周边的民族、国家和文明，却绝不提倡为了传播中国文明而进行军事征服。求同存异、和平演化是公羊模式在处理与其他文明形态关系时的原则，这与依靠战争手段来传播其文化和文明的西方具有本质的差别。

文明意义上的大一统另一层重要的意义在于，虽然在过去两千多年的历史进程中中国不时会失去政治大一统，国家会处于四分五裂的状态，但是中国文明在其他层次的大一统如意识形态、文化和种族上的大一统不但不会失去，反而会因为分裂状态的出现而变得愈发强烈，重新恢复政治上的大一统，恢复统一的国家政权只是时间问题。恢复政治上的大一统，重新建立起统一的国家形态一直是中国人在分裂时期孜孜以求的明确目标。所谓的分久必合、合久必分体现的就是这样一种潜在的观念。这种对于大一统的不懈追求塑造了中国传统文明时期王朝轮回往复的历史规律。

（八）大一统与中华民族的尊严

大一统已经成为中国文化的一个要素，成为中国人的心理定式，成为中国文明的内在要求。这种情况在清朝覆灭之后并没有任何的改变。虽然清朝治下的政治大一统被打破，但是中国人心理和文化上的大一统概念和要求并没有丧失。这种心理和文化上对大一统的内在要求对于中国的外向国家行为具有重要的主导作用，实现大一统是中国现代国家的重要目标之一。在当代实现政治大一统不仅是中国现代国家的历史使命，也成为中华民族恢复尊严和崛起的重要组成部分。

第五节　董学的大一统理论的意义

无论对于意识形态、公羊模式还是中国的政治实践来说，大一统都具有重要的价值和意义。

一、中国的大一统具有必然性

由于秦始皇实现了中国的大一统，几千年来中国人习惯了中国文明作为大一统状态的存在形态，而不会去反思中国的大一统是否具有必然性和为了维持大一统中国文明需要付出的各种代价，以及为了维持中国的大一统中国人是否应该付出个人、集体乃至国家的牺牲。

事实上，秦始皇能够在其当政时期内统一中国是秦国至少七代国君持续不断而殚精竭虑地努力、奋斗和牺牲的结果，这种奋斗的意志力和持续性在中国历史乃至世界历史上都是十分罕见甚至是所仅见的。相比之下，欧洲大陆同样面临着统一的政治命题，在将近两千年的历史长河中，欧洲的统一大业一直是恒定的历史和政治主体。然而，在经历了无数次惨烈的战争包括两次世界大战之后，欧洲大陆仍然处于分裂状态。与欧洲大陆相比，中国在政治上是幸运的。

二、大一统改变了中国文明的国家行为方式

大一统是皇权主义意识形态的重要内容，也是公羊模式的重要支柱性原则。

大一统概念的提出意味着董学对于公羊模式的体系性设计，是对现实的国家政治体制的直接干预和再设计。而在董学和公羊学被提升为国家意识形态之后，大一统成为了中国传统文明的重要原

则，根本上改变了中国的国家行为方式，从夏商周时期[①]的散乱状态和春秋战国时期的分裂和内斗状态转变为统一的国家行为，作为一个统一的政治行为体来规范和实施自己的行为，这在中国文明史上是具有革命性意义的事件。

三、大一统体现了功利性

作为政治哲学范畴的大一统具有多重意义，它明确规定了作为政治哲学的董学和公羊学内在的价值观，也是董学和公羊学的价值观在政治哲学上的制度和政策的具体化。

大一统在政治学和价值观上的功利性的明确要求和确认体现了董学与孔学在价值观上的本质区别。与董学不同，孔学属于动机性的价值观，只强调主观的道德观念对于行为的指导，只看重道德行为的过程，而不考虑行为的结果，是道德乌托邦主义。孔学的价值观只能存在于伦理学范畴，作为政治学标准将会导致政治无为主义，而政治无为主义会导致国家行为的迷失，更会导致国家存在的灾难。

（一）大一统体现了政治功利性

大一统并不只是一个抽象的理念和标准，也是对国家的政治行为的功利性的明确要求和衡量标准。大一统体现了主观的政治设定和对于行为结果的要求和确认，缺少了这两个维度，大一统都无法实现，大一统也就无法作为国家存在的状态而存在。

（二）大一统体现了结果论的价值观

在价值观上，大一统体现了强烈的结果论。与只强调过程的动机论不同，大一统体现出了明确的对于行为结果的关注，而对于政治结果的重视显然超过了对于实现这种结果的方式方法的考量。

---

① 在夏商周时期，虽然中原在名义上采取了统一的国号/王朝号，但是在诸侯制和封建制之下，国家并没有也无法采取统一的国家行为。

四、夷夏观的改变

董学突破了传统观念尤其是孔学和儒学中的尊夏攘夷的华夏观和夷狄观，不再将华夏文化与夷狄文化置于对立和冲突的地位，而是将两者进行了融合。这是古代文明观的一个重大突破。

但是同时，这种突破又是不彻底的。董仲舒认为华夏文化与夷狄文化是不同的，前者要优越于后者，同时华夏文化与夷狄文化并不是绝对对立的，而是同属于大一统的范畴。

在董仲舒的大一统体系中，华夏文化和夷狄文化共同构成了大一统体系，前者居中，后者处在外围，但两者并不冲突，而恰似一个同心圆。《公羊传·成公·八年》载：

> 曷为殊会吴？外吴也。曷为外也？《春秋》内其国而外诸夏，内诸夏而外夷狄。王者欲一乎天下，曷为以外内之辞言之？自近者始也。

在一定程度上接受了夷狄文化的同时，董仲舒仍然有"别内外"和"尊内贬外"的观念。在不存在更为强大的外来危险之时，华夏文化仍然居于优越的地位，夷狄文化仍然是附属文化；而在中原受到了强大的外来威胁时，华夏与夷狄又成为一家，共同属于大一统的范畴，要共同来抵御外来威胁，共同保卫中国。这样董仲舒根据大一统的原则重新阐释了夷夏之间的政治关系。

董学从大一统原则重新推导出了新的夷夏观，与孔学的旧夷夏观划清了界线。孔子的夷夏观强调华夏文化对于蛮夷文化的强烈优越感，具有明显的鄙薄的含义。孔学的夷夏观显然会构成实现大一统的障碍，与董学的皇权主义是相抵触的。因此，董学和孔学在原则上根本不同的夷夏观表现出了两者格格不入的价值取向。

第十三章　董学的人性理论

董学的人性理论是董学体系的重要组成部分，它扬弃了先秦的各种人性论，是中国古代哲学史在人性理论上的最高点。

第一节　中国传统哲学的人性理论的两个原则

中国传统哲学的人性理论是中国哲学的重要内容。从世界哲学史的范围来看，人性理论的早熟及其与政治哲学的关系是中国传统哲学的重要特征。相比于西方和其他文明形态的哲学史，中国传统哲学在很早便提出了系统的人性论，并且将其视为政治决策的哲学基础之一。同样地，在解读人性的方法论上，中国传统哲学也有明确的特点，成为中国传统哲学的重要特征。

从纯粹哲学的高度来看，中国传统哲学的人性论具有三个核心的特征：一是将人看做是具有纯粹自然属性的人，而不是神学框架下的、作为上帝或者神灵附庸物的人；二是将对人性的道德评价作为人性论的重要内涵和视角；三是将人性论作为国家决策的哲学依据，要求国家权力的运用要建立在人性的基础之上。

中国古代的人性论之所以能够很早便摆脱神学的桎梏也与中国上古历史经历了从商朝的神权向西周的宗法制的世俗性国家权力的转变密切相关。这表明中国古代人性论早熟的重要推动力是政治思想的早熟，为了构建出合理而有效的治国安邦的经世的政治思想，先秦的哲人们很早便开始将对人性的研究与政治学建立起了互动关系。

先秦的百家争鸣时期是中国人性论发展的第一个高峰，也是各种理论蓬勃而出的时期。这个时期人性论的主要贡献和特征是对人性评价方法的确立。先秦百家不约而同地将道德评价作为探索人性问题的重要标准，而将人性的内涵置于无足轻重的地位。根据这个标准，先秦时期形成了以孟子为代表的性善论、以荀子为代表的性恶论、以世硕为代表的有善有恶论和以告子为代表的无善无恶论等关于人性论的四种主要观点 [①]。

用道德作为判断人性的唯一标准在逻辑上是有缺陷的。根据唯实主义的方法论，只有在对事物的事实性和性质具有充分的认知之后才能够进行价值判断，脱离了事实性的价值判断并不是有效的价值判断。先秦的人性观在不去探讨人性的事实性的前提下便跃入了价值判断的领域打破了思维的常规。因此，以先秦儒家为典型的用道德标准来对人性进行先入为主的判断在逻辑上是无法成立的，所得出结论的有效性是站不住脚的。

在将人性论与政治哲学相结合方面先秦诸家并不成熟。例如，儒家的人性论仍然无法演变为令人信服的政治哲学，而先秦激烈的国家间竞争使各国对强调道德主体性的人性论敬而远之，两者始终无法融合为一体。

第二节　董仲舒对于先秦人性论的理论突破

人性理论到了董学时期发生了质的变化。首先，人的自然属性被合理化和逻辑化了。其次，人性论摆脱了道德主体性的束缚，人性第一次以本真的面目呈现出来。董仲舒完全打破了人性论与政治哲学相隔离的局面，将人性论与政治哲学有机地融合为一体，使人性论真正成为国家决策的现实基础。最后，人性命题第一次被置于哲学本体论的高度进行思辨。

---

① （东汉）王充：《论衡·本性》，上海人民出版社 1974 年版，第 43—45 页。

董仲舒在人性理论上的这些突破都是具有独创性的理论成就，它们无论是在人性理论的历史发展、政治哲学的领域还是哲学本体论层面上都堪称是具有划时代意义的事件。

董学的人性论对先秦哲学的人性论进行了总结，是中国古代哲学史关于人性理论的集大成者，终结了先秦时期长达几百年关于人性问题的争论。董学的人性论一方面成为公羊模式的意识形态基础，另一方面也成为意识形态的组成部分。因此，董学的人性理论无论是在理论内涵还是意识形态上都达到了中国传统哲学在人性理论的最高点。

然而，后人对于董学的无知或者一知半解也渗透到了对其人性理论的评判中。许多人不是从董学的高度看待先秦时期的各种人性论，反而试图将董学的人性理论纳入先秦时期的四种人性论之中。这不仅是本末倒置，也再次折射出了后人对于董学令人汗颜的茫然无知。

从汉朝一直到宋朝，中国传统哲学没有出现创建新的人性论的尝试。宋学的一派尤其是陆九渊的心学曾经试图另辟蹊径，通过道学来重新讨论人性问题，这种尝试又由明朝的王阳明所继续，一直持续到明朝末年。然而，尽管出现了百家争鸣式的不同说法，在个别问题上也有所创新，但是它们无论是在哲学内涵还是对国家政治的影响上仍然没有达到董仲舒的人性理论的高度。

第三节　董仲舒人性理论的方法论和概念体系

董仲舒的人性理论是在对孟子性善论的系统批判过程中阐释的。其人性理论主要在《春秋繁露》中的《深察明号》和《实性》中加以集中阐述，在该书的《玉杯》《竹林》《正贯》《天道施》等篇也有不少论述。

一、董仲舒人性理论的方法论

董仲舒在阐述人性理论过程中采取了多种方法，这既体现了董仲舒对于人性理论的高度重视，也说明了董学的人性理论为何能达到如此的高度。

（一）天人合一的原则

天人合一的原则既是董学人性理论的核心理念，也是其展开人性理论的方法论。天人合一的原则是统领董学人性理论的最高理念，是天人合一理论在人性理论中的具体应用，而董学的人性理论则成为一种体系性的概念存在，成为董学整个哲学体系中一个十分重要的子系统。

需要指出的是董仲舒人性理论中的天的本质是自然属性的天，不是道德意义和神学意义上的天，这与其政治哲学中具有神性意志和道德属性的天是不同的。在此，董仲舒强调的"人副天数"体现在人的物理和生理形式上，而人的物理和生理形式的规定性决定了人性的本质，是性情论的来源。人的性情是天道在人这个物理载体上的体现。天是人性的来源，也是人性运行的依据。

由此，董仲舒的人性理论便与董学天人合一的形而上学凝结为一体，使其人性理论成为董学庞大体系的体系性存在，而不再像孟子、告子等先秦哲学一样就事论事地单纯从道德层面上来讨论人性，缺乏形而上学的依托和根据。另外，董学天人合一的人性理论也不同于荀子主张的天人观。荀子哲学中天的概念是具有自然属性的天，天无论是在性质还是功能上都与人各不相干。相反，荀子主张天人分途，甚至人定胜天，将天与人彻底地变成了两个实体。董仲舒无法接受荀子的观点，他将人性理论纳入了天人合一的形而上学体系之内意味着重新赋予了天与人以同一性。

董学人性理论的体系性存在在逻辑上决定了它与先秦百家人性论的本质区别，董仲舒也正是依靠强大的体系性力量超越了先秦百家的人性论，使其在理论和现实意义上都达到了新的境界。

（二）人的自然属性

董仲舒关于人的属性问题的展开是在天人合一的框架之下进行的，由于两者的同一性，人和天具有相同的属性。董学中的天与人一样有喜怒哀乐，这些的确是人格神的特征，但是这并不表明天是宗教意义上的神秘力量。董仲舒不是通过宗教臆想而是通过经验主义的比拟法看出天和人之间的相似性的，也就是说，董仲舒认为这种相似性是一种自然界的物质现象，而不是天对人的刻意规定，人并没有体现天的意志。这与基督教神学认为上帝按照自己的形象塑造了人是完全不同的。

在董仲舒看来，人不是上帝和神灵的创造物，而是自然界阴阳五行运行的结果，是"天生之，地养之"的人，是物质性的人，是自然人。

（三）人性是三维本体论的一维

在先秦哲学中，各家各派对于人性问题的探讨都局限于伦理学范畴，道德评价几乎是唯一的维度。董仲舒则突破了这个局限，第一次将人性命题提高到哲学本体论的高度上进行深刻的思辨。

在《春秋繁露·立元神》中，董仲舒论道：

> 何为本？曰：天、地、人，万物之本也。天生之，地养之，人成之。……三者相为手足，合以成体，不可一无也。

人的地位被提高到了与天地并举的地位，成为董学三维本体论中的一维。不仅如此，董仲舒通过对于天与人、天与地和地与人这三对对应范畴的演绎把人实际上列为天、地、人三维中最根本的一维，是天和地的目的和归宿。这种本体论思想无论在中国哲学史还是世界哲学史都是革命性的哲学突破。

如果说天人合一理论回答了天人之间的同一性的问题，那么天地人共为本之三维本体论则回答了天与人之间的地位问题，也回答了神性与人性相互地位的问题。如果从世界哲学史范围内进行横向比较的话，董仲舒对于人性地位的看法具有卓越的成熟性和超前性。同时期的犹太哲学仍然将人置于宗教的桎梏之下，人无所谓人性可言，人只是上帝的卑微附庸，是具有原罪的恶的载体。这种人性观统治了欧洲人的思想近两千年之久，直到今天各种宗教价值观仍然是许多人的信仰。而在公元前 2 世纪，中国的一位哲学大师便已经发现了人的真正价值，确立了以人性为核心的本体论。人不是天的附庸和傀儡，而是与天享有同等地位的本体中的一极，不存在高于人性的神性；在地位上神性与人性是平级的，在功能上神性是为人性服务的。这以振聋发聩的声音表达出了中国文明的人本主义本质，证明了中国文明的先进性和卓越性。

（四）名义论

如前所述，董仲舒的名义论是其天道认识论的重要组成部分。董仲舒强调名号的重要性。他对名号的强调可以分为两个层次。第一个层次是强调名号所蕴含的社会秩序。从表面上看，虽然董仲舒同样是在阐述名正言顺的观念，但是董仲舒的正名观与孔学的正名观是不相同的。孔学的正名观试图纠正春秋时期对一些古代称谓的滥用，使其恢复到周朝礼制所赋予的含义，也就是说孔学的正名观的标准是周礼。而董仲舒的正名观的标准则是天地。董仲舒在《春秋繁露·深察明号》中说道：

> 名号之正，取之天地。天地为名号之大义也。
>
> 是故事各顺于名，名各顺于天，天人之际，合而为一。
>
> 是正名号者于天地。

很明显，董仲舒的名义论是他天人合一的形而上学的有机组成部分，与孔子根据周礼而正名在本质上是不同的[①]。

第二个层次是强调在进行理论构建时必须要建立起严格的概念体系。为此董仲舒强调概念要有内在规定性的严格性和准确性，类

---

① 后来的学者对于董仲舒的名义观并不理解，例如章炳麟在《国故论衡·论式》中说："董仲舒《深查名号篇》，略本孙卿，为已条秩，然多傅以疑似之言。"是说董仲舒的《深查名号》是在模仿荀子的《正名篇》，这显然是错误的。

似于形式逻辑中对于概念的定义过程。对于先秦哲学概念混乱的状况，董仲舒在《春秋繁露·深察名号》中评价道：

> 今世闇于性，言之者不同，胡不试反性之名。

通过正名，董仲舒对"性""情"和"善"等范畴进行了重新定义。

董仲舒将董学认识论中的名义论渗透到了对人性理论的创建之中，这体现了董学的人性理论在方法上是与整个董学体系具有一贯性的，其名义论和人性理论都是深深植根于其整个哲学体系的体系性存在。

（五）阴阳论

作为董学形而上学方法论的阴阳论在董学的人性理论中得到了运用，且在董学的人性理论中具有重要意义。这是因为阴阳论不仅透彻地揭示了董仲舒的人性理论，同时也在逻辑和结构上与董学的整个哲学体系有机地联系了起来，为两者形成了无缝连接。

董仲舒的阴阳论在人性理论中的应用表现在对贪与仁和性与情这两对范畴的定性之中。董仲舒认为：

> 人之诚，有贪有仁。仁、贪之气，两在于身。身之名，取诸天，天两，有阴阳之施；身亦两，有贪、仁之性。天有阴阳禁，身有情欲桎，与天道一也。（《春秋繁露·深察名号》）

而基于阴阳论的性情论在董学的人性理论中是具有承上启下意义的重要组成部分和逻辑环节。

（六）实质论

董仲舒的人性理论挣脱了先秦儒学道德主体性的束缚，"实""质"等概念第一次成为了人性理论的范畴，中国哲学因此也第一次以求实的方法来探究人性。他在《春秋繁露·实性》中说道：

> 且名者性之实，实者性之质也。

这明确地阐明了研究人性要以实为基础，实才是人性的内涵。也就是说，董仲舒不再对人性进行先入为主的道德裁剪，而是将人性作为一个实体，首先对其本身的性质进行分析，在此基础之上才进行道德性的判断。这在方法论上是质的变化。

那么这个"实"是什么呢？董仲舒提到了两个概念。一是善质。善质是董仲舒独有的新概念。善质以及恶质是人性的本来面目，是实体构成，并没有道德属性，人性的道德属性是后天形成的一种结果，只有在后天社会力量的影响和塑造之下人性才会出现善和恶的道德品质。

董仲舒创立善质这个概念是对王教论的逻辑铺垫。正是因为人性本身并没有先天性的道德属性，而只是优待后天外力塑造的实体，这就为皇权自上而下地塑造人性、通过教化引导人们走向善奠定了基础，指明了方向。

实质论的另一个范畴是欲。欲就是欲望。董仲舒对于欲的分析并没有在《深察明号》和《实性》中展开，但在《度制》中董仲舒关于欲对于人性的论述却十分有力度，可谓是以间接的方式探讨了人性理论的另一个侧面。董仲舒在该文中说道：

> 今世弃其度制而各从其欲，欲无所穷，而欲得自恣，其势无极。大人病不足于上，而小民羸瘠于下，则富者愈贪利而不肯为义，贫者日犯禁而不可得止，是世之所以难治也。

另外《汉书·食货志》记录了董仲舒的另一段话：

> 大富则骄，大贫则忧，忧则为盗，骄则为暴，此众人之情也。

董仲舒认为欲望是无止境的，其标准是相对的，这就需要国家出面来确定欲望的标准，防止欲望泛滥。他说道：

> 上下之伦不别，其势不能相治，故苦乱也；嗜欲之物无限，其数不能相足，故苦贫也。今欲以乱为治，以贫为富，非反之制度不可。（《春秋繁露·度制》）

相对于欲望，大富和大贫处于两个极端，而这两个处于极端状态下的人群正是国家需要加以重点约束和治理的对象。国家治乱的本质实际上就是管理和治理人类的欲望，防止不同阶级和阶层的人们受到欲望的支配而采取不利于国家的行为。

董仲舒建议要通过建立国家制度来有效地管理人的欲望。他认为：

> 凡百乱之源，皆出嫌疑纤微，以渐浸稍长至于大。圣人之道，众提防之类也，谓之度制，谓之礼节。故贵贱有等，衣服有制，朝廷有位，乡党有序，庶民有所让而不敢争，所以一也。（《春秋繁露·度制》）

董仲舒这几段关于人类欲望的分析和论述虽然简短却十分深刻。董仲舒认为人的欲望对于人类行为是发挥着支配和决定性的作用的，而国家的目的就是要管理人的欲望，使社会不至于因为欲望的失控而造成两极分化，威胁国家的稳定。而"世之所以难治"的根源和"百乱之源"正在于国家无法有效地治理大富和大贫这两种处于欲望两极的阶级的行为方式。这种观点正是董仲舒国家主义的政治哲学的意识形态设计的全部根据。

除了在政治哲学的意义上将如何控制欲望视为要务之外，在个人养生层面上，董仲舒也将如何控制欲望当做头等重要的事情，提出了"天并"观。在《春秋繁露·循天之道》中，董仲舒认为：

> 是故君子甚爱气而游于房，以体天也。气不伤于以盛通，而伤于不时天并。不与阴阳俱往来，谓之不时，恣其欲而不顾天数，谓之天并。

所谓天并就是被天所摒弃，早亡夭折之意。人要长寿就得节欲，纵欲是违反了天意之举，其代价是被天所抛弃。

二、董学人性理论的概念体系

"性""情"和"善"是董仲舒探讨人性理论所建立起来的"名号"，即概念体系的重要内涵。而性和善之间的辩证演绎则是董仲舒提出其独创性的人性理论的主要逻辑纽带。

（一）对"性"的新定义

虽然董仲舒继续使用先秦的"性"的概念，但是董学的性与孟子和荀子的性却具有不同的内涵。董仲舒对性的规定包含两个层次，第一个层次是形而上学的层次。在董仲舒看来，形而上学层次的性是：

> 如其生之自然之资谓之性。性者，质也。（《春秋繁露·深察名号》）

> 性之名不得离质。离质如毛，则非性也，不可不查。（同上）

> 质朴之谓性。（《汉书·董仲舒传》）

> 性者，生之质也。（同上）

> 性者宜知名矣，无所待而起，生而所自有也。（《春秋繁露·实性》）

"性"就是作为客观事物的人性的本质，是人性未经加工文饰的本初状态，是与"文"即后天的文饰相对立的。这个性承天而生，是上天赋予人在出生时具有的本能，是一种先天的生物性的自然规定性。根据董学天人合一理论，人的这种自然规定性来自于天的赋予，人是大自然的一部分，人性也是大自然的一部分。

孟子虽然也提到人的性，但是孟子的性并不包括人所有的自然规定性，只有那些具有善的道德属性的部分才可被称为性。孟子关于性的观点体现了彻底的道德主体性的思维定式。可见，董仲舒首先承认人性的自然属性，已经脱离了先秦儒家孟子和荀子等人在忽略人的自然属性的前提下用道德主体性的剪刀来先验地对人性进行善恶裁剪的做法。

通过对于性的重新定义，董仲舒表明了他对以孟子为代表的先秦道德主体性的人性观的否定和批判。他反对在缺乏对"性"的性质进行充分探究的前提下跳跃式地进入关于人性的道德属性的判断。董仲舒对先秦的人性论的逻辑秩序进行了梳理，使中国哲学史的人性观进一步摆脱了对人性的善恶属性进行直接道德判断的误区，而将道德判断放在了对人的"性"的实体的鉴别之上。这种梳理无疑是具有科学性的，无论是在方法还是内容上都是一次质的突破。

（二）对"情"的新定义

董仲舒对性的第二个层次的规定是在具体的形而下之上，是与情相对应的概念。董仲舒认为，性与情是处于同一个层面的对应物，它们共同构成了人性未然性的基本内涵，是一对互动的范畴。董仲舒认为：

> 天地之所生谓之性情。性情相与为一瞑，情亦性也。……身之有性情也，若天之有阴阳也。言人之质而无其情，犹言天之阳而无其阴也。（《春秋繁露·深察明号》）

可见，有性必有情，有情必有性，缺其一，天赋予的人性便不完整了。

如果说性代表人的内在的自然规定性，那么情则是性的外在表达。人本初的性通过情绪、情感等外在表现表达性的运作，体现性的存在方式和行为方式。

（三）对"善"的新定义

善与性一样是标准不一的哲学范畴。董仲舒并不同意孟子对于善的界定，为此他重新定义了善，也由此引出了对孟子性善论的集中批评。孟子的性善论认为万民之性只要比禽兽好一点儿就叫善，董仲舒则认为只有达到了圣人的高度才能被称作善（详见下文的进一步分析）。

三、性情论

在形而下的层面，董仲舒将人的性情比作天的阴阳，形成了性情论。性情论就是人所具有的各种先天的感情和情绪特征。在《春秋繁露·竹林》中，董仲舒进一步阐述了这个思想：

> 人之诚有贪有仁，仁贪之气，两在于身。身之名取诸天，

天两有阴阳之施，身亦两有贪仁之性。

而东汉思想家王充的一段引述讲得更为透彻：

> 天之大经，一阴一阳；人之大经，一情一性。性生于阳，情生于阴。阴气鄙，阳气仁。曰性善者，是见其阳也；谓性恶者，是见其阴者也。[①]

王充对董仲舒的这段引述原文已遗失，不见于董仲舒的今存著作。但其逻辑和内涵是与董仲舒的思想一脉相承的。

四、董仲舒对孟子性善论的批判

在《春秋繁露》中，董仲舒对孟子的人性论进行了直接而系统的批判。

（一）"善质"与善

董仲舒对孟子性善论的批判是通过善质概念的提出和严格区分善质和善两者之间本质的不同展开的。董仲舒认为天生的性是未然的，性中只具有善质，而善质还不是善本身。善质只是具有变成善的潜力和可能性，却与善有着本质的区别；而当善成为人的存在方式或者行为方式的时候，则已经超出了性的范围，变成了由王教教化而成的社会性的后天属性。董仲舒说道：

> 性者宜知名矣，无所待而起，生而所自有也。善所自有，则教训已非性也。是以米出于粟，而粟不可谓米。玉出于璞，而璞不可谓玉。善出于性，而性不可谓善。其比多在物者为然，在性者以为不然，何不通于类也。卵之性未能作雏也，茧之性未能作丝也，麻之性未能作缕也，粟之性未能为米也。（《春秋繁露·实性》）

那么什么是董仲舒眼中的善呢？

董仲舒认为：

[①]（东汉）王充：《论衡》，上海人民出版社1974年版，第46页。

　　然其或曰性也善，或曰性未善，则所谓善者，各异意也。
性有善端，动之爱父母，善于禽兽，则谓之善，次孟子之善也。
循三纲五纪，通八端之理，忠信而博爱，敦厚而好礼，乃可谓
善，此圣人之善也。（《春秋繁露·深察明号》）

　　孟子将善看做是人天生的品质，是先天的内在规定性，并且孟
子善的标准很低，只要"爱父母"便是善了。董仲舒则认为孟子所
说的善并不是善，而只是善质。善质仅是善的一种或然性，只是形
成善的可能性，而善则是已然的，是后天的和外在的道德品行，是
已经实现了的善质。董仲舒通过禾与米、瞑与觉的比喻来进一步阐
述善质和善之间的或然关系：

　　善如米，性如禾。禾虽出米，而禾未可谓米也。性虽出善，
而性未可谓善也。米与善，人之继天而成于外也，非在天所为
之内也。（《春秋繁露·实性》）

　　性有似目，目卧幽而瞑，待觉而后见。当其未觉，可谓有
见质，而不可谓见。今万民之性，有其质而未能觉，譬如瞑者
待觉，教之然后善。当其未觉，可谓有善质，而不可谓善，与
目之瞑而觉，一概之比也。（《春秋繁露·深察名号》）

　　而谓民性已善者，是失天意而去王任也。万民之性苟信已
善，则王者受命尚何任也？其设名不正，故弃重任而违天命，
非法言也。（《春秋繁露·深察名号》）

　　由此可见，在董仲舒看来孟子的所谓善只是善质而不是善。对
于孟子之说董仲舒的批判是十分认真而严肃的，将其视为是"违天
命"的"非法言"，即不合法的言论。

　　与善质相对应，人的性情中同样存在着"恶质"。恶质还不是
恶。善质和恶质一样都是具有或然性的自然的人类素质。

　　董仲舒重塑善的定义一方面提出了新的思想，另一方面则将善
提高到了体系存在的高度，使其具有了体系层面上的意义。善的体
系存在的意义表现在为董仲舒借此概念提出下一个重要的哲学和政

治命题进行了理论铺垫，这就是"王教论"。

（二）人性论的形而上学基础

孟子的性善论并没有形而上学基础作为支撑，因此他的论点显得十分单薄，属于就事论事的层次。董仲舒的人性理论则是建立在其天人合一的形而上学理论基础之上的，是阴阳论等诸多理念在人性理论上的反映，这样基础深厚、层次分明的逻辑结构是孟子望尘莫及的。

（三）董仲舒批判孟子性善论的意义

能够对一个先人的特定理论进行集中的批判对于董仲舒来说是绝无仅有的。董仲舒否定了荀子天人分途的天人观，却没有进行直接的批评。对孟子特别进行指名道姓的批判表明了董仲舒对于人性理论的重视，从内在的逻辑和理念来看，也典型地体现了董学与先秦儒家的不同之处。从中国哲学史的角度来看，对孟子人性论的批判和超越堪称是董仲舒整合先秦哲学命题的一个典型案例。

孟子的性善论是先秦最有影响力的人性观，也是最能够代表前儒学人性观的观点，通过对孟子性善论的批判不仅可以完成对前儒学人性论的批判，也意味着可以完成对先秦百家人性论的批判，为董仲舒自己的人性理论的出台做了最具代表性的铺垫。

董仲舒批判孟子的性善论也是他托孔入世的一个缩影。在阐述其人性理论时，董仲舒言必称孔子为圣人，甚至罕见地引用了《论语》中孔子的言论，如"善人吾不得而见之，得见有恒者斯可矣"（《论语·述而》）和"名不正则言不顺"（《论语·子路》）。孔子并没有做出任何关于善的定义，董仲舒此处将孔子的"善人"强行纳入了他自己关于善的定义：

> 使万民之性皆已能善，善人者何谓不见也？观孔子言此之意，以为善其难当；而孟子以为万民性皆能当之，过矣！（《春秋繁露·实性》）

这显然是在借孔子之口阐述自己的观点，是典型的托孔入世的具体表现。由于孔子并没有自己的人性论,对孟子性善论的批判一方面可以表明董学与前儒学是本质上不同的思想体系,而在另一方面董仲舒也可以大胆地实施其托孔入世的策略。

第四节 性三品的人性理论

在重新整合了概念体系和批判了孟子的人性论之后,董仲舒便提出了他的人性理论,这就是"性三品"说。性三品说就是将人的品性分为三等,即圣人之性、斗筲之性和中民之性。

最早使用性三品这个概念的并不是董仲舒而是唐朝中后期的韩愈。韩愈在《原性》中说:"性之品有上中下三,上焉者,善焉而已矣;中焉者,可导而上下也;下焉者,恶焉而已矣。"在韩愈之前,东汉思想家王充在《论衡·本性》中明确地讲到人性有善、中、恶三个等级,却没有提出性三品这个概念。然而,不论是王充还是韩愈,其理念都是直接来源于董仲舒的人性理论,是董仲舒率先提出了性三品的哲学内涵,这是不容置疑的。因此,性三品人性理论的提出应该归属于董仲舒。

一、圣人之性
董仲舒所谓的圣人之性特指圣人所具有的人性品质。

(一)圣人的构成
在董仲舒眼里圣人是指三种人。第一种是圣王,即作为天子的皇帝。董仲舒在《春秋繁露·三代改制质文》中说道:

> 圣人生则称天子。
>
> 天施符授圣人王。
>
> 德侔天地者称皇帝,天佑而子之,号称天子。

第二种是能够建邦立制、辅佐天子的贤臣,董仲舒称之为"贤圣"。例如在《汉书·董仲舒传》中记载:

> 尧受命，务求贤圣，是以得舜、禹、稷、鲧。

第三种是通晓天道的哲人，如孔子。把孔子看做圣人则是出于现实政治的考虑，是董仲舒托孔入世、托圣入经的经世策略。

在这三种人里，圣人主要是指天子，这是与董学的皇权主义直接相关的。

（二）圣人之性的性质

圣人之性的本质是"配天"。董仲舒在《春秋繁露·威德所生》中说道：

> 我人主者，居至德之位，操杀生之势，以变化民。……喜怒当寒暑，威德当冬夏。故曰，圣人配天。

所谓配天不仅要与天发生直接的关系，还要配得上天。在董仲舒看来，只有功德两全的人才能够配天。

配天与善是什么关系呢？董仲舒认为：

> 善过性，圣人过善。（《春秋繁露·深察明号》）

善要高过性，而圣人要高过善。也就是说，前面在批评孟子人性论过程中所建立起来的从善质向善的转化并不适用于圣人之性。圣人之性直接来自于天，当然不再需要依靠外力来加以教化了。圣人是教化的实施者，而不是教化的接受者。由此可见，董仲舒的圣人之性其实并不是人性，而是超越了人性的"天性"，是天道的人间表现。

（三）圣人观

在董学的哲学体系中，圣人观作为其理念和逻辑的关键节点贯穿在天的形而上学的各个方面，如天道认识论和天人合一的皇权主义等，而在人性理论中关于善的标准和性三品说中，圣人观作为逻辑节点的作用再次得到了直接而充分的展示。董学的圣人观在五经中通过《易传》找到了新的历史和哲学支点，其反复铺垫和强调的圣人观被汉武帝不折不扣地接受，成为公羊模式意识形态的组成部分。

二、斗筲之性

董仲舒并没有明确说明斗筲之性是何种性，但是从上下文和逻辑进行推断，斗筲之性显然是指已经为恶之性，是与善相对立的已经处于已然状态的、不可救药的道德品性。对于哪些人怀有斗筲之性同样可以从上下文中得到答案。在《春秋繁露》的其他文章中，董仲舒说道：

> 天之为性命，使行仁义而羞可耻，非若鸟兽然，苟为生、苟为利而已。(《春秋繁露·竹林》)

> 天地之精所以生物者，莫贵于人。人受命乎天也，故超然有以倚。物疢疾莫能为仁义，唯人独能为仁义；物疢疾莫能偶天地，唯人独能偶天地。(《春秋繁露·人副天数》)

也就是说那些不能行仁义的人、不能被转化为善的人就是斗筲之人，斗筲之人是不配做人的，是不配成为天人合一的组成部分的。这里表现出道德是董仲舒进行社会秩序分类和重塑最重要的标准之一。

三、中民之性

董仲舒认为：

> 圣人之性，不可以名性；斗筲之性，又不可以名性；名性者，中民之性。(《春秋繁露·实性》)

也就是说，董仲舒的人性理论实质上所指的对象只是中民之性。中民之性具有可塑性，"有善善恶恶之性"(《春秋繁露·玉杯》)，具有从善质向善过渡的现实可能性，是皇权可以通过教化加以改造的人。

那么中民又是指谁呢？排除了极少数的圣人和不可教化的斗筲之人就是中性之民了。已经堕入恶渊的斗筲之人在社会上也是少数人，中民实际上是社会中的绝大多数人，其中包括士人阶层。在中国传统社会，广大民众的认知都会在很大程度上受到识文断字的士人的左右和影响，士人阶层是中民的核心和重要组成部分。调教好了士人阶层也就基本上可以调教好广大的民众，控制了士人阶层也就基本上可以控制普遍的农民和市民了。因此，为了使皇权稳定就必须能够有效控制住社会上最为活跃和不安定的士人阶层。

董仲舒对此可谓看得入木三分，他的人性理论就是为教化论进行理论铺垫，就是为了皇权驾驭这个有些桀骜不驯的阶层设计的一整套治理方案。董仲舒的中民主要是指士人阶层，是教化论的主要对象的结论从汉武帝所制定的五经博士制度得到了充分的证明。

四、性三品是动态的概念

董仲舒的性三品并不是阶级观念，而是超阶级的概念。决定阶级和阶层的标准是其经济地位，而董仲舒的性三品理论并不是以经济地位来划分人性，道德品质是他划分人性和进行社会分类的标准，因此在任何阶级和阶层都会有斗筲之人和中民，任何阶级和阶层中的中民都具有从善质升华到善的可塑性，因此董仲舒的性三品标准并不是静态的，而是动态的概念。而运动的驱动力在于皇权，在于皇权的教化。

五、王教论

如果说在自然的人性中仅仅存在善质，那么善质如何能够转化为善呢？董仲舒的观点是只有通过外力的教化和引导才能实现这种升华，这个外力就是国家自上而下的教育，这就是董仲舒的王教论。虽然被称为王教论，但是很明显董仲舒在此处是指皇权而非王权，王权在此具有宽泛的外延，代表着国家权力。

董仲舒说道：

> 性如茧如卵，卵待覆而成雏，茧待缫而为丝，性待教而为善。（《春秋繁露·深察名号》）
>
> 今万民之性，待外教然后能善。（《春秋繁露·深察名号》）

　　天生民，性有善质，而未能善，于是为之立王以善之，此天意也。民受未能善之性于天，而退受成性之教于王。王承天意，以成民之性为任者也。（《春秋繁露·深察名号》）

　　善，教训之所然也。（《春秋繁露·实性》）

　　性者，天质之朴也；善者，王教之化也。无其质，则王教不能化；无王教，则质朴不能善。（《春秋繁露·实性》）

　　如此这般，通过对性与善的关系的重新演绎，董仲舒将人性理论纳入了国家主义和皇权主义的逻辑链条之内。在董学的体系之内，其人性理论上承天人合一的形而上学理论，下接教化论，形成了国家主义和皇权主义的完整链条，为通过国家意识形态来改变和塑造士人阶层提供了切实可行的政策设计。

　　对此，董仲舒总结道：

　　性者，天质之朴也；善者，王教之化也。无其质，则王教不能化；无其王教，则质朴不能善。（《春秋繁露·实性》）

　　由于董仲舒将圣人和斗筲之人排除在教化的范围之外，王教论的对象只是作为中民的士人阶层，对士人阶层的教化是董仲舒通过皇权主义和国家主义重塑社会秩序的切入点。五经博士制度就是为了教化士人阶层而设。因此可以看出汉武帝完全是按照董仲舒的理论设计来制定其全新的国家行为模式的，也雄辩地证明了董学是公羊模式的意识形态基础和国家制度的设计蓝本。

　　王教论的目的就是要皇权通过自上而下的教育来后天地培育人性，将士人阶层潜在的善质升华为善，将其纳入皇权主义的国家体系之中，使其成为公羊模式下的社会基础和阶层支撑。

六、基于性三品人性理论的王教论是董学与孔学的本质区别的突出体现

　　董学人性理论中的教化论集中体现了其核心价值观，这就是自上而下的国家主义伦理学，社会的秩序构建和个人的成长都要服从

于国家权力的设计，个人的意志和利益都要服从于国家的意志和利益，个人利益要在为国家利益的服务过程中得到满足。董仲舒的人性理论最鲜明的特征是国家权力在人性存在中的枢纽作用。国家权力是将自然人性中的或然性转变为现实性的关键和枢纽。没有国家权力自上而下的教化和引导，善质被不会被发扬光大，升华为善；没有国家权力自上而下的教化，人性中的恶质就会泛滥，恶便会成为人性的主体。当整个社会充斥着恶人的时候，一个国家和民族的命运便只能是堕落、衰败和毁灭了。正是出于这种忧惧的心理，董仲舒才提出了他的以王教论为落脚点的人性理论。

而孔学的价值观则是要通过士人个人的学习来变成君子，至于国家只是君子实现道德追求的一个载体，是个人伦理学的延伸。如果说董学提倡的自我实现的杠杆是国家权力的话，那么孔学则完全忽略了国家权力的作用，完全依靠个人的努力来完成自我实现。如果说董学认为个人的价值只有在为国家服务的过程中才能够得以实现的话，那么孔学则认为成为君子是士人的最高追求，国家只是一种外在的媒介，也就是说国家利益被纳入了君子伦理学的个体性原则之内。因此，董学和孔学的价值观是完全对立、针锋相对、水火不容的。董学和孔学不同的价值观在董学的教化论中得到了根本性的体现。

在得出这个落脚点的逻辑过程中，董仲舒的思辨思维和逻辑演绎是具有说服力的。董学对于善的重新定义、其性三品的理论丝丝入扣，将人性理论自然地带入了国家主义和皇权主义的范围之内，成为国家主义和皇权主义改造人性重塑社会道德和理论不可或缺的关键外力因素。以此为基础，董仲舒关于皇权主义和国家制度的一切设计都具有了合理性、合法性、必要性和紧迫性。这种理论说服力或许正是汉武帝全盘接受董学并通过毕生的努力将其上升为国家意识形态还以此为指导打造公羊模式这个新型的国家行为模式的根本原因。相比之下，孔学并没有人性理论，一句"性相近，习相远"

与董学丝丝入扣的逻辑和蔚为大观的哲学体系相比未免有些相形见绌。

七、董学的人性理论是中国古代人性理论的最高点

董学的人性理论是中国传统文明时期关于人性理论的最高点[①]。这体现在两个层面：一是意识形态层面。以董学为核心和基础，汉武帝完成了对新的国家意识形态和国家行为模式的构建，作为理论和政策上的重要一环，董学的教化论当然地成为国家意识形态和国家行为模式的重要内容，也就是说董学的人性理论和教化论被皇权固定在了国家意识形态和国家行为模式之中，容不得任意的改变。二是在哲学层面。董仲舒之后的中国传统哲学家虽然继续探讨人性问题，但是却并没有提出任何新的人性理论，人性理论被看做是得到了解决的哲学命题，他们对人性问题的零星补充都没有超越董仲舒人性理论的理论框架和所达到的高度。

在董仲舒之后，中国哲学在相当长的时期没有出现系统的人性理论，一直到明末的王艮和泰州学派才提出了"自然人性论"，算是在人性理论上取得了一定的进步。然而，王艮和泰州学派的自然人性论的形而上学基础仍然是天人合一理论。王艮认为，天地、万物和人都是自然。人本乎天地之形气以生，所以人之天即天之天，天人同体，故天人一理。而这个理就是"自然之则"。由此可见，天人一理只是天人合一理论的复制品而已。如果说明末对于人性论的重新探讨在哲学上并没有突破性的成绩的话，那么在政治上它们就更无法对董学的人性理论构成挑战了。这些学者的探讨仅仅发生

[①] 有些学者认为朱熹的人性论是中国古代哲学史关于人性理论的最高成就。按照历史唯实主义的原则，我们可以看到，朱熹的人性论并没有超出董仲舒的范畴、理念和价值观，基本上是对董学人性理论不完整的复制。陆九渊的"心学"同样只是对董学天人合一理论的另一种表述而已，其心的概念也只是董学性情论的一种复制品。关于对朱熹和陆九渊人性论的评价可参见李中华主编：《中国人学思想史》，北京出版社 2005 年版，第 236–237 页。

在民间，况且是在远离国家政治中心的江浙地区，这就注定了这些探讨无法与政治发生正面的联系，更无法上升到政治层面。因此，其影响是十分有限的。

然而，在讲述中国传统哲学的人性理论时，董仲舒的人性理论却常常被忽略掉，人们仍然将对中国传统哲学关于人性的探讨停留在先秦时期，仍然以孟子的性善论和荀子的性恶论为重点。不言而喻，这是不理解董学和中国哲学史的十分粗浅的观点。

八、董仲舒人性理论的不足

董仲舒突破了先秦人性论的道德主体性的束缚，试图用实质论的新方法来探讨人性，这实际上已经达到了以事实性来分析人性的入口。但是，董仲舒却并没有进入这个事实性的城堡之内，而是刚进了门口便裹足不前了，也就是说，董仲舒对于实质论的应用浅尝辄止，无论是在理念的深度还是广度上并没有深入展开。因此，虽然董仲舒在方法和理论上取得了一定的突破，虽然他的善质观念尤其是欲望论已经触摸到了人性的实在本质，但是他并没有沿着这个思路继续前行，将人性的全部实质进行透彻的分析，具有不彻底性。

董仲舒对于人性理论的不彻底性与董学的功能性、目的性和整体性密切相关。从董学体系的现实功能性和最终目的性来看，董仲舒的性三品论已经找到了进行新的国家行为模式设计的理论切入点和哲学支撑点，性三品论已经能够帮助他实现其哲学和政治目标了。政治目的性的实现限制了纯粹哲学的深入探讨。因此从纯粹哲学的高标准来衡量，董学虽然达到了中国传统哲学史在人性理论领域的最高点，但是这个最高点并不是终点。可以说，董学的政治哲学在一定程度上限制了其中纯粹哲学的进一步发展。中国传统哲学的人性理论也因为董学的局限性而在长时间里停滞不前。这对于中国哲学来讲既是喜也是忧。

第十四章　董学的伦理学

作为严格的国家主义哲学的董学完成了对先秦伦理学尤其是先秦儒家伦理学的彻底改造，形成了新的伦理价值。董学伦理学不仅因此成为中国伦理学史的分水岭，也结束了先秦哲学关于伦理价值和政治取向的争论。

在过往的中国哲学史中，混淆董学与孔学的重灾区之一正是发生在伦理学领域，正是两者在伦理学范畴上的一些重复性和模糊性使皇权和皇家学者能够在两者之间玩弄混淆视听的把戏，并以此为突破口将这种混淆由伦理学领域扩展到了意识形态和哲学领域和层面，以致于造成了孔学对于董学的窃夺、两者之间错位和董冠孔戴的局面。董学和孔学之间在伦理学上的辨证是区别两者本质区别的重要领域。伦理学也成为后世学者不解董学真谛的一个重要盲区。

第一节　董学伦理学的渊源和基础

董学伦理学吸取了先秦伦理学的营养，并对其进行了系统的扬弃，形成了具有鲜明董学体系性特征的伦理学说。

一、董学伦理学的学术渊源

虽然董仲舒在创建伦理学的过程中不可能空穴来风，它同样吸取了先秦思想家的学术营养，但是这并不能削弱董学伦理学的独创性。

三纲五常是董学伦理学的核心思想。董学伦理学是董仲舒独创的理论，在先秦的伦理学思想中找不到它的模版。在先秦百家中不乏通过国家权力来影响臣民道德观的思想，如道家提出国家要剥夺臣民的认知权，通过实施愚民政策使其安分守己。在诸子百家中商学思想特别强调通过国家权力来塑造臣民的价值观，是十分彻底的国家主义政策。但是，商学的主张是政治政策，并没有深入到伦理学的层面上来，没有提出商学伦理学。董仲舒将国家主义贯彻到了伦理学领域，并且与皇权主义相结合，创建了董学伦理学。董学伦理学的创建在中国伦理学史上是具有划时代意义的理论突破。

董学伦理学也是对先秦伦理学的哲学总结，通过对先秦伦理学的系统性的深化和再创造，董仲舒终结了先秦百家对于伦理学的各个命题的开放性讨论。因此，董学伦理学的学术渊源仍然离不开先秦伦理学。先秦儒学是以伦理学为核心的，或者说先秦儒学就是伦理学。关于董学伦理学与前儒学的关系请看后文。

除了先秦儒学，法家在战国后期的代表人物韩非的伦理思想也值得注意。韩非在《韩非子·忠孝》中说："臣事君，子事父，妻事夫，三者顺则天下治，三者逆则天下乱，此天下之常道也。"

贾谊在《新书·俗激》中说："令主主臣臣，上下有差，父子六亲各得其宜。"

不难看出，董仲舒之前这些关于君臣关系的论述还处于零星状态，还不成体系，更缺乏形而上学和方法论方面的坚实支撑。

二、董学伦理学的哲学基础

作为董学哲学体系的有机组成部分，董学伦理学也是体系性存在，具有体系意义。董学天人合一形而上学中的阴阳论和五行论是董学伦理学的哲学和方法论基础，天是董学伦理学的最后哲学依据。董学伦理学虽然也使用孝和仁的概念，但是其哲学基础、内涵和地位与孔学完全不同。孔学的个人伦理学的核心是仁孝，而缺乏形而上学的基础。这表明董学伦理学的哲学和方法论基础与孔学是完全没有关系的。这是在比较董学和孔学的伦理学和价值观时特别需要注意的。

董仲舒认为：

> 阴阳理，人之法也。（《春秋繁露·王道通三》）

> 君臣、父子、夫妇之义，皆与诸阴阳之道。君为阳，臣为阴；父为阳，子为阴；夫为阳，妻为阴。阴道无所独行。其始也不得专起，其终也不得分功，有所兼之义。是故臣兼功于君，子兼功于父，妻兼功于夫，阴兼功于阳，地兼功于天。（《春秋繁露·基义》）

由此可见，无论是在哲学体系和结构还是方法论上，董学的伦理学都是其哲学体系中的一环，是个体系性存在。从体系上看，董学的伦理学是其哲学体系中的一个环节，是其总系统中的一个子系统。从结构上看，伦理学是政治哲学的核心组成部分，是其教化论的核心内容，也是皇权主义的坚实支撑。从方法论上看，董学的伦理学是阴阳论在伦理学中的应用的结果。

三、董学伦理学的社会基础

董仲舒为何从家庭关系入手来构建他的国家伦理学呢？这与他对中国传统社会结构的认识直接相关。从春秋末期开始，以族群为基本单位的社会结构被逐渐瓦解了，到了战国时期已经形成了以家庭为基本社会单元的新的社会结构。家庭是国家与社会进行互动的基本政治单元，也是社会的基本经济实体，国家是按照家庭为基本单位来分配土地和摊派各种赋税的，家庭的稳定与生产力直接影响到社会的稳定和国家的实力，家庭受到了破坏具有严重的社会、经济和政治后果。而为了维持社会的长期稳定和国家的有效运行，系统性地夯实家庭这个社会细胞是具有战略作用的。同时，家庭是分散的政治和经济实体，是国家权力最容易统治和管理的社会单元，为了巩固皇权主义，巩固了家庭就等于巩固了皇权主义的社会基础。思想深刻的董仲舒正是看到了家庭的脆弱性和易统治性才要进一步加固家庭这个基本社会单元，将其夯实改造为皇权主义的社会基础。而为了达到这个目的，对国民进行系统的教化是必不可少的举措。

与商鞅通过官爵和土地利诱和秦始皇的愚民政策不同，董仲舒创造性地采取了"驯民政策"，即通过对国民进行系统的伦理和道德引导来逐步地改造他们的价值观和心理结构，使其从内心自觉地与国家和皇权进行配合和合作。

但是董仲舒并没有现成的伦理观和道德观可资利用，他还不得不创造一个全新的伦理观来实施对国民的驯化。他创造出的全新的伦理观就是三纲五常说。

第二节　董学伦理学的内容

董学伦理学的核心内容是三纲五常说，它自有内在的逻辑，是董学体系重要的子系统。

一、三纲五常说是董学伦理学的核心内涵

董学伦理学的核心是三纲五常说。所谓的三纲是指君臣、父子和夫妻三纲。三纲说最早出现于《韩非子》中的《忠孝》篇和《外储说右上》篇。虽然韩非强调三纲的重要性，但是他并没有展开。三纲说的理论化是由董仲舒完成的。有学者认为孔子的"三正说"是董学三纲说的最早渊源，但是孔子的三正说出自《小戴礼记》，而该书并不是反映孔子言论的忠实史料，即不是唯实史料，故孔子的三正说并不可信。况且，从根本上说，董学的三纲说是其国家主义的政治哲学和伦理学的重要组成部分，体现在其全新的价值体系，将其强行纳入先秦百家是不符合唯实主义的事实性原则的。

在《春秋繁露·基义》中，董仲舒说道：

　　　　天为君而覆露之，地为臣而持载之；阳为夫而生之，阴为

妇而助之；春为夫而生之，夏为子而养之；秋为死而棺之，冬
为痛而丧之。王道之三纲，可求于天。

东汉初期的《白虎通·三纲六纪》进行了进一步的总结：

> 三纲者何谓也？谓君臣、父子、夫妇也。……《含文嘉》曰：
> 君为臣纲，父为子纲，夫为妻纲。

> 何谓纲纪？纲者张也，纪者理也，大者为纲，小者为纪，
> 所以张理上下，整齐人道也。……若罗网之有纪纲而万目张也。

所谓的五常是指仁义礼智信这五种道德品质。在与汉武帝应对
的《天人三策》中，董仲舒提出了仁义礼智信的"五常之道"，这
是中国历史上的首创。

虽然后来的儒者罔顾事实将三纲五常荒谬地归结于孔子，但是
三纲五常的内容却从来没有发生改变，这也为对中国文化的正本清
源提供了观念唯实主义的基础。

董仲舒强调天的道德属性，这个道德属性落实到人间的具体内
容就是五常。必须要加以明确和强调的是五常说所体现的董学伦理
学是国家主义的伦理学，而不是个人伦理学。在《天人三策》中，
董仲舒说道：

> 夫仁、义、礼、智、信，五常之道，王者所当修饬也。王
> 者修饬，故受天之佑，而享鬼神之灵，德施于方外，延及群生
> 也。

由此可见，五常首先是帝王的品德，皇帝只有具备了这样的品
德才能够有效地治理天下；五常也是大臣应具备的品格，大臣只有
按照五常的标准来为皇帝和国家服务，才能够做一个好的臣子；五
常也被推广到广义的社会层面，是皇权为社会所设立的道德标准。

二、三纲说

以三纲五常为主要内容的董学伦理学的核心是三纲说。五常是
三纲下的五种道德品质。

（一）三纲的内容

三纲可以分为两类，其中的每一纲并不是并列的。君为臣纲是政治伦理学，讲的是君臣关系，其目的是要为官僚制度确定行为规范，无条件地服从皇帝的权威，实际上是皇权主义在官僚体系方面的运用，也是董学国家伦理学的核心。其他的两纲即父为子纲和夫为妻纲则是家庭伦理学，其目的是要规范作为经济和社会最基本单元的家庭内部的秩序，使之责任明确、上下有序，能够和谐共处。

1. 君为臣纲。

君为臣纲是三纲之首，是最重要的一纲。将政治性的君为臣纲列于纯粹人伦关系的其他两纲之前，反映了董学伦理学的国家主义伦理学的本质，反映了伦理学从属于皇权主义的原则，这在中国政治史和伦理学史上都是破天荒的理论和政策创举。

必须要加以强调的是，与孔学将父子关系中的孝道扩张到君臣关系的自下而上的路径不同，在董学伦理学中，君臣关系的基础是形而上学中的天地关系在政治中的体现，其方法论是阴阳五行哲学，是自上而下的路径，而不是从父子之间的孝道引申而来。事实上，孔学的孝道也被置于阴阳五行哲学之下，为其找到了新的哲学和方法论基础。君为臣纲这个原则反映了董学伦理学与孔学之间不同的价值观，体现了两者本质性的差异，这是必须得到正视和明确辨析的。

如前所述，董仲舒关于君即皇帝和皇权的定位是在其天的形而上学中展开的，因此他将对伦理学层面上的君臣关系的论述放在了臣子之上。董仲舒为此可谓调动了董学所有的方法论武器，从多个视角来阐述君为臣纲之下臣子的行为规范。

在《春秋繁露·天地之行》中，董仲舒详细地阐述了皇帝的行为根据在于天道，臣子的行为根据在于地道，君臣之间的关系来自于天道地道之辨。在该文中董仲舒首先阐述了天道与君道之间的一体性：

天地之行美也。

是以天高其位而下其施，藏其形而见其光，序列星而近至精，考阴阳而降霜露。高其位，所以为尊也；下其施，所以为仁也；藏其形，所以为神也；见其光，所以为明也；序列星，所以相承也；近至精，所以为刚也；考阴阳，所以成岁也；降霜露，所以生杀也。

为人君者其法取象于天，故贵爵而臣国，所以为仁也；深居隐处，不见其体，所以为神也；任贤使能，观听四方，所以为明也；量能授官，贤愚有差，所以相承也；引贤自近，以备股肱，所以为刚也；考实事功，次序殿最，所以成世也；有功者进，无功者退，所以赏罚也。是故天执其道为万物主，君执其常为一国主。

天不可以不刚，主不可以不坚。天不刚则列星乱其行，主不坚则邪臣乱其宫。星乱则亡其天，臣乱则亡其君。故为天者务刚其气，为君者务坚其政，刚坚然后阳道制命。

这段话中董仲舒除了明确地论述了天道与君道的一体性之外，还阐明了天道和君道的本质在于"刚坚"。刚坚是阳气的体现，天道和君道只有在确立了刚坚即不可动摇的权威性之后才有可能把握朝纲，才有可能掌控臣子，才有可能维护国家的安定。因此，保持王道的刚坚是立国之本。由此可见，君为臣纲的理念与原则是独立的逻辑，与孔孟儒学强调仁政是为政之本的观念是完全不同的。

在阐明了君道之后，董仲舒在该文中也详细地阐明了臣道：

地卑其位而上其气，暴其形而著其情，受其死而献其生，成其事而归其功。卑其位，所以事天也；上其气，所以养阳也；暴其形，所以为忠也；著其情，所以为信也；受其死，所以藏终也；献其生，所以助明也；成其事，所以助化也；归其功，所以致义也。

为人臣者，其法取象于地。故朝夕进退，奉职应对，所以事贵也；供设饮食，候视疾疾，所以致养也；委身致命，事无专制，所以为忠也；竭愚写情，不饰其过，所以为信也；伏节死难，不惜其命，所以救穷也；推进光荣，褒扬其善，所以明也；受命宣恩，辅成君德，所以助化也；功成事就，归德于上，所以致义也。

是故地明其理，为万物母；臣明其职，为一国宰。母不可以不信，宰不可以不忠。母不信，则草木伤其根；宰不忠，则奸臣危其君。根伤则亡其枝叶，君危则亡其国。故为地者，务暴其形；为臣者，务著其情。

地道是臣道的来源，其核心是对天道的"信"。基于此，臣道的核心是对君的"忠"。忠君是臣道最重要的原则。董学伦理学的忠是趋于极端的，臣子尽其所能为君服务和奉献，然而成功时的功劳和荣誉是属于君王的，失败的罪过则要由自己承担；臣子为君王奉献的不只是自己的能力，而是生命，即所谓"伏节死难，不惜其命"。臣子对于君王的绝对服从和忠诚的关系与秦式皇帝制度下的君臣关系是相同的，甚至有过之而无不及。

董仲舒特别强调君臣之间的"善恶"问题，将其视为臣子忠君的重要内容：

《春秋》君不名恶，臣不名善；善皆归于君，恶皆归于臣。（《春秋繁露·阳尊阴卑》）

《春秋》之义，臣有恶，君名美。故忠臣不显谏，欲其由君出也。（《春秋繁露·竹林》）

这显然是由皇权主义的理念引申而来的，其目的是要无条件地树立和巩固皇帝的权威，而臣子则是巩固皇权的手段和棋子。在皇权面前，臣子是没有独立人格的，其成败名誉都要从皇帝的视角加以判定。

如果臣子没有遵循忠德，应该得到怎样的惩罚呢？董仲舒认为应该处死：

　　人臣之行，贬主之位，乱国之臣，虽不篡杀，其罪皆宜死。
（《春秋繁露·楚庄王》）

　　由此可见，董仲舒的国家伦理学中的君臣关系绝不是什么孔学的仁政，而是皇权主义的体现。君为臣纲绝没有半点的仁义道德，只有君王的刚坚和臣子的忍辱负重、不记名分、为皇帝背黑锅，并且还要冒着被皇帝随意处死的风险。

　　为了强化君为臣纲，董仲舒还把君臣关系比作阳阴，将天的形而上学直接应用于君臣关系的论述：

　　　　阴者，阳之助也，阳者，岁之主也。……不当阳者臣子是也，当阳者君父是也。阳贵而阴贱，天之制也。（《春秋繁露·天辩在人》）

　　董仲舒还将君臣关系比作人的心和身体，这是天人合一理论在君臣关系上的应用：

　　　　一国之君，其犹一体之心也，隐居深宫，若心之藏于胸；至贵无与敌，若心之神无与双也；其官人上士，高清明而下重浊，若身之贵目而贱足也；任群臣无所亲，若四肢之各有职也；内有四辅，若心之有肝肺脾肾也；外有百官，若心之有形体孔窍也；……君明，臣蒙其恩，若心之神，而体得以全；臣贤，君蒙其功，若形体之静，而心得以安。上乱下被其患，若耳目不聪明，而手足为伤也；臣不忠而君灭亡，若形体妄动，而心为之丧。是故君臣之礼，若心之与体，心不可以不坚，君不可以不贤，体不可以不顺，臣不可以不忠。心所以全者，体之力也；君所以安者，臣之功也。（《春秋繁露·天地之行》）

　　臣子的行为也被纳入了五行观。董仲舒认为土是五行中最重要的，居于核心地位，而土的最大德行便是忠，即地"至有义"，具有"大忠"的品德。《春秋繁露·五行对》载：

　　　　地出云为雨，起气为风。风雨者，地之所为。地不敢有其功名，必上之于天命。若从天气者，故曰天风天雨也，莫曰地风地雨也。勤劳在地，名一归于天，非至有义，其孰能行此。
故下事上，如地事天也，可谓大忠矣。

忠臣之义，孝子之行，取之土。

需要特别重申的是董学此处君为臣纲的国家政治伦理学与孔学
将孝道平移到政治，认为君臣关系是义的关系和父子关系的家庭伦
理学在国家政治层面的延伸是具有本质性的差异的。董学的君臣政
治伦理学的指导原则是阴阳五行哲学，遵循的是阴阳五行哲学的逻
辑，而不再是孔学以孝道为核心的家庭伦理学。在此，董学与孔学
之间在理念、逻辑和价值观上的本质差异再次凸显出来。

《春秋繁露·五行对》载：

天有五行，木、火、土、金、水是也。木生火，火生土，
土生金，金生水，水生木。水为冬，金为秋，土为季夏，火为
夏，木为春。春主生，夏主长，季夏主养，秋主收，冬主藏。
藏，冬之所成也。是故父之所生，其子长之；父之所养，其子
成之。诸父所为，其子皆奉承而续行之。不敢不致，如父之意，
尽为人之道也。故五行者，五行也。由此观之，父授之，子受之，
乃天之道也。故曰夫孝者，天之经也，此之谓也。

由《春秋繁露》的行文可以看出，董仲舒对于君为臣纲这个原
则不厌其烦地加以强调。董仲舒为何要如此呢？这与董学的底线直
接相关。董学的出发点和目的是为西汉王朝的现实政治服务，是要
证明皇权主义才是解决西汉面临的种种危机的根本出路。作为一个
思想深刻而又具有强烈使命感的哲学家，董仲舒又必须限制皇权，
避免其变成一种绝对权力和暴政，为此他通过天人合一的授命论和
灾异论从正面和反面来双重地制约皇权，并且为皇帝和王朝的更替
留下了余地，开了后门。但是，在法理上可以更替皇帝和王朝，那
么皇帝本人的生命该如何处理呢？皇帝的生命是否会成为皇帝兴废
和王朝更替的殉葬品呢？如果这个问题得不到妥善的解决，皇权主
义是不会被执政者所采纳的。而董仲舒对这些问题给出的答案当然

是否定的。董仲舒不遗余力地要保证皇帝的生命安全，即使对于无能和被废黜的皇帝尤其如此。而保障机制便是臣僚对于皇帝的忠诚。董仲舒在《春秋繁露·玉杯》中用很大的篇幅专门谈到了弑君的问题。

三纲说中关于忠的理念对于比较和区分董学和孔学具有十分重要的意义。在个人与国家的关系上，孔学显然是站在个人的立场上无条件地排斥国家主义的忠的，孔学主张可以无条件地为了尽个人的孝而放弃对于国家的忠。孔学无法正确处理个人的孝与国家的忠之间的关系，为了个人的义务而放弃国民对于国家的责任，实际上是个体性原则对于国家主义的否定。这表明孔学绝无半点的国家主义因素，其个人伦理学是与国家主义格格不入甚至相对立的。这种价值观与董学所倡导的国家主义的伦理学是完全对立的价值取向，充分而不容置疑地体现出了两者的本质不同。

2. 父为子纲。

在《春秋繁露·为人者天》中，董仲舒说道：

> 政有三端：父子不亲，则致其慈爱；大臣不和，则敬顺其礼；百姓不安，则力其孝弟（悌）。孝弟者，所以安百姓也。力者，勉行之，以身化之。

这段话清楚地说明了孝道在董学政治伦理学中的地位和作用。

父为子纲虽然涉及了家庭伦理学，但是其地位和作用都发生了重大的变化。与孔学的家庭伦理学不同，董学的家庭伦理学中的孝道不再是价值的来源，孝道没有外化成仁，也没有派生到政治伦理学之中。董学的孝道和家庭伦理学完全服从于国家伦理学和皇权主义的治国安邦的需要。

3. 夫为妻纲。

夫为妻纲同样是家庭伦理学的内容，其目的同样是要从维持国家稳定的层次上保持家庭内部的和谐和稳定。

需要指出的是，董仲舒虽然提出夫为妻纲，但只是列出了家庭内部的等级和责任层次，并没有对妻子如何服从丈夫进行明确而细致的规定。董仲舒唯一明确提出违反了夫为妻纲的处置方法是在《春秋繁露·顺命》中。董仲舒说道：

> 妻不奉夫之命，则绝，夫人不言及是也。

妻子如果"不奉夫之命"，就要离婚。此处关键是如何理解"不奉夫之命"，而这个线索在"夫人不言及"之上。此处董仲舒是引用了《公羊传·桓公十八年》的一个典故。鲁桓公的夫人文姜与齐襄公私通，她诱使桓公与齐襄公在齐国会面，齐襄公则准备在此地谋杀桓公。桓公果然在齐国被杀。因此，此处的"不奉夫之命"不仅是指私通背叛丈夫，并且包括参与谋杀亲夫。犯下了如此大罪，离婚大概是最轻的处置方式了。可见，董仲舒对于夫为妻纲的要求是相当宽松的。后来的宋明理学将夫为妻纲推到了极端，将女人置于被男权奴役的地位，这与董学的理念是不相符合的。

（二）三纲的哲学意义

董仲舒对于三纲的规定是十分严密和明确的，是全新的国家伦理学的原则和理念。董学的三纲摒弃了孔孟儒学的泛道德论，将伦理学置于天的形而上学和国家主义的政治哲学之下，这既不同于商学通过直接的利益来诱惑国民参与国家行为的意识形态，也不同于孔学试图通过将个人伦理学政治化的价值观，董仲舒在此理顺了皇权主义与道德伦理之间的关系，建立起了具有强大哲学和政治说服力的新的国家主义的伦理学，将皇权与道德进行了完美的有机结合，这不仅为中国文明进入一个全新的时代奠定了坚实的道德基础，在世界范围内也是绝无仅有的。

理解这点对于认清董学革命性的历史意义具有重要的作用，同时它对于真正分清董学与孔孟儒学之间的本质性差异也具有决定性的意义。

三、五常说

五常是指仁、义、礼、智、信。虽然这五种品德在先秦儒学中便已经被提到，但是它们的内涵和作用却与董学的五常说并不相同。在形式上董仲舒第一次将五种品德并列形成了五常说，并且对其中的每一种品德都进行了重新定义。更为重要的是董学的五常是作为董学的体系性存在的道德理念，是体现董学全新的国家主义价值体系的子系统构建，这与先秦儒学从个人伦理学的层次上归纳和强调君子的各种品德的做法无论是在理念还是在方法上都是完全不同的。

孔子提出过很多君子应该具备的品德，如忠、礼、智、勇、义等，但其君子伦理学的重点是讲仁，仁实际上是所有道德品质的总和。孝又是仁之本。因此，孔孝是孔子君子伦理学的真正内核。

作为对君子伦理学的继承和发展，孟子提出了四端说。四端包括仁、义、礼、智等四种善端。孟子对于义的强调更为突出，他不仅将义与仁进行了区分，还将其与仁并列形成了仁义观。

虽然五常在字面上与孔学和先秦儒学的道德定义是相同的，但是其具体的内容并不相同，甚至是南辕北辙和对立的，也就是说相互之间存在着严重的体系性壁垒。董学的仁和义与孔学的仁和义是完全不同的，董仲舒在《春秋繁露》中已经明确无误地指明了这一点。

第三节　董学伦理学的本质是国家伦理学

虽然对于董学的核心概念和理论进行深入的理解都必须要具有体系性，然而相比之下对于董学的伦理学进行体系性的把握则具有更为重要的价值和意义。只有确立了董学的伦理学是体系性存在的事实才能够真正理解其体系意义，而只有理解了其体系意义，才能够真正理解董学的伦理学以及它与孔学的本质性区别。

从历史的维度来看，董学伦理学已经变成了中国传统文明时期的社会伦理学，是社会上要普遍遵守的伦理学原则。然而从这些伦理学原则的出处即董学来看，董学伦理学首先是国家伦理学，是一种政治化了的为皇权主义服务的伦理学，而不是董仲舒作为一种普遍的道德伦理原则而为社会上的普通个人设立的伦理学。三纲五常是典型的国家伦理学。三纲五常是自上而下的、由国家权力提倡的伦理学，是董学的国家主义和皇权主义的重要组成部分，与孔学自下而上的个人伦理学是完全不同的义理和价值取向。

一、国家主义伦理学的两个层次

董学的国家主义伦理学可以分为两个层次，即皇权伦理学和社会伦理学。皇权伦理学决定社会伦理学的原则，体现了前者向社会的渗透、泛化和普及。

（一）皇权伦理学

皇权伦理学就是董学体系中作为意识形态的国家伦理学。它的核心概念和范畴是"义"与"忠"。董学体系中的义与忠与孔学中的义与忠具有完全不同的内在规定性，存在体系性壁垒，切不可相混淆。

义与忠是被董仲舒推崇和提倡的美德。在论述地与天之间的关系时，董仲舒将这两种美德赋予了地。《春秋繁露·五行对》载：

> 地出云为雨，起气为风。风雨者，地之所为。地不敢有其功名，必上之于天命。若从天气者，故曰天风天雨也，莫曰地风地雨也。勤劳在地，名一归于天，非至有义，其孰能行此。故下事上，如地事天也，可谓大忠矣。

在董仲舒看来，忠义就是对上天和权力如同对父亲般的尊重和服从。用现代伦理学的语汇来表达，个人接受国家主义的伦理和政治学就是"义"，就是"忠"。义和忠的本质就是接受和遵循国家主义的伦理学和政治学。国家伦理学就是要无条件地服从国家和民族的整体意志，将个人的意志和行为纳入国家和民族的整体利益和行为之中，将个人的"小我"融入到国家和民族的"大我"之中，将个人的功劳和荣誉奉献给国家，通过国家的成功来表现个人的成功。

（二）作为社会道德准则的伦理学

由于皇权主义的提倡，作为国家伦理学原则的董学伦理学原则和理念经历了一个向下渗透和转移的过程，董学伦理学逐渐自上而下地泛化为具有普遍性的社会伦理学。例如，充满了忠诚和自我牺牲精神的"忠义"已经成为中国传统文化的核心价值观念之一，也是中国人之所以成为中国人的美德之一，已渗透到中国文化的血液之中。岳母刺字的"精忠报国"就是忠义的体现，就是国家主义价值观的表现。在中华民族几经磨难、存亡危在旦夕的时刻，国家伦理学中的忠义观激励了无数代中国人为了国家的存在而抛头颅洒热血，死而后已，一次次地战胜和驱赶了外族的野蛮侵略，保卫了自己的家园，一次次骄傲地站立了起来。而为了中华民族的繁荣昌盛，又有无数的优秀中国人前仆后继，鞠躬尽瘁，忘我工作，使中国文明傲然于世，成为人类历史上最为成功的文明形态。国家主义的忠义观成为中华民族和中国文明坚不可摧的脊梁。

董学伦理学在这个泛化过程中与孔学以孝为核心的个人伦理学相融合，而皇权也乐见其成，提倡孔学与推广董学伦理学实现了某种程度上的"无缝连接"，这对于巩固皇权的社会基础、实现社会的稳定和和谐是有帮助的。

1.接受和履践国家主义是一种道德境界。

国家主义提倡的是超越自我，为了国家和民族而牺牲个人的利益，个人的意志要服从国家和民族的意志。这对于任何个人来说都是个很高的道德要求，而要将这个崇高的道德水准提升为国家的意识形态，要求全体国民都要加以认同和履行则是个艰巨的精神工程。出人意料的是中华民族竟然完成了这个精神工程，形成了巨大的民族凝聚力，这不能不说是人类精神建设绝无仅有的奇迹。也正是以这个精神奇迹为基础，中华民族才能够在长达两千多年的历史时期内称雄于整个世界，中国文明才能够成为人类文明史上最为成功和辉煌灿烂的文明形态。中华民族的精神境界是其他文明所不可想象和企及的。

中国传统的士人阶层强调社会责任，提出了"先天下之忧而忧，后天下之乐而乐"的幸福观，表现出来的"牺牲小我，成就大我"的道德情操正是来自于董学的国家主义伦理学。

2. 接受和履践国家主义是一种文化素质。

但是并不是所有人都具有践行义的素质。义是一种伦理，是一种牺牲，是一种境界，绝大多数人是无法深刻领会的，即使能够领会也未必会付诸实践，通过个人有意识的自觉行为来实现这个义。

3. 国家主义与个人主义的对立与冲突。

中国文明的国家主义与西方文明的个人主义体现了两者在核心价值观上的对立，也体现了两者在政治学上的尖锐对立。在许多方面，国家主义和个人主义的对立和冲突体现了中国文化与西方文化之间在价值观和道德观上的对立与冲突。

二、责任体系是国家伦理学的核心

董学是强调民族的历史责任感的哲学，是要求个人要承担起国家和民族的责任的思想。责任感是董学的文人理念的精髓，它贯穿于董学的形而上学、政治哲学、历史哲学、人性论、教化论等各个层面和角落，可以说董仲舒所主张的皇权主义就是关于国家权力的责任的政治学和伦理学。

在董学的国家主义伦理学中，上到皇帝下到黎民百姓没有一个人有权利和机会逃离责任感，可以为了追求自己所谓的自由和利益而侵害国家和民族的利益，国家、社会和民族中的各个阶级和阶层都被置于严密的责任体系之中。责任的大小与其社会地位是成正比的，但是每个人都要承担对于父母、兄弟、妻子、朋友、民族和国家的责任，三纲五常正是这种责任体系的体现。建立在天人合一和阴阳五行哲学基础之上的董学伦理学所编织成的这个滴水不漏的责任体系将社会中的每一个成员都聚集在一起，成为一个牢不可破的网络。这就是历久不衰的中国文明的民族凝聚力和历史凝聚力的精神。

三、中华民族的国家主义精神出自道德的自愿

中华民族为国献身的崇高精神出自道德的自愿，而不是法律的义务和强制。这是中国文明与西方文明的重要区别，也是中国文明精神凝聚力的根源所在。这种国家主义的道德情操在国家和民族处于危难时刻多次成为中国抵抗外辱和共度时艰的主旋律，多次将中华民族拯救了出来。

四、国家伦理学与人性

董学国家伦理学的目的是要从国家的高度来改造、规定和再塑造人的行为，将人的行为纳入责任和道德的轨道。这种做法能够成为可能其基础是董学的三品论的人性理论。因为三品论体现了人性的可塑性，国家权力可以通过教育来引导人性走上道德之路，向更高的"品"迈进。

第四节　董学的仁义观

孔子说："仁者爱人。"董仲舒也说："仁之法，在爱人。"这表明，董学是存在仁的概念的。许多人或许因此而得出结论认为董仲舒继承了孔子关于仁的理念或者仁道，董学因此只能是孔学的延续和发展，是儒学的组成部分。一些学者甚至将两者混为一谈，认为

孔孟之仁是董学哲学体系的根本①。这种看法违反了观念唯实主义，是严重的理论误读，是董冠孔戴的典型反映。事实上，董学之仁和孔学之仁虽然在名称上相同，但是在内涵和理念上却存在着本质性的体系性壁垒，两个仁代表着对立的价值观。

在哲学观念事实的层次上辨明董学的仁与孔学的仁的不同内涵和地位对于认清两者在本质上的不同具有决定性的意义②。这是因为，董学和孔学并不是对等的思想，后者的观点还无法构成哲学体系，甚至被称作严格意义上的哲学都比较勉强，而董学则是蔚为大观、逻辑严密、丝丝相扣的完整的哲学体系，在形而上学、政治学、人性论等重要的哲学领域董学与孔学无法进行对等的唯实比较。仁则是两者所共有的哲学概念和范畴，它是《论语》中被反复强调的核心概念，董仲舒在《春秋繁露》尤其是在《仁义法》一文中对仁也进行了明确的和不容置疑的再定义和详细阐述，其详细程度在《春秋繁露》中是很少见的。因此，孔学的仁和董学的仁可以进行比较完整的以观念事实为基础的唯实比较。而通过唯实比较法在仁这个核心概念和范畴上的有效运用，董学与孔学两者之间的本质性差异可以被更加明确地彰显出来。

一、董学的仁不是孔学的仁

可以十分肯定地确认董仲舒并没有继承孔学的仁，也完全没有按照孔子的原意对其进行延伸的意思，从《仁义法》中可以看出董仲舒是在自觉地改造仁，刻意地重新诠释仁这个孔学和前儒学最为核心的范畴，是要通过赋予仁以全新的内涵、逻辑和理念来表达董

---

① 参见张实龙：《董仲舒学说内在理路探析》第一章《孔、孟之仁是董学之本》，浙江大学出版社 2007 年版。

② 之前的哲学史家也曾发现董仲舒与孔子在仁这个核心概念上的重要不同，如周辅成和周桂钿等，但是他们却并没有能够根据观念事实而判断出董学与孔学本质上的差异，实属遗憾。参见周辅成的《论董仲舒思想》和周桂钿的《董学探微》之《仁义论》部分。

学独立的哲学思想。从刻意性的角度来看,《仁义法》可以被看做是董仲舒明确表明董学在本质上区别于孔学的"独立宣言"。

第一,从其内涵来看,董学之仁首先是政治哲学概念,在政治哲学的领域内展开。上述所引出于《春秋繁露·仁义法》,其完整的原话是:

> 《春秋》为仁义法,仁之法在爱人,不在爱我;义之法在正我,不在正人。我不自正,虽能正人,弗予为义;人不被其爱,虽厚自爱,不予为仁。

因此可见,董学之仁是在与义的对应关系中阐述的,仁与义被视为帝王应该具有的政治品德,仁与义也被当做帝王正己和治人的一种手段,是纯粹的政治哲学范畴。董学之仁超越了孔学的个人伦理学,摆脱了孔学的道德主体性的视角,不再是道德乌托邦主义之下作为纯粹理想的仁。董学之仁是与现实生活和现实政治紧密相连的,无论是在内在的理念还是伦理与现实性的关系上都具有辩证性。董学之仁被视为皇帝和国家行为所要遵守的规律之一。

第二,从哲学基础上看,董学之仁是建立在董学阴阳五行哲学基础之上的,是天人合一理念的组成部分。董学之仁不是来源于内在的孝,不再是孝的外化和社会化,而是外在的天人法则和阴阳五行运行规律的反映,虽然这与孔学的价值来源观和个人伦理学是截然相反的。

第三,从在体系性内的地位上看,虽然董学之仁在政治哲学和伦理学中是占有一定的地位的,但是它远不是董学的核心概念。在董学体系中,仁是从属于天人合一哲学和阴阳五行哲学的系统性存在,是阴阳五行的表现形式之一。它的地位降低了,"仁"不再是董学理论体系的核心。也就是说,要理解董学的仁必须从董学的哲学体系的角度来进行。这与孔学显然具有本质性的不同。

第四,从方法上看,董仲舒将仁与义和智视作相对的两对范畴来分析,形成了董学独特的"仁义观"和"仁智观"。

因此，仁成为董学中的体系存在，必须从董学的整个哲学体系去理解和把握仁。

二、董学的仁义观

董仲舒对仁的改造促使一系列理念产生了本质上的变化，也赋予了它们以新的政治功能。

（一）董学对于仁和义的重新定义

除了对仁这个孔学的核心范畴进行了重新定义之外，董仲舒对义这个孔学的重要概念也进行了改造，使其具有了多元化的内涵。如前所述，在天道认识论中，义成为义理观的组成部分，取意义的意思。董仲舒继续将义在伦理学领域内加以使用，并使义变成了董学政治哲学的重要范畴。另外，董仲舒还创立了义战理论，这将在后文中加以阐释。

集中阐述董学仁义观的是《春秋繁露》中的《仁义法》。在《仁义法》中，董仲舒说道：

> 《春秋》之所治，人与我也。所以治人与我者，仁与义也。以仁安人，以义正我，故仁之为言人也，义之为言我也。
>
> 是故《春秋》为仁义法，仁之法在爱人，不在爱我；义之法在正我，不在正人。我不自正，虽能正人，弗予为义，人不被其爱，虽厚自爱，不予为仁。
>
> 是义与仁殊。仁谓往，义谓来；仁大远，义大近。爱在人，谓之仁；宜在我，谓之义。仁主人，义主我也。故曰：仁者人也，义者我也，此之谓也。

董仲舒不仅大胆地实施了其假借孔子之名阐述自己哲学的托孔入世的方法，直言不讳地阐明了董学独特的仁义观，还相当少见地对孔学仁和义的观点进行了直截了当的否定和批驳，这在董仲舒托孔入世的方法中堪称少见，或许是董仲舒知晓仁对于孔学的重要分量才如此般加大了阐述的力度。

在此，仁不再是既对人也对己的"万全"概念，也不再是模糊不清具有几十种解释的万能膏药，而是具有了特定的对象和功能的范畴，即仁是针对别人的，是用来"安人"的外向性的工具，不再是孔学实现君子内在束己的道德标准。在董仲舒眼里，仁并不是什么君子伦理学道德主体性的核心载体，而是变成了国家伦理学中约束皇帝行为的外在道德规范和行为工具。相应地义变成了内向性的、针对皇帝自己的内在的约束力量，是用来"正己"的武器。

这种将仁和义的工具化和内外严格有别的全新诠释完全否定和推翻了孔学君子伦理学的理念。由此可见，在董仲舒的眼里，孔学的核心理念和原则是完全站不住脚的，是董仲舒完全无法接受的。董仲舒对于仁和义的重新定义显然是针对孔学的，其目的正是要在颠覆孔学的同时来建立起董学自己的仁义观和伦理学范畴。

（二）仁智观

除了仁义观之外，董仲舒还从仁智观阐明他对仁的重新规定。如果说仁义观厘清了仁与义的内外之别的话，那么仁智观则规范了仁与智作为实现政治目的的两种不同手段之间的辩证关系。

董学的仁智观集中体现在《春秋繁露·必仁且智》一文中。在该文中，董仲舒对仁和智分别做出了明确的规定。关于仁董仲舒说道：

> 何谓仁？仁者憯怛爱人，谨翕不争，好德敦伦，无伤害之心，无隐忌之志，无嫉妒之气，无感愁之欲，无险诐之事，无辟违之行，故其心舒，其志平，其气和，其欲节，其事易，其行道，故能平易和理而无争也。如此者，谓之仁。

此处董仲舒对于仁的规定在于确定仁的内涵，是君子和有修养的人都可以奉行的道德规范，而在社会上能够实行如此应有的道德标准的人却并不是一般人，只能是具有特别身份和使命的人，在缺少君子伦理学的背景之下，也只有帝王能够刻意奉行仁的规范了，这显然是在为《仁义法》中所述的作为皇帝治国的政治手段的仁做逻辑铺垫。需要强调的是董仲舒在此只是就事论事，而并没有如孔子般将仁作为孝的社会性的外化和泛化，也就是说，在董仲舒眼里，孝与仁之间的逻辑关系被斩断了。董仲舒这种处理从根本上否定了孔学最基本的内核和逻辑递进关系。

关于智，董仲舒说道：

> 何谓之智？先言而后当。凡人欲舍行为，皆以其智先规而后为之，其规是者，其所为得，其所当事当，其行遂，其名荣，其身故利而无患，福及子孙，德加万民，汤、武是也。……故曰：莫急于智。智者见祸福远，其知利害蚤（早），物动而知其化，事兴而知其归，见始而知其终；言之而无敢讙，立之而不可废，取之而不可舍；前后不相悖，始终有类，思之而后复，及之而不可厌；其言寡而足，约而喻，简而达，省而具，少而不可益，多而不可损。其动中伦，其言当务，如是者谓之智。

董仲舒用了一整段来详细阐明智的内涵，说明他对于这个概念的重视。在这里智涉及了认知与行为的关系问题、言与行的关系问题等重要的哲学范畴，也包括中和论和见微知著论等方法。董仲舒对于智的这些规定是其他学派所没有的，是董学全新的内容。

更为重要的是，在董仲舒看来，智除了出众的认知能力即智慧的含义之外，其重要性更是体现在智与仁的关系之上。智被看做是实施仁的手段、铲除危害的方法，具有明确的功利性、现实性和行动性的特征。也就是说，仁与智是一对相辅相成的对应范畴，是驾驭才能不可或缺的两种手段。董仲舒进而论道：

> 不仁而有勇力材能，则狂而操利兵也；不智而辩慧［缳］给，则迷而乘良马也。故不仁不智而有材能，将以其材辅其邪枉之心，而赞其僻违之行，适足以大其非，而甚其恶耳。

关于仁与智两者的关系董仲舒总结道：

> 仁而不智，则爱而不别也；智而不仁，则知而不为也。故仁者所以爱人类也，智者所以除其害也。

董学的仁智观体现在对孔学只提倡爱人的仁而对于各种恶势力束手无策以至于逃避的乌托邦主义立场。董学始终是立足于现世中的哲学，它不逃避现实，不以虚幻的乌托邦来代替现实，而是要为彻底解决现实政治中的各种危机和问题提供系统可行的解决方案。董学的仁智观也同样反映出了董学的这个立场。

（三）董学的仁义观的政治功能

在《春秋繁露·仁义法》中，董仲舒重点阐释的是仁义法的政治功能，他说道：

> 是故内治反理以正身，据礼以劝福；外治推恩以广施，宽制以容众。

> 是故以自治之节治人，是居上不宽也；以治人之度自治，是为礼不敬也。为礼不敬则伤行，而民弗尊；居上不宽则伤厚，而民弗亲。弗亲则弗信，弗尊则弗敬。

> 众人不察，乃仅以仁自裕，而以义设人，诡其处而逆其理，鲜不乱矣。

> 是故人莫欲乱，而大抵常乱，凡以闇于人我之分，而不省仁义之所在也。

董仲舒将仁义的内外次序视为能否维持国家秩序和稳定的关键，能够对外实行仁、对内实行义的君王便可以保持国家和政权的稳定，颠倒了仁义次序便会不可避免地使国家处于经常性的动乱之中。董仲舒甚至将这个道理看做是不以人的意志为转移的客观规律。为了证明这个客观规律，董仲舒列举了诸多春秋时期的实例，包括晋灵公、楚灵王、齐桓公、吴王阖闾和梁国灭亡的故事。这充分说明了董仲舒的仁义观已经不再是孔学意义上的君子求得自我完善的伦理学范畴，而是作为治国安邦的政治手段而存在的。

董仲舒特别强调仁作为抚远的政治手段的作用。他认为：

> 故王者爱及四夷，霸者爱及诸侯，安者爱及封内，亡者爱及独身。独身者，虽立天子诸侯之位，一夫之人耳，无臣民之

用矣。如此者，莫之亡而自亡也。《春秋》不言伐梁者，而言梁亡，盖爱独及其身者也。故曰：仁者爱人，不再爱我，此其法也。

虽然董仲舒此处强调仁的政治功能，但它与孔学的仁政却是两回事。董仲舒也会提到仁政，但是仁政从来都不是董学的体系性存在，董仲舒的政治哲学与孔学的德政观和孟子的德政观并没有继承关系，更没有逻辑关联。遍览现存的文献，董仲舒在集中阐述其政治哲学的原则和理念或者向皇帝献策和上疏时，从来没有论证甚至提到过仁政这个概念。

然而，不提仁政并不意味着董仲舒抛弃了皇权主义政治中仁的重要性，正如董仲舒批判秦始皇过度的严刑峻法，但并没有抛弃严刑峻法在国家行为中的重要性一样。董仲舒否定的是孔学以仁为中心的道德主体性，否定的是孟子的仁政观。由此可见，董仲舒要建立的是现实政治仁政和厉政之间的平衡。董仲舒对于儒家仁政的立场如同他对于秦始皇的商学的立场一样是辩证的，是有条件的。

因此，在仁政的理念上体现了董学与孔学的本质性的分歧。董学的仁义观是国家主义的政治哲学，是关于国家行为规律的总结，已经远远超越了孔学个人伦理学的范畴。后世学者不理解董学的重要原因之一就在于没有理解董仲舒对于孔学的仁义观的否定和根本改造，这也成为后世混淆董学与儒学的重要原因之一。

事实上，董仲舒的仁政观体现在了他的立功模式和立德模式的结构之内，只有在这两个亚行为模式之间的相互作用之中才能够准确地把握董仲舒对于仁政的观念。

（四）董学的仁义观的方法论基础

孔学的仁义观是对孝的社会化和政治化延伸，也就是说，从方法论上看，仁义是孝的边际价值。而董学仁义观的方法论则是天人合一理论和阴阳五行哲学，也就是说，董学的仁义观是董学的体系性存在，除了在名称上相同之外，在逻辑、方法和理念上与孔学并没有关联，董学之仁与孔学之仁存在着巨大的体系性壁垒。

三、董学的厉政

孔学基于仁的德政观是道德乌托邦主义、道德万能论和政治无为主义的同义语，董仲舒扬弃和超越了孔子的德政观也就等于抛弃和超越了孔学的道德乌托邦主义、道德万能论和政治无为主义。从理论构建的角度来看，只有摆脱了这些束缚，董仲舒才得以呼吸到自由的思想空气，才能够获得思想的独立，才能够创建起董学独特的关于国家行为的系统理念和皇权主义的政治哲学。也就是说，董学不乏关于仁政的思想和政策设计，针对某些问题董学还特别强调运用仁政化解，但是董学却不再是以仁政为核心的政治理念。

（一）仁政与厉政的平衡

董仲舒的国家行为理念是要建立起一个平衡的结构，而不是重复孔学的仁政和秦始皇的暴政两个极端。董仲舒否定孔学的仁政，批判秦始皇的苛政，但是他又吸取了两者的合理因素形成了仁政和厉政之间的平衡模式。这种平衡是董学天的形而上学在政治哲学中应用的表现。后世学者没有厘清董仲舒对于仁政的观点是个不足，而没有理解董仲舒关于厉政的真实观点则是重大的遗漏。

（二）董仲舒与汉武帝的酷吏政治

《汉书·董仲舒传》载：

> 仲舒在家，朝廷如有大议，使使者及廷尉张汤就其家而问之，其对皆有明法。

张汤是汉武帝一度重用的酷吏，在汉武帝加强皇权的政治斗争中扮演了十分重要的角色，上到诸侯王和丞相，下到大小官吏，无数以各种方式在各种程度上妨碍了汉武帝重建皇权的人都在汉武帝的授意之下被无情铲除，而实施无情铲除的正是张汤。可以说张汤是汉武帝最信任的亲信。

汉武帝让张汤与董仲舒经常接触，无疑是刻意为之。董仲舒是哲学家和理论家，张汤是具体做事的干将，两者并没有任何的共同点。汉武帝选定张汤去请教董仲舒显然不是要张汤向董仲舒请教哲学问题，更不会让一个长于刑讯逼供的专家去向董仲舒嘘寒问暖表达皇帝的体贴关爱之意。汉武帝派遣张汤去见董仲舒的目的是要张汤向董仲舒请教决狱之事，从张汤屡屡不辞辛苦地面见董仲舒的事实来看，两人显然建立起了长期和固定的交流和互动模式。而董仲舒在晚年也曾著《春秋决狱》，两者绝非偶然，《春秋决狱》或许就是董仲舒对汉武帝和张汤在法律问题上提供的谏言的汇总。虽然《春秋决狱》这本书已经散佚，无法确切知道其中具体的内容，但是董仲舒参与了汉武帝和张汤的酷吏政治，为汉武帝加强皇权出谋划策则是不难看出来的。

董学独特的断案原则是"原心论罪"，这个董仲舒独创的方法成为汉武帝朝酷吏政治办案的法律依据。这个理论为汉武帝大兴酷吏政治打开了大门。关于原心论罪可见本书之《董学是全新的法律体系》一章。

董仲舒与酷吏的关系就连竭力为董仲舒辩解和正名的王永祥也不得不承认。王永祥写道："董仲舒'本其事而原其志'的'原心罪论'理论的提出，以《春秋》经为治狱根据的风气开始盛行，从而助长了酷吏以动机的善、恶来任意判决案件的做法，董仲舒当然有不可推卸的责任。"①

汉武帝朝著名的"腹诽"论正是对董仲舒的原心罪论的一个颇具"创造性的"实际运用。腹诽并不需要任何的证据，甚至不需要被告的言语，只要断案者认为被告具有不纯的动机便可以治罪。许多朝廷高官就是以此罪而受到了惩治。

这个事实揭露了董学看重厉政的本质，也突出地点明了董学与孔学的根本区别。与皇权和大一统原则相比，仁政只是个手段，只

---

① 王永祥：《董仲舒评传》，南京大学出版社 1995 年版，第 384 页。

有仁政有利于皇权和大一统的时候，仁政才重要，如果发生了冲突，仁政会被毫不犹豫地放弃，被厉政所代替。

四、董仲舒提倡的是"善治"

董仲舒强调"善治"的政治理论，这是他提出的一种新的政治行为方式。

（一）善治是仁政和厉政的平衡

董仲舒理想的治国方略不是孔学的德政，也不是孟子的仁政，而是善治。所谓的"善"是恰当、合理和平衡之义，是根据具体的政治现实而采取不同的治国方略。善治就是仁政和厉政兼容的平衡的行为方式。

在与汉武帝所进行的《天人一策》中，董仲舒认为秦朝之所以速亡就是没有实行善治的结果，而汉朝要克服种种危机达到善治的目的，就必须进行更化即彻底的改革：

（秦朝）当更张而不更张，虽有良工不能善调也；当更化而不更化，虽有大贤不能善治也。故汉得天下以来，常欲善治而至今不可善治者，失之于当更化而不更化也。古人有言曰："临渊羡鱼，不如退而结网。"今临政而愿治七十余岁矣，不如退而更化；更化则可善治，善治则灾害日去，福禄日来。

在《限民名田议》中，董仲舒再次强调善治：

汉兴，循而未改。古井田虽难卒行，宜少近古，限民名田，以澹不足，塞并兼之路。盐铁皆归于民。去奴婢，除专杀之威。薄赋敛，省徭役，以宽民力。然后可善治也。

可见，董仲舒的善治观是他理想的治国方略和国家状态，这与孔孟儒学的德政观和仁政观是完全不同的。

（二）善治的本质

董仲舒提出善治并不是偶然的。善治并不是孤立的概念和政治理念，而是董学的体系性存在。善治是符合董学的基本原则和逻辑的政治理念。

董学善治的本质是在阴阳哲学指导下的皇权主义的治国方式。善治是要符合中和论的平衡的国家行为方式。善治不是政治无为主义，不是道德乌托邦主义，而是扎扎实实的现实主义的政治行为，是仁政与厉政的平衡。

五、董学和孔学在伦理学上不容混淆

孔学的伦理学是个人伦理学，是针对士人的伦理学，是君子伦理学，而不是适用于所有社会成员的普遍的伦理学。董学的伦理学是国家伦理学，是为社会上所有成员设计的具有普遍意义的伦理学。两者具有本质的不同，体现了董学对孔学君子伦理学全面的质的超越。

（一）仁与道德主体性

无论是在内涵还是政治哲学方面，董学关于仁的观念与孔学的道德主体性是完全不同的。在仁这个命题上的分野体现了董学与孔学之间的体系性壁垒和本质区别。

只有在将仁置于现实政治的条件之中的情况下，仁才是真实的，才是现实的，仁政才是可行的，才是董学和公羊学的仁政和政治伦理学。脱离了现实政治的仁政并不是真实的，也不是现实的，更不是可行的，孔学所谓的德政观只是道德乌托邦主义，这是被中国历史的惊涛骇浪所淘汰了的不切实际的乌托邦主义，而董学只是正视了历史现实，接受了中国历史的教训，总结了中国历史的经验而已。

正是董学这种政治现实感和历史务实主义才能够使董学成为指导现实政治的哲学体系，才能够上升为国家意识形态，才能够成为指引中国历史航向的一盏明灯。

（二）董学的仁义观否定了孔学的对等道德观

孔学的仁本质上是个伦理学概念，政治意义上的仁只是伦理学

上的仁的边际应用。孔学的仁具有两个重要的原则：一是以孝为根基，即仁是孝的社会化；二是对等道德观，即对己与对人都采用相同的道德标准和准绳，里外无别，内外同一。

董学的仁义观则完全打破了这两个原则。根据董学，仁义的根据是天，是具有形而上学基础的，仁义观是政治哲学范畴，不再是单纯的伦理学概念；尤其董学认为仁义有内外之分，仁对外，义对内，混淆或者颠倒了内、外之别会导致国家的混乱，所以对内、对外必须采取不同的道德标准和准绳。这显然完全否定了孔学的对等道德观。

（三）董学的仁义观是国家主义的政治哲学

董仲舒称其仁义观为仁义法，法是法则，可见董仲舒是将他关于仁义的理论看做具有不以人的意志为转移的客观规律。这个规律不再是孔学以伦理学为核心的范畴，其目的是要提出关于国家行为的一般规律，政治哲学才是董学仁义观的落脚点。仁主外、义主内的内外之法的意义并不在于为君子的自我道德完善提供新的修炼方法，而是要为国家行为的运作提供原则性的指导。董学的仁义观是作为政治哲学的范畴存在于董学的哲学体系之中的，是其国家主义政治哲学的有机组成部分和重要表现。显而易见，仁义观的这种地位本身就否定和超越了孔学以仁为核心的道德主体性和君子伦理学。

第五节 董学关于礼的观念

礼学观是孔学最重要的内容之一，一些学者如蔡尚思等认为礼而不是仁才是孔学的核心。而在董学中，礼的概念虽然仍然存在，但是董仲舒阐述其天的形而上学、政治哲学和历史哲学时从未提到过礼，这表明礼在董学中的重要性已经大大地降低了，礼已经不再是董学概念体系中的重要组成部分了。董仲舒并没有完全放弃礼，只是对其内涵进行了重新的规定，对其功能进行了重新的排列。

一、新的董学礼观

在《春秋繁露·奉本》中，董仲舒论道：

> 礼者，继天地，体阴阳，而慎主客，序尊卑、贵贱、大小之位，而差内外、远近、新旧之级者也。

这一句简单的话直指要害，言简意赅地规定了礼这个古老范畴新的本质。董学的礼不再是周礼或者其他上古的礼制，而是被纳入了董学天的形而上学和阴阳哲学，变成了董学的体系性存在：礼仍然实施着保持国家和社会等级和秩序的政治功能，但是这样的政治功能与上古和西周的礼制已经没有了任何实质性的关系，转而成为皇权主义之下的等级秩序，体现着天人合一的皇权逻辑。

董仲舒对礼的如此重新规定无疑与孔学的礼学观划清了界限。

二、礼的政治和社会功能

在《春秋繁露·天道施》中，董仲舒说道：

> 好色而无礼则流，饮食而无礼则争，流争则乱。故礼，体情而防乱者也。

这句话表明董仲舒将礼视为维持人的社会礼貌和基本仪态的伦理学功能。事实上，除了在政治哲学层面上看重礼的政治功能之外，董仲舒也十分强调礼的伦理学功能，这就是董仲舒将礼看做是仁义礼智信五常的一个要素的原因。同样，在《春秋繁露·度制》中，董仲舒从政治和社会的总体视角再次说明礼的必要性：

> 圣人之道，众提防之类也，谓之度制，谓之礼节。故贵贱有等，衣服有别，朝廷有位，乡党有序，则民有所让而民不敢争，所以一之也。

一个"一"字表明董仲舒认为维持国家政治和社会上的等级秩序和防乱是实现大一统的必要措施。

三、礼的构成

董仲舒的礼观与孔学和先秦礼学观的不同还表现在对于礼的构成的理解之上。董仲舒认为"礼之所重者在其志"（《春秋繁露·玉杯》）。此处的志是意的意思，是指心意和思想。由此，董仲舒展开了礼的构成的观念。同样在《春秋繁露·玉杯》中，董仲舒阐述了文和质与礼之间的关系：

> 志为质，物为文。文著于质，质不居文，文安施质。质文两备，然后其礼成。文质偏行，不得有我尔之名；俱不能备而偏行之，宁有质而无文。虽弗予能礼，尚少善之，介葛庐来是也。有文无质，非直不予，乃少恶之，谓州公实来是也。

由此可以看出质是事物内在的本质，文是外在的表现形式。质是行为人内在的心意和思想，文是行为人表达心意的形式和方法。对于礼来说，礼是由文和质构成的，是两者的统一，缺一不可；质是礼的实质，文是礼的形式；质是礼的精神内涵，文是礼的物质表达方式；在文和质无法完全具备的情况下，宁可有质也不要有文。董仲舒还说"先质而后文，右志而左物"，即先质后文说，再次强调了文和质的重要性的排列次序。

四、经礼和变礼

董学的礼观存在着经礼和变礼之说。经礼是指历史上的礼学，变礼是指现世的礼学也就是董学的礼学。董学的经礼和变礼说与常变论不谋而合，是董仲舒在处理历史上的案例与现实之间关系的一种理论。它避免了将历史上的礼学当做一成不变的教条加以死守和膜拜，是对历史教条主义的否定。如此这般，董仲舒巧妙地处理了董学和他自己的哲学理论之间的关系，既尊重孔学又不受其限制和制约，反而能使其为己所用，体现了董仲舒高明的思辨能力和经世技巧。

第六节　伦理学在董学与孔学中的不同地位

在董学体系中，伦理学是从属于政治哲学的，它只是政治哲学的一个局部和子系统，政治哲学处于绝对的统领地位，伦理学处于附属地位。董仲舒对于伦理学的这种定位与古希腊哲学家亚里士多德不谋而合。"在亚里士多德那里，伦理学并不是一门独立的学科，只是广义的政治学的一部分。"①

相比之下，伦理学则是孔学的核心，个人伦理学在孔学中处于统领地位，而政治学只是个人伦理学的边际效益。对于孔学来说，伦理学的地位要远高于政治学。

董学和孔学对于伦理学截然不同的定位是两者不同的价值观的体现，是辨正两者本质不同的重要方面。

第七节　伦理学是分辨董学与孔学的一个关节点

伦理学领域是董学与孔学的一个重点的交接地，是最能够体现两者异同的领域。事实上，正是在伦理学问题上，董学完成了对孔孟儒学的扬弃，全面地超越了孔孟儒学，将中国传统哲学中的伦理学提高到了一个新的高度，带入了一个新的道德境界。

孔学的方法论是以个人伦理学为核心，试图将个人伦理学平移和渗透到政治学之中，试图用个人伦理学的价值观来自下而上地规范政治学。董学的方法论则是从国家主义的高度来看待伦理学，将伦理学纳入了国家主义的体系之内，用国家主义的价值观来自上而下地规定伦理学。这两种伦理学是本质上完全不同的价值观和方法论。随着董学和公羊学上升为国家意识形态，董学的国家主义的伦理学成为公羊模式下的伦理学，成为真正意义上的中国文明的伦理学。

---

① ［美］希拉里·普特南著，应奇译：《事实与价值二分法的崩溃》，东方出版社2006年版，第3页。

第十五章　董学的战争哲学

战争是人类行为的重要组成部分，是能够对人类命运施以最强烈冲击的一种行为方式。战争观是任何政治哲学都无法回避的一个核心范畴，也是最能体现政治哲学和价值观本质的一个重要维度。实际上，任何植根于现实政治的政治哲学和价值观都无法回避战争这个能够对人类文明、国家、民族和个人命运施以最深刻影响的命题。回避战争、缺乏战争观往往与脱离现实的乌托邦主义密切相连，而没有系统而明确的战争观的政治哲学是不完整、不成熟和不健全的。在对待战争的态度上，董学与孔学可谓是南辕北辙，差异十分明显。这种差异性再次有力地证明了两者是本质上迥异的哲学思想和价值观。

事实上，孔学并不存在战争观。在《论语》中，孔子虽然也偶有提及战争，却从未对战争进行过正面的论述，战争命题也从来不是孔学探讨的命题之一。孔子本人对于战争则完全采取鸵鸟方法，避之唯恐不及。详细的论述请见第三部《孔学的本质》中对于孔学缺乏战争观的唯实解构。

相比之下，董仲舒将历史上的战争和西汉现实政治中所面临的战争问题都纳入了他的哲学思辨之中，对于战争具有深刻而系统的认知，形成了复杂而微妙的战争哲学。可以说，董学是中国哲学史上第一个也是唯一一个具有成熟的战争哲学的哲学体系，堪称是前无古人后无来者。

第一节　董学的政治哲学与先秦百家

董仲舒通过辞指论分析了《春秋》对于战争的记述，引导出了他的战争哲学。董仲舒在《公羊传》中陈列了他的战争哲学的各种战例和要素，但是并没有加以明确的阐释，在《春秋繁露·竹林》等篇中，则对这些要素进行了明了而系统的说明。

战争哲学是董学和公羊学与先秦百家尤其是孔孟儒学又一个重要的思想分野。在现实的国际政治的博弈和国家存在中，战争是一种无法回避的国家行为手段，逃避战争不但无法成功，反而会在战争中遭到惨痛的失败和生灵涂炭。可以说，在战国时期，战争是决定一个国家兴亡和存在最重要的行为手段，国家大事"惟祀与戎"，战争对于这个时期的任何国家来说都具有压倒性的重要作用。

在春秋战国时期，对于战争的研究已经达到了极高水平，形成了兵学学派，著名的《孙子兵法》等著作是兵学的战争理论的杰出代表。《孙子兵法》是世界战争理论史上公认的巨著，其中的许多理念至今仍然无法被超过，仍然被世人所探究学习。在先秦百家中，商学对于战争给予了最高级别的重视，如何赢得战争是商学所追求的最高政治目标，为了达到这个目的，商鞅重新整合了秦国的国家内政，对国家要素和资源进行了重新定位，形成了独特的商学的国家行为模式。这个国家行为模式主导秦国从一个远避西部边陲的人尽可欺的弱国、穷国和不开化的蛮夷之地变成了实力远超东部各国的翘楚，其"虎狼之师"更是横扫六国，完成了统一中国的大业。如果说商学派充分意识到了战争在战国时期的国家博弈中的主动性作用和价值，并且成功地以战争为中心塑造了秦国的国家行为模式的话，那么包括孔学在内的前儒学则如鸵鸟般地试图逃避战争，对于战争这个决定国家命运最重要的国家行为杠杆视而不见。这两种战争观构成了先秦百家的两个极端。

除了商学之外，在战国百家中墨家思想有着明确而与众不同的战争观。战争观居于墨家思想的核心位置。墨家的兼爱观是与非攻观相辅相成的，是墨家理论体系最重要的逻辑线索。但是墨家的战争观却与商学的战争观处于两个极端，形成了完全对立的关于战争的理论。商学战争全民皆兵，将攻城略地的侵略战争视为国家的最高职能，通过不遗余力的战争手段达到实现中国统一的目的。而墨家的战争观却是反国家主义的，对于国家间的战争持抵制和完全否定的立场。墨家的战争观集中体现在其"非攻"理念上。非攻并不主张放弃战争，而是主张通过自卫性的防御战争来抑制"攻战"即侵略战争，主张以战抑战，即通过自卫性的防御战争来抵抗和抑制国家间的战争行为，以图自我保护，并使好战国家知难而退，最终放弃战争。为此，墨翟十分强调防御性武器和防御性战争技巧的开发。在《墨子》中有十一篇是专门探讨防御战争的技术设计的，后人认为这是墨家思想中的"次要"部分[1]，实际上这十一篇是墨子的战争观及其整个思想体系的重要组成部分，是墨家思想的重要逻辑构成。据史料记载，墨翟本人身体力行，他和诸多弟子都是防御性战争武器和体系的设计和应用专家。但是，墨家的战争观是脱离实际的。一方面，非攻反对大一统，反对中国的统一，这与战国时期的时代性是相悖逆的；另一方面，其防御性的技术措施并不能抑制国家间的战争行为，进攻性的手段与防御性的手段是水涨船高的关系，而不是此消彼长的关系，防御手段的提高只能刺激进攻手段的提升，使战争更加惨烈。历史事实证明了墨家非攻的战争观的局限性，战国时期还是由秦国通过战争手段完成了大一统，防御性的反国家主义的主张和行为并没有在现实政治中起到抑制国家间的战争的作用。

　　董学的战争哲学既不同于以战争作为立国之本的商学更不同于

---

　　① 参见蔡尚思：《墨子思想体系》，载蔡尚思主编：《十家论墨》，上海人民出版社2004年版，第311页。

孔学的道德乌托邦主义。孔学将战争视作洪水猛兽，将其等同于暴政，将战争与道德乌托邦主义看做是一对对立的范畴。相反，董学的战争哲学则在商学和前儒学之间取得了成熟的平衡，即不过度地依赖和使用战争，也不回避和排斥战争，而是强调合理和适度地使用战争这个利器维护国家的权益，维护皇权主义。董学既不穷兵黩武，也不逃避和惧怕战争，而是在政治现实中正视战争，对于战争的政治功能给予了充分的重视和肯定，并且认同战争的道德性和正义性。

如果说《孙子兵法》是从如何赢得战争的技术性角度即战略战术上来探讨战争，商学是从国家政治的角度来运用战争，墨家是通过自卫性的防御战争来抑制战争行为的话，那么董学则是从政治哲学的高度来剖析和理解战争，其视野不但远远超过了技术性的战争艺术，也将中国传统文明对于战争的理解推向了更高的水准。

董学的战争哲学是在其立功和立德的亚行为模式的框架之内展开的。战争主导着立功亚模式，但是立功的亚模式却会在适当的历史条件下实现向立德的亚模式进行转化，从而完成公羊学在整体系统和结构上的平衡性。董学的战争观充分体现出了其作为意识形态和国家行为模式的成熟性和平衡性，这也就是董学之所以能够成功地塑造成公羊模式，并且作为理想的国家行为模式而在两千多年的时间里主导了中国文明的重要原因之一。

第二节　作为体系性存在的董学战争哲学

董学的战争哲学是董学哲学体系的有机组成部分，在方法论和理念上贯彻董学的同一性。

一、阴阳哲学是董学战争哲学的形而上学基础

董学的战争哲学是董学的体系性存在，也就是说董学的基本方

法论、原则和理念都贯彻其中，战争哲学是董学的形而上学在战争领域的体现。

董仲舒认为阳气体现为尊、贵、德、生、喜、乐、庆、赏等，阴气则体现为贱、卑、刑、杀、怒、哀、罚等。用以杀伐的战争显然属于阴的范畴。有了阳，必有阴；有了阴，才会有阳，阳才会壮大。因此，战争对于董仲舒来说是符合天道运行规律的，是体现天道的一种天然的方式，是国家不可避免的行为方式。

二、大一统暗挺战争

作为政治哲学的有机组成部分，董学的战争哲学同样受到大一统政治哲学原则的统领，也就是说在董仲舒看来战争是实现和维护大一统的必要手段。

在战国时期，取得中国的统一是几乎所有政治思想家的最终目标，他们的思想都在从不同的层次和侧面为实现这个目标提供建议和策划方案。除了商学和法家之外，就连道德乌托邦主义者儒家也是如此。在现实政治层面，几个实力强大的国家如秦国、楚国和齐国等都在为实现这个目标而运筹帷幄和开疆拓土。在取得国家统一的手段上存在两种意见，一是如秦国般依靠绝对的武力来取得统一，战争是统一六合的唯一手段，与此相对应的是另一个极端则是儒家的道德乌托邦主义。

孟子是战国时期儒家道德乌托邦主义的代表，他完整地继承了孔子的道德乌托邦主义。孟子认为仁政是唯一可以完成国家统一的行为方式。而仁政是孔学的德政观的延伸，同样以道德性作为核心。孟子坚持认为，只要君王有了"德"，百姓便会慕名而来，实行仁政的国家可以不废一兵一卒，不用发动战争便可一统天下。孟子如同孔子一样周游列国，试图说服某个"明君"接受他的观点依靠道德来统一天下。令孟子尴尬的是他屡次碰壁，他的主张无人问津。

反观秦国，依靠对战争机器的不断完善，历经几代君王的共同努力，在一百多年之后终于统一了天下，完成了各国梦寐以求的壮举。

中国的历史事实证明了战争是实现古代中国大一统的唯一方式。先秦百家所推崇的夏朝、商朝和周朝都是通过战争实现统一的，秦国统一六合更是通过更加惨烈的长期战争取得的，没有一次是通过实行德政或者仁政而不战而获的。这不容置疑地说明了什么样的行为方式才能够为中国带来统一，在戳穿了孔孟儒学的道德乌托邦主义的荒谬性之外也力挺了武力和战争在中国历史发展中不可或缺的作用和功能，任何回避或者否定这个事实的观点都是不切实际的。

作为政治现实主义的董学开宗明义地将大一统作为其核心原则之一推出，体现了董仲舒对于中国历史的事实性的洞悉和尊重。在此基础之上，董仲舒将大一统置于政治哲学的领域加以理顺，使其成为董学的政治哲学的核心理念和逻辑线索，整合了战国时期关于统一的范畴，将其上升到了皇权主义的全新高度。在董仲舒之后，大一统的原则便成为中国意识形态的基石，成为中国政治哲学的公理。

大一统是董仲舒大力提倡的理念，对于大一统依赖武力和战争来实现的本质董仲舒自然是心知肚明的。虽然董仲舒并没有明确地肯定战争行为，更没有鼓动战争，然而从逻辑上看，董仲舒提倡大一统就在于暗挺武力和战争。现存的史籍中也没有记载他对于汉武帝发动针对匈奴的战争的言论和评价，但是这种"沉默"恰恰体现了董仲舒对于汉武帝行为的首肯和暗挺。而在现实中，可以推想汉武帝举全国之力对匈奴发动反击战争是不可能不征得董仲舒的认可和支持的。这种支持是符合大一统和公羊学的内在逻辑的。另外，汉武帝在发动针对匈奴的荣复仇战争之前是不可能不征询作为其意识形态奠基人的董仲舒的意见的。

第三节 董学战争哲学的重要理念

董学具有明确的关于战争哲学理念的阐述，这些理念包括善战观、义战观，尤其是荣复仇的理念。

一、战争与和平观

战争与和平是董仲舒时代的一个重要主题。只有董仲舒提出了全面而合理地解决这对时代主题的方案。

（一）《春秋》的战争观与董学的战争哲学

从《春秋繁露·竹林》的行文中可以看出，董仲舒在《公羊传》中提出的战争哲学受到了极大的关注，其中有不解而求问的，也有提出诘难的。这种状况反映了董仲舒的托孔入世方法对孔学的超越所引起的质疑。这就是董仲舒要在《春秋繁露》中对其战争哲学进行明确的解释的原因。

在这个解释的过程中，董仲舒明确和完善了其战争哲学的各种观点，也使读者清楚地看到了董学的战争哲学与《春秋》经文所表述的战争观是不同的，从而进一步看清了董仲舒对于孔学的托孔入世的方法。

孔子对于战争的断然否定妨碍了他客观地看待战争这个重大的命题，使他不能够发展出系统的战争观，而孔学战争观的缺乏恰恰成为最能体现孔学本质的一个要点，它折射出了孔学逃避现实的道德乌托邦主义和政治无为主义的本质。

《春秋》对于战争采取一以贯之地加以否定的态度，它谴责、回避和逃避一切有关战争问题的严肃讨论，视战争为仁的对立面，是恶的集中体现。孟子的"春秋无义战"观点则延续了孔子对于战争的否定立场。

对此以解决现实问题为己任的董仲舒当然是不能接受的。董仲舒并没有驳斥孔孟儒学在战争观问题上的错谬，而是假借《春秋》

中的经文引出了他的战争哲学，这与他托孔入世的策略是一脉相承的。对于孔学战争观的处理也因此凝结了董学与孔学之间的虚与实、明捧暗驳的借托关系。

（二）"善战"的战争与和平观

在《春秋繁露·竹林》中，董仲舒说道：

> 战不如不战，然而有所善战。不义之中有义，义之中有不义。

发动战争不如保持和平，而一旦战争不可避免，就要善于战争，就要赢得战争。杀人流血的战争是不义的，但是不义之中有义，就如同义中也有不义一样。

由此可见，董仲舒强调和平，要极力维护和平，但是并不回避战争，并且进一步认为既然要战就要"善战"，就要成为战争中的胜利者，而取得了战争的胜利也是达到义的一种方式，可谓是不完善中的完善、不足之中的满足吧。

这种积极的战争与和平观显然与《春秋》经文一味谴责战争的立场是完全不同的。

二、义战理论

义战理论是董学战争哲学的重要组成部分。义战理论是从其战争与和平的概念发展出来的。在《春秋繁露·竹林》中，董仲舒认为：

> 比之诈战，则谓之义；比之不战，则谓之不义。

如果要进行战争的话，就不要采取"诈战"这样不义的战争形式，而要实行义战。

董学的义战理论与孟子的"春秋无义战"观点截然不同。两者差异的根源在于所使用的价值观原则的不同。孟子的义的观念来源于孔子，将西周的礼制看做是义的标准，任何违背了西周礼制的行为都是不义的，体现的是对战争原则的看法；而董学的义的标准来自于战争行为的实施过程本身是否体现出了道德性，是现实主义的价值观。

董学的义战理论是通过对三个战争事例提出的，这三个战例是楚庄王的义战、宋襄公的义战和齐襄公的义战。在每个战例中，董仲舒提出了其义战理论的不同要素。

（一）楚庄王的义战

1. 楚庄王的两个战争事例。

《公羊传·鲁宣公十二年》记载了楚庄王的事迹：

> 经文：夏六月乙卯，晋荀林父帅师及楚子战于邲，晋师败绩。

> 传文：大夫不敌君，此其称名氏以敌楚子何？不与晋而与楚子为礼也。曷为不与晋而与楚子为礼也？庄王伐郑，胜乎皇门，放乎路衢。郑伯肉袒，左执茅旌，右执鸾刀，以逆庄王。……庄王曰："君之不令臣交易为言，是以使寡人得见君之玉面，而微至乎此。"庄王亲自手旌，左右撝军，退舍七里。将军子重谏曰："南郢之与郑，相去数千里，诸大夫死者数人，厮役扈养死者数百人，今君胜郑而不有，无乃失民臣之力乎？"庄王曰："古者杅不穿，皮不蠹，则不出于四方。是以君子笃于礼而薄于利，要其人而不要其土。告从，不赦，不详。吾以不祥道民，灾及吾身，何日之有！"

> 既则晋师之救郑者至，曰请战，庄王许诺。将军子重谏曰："晋，大国也，王师淹病矣，君请勿许也。"庄王曰："弱者吾威之，强者吾辟之，是以使寡人无以立乎天下！"令之还师而逆晋寇。庄王鼓之，晋师大败，晋众之走者，舟中之指可掬也。庄王曰："嘻！吾两君不相好，百姓何罪？"令之还师而佚晋寇。

这段文字记叙了两场战争，一是楚庄王讨伐郑国的战争，二是晋楚之间的"邲之战"。楚庄王讨伐郑国的战争是这样的：楚庄王率军讨伐郑国，攻破了郑国首都的城门，郑国国君肉袒出降。楚庄王说，若非你的奸臣挑拨，我们也不会在这里见面，一点小事竟然会发展到如此的地步。于是指挥军队后撤七里。这时楚国一位叫子重的将军不同意撤军，认为楚军牺牲了几百人才打败了郑国，就这样空手而回岂不是劳民伤财？楚庄王回答说，君子要重义轻利，既然郑国国君已经公开宣布投降了，如果我们不赦免他们，是不吉利的。以不吉利的行为来引导国民会祸及自身啊！这就是楚庄王的"舍郑"之举。

这时晋国前来援助郑国的军队赶到了，虽然楚郑双方已经罢兵，晋国元帅荀林父却不解楚国的仁义之举，仍然要进攻楚军。楚庄王决定应战。这时子重将军再次提出异议，认为晋国是大国，楚军劳师远征，已经疲惫不堪了。楚庄王说，如果我见到弱者便打，遇到强者便跑，我将有何脸面立于天地间呢！楚庄王亲自擂鼓助战，晋军大败，争相上船逃命，先上船的兵士把抓住船边的兵士的手指砍掉，船内被砍掉的手指成堆。楚庄王认为战争是因为两国的君王之间的冲突而起，与百姓无关。于是不去追击逃亡的晋军，命令军队回国。这就是楚庄王的"逸晋"之举。

在《春秋繁露·竹林》中，董仲舒对此进行了进一步的评价：

《春秋》之常辞也，不与夷狄而予中国为礼。至邲之战，偏然反之，何也？曰：《春秋》无通辞，从变而移，以从其事。今晋变而为夷狄，楚变而为君子，故移其辞，以从其事。夫庄王之舍郑，有可贵之美。晋人不知其善，而欲击之。所救已解，如挑与之战，此无善善之心，而轻救民之意也，是以贱之，而不使得与贤者为礼。

董仲舒此处是要说明其"辞指论"，阐明"《春秋》无通辞"的原则，他以邲之战为例则同时阐明了他的夷狄观和战争观。

2. 楚庄王义战的要素。

楚庄王在这两次战争中体现出了如下的素质，这些素质成为董学战争观的组成部分。

第一，楚庄王实行的是"义战"。

孟子曾认为《春秋》中的战争观为"春秋无义战"，董仲舒显然并不接受这样的总结，楚庄王的伐郑战争和邲之战成为春秋义战最好的例证。

第二，义战的原则。

义战胜利的目的不是屠杀、掠夺和羞辱敌方。楚庄王发动战争当然是为了取胜，只有战胜对方才能够证明自己主张的正确性和本国国力的强盛，但是战争的胜利并不是以物质利益的获得为目的，更没有将战争作为好勇斗狠、施展暴力和炫耀血腥的平台。"获胜而不获利"、"获胜而不屠戮"是楚庄王义战的原则。

第三，义战的基础是取胜。

义战并不是不善于战争，相反只有在战争中获胜才谈得到义战。楚庄王的这两场战争是不同的战争方式，伐郑战争是攻城战，楚晋邲之战则是遭遇战。楚庄王能够在不同的战争方式中都取得大胜，可见他是一位战而能胜的卓越的军事家。

第四，义战明确了战争的正义性的巨大作用。

楚庄王的义战之所以能够取得胜利很大原因在于楚庄王看重战争的正义性。楚庄王对于战争的正义性的利用和把握在邲之战中表现得十分突出。晋帅荀林父在楚郑战争已经结束之后仍然挑起战争，将晋军陷入了不义的境地，楚军虽然劳师远征，经过伐郑战争已经筋疲力尽，但是在楚庄王正义之战的鼓舞下仍然能够一举击溃晋军取得大胜，战争的正义性是重要的因素。

（二）宋襄公的义战

宋楚之间的"泓之战"是春秋时期的一个著名战役，之所以著名是因为宋襄公的行为历来饱受争议，就是《春秋》三传也有明显的分歧。

《公羊传·僖公二十二年》载：

经文：冬十有一月己巳朔，宋公及楚人战于泓，宋师败绩。

传文：偏战者日尔，此其言朔何？《春秋》辞繁而不杀者，正也。何正尔？宋公与楚人期，战于泓之阳。楚人济泓而来，有司复曰："请迨其未毕济而击之。"宋公曰："不可。我闻之也：君子不厄人。吾虽丧国之余，寡人不忍行也。"即济，未毕陈，有司复曰："请迨其未毕陈而击之。"宋公曰："不可。吾闻之也：君子不鼓不成列。"已陈，然后襄公鼓之。宋师大败。故君子大其不鼓不成列，临大事而不忘大礼，有君而无臣，以为虽文王之战，亦不过此也。

宋襄公不乘人之危，屡失战机，终于再遭败绩。虽然战败，董仲舒对于宋襄公的行为却给予了最高评价，认为即使周文王在世也不过如此。董仲舒赞赏的是宋襄公的义战，而不是以战争的结果来论成败，宋襄公即使战败也要坚持义战的战争方式，这种勇气是极其罕见的。当然，宋襄公对于义战的把握并没有达到楚庄王的境界，即在战而胜之的基础之上来体现义战，但是相比于不履行义战或者采取诈战，宋襄公追求义战的行为仍然是值得赞赏的。

《左传》批评宋襄公"未知战"，《谷梁传》批评宋襄公"不顾其力之不足""过而不改，又之，是谓之过"。《左传》和《谷梁传》两传都没有载董学的义战理论，这也证明了《公羊传》是董学著作的事实。

（三）齐襄公的义战

齐襄公的义战体现了董学的荣复仇的义战原则。荣复仇的原则是董学战争哲学的重要组成部分。荣复仇所力挺的是正义战争。关于荣复仇的原则会在下文中进行单独的分析。

荣复仇的观念是董学所力挺的一种行为方式，董仲舒在《公羊传》中有过明确的表述。荣复仇是董学不斥武力和战争的一个力证。董学的荣复仇是具有内在的规定性的，并不是所有的复仇都可以被纳入董学的荣复仇的范畴之内。荣复仇所力挺的是正义战争，是符合公羊学道德原则和政治理念的战争。但是，武力和战争是复仇的重要行为方式，在很多情况下是唯一的行为方式。而荣复仇就是要使用武力和战争来完成复仇。因此，公羊学荣复仇的理念和原则明确地暗含着对于武力和战争的力挺。

"犯我中华，虽远必诛。"霍去病的这句掷地有声的话语充分体现了公羊学荣复仇的本质，也成为中华民族几千年来民族尊严的来源，是中华民族雄立于世界的脊梁。

三、荣复仇

鼓励和褒奖复仇即荣复仇是《公羊传》中的一个被反复强调的观念，是董学的战争哲学的一个重要理念。董仲舒认为复仇是一种美德，因此要"荣"，即盛赞和发扬光大。然而，董仲舒对于荣复仇理念进行了严格而复杂的限定。从复仇的种类来看，复仇有个人复仇和国家复仇。从复仇的方式来看，个人复仇是要从肉体上打击或消灭仇人，而国家复仇则是一种战争行为。由恰当行使的国家复仇所引起的战争是正义战争。在《公羊传》中，董仲舒通过实际的复仇例子阐述了荣复仇的原则。

（一）《公羊传》中的荣复仇例子

1. 齐襄公对纪国的九世复仇。

《公羊传》荣复仇的案例以齐襄公对于纪国九世复仇的褒奖最为突出和有力度。在《公羊传·庄公四年》的传文中写道：

> 经：纪侯大去其国。

> 传：大去者何？灭也。孰灭之？齐灭之。曷为不言齐灭之？为襄公讳也，《春秋》为贤者讳。何贤乎襄公？复仇也。何仇尔？远祖也。哀公烹乎周，纪侯谮之。以襄公之为于此焉者，事祖祢之心尽矣。襄公将复仇乎纪，卜之。曰："师丧分焉。""寡人死之，不为不吉也。"远祖者，几世乎？九世矣。九世犹可复仇乎？虽百世可也。家亦可乎？曰：不可。国何以

可？国君一体也，先君之耻，犹今君之耻也；今君之耻，犹先
君之耻也。国君何以为一体？国君以国为体，诸侯世，故国君
为一体也。

纪国是姜姓国，故城在今山东寿光县南部，是周朝时的一个诸
侯国。远在西周时，西周的王权还十分强大。纪侯向周夷王进谗言，
攻击齐哀公，周夷王于是下令将齐哀公烹死。齐国对此仇念念不忘，
一直经历了九代君王之后，终于由齐襄公灭了纪国。

在此，公羊学提出了几个关于荣复仇的标准。

第一，复仇是国之大义。

复仇是国家的大义之举，是值得赞誉的，而能够为祖上复仇的
君王更是值得褒奖和崇敬的，甚至要用避讳来在史书中加以铭记。
荣复仇在公羊学中的地位是十分高的，这个行为甚至可以抹去一个
国家在其他方面的非德之行，即使是像齐国这样的鲁国世仇之国在
鲁国的史书中也要加以刻意褒举。

第二，复仇没有时间性。

国家之仇是不受时间限制的，即使是百世之后，子孙万代也要
为祖上的冤屈复仇。对于个人恩怨来说，或许是"君子报仇，十年
不晚"，而对于国耻国仇则并没有时间限定。

第三，复仇是国家行为。

只有复仇行为是国家行为之时才会得到提倡；对于个人恩怨
董学虽然没有加以禁止，却是加以严格限定的，只有在家仇与国仇
是一体的时候才鼓励报家仇，董仲舒强调"国君一体"，对此做出
了明确的规定。因此，董学的荣复仇并不是提倡好勇斗狠的个人报
复，也不是原始社会的血亲复仇[①]，而是一种服从于国家利益的理智
行为。

---

① 对于公羊学的荣复仇观点人们存在着许多误解，例如陈其泰认为它是一种"氏族血亲复仇
的遗留""是太野蛮的行为"。参见陈其泰：《清代公羊学》（增订本），上海人民出版社 2011
年版，第17页。

2. 伍子胥为父复仇。

伍子胥（？—公元前 484 年）是春秋时期的传奇人物。他是楚国大夫之子，因其父被诬告谋反被楚平王杀害。伍子胥逃亡吴国，历经生死考验。因帮助阖闾行刺吴王僚成功，在阖闾当上国王之后被委以整饬军队的重任。后率领吴军在伯莒之战大败楚军，吴军掘了楚平王的墓，烧了其祖坟，为父亲报了仇。传说伍子胥还鞭了楚平王的尸，但正史中没有记载。

虽然《左传》和《谷梁传》都记载了伍子胥复仇的历史事实，但是它们并没有荣复仇的思想，因此，荣复仇是董学特有的观念。在《公羊传》中，董仲舒通过伍子胥之口阐述了个人复仇的原则以及个人复仇与国家复仇之间的关系。

第一，个人复仇要服从于国家行为，下要尊上。

严格来讲，国家不能为个人复仇，也就是说不能因为个人恩怨而将国家利益置于风险之中。同时，不能因为为父复仇而损害了君王的名声。在《公羊传·定公四年》中记载了伍子胥对吴王阖闾的一段话：

> （吴王阖闾）将为之（伍子胥）兴师而复仇于楚。伍子胥复曰："诸侯不为匹夫兴师，且臣闻之，事君犹事父也，亏君之义，复父之仇，臣不为也。"于是止。

虽然吴国与楚国也存在错综复杂的恩怨，吴国需要对楚国进行国家复仇，但是国家不能成为个人复仇的工具。然而，当国家复仇为个人复仇提供了机会时，个人复仇与国家复仇便可以共同进行，也就是说个人可以通过国家复仇而实现个人复仇。而当楚国出兵攻打蔡国时，伍子胥认为吴国讨伐楚国的时机来了，他通过国家复仇来实现个人复仇的机会也来了。同样在《公羊传·定公四年》载：

> 伍子胥复曰："蔡非有罪也，楚人为无道，君如有忧中国之心，则若时可矣。"于是兴师而救蔡。

这表明，个人的复仇行为要服从于国家行为，这样的复仇才是正当的。

第二，个人复仇要避免"推刃之道"。

所谓的推刃之道是指复仇的恶性循环，世代相传。如果儿子替父报仇而杀死了杀害父亲的人，那么被杀害了的父亲的儿子也有了杀父之仇，也要进行报复，如此一来便形成了恶性循环，仇杀不止。伍子胥说他为父报仇要避免引发推刃之道。

第三，个人复仇的限度。

伍子胥认为个人复仇要有限度，即"复仇不除害"，也就是说个人复仇不能斩草除根，滥杀无辜，而只能杀仇家本人，仇人的家室即使对自己构成危害也不能加以杀害。

这是与推刃之道相对应的，确定了个人复仇的限度就避免了推刃之道的发生，当仇家本人被杀掉之后，个人复仇被终结了。因此，规定了个人复仇的限度也就是明确了个人复仇终结的底线。

第四，"朋友相为"

伍子胥说："朋友相为而不相迿（争先），古之道也。"就是说，朋友帮助复仇只能在背后支持，而不能争先打击仇人或者代替朋友杀死仇人。

（二）荣复仇的必要性

在董仲舒看来，无论是对于个人复仇还是国家复仇来说，荣复仇都是十分必要的。复仇不仅是对于所受到的巨大伤害的报复，也是对于邪恶势力的合法回击和征讨。如果不通过自己的努力和行为来对曾经伤害过自己的势力进行有效的报复，那么这个邪恶势力和侵略势力对于受到伤害的个人、国家和民族仍然是巨大的威胁，个人的安全和尊严以及国家和民族的存在仍然无法得到保障。如果不剿灭这个邪恶势力和侵略势力，那么它同样会伤害其他的个人、国家和民族，对于人身安全、国际环境和和平仍然是重大的威胁和隐患，战争和新一轮的伤害则无法避免。因此，无论是于己和于他，荣复仇都是必要的。

事实上，荣复仇是国家刑法的基本原则之一。任何伤害了他人的邪恶势力都必须受到法律的制裁和惩罚，这就是荣复仇原则的法律体现。而在国际关系上，荣复仇也是维护和平、惩罚侵略者的基本理念。

（三）荣复仇的内在规定性

必须加以强调的是，董学所倡导的荣复仇的原则和理念并不是个人快意恩仇的随意行为，而是具有严格内在规定性的有限度的行为而董学之所以强调荣复仇更是将其视为一种国家行为。董仲舒对于荣复仇的内在规定性是多重而严格的。

1. 国家行为。

董仲舒所强调的荣复仇是指国家行为而不是个人行为，是指国家有计划实施的战争行为，而不是狭隘的个人之间的私斗和复仇行为。

2. 针对的伤害类别。

荣复仇所要抚平的是精神和物质上的创伤，是要恢复被别国粗暴地践踏了的尊严和道德原则，是要对所造成的巨大的物质损失进行赔偿。荣复仇并不是针对任何形式的伤害和冲突，而只是针对那些给自己造成了深深伤害的攻击行为。因此，荣复仇并不是要提倡睚眦必报的行为，而是为了恢复自己国家失去的重大利益和找回被践踏了的尊严而采取的行为。

3. 针对的复仇对象。

荣复仇所打击的对象是拒绝进行道歉和利益补偿的宿敌。如果对自己造成了巨大伤害的敌人能够反悔和道歉并进行充分的利益赔偿，当事国便会体现出仁德和宽宏大量的胸怀，放弃前嫌和仇恨，与敌人重归于好。因此，在自己被对方冒犯的尊严和道德原则重新受到尊重和彰显，曾经遭受的物质利益得到了补偿的前提下，便不存在复仇的驱动力和逻辑了，荣复仇的原则也失去了合法性。但是，如果施暴国不但不进行反悔、道歉和充分的利益赔偿，反而继续在态度上进行羞辱，在政策上敌对，这就等于是在行为上延续对自己国家的伤害，这是绝不能容忍的，受伤害的国家就必须使用武力和战争的手段来进行复仇，迫使敌人道歉和给予利益补偿。

4. 自卫行为。

荣复仇是自卫行为。荣复仇并不是要对其他国家主动进行侵略，而是对其他国家对自己的伤害的回应，它不主张穷兵黩武，而是一种自卫行为，属于自卫战争。荣复仇的前提是自己的国家受到了侵害，是建立在自己的国家受到了巨大的侵略、伤害和羞辱之后所做出的后发制人的平衡行为和制约行为。虽然在方法上也涉及暴力手段，但是这种暴力是具有正义性的，是为了以暴制暴，防止和制止在将来再次受到同一个敌人的冒犯和攻击，以战抑战的自卫行为。

5. 合法行为。

荣复仇是合法的行为。由于荣复仇是国家行为，在一个国家实施复仇行为之前一定会获得皇帝、君王或者国内立法机构的合法授权，是在国家法律的框架之内实施和履行的。因此从国内法来看，国家复仇是具有法律基础的合法行为。

6. 内在的道德性。

荣复仇具有内在的道德性。荣复仇是为了先辈们所受的巨大伤害而进行报复，是符合中国传统的孝道的。如果后辈们对于先辈们所受的巨大冤屈和伤害漠然处之，或者为自己的利益考虑而患得患失、无动于衷，对有能力的子孙后代来说是不负责任和胆怯的行为，是有违孝道的。另外，让不知悔改的施暴国不受打击不能保证它们在未来不对自己的子孙再次施暴，造成巨大的伤害，这对于国家和民族的未来显然也是不负责任的苟且之举。

荣复仇关乎国家与民族的尊严，荣复仇就是为了国家和民族的尊严而不惜一战。在这种条件下，荣复仇所引发的战争是道德性的战争，是正义战争，属于董仲舒所褒奖的义战的一种。

因此，荣复仇所倡导的是正义战争是具有内在的道德规定性的战争。事实上，任何对于为了物质利益而大兴伐戮的侵略战争进行打击的战争都具有正义性，荣复仇战争的正义性是不容置疑的。

7. 以国家实力为基础。

荣复仇是建立在充分的国家实力基础之上的，能够确保取得预期胜利的复仇之战。荣复仇的要点是要将国家复仇的战争体现在行为结果上。所谓的行为结果是指要彻底击败敌人，对施暴国进行惩罚，而不仅仅表现在口头上的谴责，或者启动了无法取得预期的行为结果的行为。也就是说，为了完成复仇的大义，国家首先要卧薪尝胆，也要韬光养晦，在相当长的时期内将精力集中在国家实力的强化之上，只有拥有了强大的国家实力才谈得上荣复仇，荣复仇才能取得预期的行为结果。不刻苦地发展自己的实力而单凭意气用事，贸然打击强大的敌人是不会取得复仇的行为结果的。如同对于怯懦者不存在荣复仇的意志一样，对于羸弱者和失败者来说同样是不存在荣复仇的。

8. 时间性的选择。

荣复仇是受害者的自主性行为，把握着对于时间性的主动选择。荣复仇的时机选择最重要的是要仰赖自身实力的强大，而抓住于己有利的国际形势也会影响到时间性的选择。荣复仇的最佳时机是天时、地利与人和，要一击而溃之。

9. 反对"假复仇"。

《公羊传·庄公九年》载：

> 经文：八月庚申，及齐师战于干时，我师败绩。
>
> 传文：内不言败，此其言败何？伐败也。曷为伐败？复仇也。此复仇乎大国，曷为使微者？公也。公则曷为不言公？不与公复仇也。曷为不与公复仇？复仇者在下也。

鲁庄公讨伐齐国是以复仇的名义进行的，然而其真正的目的是因为政治纠纷，即齐桓公继位而作为先王长子的公子纠却不得不在鲁国避难。鲁庄公讨伐齐国实际上是在干涉齐国的内政。董仲舒因此说"不与公复仇"，这种"假复仇"实为政治投机行为，如此说明鲁庄公的战争行为不是义战，应该受到谴责。

四、董仲舒关于对匈奴战争的观点
（一）董仲舒不反对对匈奴发动反击战

汉武帝对匈奴所发动的战争是典型的复仇之战。在《汉书》和其他史籍中未发现董仲舒关于汉武帝发动对匈奴反击战的谏言。这至少表明董仲舒并没有对此提出异议。

（二）董仲舒对于讨伐匈奴战争的谏言

汉武帝每次发动对匈奴的讨伐战争都是经过深思熟虑和认真准备的，他都要广征谋臣们的意见。对此，董仲舒都是积极参与，提供建言。《汉书·匈奴传下》记录下了董仲舒应对匈奴的几点意见：

> 义动君子，利动贪人。如匈奴者，非可以仁义说也，独可说以厚利，结之于天耳。故与之厚利以没其意，与盟于天以坚其约，质其爱子以累其心，匈奴虽欲展转，奈失重利何，奈欺上天何，奈杀爱子何！夫赋敛行赂不足以当三军之费，城郭之固无以异于贞士之约，而使边城守境之民父兄缓带，稚子咽哺，胡马不窥于长城，而羽檄不行于中国，不亦便于天下乎！

董仲舒对于大规模进行针对匈奴的战争持慎重意见，认为匈奴屡次侵犯中国的原因在于抢夺财富，因此提议不惜施匈奴以一定的物质利益以打消其掠夺的动机。董仲舒知晓匈奴畏天敬天，这与董学的天的形而上学有异曲同工之妙，因此他建议以双方对于天的共识为基点来震慑匈奴，让他们知道冒犯了天子的国度是要受到上天的惩罚的。董仲舒不主张和亲政策，而是改用给匈奴一些财物，并且质押匈奴的王子于汉庭的方法来遏止匈奴犯华，言外之意就是在这些手段不奏效时再用武力讨伐。基于以上三点考虑，董仲舒主张先礼后兵，通过外交方法来遏止匈奴对汉朝的侵犯。

与外交手段相比，董仲舒提出了对战争成本和有效性的质疑。

对匈奴的大规模战争必然要消耗大量的国家资源，给国家经济造成沉重的负担，而军事手段能否取得阻吓匈奴南侵的效果却难以确定。这种对于战争成本和有效性的理性分析无疑是必要的，无论是否决定发动反击战都要加以认真权衡。

汉武帝召集朝臣集中讨论是否对匈奴开战有两次。一次是在元光元年（公元前 134 年），一次是在元封四年（公元前 107 年）。元光元年的廷议是讨论是否要对匈奴发动大规模的反击战，元封四年再次讨论是否发动对匈奴的第二次战争。但是两次对匈奴战争的背景已经发生了本质的变化。元光元年之议时，汉朝仍然处于匈奴的战略压制之下，汉朝积蓄待发，处于挑战强大的匈奴的弱势地位，战争的性质属于自卫反击战；而元封四年之时，汉朝已经取得了对匈奴的决定性胜利，匈奴已经远遁西部阿尔泰山，但是匈奴并不顺从，也不肯示弱，与西域的部分国家联手频频骚扰汉朝往来于丝绸之路的商队和外交团队，如何处理与匈奴的关系仍然是个十分棘手的问题。在这种背景下，董仲舒提出了先礼后兵的建议。

汉武帝听取了董仲舒的意见，并没有马上进行武力反击，而是多次派出外交使节进行劝说，希望匈奴能够归降汉朝，成为汉朝的属国，但是匈奴拒不听从，不但多次扣留汉使，还变本加厉地袭扰汉朝商队，于是汉武帝再次对匈奴用兵，开始了西域之战。对匈奴的第二次战争是消除匈奴余孽的剿灭战。

（三）对外战争的底线

董学虽然在理念和原则上暗挺战争，但是仍然具有保守性和被动性，他对战争的支持是有底线的。这个底线就是不将战争手段作为优先考虑的国家行为手段，在战争爆发之后将国内的经济结构和社会秩序的稳定以及百姓的正常生活作为底线，主张对外战争不能以破坏国家的经济结构和社会稳定以及百姓的生活为代价，如果两者产生了冲突，就要及时地削弱战事，将政策的重点放在修复内部的秩序之上。

董仲舒虽然不反对汉武帝发动讨伐匈奴的战争，但是对于战争所造成的种种负面影响以及它们所能带来的对国家的冲击则十分敏感。他以秦朝为鉴，上疏汉武帝，劝他要避免秦朝灭亡的覆辙。

《汉书·食货志》记载的《限民名田议》载：

> 古者税民不过什一，其求易共；使民不过三日，其力易足。民财内足以养老尽孝，外足以事上共税，下足以蓄妻子极爱，故民说（悦）从上。至秦则不然，用商鞅之法，改帝王之制，除井田，民得买卖，富者田连阡陌，贫者无立锥之地。又颛川泽之利，管山林之饶，荒淫越制，逾侈以相高；邑有人君之尊，里有公侯之富，小民安得不困？又加月为更卒，已复为正，一岁屯戌，一岁力役，三十倍于古；田租口赋，盐铁之利，二十倍于古。或耕豪民之田，见税什五。故贫民常衣牛马之衣，而食犬彘之食。重以贪暴之吏，刑戮妄加，民愁亡聊，亡逃山林，转为盗贼，赭衣半道，断狱岁以千万数。

> 汉兴，循而未改。古井田虽难卒行，宜少近古，限民名田，以澹不足，塞并兼之路。盐铁皆归于民。去奴婢，除专杀之威。薄赋敛，省徭役，以宽民力。然后可善治也。

董仲舒的这段话表面上是在论述经济政策问题，但实际上是在告诫汉武帝要吸取秦朝灭亡的历史教训，不要因为战争而破坏民生，过度使用民力。同时这段话也为解决战争与国内经济之间的冲突提供了解决方案，即要以"维本"和维稳为主，反对严刑峻法，反对战争经济学。

五、董学的战争哲学的伦理学意义

在董仲舒的时代，其战争哲学的提出具有重要的伦理学意义。先秦百家对于战争的理解南辕北辙。商学是以战争立足于世和名垂史册的，如何举全国之力来发动和赢得战争是商学的精髓。秦国将商学提升为国家意识形态，从此发动和赢得大规模的战争是秦国最重要的国家行为，是秦国崛起和统一中国的钥匙。而与此相对应的则是孔学和儒学对于战争的逃避和排斥，孔学提倡道德乌托邦主义和政治无为主义，通过对等道德观来否定战争，用忠恕观剥夺了战争存在的道德依据。显然，商学的战争观与孔学和先秦儒学逃避和否定战争的观念形成了两个极端。两个极端都存在着致命的弱点。商学虽然促使秦国完成了一统六合的伟业和壮举，但是全国举战的严刑峻法也践踏了民众的利益，使秦国轰然倒塌于民众的起义，这在一定程度上抵消了秦国的历史功绩，成为中国历史上痛彻的政治教训。而孔学的逃避和否定战争的道德乌托邦主义和政治无为主义则无力维持国家的存在，是亡国的速成秘方。

董仲舒整合了两派对立的观念，形成了独特的战争哲学，不仅恢复了战争的合法性，也将战争置于合理的道德逻辑之上。董学的战争哲学不仅在理论上超越了商学和孔学，更在现实政治中为西汉通过反击匈奴而崛起提供了坚实的理论依据。

从董学与孔学的哲学比较的意义上看，董学的战争哲学批判了孔学的道德乌托邦主义和政治无为主义，尤其是其对等道德观和忠恕观，为战争手段在国家行为中找到了合法合理的位置，体现了与孔学截然不同的政治哲学理念和价值观，是最能体现董学与孔学本质区别的强有力的一个环节。

从伦理学的视角来看，董学的战争哲学又完善了孔学在对等道德观上的理论漏洞。孔学的对等道德观是从行为主体性的角度来主观地释放善意，对别的行为体有着正面的道德期盼，希望获得同样善意的回报，但是在现实生活和现实政治中，刻意的侵害行为是人的行为的常态，孔子对此并没有给予回答，这是孔学对等道德观的一个巨大的遗漏。董学则给出了答案，那就是对于这种恶行是不能以仁德和善意来回应的，要以恶治恶、以暴制暴，要荣复仇，对恶人进行坚决的打击和清除。这就是负面的对等道德观，是董学对于孔学的正面对等道德观的补充和纠正。

第十六章　董学的功德观

董学的功德观体现了董学在哲学思想上的深度和现实政治上的成熟性，同时也充分地展示了董学和公羊学与孔学和儒学的本质区别。

第一节　立德与立功的和谐统一

在《公羊传》中，董仲舒对强力的国家行为即立功给予了肯定。董仲舒对立功的肯定是通过对齐桓公和管仲的评价表现出来的。而关于对齐桓公和管仲的评价问题也反映出了董学与孔学之间"貌合神离"的微妙关系。

孔子在《论语·八佾》和《论语·宪问》中共有四次提到对于齐桓公的评价。在《论语·八佾》中，孔子说道：

子曰："管仲之器小哉！"

或曰："管仲俭乎？"曰："管氏有三归，官事不摄，焉得俭？"

"然则管仲知礼乎？"曰："邦君树塞门，管氏亦树塞门。邦君为两君之好，有反坫，管氏亦有反坫。管氏而知礼，孰不知礼？"

孔子在此否定了管仲知礼，不知礼便无法立德，因此管仲并不符合孔子心目中君子的道德和行为标准。

在《论语·宪问》中孔子一次提到齐桓公是直接将他与晋文公进行比较，另两次是通过他对管仲的评价间接做出的：

子曰："晋文公谲而不正，齐桓公正而不谲。"

子路曰："桓公杀公子纠，召忽死之，管仲不死。"

子曰："未仁乎？"

子曰："桓公九和诸侯，不以兵车，管仲之力也。如其仁！如其仁！"

子贡曰："管仲非仁者与？桓公杀公子纠，不能死，又相之。"

子曰："管仲相桓公，霸诸侯，一匡天下，民到于今受其赐。微管仲，吾其被发左衽矣。岂若匹夫匹妇之为谅也，自经于沟渎而莫之知也。"[1]

在此孔子对于齐桓公和管仲做出了肯定的评价。肯定之处有三点：第一，秉性上的正直；第二，不以兵车而霸诸侯；第三，维持华夏文化免遭夷狄的侵略与奴役。

而对于董仲舒来说，肯定齐桓公却另有理由，这些理由在哲学深度和与现实政治的相关性上都远远超过了孔子。在《公羊传·僖公》中，董仲舒对于齐桓公进行了三次大段的评价。而令人吃惊的是惜字如金的《公羊传》在这三个大段评价中竟然使用完全相同的语句，这在整部《公羊传》中是绝无仅有的，即使是在董仲舒其他的著作中也同样不曾出现过。其文如下：

……为桓公讳也。曷为为桓公讳？上无天子，下无方伯，天下诸侯有相灭亡者，桓公不能救，则桓公耻之。……不与诸侯专封也。曷为不与？实与，而文不与。文曷为不与？诸侯之义不得专封也。诸侯之义不得专封，其曰实与之何？上无天子，下无方伯，天下诸侯有相灭亡者，力能救之，则救之可也。[2]

从此文中可以看出，董仲舒对于齐桓公的肯定基于这样的逻辑：第一，确认和强调天下没有统一的中央政府和公认的社会道德准

① （宋）朱熹撰：《四书章句集注》，中华书局1983年版，第153页。
② 王维堤、唐书文撰：《春秋公羊传译注》，上海古籍出版社2005年版，第179、184、211页。

则，天下处于大乱状态，诸侯之间相互讨伐、相互吞并的现象十分普遍；第二，齐桓公认为这种状况是可耻的，他一定要出手改变这种状况；第三，齐桓公的这种做法没有经过周天子许可，是与正统的即西周的诸侯行为准则相违背的，因此得不到"官方"的意识形态的认可；第四，即使这种做法得不到官方的意识形态的认可，齐桓公仍然还要去做，因为为了天下的秩序和和平，为了华夏文明的利益和生存，即使不符合传统的价值观和行为准则，齐桓公也一定要去做。

董仲舒的这种评价和论述是十分深刻的。这段论述首先反映了国家行为的正统性和华夏文明的政治现实性之间的冲突，董仲舒先将两种行为方式和理念罗列了出来。在表面上这种罗列体现了董仲舒试图在这两种倾向之间求得平衡的态度。但是，这种表面上的平衡却暗藏玄妙：它强调的其实是立德和立功之间的平衡性，或者说是功德并举的思想。

在中国历史上，王权的正统性既来源于道德也来自实力。在春秋时期，这两种正统性的来源处在较量之中，无论是在思想界还是意识形态领域尚无定论。直到战国时期，两者的较量出现了明显的倾向于国家实力的趋势，通过战争来实现统一已经成为各国的共识。而董仲舒则并不像一些迂腐的儒者一样一味地反对这种做法。董学的目的是既要承认通过战争统一天下的国家行为方式，又要赋予这种行为以正统性，取得立德和立功之间的平衡，而两者融合的平衡点就在于大一统。

在这里，董仲舒反复确认了天下没有统一的权力和权威，诸侯处于无政府状态、战争状态和经常受到各方游牧民族侵略的状态，其现实政治的必要性和迫切性已经远远超出了遵循传统的意识形态即周礼的形式上的必要性。而齐桓公的行为并不是出于私利，而是维护天下秩序和华夏利益的责任感。同时，关于"不与诸侯专封"这个原则董仲舒进行了区别对待。对于夷狄如楚国、吴国和越国等董仲舒无条件地抗拒它们僭越华夏天子的权力、凭武力破坏华夏秩序的行为，对于它们的破立皆不予承认；而对于齐桓公这样的华夏诸侯来说，虽然他们的行为同样违背了"不与诸侯专封"这个原则，但是仍然给予积极的评价和肯定，认为这样做对于维护华夏的文明是必要的。不难看出，董仲舒在此是在为他的大一统理论的必要性和迫切性进行理论上的论证，不但与其开宗明义的大一统范畴遥相呼应，而且为他后来关于汉朝的正统性的论证埋下了伏笔。

第二节　功德观的哲学基础

董学的功德观的哲学基础是阴阳哲学、经权论和中和论等理论。

一、阴阳哲学的具体应用

如同阴与阳一样，立德和立功是一对相对的范畴和行为方式，立德如阳，立功如阴，两者的互动结成了公羊学所倡导的两种基本的国家行为方式，两者也共同构成了公羊模式之下的两个亚行为模式。董仲舒的阴阳观有主次之分，即阳为主，阴为辅，与此相对应为阳的立德为主，为阴的立功为辅。同时，如同阴和阳可以相互转化一样，立德和立功之间也并不是僵化和固定不变的，而是可以相互转化的。

实施仁政以立德的国家行为方式是有条件的，就是通过立功达到大一统和皇权主义等政治状态，也就是说，立功行为是用来打江山的，善政和立德行为是用来守江山的，两者存在辩证的关系。一方面两者基本的先后顺序不能颠倒，其地位不可错置，即立功要发生在立德和仁政之前；另一方面两者又相互依存，相互促进，即立功所取得的政治成功只有通过仁政和立德才能够更好地巩固和持续。

二、立功与立德之间的平衡性

董仲舒通过经权论和中和论来规定立功和立德之间的平衡性，使两者能够达到结构上的和谐和统一。经权论要解决的是立功与立德之间的必要性以及目的和手段之间的问题。中和论要解决的是立功与立德之间的平衡和力度的问题。

第三节　董学的功德观的哲学意义

董学的功德观在与孔学的唯实比较中具有重要的作用和意义，两种思想在功德问题上的不同再次明确地体现了两者是具有迥异价值内核的思想。

一、公羊道与王道和霸道的终结

孔孟儒学提倡王道而贬斥霸道，实际上是拒绝将战争作为国家行为的常规手段，拒绝通过战争和武力实现中国的政治统一，是将立功和立德对立起来，为了立德而否定立功，用道德主体性替代政治现实。

董仲舒关于立功问题的立场否定了孔孟儒学将王道和霸道相对立的主张，提出在特定的历史条件下立功可以建立在立德之上，立功与立德并不矛盾，两者可以达到统一。

董仲舒对立功的肯定体现出了他在王道与霸道问题上的立场，事实上，建立在董学和公羊学基础之上的公羊道终结了战国时期、秦朝和西汉初期关于王道之辩的讨论，公羊道无论在内容还是手段的高明程度上都超越了王道之辩。

二、董学的功德观否定了孔学的道德乌托邦主义

董学的功德观与孔孟儒学的道德乌托邦主义是针锋相对的。孔孟儒学的道德乌托邦主义放弃了立功去立德只能使自己成为别国立

功的对象，用自己的失败为别国提供立德的机会。这恰恰是孔孟儒家的道德乌托邦主义屡被各国拒于门外的原因。

事实上，在上古史的王朝更替尤其是春秋战国时期和秦楚之际激烈的国际政治博弈之中，立功和立德之间的辩证关系已经在现实中反复得到了体现和检验。立功是立德的前提和基础，没有立功立德就无从谈起，便无法立德，只有作为胜利者的立功者才有机会去立德，才有可能完成立德。黄帝、尧舜、商汤、周文王、周公等上古圣王的成功无不是建立在立功的前提上，立德都是用来巩固立功所取得的成果的。秦始皇是使用立功行为方式最优秀的帝王，但是他并没有能够及时地转换行为方式，从立功的亚模式过渡到立德的亚模式上，而是继续了穷兵黩武的严苛行为方式。虽然秦始皇这样做自有其内在的合理性，但是他并没有把握好立功和立德之间的平衡，以至于由于急于进一步立功而丧失了德行，导致秦朝失去了民心，落得个灭亡的下场。秦朝的灭亡从反面证明了立功和立德的辩证关系。

董学总结了上古、春秋战国时期列国和秦朝的兴亡轨迹，对于孔孟儒学的弊端洞若观火，当然不会再犯同样幼稚的错误。正是由于合理地解决了立德与立功之间的辩证关系，汉武帝才能够完全接受董仲舒和他的学说，使董学成为他所构建的公羊模式的意识形态，才使他找到了将发起对匈奴的复仇之战的理论基础。

三、国家的内向结构优先于外向结构

董仲舒反对穷兵黩武以破坏国内经济和社会的稳定为代价来发动对匈奴的战争，当对外战争和国内的经济和社会稳定发生冲突的情况下，维持国内的稳定是优先的目标。

这种结构性的优先次序和结构性的平衡问题是董仲舒与汉武帝在是否发动第二次对匈奴战争问题上争议的一个焦点问题。汉武帝没有听从董仲舒的规劝，执意再次讨伐匈奴，结果事倍功半，劳民

伤财。有鉴于此，汉武帝才后悔当初没有听从董仲舒的建议，而此时董仲舒已经驾鹤西去有年了。

四、道德主体性不是道德乌托邦主义

作为董学和公羊学形而上学和政治哲学的基点之一，道德观居于重要的位置，这是不容置疑的。但是董学对于道德的强调并不是儒家的道德乌托邦主义。这是董学与孔学的一个本质性的区别。

在董学看来，善政也好，战争也好，都是实现大一统的行为方式，属于手段层次，与大一统原则并不是同一个层次上的问题。在《公羊传》和《春秋繁露》中，董仲舒从来没有反对武力和战争的作用，相反，他认为武力和战争是实现道德性的行为手段之一，通过武力和战争来立功与立德并不矛盾，而对于非道德行为和政权的武力讨伐也是体现道德性的行为方式之一。

孔学是要按照他们所设想出来的道德标准来支配国家行为，而不是根据政治现实实现国家行为的道德性，这就陷入了道德乌托邦主义的误区，孔学以及后来的孟子儒学因此无法提升为政治学，而只能将自己囚禁于个人伦理学的狭窄囚笼之中。董学要在政治现实中来体现国家行为的道德性，将道德性在现实的政治行为中加以实现，因此董学的道德观是现实主义的政治学，它打破了个人伦理学的囚笼，进入了形而上学和政治哲学能够进行有机对接的境界。

第十七章　董学的历史哲学

历史唯实主义认为政治哲学与历史哲学是相辅相成、相互渗透的两个领域，在许多情况下，两者之间的关系是错综复杂、难辨你我的。虽然不同的学派和思想家根据不同的立场和视角出发将两者置于不同的地位，但是真正能够从纯粹的唯实主义立场将政治置于客观而科学的历史事实之上的哲学却几乎不存在。在不同文明形态的各个历史时期，政治哲学总是被置于统领地位，为了满足国家权力掌握者的现实政治需要而用政治原则来规划和裁剪历史，这种方法是国家意识形态的普遍立场。

历史哲学是关于人类行为在时间坐标上的运动规律的哲学总结。这个定义虽然认为历史哲学比政治哲学具有更为广泛的内涵，政治哲学也可以成为历史哲学的内容之一，但是并不意味着政治哲学可以成为历史哲学的一个分支和延伸。恰恰相反，历史哲学是政治哲学的时间维度。政治哲学是历史哲学的真正核心，这个核心赋予了历史哲学内在规定性。没有政治哲学仍然会有形形色色的历史观，却不会有真正的历史哲学。这是因为历史永远是为现实的政治服务的，而不是相反。同时，通过在历史时空截面上的演绎和展示，政治哲学才能够得到某种佐证，才能够获得公信力。

这就提醒我们，在哲学史尤其是在政治哲学和历史哲学的研究中把握住政治学是解开历史哲学的一把钥匙，也就是说，在过往的哲学史中，政治哲学是历史哲学的灵魂，政治哲学为历史哲学提供原则、标准和方法论，而历史哲学则是政治哲学的一个维度，是政治哲学演绎的舞台。

作为以政治哲学为核心的完整哲学体系的董学自然也会有自己

的历史哲学。董学的历史哲学是建立在董学的政治哲学基础之上的，是对其政治哲学的延伸和演绎。而董仲舒对于政治哲学和历史哲学两者关系的处理为两千多年来的中国文化和学术传统的形成打下了牢固的地基。

第一节　以史载政的方法论

董仲舒开启了政治哲学统驭历史学的先河。董仲舒通过以史载政的方法论来实施政治哲学对史学的统驭。

《春秋》的本意是要按照时间顺序记录国家每年发生的重大的历史事件，但是孔子利用中国语言的丰富性和层次性在措辞上起到了对历史事件进行评价的功能，赋予了《春秋》价值史学的特征。

董仲舒通过传文将《公羊传》纳入了政治哲学之内。有被后世学者解读为"讥""贬""大""隐"等具有明显的评价意味的春秋笔法大量充斥于史书之中，开创了以史载政的政治哲学的方法论。历史成为董学论证自己的原则和理念的工具。

一、以西周为模板论述大一统

董仲舒将历史哲学设置为演绎其政治哲学理念的引子、平台和证据来源。在《公羊传》中，董仲舒开宗明义地以"王正月"作为开端，推出了作为董学政治哲学核心理念和原则之一的大一统的开场白。

二、以春秋时期为历史舞台

董仲舒在《公羊传》中，将春秋这个历史时期作为引出他的政治哲学的时空平台。在这个平台上董仲舒实施了他的托孔入世的策略，一些重要的董学政治哲学理念和原则如大一统原则、灾异论、战争哲学、伦理学理念等等都是在讨论春秋时期的政事和战事时推出或者初试锋芒的。

董仲舒选择春秋时期作为他演绎的时空平台理由如下。

第一，春秋时期的历史十分丰富多彩，中国历史处于一个全方位的大变动时期，各种不同的价值观开始孕育萌芽，发生碰撞，许多新的国家行为方式开始出现，诸多的国家在动荡和战争中经历了兴亡沉浮。从《春秋繁露》中可以看出董仲舒对于春秋各国的历史事件了如指掌，在阐述和论证董学的政治哲学理念时往往信手拈来，得心应手。董仲舒系统地总结了春秋各国兴亡的经验教训，试图总结出各种国家行为的规律，例如在《灭国》上下两篇中，董仲舒就有条不紊地列举了导致中小国家灭亡的各种原因。

第二，春秋时期上接西周，下连战国时期，具有相当的伸缩性和过渡性。董仲舒通过这些过渡性梳理出了董学的各种主张，为董学的原则提供逻辑线索，为董学的理念提供历史事实依据。可以说董仲舒将春秋时期的不确定性有效地转化成了董学理念的确定性，如此驾驭一个历史时期只有拥有大师级智慧的哲人才能够胜任。

第三，春秋时期是战国百家的发生期和孕育期。董仲舒所论所指其实无不针对战国百家的各种观点，然而董仲舒却避免了直接与它们进行正面的交锋，而是以史带论地批驳了它们的各种观点，巧妙地引导出了自己的哲学体系。在《春秋繁露》中，除了对孟子的人性论提出了直接的批评之外，董仲舒几乎没有指名道姓地评价和批判先秦百家。可以说董仲舒以含蓄的手段和十分低调的风格完成了对先秦百家的哲学整合。

春秋时期历史的复杂性、多样性和动态性使董仲舒能够有较充分的空间来推出他丰富的政治哲学命题，论述他的哲学理念，阐述董学的原则。相比之下，战国时期的历史则距西汉犹近，仍然具有政治敏感性，这与董仲舒明哲保身、谨慎处事的原则是相违背的。另外在学术方法上，董仲舒并没有选择论战的激烈方式来完成他对于先秦哲学的全面超越，而是通过解决先秦思想家所提出的一个个命题来超越他们，回避与先秦思想家正面的冲突也是董仲舒没有选择战国时期作为提出他的哲学体系的一个考量。

第四，孔子是春秋时期人，选择春秋时期可以自然而然地实施其托孔入世的策略。与低调处理先秦百家的做法形成鲜明对比的是董仲舒在《春秋繁露》中多处直接称赞孔子，推举孔子为圣人，甚至将董学归功于孔子。然而无论从董学和孔学的理论本身还是两者的价值观来看，董学对于孔学基本上是持批驳和否定的立场，这种自相矛盾的现象只能有一种解释，那就是董仲舒在利用孔子作为他的敲门砖和代言人，实施托孔入世的策略。

第二节　三统三正论

三统三正论是董仲舒力图化解西汉王朝的皇权正统性和合法性的历史理论，它推翻了五德终始说，按照董学的理念和逻辑来重建西汉王朝的意识形态。

一、西汉的正统性危机

西汉王朝初期面临的最大的意识形态危机之一是无法证明其政权的正统性和合法性。西汉是刘邦通过战争手段建立起来的王朝，这使得刘邦政权具有几个独特的"先天不足"。

首先，刘邦的身份并非贵胄，在起事之前担任亭长，只是一个基层小吏，虽然勉强称得上是个士人，但仍属平民阶级。由一个平民通过战争手段担任皇帝是在西汉之前的中国历史上从来没有发生过的事情。在此之前，担任国王要么是禅让，要么是诸侯王通过讨伐暴君而荣登王位，而更多的则是王族家族内部的王位继承制，包括嫡长子继承制和更古老的兄终弟及制。而平民出身的刘邦要当的不是诸侯王，不是国王，而是整个中国的皇帝。这种亘古未有的创举在现实政治中奇迹般地实现了，但在意识形态上却留下了大大的留白，无人能够解释这种不符合传统的状况是否具有正统性。这种意识形态上的尴尬很快便以一种最激烈的方式在最高政治层面连续爆发了出来。曾经与刘邦一起举事的平民战友们无一例外地相继举行了反叛，这是一种极为罕见和以极端方式表现出的对刘邦本人和新王朝的不认可行为。虽然正统的史书如《史记》和《汉书》等将西汉初期的异性诸侯王反叛的原因归咎于相互之间的猜疑等人际关系原因，但是造成曾经的战友之间形成巨大芥蒂的心理因素不可避免地起着重要的主导作用。他们可以推举刘邦成为抗秦的头领，也可以忍耐刘邦作为一方诸侯，但是要做与秦始皇同等地位的皇帝是他们无法完全接受的。

刘邦在一一平定了这些叛乱之后，定下了"非刘勿王"的祖法，但是这个依靠宗法制来限制对手权限的办法虽然能够减轻勋旧对于皇权的挑战和冲击，但是充其量只是在回避问题，显然并没有解决刘家王朝正统性和合法性的问题。即使在刘姓皇族内部，皇帝也并没有足够的威信和权威令人信服，以至于任何势力强大或者德高望重的刘姓诸侯王都会不时睥睨皇权，同姓诸侯王于是取代异性王侯成为西汉初期对皇权的最大威胁。汉景帝时期爆发的吴楚七王之乱构成了又一次直接威胁到汉朝皇权的重大军事叛乱，其威胁程度甚至超过了刘邦曾经面临的来自异性诸侯王的挑衅。这些内部频频发生的叛乱表明皇权的正统性和合法性这个问题不彻底得到解决，西汉王朝的江山便始终不会稳定，仍然有可能倾覆。

回望历史，这个意识形态的空白更加令人尴尬。相比之下，同样建立了皇帝制度的秦朝却并没有皇权正统性和合法性的意识形态危机。秦朝的危机来自于其执政方式，来自于严刑峻法促使了社会与秦朝政府的决裂。难道屡立战功的刘汉王朝连被所有人唾弃的秦始皇还不如吗？

其次，当时现存的理论都无法对刘氏政权的正统性和合法性提出自圆其说的答案。在董仲舒出世之前，最接近解决这个意识形态危机的哲学是战国时期邹衍的五德终始说。但是五德终始说却仍然无法理顺刘家汉朝的正统性问题。至于黄老之学和前儒学对此则更加束手无策。

二、五德终始说的困境

邹衍的五德终始说的功能就是要通过五行理论来解释历史上的王朝更替规律，在此时却陷入了无法自圆其说的困境，因为该学说无法解释汉朝的五行属性，无法据之而证明汉朝皇权的合法性。

问题出现在刘邦的自我期许与是否接受秦朝是五德终始说的一个环节这两个焦点之上。汉高祖刘邦在起事时自命为赤帝子，斩白蛇起义，意为火德。但是这与五德终始说的顺序相冲突，无法加入五行序列。另外，虽然秦朝自认为是接替了周朝，是五德终始说的合理延续，但是由于其灭亡和普遍的不得人心，西汉初期的许多官员和学者拒绝接受秦朝的合法性。这样便出现了两种解释。一种看法认为秦朝既然是水德，那么替代秦朝的汉朝就应该是土德，尚黄，汉文帝时的儒生贾谊持此观点；而拒绝接受秦朝合法性的看法则认为秦朝既然是非法的，不应该被纳入五德终始的轮转，汉朝应该是水德，尚黑，汉初的张苍持此观点。两派争执不休，汉初的几位皇帝都要解决这个意识形态难题，却都无法在理论上进行突破，以至于到了汉武帝继位之后这个问题仍然没有得以解决。

在这种背景下，作为当时最具权威性的思想家董仲舒便出面提出了其"三统说"。在董仲舒的政治哲学中，三统说是用来替代邹衍的五德终始说而出现的，它也是董仲舒的历史观的组成部分。

董仲舒的三统三正说解决了这个难倒了前儒学和五德终始说的问题。三统三正说的实用性即刻展露，以至于在其出现之后，五德终始说便基本上销声匿迹了。

三、三统三正说的内容

董仲舒在《春秋繁露》中的《三代改制质文》和《楚庄王》两篇文章中系统地阐述了董学的三统三正论。

董仲舒认为，王朝不是按照五行的规律在轮转，而是按照三统的规律在交替运行。之所以是三而不是五，董仲舒解释道：

> 周爵五等，《春秋》三等。《春秋》何以三等？曰：王者以制，一商一夏，一质一文。商质者主天，夏文者主地，《春秋》主人，故三等也。（《春秋繁露·三代改制质文》）

董仲舒认为王朝的轮转是按照天、地、人三者的原则来进行的，与五行无关。这样董仲舒便将五行观与王朝变更的历史理论割裂开来了。这种改变是对从战国后期到西汉初期流行了两百多年的王朝更替理论所做出的最大改变。

三统是指三代，即夏朝、商朝和周朝的正朔。三统来源于"三正"。三正是指天、地、人三端。三正分布与黑、白和赤色相对应。根据公羊学的授命论，每个王朝在建立之时都要"改正朔，易服色，制礼乐"，以作为改朝换代的标志。"正"是指岁首所在的月份，"朔"是指立法年开始的时刻。董仲舒认为正月只能设定在十一月、十二月和一月三个月份。这样便出现了尚黑的"正黑统"、尚白的"正白统"和尚赤的"正赤统"等三统。

根据三统三正说，夏朝以建寅月为正月（农历正月），以天亮时为朔，尚黑，是人统；商朝以建丑月为正月（农历十二月），以鸡鸣时为朔，尚白，是地统；周朝以建子月为正月（农历十一月），以夜半为朔，尚赤，是天统。

汉朝在三统中的位置是继承周朝的正赤统的，是正黑统，是人统。而秦朝则被排除在了三统三正序列之外。

四、三统三正说的意义

三统三正说不仅是董学政治哲学的重要内容，对于现实政治和国家体制建设也具有重要意义。

（一）双重的政治目的性

董仲舒的"通三统"理论具有双重的政治目的，一方面证明了西汉王朝的正统性和合法性；另一方面直接阐述了西汉要进行更化即国家改制，以及建立新的国家行为模式的必要性。

既然西汉王朝是继夏、商和周三统之后再次出现的"受命而后王"的王朝，它也必须要有自己独特的制度，也就是说西汉必须进行政治改革，建立起自己的政治体制和礼仪制度。西汉王朝需要建立新的国家体制，进行大规模的政治改革被赋予了历史必要性和迫切性。这无疑为汉武帝进行变法提供了哲学和意识形态依据。

（二）更化论

董仲舒由三统三正论得出了"更化论"的必要性，关于这一点他在他与汉武帝的《天人三策》中的第一策中进行了阐述：

> （秦朝和汉初）当更张而不更张，虽有良工不能不能善调也；当更化而不更化，虽有大贤不能善治也。故汉得天下以来，常欲善治而至今不可善治者，失之于当更化而不更化也。古人有言曰："临渊羡鱼，不如退而结网。"今临政而愿治七十余岁矣，不如退而更化；更化则可善治，善治则灾害日去，福禄日来。

（三）教化论

要保持汉朝的国祚永续就必须进行更化，那么汉朝应如何更化呢？董仲舒的理论是对国民进行教化。可见，教化论是董学的核心内容，是更化论的逻辑延伸，也是董仲舒的政治哲学的重要结论。关于教化论详见下面相关部分的论述。

（四）三统三正说与大一统理论

三统三正说与大一统理论相互呼应，相互支持，形成一个逻辑整体。

《春秋繁露·三代改制质文》载：

> 三统之变，近夷遐方无有，生煞者独中国。然而三代改正，必以三统天下，曰三统五端，化四方之本也。天始废始施，地必待中，是故三代必居中国。法天奉本，执端要以统天下，朝诸侯也。

在此，中国与天下是同义词，中国就是天下，中国的三统就是整个天下的三统。这种思想表现出了中国文明的自信和自我认同与期许，也是中国文明遥遥领先于世界的客观反映。此处表达出的"中国中心论"思想并不是虚妄和傲慢，也不是一种侵略和扩展的政策，而是中国文明在当时世界中的分量的自然反映，这与公羊学的大一统思想是一脉相承的。三统三正说成为大一统理论的自然延伸，也成为其进一步的佐证。

（五）三统三正说与天的形而上学一脉相承

三统三正说的理论基础是董学的天的形而上学，是天人合一理论，是授命论。在此，董学的形而上学与政治哲学之间的逻辑关系通过三统三正说再次得到了体现和夯实。

（六）三统三正说解决了汉朝关于王朝合法性的意识形态危机

董仲舒的三统三正说避开了纠结不清的五德终始说的死胡同，从理论高度上另辟蹊径，成功地解决了西汉初期的一个重要的意识形态危机，为西汉王朝的合法性提供了理论依据。

五德终始说轮转的动力在于五行相克，三统三正说避免了这个机械的循环论。王朝改制的动力在于以天人合一为基础的授命论，即王朝能否履行天的授命成为这个王朝能否持续下去的根据。王朝的命运并不在于神秘的五行相克这种外在的力量，而在于皇权内在的素质和自己的行为。相比之下，三统三正说更具有合理性。

（七）三统三正说不是机械的历史循环论

历史上的学者对于如何理解董仲舒的三统三正说存在着争议。争议的焦点在于如何理解董仲舒在《春秋繁露·楚庄王》中所说的一段话。董仲舒在该文中说道：

今所谓新王必改制者，非改其道，非变其理。……故王者有改制之名，无易道之实。

三统的每一次转化都不是简单的形式上的变化，而是责任论的一次更新，是一次来自上天的新的授命的开端。新的王朝只有克服了前任王朝的各种弊端才能够接受新的授命，才有资格开启新的元朝，这本身就意味着对于前朝行为方式的否定，意味着一个新的道德起点。新王朝所否定的并不是权力的礼仪和符号，更不是道德本身，而是旧王朝对于道德性的偏离以及对于责任感的违背。

于此可以看出董学目的已经是要为汉朝定"道"和制"理"，打造一个超越时间的意识形态和国家行为模式。

如果说邹衍的五德终始说已经包含了进化论的因素的话，那么在董仲舒的三统三正说中这种进化论的因素进一步得到了强化，包含了更多的辩证法要素。而正是因为三统三正说的哲学力量和其完整的系统性与逻辑性使汉武帝及其后的皇帝接纳了这个学说，使之成为皇帝制度的核心定制。

现代学者则对三统三正说持一致的否定和批判的态度，要么认为三统三正说只是简单的历史循环论①，要么认为它是"复古论"②，这些看法显然并没有理解董仲舒思想的本质。

（八）三统三正说成为皇帝制度的重要内容

三统三正说成为皇帝制度的重要内容，从此以后，每次王朝更迭无不以"改正朔、易服色、制礼乐"等开始，成为皇帝制度内部最重要的礼仪制度，是每个王朝为自己正名必须率先要完成的首要工作。

（九）圣化孔子的极致

董仲舒说汉朝的正黑统的定位早在春秋时期便已经确定好了，

---

① 参见侯外庐主编：《中国思想史纲》，上海书店出版社 2004 年版，第 127—128 页。
② 参见北京大学哲学系中国哲学教研室：《中国哲学史》，北京大学出版社 2001 年版，第 161 页。

即所谓的"孔子为汉定制"。在《春秋繁露·三代改制质文》中，董仲舒说道：

> 故《春秋》应天作新王之事，时正黑统。

此处的《春秋》颇有玄机：如果是指《春秋》经文，那就是说孔子已经为汉确立了正黑统；如果是指传文，就是说董学认为汉代应该是正黑统。根据董仲舒对于孔子和孔学的态度，后一种应该是董仲舒的本意，但是董仲舒并没有明确地点破这一点，而是仍然在打"擦边球"，为孔子留下了空间。在《春秋繁露·玉杯》中，董仲舒说道：

> 然而《春秋》之序道也，先质而后文，……是故孔子立新王之道。

显然，这种做法是董仲舒托孔入世策略的又一个表现。问题是董仲舒为何在三统三正论中将孔子抬出，并将其推向圣化的极点呢？通观董学的哲学体系，环环相扣的逻辑性是重要的特征之一，严密的逻辑性使董仲舒能够将不同的子系统有机地焊接成一个完整的整体，环环相扣，首尾相顾，天人合一的形而上学、人性论、政治哲学、教化论等环节堪称无懈可击，然而三统三正论的历史哲学却是其体系中逻辑性最差、最缺乏说服力的部分。董仲舒似乎意识到三统三正论对于历史规律的解释无法完美地自圆其说，但是缺少了它，董学的改正朔、易服色、制礼乐等旨在强化皇权主义的礼仪制度设计就缺乏了强有力的支撑。如何看待五德终始说并将其用来解读历史和为汉代服务已经是个"老大难"问题，各说各派各执一端，却都难以服众。为了能够被汉武帝和其他论者所接受，董仲舒不得不抬出孔子这个受人尊敬的古代大师，将其无限拔高到圣人的地位，通过他的嘴来为董学宣传。这就是在三统三正论时董仲舒将孔子圣人化和托孔入世的努力达到了最高点的原因。

孔子被董仲舒尊为"素王"，具有预见未来和决定未来的超验能力，成为董仲舒圣化孔子的最高点。在此时，孔子已经不是一个流浪的教师，而是一个能够穿越古今的圣人了。董仲舒塑造的圣人孔子已经具备了神性。于是，任何反对董学和三统三正论的人不是在反对董仲舒，而是在反对孔子这个圣人了。

董仲舒之所以要在这个关头如此圣化孔子也与他个人的明哲保身的意图紧密相关。董仲舒一方面必须赢得汉武帝和皇室的支持，一方面又必须谨言慎行，稍有不慎不但会触怒皇家引来杀身之祸，还会触动诸多学者和官员的神经，将其学说置于诋毁之地。在这种巨大的压力之下，董仲舒只有搬出古代的哲人作为护身符才能够对自己施以保护。这是董仲舒托孔入世策略的高潮，也是其托圣入经的前奏。

然而从董仲舒圣化孔子的初衷来看，能够顺利地推出他的哲学体系和明哲保身是最重要的目的。

第三节　三世说

三世说是董学历史哲学的历史学理论，三世说表明董学已经有了自主的历史学意识，对于历史和历史学有了理论的自觉。

一、三世理论的内容

董仲舒在《公羊传》中巧妙地提出了"三世异辞"说。三世异辞说在《公羊传》中三次出现：

隐公元年：公子益都卒。何以不日？远也。所见异辞，所闻异辞，所传闻异辞。

桓公二年：三月，公会齐侯、陈侯、郑伯于稷，以成宋乱。内大恶讳，此其月言之何？远也。所见异辞，所闻异辞，所传闻异辞。

哀公十四年：《春秋》何以始乎隐？祖之所逮闻也。所见异辞，所闻异辞，所传闻异辞。何以终于十四年？曰：备矣。

在《春秋繁露·楚庄王》中，董仲舒明确地提出了"三世说"：

> 《春秋》分十二世以为三等：有见，有闻，有传闻；有见三世，有闻四世，有传闻五世。故哀、定、昭，君子之所见也；襄、成、宣、文，君子之所闻也；僖、闵、庄、桓、隐，君子之所传闻也。所见六十一年，所闻八十五年，所传闻九十六年。于所见，微其辞；于所闻，痛其祸；于传闻，杀其恩与情俱也。

"异辞"指用词不同。三世异辞就是亲见的年代、亲闻的年代和只听传闻的年代。由于距离作者的年代远近不同，作者的措辞也不同。《公羊传》在定公元年进行了解释：

> 定、哀多微词，主人习其读而问其传，则未知己之有罪焉尔。

董仲舒认为，由于孔子与定公和哀公的时代很近，对当时的史料和事迹很熟悉，不知自己言语不当是否会获罪，所以选择用隐晦的方法来表达。董仲舒的这个解释不能不说没有道理，但这只是字面上的不同，三世异辞还更有深意。

二、三世异辞理论的本质和目的

三世异辞说在《谷梁传》和《左传》中都是没有的，仅在《公羊传》中存在，是董仲舒提炼和总结出来的观点，是公羊学独有的理论，而非孔子的理论。董仲舒提出三世异辞说的目的是要引出他历史进步论的历史理论。在董仲舒看来，历史越近，人们对历史事实的了解越清晰，对历史事实的判断越明确，因此对于历史的理解是进步的，而不是倒退的。

三世异辞说是中国历史上首个具有历史进步论的历史理论。它与孔子在道德乌托邦主义掩盖之下的历史退步论和历史倒退论的历史观点是南辕北辙、截然相反的。

董仲舒发明三世异辞说的目的在于为汉朝的改制和变革提供理论依据和历史先例。三世异辞说将《春秋》所载的历时 242 年的鲁国历史划分为处于进步阶段的三个历史时期，就是要将西汉王朝置于这个进步的历史进程的一个新的时期来看待，从而证明了西汉改制和变革是符合历史发展的规律的，是对中国历史的一个自然而合理的延续，是符合"天命"的，西汉的皇帝是经过了上天"授命"的。

三、三世说与"张三世"

东汉的公羊学家何休进一步强化了董仲舒的三世异辞说，提出了"张三世"的理论，这是对董仲舒历史进步理论的强化和发展。

四、三世说的膨胀

三世说是作为政治哲学的公羊学的历史哲学的重要组成部分，它对于董学无疑具有重要的意义。但是，要真正理解三世说就首先要承认其体系性存在的地位，即将其置于董学和公羊学的整体的理论框架之内进行理解，只有这样才能体现出它真正的理论意义和价值。这个看似简单的道理却并不容易被后世的公羊学研究者充分而合理地理解和定位。清朝的公羊学研究者对于三世说的作用进行了放大，甚至到了膨胀的地步。在庄存与、刘逢禄和康有为等人看来，三世说几乎代表了公羊学本身，将他们对于公羊学和今文经学的理解和探讨集中在了对于三世说的阐述之上，进行了不同版本的引申，并且为此发生了纠缠不清的争论。对三世说的重视并无可非议，但是将公羊学仅仅理解为三世说并且加以无限地放大和膨胀则表明了后世学者对于公羊学的本质理解得不足，这点是研究公羊学史要加以注意的。

五、三世异辞说与西方的社会进化理论

董仲舒的三世异辞说是一种进化的历史哲学和进步的政治哲学观念。它否定了孔学的历史退步的历史观点和政治退化的政治观

念，是中国历史哲学和政治哲学史一个里程碑般的哲学成就。它比西方近代才出现的社会进化论理论要早两千年之久。

西方哲学中的社会进化理论来源于达尔文的生物进化论，英国学者赫胥黎将生物进化论的原理应用于人类社会的发展，形成了社会达尔文主义（Social Darwinism）。社会达尔文主义成为西方国家在19世纪后半期和20世纪初期最重要的思潮之一，严重影响了英、美等国家的国家行为。与西方哲学相比，董学的进化论在时间上的早熟性无疑是令人惊叹的哲学成就，但是时间的早熟性只是董学和中国哲学的一个成就。公羊学的进化论与西方的社会进化论最为重要的区别是两者在"意义论"上的不同，即两者所扮演的历史角色和起到的历史作用完全不同。

第一，从本质来看，两者完全具有本质性的差异。

董学的进化论与西方的进化论体现完全不同的价值观。董学的进化论的逻辑载体是本国的政治体制，其目的是要实现国家行为模式内在的、有机的、自主的进化，要以自身的进化促进自身的发展，它并不是针对任何外国和任何其他民族和种族的。

相反，西方的进化论则是一种种族主义，是为西方国家和文明的殖民主义提供理论根据的。

第二，从效果上看，两者起到了决然不同的历史作用。

作为董学的政治哲学和历史哲学的公羊学为中国独特的公羊模式的建立提供了理论和哲学基础，中国传统文明从此发生了质变，进入了持续长达两千多年的稳定期和发展期，促使中国文明成为人类历史上最成功的文明形态。

而西方的社会进化论则帮助西方国家和文明为了一己私利采取殖民主义的行为方式，通过暴力和军事毁灭手段征服了世界，令所有其他文明形态、国家、民族和种族惨遭摧毁、屠戮和掠夺，为人类带来了灭顶之灾。西方的社会进化论意味着野蛮的殖民征服和战争，是对人类进化巨大的讽刺和侮辱。

第三，从哲学定位的角度上看，两者有着不同的学术和政治命运。

董学的进化论适用于中国，也同样适合于任何其他的文明形态和民族，是一种堪称具有人类普世意义的哲学，只要人类存在和发展，它便会有生命力。

反观西方的进化论，在19世纪昙花一现之后便被包括西方在内的所有文明形态、国家和民族彻底摒弃，被抛入了历史垃圾堆，作为西方国家和文明一个洗不去的污点，成为了西方文明和人类历史上一个令人不堪回首的丑闻。

第四，从来源上看，两者具有不同的实践基础。

董学的社会进化论是基于中国早期历史的发展而进行的哲学归纳和总结，具有思辨性。但是，董学的思辨性是基于中国历史发展的实践而得出的，并不是纯粹的主观臆断和想象，这个理论的得出是中国历史的悠久性和早熟性的必然结果，体现了中国历史和文明的优越性。

西方的社会达尔文主义的基础是达尔文的生物进化论。生物进化论具有广阔的自然实证基础，可以从众多的动物、植物的进化轨迹中得到说明。但是生物进化论仍然是一个假说，虽然生物学家和人类学家为了证明生物进化论已经进行了一个多世纪的艰苦努力，但是这个理论仍然争议不断，其中的诸多环节仍然有待生物证据的证实，即生物进化论仍然是处于证明过程中的假说，而并不是已经被证实了的科学理论。

第五，从对中国历史的影响上看，西方的社会进化论成为全盘西化的理论基础。

西方的社会进化论在19世纪末期被引入中国，主要的推手是严复。严复的《天演论》在1898年出版，该书名义上是翻译英国赫胥黎的作品，实际上加入了许多严复个人的解读和观点。从此以后，社会达尔文主义便风靡中国学术界，成为人人争相模仿的噱头。

西方的社会达尔文主义似乎解释了中国为何落后挨打、西方为何繁荣富强的问题，处于信仰真空中的中国知识分子似乎找到了精神归宿。实际上，他们看到的只是假象，吸收进去的只是精神鸦片而已。在这个似是而非的理论的麻痹下，许多中国人认为西方的优越和欺凌为必然，中国的落后和挨打也是必然，打开了全面西化的精神大门，对于西方的学术和观点不再设防，不再鉴别，不再批评，而是唯西方是遵，唯西方为宠。

第四节 圣人论

董学的圣人论对于中国文明和文化具有重要的影响。这种影响无论是在政治层面、国家制度层面还是文化心理层面上都体现为根深蒂固的圣人意识。这种圣人意识来自于董学的意识形态的内化过程，经过了皇权两千多年的锻造，董学的圣人观全面地被中国文化所接受，已经成为中国文化基因的一部分。

董学的圣人论对于董学的出世和入经具有重要的作用，它不仅是董学思想内容的组成部分，也是董学在现实世界获得成功的重要媒介和手段。

一、先秦百家的圣人观

先秦的圣人观出现在战国时期，它的出现反映了战国时期的各个国家和各个阶层的人们对于能够统一国家分裂状态的伟大人物的期盼。

（一）老子的圣人观

在《道德经·第三章》中，老子说道：

> 是以圣人之治，虚其心，实其腹，弱其志，强其骨，常使民无知无欲，使夫智者不敢为也。为无为，则无不治。

老子的圣人是对其小国寡民实行愚民政策的国君，是要使能人无为的统治者。老子是反对大一统的，他的圣人不在于实现国家的统一，恰恰相反，老子的圣人是能够保持和平状态下的国家分裂局面的君主。老子的圣人观念是与其政治哲学理念一脉相承的。

（二）先秦儒家的圣人观

圣人观是孔学和先秦儒家的理想人格类型中的一个层次，是高于君子的高级层次，也是最高的层次（详见后文孔学部分对于其圣人观的分析）。有人说先秦儒家是最重视圣人观的学派，这个观点却得不到古代典籍的支撑。无论孔子还是孟子提到圣人之处可谓是寥寥无几，圣人对于孔子来说仅仅是他的君子伦理学的一个背景因素，而不是重点。

孔子时已经有了明确的圣人观。《论语·雍也》载：

> 子贡曰："如有博施于民而能济众，何如？可谓仁乎？"
> 子曰："何事于仁，必也圣乎！尧舜其犹病诸！"

孔子眼中的圣人是能够博施济众的人，但是孔子却认为即使在先秦时期被公认为"模范帝王"的上古的尧舜也难以达到圣人的标准。这就使孔子的圣人观失去了现实的基础，使之成为一个纯粹理想主义的、虚幻的概念。这是孔学的道德乌托邦主义在圣人观上的再次发作。

而在孟子那里圣人的标准发生了改变。《孟子·离娄上》载：

> 圣人，人伦之至也。

孟子的圣人与掌握国家权力的帝王没有关系，而是纯粹的道德意义上的圣人。这为圣人从虚幻中返回人间修造了一扇门，却也将圣人降低到了纯粹的伦理学的层面上，与政治哲学失去了关联。

荀子的圣人观与孟子基本一致。《荀子·儒效》载：

> 积善而全尽，谓之圣人。

（三）墨家的圣人观

墨子在《墨子》一书中曾经提到"圣王"达106次之多，足见他对圣王观念的重视。从圣王一词便已经可以看出墨子的圣人指的是君王，是具有超凡能力的君王。什么样的国君可以成为圣王？墨子在《墨子·天志上》中给予了明确的定义：

> 上利于天，中立于鬼，下利于人，三利无所不利，故举天下美名而加之，谓之圣王。

在《墨子·兼爱上》中，墨子说得更为具体：

> 圣人以治天下为事者也，必知乱之所自起，乃能治之，不知乱之所自起，则不能治。

可见，墨子的圣人观念是能够平乱治天下的国君，是能够统一中国结束战乱的英主，衡量标准在于立下不世之功，在于能够给国家和人民带来实在的利益，而不是只说不做的道德家。墨子的圣人观念具有明确无误的功利主义色彩，而这种功利主义反映了战国时期的时代主题和各个阶层对于统一的期盼。

（四）管子的圣人观

管子学派的圣人观念同样强调"治乱"的能力，与墨家的圣王观念接近。《管子·正世》认为：

> 圣人者，明于治乱之道，司于人事之终始者也。

（五）法家的圣人观

法家战国晚期的代表人物韩非在《韩非子·奸劫弑臣》中对圣人的描述最为具体：

> 圣人者，审于是非之实，查于治乱之情也。故其治国也，正明法，陈严刑，将以救群生之乱，去天下之祸。

法家与墨家的圣王观念是一致的，只是韩非子更加强调通过严刑峻法来统一天下和治理国家。

（六）商家的圣人观

商家具有成熟的进化史观，圣人观是进化史观的有机组成部分。进化史观和圣人观在《商君书》中的《更法》和《画策》等篇中得到了比较系统的表述。例如：

> 伏羲、神农，教而不诛。黄帝、尧、舜，诛而不怒。乃至文、

武，各当时而立法，因事而制礼。(《商君书·更法》)

虽然此处并没有直接提到圣人二字，但是这个上古先王的名单和序列与《系辞传》中完全一致，所指就是上古的圣人系列。在《画策》中再次出现了这个上古圣人系列，只是伏羲被昊英所替代。

《画策》明确地提出了圣人和圣王的概念，尤其可贵的是它能够从思辨的高度来说明圣人为何被称为圣人：

圣人知必然之理、必为之时势，故为必治之政，战必勇之民，行必听之令。是以兵出而无敌，令行而天下服从。

圣人见本然之政，知必然之理，故其制民也，如以高下制水，如以燥湿制火。

圣王者不贵义而贵法，法必明，令必行，则已矣。

可见，商家的圣人就是圣王，圣王是智慧与王权相结合的伟大君王。圣王的本质不是道德性的而是功利性的，圣王之所以能够达到圣人的境界，是因为他所能够立下的功勋，这与儒家的道德性圣人是完全不同的。

在商学中，圣王的定位分为两个阶段。第一个阶段是秦国崛起时的圣人观，这时的圣王是能够给秦国带来富强的秦王。在秦国已经成为雄霸一方的强国之后，平定天下变成了秦国的使命，因此商学的圣人观进入了第二个阶段，此时的圣王是能够依靠战争手段平定天下的秦王。此时的圣王的眼界已经超越了秦国一国，而是放眼天下深谙治乱之道的秦王。商学的圣人观虽然在《墨子》和《管子》中得到了表述，但是只有在商学中才变得如此明确和系统，而只能继承商家部分权力观的战国后期的法家自然也延续了商家的圣人观。

作为商学传人的秦始皇是对圣人观造成了巨大影响的帝王。他是第一个将皇帝与圣字联系起来的皇帝，完成了圣人观的一次分水岭式的变革，同时他也是几乎将圣人观送进坟墓的"罪人"。

秦国横扫六合，统一了中国，战国时期被先秦百家和各国百姓所翘首企盼的圣人似乎已经来到了人间。作为商学最为坚定的信徒和执行者，秦始皇当仁不让地认为自己就是完成了伟业的圣人，秦始皇在几次巡视全国的过程中留下了大量的石刻，其中多充斥着圣字，秦国的圣王变成了来自秦国的圣人皇帝。在巡幸泰山时，秦始皇在石碑中刻道：

> 皇帝躬圣，既平天下，不懈于治，夙兴夜寐，建设长利，专隆教诲。训经宣达，远近毕理，咸承圣志。（《史记·秦始皇本纪》）

在会稽石刻上刻道：

> ……秦圣临国，始定刑名，显陈旧章。（同上）

《史记·秦始皇本纪》中所载的类似石刻都是如此。秦始皇虽然没有直接称自己为圣人和圣皇，但是他将自己看做是圣人皇帝的用意已经昭然若揭。因此，秦始皇是第一个"临幸"了圣人一词的皇帝。

但是世人和历史对于秦始皇的自我评价却截然相反。在秦朝统一中国之后，秦始皇对被征服地区采取了严刑峻法的政策，很快失去了人心，激起了原来六国社会各阶层的强烈反抗，在陈胜、吴广起义揭竿而起之后，各地的反秦起义和暴动层出不穷，如燎原之火席卷六国，在短短几年之内项羽和刘邦灭掉庞大的秦朝，秦始皇要建立的万世基业二世而亡，存在了仅仅15年，成为中国历史上最为短命的统一王朝之一。

随着秦国灭亡的还有秦始皇对于圣人的自诩，战国时期万众期盼的圣人被证明只是个给人民带来苦难和压榨的暴君，圣人观成了一个历史的玩笑。

二、董学重新整合了圣人观

董仲舒重新建立起了被打碎了的圣人观，这对于董学上升为国家意识起到了促进作用。

（一）董仲舒重塑圣人观的时代背景

在秦汉之际和西汉初年，秦始皇成为所有人批判和诟病的对象。不仅秦始皇被公认为是令人唾弃的暴君，秦朝成为一个缺乏正统的王朝变奏，作为秦国和秦朝意识形态的商学也变成了异端邪说，上至皇帝下至一般的士人都对其避之唯恐不及。在这种氛围之下，与商学和秦始皇紧密相连的圣人观也基本上绝迹于当时。如果说秦始皇和秦朝还有一点点价值的话，那么这个价值就只能是作为皇帝的警醒木以及大臣和士人论证的反面教材而存在了。

然而董仲舒并没有忽略商学和秦朝。董仲舒对于历史事件采取的是理智的态度，同样进行了客观的分析和"取其精华，去其糟粕"的思想过滤。虽然董仲舒没有正面地谈及商学，当时从董学的体系和结构以及结论来看，商学对于董仲舒起到过巨大的影响。作为商学和秦朝意识形态的一部分，圣人观自然也没有被董仲舒忽略。如同重新塑造先秦哲学一样，董仲舒也重新规定了圣人观，使之以新的面貌出现在了中国的哲学和政治舞台上。可以说，是董仲舒挽救了已经被秦始皇"玷污"了的圣人观，使之重新成为以董学为核心的全新的国家意识形态的重要组成部分。

董仲舒重塑圣人的方法是跳过秦始皇，整合战国时期各种关于圣人的观念。古代的圣人作为他的圣人观的原生态的楷模重新回到了中国的政治哲学之中。这样的做法等于将秦始皇从历史的视野中"删除"了，从而巧妙地回避了秦始皇对于圣人观的玷污。董仲舒在其哲学思辨中很少正式提及秦朝，只有在向汉武帝做出具体的政策建议时才将秦朝作为反面教材和逻辑环节对其进行批评。董仲舒对待秦朝的圣人观的方式也是如此。

（二）董学的圣人观与孔学的圣人观的不同

从前述的先秦儒家的圣人观可以看出它们与董学的圣人观是不同的。在此再将董学与孔学的圣人观的差异进行深入的剖析。

1. 圣人的现实性基础。

　　孔学与董学在圣人的标准上完全不同。孔子的圣人观是完美无瑕的道德楷模，即使是尧舜也无法达到圣人的标准，因此孔子的圣人在历史中并不存在。与此相反，黄帝、尧、舜等上古君王则是董学的圣人，对于董学来说圣人是能够与现实相容的，是现实中的人。

　　2.道德乌托邦主义与政治现实主义的差异。

　　孔学和董学在圣人标准上存在差异性是再自然不过的事情了，这是与两种哲学思想的本质一脉相承的。孔学在政治上是由道德乌托邦主义转化而来的政治无为主义，是理想主义的，孔子因此是按照自己的道德主体性的标准来界定圣人的，这种圣人只能存在于遥远的上古时期的传说人物和道德理想，而不是人间的现实人物。董学的政治哲学和价值观是建立在现实主义基础之上的，他所要实现的是基于现实性和时代性的政治构建，而不是按照自己的理想去否定现实，虚构出圣人的图像来。

　　3.圣人观与国家权力的结合。

　　孔子的圣人观完全是其道德主体性的虚幻理想的体现，道德上的完善是圣人唯一的标准，道德评价要高于现实中的权力和功绩。与此相反，董仲舒的圣人是智者和君王的结合体和统一体，是圣王，圣王是能够取得两者平衡的君王。道德主体性在董学的圣人观中是不存在的，道德只是圣王实现政治目的的手段之一。因此，董仲舒的圣人观实际上就是为皇帝提供一个楷模，将皇帝引导为圣王，而这正是董学的皇权主义的核心——皇帝的模型。

　　（三）董学圣人论的意义和作用

　　圣人观是董学政治哲学链条中的重要一环。这表现在两个方面：

　　1.圣人论是董学的关键枢机。

　　圣人论是董学经常出现的命题，是跨系统的体系性存在，在董学的天道认识论、性三品的人性理论、天人合一的皇权主义等核心理念中都起到了至关重要的枢机作用。

2.董仲舒对圣人论的功利性运用。

不管董仲舒在内心里是否真的相信圣人，从他将孔子提升为圣人的做法来看，他对于圣人论是具有明显的现实功利性考量的。因为按照董仲舒的标准孔子并不符合他的圣人标准，而他将孔子人为地拔高为圣人，不仅与他的圣人标准相矛盾，也显得十分牵强，因此，对此唯一的解释只能是他在对孔子进行功利性的利用。

（四）董学的圣人标准和将孔子圣人化的目的

按照董学的圣人标准，孔子并不是圣人。可董仲舒为何又要将孔子尊为圣人呢？

1.董学的圣人标准。

董学圣人的标准有两个：洞悉天道的智者和掌握着国家权力的君王。

在董仲舒眼里，圣人是洞晓"天命成败"的智者，实际上是天道的代言人。董仲舒论道：

> 明阳阳入出实虚之处，所以观天之志，辨五行本末顺逆、小大广狭，所以观天道也。（《春秋繁露·天地阴阳》）

> 君子察物之异，以求天意，大可见矣。（《春秋繁露·循天之道》）

> 正朝夕者视北辰，正嫌疑者视圣人。圣人之所名，天下以为正。（《春秋繁露·实性》）

圣人不但通晓天道，还是天道的受命者，是代替天在人世间推行和实践天道的君王，是皇权的掌握者。这样的圣人只能是皇帝，只有皇帝才能够集智者和圣王于一身。

2.圣王。

能够集智者和君王于一身，即当智者掌握了国家权力或者当君王具有智者的素质时，圣王便诞生了。虽然董仲舒认为智者也是圣人，但是更准确地说智者只是成为圣王的条件而已，董仲舒真正看重的是手握权柄的智者，即圣王。董仲舒眼中的圣王包括上古的三皇五帝，在《春秋繁露》中董仲舒多次用黄帝等人的素质和事迹来阐述他的哲学理念。孔子推崇尧舜，董仲舒推崇黄帝，对于理想的帝王两人的看法是不同的。

3. 孔子不符合董学的圣人标准。

董仲舒的圣人是洞察天道的智者，是能够替天行道的君王和皇帝，实际上是指集哲人与君王于一体的"哲学皇帝"。按照这两个标准，孔子都不符合圣人的标准。孔子或许是中国先秦时期的一个哲人，但是孔子与天道基本上不发生关系，而在哲学理念上董仲舒则完全不接受并且全盘否定了孔子几乎所有观点，可见在董仲舒眼里孔子是否能够被称作一位合格的哲人都是很有问题的。同时，作为一介书生的孔子远非大权在握的帝王将相。因此，按照董仲舒的圣人标准，孔子可能连边都沾不着。

那么董仲舒为何又将孔子称为圣人和素王呢？这只能说明董仲舒是在利用孔子，将其作为为自己哲学开道的敲门砖和挡箭牌，也就是董仲舒所采用的"托孔入世"和"托孔入经"的策略。这是唯一符合董学的观念事实和董仲舒的行为逻辑的解释。

4. 对孔子的圣人化设计。

将孔子圣人化是董学的重要措施，在董仲舒的托孔入世策略中占有重要地位。为了将孔子置于圣人的宝座，董仲舒将自己的哲学成功伪托于孔子，认为"孔子为汉做法"，并因此而认定在几百年前便具有洞悉未来能力的孔子为"素王"。这些显然是无稽之谈，完全是董仲舒"别有用心"的设计。

董仲舒如此将孔子设计为圣人的目的服务于其托孔入世的策略。从私人层面来看，托孔入世是董仲舒明哲保身的重要举措；从政治哲学层面来看，托孔入世是董学能够获得重视的保护色和护身符。

从现实政治的效果上看，董仲舒的托孔入世策略取得了巨大的成功。从史籍中可以看出，在个人层面上，董仲舒利用孔子多次实现了自我保护，假托孔子之名成功地将自己的哲学体系面呈汉武帝，并且通过汉武帝推向了官僚体系、学术界、士人阶层和广泛的社会。在政治层面上，董学被汉武帝全盘接受，并且被上升为国家意识形态，依据董学重建了汉朝和整个中国文明的国家行为模式，不仅重塑了中国文明的性质，还影响了中国文明达两千多年之久。

5."孔子为素王"的意义。

董仲舒的新圣人观的核心之一是孔子。圣人从战国时期所期盼的雄才大略的君主变成了一个民间的哲人，这不能不说是中国圣人观念史上一个巨大的转变。董仲舒从两个方面来重新塑造他的圣人观，将孔子纳入了董学的轨道。一方面，董仲舒从其天的哲学体系的高度来重新规定圣人的内涵。董学的形而上学体系是天的形而上学，天的形而上学是在对先秦各种关于天的理念、天道观和天学进行系统整合的基础之上形成的，这也包括董仲舒对《易》与《易传》中的天道观的整合。孔子被当做体现了天道历史发展规律的哲人而纳入了董仲舒的天的形而上学体系，成了"为汉做法"的圣人。另一方面，董仲舒将四百多年前的历史人物孔子作为实践中的保护伞，出于现实的功利权衡来圣化孔子。这就是他的托孔入世的入世策略和托圣入经的政治手段。

经过董仲舒的改造，在战国后期和西汉初期曾一度陷入了混乱和尴尬境地的圣人观又重新出现在了西汉的政治理念之中，成为国家意识形态的组成部分，并且伴随着公羊模式的强势影响了中国的政治和文化达两千多年之久。

五、《易传》是董学圣人观的载体之一

董学的圣人观在其人性理论中得到了表现。在对善的重新定义和性三品说中，董仲舒都借助圣人观来阐述他的人性理论。董学的圣人观在《系辞传》中得到了回应，起到了"曲线救国"的效果。与《春秋繁露》中抽象的圣人标准不同，在《系辞传》的核心《易

传》中圣人们的形象是具体而生动的人物，是造福于百姓的有名有姓的领袖。《系辞传》中对于上古的圣人形态的描述对于董学的圣人观起到了逻辑铺垫和支撑作用。或许正是这种支撑作用使《易传》作为《易》的一部分被列为经学，开创了易学经传合一的新形态。

《易》和《易传》的基本哲学倾向与董学的天的形而上学是契合的。《易》与《易传》中的天道观是董学的天的形而上学的初级阶段，它们或许也是董仲舒在创立天的形而上学时思考过的素材之一。因此，将《易》与《易传》中的天道观纳入经学同样起到了对董学的支撑作用。

六、圣人史观

圣人史观是董学历史哲学的组成部分。

圣人史观与三世异辞说并不矛盾。两者在许多方面还会起到相互支持的作用。如果说董学的圣人观还属于狭义公羊学的范畴的话，那么后来的司马迁和《易传》等则大大地强化了圣人史观，使之成为广义公羊学的组成部分，并因此成为皇权意识形态的有机组成部分。

七、董学圣人观的历史效果

圣人观和圣人史观是董学和公羊学的重要组成部分，在董学和公羊学被提升为皇权意识形态之后，它们便被内化入了皇权主义，被皇权主义毫无保留地接受了，圣人被彻底地内化入皇权主义，成为皇帝制度的基本词汇。只是董仲舒用来称谓孔子的圣人一词被皇帝"临幸"了，从一个人为编造出来的虚幻的历史名词变成了现实政治中有血有肉的活人，这个活人就是皇帝。

1. 皇帝就是圣人。

皇帝制度下的圣人观与孔学和董学的圣人观都不尽相同。孔学的圣人观虽然强调道德性与王权的结合，但是这样的人格典范在历史和现实中却并不存在。孔子否认尧舜是圣人也就将圣人当做了道德乌托邦主义的一个虚幻的影子，与现实政治是毫不相关的。董学的圣人是通晓天道奥秘的哲人，也是因为德行而获得上天授命的帝王，他是现实存在的人物。皇帝制度将哲人、道德楷模和皇权集于一身，将德行与功业结为一体，完成了对皇帝的属性的规定，而这种规定只是将董学的圣人观具体化了而已。

2."圣"字成为皇权主义的基本词汇。

在董学成为国家意识形态之后，有关皇帝的一切都变成了圣举，在皇帝成为圣人的同义词之后，圣字成为皇帝制度中出现频率最高的政治词汇。圣字极大地增加了皇帝的权威性。皇帝变成了具有神性的存在，是具有半人半神特征的人格，是任何人都不可冒犯的。皇帝的意志是任何人不可违反的命令。皇帝的话语成为圣谕、圣旨，成为国家行为中最高级、最有权威的政治和军事命令，其他人必须无条件地加以遵守和奉行，否则便犯了最大的罪行，随时会遭受灭顶之灾的惩罚。

因此可以说，源于董学圣人观的圣字极大地提高了皇权主义的可信性，成为皇权主义的强化器。

第十八章　董学的政治经济学理论

董仲舒关于形而上学、人性理论、政治哲学和历史哲学的基本哲学观点具体化为许多具有开拓性和建设性的国家政策，而这些政策建议和取向对于汉武帝构建公羊模式起到了直接的影响，它们也是董学能够上升为国家意识形态的现实基础。

董学能够将哲学理念和原则转化成具体、可行而有效的国家政策是其能够取得政治成功的重要因素，也是董学优越于黄老之学和孔学最重要的要素之一。老子的哲学虽然也具有哲学体系上的完整性，但是却无法转化为有效的国家政策，即使在西汉初期在特定的历史条件下曾经对国家行为产生过一定的影响，但是最终被董学所取代，原因正是在向国家政策的有效转化上。而孔孟儒学无数次被各国君王所拒绝，正是因为它们脱离政治现实，无法转化为有效的国家政策为国家带来具体的利益保护和提升。在中国历史上只有董学能够实现纯粹的哲学与现实政治的同一性[①]，而这也就是董学和公羊学能够成为国家意识形态并且主宰了中国文明达两千多年之久的深层原因。

而在对于国家制度和国家政策层面上，董仲舒对于政治与经济之间的互动表现出了深刻的洞察力，形成了政治经济学理论。

[①] 商鞅的商学同样构筑了成功的国家行为模式，成就了秦国的统一大业，但是商学是直接的政治哲学，缺乏纯粹的形而上学基础。

第一节　董学的政治经济学 ①

　　董学与孔学在价值观上最重要的分别之一在于现实主义与理想主义的区别。与孔学逃避现实而奢谈道德乌托邦主义不同，董学的着眼点牢牢地锁定在为现实中的各种危机提供系统的解决方案之上，这样的区别体现在经济政策上就有了作为董学哲学体系有机组成部分的经济政策。孔学没有涉及经济学，无所谓经济思想可言，相反，孔子从君子伦理学的价值观出发，将从事农耕稼穑的劳动人民称为"小人"，极尽鄙视之能事（具体分析可见第三部《孔学的本质》的相关章节）。相比之下，董仲舒虽然也认为"君子仕则不稼"，但是他是从不争利的原则出发来论述仕与稼的关系的，强调的是社会分工的不同，绝没有歧视劳动者的意味，相反，董仲舒直视经济问题，将农民的生计温饱看做是国家稳定的重要基础，这是董学的国家主义的人文情怀在经济领域的具体表现。同时，董学的不争利原则针对的重要对象是官宦阶层，目的是要限制官宦以权谋私的行为，这显然有助于保持政府的清廉和保护劳动者的利益。

　　由于孔学在经济思想方面的缺乏，董学与孔学在经济思想领域无法形成唯实比较，这也再次体现出了两者之间的本质区别。

　　虽然董学的政治经济学是其整个体系的重要一环，后人对它的理解却并不准确和到位，至今仍然存在着误解，这也是观念唯实主义特别预以留意的领域。

　　"调均"是董学的经济思想的核心，董仲舒对于西汉经济现状

---

　　① 经济学从来就离不开政治学，在中国传统文明中这点尤其突出。如果将政治对于经济的影响仅限定于资本主义经济，就会妨碍对于政治与经济互动关系的理解，不利于了解中国历史的本质。如果政治的本质是国家权力的运行的话，那么没有一种经济体制更能体现出中国历史上的皇权对于整个经济体制的干预和主宰了，从这个意义上看，政治经济学是与皇权主义密不可分，相辅相成的。西方以资本主义经济为核心的政治经济学试图将国家政治因素看做是影响市场经济运行的一个要素，而中国传统的政治经济学则将经济学视作国家政治的一个环节，其政治学色彩更为突出。

的批评和对汉武帝的经济政策建议都是围绕着贯彻调均进行的。董仲舒的调均思想是建立在历史和现实基础之上的，着眼点是为了解决社会稳定的重大问题。

董仲舒政治经济学的方法论与天人合一的形而上学是契合的，而直接指导其政治经济学思想的是中和论。除了在养生论中得到了具体的应用之外，在政治哲学方面中和论则代表着最高层次的辩证法思想和方法，它强调君王要把握国家行为的度，要把持住国家行为结构的平衡，董仲舒将中和论在其政治经济学中使用与他所强调的国家行为模式的结构性平衡具有十分紧密的逻辑关系。董仲舒强调调均就是要劝谏汉武帝不要走极端，要保持国家行为和国家行为模式的平衡，于内要消弭贫富差距，于外要适可而止，切忌穷兵黩武。

一、调均的必要性

董仲舒看待经济问题的视角是国家主义的，也就是说，董仲舒是从国家政权和国家利益的高度和视角而不是从农民和社会的层次来看待经济问题的。国家主义的经济视角和农民阶级的生计视角并不存在矛盾，反而是高度重合和一致的。这是因为董仲舒认为国家利益和皇权利益是建立在农民阶级能够满足生计和社会稳定的基础之上的，认为自耕农经济形态是维护国家政权稳定的基础。董仲舒调均土地制度的思想是要恢复耕者有其田的自耕农经济模式，要将自耕农经济继续作为汉朝的经济基础。这是一种从政治学高度来审视经济运行的政治经济学思想。

从国家主义的标准来看待经济事务的政治经济学在先秦时期便已有之，商学是先秦政治经济学思想最重要和典型的代表，其力主的重农轻商思想和政策便来源于此。董仲舒并没有刻意强调重农轻商的理念，这或许是因为西汉的经济政策已经将其付诸实践了，董仲舒更加强调的是如何利用国家权力来保障自耕农经济形态的体系性的稳定，使其免遭战争经济学的冲击和破坏，他对汉武帝的批评和政策建议正是基于此而发的。

董仲舒认为社会动乱的根源在于贫富不均，社会形成两极分化。因此董仲舒对于西汉初期已经形成的对自耕农经济的破坏进行了严厉的批判。董仲舒看到，在汉武帝时期，自耕农经济遭到了严重的破坏，广大的自耕农的土地不断被豪族和权贵兼并，形成了严重的阶级对立和不平等现象，董仲舒著名的"富者田连阡陌，贫者无立锥之地"①的概括正是对此而发。汉武帝时期两极分化加剧的现象主要来自两个方面：一是西汉的法律允许土地买卖，对于土地兼并的行为并没有明令禁止，因此从西汉初期开始土地兼并便一直在进行之中，到汉武帝时期情况已经比较严重了；二是汉武帝大规模的对匈战争使得许多农民为了应付政府的兵役、劳役而无暇照顾自己的土地，以至于出现了农民失地成为流民的现象，这无疑加剧了土地兼并和社会两极分化的局面。董仲舒对于这些现象可谓是痛心疾首，他说道：

> 贫者穷极愁苦，穷极愁苦而上不救，则民不乐生；民不乐生，尚不避死，安能避罪！（《汉书·董仲舒》）

> 今世弃其度制而各从其欲，欲无所穷，而欲得自恣，其势无极。大人病不足于上，而小民羸瘠于下，则富者愈贪利而不肯为义，贫者日犯禁而不可得止，是世之所以难治也。（《春秋繁露·度制》）

也就是说，愈加横行的土地兼并培养出了一个肆意妄为、贪得无厌的特权阶层，同时造成了广大自耕农在丧失土地之后背井离乡、流离失所，成为社会游民，许多人铤而走险成为反国家和反社会的力量。如果土地制度问题不彻底地解决会酝酿成严重的社会经济危机，处于分化的两极都将会威胁到西汉王朝政权的稳固性。因

---

① 《汉书·食货志上》。

此，无论是在《天人三策》还是《春秋繁露》中，董仲舒都以严厉的口吻批评土地兼并现象，向汉武帝献策要严加控制，实行调均政策，对土地进行重新分配。

二、调均思想的渊源

调均的经济思想在先秦便已存在，商学便是典型代表，这对于董学有直接的启示。

（一）秦国的商学

后世有学者认为董仲舒的调均思想来自于孔子"不患贫而患不均"的观点。其实这是一种误读。孔子生活在春秋末期，当时的经济模式仍然以井田制为主体，自耕农经济虽然已经出现，但仍然处于初期阶段，表明国家承认自耕农经济形态的"初税亩"政策[①]也实施不久，还无法形成当时主要的经济形态。孔子的这句话显然并不是针对自耕农的经济体制而言，而只是对社会财富分配的一般性的评价，这与董仲舒主张恢复自耕农经济、反对土地兼并对时弊的批判完全不可同日而语。

董仲舒的调均的经济思想显然来自于商学，是继承了商鞅模式以自耕农经济形态为基础、以国家权力加以分配和维护的三位一体的经济政策。

调均就是指在皇权主义的直接干预之下对土地资源进行平均分配和管理的小农经济形态。这个制度在秦国最早运用，是商鞅变法的核心内容。秦国的土地分配制度分两个层次。第一个层次是商鞅通过变法打破了井田制，按照每户农民的数量将土地分配到私人手中。这是中国历史上第一次通过国家权力在农民之中进行自上而下自觉平均分配土地的行为，具有平均主义的色彩，目的是要实现全

---

① 初税亩政策是鲁宣公十五年即公元前594年颁布的按照实际的田亩征税的政策，是国家承认自耕农以私人身份从事农业生产的开始。详见《公羊传·宣公十五年》。

体国民的温饱并且为商鞅模式的贯彻铺平道路，在中国经济史上堪称具有划时代的意义。第二个层次是通过军功爵制来进行土地资源的再次分配，即根据国民在战争中获得的爵位来分配土地。这种土地分配制度是要突破平均主义的分配方式，对于国家做出了突出贡献的人群实行论功行赏，是一种激励机制，促使一些有能力的人实现富贵的愿望。

由于秦朝唯实史料的极度匮乏，我们对于秦朝建立之后的土地如何进行分配所知甚少，但从现有的史料和近期出土的秦简的内容上看，这个政策并没有在被征服的六国旧民之间平等展开，并没有进行大规模土地重新分配，而是维持了秦国统一全国时六国土地分配的现状。西汉初期继承了秦朝的经济制度。萧何从战火中首先抢救秦朝的档案和账目是为了按照秦朝旧的经济体制来继续维护国家机器的运转。从现有的史料（包括 21 世纪陆续出土的张家山汉简等）来看，西汉初期基本上继承了秦朝的经济制度，只是在实施的力度和方法上略有不同。

（二）调均思想是天人合一理念在经济学领域的体现

虽然在具体的政策层面上继承了商学的经济思想，然而董仲舒却是第一个将政治经济学置于形而上学基础之上的哲学家。董仲舒认为，天对于利的分配是有"度"的，作为依天而成的人在利益的分配上同样也要有度，而不能贪婪地占有不属于自己的东西。董仲舒在《春秋繁露·度制》中说道：

> 故已有大者，不得有小者，天数也。夫已有大者，又兼小者，天不能足之，况人乎！

这段话确立了国家权力干预经济运行的总体哲学原则。

三、调均的具体内涵

将哲学指导原则转化为国家政策就是要实行调均，为此董仲舒强调不争利原则和制度保障。

（一）调均之要在于"度"

在《春秋繁露·度制》中董仲舒阐述了他的调均思想。董仲舒认为所谓"不均"就是"有所集重，则有所空虚"。就是说，在经济总量一定的前提下，一些人多占了，另一些人就必定会"空虚"。这就要求在国家与民众、富裕阶层与劳动人民之间取得一个平衡，即要把握住度。董仲舒说道：

> 使富者足以示贵而不至于骄，贫者足以养生而不至于忧。以此为度而调均之。是以财不匮而上下相安，故易治也。

（二）不争利原则

在《天人三策》中，董仲舒比较详细地阐述了不与民争利的原则。他说道：

> 夫天亦有所分予，予之齿者去其角，傅其翼者两其足，是所受大者不得取小也。古之所予禄者，不食于力，不动于末，是亦受大者不得取小，与天同意者也。夫已受大，又取小，天不能足，而况人乎！此民之所以嚣嚣苦不足也。身宠而载高位，家温而食厚禄，因乘富贵之资力，以与民争利于下，民安能如之哉！

这就是说，在董仲舒看来，人的行为要依天道而行，要控制欲望，而对于享受官俸的官员来说尤其要律己，也就是说已经养尊处优的官宦富贵阶层要限制自己的物欲，不要任贪欲膨胀再与民众争利了，这是"上天之理，而亦古之大道"。只有"天子之所宜法以为制，大夫之所当循以为行也"，才能做到"利可均布，而民可家足"，社会才能够和谐，国家才能够稳定。

（三）《限民名田法》

作为不争利原则的具体措施，董仲舒主张实施"限民名田法"。所谓的《限民名田法》是要按照均田的原则来重新进行土地分配。董仲舒建议：

> 古井田法虽难卒行，宜少近古，限民名田，以澹不足，塞

并兼之路。(《汉书·食货志上》)

由于史料的缺乏，上古的井田制具体的形式如今已不得而知，但是井田制是一种均田制却不存在争议。董仲舒知道要完全恢复井田制是不可行的，但是以某种形式采取均田制还是有可能的，"宜少近古"。这就要求国家出面来重新丈量和分配土地，即"名田"。名田的目的就是要限制官宦富贵阶层的田地占有量，通过立法来禁止土地兼并，"塞并兼"，并且要将他们所多占的土地交给国家，由国家重新分配给无地和少地的农民。这个政策建议无疑是准确地击中了当时社会矛盾和冲突的要害，是全面整合国家土地分配的举措，也是彻底根除国家不稳定和动乱隐忧的改变方案。

（四）制度性保障

董仲舒认为，要防止两极分化、保持经济的平稳运行和消除"百乱之源"就必须通过体制的方式来进行。他说道：

> 凡百乱之源，皆出嫌疑纤微，以渐浸稍长至于大。圣人之道，众提防之类也，谓之度制，谓之礼节。故贵贱有等，衣服有制，朝廷有位，乡党有序，这民有所让而不敢争，所以一也。（《春秋繁露·度制》）

董仲舒认为，欲望是无止境的，其标准是相对的，这就需要国家出面来确定欲望的标准，防止欲望泛滥。他说道：

> 上下之伦不别，其势不能相治，故苦乱也；嗜欲之物无限，其数不能相足，故苦贫也。今欲以乱为治，以贫为富，非反之制度不可。（《春秋繁露·度制》）

董仲舒的政治经济学完全是根据汉武帝朝的宏观经济政策而发的，具有尖锐的针对性。因此要更好地理解董仲舒的经济思想就要先了解清楚汉武帝的宏观经济政策及其实施情况。

第二节　汉武帝的宏观经济政策

秦朝统一中国意味着建立起了全国统一的大市场的可能性，这为商业经济的大发展提供了巨大的推动力。直接受惠于这个全国统一大市场的行业有物流业、制盐业、制铁业及其下游的各种商人。汉武帝的宏观经济政策是针对工商业者而发的，而不是针对农民的。也就是说，汉武帝要将商品市场大一统的受惠者由工商业者变成国家，实现所谓的"利出一孔"的局面。

汉武帝经济改革的所有征税和垄断措施都没有增加农民的赋税，这说明汉武帝在主观上是不想用战争经济学冲击和波及农民和自耕农经济体系的，是有一定的政治经济学意识的。但是针对工商业者的种种限制措施却不可避免地极大地影响到农民的生产和生活，从而对整个经济体系都产生了巨大的震动。

汉武帝从元光二年（公元前132年）开始谋划发动对匈战争，而战争真正开始是在元朔元年（公元前128年）。战争可以分为两个阶段：第一阶段的战争集中在元朔元年至元狩四年（公元前119年），历时14年，这个阶段战争的性质是自卫反击战；第二阶段的战争包括汉武帝晚年发动的4次征讨匈奴的战争，目的是要彻底征服匈奴，将西域纳入汉朝的大一统版图。

在第一阶段的对匈战争中，汉武帝并没有财政负担，汉初几十年积累下来的财富足够汉武帝用度了。但是这些前朝积累在赢得第一阶段的对匈战争胜利之时恰恰消耗殆尽。在元朔六年（公元前123年），掌管政府财政的大司农就向汉武帝报告说："臧钱经用赋税既竭，不足以奉战士。"（《汉书·食货志》）对匈战争的花费除了为数量庞大的军队提供兵器和辎重之外，还包括修建道路和水道的费用、对凯旋的将帅如卫青和霍去病等以及士兵们的巨额奖赏、大量蓄养战马的花费、开建朔方城等北方要塞和边城的开销，以及对投诚的匈奴部族如浑邪王及其部属的丰厚奖赏，等等。

在这种情况下，汉武帝执意要彻底消灭匈奴，要发动第二阶段的对匈战争，就必须获得新的财政支撑。为此，汉武帝实行了一系列旨在提高国家财政收入的宏观经济政策，包括铸币国有化、盐铁国有化、均输、平准和算缗告缗制等。汉武帝的宏观经济政策基本上是为了对匈战争等对外战争服务的，是一种战争经济学。

一、汉武帝宏观经济政策的内容

汉武帝宏观经济政策的内容十分丰富，涉及经济领域的诸多方面。

（一）币制改革

西汉开国继承了秦朝以铜币为货币的做法，在汉初，国家允许郡国和私人铸币。这种情况实际上是国家放弃了一部分重要的金融权，这对于维持国家的金融秩序是十分不利的。各地区所铸的铜币标准不一，有三铢钱和四铢钱，更有不法商贾制造伪币，使铜币缺斤短两。这种状况使郡国和富贾巨商获得了巨额财富，却引起了工商界和民众的不满。为了维护社会和金融秩序的稳定，汉景帝时期颁布诏令禁止了私人铸币，但是非法铸币的现象仍然屡禁不止。汉武帝在元鼎四年（公元前 113 年）进行了彻底的货币改革，废除了郡国的铸币权，由国家统一铸币；设立了专门的国家铸币机构，统收全国的铜料；废除了原先的各种货币，非三官五铢钱不得流通。这些措施从根本上消除了伪币的制造，将由郡国和富商巨贾垄断的利益收归国有，稳定了国内的金融秩序，是于国于民都有利的正确决策。

（二）均输法

均输法在元鼎二年（公元前 115 年）便开始实施，是最早实施的汉武帝宏观经济政策。这个时间刚好与汉武帝用罄西汉前期的国库储备的时间吻合。

《汉书·食货志》记载了均输法的大概情况：

（桑）弘羊以诸官各自市相争，物以故腾跃，而天下赋输或不偿其僦费，乃请置大农部丞数十人，分部主郡国。各往往置均输盐铁官，令远方各以其物如异时商贾所转贩者为赋，而相灌输。置平准于京师，都受天下委输。

这段话很笼统，一些技术细节交代得不清楚，如抬高物价如何使从事远途运输的商人即物流业主得不偿失而放弃运输，农民如何将旧日商贾贩卖的商品拿来作赋，后人的理解也颇不相同。但是，其大概的思路是明确的，就是所谓的均输法就是政府人为地哄抬物价，迫使远途贩运商人放弃生意，物流业遂由政府接替，实际上是实行了运输国有化。如此这般，过去由商人赚取的利润便落入了政府手中。

（三）平准法

《汉书·食货志》同样记载了平准法：

召工官治车诸器，皆仰给大农，大农诸官，尽笼天下之货物，贵则卖之，贱则买之，如此，富商大贾无所牟大利，则反本，而万物不得腾跃。故仰天下之物，名曰"平准"。

也就是说，大农不但主宰了全国的物流业，还以政府的身份直接参与商业经营，高买低卖从中赚取差价。由于政府的财力无人可比，政府具有主宰市场价格的实力，政府直接参与商业无异于可以随心所欲地操纵物价，从中赚取巨额差价。

（四）盐铁垄断

盐铁政策就是由国家垄断盐和铁的生产与经营，禁止私人进入这些领域。《史记》和《汉书》中都记载了许多因为经营盐铁生意而成为巨富的大商人。汉武帝实行盐铁专卖政策无疑将巨大的财富收归了国有，这样不但大大地增加了政府的财政收入，也不必大幅增加农民税收以筹集军费，可以做到"民不益赋而天下用饶"（《汉书·食货志》）。

然而，这些政策在极大地增加了国家财政收入并且促使对匈战争取得战略性突破的同时，却使广大民众担负了沉重的负担。

（五）算缗和告缗法

算缗制是汉武帝要求商人和高利贷者向国家申报自有存货和交易数量，每两千钱收一算，工商业者每四千钱收一算。这实际上是在征收营业税和财产税。对有不据实申报或者隐瞒财产者，知情者可以举报，一经查实，政府将全数没收货物，并将其一半奖赏给举报人，这就是告缗法。

二、汉武帝宏观经济政策的负面效应

汉武帝的宏观经济政策通过剥夺工商业阶层的财富而大大地增加了国家的财政收入，为汉武帝继续进行讨伐匈奴的战争提供了财政支撑，然而在取得这一成绩的同时，国内却出现了日益严重的负面效应。这些负面效应包括：

（一）政府"与民争利"

通过均输法和平准法，政府在整个经济体系中的角色发生了质的变化。政府从商业立法者变成了垄断经营者和物价主宰者，政府的财政实力于是大增。政府干预国家经济体系的运行并无不妥，关键是汉武帝的干预方法并没有遵循市场规律，而是人为地在操作和扰乱市场，确实是在"与民争利"。

（二）告缗法败坏社会风气

通过告缗制汉武帝扩大了财政收入，却引发了富庶阶层的不满，对汉武帝颇有微词，同时这项政策也鼓励了告密者，不利于良好的社会风气的弘扬和正直的道德观念的建设。

（三）盐铁法的负面效应强烈

政府垄断制铁业的用意是好的，但是在执行过程中却暴露出了"国营经济"的种种弊端。"国营企业"生产的农具品种单一且质量不佳，无法满足农民的多重生产需要。另外，在农忙季节，农民希望能够就近补充农具，并且用来年的粮食收成来赊购新农具，而政府并不考虑农民实际的生产需求，对农民的要求充耳不闻，一味利用权力的力量强行推销，甚至进行摊派，而农民却没有其他选择。包括农业生产在内的任何经济活动都是生产资料和劳动力的有机结合，生产资料是其中的重要一环，这个环节出现了问题并且无法改进，显然会影响农业生产，农民在生产过程中处处受到掣肘，生产积极性受到了打击。

由于铁的开采和加工都在山区，政府为了采矿、烧炭、修路和运输征用大量的徭役，摊派到每户，无法或者不愿意去服劳役的人家不得不花钱雇人代替服役，可谓是劳民伤财，出现了"一关伤千里"和"百姓病苦之"（《盐铁论·禁耕》）的现象。

（四）流民大幅增加

为了从事官办盐铁，民众的徭役大幅增加，许多农民不堪重负，无暇无力照顾农耕而无法获得温饱，有些则失去了土地成为流民。流民的大量出现不仅加剧了土地兼并和两极分化的社会对立状况，聚集在一起的流民甚至出现了暴动的情况，社会出现了不稳定的信号。

三、对汉武帝的宏观经济政策的评价

汉武帝的宏观经济政策的目的就是要为对匈战争筹集资金，因此它是战争经济学措施。但是，汉武帝有三个失误：第一，他没有优化政策的实施过程，以至于出现了强烈的负面效应，负面效应在很大程度上削弱了战争经济学的政治效能；第二，汉武帝违背了商品经济的运行规律，政府的经济角色变成了市霸，削弱了政府的公信力；第三，汉武帝为了增加战争财政而破坏了国家的经济体系，动摇了自己的统治基础，可谓是饮鸩止渴，为了近期利益而损害了国家的长远利益，因此其战争经济学是一种不合格的政治经济学。

第三节 董仲舒对汉武帝的经济政策的批评

董仲舒对于汉武帝的战争经济学的弊端洞若观火，意识到这些措施对于国家和社会的负面影响不容忽视，已经成为引发社会矛盾和冲突的导火索，极具危险性。董仲舒深刻地认识到在宏观经济政策背后是对外伐匈战争与对内国家稳定之间的抵牾。正是在这个背景之下，元狩四年（公元前 119 年），在已经是汉武帝决定将对匈战争推入以彻底征服匈奴为目标的第二阶段之前，董仲舒及时地向汉武帝提出了《限民名田议》，提出了他的以调均为核心的政治经济学思想。

一、对西汉前期土地兼并的批判

由于为了应付盐铁和战争劳役，许多百姓失去了土地，而权贵阶层则借机加紧了土地兼并的步伐，这无疑加剧了两极分化，使社会日趋不稳。在《限民名田议》中，董仲舒假借批评秦始皇的经济政策影射了汉武帝的宏观经济政策，提出了限民名田法，主张对土地按照调均的原则进行重新分配。

二、废盐铁政策

董仲舒对于汉武帝不惜国力进行全民战争的战争经济学持批判态度。

董仲舒与汉武帝在经济政策上存在着分歧，这个分歧是由实施对外战争的力度而引发的。汉武帝为了对战争提供足够的财政支持而采取了国家直接干预的宏观经济政策，实际上是在实行战争经济学。鉴于这些政策强烈的负面效应，董仲舒认为国家不应再"与民争利"，不能以牺牲国内的稳定和经济秩序为代价来扩大对匈战争，而为了恢复国内的稳定和重建经济秩序，董仲舒给出了调均的药方，这在他给汉武帝的上疏《限民名田议》中有直言不讳的陈述。

虽然表现出了反对意见，但是不能就此认为董仲舒是完全否定战争经济学和否定汉武帝发动对匈战争的，而只表明董仲舒主张稳健的战争策略，在战争与民生之间取得平衡，不主张不顾一切地进行战争，也就是说，在把握对匈战争和宏观经济政策的度上，董仲舒并不完全同意汉武帝倾全国之力再次发动以征服匈奴为目的的第二阶段的对匈战争。无论是从客观的还是历史的视角来看，董仲舒的建议都是成熟而稳健的，国内的经济和政治稳定及民生问题毕竟是国家存在的根本，是取得对外战争胜利的内在保障，失去了国内的稳定，无论在经济、财政还是民意上都无法赢得对外战争的最终胜利。可惜的是汉武帝这次没有能够像对待《天人三策》一样立即采纳董仲舒在《限民名田议》中的建议，而是执意发动了第二阶段的对匈战争。只是在多年劳民伤财的对外战争没有达到预期目的，对内面临越来越大的政治和经济的失稳和失控的重压之下，汉武帝才幡然醒悟，"悔征伐之事"（《汉书·食货志》上），发布了《轮台诏书》，实际上是一份罪己诏，停止了对匈战争，将国家的注意力集中到恢复农业生产和保障民生上来。只是这时董仲舒已经离开了人世。

三、保持内部的经济结构稳定优于对外战争

董仲舒对于国家行为模式的判断和对政治经济学的把握较汉武帝更深远，这从他对汉武帝的盐铁政策的反对上充分地表现了出来。董仲舒力主要在国内行为和对外行为之间达到平衡，不能因为过度的对外行为而颠覆国内的稳定基础。

《汉书·食货志》记载了董仲舒在这个阶段对于国内政治经济形势的判断，他劝谏汉武帝将注意力转到国内经济建设上来，反对扩大对匈战争。他说道：

> 汉兴，循而未改。古井田虽难卒行，宜少近古，限民名田，以澹不足，塞并兼之路。盐铁皆归于民。去奴婢，除专杀之威。

薄赋敛，省徭役，以宽民力。然后可善治也。

这表明董仲舒完全是从维护国家稳定的政治高度来看待经济政策，其政治经济学观点的出发点和目的都是要将经济政策纳入政治学的轨道，而不是从纯粹的经济学标准来审视经济运行。他对于国内局势的分析和判断堪称具有先见之明，执意要彻底消灭匈奴的汉武帝只是在多年之后才幡然领悟到董仲舒意见的正确性。

四、董仲舒的政治经济学与孔学无关

纵观董仲舒的政治经济学思想的来龙去脉，可以看出它们完全来自于董学的内在体系，是其现实主义的政治哲学在经济领域的表现和展开，而与孔学没有任何关系。这再次证明了董学与孔学是两种完全不同的哲学思想，是两种本质上完全不同的价值体系，两者是不容混淆的。

第十九章　董学的教化论

与孔学以提高个人修养为核心和目的的教育观不同，董学是通过自上而下的国家主义来改造社会、重塑国家与社会之间的关系的。董学的教化论即教育观具有革命性的意义。说它具有革命意义是因为在理论上教化论是董学的体系性存在，是董学为了通过皇权对社会进行全面而系统的思想和价值观改造而进行的宏观设计。

后世对于董学和孔学的混淆也发生在董学提倡孔学的性质上。因为董仲舒提倡将孔子圣人化，因此后世便认为董学是儒学的一种，是儒学在西汉的升级版，这种看法是中国哲学史正统的观点，却失于简单化，陷入了泛儒学化的思维定式。而这种思维定式是不符合董学和孔学的观念事实的，因此要加以纠正。

第一节　董仲舒对教化的极度重视

教化观在董学体系中具有十分重要的逻辑地位。它是董学形而上学、政治哲学、人性理论与现实政治和国家政策的对接点和落脚点，在整个体系中起着转化枢纽的功能。

一、教化关系到汉朝的长治久安

董仲舒十分重视教育的作用，将其视作董学的核心内容之一。在与汉武帝直接对话的《天人三策》中，董仲舒便重点强调了教育对于国家治理的支柱性作用。董仲舒如此重视教育的作用是因为他将教育看做是关乎汉家王朝生死存亡的千年大计。董仲舒说道：

> 故圣王已没，而子孙长久安宁数百岁，此皆礼乐教化之

功也。

> ……夫人君莫不欲安存而恶危亡，然而政乱国危者甚众，所任者非其人……①

在董仲舒看来，教育不仅是关乎王朝能否延续的大事，是皇室内部最重要的问题，也是一个国家能否避免因内乱而亡国的关键。这无疑深深地触到了雄才大略、志向高远的汉武帝的要害之处。董仲舒的这句话促使汉武帝对于重建国家意识形态问题高度重视起来，也解释了汉武帝为什么终其一生如此大力地打造五经博士制度，在全国各郡县推行察举制等选拔人才的一系列措施了。

二、要更化就必须教化

董仲舒关于教化论的引出是作为更化论的逻辑延伸而实现的。董仲舒批评秦朝灭亡的原因在于没有进行更化，痛陈汉朝初期之所以萎靡不振的根源在于没有进行更化。而要进行更化就必须对国民实施教化。

三、德刑之辨

董仲舒强调教化的作用是在总结了秦朝速亡的教训之后得出的重大结论。董仲舒的德刑之辨对教化的功能和作用进行了比较，认为"天之任德不任刑"。在《春秋繁露·精华》中，董仲舒对于德刑之辨进行了清晰的阐述：

> 教，政之本也；狱，政之末也。其事异域，其用一也，不可以不顺。故君子重之也。

教化是德，不是刑，通过教化来引导民众而不是通过严刑峻法来强制和镇压民众才符合天道。教化与刑罚手段迥异，目的却是相同的，两者是殊途同归的关系。

---

① （东汉）班固：《汉书·董仲舒传》，中州古籍出版社 1996 年版，第 778 页。

第二节 董学教化论的内容

在对两种思想的观念事实进行唯实比较之后，我们发现，董学的教化论与孔学有着完全不同的内容。

一、教化的对象

董学的教育对象分为两个层次：一是改变士人阶层的本质，二是对普通民众的教化。前者是董学教化论最重要的对象，是对后者进行教化的前提和基础。董仲舒是要通过对士人阶层的价值观改造来引领对全体民众的教化。对士人阶层改造的本质是要通过教化论将其从游离于皇权之外的不确定的社会力量改变为皇权主义在社会层面的支持力量和支柱以及作为国家管理和统治机器的官员的造血系统。

1. "驯民政策"。

任何统治者都希望国民是"顺民"，能够毫不迟疑地接受自己的统治，都不希望国家中充斥着不听从管理甚至动辄造反的"刁民"。如何调教国民是任何统治者都必须加以重视的课题。而统治者调教国民的方法也是五花八门的。

战国时期的秦国通过商鞅变法实行的是"激民政策"。所谓的激民政策就是通过军功爵制等奖赏措施对国民进行强烈的物质利益和社会利益的刺激，将国民绑在了对外征战的战车上，在战争中勇猛无敌立下战功者被封爵，能够分到优质的土地，这种政策对于秦国国民是极大的刺激，秦国全民皆兵，军队成为令人畏惧的虎狼之师，最终消灭了六国，完成了中国的大统一，商鞅的激民政策取得了巨大的成功。

在统一了中国之后，秦始皇对于如何调教原来六国的国民却不知所措，情急之下采取了下下之策："暴民政策"。暴民政策一方面推行"以吏为师"，这实际上是国家缺乏文化内涵的体现，除了暴力和战争艺术之外，秦国也确实缺乏具有凝聚力的文化；另一方面采取了文化暴力手段，焚书坑儒，将被征服的六国的书籍付诸一炬，强迫国民不许读书。这种拙劣的教育政策无疑使秦朝彻底斩断了政府与国民的文化认同感，从而失去了国民的信任，以暴制暴就只能是唯一的选择了。采取暴民政策是秦国速亡的重要原因。

董仲舒洞观历史的兴亡规律，痛感国民教育的重要性，因此在与汉武帝的《天人三策》中便开宗明义地力陈国民教育的迫切性，提出了"罢黜百家、独尊孔术"的政策建议。因此，对广大的国民进行系统教化是董仲舒的教化观的首要目的。这是对秦朝焚书坑儒的文化暴力政策的反对。

董仲舒选择儒学来教育国民是因为在先秦百家之中儒学的君子伦理学是将国民调教成顺民的最佳说教，是一套现成的教案。孔子要把民众都变成谦谦君子，外顺国君，家孝父母，知书达理，不知战争为何物，以成为国家官僚为人生理想，这难道不是任何统治者梦寐以求的良民吗？正因如此，董仲舒从国家主义的层次选择了孔学，正因如此，汉武帝从对皇权的高度认同出发接受了董仲舒的选择和董学的主张。

如果说秦始皇和李斯采取的是不许百姓读书的愚民政策的话，那么董仲舒提倡儒学对国民进行教化则是"驯民政策"。前者是要用蛮力堵住民众的大脑，后者则是用教化来疏导人心，将人心所向与皇权政治进行结合。鲧用筑堤堵水的方法治水失败了，大禹通过疏导洪水来治水却取得了成功，这个对比同样适用于秦朝和董学对于民心的治理。董仲舒在《天人一策》中说道：

> 是故教化立而奸邪皆止者，其堤防完也；教化废而邪并出，刑罚不能胜者，其堤防坏也。

所谓的顺民政策是对国民进行洗脑，输入新的价值观，调动出他们的道德心和责任感，让他们从心灵深处尊崇国家和皇权，从人性的层次上驯化国民。对于人来说，人性是最深刻的层次了，如果能够在人性层次上驯化国民，那么国家便彻底地免除了动乱的火种，皇权便可以从根本上解决长治久安的难题。

2. 董学的人才观。

董仲舒的人才观与孔子的人才观是不同的。孔子人才观的价值观是君子伦理学，目的是要将学生培养成拿到国家铁饭碗的公务员，视角是"从下看上"的；董仲舒的人才观则是"从上看下"的，是从国家和皇权的角度来俯视士人，要将他们变成顺从皇权和为国家服务的顺民。

因此，董仲舒从国家功能的角度对人才重新进行了定义。董仲舒的人才观体现在他的"贤庶论"和"德才论"中。

董仲舒的人才标准是"必仁且智"，即德才兼备，两者缺一不可。在《春秋繁露·必仁且智》中，董仲舒详细论述了必仁且智的必要性。

二、教化的目的

董仲舒的教化论完全是国家主义的教化论，这与孔子完全基于个人伦理学的教育观是有本质区别的。与董仲舒的教化论相比，孔子以个人化为目的的教育观是十分狭隘的，这与董学从治国安邦的层面上来理解教育并且赋予教育以国家主义的目的完全是两个层次的教育观。

（一）彻底根除社会动乱的根源

董仲舒强调教化国民的目的是要彻底铲除社会动乱的根源，而要达到这个目的，严刑峻法是下策，通过推广孔学对国民进行驯服的驯民政策才是保持国家稳定、汉家王朝传递万世的最佳手段。董仲舒的教化论具有强烈而深刻的政治功利性，他对孔学的推崇和采纳正是这种政治功利性的表现。

（二）改变士人的地位和作用

要真正做到驯化民众，能否驯化士人阶层则是成功的关键，也是驯民政策的重中之重。因此，董仲舒将其教化的重点放在了教化士人上。

（三）为国家提供官僚人才

董仲舒强调教化的另一个重要目的是要为国家找到人才的来源。

西汉进入汉武帝时期出现了国家官僚不足的问题。原来的开国功臣相继去世，汉朝失去了肱股之臣，开国功臣的后代显然会受到荫庇而更容易走上仕途，但是许多勋旧的子嗣能够成才的却并不多，像周勃的儿子周亚夫一样的英才更是凤毛麟角。黄老之学的小国寡民的治国理念对于士人并不重视，根本不在乎为国家培养官僚人才。在汉武帝登基之后，国家已经出现了人才荒。丞相田蚡借机将自家亲属大量充斥到官僚体系之中，引起了汉武帝的不满。可汉武帝并没有办法为国家提供行政人才。长此以往，西汉庞大的郡县制将因为缺乏合格的人才而无法进一步推广和维系。这已经逐渐演化成西汉初期的一个政治危机了。董仲舒的教化论解决了这个愈演愈烈的危机，这也是汉武帝接受董学的一个重要原因。

从个人意愿和素质来看，只要士人接受六经意味着对国家和皇权的认同，能够熟读五经则表现出了一定的理解和思维能力，这些足以形成为国家和皇权服务的基础了。这样，通过以五经取仕，社会上的士人阶层与国家机器便发生了"无缝对接"。有鉴于此，汉武帝和董仲舒改革了博士制度，确立了五经博士制度。五经博士制度是汉武帝进行武帝变革和构建公羊模式的起点，也是公羊模式能够成功的人才基础。

三、教化的内容

董学教化论是个体系性存在，这意味着它有深厚的哲学根基和系统支撑。

（一）三纲五常的国家伦理学

三纲五常观是董学设计的一套教化民众的价值观，是董学的国家伦理学。在董学上升为中国文明的意识形态之后，社会上的道德伦理便被纳入了国家政治的范畴，道德伦理的自发性被有意识的国家伦理学自上而下地加以塑造，董学的国家伦理学替代了社会上自发的道德伦理学，三纲五常成为最基本的、最核心的道德伦理观念和原则贯穿于中国文化。

人们常说礼教是中国古代文化的核心，然而礼教获得如此地位并不是先验的，也不是一蹴而就的，而是一个历史过程，是董学的国家伦理学通过国家权力的杠杆对于中国古代文化和中国人的价值观进行再塑造的成功表现。

（二）孔学在董学中的角色

董仲舒时常会提到孔子和孔学，实际上他谈论孔子和孔学具有复杂的多元性，即在政治上是托孔入世，在学术上是借鸡生蛋，在个人安全上是一具铠甲。在董学的构建和入世过程中，董仲舒一直假借孔子之口来阐述自己的哲学和理念，而在董学的意识形态体系中孔学也获得了一席之地。孔学和儒家思想在国民教育这个节点上发挥了作用，董仲舒给儒学量身定做了一个角色，孔学中的孝道就是父为子纲，成为三纲中的一纲，孔学作为一颗螺丝钉和子系统由此纳入了董学庞大复杂的哲学和意识形态体系之中，移花接木地被接纳为董学的体系性存在，开始发挥国家主义的特定功能。董仲舒巧借孔子的招牌，利用儒家为其驯民政策服务。

由此可见，董仲舒对于孔学的理解和把握可谓是洞若观火、入木三分。孔学并不是什么哲学和政治学，而只是伦理学，因此从伦理学来把握孔学可谓是抓住了其"七寸"。孔学由是成为董学的取栗之爪。

（三）五经的本质

董仲舒和汉武帝选择了五经作为宣传董学意识形态的经典和教

材，表明他们并没有完全接受儒家，而是刻意与儒学保持了距离。

这是因为两个原因：

首先，五经并不是真正的儒家著作。五经中的《诗经》《尚书》和《仪礼》有可能是孔子在教学过程中使用过的教材。在《论语》中孔子多次提到了"诗"和"礼"，也曾提到《尚书》中的尧舜，但是明确表明孔子未曾教过《易经》，因为孔子直到晚年才真正接触到该书。如果孟子等后人的说法可信的话，《春秋》则是孔子在周游列国回到鲁国之后才开始编撰整理的，因此根本不可能作为教材。

历来学者的共识是后来的五经就是缺少了"乐"之后的六经，而六经又被认为是指六艺，而六艺是指礼乐射御术数，这才是孔子教授的六经。《诗经》有可能是基本的识字和文学教材，《尚书》有可能是历史教材，《仪礼》则是"礼"的教材。

其次，五经是董学的载体。五经博士制度中的五经并不是儒学的五经，而是被董学化了的五经，是公羊学的五经。这种做法可以说是汉武帝所实施的公羊道权谋的表现，也可以说是董仲舒托孔入世的表现。

对于五经与董学之间关系的详细分析在后文中会有专门的论述。

四、对教师教学方法的规定

在《春秋繁露·玉杯》中，董仲舒系统地阐述了他的教育观。他说道：

> 善为师者，既美其道，有慎其行。齐时早晚任多少，适疾徐，造而勿趋，稽而勿苦，省其所为，而成其所湛，故力不老而身大成。此之谓圣化。吾取之。[1]

---

[1] 钟肇鹏主编：《春秋繁露校释（校补本）》（上），河北人民出版社 2005 年版，第 58 页。

为师者要明道慎行。明道是指教育的内容，即六艺，也就是公羊学的六艺之学；慎行是要对教学的内容身体力行，也就是要符合公羊学的三纲五常的原则。而对于学术要循序渐进，身体力行，因材施教，不可拔苗助长，盲目冒进。

董仲舒是成功的教师，在出道前和辞官后都致力于教育事业，培养出了大量优秀的弟子。董仲舒对教师和教育方法的深刻理解完全浓缩在这个段落中。但是这段话的意义并不在于阐述如何做一名出色的教师，而在于告诉汉武帝国家如何来推广五经，如何打造公羊模式下的教育制度，是向汉武帝建立五经博士制度的谏言。

五、人性论是教化可行的基础

既然董仲舒提倡要自上而下地通过教化来重塑民众和士人的行为，那么民众是否会接受国家主义的教化而成为顺民呢？士人阶层是否会愿意与国家权力配合而按照董仲舒的设想成为国家官僚体系新的人才来源呢？这是牵涉到董仲舒的驯化政策是否具有可行性的问题。对此，董仲舒的人性论给出了肯定的答案。

董仲舒的教化观的基础是他的人性理论。董仲舒三才论的人性理论为国家权力自上而下地塑造人性和人的行为方式提供了理论上的可能性。社会中的人的价值取向如何取决于国家权力的引导，取决于国家的教化。这次，董仲舒的人性论与其教化论在此相辅相成，相互支撑，体现了董学体系的完整性、逻辑的严密性和理念的同一性。由此可见，董学是一个能够自圆其说、具有严密的逻辑性的哲学体系。

五经博士制度的巨大成功证明了董学的教化论的正确性，也证明了其人性论的准确性。

事实证明，曾经桀骜不驯、时常与国家权力发生冲突和对抗的士人阶层对董仲舒提出的驯化政策趋之若鹜，不仅彻底改变了游离于国家权力之外的社会定位，而且成为国家和皇权取之不尽的人才库。

董学的教化论为汉朝和公羊模式构建了一个生机勃勃的造血机制，成功地化解了西汉初中期所面临的官员短缺的政治危机。

第三节　董学教化论的影响和意义

董仲舒的教化论从根本上改变了国家与社会之间的关系，由秦朝时期的压制和对抗关系改变为良性互动的纽带关系。

一、董仲舒的教化论成为公羊模式的核心内容之一

在政治上，董仲舒的教化论成为公羊模式最重要的支柱之一，对于公羊模式的建立、完善和持续性发展做出了不可磨灭的贡献，具有重大的体系性意义。

汉武帝将董仲舒的教化论不折不扣地付诸了实施，在国家制度上建立起了五经博士制度和察举制，在社会价值观上推广董学的三纲五常观念。五经博士制度确立了董学为国家意识形态，也开始了国家彻底改变士人属性的进程。以三纲五常观念为核心的董学国家主义伦理学得以广泛推行，正式开始了社会化的历史进程。

二、董仲舒的教化论对中国文明的革命性影响

从中国教育史看，董学的教化论根本性地改变了中国的教育观，将教育变成了国家政治的重要组成部分。董学的教化论落实为汉代的察举制，而察举制是后来的科举制度的先声。察举制与科举制在本质上是一样的，不同的是实施的方法和机制不同。董仲舒的教化论是后来的科举制度的意识形态和哲学基础。不言而喻，科举制度不仅对中国文化起到了最大的影响，也永远地改变了中国传统文明下的国家与社会之间的关系，说它具有革命性的影响是不为过的。

从汉武帝时期开始，董仲舒的教化论便成为中国古代文明下皇权主义控制社会和改善官僚机构的造血机制，在隋朝隋文帝时期演变为科举制度，这对于中国的知识分子阶层和官僚制度产生了深刻的影响。经过唐朝的改善，从宋朝开始中国变成了人人热衷于通过科举取得功名和实现自身价值的"科举社会"。董仲舒的教化论深刻地影响了中华民族的文化和心理，也是公羊模式能够历久不衰成功主导中国达两千多年之久的重要制度原因。

如果说孔子是中国教育史上第一位民间教师，将被贵族阶层所垄断的教育带到了社会上的士人阶层的话，那么董仲舒则将对士人阶层和广大民众的教育纳入了国家主义的政治轨道之内，使教育成为国家政治体系中的重要一环，也就是说，将教育上升为国家与社会各阶层衔接的通途的是董仲舒的教化论。

由此可见，董学对于中国文明具有伟大的意义正是在于其教化论的实施根本性地改变了中国社会的面貌，改变了国家与社会之间的关系，并因此重塑了中国文化。说董仲舒的教化论对于中国文化和中国文明教育革命性的意义显然是毫不为过的。

三、教化论反映了董学与孔学的本质差异

根据观念唯实主义，董学的教化论与孔子的教育观是可以进行唯实比较的。正是通过唯实比较法我们可以清晰而明确地看待两者在本质上的截然不同，两者体现着完全不同的价值观。因此，教化论也成为鉴别董学与孔学异同的一个重要领域。

在许多哲学范围之内，由于孔学的不成熟性和残缺性，董学和孔学无法进行唯实比较，而教育和仁义观是能够对两者进行唯实比较为数不多的领域。因此，从唯实比较的意义上看，对董学的教化论与孔学的教育观以及董学的仁义观与孔学的仁义观进行比较是两个最能够反映出董学和孔学在价值观上本质差异的领域。

从主观上看，董仲舒的主要目的之一也是要在教化论上为孔学

找到一个合适的位置，将其纳入了董学的哲学体系成为其中的一个子系统中的零部件。也正因如此，董仲舒可以堂而皇之地假托孔学而将其哲学敲门入世了。

第二十章 董仲舒对于秦朝的
行为模式的扬弃

在汉初的意识形态认知中，秦朝是个彻彻底底的反面教材，可以说批判秦朝的暴政和以其为戒成为汉初政治正确性的体现，是任何政客、官员和思想家都必须加以渲染的"规定动作"。陆贾率先对秦朝的灭亡进行了理论总结，开了批判秦朝的先声；贾谊的《过秦论》则成为批判秦朝暴政的名文。董仲舒延续了这个传统，起码在表面上董仲舒对秦朝同样进行了堪称猛烈的批判。在《天人三策》和关于经济的上疏中，董仲舒都公开地批判秦政，希望汉武帝能够从秦政中吸取教训，以免重蹈覆辙。

但是，在现实政治中，汉朝又全方位地继承了秦朝的国家制度。事实上，汉朝是在秦朝的政治遗产的基础之上建立起来的。这种言辞与行为的对立反映了汉朝政治与秦朝千丝万缕的联系。在董学中，董仲舒同样继承了商鞅模式和秦朝的诸多理念和机制。细究董学，其中不乏对于秦朝的政治体制的肯定之处。秦朝的大一统、商学对于意识形态的控制、对秦始皇创立的皇权的继承和完善、对于郡县制的大力推广等都在董学中打下了深深的烙印，成为董学政治哲学的核心原则和理念。

第一节 董学继承了商鞅模式的基干

虽然董仲舒并没有明说，但是董学的观念事实表明董仲舒继承了商学和商鞅模式的主要内容是显然易见的。在一些方面公羊模式可以说是商鞅模式的加强版和放大版。

一、继承了大一统的遗产

秦国在政治上实现了大一统，董学则在哲学上为大一统夯实了哲学理念根基。

（一）意识形态的大一统

董仲舒提倡意识形态的大一统，这是他在《天人三策》中的核心思想。而意识形态的大一统并不是董仲舒的首创，而是直接来自商学思想。

（二）大一统模式的暗同

董仲舒的大一统是以西周为楷模的。但是西周的大一统与董学所提倡的大一统却并不完全是同一个政治范畴。西周的国家形态是封建制的族群帝国，西周的权力形态是王权，还没有进入皇权的阶段，而董仲舒提倡的大一统则是建立在皇权基础之上的以郡县制为基干的中央对地方的直接控制，而这正是秦朝的大一统模式。董仲舒的大一统名义上是来源于西周，实际上是继承了秦朝的大一统模式。在此，董仲舒又一次表现出了名与实的矛盾。

二、皇帝制度

董仲舒对皇帝制度进行了与大一统类似的继承和整合。

（一）对皇权的扬弃

董仲舒肯定了皇权这个最高权力形态，同时也否定了皇权的绝对性和独裁性，使其成为董学的皇权主义的重要理论来源。

（二）对君臣关系的继承

在秦式皇帝制度之下，皇帝对于臣子掌握着绝对的权威和生杀予夺的大权，臣子对于皇帝则要表现出绝对的服从和忠诚。董学的皇权主义继承了这种君臣关系，并且将其纳入了三纲的范围之内，为君臣关系提供了君为臣纲的理论基础。

（三）郡县制

董仲舒认为对皇权主义构成巨大威胁的是诸侯国过大的地方权力，为了强化皇权，董仲舒反对汉初弱态皇帝制度下封建制与郡县制同时存在的政治体制，主张废除封建制，实行完全的郡县制，这种主张与秦式皇帝制度不谋而合。

（四）自耕农的经济形态

从近来出土的汉简可以看出西汉继承了秦朝的经济体制，保存了以自耕农为主体的经济形态。董仲舒极力维护这种经济体制，他的调均的政治经济学的目的正在于此，他后来反对汉武帝过度用兵于匈奴正是因为过度的战争破坏了原来的经济形态，造成了社会的动荡和国家行为的失衡。

第二节 董仲舒对秦朝的行为模式的批判

董仲舒对秦朝的批判在《天人三策》中得到集中阐述。董仲舒正是以秦朝作为反例来系统地展开董学的理念的。

一、对秦朝意识形态的批判

董仲舒在《天人二策》中说道：

> 至秦则不然。师申、商之法，行韩非之说，憎帝王之道，以贪狼为俗，非有文德以教训于下也。

董仲舒认为秦朝以申不害、商鞅之学为意识形态，与帝王之道悖行，没有对民众进行文化和道德教育，放任贪欲的行为。这是秦朝所有弊端的根源。

二、对秦朝为政的批判

在《天人二策》中，董仲舒批判了秦朝的为官之道：

> 诛名而不察实，为善者不必免，而犯恶者未必刑也。是以

百官皆虚饰恶不顾实，外有事君之礼，内有背上之心，造伪饰诈，趋利无耻；又好用憯酷之吏，赋敛亡度，竭民财力，百姓散亡，不得从耕织之业，群盗并起。是以刑者甚众，死者相望，而奸不息，俗化使然也。

这段话表明，董仲舒认为秦始皇虽然当了皇帝，但是却没有建立起与皇权相配套的执政理念和国家体制，以至于皇权不稳，官僚体系无法发挥管理国家的职能。这无疑是在为他提出自己的皇权主义的政治哲学进行逻辑铺垫。

在《天人一策》中，董仲舒认为：

自古以来，未尝有以乱济乱，大败天下之民如秦者。

董仲舒在此点出了延续秦朝的意识形态和为政方法所带来的严重后果，即缺乏有效的治国理念和机制，以至于天下之民揭竿而起，最终在起义中葬送了曾经有开天辟地之功的秦朝。

三、对秦朝经济政策的批判

董仲舒批判秦朝的重要方面是在经济领域，《汉书·食货志》记载了董仲舒论述的原文：

古者税民不过什一，其求易共；使民不过三日，其力易足。民财内足以养老尽孝，外足以事上共税，下足以蓄妻子极爱，故民说（悦）从上。至秦则不然，用商鞅之法，改帝王之制，除井田，民得买卖，富者田连阡陌，贫者无立锥之地。又颛川泽之利，管山林之饶，荒淫越制，逾侈以相高；邑有人君之尊，里有公侯之富，小民安得不困？又加月为更卒，已复为正，一岁屯戍，一岁力役，三十倍于古；田租口赋，盐铁之利，二十倍于古。或耕豪民之田，见税什五。故贫民常衣牛马之衣，而食犬彘之食。重以贪暴之吏，刑戮妄加，民愁亡聊，亡逃山林，转为盗贼，赭衣半道，断狱岁以千万数。

董仲舒在此批评了秦朝的以下弊端：

第一，破坏了井田制的土地制度。

董仲舒对秦国的批评首先是针对商鞅模式下的经济体制。董仲舒认为秦国因为采用商鞅之法而破坏了井田制，这是秦国弊政的渊薮。董仲舒也批评了国家对于经济活动的过度直接干预。

第二，民生涂炭。

由于井田制这种平均主义的土地制度的崩溃，秦国民众失去了生活的保障，造成了贫富悬殊，富者锦衣玉食，贫民衣不裹体，与猪狗争食。

第三，严刑峻法。

秦国过度地使用民力，并且在百姓的生计无法得到保障的情况下，秦国不是采取措施去赈济失计的民众，而是采用高压政策，力图用严刑峻法进一步压迫百姓。这些措施的效果适得其反，大量百姓被逼入山林成为盗贼。

四、秦亡的原因在于没有实行更化

在《天人一策》中，董仲舒指出秦朝灭亡的原因在于没有实现更化。在董仲舒看来，更化具有两方面的含义，一方面是批评没有根据形势的变化而及时调整国家行为方式，从而失去了国家行为模式的平衡；另一方面则批判秦朝的国家行为践踏了国家对于民众的责任，国家不再是民众生活的保护者、利益分配者和调节者，反而成为了民众生活的对立力量，彻底违背了董学的天人合一的根本原则。

董仲舒对于秦朝灭亡的批判十分透彻，可谓是直击要害，其深刻性和系统性远远超过了西汉初期的陆贾和贾谊等就事论事的批评。

五、秦朝国家行为的体系性失衡

董仲舒在《天人三策》等上疏中对秦朝进行了直接的批判，这一方面表明了他对于秦朝的真实看法，另一方面也为了表明他的政治准确性。然而综合审视董仲舒在《春秋繁露》中对于秦朝的看法以及董学本身的内容我们可以发现，董仲舒对于秦朝的继承大于批判，而他对秦朝批判的真正原因在于秦朝国家行为的体系性失调。而董仲舒向汉武帝进谏反对二次征讨匈奴的做法正是来自于他对秦朝国家行为失衡性的教训的总结。

第二十一章 董学是全新的法律体系

董学不仅是哲学体系，它还有力地渗透到了法律之中，生成了具有创造性的法律思想，形成了全新的法律体系。董学对于法律的渗入表明了董学对现实政治进行干预的目的是要帮助汉武帝铲除异己，加强和巩固皇权。

一、董学是一种全新的法律体系

董学还深刻地渗透到了国家的法律领域之中。现存的《春秋决狱》便是董学法律化的典型表现。

所谓的春秋决狱是以《春秋》这部书的内容为载体、以董学和公羊学的原则作为判断刑事案件的根据。通过将其刑法化，董仲舒为公羊道开辟了另一个维度。可惜的是曾经洋洋洒洒的《春秋决狱》已经遗失，这是董学的一个重大损失。

二、"原心论罪"

只是在其他书籍中还可以看到《春秋决狱》的片麟只甲。在《春秋繁露·精华》中，董仲舒确定了春秋决狱的一些原则：

> 《春秋》之听狱也，必本其事而原其志。志邪者不待成，首恶者罪特重，本直者其论轻。

春秋决狱的原则中最为独特的是原心论罪，即根据罪犯的心理动机来判案：

> 志善而违于法者免，志恶而合于法者诛。

这为皇帝根据自己的主观认定来判案、铲除异己打开了方便之门。正是基于这个原则，汉武帝重用的酷吏张汤发明了"腹谤"罪，即在没有证据的情况下，审讯者可以根据腹谤来定罪，而一经定罪仍然可以被处死。

进行春秋决狱的权威是董仲舒，张汤就在汉武帝的授意下多次向董仲舒请教关于春秋决狱的事情，即使在董仲舒退休之后，汉武帝仍然要频频劳烦董仲舒。《后汉书·应劭列传》载：

> 廷每有政议，数遣廷尉张汤亲至陋巷，问其（董仲舒）得失。于是作春秋决狱二百三十二事，动以经对，言之详矣。

春秋决狱在汉武帝之后仍然十分盛行，以至于两汉的经学家竞相以经学解释法律，以至于东汉时期的《晋书·刑法志》载：

> 诸儒章句，十有余家，家数十万言。凡断罪所当用者，合两万六千二百七十二条，七百七十三万两千二百余言，……言数益繁，览者益难。

春秋决狱不仅对两汉法律有直接的影响，其作用超过了其他的汉律形式，而且成为公羊模式的重要组成部分影响了两千多年的中国法律制度。虽然董仲舒所著的法律著作已经亡佚，但是其法律精神一直存在。后来的隋、唐、明等王朝的法律体系无不按照公羊学的法律精神来制定，是公羊学法律精神的具体表现形式。公羊学形成了独特的中华法系，成为世界五大法系之一。

三、原心论罪的政治意义

董仲舒的原心罪论不只是法律观念，也是政治利器。

（一）原心论罪与董仲舒的政治地位

原心论罪的功能就是为汉武帝铲除异己提供了一条法律大棒，有了这根大棒，汉武帝就可以在缺乏证据的情况下随意地以莫须有的罪名治罪于任何人。如果董仲舒不是汉武帝的心腹和决策层的核心人员，他断不可能如此深入地介入到宫廷政治之中，为汉武帝设计出如此精妙而不容置疑的法律利器来。

（二）原心论罪与公羊道

从政治功能上看，原心论罪在推行皇权主义的至上性方面起到了重要的作用，这在皇权削弱诸侯国、制约相权和官僚体系方面体现得尤为突出。可以说原心论罪是皇权主义公羊道的重要组成部分。

皇帝只要主观认定某个诸侯国王、丞相或者其他的高级官员不符合自己的心意便可以原心论罪的理论对其定罪加以罢免，而不需要收集事实性的证据。原心论罪成为汉武帝授权张汤清肃异己诸侯贵胄和高官的有效手段，其理论依据正是来自董仲舒。

事实上，董仲舒为汉武帝设计的这个法律武器是如此有效得力，以至于在董仲舒告老还乡之后汉武帝仍然经常派张汤等高官来向董仲舒请教法律治狱事宜。我们从史书上可以看到作为汉武帝的酷吏的张汤，我们更应该看到站在汉武帝和张汤背后的大师董仲舒。

（三）原心论罪体现出了董学和公羊学的本质

原心论罪是赤裸裸的严酷的治国方法，甚至可以说是用法律外衣遮掩下的酷吏政治，这从根本上表明了董学和公羊学并不旨在复兴孔学和儒学的道德主体性和政治无为主义，恰恰相反，董学和公羊学为了强化皇权，构建公羊模式，大肆使用公羊道，原心论罪可以说是起到了急先锋的作用。

第二十二章　董学的方法论

　　作为一个完整而庞大的哲学体系，董学具有严谨的逻辑关系，而这种严谨的逻辑关系是建立在系统的方法论基础之上的。董仲舒在董学体系中使用了十分丰富的哲学方法，除了对先秦哲学中的方法进行发展和完善之外，许多方法都是他独创的。董仲舒在哲学方法论上的贡献不仅极大地丰富了中国古典哲学的方法论，成为中国哲学的宝贵财富，也是董学成为中国哲学史上最伟大的哲学体系的重要原因之一。

　　可惜的是，如同董学的内涵和理念受到忽略一样，董仲舒的方法论基本上无人问津，这不但是中国哲学史不理解董仲舒哲学的一个重要表现和方面，也是对中国哲学史资源的严重浪费。

　　充分地理解董学的方法论原则是理解董学本质的重要步骤，也是董学研究的重要组成部分。董学的方法论也是辨正董学和孔学的本质区别的重要方面。与孔学十分简单的思维方法相比，董学的方法论十分复杂，但是它们并不支离破碎和相互矛盾，而是被编织成了一个完整而严谨的逻辑体系。这种完整而严谨的逻辑体系是孔学和整个儒学所缺乏的。

　　董仲舒庞大的哲学体系不仅在理念和价值观上具有明确的同一性，在方法论的使用上也同样具有贯穿始终的统一性。在董学的天的形而上学、人性理论、政治哲学、历史哲学和具体的国家政策设计方面，董仲舒都使用相同的方法论，而这是董学在各个子系统之间能够相辅相成和自圆其说的重要原因。这与古今中外许多思想家前后矛盾、内部逻辑上相互矛盾和冲突的状况形成了鲜明的对比。董仲舒在方法论上的统一性体现了他思想的成熟性和系统性，是他多年深思熟虑的结果。

纵观董学的整个体系，董仲舒的方法论主要由以下几种方法组成：系统论、天人合一理论、阴阳哲学、辩证法、以传带经法等。

第一节　系统论方法

系统论是产生于西方的现代科学方法论，是现代自然科学和一些社会科学研究的重要方法。系统论强调从总体上把握事物发展的过程，注重研究事物之间的关系以及事物发展变化的总体趋势，而为了能够进行总体性的把握，系统论又要分析整体内的各个组成部分之间的因果关系。

在董仲舒著作中并没有出现系统和系统论的概念，但是董仲舒在构建其哲学体系时却贯彻了丰富而扎实的系统论思想，董学的天人合一理论和阴阳五行哲学等都是系统论的典型表现和应用。对于系统论的独创性的运用是董学的一大特色，董学缜密的逻辑性和思辨性充分体现出董仲舒天才的哲学思辨能力，使董学呈现出了超越时代的成熟性。董仲舒的系统论思想及其成功运用深刻地影响了中国古人的世界观和思维方式，站在整体性的高度从总体上把握和分析问题成为中国古代哲学的重要特征。董仲舒的系统论思想及其出色运用不仅在中国古代哲学史中是绝无仅有的，在世界古代哲学史上也是无人可及的，在西方哲学史中只有古希腊的亚里士多德能够望其项背。

董学的系统论方法体现在严密的概念体系和总系统与子系统之间合理而和谐的逻辑关系上。

一、董学系统论的内容

董学的系统论是建立在严密的概念体系之上的。这表明董仲舒具有自觉的系统方法意识。

（一）概念体系 [①]

作为一个独创的哲学体系，董学自然具有独特的概念体系。除了赋予了一些先秦哲学范畴新的内涵之外，董仲舒也有一些自创的概念。

端：董仲舒在《春秋繁露》中的《官制象天》《阴阳义》和《天地阴阳》中提出了十端说，列出了构成自然界和人类社会的十种要素，即天、地、阴、阳、木、火、土、金、水和人。董仲舒的端就是系统论中的元素和单元。

体：董仲舒在《春秋繁露·立元神》中说道：

> 天地人，万物之本也。天生之，地养之，人成之。三者相为手足，合以成体，不可一无也。

这个体实际上就是系统论中的系统概念。

合与兼：董仲舒在论述阴阳五行哲学时多次用到了合和兼的概念，如前引的天地人三者"合以成体"，在《春秋繁露·基义》中的：

> 物莫无合，而合各有阴阳。

关于兼，董仲舒在同篇中说道：

> 阳兼于阴，阴兼于阳；夫兼于妻，妻兼于夫；父兼于子，子兼于父；君兼于臣，臣兼于君。……阴道无所独行，其始也不得专起，其终也不得分功，有所兼之义。是故臣兼功于君，子兼功于父，妻兼功于夫，阴兼功于阳，地兼功于天。

可见，在董仲舒看来，合与兼之义在于相互配合形成元素之间的结构，这与系统论的观点是契合的。

功与能：董仲舒认为，十端中的各个要素都各有其能，各司其职，如前述的"天生之，地养之，人成之"，更有《春秋繁露·天辩在人》中的：

---

① 关于董学的概念与系统论概念之间的相似性可参见程宜山的《董仲舒哲学思想研究》中《论董仲舒的原始系统论思想》一文，河北人民出版社1987年版。

金木水火各奉其所主，以从阴阳，相与一力而并功。

也就是说，当五行在与阴阳并功之后便会产生四季的轮回。这与系统论的各个子系统各司其职发挥特定的功能，各个子系统的合力使总系统发挥新的功能的观点如出一辙。

序：董仲舒的天人合一理论十分强调有序性，认为阴阳五行的一力并功决定了自然界的秩序，人类社会的秩序来自于自然界的秩序，只有建立起等级秩序才能够像大自然一样有序的运动，形成国家和社会的和谐存在。

（二）总系统与子系统之间的逻辑关系

董学总系统内的形而上学、人性理论、政治哲学、伦理学、教化论、经济学等领域各司其职，成为总系统的子系统。

董学的政治哲学是整个体系的主系统，处于总系统的中心位置，形而上学和人性理论是位于上游的子系统，伦理学、教化论和经济学等是位于下游的子系统。这些子系统有序地运作，形成了董学各个部分之间相辅相成的和谐的协作关系。在董学系统之内看不到不同领域之间的抵触、矛盾和失衡之处，不同子系统之间贯彻相同的理念和逻辑主线，采用相同的方法论，整个体系形成了一个和谐运作的有机整体。

（三）理念、逻辑和方法论的同一性与灵活性

董学的整个系统是围绕着十端的各个元素之间有序互动而形成的一个因果关系网络。天的形而上学是整个董学的基础和平台。在这个平台上天人合一理论和阴阳五行哲学渗透到各个子系统中，和谐有效地运作。

天人合一理论是董学系统的基干，是贯穿于董学各个领域的统领理念、逻辑主线和方法论。天人合一理论划定了各个子系统运作的范围，决定了它们的性质，使它们都在各自的范围之内忠实地贯彻这个主理念、主逻辑和主方法，各个子系统的运作都没有跳出、违反天人合一的规定性。天人合一理论在各个子系统之间的统领作

用体现了整个系统的同一性，由此，董学的概念体系和各个子系统成为明确的体系性存在。阴阳五行之间的一力并功决定各个子系统运动的规律，把握它们运动的节奏和在时空中的时效性，为整个系统的运转服务。

董学系统在整体上的同一性自上而下地渗透到各个子系统中，但是并没有扼杀和妨碍各个子系统存在和运作的独立性和灵活性；同时，各个子系统根据各种领域内的对象和命题的特殊性又能够派生出具有具体针对性的理念，得出具有针对性的结论，创造出了具体的方法，对总系统进行了自下而上的有效反馈。天人合一理论在人性理论、伦理学和教化论中都得到了充分的演绎，得出了有创见的结论，成为作为主系统的政治哲学的逻辑延伸和补充，体现了灵活性和创造性的高度统一。主系统和子系统之间具有独特的逻辑和结论，遥相呼应，相互支撑，成为总系统的有机组成部分。

（四）董学的双重金字塔结构

在体系的表现形式上，董学是个正金字塔。居于塔尖的是天人合一理论，下一层是阴阳五行哲学，它们渗透到形而上学、人性理论、政治哲学、伦理学、教化论、经济学理论等子系统中，形成了金字塔的底座。

在体系的治国措施上，董学是个倒金字塔。处于正金字塔底座的形而上学、人性理论、政治哲学、伦理学等凝结为各种国家政策建议，虽然这些建议在《春秋繁露》中多种多样，涉及诸多的领域，但是归结起来无外乎两点，即大一统和三纲五常，而这两点又通过建立五经博士制度集中地表现出来。董学丝丝入扣的哲学和政治推理的最终落脚点体现在五经博士制度上。这个逻辑过程恰如一个倒金字塔。

（五）体系的和谐性和稳定性

董学的哲学体系的各个子系统之间都是体系性存在，为了一个共同的体系目的而相互和谐地运行和配合。和谐性是董学体系一个十分突出的特征。董学因此是建立在和谐性之上的稳定的系统。董学在整体上的稳定性是建立在其理念、逻辑和方法上的高度同一性上的，这种同一性有效地渗透到了各个元素和子系统之中，使各个元素和各个子系统之间展现出了平衡性和协调性。在董学内部不仅有元素之间的合作性、有子系统之间的和谐性，也有总系统与子系统之间的平衡性，在这种多重的因果关系的结构性支撑的基础之上，董学取得了整个哲学体系的稳定性。

这些特征与现代系统论的观点不谋而合。根据现代系统论的观点，体系内部各个子系统之间的和谐性会使整个系统具有稳定性，即形成稳态系统。整个系统要成为稳态系统要求各个子系统都具有稳定性，不难看出董学正是如此。

哲学体系的内在平衡性和稳定性一旦转化为国家意识形态，通过国家制度、体制和政策加以固化的话，那么它所构建的国家行为模式一定是个具有突出和谐性和稳定性的模式，这点在公羊模式的和谐性和稳定性上得到了充分的体现。中国文化历来被认为是存在内在的和谐性的文化系统，这点与伊斯兰文明、印度文明，尤其是西方文明不同。西方文明是建立在暴力和对其他文明形态的掠夺、征服和奴役基础之上的，这种反道德的本质特征决定了西方文明的基础是永远不稳固的，一旦受其欺压的民族和文明奋起反抗，西方文明便会面临系统性崩盘的危机。如此不稳固的地基决定了西方文明的国家形态、政权和社会都具有脆弱性，一旦外来的血源被削弱或者剪断，西方社会一切内部的规定性就只能瓦解了。

二、董学系统论的创新性

董学的庞大系统所使用的一些概念乍一看上去在先秦哲学中已经出现过了，因此有些人认为董仲舒的思想并不是原创。这是对哲学创造的不理解。

哲学创造有几种方式：第一种是提出全新的概念和理念；第

二种是使用已经存在了的概念和范畴，却赋予其全新的定义，并据此得出全新的理念；第三种是纠正旧有的概念和范畴中的局部的错误，使概念本身和得出的理念更加准确和科学。

在董仲舒的哲学构建中这三种创造方式都曾出现过，而以前两种为主。第二种创造方式在董学系统论中得到了典型的体现。虽然有些概念如端、阴阳五行等在先秦时期已经存在，但是它们散落在百家学派之中，不仅内涵混乱，所代表的理念也各不相同，缺乏统一的规范。董仲舒将这些概念进行了系统整合，赋予了它们全新的特定内涵，使其成为董学的体系性存在，成为董学的螺丝钉和轴承，这本身就是巨大的哲学创新。反过来看，虽然先秦哲学已经使用了一些概念，可是先秦百家有哪一派如董仲舒般提出过成熟的系统论思想，建立起了如此庞大而又逻辑严密的哲学体系呢？因此，董仲舒哲学的原创性是不容置疑的。

第二节　天人合一理论

天人合一理论是董学的灵魂，它不仅是董学的哲学理念基础，也是重要的方法论。

一、作为方法论的天人合一理论

天人合一理论既是董学天的形而上学的重要理论内容，也是一种价值论，同时也是董学重要的方法论。通观董仲舒的著作和言论，天人合一理论贯穿于董学体系的所有主要领域之中，它不仅起到了理念统领的作用，也是将董学诸多的子系统链接成一个有机整体的最重要的逻辑链条。

二、比附法

董仲舒的天人合一理论是建立在天人相类的比较之上的。在

《春秋繁露》中，董仲舒多次明确地将天和人的各个方面如物理和生理特征、情感的构成和表现方式、阴阳交替等进行比较。可见，在董仲舒看来天和人是可以被作为可比较物进行认真的比较的，他认为两者比较之后所得出的结论是有效结论，他对此笃信不疑。

然而，按照今天的逻辑标准，尤其是按照唯实主义的唯实比较法，董仲舒的天人相类的比较只能算是一种比附，还无法构成有效的比较。

但是，明确了董仲舒对于比附法的运用并不能否定天人合一理论的有效性。因为如同唯实比较法一样，比附法同样是具有时代性的。

第三节　阴阳五行哲学

董仲舒的阴阳五行哲学包括了阴阳论和五行论，形成了阴阳互动和五行交替的逻辑网络，用以解释一系列自然现象的成因和运行，并将其用于对人类个体行为和国家行为的解释和指导。

阴阳五行哲学对于董学的理念生成和逻辑发展具有十分重要的作用。通过阴阳五行哲学，董仲舒否定了孔学的道德主体性和对等道德观，在理论上实现了道德与功用的平衡，从而使董学的政治哲学牢固地立足于时代性和现世政治之中，克服了孔学和前儒学的道德乌托邦主义和政治无为主义。

在董学的阴阳五行哲学中存在着极其丰富的辩证法思想。

第四节　董学辩证法

董学中是否有辩证法？这个问题在中国哲学史上长期无人问津，即使有极个别人注意到了董仲舒关于常变的论述，也认为董仲舒是在强调"不变"，否认董仲舒具有辩证法思想^①。我们要尊重董学的观念事实，根据董仲舒思想的本来面目来得出结论，也就是说，只有通过观念唯实主义所得出的结论才是符合实际的，才是站得住脚的。

事实上，在董仲舒蔚为大观、逻辑严密、环环相扣的董学体系中无处不是辩证法的运用，甚至可以说离开了辩证法董仲舒是无法完成创建董学的哲学体系的成就的。董仲舒独创的严密而丰富的辩证法思想是董学能够统驭中国哲学史达两千多年之久的重要原因之一。辩证法思想在中国的历史源远流长，《易》和《道德经》中都存在成熟的辩证法思想，然而能够用明确的语言和逻辑对辩证法的规律进行系统总结和广泛地应用的是董学辩证法。董仲舒整合先秦子学就包括对于先秦辩证法思想的整合。后来的宋学用太极图对阴阳关系进行了新的阐释，虽然在形式上丰富了中国的辩证法思想，但从哲学理念和逻辑上仍然没有超出董学辩证法的范畴。

需要加以强调的是董仲舒的辩证法思想不仅十分丰富，而且具有独创性，形成了具有董学鲜明特征的董学辩证法。董学辩证法的本质就是阴阳辩证法，阴阳辩证法不仅极大地丰富了中国传统哲学的辩证法思想宝库，并且代表着中国辩证法思想的最高点，是后人没有逾越的高峰。董仲舒对于中国古代哲学辩证法思想的卓越贡献必须得到正视和承认，这也是建立科学而公正的中国哲学史不可或缺的内容。

董学辩证法包括了黑格尔辩证法几乎所有的范畴和规律，如对立统一规律、量变质变规律等，而董学的中和论等辩证法思想又超出了西方辩证法的范畴，是独特的辩证法命题，总结出了董学所特有的辩证法规律。董学辩证法与西方辩证法的一个重要的不同在于它是董学的体系性存在，其方法论规律与董学的形而上学和整个体

---

① 周桂钿对此也颇有微词，参见其《董学探微》，北京师范大学出版社2008年版，第275页。

系下的各个子系统具有同一性。

而西方的辩证法则并不具备系统的体系性存在特性。虽然黑格尔的辩证法也具有一些体系性存在的特征，但是西方的辩证法是一种泛指性的辩证法，也就是说，世间的任何事物都具有辩证法的每个具体的规律，但是承载这些规律的载体却是不确定的。同时，西方辩证法的性质从此已经超越了方法论的范畴，变成了一种被赋予了普遍性的"真理"，即方法与真理等同了，在人们使用辩证法分析事物的运行规律之前，这些方法和特征便已经先验性地成为了真理，变成了事物的内在本质。这与阴阳五行哲学始终固守方法论显然是有本质差异的。

一、阴阳五行哲学中的辩证法

阴阳五行哲学是关于客观事物和人类的总体规律和原则的哲学。董仲舒对于阴阳五行哲学的演绎过程就是展示董学辩证法的过程。

董学的辩证法思想贯穿于其天人合一的形而上学之中，而集中体现在其阴阳五行哲学之中。董仲舒在整合了先秦的阴阳观和五行观之后形成了系统的阴阳五行哲学，而在这一过程中，董学辩证法也得以完成。董学辩证法的体系性存在的特性也正是在这个过程中形成的。

在董学辩证法中，阴和阳是两种具有不同的内在规定性的事物，它们具有迥异的甚至对立性的特征、属性和本质，代表本质上不同的事物以及同一事物的不同发展阶段和所处的不同状态。但是，阴和阳并不是相互拒绝、否定和排斥的关系，而是相互转化的关系，也就是说，阴和阳代表着事物的两个极端，这两个极端的存在并没有使事物走向解体和崩溃，而是使它们走向对方，向对方进行转化和过渡，这就使阴和阳形成了一个整体，它们是相互依存的。

在《春秋繁露·基义》中，董仲舒对阴与阳之间的辩证关系进

443

行了概括：

> 凡物必有合：合必有上，必有下，必有左，必有右，必有前，必有后，必有表，必有里，有美必有恶，有顺必有逆，有喜必有怒，有寒必有暑，有昼必有夜，此皆其合也。
>
> 物莫无合，而合各有阴阳。阳兼于阴，阴兼于阳。
>
> 君臣父子夫妇之义，皆取诸阴阳之道。

在《春秋繁露·阳尊阴卑》中，董仲舒再次用合来阐述天地之间的辩证关系：

> 地，天之合也，物无合会之义。

合也可做动词来用。同样在上文中，董仲舒说道：

> 人亦十月而生，合于天数也。是故天道十月而成，人亦十月而生，合于天道也。

由此可见，董学辩证法中的阴阳存在着相互依存性，董仲舒将其命名为"合"。合类似于黑格尔辩证法中的对立统一规律，只是合明确地指明是阴阳之间的相互依存性，其规定性更加明确。

阴和阳向对方的转化和过渡并不是一蹴而就瞬间完成的，而是经历了一个渐进的积累过程，这在董学辩证法中叫作"转化论"，类似于黑格尔辩证法中的量变质变规律。

在董仲舒看来，阴阳五行哲学贯穿于自然界、天道和人类社会的运动和变化的所有层次和侧面，是能够用以指导人类认知活动的具有普遍意义的方法论。阴阳之间的互动性促生了一系列下游的方法，包括五行哲学和中和论等。五行代表着自然界的五种要素、特征和状态，五行的呈现和生克演化都是阴阳互动的结果，阴阳互动发力于五行要素才形成了五行运动的各种规律，也就是说，阴阳互动是世界运动的内在机制，五行则是阴阳互动的表现形式，董仲舒将其整合为阴阳五行哲学。

从事物的生命周期来看，阴阳互动主导着五行的运动，涵盖了事物从生成到衰亡的整个过程；从自然界的季节轮回来看，五行的相互变化导致了四季 / 四时的产生；从相互关系来看，五行可以相生，也可以相克，由此决定了世间物质的运动和变化规律。而五行的这些变化和运动之后的决定机制就是阴阳间的有序互动。

二、常变论

辩证法的基本理念是认为世界上的事物都是运动和变化着的，关于这点董学辩证法也不例外。董仲舒在分析常与变这两个范畴之时，阐述了运动与静止、变与不变之间的关系，而其主要所指并不在于说明客观世界的运动规律，客观世界的运动规律在董学的阴阳五行哲学中得到了集中的阐述，董仲舒的常变论主要是用来论述国家行为的更化原则的，是政治哲学的方法论。

在《春秋繁露·竹林》中，董仲舒说道：

> 《春秋》之道，固有常有变。变用于变，常用于常，各止其科，非相妨也。

这表明变化与静止是万物的固有规律，两者各自按照自己的规律存在，并不相互妨碍，也就是说，事物并不因为存在静止的状态和倾向而否定运动和变化的状态和倾向，而是动与静、变化和静止共存共处的状态。

从理论上看，常变论在政治哲学领域中表现为原则性与灵活性的统一；从现实政治上看，董仲舒据此提出了"更化论"，为说服汉武帝按照董学的原则和理念改变王朝的礼仪制度和国家行为方式提供了理论依据。

周桂钿认为，"董仲舒虽然把常变关系说成是'春秋之道'，实际上还是他自己总结出的很有价值的辩证法思想"[1]。

一些学者否认董仲舒常变论的辩证法思想，认为董仲舒只强调常而没有变。他们的根据是董仲舒曾在《天人三策》中说过"天不

---

[1] 周桂钿：《董学探微》，北京师范大学出版社 2008 年版，第 279 页。

变，道也不变"的话。这显然是对董仲舒的思想存在着误解。董仲舒的这句话要强调的是天人合一的原则。天人合一是董学形而上学最根本的原则和逻辑基础，是贯穿于董学各个子系统中的理念、方法论和逻辑线索。董仲舒在此是要向汉武帝强调他的哲学，即"道"完全是建立在天的形而上学之上的，未来根据董学而建立起来的任何王朝和国家政治制度同样是"道"，都来源于天，是"颠扑不破的、放之四海而皆准的真理"。只要天存在，那么董学就存在；只要天是正确的，那么董学就是正确的。可见，此处的道与"春秋之道"完全是两个层次上的，后者只是前者的具体体现和应用，两者并行不悖。

三、转化论

董学的阴阳五行哲学体现了董学辩证法的转化论。转化论表现为事物的性质、强弱和优劣相互转化的运动规律。阴阳相互转化，五行中的要素也可以相互转化，形成了客观事物、人类社会和历史的进步和进化的运动规律。

历史转化论否定了前儒学以上古为理想社会的楷模，试图将当代社会复原到古代的"历史逆向论"。历史转化论与西方近现代所谓的进化论也不同。进化论认为自然界和人类社会是一种单维度的、直线性的、向前不断进化的轨迹。这是一种简单的归纳，是与人类社会的发展规律不相符合的。董仲舒的历史转化论在宏观上是一种历史循环论，在微观上是一种进步论，但是在本质上是一种历史运动论和变化论。很难说董学的转化论的历史观就是符合人类社会发展的完美理论，但是它较前儒学的历史逆向论和西方的进化论更为合理，更加接近人类历史发展的规律。

四、经权论

经是原则和常理，权是对经的应用。权作为一个单独的范畴被提出来是因为它在表面上与经并不完全吻合，甚至违背了经。然而，在许多情况下，离开了权的这个特性，经却是无法实现的，因此，权是否在实质上真的违背了经，确是值得争议的，这就是中国古代哲学会出现经权论这样的方法论的原因。

事实上，虽然在先秦哲学中经与权的相关性已经引起了哲学家们的注意，却并没有出现完整的经权论。只是在董学之中经权论才作为系统的方法论被整理出来，成为中国古代哲学中的一对范畴。

在董学中，经权论是一个政治哲学范畴，经权论变成了目的与手段、原则性与灵活性之间的辩证方法。在《公羊传》中，董仲舒通过几个具体的案例来分析经权论。在《公羊传·桓公十一年》中，董仲舒为经权论划定了底线：

> 权者何？权者反于经，然后有善者也。权之所设，舍死亡无所设。行权有道：自贬损以行权，不害人以行权。杀人以自生，亡人以自存，君子不为也。

也就是说，作为手段的权可以在一定程度上不符合经的常理，在某些情况下，行权甚至要违反经才能够最终达到善（治）的目的。但是权的限度在于不能伤害他者的生命和利益，而只能牺牲自己的生命和损害自身的利益。如果一个行为的目的是自保而伤害他者的生命和利益，那么这种行为就不再是行权了，其性质已经发生了变化，是应该受到谴责的。

在《春秋繁露·阳尊阴卑》中，董仲舒又从阴阳哲学的角度阐释了经权论。他说道：

> 刑反德而顺于德，亦权之类也。虽曰权，皆在权成。
>
> 是故天以阴为权，以阳为经。
>
> 经用于盛，权用于末。以此见天之显经隐权，前德而后刑也。
>
> 先经而后权，贵阳而贱阴也。

这些经权论的原则不仅厘清了经与权的辩证关系，更为重要的是通过经权论董仲舒明确地说明了皇权主义的仁德之政与刑罚之间的关系。仁德之政是皇权主义的经，刑罚之政是皇权主义的权，要实行仁德之经就必须施以刑罚之权，即"刑反德而顺于德"，两者之间是目的与手段、原则性与灵活性的辩证关系。而从国家行为结构来看，仁德之政与刑罚之政之间要建立起一种结构性平衡，这种平衡是以仁德之政为主、刑罚之政为辅，两者之间是一种"不对等的平衡"关系。

由于并不具有独立而成熟的政治哲学，在孔学中并没有作为政治哲学范畴的经权论，在此董学与孔学之间无法形成有效比较。

五、中和论

中和论是董仲舒独创的方法论，其中充满复杂的辩证法思想。中和论是关于度的理论，是把握度的方法。董仲舒多次强调"度"和"节"的重要性，当他将阴阳哲学用于解决这个问题时，便形成了关于度和节的系统理论和方法，这就是中和论。在《春秋繁露·循天之道》中，董仲舒对中和论进行了明确的阐述。

作为方法论，中和论是天人合一体系中的体系性存在，而其直接的方法论源头是董学的阴阳哲学。中和论代表着董学的阴阳哲学的高端，在董学的政治哲学中起到了重要的指导作用，具有至关重要的实践意义。具体来说，董仲舒将中和论应用到了董学关于国家行为模式的平衡理念及其政治经济学中。

（一）中和论的本质

在《春秋繁露·循天之道》中，董仲舒首先规定了"中"与"和"的内涵。董仲舒用南北阴阳和季节的变化来说明两者的本质。他说道：

> 天有两和，以成二中，岁立其中，用之无穷。是故北方之中用合阴，而物始动于下；南方之中用合阳，而养始美于上。……两和之处，二中之所来归，而遂其为也。

　　由此可见，天一共有两个中，即北方之中和南方之中，前者代表阴的极端，后者代表阳的极端，用四季来解释就是冬至和夏至。在此，需注意到董仲舒的"中"并不是常识语汇"中间"的意思，而是恰恰相反，中是代表阴阳的两极的，是最偏的位置。董仲舒为何要如此重新定义中呢？这是因为中的本义是"正"，即本质，而最能代表事物的本质的状态是它处于极端之时，处于极端的正没有其他因素的干扰，是最纯粹的状态，能够体现出最本质的性质。但是，中只是事物的"生"，生只是事物的初始状态，并不是事物的固定状态，也不是其理想状态；同时，生也不总是事物唯一的存在方式，事物还要"成"，中生之后就开始向成的方向运动和变化。二中运动和变化并不是无序的和没有方向和规律的，它们从两极的极点向着对方运动，而平衡点就在和。由此，董仲舒引出了中与和之间的辩证关系，两者是相互渗透、互为彼此的。他进而论道：

　　　　起之，不至于和之所，不能生；长之，不至于和之所，不能成。成于和，生必和也；始于中，止必中也。

　　在完成了对中与和的定义之后，董仲舒将两者并提形成了中和论。在中和论中，体现事物的纯粹本质的中是道，而作为二中的平衡点的和则是一种理想状态，是德的最高境界，是天道的节度，是圣人要遵守和保持的法则。因此：

　　　　中者天地之所始终也，而和者天地之所生成也，夫德莫大于和，而道莫正于中。中和者，天下之美达理也，圣人之所保守也。

　　由此可见，中和论来源于阴阳哲学，是阴阳关系的辩证演绎，中和论的本质在于阴阳之间的平衡。中体现的是事物的纯粹的本质，却并不一定是事物应该具有的理想状态，而代表着天地运行规律的和才是中的归宿。因此：

　　　　中之所为，而必就于和，故日和其要也。和者，天地之正也，阴阳之平也。

（二）中和论的应用

董仲舒将中和论主要应用于三个领域，即政治哲学、国家行为的结构平衡和养生之道。

董仲舒论道：

> 是故能以中和理天下者，其德大盛；能以中和养其身者，其寿极命。

德的最高境界是以中和论来治理天下，也就是说，在董仲舒看来，皇帝只有贯彻了中和论才能够把握国家的政治行为的力度，才能够保持政治与经济之间的互动，才能够保持国家行为模式的结构平衡，避免在立功的亚模式和立德的亚模式之间出现顾此失彼的失衡状态。这种洞见在汉武帝发动讨伐匈奴战争的第二阶段开始之前便体现在了他给汉武帝的《限民名田议》之中。

中和论在董学的政治哲学中所具有的意义关系到皇权主义治国的平衡性和稳定性，是其天人合一的政治哲学的最高境界和理想状态。虽然汉武帝崇信董仲舒的哲学，将其推举为国家意识形态，并依此而打造出了全新的公羊模式，但是董学理论的最高层次体现在中和论。汉武帝在相当长的执政时期中并没有领悟到中和论的高深性，只是在他执政的晚期，在因为他的穷兵黩武几乎将国家推向动乱之时才幡然醒悟，再次按照董学来改弦更张，重塑国家行为。

根据中和论董仲舒提出了"循天之道以养其身"的养生理论，这是在中国历史上第一次将阴阳五行哲学完全用于养生和医学，对于中国中医学在西汉的发展和成熟起到了关键的引领作用。

（三）董学的中和论与孔学的中庸观完全不同

从以上的分析可以清楚地看出，董仲舒的中和论与孔学的中庸观在本质上是完全不同的理论。

首先，董学的中和论与孔学的中庸观在本质上完全不同。

董学的中与孔学的中虽然使用同一个字，却是存在体系性壁垒的完全迥异的概念，其内涵和意义完全不同。如前所述，董学的中和论具有坚实的形而上学基础的，是建立在董学的阴阳哲学基础之上的方法论和哲学理念，也就是说，无论是作为方法论还是哲学理念，中和论都是董学体系的体系性存在，是董学政治哲学体系的高端范畴。虽然董仲舒将中和论应用于属于个人范畴的养生学，但是它并不是常识性的折中主义，也不是个人伦理学的概念，而是天人合一的形而上学原则和阴阳哲学在人的养生和医学领域内的具体应用，与孔学的个人伦理学并没有发生关联。

相比之下，孔学的中庸观却具有完全不同的本质和属性。最能够体现孔子中庸观的是《论语·先进》中的"过犹不及"这句话。孔子的中庸观具有两方面的意思：其一是思维和行为的尺度，其实就是不偏不倚的折中主义，其二是君子为人处世的道德品德和标准。两者的落脚点都在于君子的个人道德和行为规范，也就是说君子应该以折中主义作为思维和行为的准则，这无疑完全属于君子伦理学的范畴。因此，孔学的中庸是指导君子应该具备不偏不倚、不走极端、恰切适当的道德标准和行为准则，是道德主体性的表现形式。另外，孔子的中庸观缺乏哲学基础，中庸观只是一种常识而已。因此，孔学的中庸观并不具有层次性。从本质上看，作为个人伦理学的狭隘性决定了它不是一个形而上学和政治哲学概念。虽然范孔学和范儒学化的强论者对其进行过度解读，尝试将其平移到政治学上，但是即使如此，孔学的中庸观仍然难以成为合格和合适的政治哲学概念。

其次，董学的中和论与《中庸》中的中庸观完全不同。

《中庸》并不是孔子的著作，根据现有的文献学研究成果显示，它很有可能是子思儒学的作品。子思学派似乎意识到了孔学缺乏形而上学的致命缺陷，而试图重建儒学的本体论，而中庸（来自《中庸》）、诚（来自《大学》）等概念是被用作形而上学意义上的核心概念来加以使用的。但是这个尝试并没有成功，《中庸》无论从逻辑还是理念上看都支离破碎，无法形成一个完整、成熟而能自圆其说的本体论理论，这种状况即使是顽固的范儒学者也不得不承认。从这个意义上看，子思儒学的中庸观与董学的中和论更是南辕北辙。

（四）见微知著论

董学中的另一个辩证法方法是见微知著论。所谓的见微知著按照董仲舒的话说是"贵微、重始、慎终、推效者哉"（《春秋繁露·二端》），也就是强调要通过事物的生成而看到事物的未来发展趋势和本质，提前判断出事物的后果，并及时采取防范和改正措施，防止小错酿成大祸。这实际上是一种由具体性上升到一般性、由个别性上升到普遍性的演绎法，而演绎的内在线索和逻辑是董学的阴阳五行观。

在《春秋繁露·二端》中，董仲舒集中阐述了这个方法：

> 夫览求微细于无端之处，诚知小之将为大也，微之将为著也。是小者不待大，微者不待著。

见微知著论在一些方面相当于黑格尔辩证法中的量变质变规律，也与亚里士多德的三段论法相关联，只是董仲舒赋予了见微知著论以明确的政治哲学意义。董仲舒通过正反两个方面来指明见微知著对于皇权主义的重要性。

正的方面就是从一开始便要"立正"，确立正确的开端：

> 故王者受命，改正朔，不顺数而往，必迎来而受之者，授受之义也。

> 是故《春秋》之道，以元之深，正天之端；以天之端，正王之政；以王之政，正诸侯之即位；以诸侯之即位，正竟内之治。五者俱正，而化大行。

就是说，在皇权亮相伊始便要有个好的开始，按照天人合一的原则来正式接受上天的授命，改正朔，建立新的历法，并将这种好的开端层层传递下去，避免从一开始便出现"上梁不正下梁歪"的情况。

反的方面就是对于灾异现象的警觉。由此，董仲舒引出了灾异论对于王朝的极端重要性，顺其自然地建立起了对于皇权的警戒和约束机制。

第五节　以传代经法

董仲舒完美地解决了经传关系这个在先秦充满混乱的学术方法，以传代经的治学方法成为中国学术研究的重要方法。

一、辞指论 [①]

董仲舒在《春秋繁露》中不时提到"辞"和"指"两个概念和范畴，并且将两者相对照地加以使用，形成了董学的"辞指论"。所谓的"辞"就是在形而上学、政治哲学和历史哲学的表述过程中所使用的措辞和表达方式。所谓的"指"就是辞所要表达的内涵及其所具有的意义。辞指论就是关于辞和指之间的辩证关系。

辞与指之间包含以下的关系：

（一）通辞与变移之辨

董仲舒认为"《春秋》无通辞，从变而移"。所谓的通辞就是放在任何地方都通用的原则，即"普遍真理"。董仲舒否认这样的普遍原则，而认为要根据事物的具体情况来加以认知和处理，即要"实事求是"，而不可用固定的原则来套用于所有的事物。这样便避免了教条主义的方法论错误。通辞与变移之辨与常变论是相同的，可以看做是常变论在历史学方法论方面的体现。

---

① 辞指论被一些学者看做是董学认识论的组成部分，参见周桂钿的《董学探微》和王永祥的《董仲舒评传》等著作。然而，虽然方法论和认识论相互渗透和相互关联，对于董仲舒来说辞指论更多的是董学的一种方法论，董仲舒强调辞指论的目的并不是要解决解经的认识论问题，也不是真正要把它当做诠释学，而是要将它当做其托孔入世策略的理论依据。

（二）"正辞"与"诡辞"之辨

正辞就是实事求是地记述历史事件和历史人物的原委。诡辞就是对历史事件和历史人物有所变通的记述方法。董仲舒认为两者在《春秋》中同时存在，是该书记述历史的特点。他在《春秋繁露·玉英》中说道：

> 《春秋》之书事，时诡其实，以有避也；其书人，时易其名，以有讳也。

> 说《春秋》者入则诡辞，随其委曲，而后得之。

例如《公羊传·僖公二十八年》载："天王狩于河阳。"而实际上是当时的霸主晋文公在晋国召见周天子。对于这种严重违反了礼制的做法《春秋》采取了诡辞，表达了对晋文公行为的不满。

正辞与诡辞实际上是两种历史方法。这两种历史方法适用于不同的历史对象。《春秋》中有三世说，即"有见三世，有闻四世，有传闻五世"，其中的"有传闻"和"有闻"都属于古代史，而"有见"则是当代史。对于古代史《春秋》多用正辞，而对于当代史则大量地运用了诡辞，或称"微其辞"。对此，董仲舒在《春秋繁露·楚庄王》中进行了解释：

> 义不讪上，智不危身。

> 世逾近而言逾谨矣。此定、哀之所以微其辞，以故用则平天下，不用则安其身，《春秋》之道也。

这既是对"《春秋》之道"的总结，也是董仲舒对于思想家安身立命的人生之路的感悟。思想家绝不能因言获罪成为自己思想的牺牲品，为了救世而将自己变成祭品。这大概就是董仲舒一生所奉行的"明哲保身"的人生信条的出处吧。

在《春秋繁露》中董仲舒还讲到"婉辞"和"温辞"等，这些都是诡辞根据措辞的尺度不同而产生的不同的表现形式。

（三）"见其指，不任其辞"

《春秋繁露·竹林》载：

由是观之，见其指者，不任其辞。不任其辞，然后可与适道矣。

通过《春秋》对于春秋时期各种战争的记叙方法的不同以及对于春秋"义战"的鉴别和剖析，董仲舒提出了辞指论的又一个原则。

（四）十指论

董仲舒单独归纳出了"十指论"作为辞指论的组成部分，写成了《春秋繁露·十指》。董仲舒认为《春秋》中共有"十指"，即十个要旨：

举事变见有重焉，一指也。见事变之所至者，一指也。强干弱枝，大本小末，一指也。别嫌疑，异同异，一指也。论贤才之义，别所长之能，一指也。亲近来远，同民所欲，一指也。承周文而反之质，一指也。木生火，火为夏，天之端，一指也。切刺讥之所发，考变异之所加，天之端，一指也。

由此可以看出董仲舒对于《春秋》的总结完全是"口是心非"和"指桑说槐"甚至"指鹿为马"。董仲舒在此完全忽略了孔子的核心价值观即君子伦理学以及孔子关于"仁"和"礼"的阐述，而是在阐述公羊学的一些基本原则，并且完全在用董学的原则来诠释孔子的《春秋》。

（五）诛意不诛辞

诛意不诛辞是指在保持原来辞句的情况下对原来辞句的内涵的解读进行改变，就是保持形式的旧貌而改变其内容，通俗来讲就是旧瓶装新酒和偷梁换柱。诛意不诛辞可谓是一语中的，精确地道出了董仲舒托孔入世的精髓，是对辞指论中的各种方法的概括和总结。

通观董仲舒的作品尤其是《天人三策》和《春秋繁露》，董仲舒大量地使用孔子的原句来阐述自己的哲学观点，对于孔子原义的"诛杀"可谓比比皆是，并且几乎不加掩饰。

诛意不诛辞的方法得到了汉武帝的全盘接受，汉武帝也通过孔子之口来表述董仲舒的哲学理念和价值观，由此两人形成了默契，共同将董学提升为国家意识形态，共同以董学为思想基础构建了公羊模式。

（六）对辞指论的进一步方法论深化

董仲舒阐述辞指论的最终目的并不在于理解《春秋》经文或者理解孔学，而在于利用辞指论来达到他进一步的目的，即推出他的"以传代经"的方法论以及为推出他自己的哲学体系提供方法论根据。

1. 以传代经的方法。

董学和公羊学最重要的表述方法是以传代经的方法。将这种方法概括为对孔学进行微言大义的诠释学解释是不准确的。事实上，在《公羊传》中只有孔子的"微言"，却没有孔子的"大义"，《公羊传》中的大义完全是公羊学的大义，是公羊学的哲学原则和理念。微言与大义是不能够画等号的。《春秋》的传文以对其经文的注释和解释的名义出现，在表面上是对经文的诠释，实际上这只是表面现象甚至假象，经文的作用只是引入传文的"引子"，传文才是真正的目的，其重要性在于经文之上。这里要注意以传代经的方法并不是西方的诠释学方法，两者不要加以混淆。

以传代经的方法可谓是利弊参半。好处是可以利用古代的经典使自己的思想和理论获得正统性和权威性，从而使自己的哲学尽快跨越和消除人们的心理障碍，使其尽快获得接受和传播。但是，这种方法也有重要的缺陷。它使自己的思想失去了独立性，模糊甚至失去了真正的作者和出处。董仲舒的哲学将这种方法的两个方面都发挥到了极致：在获得接受和认可的同时，也削弱甚至泯灭了董仲舒作为公羊学真正渊源的事实。这使得中国哲学史一直无法展现出它应有的真相。由此可见，以传代经的方法对于中国哲学史造成了巨大的影响，正面和负面的影响都十分深刻而持久。

2. "托孔入世"的方法论根据。

以辞指论为依托，董仲舒"顺理成章"地为他的托孔入世的策略找到了方法论根据。董仲舒说："见其指者，不任其辞。不任其辞，然后可与适道矣。"这句话的前两句是解释辞指论，后两句才是重点，说明只有"不任其辞"，才有可能"适道"，即只有不拘泥于孔子的言论才有可能真正找到真理。托孔入世不仅找到了方法论上的坚实根据，也表达了董仲舒对于孔学和他的董学的真正看法，即孔学只是他获得真理的一个媒介而已，真理是他自己的哲学。在这里董仲舒公开地阐明了他对于孔学与董学的真正看法，需加以注意。

第六节　经验主义和哲学思辨

要更深刻地理解董学的方法论，必须要认请的是经验主义和哲学思辨两者之间的关系。

一、经验主义的应用

董仲舒在将天和人进行比较时是有事实基础的。这些事实基础来自于对事物的观察。自然界和人类都被当做客体接受作为哲学家的董仲舒的主体观察。董仲舒观察到了种种客体的状况、特征和运行方式，结合先人的考察成果，对观察的结果进行反复的比对，再试图通过归纳法将观察的结果总结出客观规律。这种从具体到抽象、由个体而到普遍的逻辑过程是经验主义的认识方法的典型应用。

关于人的生理和情感的事实性自不必说，关于天的事实性董仲舒得之于阴阳观和五行观。在董仲舒看来，阴阳是万物运行的规律，阴阳运行转化为五行，五行的运行则决定了四季的形成和转换。阴阳五行观并不是古人凭空的臆想，而是有一定的事实依据的，虽然这些事实不够全面，按照现代科学的标准并不完全符合逻辑，但是，在两千多年前，这种观念和逻辑却是先进的，代表了最高级的科学水平，中医学也在西汉初期由于阴阳五行观的介入和指导而成熟了，至今不衰[1]。

我们不能用今天的标准来否定董仲舒时代的逻辑和认知水平，否则便会犯下历史虚无主义和时代倒错的错误。在公元前 2 世纪的西汉时期，董仲舒的天人相类的学说是一种令人信服的思想，否则它便无法被汉武帝和当时的整个学术界和士人阶层所全盘接受，也便无法上升为国家意识形态，并以此为基础建立起被奉行了两千多年的皇帝制度。

二、三段论的逻辑方法

三段论（syllogism）是古希腊哲学家亚里士多德总结出的逻辑方法，是基本的逻辑方法。它的基本思路是将个别现象归纳为具有普遍性的结论，再将这个结论演绎到具体的实例之中，是归纳法和演绎法的综合。其中的归纳法是经验主义的，演绎法是推理性的和思辨性的。三段论在近现代的科学和哲学中受到广泛的应用。虽然中国古代哲学没有三段论的名词，但对其使用却早已存在，阴阳五行哲学便是典型的三段论逻辑方法。

通过经验主义的观察，中国古人得出了世界由金、木、水、火、土等五种主要的物质所构成，世界的变化是由阴阳两种不同性质的方式所引起的。从战国后期开始，先哲们开始将五行观和阴阳观进一步抽象化，提出了以阴阳观为基础的形而上学思想，同时出现了将阴阳观和五行观相结合的尝试。五行观被推演到了地理的五方、音乐的五音、嗅觉的五味、颜色的五色等。这是归纳法的演绎性应用。

战国后期的阴阳学将阴阳观和五行观应用于政治和历史理论，

---

[1] 参见周辅成：《论董仲舒思想》，上海人民出版社 1961 年版，第 65 页。

认为历史变化和王朝更替的规律是符合阴阳五行的运动和变化规律的，这是对阴阳五行观演绎法的初次应用。中国上古的五帝观也应运而生。《吕氏春秋》延续了阴阳学的这个思路，试图用阴阳五行来解释整个世界，建立起完整的世界图式。但是，先秦的阴阳五行观的应用仍然显得生硬，缺乏令人信服的具体的逻辑过程。

董仲舒将先秦的阴阳五行观上升为阴阳五行哲学，系统地建立起了阴阳和五行之间的逻辑关系，有机地完成了阴阳观和五行观的融合。同时，董仲舒将阴阳五行的规律推广到了人类社会尤其是政治哲学和历史哲学之中。阴阳五行哲学的三段论逻辑方法最终得以确立。

因此，董学的阴阳五行哲学凝结了上古时期朴素的经验主义的认识方法，将其逐步抽象化，被应用到了天的形而上学和皇权主义的政治哲学之上，形成了系统而严密的三段论的归纳和演绎过程，董学由此完成了对先秦哲学的逻辑方法的整合。

第七节　董学的方法论与孔学没有共通性

如果说在概念层次上董学与孔学和先秦儒学有某种共通性的话，那么在方法论层面上两者则没有任何的共通性，董学完全超越了孔学和先秦儒学。

事实上，先秦儒学尤其是孔学并没有严格的哲学意义上的方法论可言。如果说孔学称不上是一种真正意义上的哲学，这也包含孔学没有哲学意义上的方法论的含义。没有哲学也就没有方法论。也正是因为孔学没有哲学意义上的方法论，它才无法被看做是一种哲学。

前儒学的思维方法或者说其方法论的倾向还是有的，这种思维方法朦胧地体现在它的个人伦理学和政治主张中。价值观和政治上的复古倾向表现在孔学的历史观中。以古代的行为方式作为理想和标准来约束和衡量当前的社会，试图使之回复到古代，这实际上也是一种逆向而行的历史观，是一种"历史逆向论"。

第二十三章　董学的本质

从宏观体系的构成来看，董学的哲学体系由四个系统组成，即天的形而上学、政治哲学、人性理论和政治制度设计。在理解董学的核心概念、理念和结论以及四个系统时必须确认它们的体系存在的相互渗透和制约的逻辑关系，理解相互之间的体系意义。这是深刻理解董学的必要前提。

第一节　董学的逻辑结构

董学是以政治哲学为主干的哲学体系，在各个子系统之间存在着完整而紧密的逻辑关系，也就是说董学具有严密的内在逻辑性。

一、董学的核心是皇权主义的政治哲学

董学的目的是为解决西汉所面临的各种危机制定出一揽子的解决方案，这个方案并不是权宜性的应对政策，而是要设计出一整套全新的国家意识形态和国家行为模式，董仲舒所演绎的庞大的哲学体系都是为此而服务的。

董学的核心是皇权主义的政治哲学，董学皇权主义的政治哲学并不是拘泥于个别的哲学概念和范畴的论定，而是涉及了政治哲学的上游和下游的所有方面，形成了一个庞大的哲学体系。其上游是天人合一的形而上学理论，下游是重塑国家与社会关系的教化论和一整套国家改制措施。

从哲学的体系性角度来看，在世界哲学史上，董学这种庞大而又丝丝入扣、深沉高远而又极具实用价值的哲学体系是绝无仅有

的。而从政治哲学所取得的成就来看，中国在两千多年的历史时期内都拥有世界上最成熟的政治理念和政治制度，这个文明成就无疑要归功于董学。

二、天人合一理论是政治哲学的逻辑原点

董学具有完整而逻辑严密的天的形而上学，天人合一理论成为其政治哲学的基础和逻辑支撑，解决了皇权主义的来源问题，并且赋予了皇权主义以正统性、合理性、必要性和现实性。天人合一的理念和阴阳五行哲学的方法论渗透到了董学的各个领域、层次和子系统中，在相同的逻辑线条的链接之下形成了一个庞大的哲学体系。

元、天人合一、阴阳和五行等范畴构成了董学的天的形而上学的核心概念体系，董仲舒通过一系列的方法论演绎构建出了完整的天的形而上学，其逻辑性和体系性都具有缜密的思辨性和顽强的牢固性。董学的形而上学、政治哲学、人性理论和政治体制的设计等领域之所以会具有理念和逻辑的同一性，都是天人合一理论贯彻其中的结果。

三、政治哲学的伦理学和历史哲学支撑

除了天人合一的形而上学理论之外，董学的皇权主义的政治哲学也受到了董学的国家主义的伦理学和历史哲学的强大支持。可以说，董学的皇权主义的政治哲学与各个子系统建立起了有效的互动，获得了它们的有效支撑。

四、人性理论是形而上学向政治哲学过渡的枢机

在整个体系中，人性理论在董学中占有重要的逻辑地位，它是从形而上学向政治哲学过渡的逻辑枢纽，也就是说，在董学的体系之中，人性理论将形而上学理论和其政治哲学连接到了一起，使之

成为了一个有机的整体。

第二节　董学的价值观

董学的价值观是皇权主义和国家主义的价值观，将国家的利益视为最高的利益，将个人的价值融入了国家利益之中，实现了国家主义的价值观与个人价值观的完美融合。董学扬弃了孔学和前儒学的个人伦理学的个体性价值观和自主性原则，不仅消除了孔学的唯己主义倾向，更将其个体性和自主性的个人价值观有机地融入了国家主义的价值观之中，作为一个必要的部件为董学和公羊模式的系统服务。董学对于孔学的价值观的扬弃和同化为董学的价值观找到了具有现实性和可操作性的实现手段，使其价值观和价值实现手段之间、理论和实践之间形成了高度的统一。相比于孔学，我们不能不为董学的成熟所折服，不能不为其深阔的胸怀和精巧的哲学思辨和政治设计能力而击节赞叹。

由此可见，董学不仅标志着中国文明的价值观出现了一次质的飞跃，也成为中国文化、哲学和文明由早熟变得成熟的分水岭。

国家主义的治国理念是对国家和社会的一种自上而下的统一管治，是处理国家与社会关系的一种方式。社会的自发性被置于国家的有效引导之下，国家根据统一的方案在全社会进行资源的整合和重新分配。国家主义的目标是使国家长治久安，社会更加稳定和和谐，而不是要造成冲突，激化矛盾。

商学是一种国家主义，只不过它的目标是征服六国，完成秦国对中国的统一。商学实现其国家主义目标的方式是发动一系列的战争，并且以赢得战争为目的来重整国家内部的结构，实现国家对社会资源的整合和重新分配。在手段的选择上，西方近现代文明与商学是一致的。各种形式的战争是西方国家和文明实现其国家主义目标的最重要的方式。

作为严格的国家主义的董学的政治目标是使西汉能够维持中原大统一的局面，并且进一步实现大一统，使汉家的皇权能够永续，社会资源通过国家的干预得到合理的分配，消除对皇权构成威胁的破坏因素，将不安定的社会要素引导到国家的轨道上来，遵守国家和皇权所制定的游戏规则，使社会和谐安定。战争在董学的体系中不再居于首要地位，不再是董学实现国家主义所倚重的重要手段，而只是手段之一。董学的国家主义的最重要的方式是皇权，通过强化皇权来加强国家对于社会的控制和管理。

董学的核心是要建立强大的皇权，目的在于通过皇权建立起强大的全新的国家形态。在董学的政治哲学体系中，皇权主义与国家主义并存，两者是相辅相成的关系，并不存在理念上的矛盾和冲突。董学的政治哲学的原则和理念既适合于皇权主义，也适合于国家主义。这是因为皇帝代表着国家，皇帝与国家在当时是可以相等同的两个范畴，在当时并没有出现将两者分开的必要。正因如此，董学、公羊学和以此为意识形态而建成的公羊模式才能够被历代皇帝所接受，才能够超越时空成为中国文明屡试不爽的理想的意识形态和国家行为模式。

从价值取向来看，董学是严格的国家主义。无论是在伦理学还是政治上董学都奉行严格的国家主义的原则和理念，但是这并不意味着国家主义可以任意压制和践踏个人，相反董学严格的国家主义不是站在个人的对立面，而正是为了保护民生、实现个人自身无法实现的安身立命和追求个人福祉的人性目标。在理念上，董学的国家主义是作为个人延长的手臂而存在的，是为了完成个人无法完成的行为而存在的。

董学和公羊学并没有随着西汉王朝的灭亡而终止，却被后来的历朝历代所承继和发扬，这个事实本身体现和证明了作为国家主义的董学在中国特定历史境况中的合理性和必要性。

第三节　董学的重要特征

在董学诸多的特征中，体系性和独创性是最突出的两个重要特征。

一、完整的体系性

董学的四个系统形成了一个具有紧密的内在逻辑关联的互动体系，具有完美的整体性。

（一）形而上学、政治哲学、人性论和伦理学的同一性

董学并不像有些哲学体系一样是拼凑起来的整体，不同的系统之间存在着逻辑上的不协调性和结论上的矛盾性和冲突性。董学虽然可分为形而上学、政治哲学、人性论和政治制度设计等主要系统，但是贯穿在各个系统中的逻辑主线是一致的，是各个部分相互呼应的总系统，形成了完整的有机整体。从逻辑主线的同一性来看，作为哲学体系的董学的完整性和体系性、严密的逻辑性和思想的成熟性在世界哲学史尤其是古代哲学史上都是极其少见的。古希腊的柏拉图和亚里士多德同样具有庞大的哲学体系，但是它们所缺乏的正是始终如一的逻辑线索，尤其是在亚里士多德哲学的各个领域之间缺乏整体性，是各自为战、相对独立的组合体。

（二）严密的结构性

董学的四个系统之间并不是平行的关系，而是形成了错落有致的结构性。天的形而上学是董学的上层建筑，政治哲学是其核心部分，人性论是体系的支撑，政治制度的设计则是上述理念的现实落脚点。董学体现了了认知和实践的高度统一，体现了具有高度可行性的顶层设计，这些特质使董学成为现实主义政治哲学的卓越典范。

（三）充分的现实性

董学不是一套抽象的政治哲学，而是建立在现实主义基础之上

的对国家制度和政策的设计。这种制度设计具有可行性、具体性和可操作性。这与孔学逃避现实的道德乌托邦主义完全不同。

通过系统的制度设计董学直接对国家行为在模式和政策层面上进行了有效的干预，成功地打造出了公羊模式这个全新的国家行为模式。这是董学与中国哲学史上所有其他的哲学和思想的与众不同之处，是董学与前儒学的本质区别。

（四）体系的平衡性

作为一个庞大的哲学体系，无论是从纵向还是横向来看董学都具有卓越的平衡性，所得出的结论和建议采取的措施都是深思熟虑的结果，绝少煽情，一路走来始终贯彻理性主义的哲学思辨性。这种平衡性体现的是董学的理论成熟性，正因如此，董学才能够成为中国的政治体制的底本和蓝图，才能始终作为最稳妥的政治理念和制度设计而为历代的政治家和思想家所复制，引领中国文明从一个个低谷中崛起，一次次地再造中国文明的辉煌。

二、卓越的独创性

董学是充满了独创性的哲学体系，最大的独创性体现在系统的皇权主义思想之上。除了皇权主义的政治哲学之外，董学的独创性在形而上学领域内体现在将天人感应整合为系统的天人合一哲学，将先秦古老的阴阳观和五行观整合为具有逻辑性和系统性的阴阳五行哲学，在人性理论上体现在三才论的提出上，在方法论上体现在系统论和董学辩证法的创建和梳理之上，在国家政策上体现在教化论和五经博士制度的创立之上。作为哲学家的董仲舒的这些哲学创建在中国哲学史和世界哲学史上都是革命性的成就。

第四节　董学内在的逻辑矛盾和不足

董学无论是在纯粹的哲学体系构建上，在哲学理念上，还是在与现实政治的接轨上，在中国传统哲学史中都是独一无二的，说董学是中国传统哲学史中的最高点是当之无愧的。董仲舒构建了一个包含着许多子系统的庞大的哲学系统，不同子系统之间的逻辑联系具有合理性和整体性，整个体系形成了一个丝丝入扣的逻辑实体。董学所达到的体系高度在世界哲学史中也是绝无仅有的。

然而同时应该看到董学并不是十全十美的哲学体系，在董学的内部仍然存在着一些矛盾体。概括来说，这些矛盾体体现了"名与实"并不相符的现象。

一、排孔与借孔的矛盾

在对待孔学的问题上，董学体现出了最大的矛盾现象。董仲舒在理念和价值观上一直明确地排斥和抵制包括孔学在内的先秦儒学，这由董学核心的观念事实所反复证明。董学的天人合一的形而上学、性三品的人性理论、大一统的政治哲学和自上而下改造社会秩序的国家主义的伦理学和价值观等都与孔学不相关或相对立。然而，出于现实的功利考量，董仲舒又大肆利用孔子为其哲学的入世鸣锣开道，实施托孔入世的策略。这种阳奉阴违的状况破坏了董学和孔学的事实性，人为扭曲了两者之间的关系，形成了董学内部的排孔与外部的借孔和尊孔的精神分裂。虽然这种精神分裂在现实政治层面上取得了空前的成功，为董学上升为汉武帝王朝的国家意识形态铺平了道路，却为后人真正认识到董学的真正面目人为地制造了困难，也使中国哲学史变成了一个迷局甚至骗局。

但是，董仲舒本人却不必为这种局面的产生担负个人责任，中国王朝政治的凶险显然要为董仲舒对于孔学复杂而扭曲的双重性态度承担主要的责任。如果不是带上孔子的假面具，董学可能永远无法成功入世，汉武帝也会像秦始皇一样终其一生而无法找到适合中国的意识形态和国家行为模式，而董仲舒或许也早已因为离经叛道私自散布异端邪说而身首异处了。董仲舒通过设置托孔入世的迷局，不但保全了自己的生命，能够将自己的一生完全投入到为国为民的哲学贡献中去，也在事实上为汉朝和中国文明找到了适合自身的意识形态和国家行为模式，恩泽中华民族两千多年之久，这种哲人的境界不是崇高和伟大又是什么呢？

二、斥秦与承秦的矛盾

对于商学、秦国和秦朝，董仲舒的处理方法同样充满了矛盾。按照观念唯实主义的标准来衡量，在先秦诸家中商学是与董学最为相近的学派，是董学的重要来源之一。公羊学的大一统包括国家外延和内在理念，尤其是对于文化和意识形态的引导和操控，可以说是商学的"作壹"思想在皇权时代的继承和发展。两者分享了共同的国家主义价值观，可以说在政治哲学理念上董学继承了商学，而在现实政治中以董学为核心的公羊模式在一些方面堪称是以商学为核心的商鞅模式的升级版。但是，或许是受制于时代的政治正确性，董仲舒对于商学的渊源几乎是绝口不提，也如同时代的主流一样将秦国和秦始皇作为反面教材加以鞭挞。这种自相矛盾的做法形成了董学一暗一明两条线索。

董学中的斥秦与承秦的矛盾是时代的规定性，是具有时代普遍性的现象，而并不是董仲舒个人的失误。恰恰相反，董仲舒能够在异口同声对秦朝进行口诛笔伐之中保持清醒的头脑，在理论上继承了商学和秦制的精华，体现了哲学大师深刻的洞察力和过人的气度。

三、大一统理论的不确定性

董仲舒的大一统理论是其政治哲学最重要的原则和理念之一，但是这个原则在理念上并不完整，在实践中也具有弹性和不确定性的。

如前所述，董仲舒是通过《公羊传》来引出和展开大一统原则的，这个选择具有"不伦不类"的尴尬。在时间上，西周并不是中国大一统的起点，在内涵上西周的大一统也并不是中国大一统的完美形态，在民族构成上过于强调华夏的正宗地位，在地缘上则是外延不明确的同心圆理念。这些不完善的地方是由司马迁和汉武帝加以纠正和完善的。因此，广义公羊学的大一统原则超越了董学即狭义公羊学的大一统原则，成为公羊模式下完整的大一统理论。

董仲舒同心圆的大一统理论虽然在理念上"进可攻，退可守"，在现实政治中却体现出不确定性。这是因为董仲舒并没有划定大一统的地缘外延，大一统的地缘外延可以是秦国统一六合之后的疆域，也可以是汉武帝所解读的包括整个黄河流域、西域和部分漠北的广大地区。董仲舒对于大一统地缘外延的不确定性在《限民名田议》中得到了充分的体现。这种理论上的不确定性必然会导致国家行为上的犹豫，这对于公羊模式的构建尤其不利。有幸的是汉武帝并没有被这种不确定性所束缚，他对于大一统的地缘外延的理解要超过董仲舒，这也是他能够通过国家行为为后世的中国大一统的确定打下牢固的地缘外延基础的原因。

四、对宏观经济政策的度的把握

董学具有明确的经济思想。董学的经济思想本质上是一种政治经济学思想，也就是说董学的政治经济学思想并不是如资本主义经济一样只着眼于经济的发展和增长，而是从政治哲学的角度来看待经济在整个国家行为中的作用和地位的思想，经济的稳定是国家政治稳定的基础和保障，经济学的目的在于维护国家的政治稳定。

当汉武帝讨伐匈奴的战争威胁到了经济体系的稳定之时，董仲舒便对汉武帝的经济政策进行了批评，可见在董仲舒眼中国家政权的稳定是要高于荣复仇的，荣复仇的战争只有在不威胁到经济体制的正常运转和国家政权的稳定时才是可行的。而经济体制和国家政权的稳定又会与大一统的原则发生碰撞。这个讨伐匈奴战争关系到经济政策和大一统的原则，而问题的枢机在于对度的把握。而董仲舒和汉武帝对于度的理解显然是不同的。汉武帝不仅要发动一场以雪耻为目的的荣复仇战争，也要彻底消灭匈奴，将大一统的外延延伸到漠北和西域，这在董仲舒看来已经是过度了，因此他建议汉武帝放弃国家主义的宏观经济政策，修复被战争破坏了的自耕农经济体制，而这就要迫使汉武帝降低战争的规模和持续性。汉武帝并没有听从董仲舒的建议，而是发动了以彻底征服匈奴为目的的第二阶段的对匈战争，只是在第二阶段战争劳民伤财而没有达到他的目的时，他才幡然醒悟，接受了董仲舒的建议，停止了对匈奴的战争，将注意力转移到国内经济建设上来。这就是他晚年的轮台诏书的意义。

可见，在国家行为的实践中，董仲舒关于国家行为的体系性协调的哲学被汉武帝完全接受经历了一个曲折的过程。虽然在表面上看董仲舒对于宏观经济的把握与其政治哲学并非完全吻合，但是从内在的机理来看，董学的经济政策和政治哲学之间并不存在本质上的抵牾之处，而只是在对度的把握上有些模糊，而这种模糊性通过汉武帝的实践得以明确。这说明在董学向公羊学的过渡过程中存在被完善之处。

五、比附法在严谨性上的不足

董仲舒的天人合一理论的重要方法论基础之一是比附法，将天和人两个事物进行类比虽然具有一定的事实性基础，但是这种事实性却是肤浅的和浮于表面的，缺乏深刻性。尤其是灾异论试图将自然灾害和异常天象与皇帝和国家的政治行为建立起因果互动关系，附会的意味浓厚。随着科学的进步，这种比附法变得经不起推敲，这使得天人合一理论逐渐脱离了事实性基础，如同中西方许多其他古典哲学一样，虽然其哲学理念仍然具有生命力，但是在事实性和哲学思辨性之间形成了脱离。比附法的不严谨性是可以原谅的，这是人类文明阶段性的严格规定性，任何人都是无法摆脱和超越的。

第五节　董仲舒的历史贡献

董仲舒是中国历史上最具革命性的哲学家和历史人物。是中国哲学史上最重要的哲学家，是对中国文明做出最突出贡献的哲学家。

冯友兰认为，董仲舒终结了中国哲学史的子学时代，开辟了经学时代，这个评价是中肯的，是符合中国哲学史的脉络的。董学是建立在对先秦百家哲学的扬弃之上的，同时董学全方位地超越了先秦百家哲学，以自己卓越的创造力创立了蔚为大观的哲学体系，无论是在深度、广度还是体系性上都达到了新的高度，解决了子学时期几乎悬而未决的所有哲学命题。后来的中国哲学并没有提出新的哲学命题，而只是对董学的命题有所细化和具体化而已，也就是说董学在中国哲学史上的贡献和地位前无古人，后无来者，中国哲学史以董仲舒为分水岭分为两个时期：前董仲舒时期和后董仲舒时期。

董仲舒对于中国历史的贡献有两个方面，一是他的董学和公羊学为中国文明确立了意识形态，二是他帮助汉武帝构建起了全新的国家行为模式——公羊模式。

董学与孔学的正本清源

张珂 著

下册

人民出版社

第三部　孔学的本质

这一部分将集中对孔学进行唯实双构，即根据观念唯实主义来分析孔学的本质，通过唯实解构看清孔学的真实内涵，然后通过唯实重构挖掘出孔学的价值观。

第二十四章 本初的孔子

在战国时期关于孔子的评论已然十分繁杂，不同的学派出于不同的立场和目的对于孔子发出了大相径庭的言论，做出了不同的判断，以至于对于孔子的生平、言论和孔学的本质形成了相互矛盾甚至冲突对立的各种传言。这种现象一方面反映了孔子在战国时期已经具有了相当大的影响力，另一方面也使孔子真正的生平和孔学的理念变得有些扑朔迷离、真伪难辨。后世关于孔子生平的定格是在司马迁的《史记·孔子世家》中实现的。可以说，是司马迁对孔子和孔学在一些方面进行了拨乱反正的澄清，正因如此，《史记·孔子世家》塑造了孔子在中国文化中的形象，使从战国后期开始的纷扰传闻有了定论。然而，我们必然看到，司马迁关于孔子的总结具有皇家意识形态的鲜明色彩，是公羊模式的政治需求的反映。司马迁对于孔子的描写许多地方可以在《论语》中得到一定程度的呼应，由此可见司马迁在撰写《史记·孔子世家》时一定仔细研读了《论语》。但是考察司马迁对于孔子的评价和定位必须考虑到汉武帝朝的时代性，否则便无法把握作为公羊学历史学家的司马迁的政治和意识形态背景及其言论中的作伪性。

一、孔子是个出色的士人

孔子是鲁国人。这点对于研究孔子十分重要。《史记》认为孔子的祖先是殷商时期的贵族，这对于孔子来说并不重要，决定孔子出身的是他的父亲及其出生方式。孔子是私生子，出身十分低微，按照春秋时期的社会标准来衡量的确是"贫且贱"（《史记·孔子世家》）。尽管如此，孔子的个人素质却相当高。虽然生活困苦，孔子却长成了一米九三的大块头，这在当时无疑是个巨人了。除了身体上出类拔萃的先天优势之外，年轻的孔子在智力上也与众不同。孔子是个有独立观点、有理想的人，24岁便开创性地以教师为生，体现出了他的自信而且证明了他的胆识。孔子因为教师而名声渐起，从卑贱的最底层进入了士人阶层。在50岁"高龄"时，孔子成功闯入了士大夫阶层，开始担任县令，后在几年之内平步青云担任了鲁国主观司法事务的大司寇，并且"摄相事"，即代理国相治理国家。然而，风光的时光并不长久，手执权柄仅仅三个月之后，孔子便因"堕三都"在鲁国错综复杂的政治博弈中惨败，在彻底失信于鲁王之后，被排挤出了政府，带着一批学生踏上了名为周游列国实为浪迹天涯的流浪之途。在饱经人生冷暖屡次碰壁之后，晚年孔子重回鲁国，对其教书生涯进行了总结，最终在家乡鲁国寿终正寝。

为了追求自己的理想他能够将一生投入其中，虽然他的努力最后以失败告终，但是其人格魅力仍然感染了他的弟子，也在社会上造成了很大的影响。不以成败论英雄，孔子仍然不失为春秋时期一个出色的士人。

二、孔子被迫转型为教师

孔子的政治主张是不成熟的，这点在其短暂的为官生涯中已经得到了验证。被罢黜之后，孔子的选择颇为耐人寻味。他并没有向失败低头，既没有改变他的品行，也没有改变他的观点。没有改变品行是因为孔子并没有因此而成为一个为了名利向当权的田氏家族低头的失节势利小人；没有改变他的观点是因为孔子并没有吸取教训，在思想上进行反思和改弦更张，而是仍然坚持自己的主张，倔强地带着一些学生周游列国，远走他乡。可以说，孔子是在仕途遇挫之后被迫选择了教师这个当时并不存在的职业的。因生计所迫，在窘迫之下创造出了以知识安身立命的教师行业，可谓是"因祸得福"。

三、孔子无奈地周游列国

离开鲁国之后，孔子周游列国，历时14年，在一无所获之后黯然回到了鲁国。孔子周游列国的经历是十分悲惨的，不仅其学说无一例外地碰壁，受到了许多有识之士的讽刺不说，经常食不果腹，还几次身临险境，几乎丧命，就连孔子也说自己"累累若丧家之狗"。《庄子·让王篇》对此有过概括的描述：

> （孔子）再逐于鲁，削迹于卫，伐树于宋，穷于商、周，围于陈、蔡，杀夫子者无罪，藉夫子者无禁。

孔子的这种状态按郭沫若的话说就是"这和亡命的暴徒有何区别呢"[①]！《吕氏春秋·慎人篇》也有类似的记载，可见此言不虚。

四、真实孔子的身份定性

本初的孔子是个落魄的士人、优秀的教师，或者是教育家，如此而已。他的突出贡献是勤勉地编撰了一些教材，这些教材通过他的弟子加以传播。除此之外，他还教导他的学生们要成为君子，形成了君子伦理学，希望以此来塑造他的学生们的人格类型。

由于秦始皇、项羽等人大规模的焚书行为，孔子编撰的教材在文化传承方面起到了继往开来的作用。更由于西汉初年的政治危机，孔子被董仲舒选定为理想的"借壳上市"的依托，孔子摇身一变成了哲学家和圣人。汉武帝接受了董仲舒的这种处理方式，进一步将孔子打造成其公羊模式的"形象代言人"，对孔子的地位进行了根本性的拔高，于是在董仲舒和汉武帝的联袂操作之下，针对孔子的意识形态作伪便隆重登场了。事实上，董仲舒和汉武帝选择孔

---

① 见《中国古代社会研究》，郭沫若：《十批判书·孔墨的批判》，河北教育出版社2004年版，第543页。

子作为新的意识形态的形象代言人被证明是个十分成功的炒作，取得了意想不到的效果，以至于孔子的轰动效应一直持续了两千多年之久，孔子由一介流离失所的寒儒变成了中国文化的象征和代表。

第二十五章　分析孔学所依托的唯实史料

根据唯实主义的方法和原则，对孔学进行唯实双构的出发点和基础首先是确定分析孔学所依托的唯实史料和典籍。

第一节　孔子的"述而不作"

孔子坚持"述而不作，信而好古"（《论语·述而》），他致力于教学，向弟子讲述古代的历史，而不是致力于写作①。孔子是教师而不是作家，不是靠笔耕而显名于世的哲学家。事实上，私人著述在春秋时期基本上是闻所未闻的行为，根据《史记》的记载，在孔子之前只有老子写下了五千字的《道德经》。作为教师，孔子没有留下自己创作的著作是很正常的。这个现象是必须得到承认和尊重的。

后世声称为孔子所作的著作很多，这是把孔子对古代典籍的使用和编撰以便使其成为他教学的教材当做了孔子的创作，这是不符合事实的。另外，声称出于孔子之手的典籍如《易传》等则是完全没有事实根据的。许多后人所声称的为孔子所作的文章和著作实际上都是经不起考据和推敲的伪托。主观地夸大孔子曾经著作的说法是泛儒学化和孔子圣化的一种反映，是不顾事实人为地拔高孔子的恶习，这是历史唯实主义要从中国哲学史中加以割除的一个思维定式。

---

① 根据孔学的逻辑，孔子此处的"述"与"作"都是在指教学中的讲述而言，有人将其推演到生命的创造等高度来进行理解是由过度解读而产生的望文生义，是不符合孔学的观念事实的。

第二节　研究孔学的唯实史料

相比较之下,《论语》和《春秋》经文可算是最可靠地体现了孔子思想的著作了。这两本书是研究孔学的可以基本信赖的唯实史料。

一、《论语》

《论语》集中了孔子的弟子所记录的孔子的言论,堪称是最接近孔子思想本意的资料来源,要比无法显示出处和来源的载于其他书籍的所谓的孔子言行更为可靠,也比后世孔门弟子和孔家内部的隔代追记要来得更加直接和可信。《论语》中也辑录了与孔子发生过近距离接触和交流的其他学生们的一些言论,包括孔子最器重的学生子夏、子贡、子张和冉有等的记载,其范围和题材都很广泛,这也增加了《论语》作为唯实史料的可行性。在《论语》的末尾有《子路》一章专门辑录了孔子的主要弟子的言论。这也从侧面证明了《论语》已经辑录了孔子所有的主要言论,是一个具有一定的全面性的孔子言论集。

虽然编制体制零散混乱、不成体系,但是《论语》还是覆盖了孔子思想的所有主要内容,相对于其他史料最能表现出孔子思想的本质,最忠实地记录了孔子的情绪、个性、经历和行为方式等。因此,研究孔子的思想和主张首选的唯实史料是《论语》。

事实上,历来严谨的历史学家和中国哲学史学者都将《论语》作为最重要的甚至唯一可以信赖的孔子著作来研究孔子和孔学的著作,而对于其他伪托于孔子的著作则加以拒绝和持十分审慎的态度。钱穆、周予同和匡亚明等便是如此,他们只接受《论语》,而对于其他的材料则拒绝接受 ①。

---

① 参见钱穆的《孔子传》、周予同的《孔子》和匡亚明的《孔子评传》等。

然而从成书过程来看，《论语》也充满了人为打造的痕迹。我们所看到的今本《论语》在版本的采纳、章目的编辑和许多重要文字的确认方面都存在着不足和争议。今本《论语》是西汉末年的张禹和东汉末年的郑玄杂糅了诸多版本和注释而形成的，这个版本被唐初官方采纳而成为十三经注疏的一种，在宋元明清经过官方的再确认而成为今天的定稿。而张禹的版本存在诸多可争议之处，在一些重要的地方与鲁本《论语》存在重要的分歧。这种分歧使今本《论语》无法完全令人信服，也无法令研究者得出最后的结论。周予同认为："研究真的孔子，以《论语》一书为唯一材料，固然比较的可靠，但诸位应该知道，它的忠实性仍旧不是绝对的。这原因，因为：一、《论语》的版本，从古代到现在，经过好几次的改变，其中难保没有后人篡改的地方。二、《论语》二十篇，前十篇与后十篇文体并不一致，尤其是末尾《季氏》、《阳货》、《微子》、《子张》、《尧曰》五篇，可疑处更多。"①

即便如此，我们也只能面对现实，不应该否定今本《论语》的价值和作为唯实史料的定位。因为它直接保存了孔子的言论，经过历代考证证明其中绝大多数的条目基本上反映了孔子的观点，因此仍然具有其他典籍所不具备的优势，仍然不失为研究孔子和孔学最直接、最可靠和最接近第一手材料的史料和言论汇编。

以《论语》为最重要的唯实史料来认识孔子和孔学的思想要注意两个原则。第一个原则是要在众说纷纭的说法中以《论语》中的说法来辨清真伪，确认有无；第二个原则是要在相互矛盾的说法中以《论语》中的说法为准，抛弃与之相冲突的说法。

据司马迁说《中庸》是孔子之孙子思所作。力挺这个说法的程朱理学家们对于该书与孔子的关系也信心不足。朱熹在《四书章句集注·中庸章句序》中写道：

---

① 《孔子》，载朱维铮编校：《周予同经学史论》，上海人民出版社 2010 年版，第 228 页。

　　　　子思惧夫愈久而愈失其真也，于是推本尧舜以来相传之意，
　　　质以平日所闻父师之言，更互演绎，作为此书，以诏后之学者。

　　这就是说，朱熹认为《中庸》并不是孔子所作，而是其孙后来
"演绎"的结果，其中夹杂了颜回、曾子等多人的想法。因此，《中
庸》在多大程度上反映孔子的观点不得而知，即使是其中直接引述
的孔子言论也并不可靠。由于无法作为孔子言论的可靠来源，因此
《中庸》无法成为研究孔学的唯实史料。然而，作为一般性的史料
和作为《论语》和孔学的补充史料，《中庸》仍然有其价值，既可
以作为孔子之后、孟子之前孔学流传的一个环节，也可以作为考辨
孔子思想的一个侧面参考。

　　二、《春秋》经文

　　除了《论语》之外，《春秋》中的经文虽然是孔子对鲁国历史
的编撰，但是由于其中加入了比较多的孔子对于春秋史的事实确认
和他个人对于许多历史事实的价值判断，因而被打上了比较深的孔
学印记。《春秋》中所记载的历史事实和其档案来源等都是孔子无
法左右的，其存在与孔子没有关系，但是其经文的文字表述则已经
不再是原始的历史档案了，而是经过了后人的刻意加工而成，这是
明确的。儒家历来都说是孔子在周游列国回到鲁国之后，根据鲁国
的国家历史档案重新编撰的两百多年的鲁国历史，形成了《春秋》
经文。历史典籍上也无法找到其他人编撰《春秋》经文的记载。因
此，在找到推翻孔子做《春秋》的确凿无误的历史证据之前，将孔
子作为《春秋》经文的编撰者是唯一的选择。

　　《公羊传》、《谷梁传》和《左传》三传的经文是基本上相同的，
这也证明了《春秋》经文并没有受到后人太大的改动，应该说仍然
基本上保留了孔子最初编撰的原貌。因此，《春秋》经文也是研究
孔学的唯实史料。

　　《论语》十分零散和零碎，在体制上不成系统，却也捕捉到了

孔子在方方面面的观点，可谓是集中反映了孔子的思想和观点。《春秋》经文可以说是孔子的思想和观点在历史学上比较系统的表现。但是《春秋》经文过于简略，所述历史事实不够清楚也不全面，在许多情况下也有失客观，而不恰当地体现了史书编撰者个人的主观性，并不是严格的历史书，也不是严格的历史文献学意义上的典籍。后人正是利用了《春秋》经文的残缺性大做文章，形成了对其经文进行补充和解读的《春秋》三传。

因此，比较可靠的记载和反映孔子观点的唯实史料有两部著作，即《论语》和《春秋》经文，其他的著作只能作为参考，不可轻信。在《论语》和《春秋》经文之间还是要以《论语》为主，《春秋》经文可以作为前者的补充和强化剂，一些在《论语》中一带而过的观点在《春秋》经文中得到了强化，如孔子的战争观。

三、《史记》

司马迁在孔子的历史形象的确定和历史地位的形成上起到了至关重要的作用。他的《史记·孔子世家》既终结了先秦和秦汉之际关于孔子的各种传闻，形成了一个相对固定的说法，也为后人提供了一个"定论"，成为了关于孔子生平的范本。

但是司马迁关于孔学的说法却经不起推敲，后来学者的考证已然多次指出了其不实之处。如关于孔子是否曾经"学易"便引起了两千多年的争论。因此，司马迁关于孔子的记载可以作为重要的参考资料，而不能作为信史加以笃信。

因此，《史记·孔子世家》可以作为研究孔子生平的唯实史料。

《史记·孔子世家》对于孔学的唯实研究具有重要的意义，它为孔子的教学活动和思想的变迁提供了历史事实依据，对于孔学的评估离不开观念唯实主义和历史唯实主义的有机互动和结合，司马迁所提供的孔子生平无疑为这种结合提供了可能性。

第三节 六经真相考辨

在中国哲学史上，对于六经无论是内容还是本质都存在着深深的误解和误读。这种误解主要表现在两个方面，一是认为六经是儒家著作，二是认为六经就是后来被汉武帝列为五经的《诗》《尚书》《礼》《乐》《易》和《春秋》。根据唯实主义的分析，这两种认识都是不符合历史事实的，都是要加以修正和纠正的。

一、六经是古代典籍

首先需要留意的是六经与孔子的关系。将六经看做是孔学和儒家著作是中国哲学史的主流观点，一些学者想尽办法将孔子与六经扯上关系，而绝大多数的学者在思维定式的作用下往往被动地接受这些主流观点。张其昀的观点便具有代表性。他认为："孔子兼综六艺……，他因鲁史作《春秋》，读《易》而为之传，合之《诗》、《书》、《礼》、《乐》，号为六艺。""孔子之于六艺，《易》则有传，《书》则有序，《诗》则有去取，《礼》则有从违，《乐》则有正，《春秋》则有义。"并且认为虽然孔子明确说明了自己是述而不作，但是实际上他是"以述为作"[1]。其实这种观点是错误的，是不符合历史事实和观念事实的。

六经中的四经即《诗》《尚书》《礼》和《乐》是从古代流传下来的典籍，属于纯粹的历史文献，先秦百家如墨家、商家、法家等都将其作为重要的文献资料和研究资料而加以引用。例如，引述《诗》的先秦典籍包括《墨子》《庄子》《管子》《商君书》《晏子春秋》《韩非子》等，引述《尚书》的有《墨子》《管子》《尸子》等，引述《易》的有《庄子》《管子》和《尸子》等。可见在春秋战国时期尤其是在战国时期，这些书籍都是开放性的历史文献，并不被

---

[1] 张其昀：《孔学今义》，北京大学出版社 2009 年版，第 302—303 页。

视为儒家学说，也绝没有被儒家所垄断，是超越百家流派的。

在六经中，孔子与《易》的关系是最薄弱的，从今本《论语》的记述来看孔子对《易》知之甚少，在鲁版《论语》中孔子与《易》的关系则更薄弱。孔子从来不言阴阳，阴阳哲学与孔子没有任何形式或理念上的瓜葛，就连孔子自己也直言不讳地承认他只是在晚年才开始接触《易》，并且为此深深懊悔。因此即使晚年的孔子曾经教授过《易》，它也不可能是孔子教学的重点，《易》也不可能是孔子教学的基本教材。既然《易》不是孔子的基本教材，那又怎么能够将孔子的六艺等同于后来的六经呢？作为孔子的忠实信徒，孟子可谓是圣化孔子的打手，即便如此在《孟子》中也只字未提孔子曾与《易》有任何瓜葛。如果孔子真的曾经"作《易》"，那么孟子一定会大书特书，《孟子》的忽略不计对于打着孔子旗号、重复孔子周游列国的人生轨迹的孟子来说是不可能的事情。因此，无论从客观性还是主观性的角度来看，孔子作《易》和五经等同于孔子的六艺的说法都是自相矛盾的，都是不符合观念事实和历史事实的。

《春秋》经文是孔子晚年编撰的鲁国编年史，在完成它之后不久孔子就去世了。虽然孔子或许曾经向他晚年的一些弟子如子夏等传授过《春秋》，然而该书不可能成为孔子"必修课"的教材，因此《春秋》不会是孔子周游列国时教学的教材。但是孔子的学生如子夏、曾子等很有可能将《春秋》列入了儒家的教材，由于缺少了孔子的把关，后世流传出多种对《春秋》的解释，即传文，形成了在形式、体制和理念上大相径庭的诸多版本也就不足为奇了。

因此，从总体上看，六经中的四经是儒家的教材，是孔子教学的组成部分。司马迁在《史记·孔子世家》中写道：

> 孔子以《诗》、《书》、《礼》、《乐》教弟子，盖三千焉，身通六艺者七十有二。

这已经确认了孔子用以教学的只是四经。司马迁的这个认知是符合事实的。

后来的儒家将《易》和《春秋》也列入了孔子教学的常规教材之列，于是出现了五经和六经之说，由此造成了与六艺的混淆。

孔子与四经的关系只能表明孔学更加重视教育和对作为教材的古代典籍的保存，而将孔子的六艺与后来汉武帝五经博士制度中的五经画上等号是非事实性的臆断。

二、孔子的六艺

对于何为孔子的六艺有不同的解释。一种解释认为这六艺是礼、乐、射、御、书和数。另一种说法则认为孔子教育的内容是古代典籍，是后来成为五经的六艺。其实上述所引的司马迁的记载已经辨明了孔子教学中的四经与六艺的关系。孔子的六艺并不是后来被汉武帝设为五经的六部古代经典文献。关于孔子六艺的真正所指会在下文"孔子的教育内容"中进行辨析。

三、孔子之后的六艺

孔子去世之后，孔子的教学内容已经难以为继，无论是子夏还是曾子这些继续以教书为业的弟子都不再拥有孔子出众的个人素质，只能传授文科，射和御等武科退出，数和乐也被弱化，孔子文武兼备的教学方式不复存在。孔子之后的文科教材除了原本的四经之外由于《春秋》的加入而变成了五经。随着乐科的弱化，《乐经》逐渐失传，重要的原因之一应该是后来的教师不再精通音乐，无法记录和传承古代的乐谱。于是，《春秋》代替了《乐》，原来的四经变成了新的四经。而《易》则始终游离于儒学教学之外，这就是即使在儒学成为显学的战国时期仍然看不到儒家系统论易的文献记载的原因。

孔子之后儒家教学内容的变化为后来将孔子的六艺与作为古代文献的六经相混淆埋下了伏笔。作为古代文献残存下来的文科教材开始代替已经严重弱化了的孔子的六艺成为儒家的教学内容，这种做法显然是一种公羊模式的意识形态的作伪行为。

四、五经不是孔学的内容

孔子和儒家以古代典籍为教材并不等于古代典籍就因此而变成了孔学和儒家思想本身。将两者混为一谈是公羊模式形成之后皇权主义将中国的意识形态二元化的产物，是皇权主义的意识形态作伪的文化大一统的重要举措和所造成的直接结果。

如前所述，《易》在孔子时期并没有也无法被列为孔子和儒家的教材，即使是被列为教材的四经也不代表它们是孔学和儒家独家的思想。诚然，孔子和儒家将部分古代典籍用作教材说明孔子和儒家与古代典籍并不存在根本上的矛盾，在许多观点上两者具有重叠之处，然而将两者混为一谈认为古代典籍是儒家经典，就是孔学和儒家思想本身，则是错误的。事实上，将六经等古代典籍和孔学与儒家思想混为一谈是儒学研究的一个重要的误区，而将六经和孔学、儒家思想分离开来是研究孔学、儒家思想和中国哲学史必须特别注意的一个出发点。这也是观念唯实主义和历史唯实主义所要强调的要点。

通过对孔学的观念事实的分析可以看出，孔子的许多观点与六经中的重要理念、观点和价值观并不相符，甚至存在着对立和冲突的情况。例如，对于法治孔子便与《礼记》中的立场完全不同。《礼记》记录了西周的礼仪制度的各个方面，其中十分重视法治在治国中的作用，可以说法治是西周礼仪制度的重要组成部分，但是孔子对于法治却采取了极力贬抑的态度，试图用德来代替法，将孝凌驾于法治之上。这也并不奇怪。孔子在教学中可以将古代典籍的内容作为知识向其弟子进行讲解，同时他一定会强调对于这些内容他并不苟同，孔学自有自己的观点。这在教学实践中是经常发生的。

五、五经体现了董学的内容

作为汉武帝所设置的五经博士制度的内容，五经的选择显然是最高决策层自觉地精心选择的结果，它们必然会而且只能反映汉武帝所要构建的新的国家意识形态和公羊模式的政治哲学。既然今本五经并不代表孔学和儒家思想，那么它们所体现的又是谁的思想呢？显然，从逻辑上看，不容置疑，它们只能代表被汉武帝列为国家意识形态的董学和公羊学的哲学思想。

在先秦时期，六经并没有统一的版本，即使在儒家内部六经也存在着不同的版本。由于《乐》已经失传，五经是在汉武帝设立五经博士制度之时才完成定稿的。这个定稿的目的就是汉武帝将董学上升为汉朝意识形态而采取的重要的具体步骤之一，它们必然会体现皇权主义的意志，而作为古代典籍的事实性和学术性只能退居其后，五经的性质也不可避免地、顺理成章地从此发生了质变，从古代文献变成了反映公羊模式的意识形态的文献载体，因此在五经定稿的过程中不仅大量地融入了董学和公羊学的理念，而且它们本身就是体现作为国家意识形态的董学和公羊学的文献工具。由于古代文献的散佚，我们已经无法知晓五经出台的具体过程，而只能从被大量裁剪和经过无数次作伪之后残存下来的极其有限的历史资料中加以推断和演绎，无法量化董学在哪些具体的条文上和多大程度上改变了五经[①]。但是在体现了董学的核心理念的《公羊传》统领之下的西汉五经很大程度上反映了董学和公羊学的观点，成为汉武帝加强皇权对思想控制，在政策和国家制度上实现了意识形态的大一统

---

① 汉武帝朝这方面的历史几乎被完全删减，以至于后人已经无法知晓五经博士制度出台背后的各种玄机和过程，这段缺失体现了皇权主义的意识形态作伪对于中国哲学史和中国历史学的事实性的篡改是多么的深刻。幸好班固在《汉书》中部分地折射出了汉武帝与董仲舒之间的互动，记载了改变了中国历史进程的董仲舒的《天人三策》，否则，中国古代文明的意识形态和公羊模式的实现过程将永远无法进入中国人的视野，中国古代文明的意识形态将永远成为千古之谜。从这个意义上看，班固的《汉书》对于中国古代文明的历史价值超越了司马迁的《史记》。

这个事实则是不容置疑的。正因如此，汉武帝才能够在董学的基础之上经过半个多世纪孜孜以求的不懈努力建立起具有革命性的公羊模式，成为中国历史的一个分水岭，开辟了中国文明的一个崭新的时代。

从内容上看，五经的来源是比较杂的，许多观点和思想与孔子、孟子和董学的内容都不一致，在理念上相互抵触，在价值观上甚至是完全相反和对立的。这或许反映了汉武帝和董仲舒在修订五经时采取了比较宽松的政策，或许体现了汉武帝意欲冲淡皇权主义思想强制的色彩，不过度刺激天下的士人阶层和读书人而采取的缓冲措施，而更有可能的是汉武帝朝之后的官学对董学和公羊学的内容进行了修改和部分的清理，并且将孔子之后的许多儒家甚至非儒家的观点都收进了文本之中，只要这些观点与董学和公羊学的原则和理念不产生激烈的冲突就会起到含蓄的稀释和淡化董学和公羊学的理念的功能。这种做法从汉武帝之后因激烈的意识形态斗争而召开的一系列会议中，如盐铁争论、白虎观辩论等可见端倪。

六、明确孔学文献载体的意义

明确辨析研究孔学的唯实史料无疑具有至关重要的哲学史意义。这一步不仅是进行董学与孔学辨正的文献学基础，也是客观、公正和科学地辨别两者所代表的价值观的观念唯实主义基础。历史上，由于对研究孔学的文献载体把关不严，在研究的开始阶段和源头便埋下了错误的种子，产生了许多关于孔子和孔学的不实之论，成为泛儒学化和将孔子圣化的重要基础。因此，要根据观念唯实主义的原则来客观而公正地研究孔学，首先要做的就是要充分辨析和确认孔学研究的唯实史料，这是弄清孔学的观念事实的前提和基础。只有这样才能避免将董学的观点和理论纳在孔子名下，将被张冠李戴到孔子头上的各种帽子物归原主。

第四节 孔子不曾作《易》考

孔子与《易》的关系是个被争论了两千多年的"热门"话题。在这个问题上形成了泾渭分明的两派。一派认为孔子曾经作《易》，为挺孔派；另一派为否定派，否认孔子曾经作《易》，甚至否定孔子与《易》发生过任何关系。两派之间各执一词，互不相让，打了一千多年的笔仗。

许多《易》的研究者认为孔子不仅曾经做《易》，还将孔子与伏羲、周文王和周公并列，视之为《易》发展历史上的三个里程碑。流行的观点是伏羲画像，周文王和周公做卦文，孔子做《易传》。这种观点在《汉书·艺文志》中被概括为"人更三圣，世历三古"。班固继承了司马迁的说法，认为孔子是《易传》的作者。孔子作《易》成为将孔子圣人化和神化的重要组成部分，孔子因《易》和《春秋》而变成了冠绝千古的至圣和神仙。

关于孔子与《易》的关系从古至今一直存在着极端观点。《汉书·艺文志》中提到"人更三圣，世历三古"，这是认为《易》是由古代的三位圣人所作。三位圣人即伏羲、周文王和孔子，他们分别代表了上古时期、商周转换时期和春秋末期三个时代。这个将《易》归咎于圣人的观点成为后来近两千年来的正统的"作易观"。

在近现代同样存在着类似的极端观点，甚至有过之而无不及。虽然在五四运动之后的新易学从历史实证的角度打破了圣人作易的观念，但是这些努力并没有说服所有人。一些研究者如金景芳和张其昀等再次将孔子与《易》的关系推向了极端，认为"孔子之哲学基础在《周易》，其一生言行，胥以此为出发点也"[1]。然而令人遗憾的是，由于这种观点几乎没有史实和观念事实的支撑。它经不起古人考据法质朴的质疑，更经不起观念唯实主义和历史唯实主义的

---

[1] 金景芳：《周易通解》，长春出版社 2007 年版，第 51 页。

推敲和检验。

从汉朝一直到宋朝，人们对于孔子与《易》的关系并没有产生怀疑，遵循孔子做《易》的官方说辞，这体现了皇权主义下的意识形态大一统的牢固性和连贯性。北宋初期的欧阳修是第一个对孔子做《易》产生明确质疑的学者。在《易童子问》中，通过弟子之口欧阳修提出了一系列问题，否定了孔子曾经做《易》的观点。从此以后，质疑孔子与《易》的关系的学者不断涌现，形成了持续不断的否定派。

近半个世纪以来出土发现的大量的楚地简帛中有丰富的关于《易》的内容，为我们提供了前人不曾看见的新的史料，使我们有幸能够对这一问题做出一些新的判断，从某种程度上看为对孔子与《易》的关系问题进行进一步梳理和总结提供了契机。

一、孔子与《易》的关系

关于孔子与《易》的关系，挺孔派和否定派所依赖的史料是一样的，都主要来源于《论语》和《史记·孔子世家》等，只是对于相同的字句所做的解读不同。《论语·述而》载：

子曰：加我数年，五十以学易，可以无大过矣。

孔子说这句话时显然应该是晚年在总结自己颠沛流离的失败生涯时所发出的感慨。孔子叹息道如果在五十岁的时候开始学易的话，他就不会犯下曾经的大错了。例如，五十岁对于孔子来说是人生的分水岭，这年他终于成为国家官员，从县令开始在短短的三年便扶摇直上成为大司寇，并且代理相位，可以说是如其所愿地达到了人生的顶点。然而在顶点仅仅三个月孔子便得罪了鲁国三个豪族，并且失去了鲁王的信任，自感在鲁国已经失去了立足之地，只能自我流放，周游列国去了。这样惨痛的经历是孔子人生的巨大失败，不能不对孔子的心理造成巨大的冲击。当晚年的孔子接触到《易》之后顿感当年自己行为的失误，于是便发出了颇有悔过意味的人生喟叹。这反映了孔子因为没有在盛年时期学习《易》并用《易》来指导自己言行时的极度怅惘和遗憾之情，与他的人生轨迹是相符合的。

同时这句话明确表明了孔子只是在晚年才接触到了《易》，并且充分认识到了《易》的价值，但它并没有正面回答他学《易》和作《易》的真正关系。按常理推断，孔子能发出如此深刻的感慨应该是对《易》有了深入了解之后才能做出的，因此，孔子是有很大可能"学《易》"的。

清朝著名学者惠栋在其所著的《九经古义》的《论语古义》中发现了"鲁读"，即鲁版《论语》，其条文是：

> 假我数年以学，亦可以无大过矣。

在此，"易"变成了"亦"，断句方法也不同，彻底斩断了孔子与《易》的关系，成为孔子未曾做《易》的有力旁证。一字之差也暴露了后人为了将孔子与《易》拉上关系而玩弄的文字游戏，即利用通假字来改变原义，混淆视听以达到其他的目的。

将孔子与《易》拉上关系的另一段记载同样经不起推敲：

> 子曰："南人有言曰：'人而无恒，不可以作巫医。'善夫！'不恒其德，或承之羞'。"子曰："不占而已矣。"（《论语·子路》）

该句无论是在文字还是在逻辑上都十分不顺畅，颇有些令人费解。鉴于"易"与"亦"的人为变动，此句不排除是后人强行加入的可能。另一种可能性是此简有脱文，故而无法形成通畅的语义。

"不恒其德，或承之羞"来自《易·恒·九三》，有人认为这句话是孔子引述"南人"的话，有人认为它是孔子自己引述于《易》。这句话表明孔子对于《易》是有所了解的，能够证明孔子曾经"学《易》"，然而却与孔子曾经作《易》扯不上任何关系。

对于孔子所说的"不占而已矣"后人也多有歧义。挺孔派认为该句表明了孔子不将《易》看做是卜筮之术，而视为哲学之书的重要转变。这个观点是已经事先先验地假定了孔子作《易》，进而推断出孔子对于《易》的贡献，这显然是望文生义。从上下文来看，孔子说"不占而已矣"具有戏谑的调侃味道，是要否定用《易》和占卜来行医的巫医行为。孔子听到南方人抱怨通过用《易》占卜来行医很难，必须持之以恒，否则就会"露馅"，难以自圆其说，甚至自取其辱，孔子便调侃道既然巫医如此之难的话，那就不要占卜，放弃此种行径好了。

司马迁写道：

> 孔子晚年而喜易序象、系、象、说卦、文言、读易，韦编三绝，曰：假我数年，若是我于易则彬彬矣。（《史记·孔子世家》）

有学者通过论证孔子之时尚没有形成《易》的定稿来驳斥司马迁的这段记叙[①]，可谓是釜底抽薪之法。如果当时尚无《易》的定稿的话，也就无从谈起孔子做十翼了，因为十翼是针对固定的爻辞而做的。施畸认为司马迁的此段记载是孤文，得不到其他文献的认证，缺乏旁证，从而否定了司马迁这段话的可信性。对于此等判断挺孔派并没有足够的事实和证据能够加以反驳。

由此可见，挺孔派所列举的孔子曾做《易》的证据是经不起推敲的，反而成了孔子不曾做《易》的有力证据。

二、孔子与《易》的真正关系

在客观地辨析了古籍关于孔子与《易》的关系的记述之后，可以看出挺孔派和否定派的观点都有失偏颇，都无法与观念唯实主义和历史唯实主义完全吻合。孔子与《易》的关系需要采用唯实主义的归零法，用裸眼看事实，从唯实史料所记载的事实来进行分析，而不是抱着先入为主的思维定式和观念来看待这个问题，只有这样

---

① 参见施畸：《孔子学易考辨》，《孔子讨论会论文集》，山东人民出版社 1961 年版。

才能真正厘清孔子与《易》的关系，对其进行准确定位。

而在过去半个世纪以来，考古学提供了前所未有的实物史料，尤其是在楚国故地发掘出来的大量的有关《易》的新材料为这项工作的开展提供了进一步的可能，这个千古谜题也终于可以得到澄清。

（一）孔子曾经学《易》

根据上述分析不难看出，孔子确实与《易》发生过关系，确实曾经学过《易》，这是符合史料记载的。而如施畸先生那样完全否定孔子与《易》发生过关系，否定孔子曾经学《易》则是有违历史事实的。

（二）孔子不曾作《易》

所谓的"孔子作《易》"的命题是指孔子是十篇《易传》即十翼的作者。但是根据唯实主义的方法便可以看出这个只是个伪命题，孔子根本不曾作《易》。

虽然唯实史料可以证明孔子确曾学《易》，但这并不等于孔子曾经作《易》，这两件事具有本质的区别。孔子曾学《易》而不曾作《易》的结论获得了出土简帛易书的证明，是有事实根据的。而对孔学唯实史料的梳理可以确认这个结论的准确性。

1. 孔子不谈阴阳。

从唯实史料来看，孔子一生不曾谈论阴阳。阴阳观是《易》最基本的原则，整部《易》就是对阴阳之间的关系的推演，而要以《易》和阴阳观来指导自己的思想，孔子真能不把《易》和阴阳挂在嘴上，进行认真的推敲和揣摩吗？而孔子既然与阴阳观无关，孔子又怎么能染指以阴阳观为核心的《易》呢？这显然违背了基本的逻辑。

孔子的职业是教师，是要通过教书来维持最基本的温饱的教书匠，而不是不愁温饱可以完全不顾生计的职业哲学家，他所坚持的"述而不作，信而好古"的信条正是标准的教师的行为原则。孔子的价值观是注重实践性和可操作性，目的之一就是要为他的学生教授一些实实在在的有用的生存技能，按照他的理解就是使其成为现实社会中的君子，孔学的仁道正是为此目的服务的，孔子因此而回避与现实生活脱节或者联系不够紧密的哲学玄论，不去构建形而上学体系，不去为阴阳五行等当时的形而上学命题浪费时间和精力。如果孔子要作《易传》，那么他不但打破了述而不作的原则，也破坏了信而好古的教师准则，这与孔子在当时的职业定位、存在状态和生活方式显然是不相符的。

2. 曾子和子思不曾谈《易》。

曾子被认为是在孔子死后传播孔学最力的弟子之一和最能身体力行孔学孝道衣钵的孔门高足。据说被列为四书之一的《大学》的作者正是曾子。但是，这部被公认为忠实地传承了孔学的《大学》却绝口不提孔子与《易》有任何关系，置阴阳观于不顾，而只是沿着将君子伦理学上升为政治学的路径进一步阐释孔学。

作为孔子血缘后人和曾子弟子的子思则走得更远，他在《中庸》中另辟蹊径，试图以"诚"为核心概念来构建儒家的形而上学体系，而同样绝口不提《易》与阴阳。

利用历史唯实主义的逻辑倒推法来判断一个学派的核心构成是在逻辑上有效的方法。无论是在西方哲学史还是中国哲学史中，作为学派的传承都必须继承和发扬一个学派的核心概念体系和价值观，否则便无从谈起学派和传承。这种现象对于特别强调师承的先秦百家尤为重要。事实上，后来的弟子和再传弟子对于继承上一代老师的观点可谓达到了严苛的程度，不仅对外严加防范，绝不轻易向外人流传，对于入门弟子则严格要求，确保弟子不偏离祖师爷的思想。

这种学术传承方式对于判断孔子思想的核心构成同样是很有说服力的一种方法。曾子和子思的思想和行为从反面证明了阴阳观并不是孔学的重要组成部分，证明了孔子与《易》没有深入的关系，证明了孔子绝没有写作《易传》。如果孔子曾经作《易》，《易》与阴阳观是孔学的形而上学和核心理论的话，作为最亲近的弟子和再传弟子是不可能遗漏的，否则就是大逆不道的行为，是对先师思想的扭曲和背叛。曾子和子思绝口不提《易》与阴阳的事实和子思试图另起炉灶为儒家创立形而上学的行为只能证明孔学缺乏形而上学的思辨，作为有为的后来人为了进一步发展儒家思想而不得不进行的创新尝试。

3.孟子不提《易》和阴阳。

孟子是孔子身后最重要的传人，是宋朝以来被列于第二位的儒家代表人物，在元朝被尊称为"亚圣"。孟子无论是在思想还是在行为上都极力模仿孔子，试图在战国时代还原孔学，再次将孔学付诸政治实践。但是尊孔到了极致的孟子却基本上回避了形而上学的问题，绝口不提孔子与《易》的关系，根本没有提到阴阳观，孟子思想的核心是将孔子的君子伦理学上升到政治学层面，试图用孔学的伦理学原则来改变和指导战国时期的政治理念和国家行为，这可谓是体现了孔学的根本性的价值取向。

《易》与阴阳观并不是与孔学的君子伦理学相冲突的理论和观念，运用得恰当的话，如在《系辞》中所见，它们甚至会帮助孔学的君子伦理学，并且将其升华到更高的形而上学的层次之上，从而使孔学的观念更具理论上的说服力，增强其可信性。孔子在先秦时期的传人一而再再而三地忽略孔子与《易》的关系，无视阴阳观，只能说明一个事实，即孔子并没有作《易》，也没有作《易传》，《易》并不是孔学和儒家思想内在的组成部分。

（三）楚地简帛的证明

近年来的简帛发现进一步确认了孔子学《易》而不曾作《易》和《易传》的事实。

1.楚地简帛易类文献的发现。

过去半个世纪以来，在战国时期的楚国故地发现了七种重要的易类文献。它们可以分为三类，即《易》文本、易筮材料和两者兼有的材料。

属于单纯的《易》文本的发现有上海博物馆藏战国楚国竹书《易》和长沙马王堆帛书《易》；属于易筮材料的有望山楚简、包山楚简和新蔡楚简；属于两者兼有的材料有王家台秦简《归藏》和阜阳汉简《易》。

这些楚地简帛的发现对于易学研究的方方面面都起到了巨大的作用，也为重新研究先秦哲学和汉朝经学的性质提供了新的资料和契机。而对揭示孔子与《易》的关系价值最大的则是马王堆帛书《易》的出土。

长沙马王堆汉墓于 1973 年发掘，经鉴定死者葬于公元前 168 年，属于西汉前期的汉文帝时期（公元前 179 年至前 157 年在位）。该墓的墓主是第一代轪侯、长沙诸侯国丞相利苍。陪葬的有他的妻子辛追，由于她的尸体保存完好，曾经轰动世界[1]。对于学术史来讲，马王堆汉墓的最大发现就是大量帛书的出土。

马王堆出土了十多万字的帛书，被认为是继汉代发现孔府壁中书、晋代汲冢竹书、清末敦煌经卷之后的又一次重大古代典籍大发现。它的种类和内容十分丰富，涉及了经学、先秦诸子、兵书、术数、方类和地图等许多方面。

《易》是马王堆帛书中最为重要的部分。帛书《易》有经又有传。经文的卦序与今文本不同。传文共有六篇，即《二三子》《系辞》《衷》《要》《昭力》和《穆和》[2]。这与今文本的《易传》十翼明显不同。

从内容来看，《二三子》的内容不见于今文本。它记录了孔子和学生之间关于《易》的问答。学生主要针对乾卦的爻辞向孔子提

---

① 参见何介钧：《马王堆汉墓》，文物出版社 2004 年版，第 24 页。

② 帛书易的传文可参见丁四新：《楚竹书与汉帛书周易校注》附录，上海古籍出版社 2011 年版。

问，孔子则对爻辞进行了他个人的解释；

《系辞》的文字与今文本不同，但其结构和内容基本上一致；

《衷》主要包括今文本《系辞》下的一部分，另外还有一部分是《系辞》中所没有的；

《昭力》和《穆和》记载了昭力和穆和以及其他众人向"子"问《易》的谈话；

《要》记录了孔子晚年学《易》的情况，其中的许多段落与今文本《系辞》相同或相近。这证明了《系辞》的重要来源之一是《要》。这个发现说明了孔子与《系辞》确实发生了关系，这对于研究《系辞》的构成以及判明孔学的本质具有十分重要的作用。

2.孔子晚年曾经学《易》。

《二三子》和《要》等文的内容可与司马迁在《史记·孔子世家》中的记述相互认证，是王国维的二重证据法的有效应用，这说明孔子晚年学《易》的可能性是很高的。司马迁关于孔子的记述并非完全是不实之言。

3.孔子不曾作《易》。

但是，帛书《易》仍然无法证明孔子作《易》。孔子曾经学《易》，但是孔子未曾作《易》，易学也不是孔学的组成部分。

三、《系辞传》的真相

既然《系辞传》不是孔子所做，那么其作者到底是何人呢？

欧阳修在《易童子问》中说道：

童子问曰："《系辞》非圣人之作乎？"

曰："何独《系辞》焉，《文言》、《说卦》而下，皆非圣人之作，而众说混淆，亦非一人之言也。昔之学《易》者，杂取以资其讲说，而说非一家，是以或同或异，或是或非，其择不精，至使害经而惑世也。然有附托圣经，其传已久，莫得究其所从来而核其真伪。"

　　欧阳修能从历史的角度来看待《易传》的形成，认为它的形成是个历史过程：《易传》并不是出自孔子之手，而是来自古代的教师，古代的教师广采众家之说，未加明辨，而后世的传授者因其古老而因循遵守，结果陈陈相因，造成了种种误说。欧阳修的判断符合古代典籍形成的历史规律，是明智的。实际上，不仅是《易传》如此，几乎所有的先秦典籍都是如此形成的，欧阳修的说法也适用于其他的古代典籍。

　　五四时期的新易学已经证明了《易传》不是孔子所作，这个观点具有观念事实依据，是应该得到尊重的。

　　所谓的《易传》也就是十翼是 10 篇解读《易》的文章，包括《彖传》《象传》(由《大象传》和《小象传》组成)、《系辞传》(分为上下篇)、《文言传》《说卦传》(分为两部分)、《序卦传》和《杂卦传》等共 10 篇。

　　《彖传》主要解释各卦的卦名和卦辞，从六爻的载体上来说明该卦的意义。

　　《象传》分为《大象传》和《小象传》。前者解释卦辞，主要是从卦象来阐释该卦的社会伦理和道德意义；后者解释爻辞，说明爻象或爻辞的道德意义。

　　《文言传》专门解说乾坤两卦。解释乾卦的称为《乾文言》，解释坤卦的称为《坤文言》。

　　《说卦传》分为两部分，前部分是对经文的解说，后部分是说明八卦所象征的事物及其特性的。

　　《序卦传》主要对六十四卦的排列顺序进行说明。

　　《杂卦传》说明六十四卦卦名的含义和特点，将意义相关或者相对的两卦放在一起进行对应解释。

　　在十篇《易传》中，除《系辞传》上下篇之外，其他的文章都紧贴《易》而展开，从各个方面和角度来解释和解读《易》，并不具有独立性。《系辞传》也包含了对《易》中的一些卦象进行解释的内容，但这并不是它的目的，《系辞传》的目的是试图通过对卦的分析来发现和把握住卦象之后的理念和逻辑，因此它在十翼各篇中体现出了最深刻的哲学品质。《系辞传》被称为《易大传》或许正是这个原因。它提出的哲学品质使得《系辞传》成为《易传》十篇文章中最重要和最值得玩味的文章。

在此将《系辞传》作为《易传》的代表进行重点分析。

（一）《系辞传》的结构

虽然《系辞传》是十翼的一种，是一篇解读《易》的文章，《系辞传》与《易》的关系与《公羊传》和《春秋》的性质更为接近，也就是说《系辞传》虽然是《易》的传，但是它却自成一体，具有自己内在的逻辑性和独立性。

经传关系普遍存在于五经博士制度所确定的五经之中，只是除了《春秋》与《易》之外，其他三经的经传关系不如它们这样具有代表性，也不如它们具有如此大的影响力。如同《公羊传》本身就是一部独立的政治哲学著作一样，《系辞传》本身也是具有相对独立性的一部重要的哲学著作，在中国哲学史上具有重要的地位。

《系辞传》的篇幅虽然不长，内容却相当丰富。具体来讲，《系辞传》包括如下内容：以阴阳为本体的形而上学；阐述阴阳哲学的辩证法；对《易》中所包含的古代卜筮法的解释；对《易》中部分卦的产生、内容和意义的解读；就部分卦对于国家行为和个人行为的意义进行的解读和启发，形成了与《易》相关的伦理学观点。

（二）《系辞传》的理论根据

从《系辞传》的内容所表达的哲学理念来看，可以看出它实际上包含先秦哲学不同流派的思想，这与"五四"以来考据出来的《易传》"不是一个时期的作品，也不是一个人的作品"的结论是相符的。

1.《系辞传》的形而上学的来源。

《系辞传》包含了比较完整的形而上学内容，并且形成了具有逻辑性的形而上学概念体系。这个概念体系由"道""天地""太极""阴阳"等概念组成。而核心的形而上学概念则是道。

对于道这个范畴《系辞传》进行了直接的定义："一阴一阳之谓道""易与天地准，故能弥纶天地之道""夫《易》，开物成务，冒天下之道，如斯而已者""《易》有圣人之道四焉""形而上者谓之道，形而下者谓之器"。

《系辞传》的道包括"天地之道""天下之道"和"圣人之道"等完全是形而上学层次上的道，这与老子在《道德经》中对道的定位是一致的，而与孔子在形而下的层次上来理解和使用道是完全不同的。

《系辞传》载：

> 是故《易》有太极，是生两仪，两仪生四象，四象生八卦，八卦定吉凶，吉凶生大业。

此句清楚地表明，《系辞传》中的形而上学部分是老子思想与《易》中的阴阳观相结合的产物，而与孔学和儒家思想无关。

2.《系辞传》中的辩证法思想来源于董学的阴阳辩证法。

《系辞传》中的辩证法思想来自于老子哲学和《易》本身。老子的《道德经》是饱含辩证法思想的哲学著作，可以说《道德经》中存在着关于道的辩证法思想。道的辩证法与《易》中的辩证法思想颇有重合之处，而《系辞传》则比较系统地体现了一种新的辩证法思想——阴阳辩证法。阴阳辩证法其实是董学的阴阳哲学的翻版，这样便存在两种可能性，一种是董仲舒的阴阳辩证法思想来自于《易传》，另一种则是《易传》融入了董仲舒的阴阳辩证法，即《易传》是渗透了阴阳辩证法的董学著作。

第一种可能性并不具有说服力，因为如果在春秋战国时期《易传》中已经存在了成熟的阴阳辩证法思想，那么它一定会在春秋战国时期的百家流派中得到充分的发挥，而史料显示，阴阳学出现于战国后期，其创始人是邹衍，是邹衍将先秦的阴阳观和五行观融化在一起形成了阴阳学。而从残存的邹衍阴阳学的内容来看，它与《易传》中的阴阳辩证法思想大相径庭，远不如后者成熟和具有逻辑性，因此不可能存在于阴阳辩证法之后。这个结论实际上已经肯定了第二种可能性，即《易传》所体现的辩证法思想是董学的阴阳辩证法，《易传》是一部典型的董学著作。

其实这个结论并不难理解。作为投入毕生精力创立自己哲学体系的哲学巨擘，董仲舒系统地整合了先秦百家的思想，对于老子和邹衍的辩证法思想和阴阳观自然会有深入的研究。而在董仲舒创立天人合一的形而上学理论时，阴阳五行哲学是核心内容，阴阳辩证法是天人合一哲学的重要方法论。汉武帝设立五经博士制度的目的是要将董仲舒的意识形态思想落实到具体的国家政策上，其思想宗旨自然来自于董学。因此，五经的重新编撰和定稿必然以董学和公羊学的理念为标准和原则，包括《易传》在内的五经体现出董学和公羊学思想是再自然不过的了。相反，如果汉武帝制定和颁布的五经博士制度所依据的不是董学，而是其他学派的思想和观念，这倒是违反逻辑和当时的时代精神的事情了。

3.《系辞传》中的天人关系。

《易》的基本理论前提是天人感应，它试图通过阴阳关系的演绎来探知天道，并以天道来约束和指引人道。所谓的"吉"就是人道符合天道，行为的结果因此会得其所愿；所谓的"凶"就是人道背离了天道，行为的结果因此会背其所愿。这是一种"人必合天"的原则。

人必合天虽然是天人合一理论和阴阳辩证法的反映和具体应用，然而人必合天的原则还只是天人之间单向的运动，即人只能模仿天，而天还无法对人形成感应，这只体现了天人感应的一种单向的维度。这或许是《易》所设定的平台还显得狭小，无法将董学的形而上学全面展开所致。

《易传》并没有违背或者超越《易》中的形而上学观念，而是全盘接受了《易》的基本理论前提，并试图加以更加具体的解释和展开。

4.《系辞传》中的伦理学思想的来源。

《系辞传》中的伦理学思想也是多元化的，除了董学的国家伦理学之外，部分伦理学的思想也有孔学的痕迹，体现了五经在编撰过程中对于先秦儒家思想的包容性。

5.《系辞传》的定稿。

据考据，《系辞传》在战国时期就已经出现了，但是并没有形成定稿，今本《系辞传》与帛书《易》的不同证明了这一点。在秦汉之际存在不同的《系辞传》版本，根据田何本流传至今的今本在当时只是各种版本中的一种。

《系辞传》很有可能是在汉武帝和董仲舒时期也就是说是在《易》成为五经之一的时候由皇家定稿成书的。《系辞传》的形成、传播、版本的多元化和最终在汉武帝朝定稿的轨迹与五经中的其他四经是完全相同的，其定稿得益于汉武帝朝在确定五经过程中所启动的规模庞大的撰书运动。

（三）《系辞传》在五经博士制度中的功能

如果说《公羊传》是统领其他五经的核心的话，那么《系辞传》则起到了支撑董学和公羊学的哲学作用。《系辞传》的支撑作用体现在：

1.圣人观。

《系辞传》中贯穿着明确的圣人观，这是该著作十分突出的特征。"圣人设卦观象""夫易，圣人所以崇德而广业也""《易》有圣人之道四焉""是故天生神物，圣人则之；天地变化，圣人校之；天垂象，见吉凶，圣人象之；河出图，洛出书，圣人则之"，等等。

《系辞传（下）》集中地阐述了圣人的身份，实际上解释了何为圣人。所谓的圣人并不是指一个人，也不是指一个时代的人。他们包括包牺氏、神农氏、黄帝、尧、舜以及"后世圣人"等。包牺氏

"始作八卦"，应该就是伏羲氏，其后的圣人对于六十四卦的产生各有贡献却语焉不详。因此，《系辞传》的作者认为《易》是圣人的作品。这些圣人之所以成为圣人，是因为他们是为人类生活的改善做出了重大贡献的上古时期的能人，他们因此而成为部族和族群的首领，成为掌握权力的"君王"。

当我们用唯实比较法将《系辞传》中的圣人观与孔子的人格理想进行比较之后会发现两者大异其趣，甚至南辕北辙。

对于每一位上古圣人《系辞传》都能够具体指明其所做出的贡献。从《系辞传》的描述可以看出，被封为圣人的人都有劳动者的背景，都是劳动阶层的一员，他们的特别之处其实并不特别，只是在于他们具有出众的对于生产工具的创造力，是新的生产工具和新的生产方式的发明者和普及者。这些发明极大地提高了早期人类改造大自然的能力，从而极大地改善了人类的生存状况，他们的贡献是具体的，包含着泥土味，凝结着劳动者汗水的。这些圣人对于人类的贡献直接关乎上古人类的生存状态和生活与劳动状况，是实实在在地促使人类从原始的蒙昧状态逐步走向文明的历史进程。虽然这些圣人被认为是传说中的人物，但是这些传说所体现出的内容却忠实而具体地描述了人类进化和发展的实在历程，具有信史的要素和特点。

《系辞传》的圣人观体现了进化史观。这是世界哲学史上第一次出现完整的进化史观。进化史观在中国的先秦时期便已经形成了明确的历史哲学观念，这充分说明了中国哲学、中国历史和中国文明的早熟性和先进性。

《系辞传》中的圣人不是神灵。圣人们之所以具有服众的魅力是因为这些圣人是一个个有血有肉的劳动者中的一员，是为人类的生存和发展做出过重大贡献的伟人，而不是如其他文明形态中高高在上并且对人类掌握着非理性的淫威的神灵和上帝，也不是如龙凤等虚无缥缈的神圣符号。《系辞传》树立的圣人观为后世的伟人和君王提供了一个模板，提醒具有特别能力和掌握着权力的人要追寻上古的圣人，为人类的生存和发展做出贡献，而不是将自己的能力和国家的权力用于他途。

这些圣人具有双重身份，即出色的劳动者和族群领袖。出色的劳动者的身份是圣人成为圣人的根本，正是因为发明出了生产工具和生产方式，他们才有可能在推广这些新技术和新的生产方式的过程中被拥戴为族群领袖，并由族群领袖逐渐过渡到权力的拥有者。从圣人进化的线索中人们也隐约听到了国家产生的脚步声。

值得注意的是《系辞传》中的圣人观并不是"道德楷模"，圣人们的权威和魅力来自于他们带领人类改造大自然的出众的能力，来自于他们因为发明和推广了先进的生产工具以及由此而为人类的生存和发展所做出的杰出贡献，也就是说圣人们的核心能力归根到底是一种劳动和生产能力，如果他们有任何德行的话也都是建立在这种劳动和生产能力之上的。这完全是现实主义和实用主义的圣人观。

相比之下孔学并没有真正的圣人观。在《论语》中孔子对于尧舜不吝赞美之词，对于禹也多有称赞，但孔子并没有称他们为圣人。在儒家著作中，圣人一词是在其后的《大学》中才第一次出现。而要比较《系辞传》中的圣人观与孔学的圣人观就只能从后者的君子观加以推断了。

孔子理想的君子人格模式是追求仁义道德和礼制的谦谦君子，是道德的楷模，而与劳动者没有任何关系。这些所谓的君子们穿着符合古代礼法的服饰招摇过市，是社会的边缘人，完全游离于劳动阶级之外。孔子极度鄙视自食其力的劳动者，称从事稼穑者为"小人"①。按照孔子的标准，"做结绳而为网罟，以佃以渔"的包牺氏、

---

① 《论语·子路》：樊迟请学稼，子曰："吾不如老农。"请学为圃，曰："吾不如老圃。"樊迟出，子曰："小人哉，樊须也！"

"斫木为耜，揉木为耒"的神农氏与"刳木为舟""断木为杵"的黄帝等都是小人，无论如何与圣人也扯不上半点关系。

这种极端的差异体现了《系辞传》与孔学具有不同的价值观。这种价值观上的差异性和冲突性也从内在的逻辑上证明了《系辞传》不可能为孔子所作，《系辞传》不是也不可能是先秦儒家的著作。

由此可见，圣人观是由五经博士制度通过《系辞传》确立的，圣人观从此成为中国文化的有机组成部分。从其生成来看，圣人观是董学和公羊学对于中国文化的又一个贡献，而与孔学和儒学并无内在的关系。后人将圣人观视为儒学的传统是将董学与孔学相混淆而张冠李戴的又一个例证。

在圣人观形成之后，在不同的王朝和历史阶段，随着政治需要的变化，圣人观的内容也发生了变化，这与经学内容的变化逻辑是相同的。后世将圣人观进一步规定为内圣外王、贤相等，这都是对董学的圣人观内容的充实和外延的扩展。

2. 经传合一的形式。

《易传》是解读《易》的经文的传文，五经博士制度将《易》与包括《系辞传》在内的《易传》都纳入了经学范围。这是采取了与将作为《春秋》经文的传文的《公羊传》列为经学相同的方法，即都采取了"经传合一"的方式。

将《易传》引入经学的目的是支持将《公羊学》列为经学的做法，是为了使作为五经之首的《公羊学》更具有说服力和可信性，从这个意义上看《系辞传》中的圣人观同样体现出了重要的意义。为了托孔入世，董仲舒掀起了一场将孔子圣人化的运动，将孔子拔高为圣人，将他的主要观点和理念主动归于孔子。董仲舒这样做的目的是假借孔子的假面来引出和推广他自己的哲学体系。这个做法有助于董仲舒在汉武帝面前大肆地阐述和推广他的理论体系，这个策略对于汉武帝全盘接受他的哲学也会起到促进作用。在此之后，汉武帝便在朝廷内外搭建平台帮助董仲舒宣传他的哲学，其中的一项最重要的措施便是以《公羊传》为核心重新改造古代经典，建立起了五经博士制度。因此《系辞传》中的圣人观除了为将《公羊传》列为五经之首起到了强大的支撑作用之外，重要的意义是帮助董学在成为意识形态的过程中通过托圣入经的方法顺利成为经学之魂。

托圣入经是董仲舒托孔入世方法的第二个阶段，两者不同的是托圣入经得到了汉武帝的全力支持，正因如此董学才能够登堂入室名正言顺地成为皇家意识形态的哲学基石，成为汉武帝全力打造的公羊模式的意识形态基础。

3. 天道观与董学的契合。

董学的形而上学体系是天的形而上学，天的形而上学是在对先秦各种关于天的理念、天道观和天学进行系统整合的基础之上形成的，这也包括董仲舒对《易》与《易传》中的天道观的整合。董仲舒将《易》与《易传》中单向的天人感应方式扩展为系统的双向的天人感应。灾异论便是天对于人的行为的感应。正是由于天人感应的双向性的形成，天人合一理论才得以最终确立。

由此可见，《易》和《易传》的基本哲学倾向与董学的天的形而上学是契合的。《易》与《易传》中的天道观是董学的天的形而上学的初级阶段，它们或许也是董仲舒在创立天的形而上学时思考过的素材之一。因此，《易》与《易传》中的天道观纳入经学同样会起到对董学的支撑作用。

4. 对一种极端观点的纠正。

张其昀和金景芳等人认为《易》与《春秋》是互为表里的关系，两书最能体现孔子的思想。说《易》最能体现孔子的思想是缺乏事实基础的，经不起历史唯实主义和观念唯实主义的推敲。而《易》与《春秋》互为表里却是符合事实的，只不过此处的《春秋》不应是经文，而是董仲舒所撰写的传文即《公羊传》。

由于未能通过唯实主义这个系统的科学方法来理解孔学、易学和中国哲学史，导致各种似是而非的歧义丛生。只有通过观念唯实主义和历史唯实主义对其进行清理，中国哲学史中的许多似是而非的谜题才会得到破解和解答。

（四）孔子不是《系辞传》的作者

以金景芳[①]等为代表的一些《易》的研究者认为《系辞传》出自孔子之手。如果人们对于观念唯实主义所强调的关于观念事实的标准还有一点理解和尊重的话，就会发现这种说法与史实相去实在太远，过分的强词夺理使其不值一驳，俗话说"有理不在声高"。现仅举几例加以说明。

孔子在《论语》中多次提到了"道"，目的就是要明确孔学的道是"仁道"，是君子伦理学，是形而下的、具有实践性的道德观念。而《系辞传》中则是"一阴一阳是为道"，道明确指的是孔子一直回避或者无知的阴阳。这种理念上的反差在现有的事实性基础上是无法调节的，即使孔子如金景芳所说是中庸大师，也绝不可能翻手为云覆手为雨将黑说成白。仅此一点便足以证明所谓的孔子作《系辞传》之说是无中生有的臆造，在逻辑上是无法成立的。当然，如果孔子真的是圣人，是如上帝或者佛祖一样的神灵，或许可以说得通。而事实上，将《系辞传》伪托为孔子所做正是将孔子圣人化和神化的表现之一，是包括董仲舒在内的后人别有用心的设计和安排。

四、孔子的中庸并非来自《易》

有学者认为，孔子的中庸是孔子从《易》推演出来的，中庸就是六爻的中间的爻。这是后来人的一种附会和主观臆断，与孔子的本意没有任何关系。按照这种说法，只有深谙中庸的人才能够通晓阴阳观，也就是说非孔门弟子是无法成为《易》的创立者的，这无

---

① 详见金景芳：《周易通解》，长春出版社 2007 年版。

疑是将历史的时间顺序倒置的方法，是无法令人接受的。

任何事情都存在不及、中间和过分这三种度，这是一种常识和基本的逻辑，不管是否研究过《易》人们都会知道这三种度。《易》是对这三种度和分寸的反映，而不能本末倒置认为是《易》创造了这三种度。

第二十六章　孔学的概念体系

根据观念唯实主义的原则，哲学研究的出发点是研究其概念体系，也就是说对于概念体系的观念唯实主义研究是挖掘出一种哲学思想和哲学体系的本质和价值观的基础和前提。

第一节　孔学的孝

孔学的孝是孔孝，因为孔子赋予了孝以特定的内涵和核心定位。

一、孝是孔学的核心

什么是孔学的核心概念？主流的观点是仁或者仁道是孔学的核心，也有学者如蔡尚思等认为礼是孔学的核心概念，也有人认为礼就是仁，两者共为孔学的核心。而观念唯实主义根据孔学本身所表达的观念事实和逻辑秩序认为孔孝才是孔学的核心。从逻辑正面来看，孔孝是孔学的道德主体性的基础，孔孝派生出了孔学所有的道德理念；而从逻辑的反面来看，孔孝是孔学内在悖论的焦点，孔学的内在逻辑混乱都与孔孝直接相关。孔孝是孔学君子伦理学的逻辑出发点，孔孝的原则也始终贯穿于孔学的整个演绎过程。

二、孝道的本质

从生成和发展轨迹来看，孝古已有之，绝不是孔学和儒家的专利。孔学对于孝的认知和理解是历史性的，有割裂也有发展。

（一）孝的渊源

在中国文化中，重视孝具有悠久的历史，是中国文化一脉相承的基因。作为伦理学和哲学概念的孝并不是某个思想家的发明，事实上孝自上古时代起便是中国的行为实践。孝的表现形式可谓多种多样，在国家行为、族群行为和个人行为上都有系统的表现。上古的孝包括祖先崇拜、神灵与天地崇拜、孝敬父母和长辈等，其性质除了是家庭和家族内部的伦理关系之外，还与宗教和政治密切相关。在宗教上，古人认为去世了的亲人灵魂不死，会在阴界变成神灵或者鬼魂继续干预人间事务，从甲骨文的祭祀文献来看，去世的古人具有与上帝和神灵几乎相同的地位，具有呼风唤雨撒豆成兵的超自然能力。在政治上，孝从殷商时代起便是中国的意识形态的重要组成部分。古代文献和甲骨文都记载了大量的关于殷人行孝的事例，祭拜祖先除了宗教意味之外也是国家最为重要和隆重的庆典。

没有中国上古史中这种延绵的对于孝的深刻理解和实践，西周就不可能将以孝悌为血缘纽带的宗法制度作为意识形态和国家制度而加以改制，建立起全新的西周的意识形态和政治制度。西周的孝是礼制的重要原则和组成部分，同时西周的礼制对孝进行了进一步的体制化。西周的宗法制度和封建制度产生了对孝道更加迫切的政治需求，祖先崇拜成为西周礼制和政治制度的基石。可以说，在行为层面，殷商和西周时期，孝在多方面制约和影响国家、族群和个人行为的各个方面；在伦理学层面，孝也是殷商和西周共同认同和普遍遵守的道德规范。

西周的意识形态是建立在血缘关系基础之上的宗法制度，孝被看做是维持宗法制度的重要手段，孝被政治化，成为西周意识形态的重要组成部分，失去了孝宗法制度便成为一句空谈，西周所建立起来这套国家制度便会失去筋脉。因此，在西周时期，孝已经是政治范畴，上升为国家所提倡的社会道德标准，是主流的行为规范。孝的意识形态功能使它不仅充当中央政权与诸侯国之间的情感和政治纽带，更为重要的是根据孝西周建立起了一整套完善的宗法制度和封建制的权力结构。

在中国历史上，孝在西周无疑是最受重视的，孝被赋予如此重要的政治功能在中国意识形态史上留下了重要的痕迹，孝的这种地位不可避免地会对后来人产生观念上的影响，这种影响或许就是春秋战国时期诸子百家都将孝纳入其哲学思考的范畴的渊源吧。然而，随着周朝的衰落，在整个国家行为模式逐渐瓦解的历史背景之下，作为意识形态一部分的孝的理念和行为也面临着冲击。

（二）孝道的功能

西周从商朝对于宗教的沉迷中清醒了过来，将目光更多地投向了现实世界，重建了价值观。西周的价值观是以血缘为纽带的宗法制度，虽然宗法制度继承了氏族社会的许多传统和观念，但是西周以宗法制度为基础设计的一整套国家制度和管理体系在实践中却是成功的，为西周带来了几百年的强盛国运[①]。

宗法制的核心观念就是孝道。孝道将个体生命的有限性融入了族类生命的相对无限性，有效地化解了对于死亡的恐惧。孝道对于死亡恐惧的化解体现在三个方面：

第一，由于孝道的存在，家族可以延续，自己的血脉在下一代子孙中得以成功地延续，这实际上大大地降低了死亡的毁灭性，使死亡变得在心理上可以被接受。

第二，由于孝道的存在，家天下的王朝和国家体制可以得到继承。不仅作为上层建筑和意识形态的宗法制得到了继承，对于君权的掌握也不会中断。如此一来，国家制度的完整和国运的强盛便不会随着一个君王的离世而中断。从西周王朝延续的情况看，西周王室家族在政治层面上无疑很好地贯彻了宗法制的要求。

第三，由于孝道的存在，文化也得到了继承和延续。礼制中的

---

① 按照夏商周断代工程的年代划分法，从公元前 1066 年至公元前 771 年是西周时期。

社会层面的礼仪、风俗习惯等都不会轻易改变，一个族群和国家的文化传统也能够得以一以贯之地流传。

（三）孝是先秦百家的共同原则

正是因为作为曾经的正宗社会道德标准和意识形态内容的孝面临着空前的冲击，重新提倡孝才具有理论和道德意义，孝在春秋战国时期才能够继续成为一个具有普遍性的哲学范畴。事实上，虽然它们对于孝的理解和对其社会功能的定位不尽相同，先秦百家中的道家、墨家、纵横家、商家和法家等学派也都讲孝。

墨家提出：

> 君子莫若欲为惠君、忠臣、慈父、孝子、友兄、悌弟，当若兼之不可不行也。此圣王之道，而万民之大利也。[1]

道家提出：

> 绝仁弃义，民复孝慈。[2]

纵横家也提倡孝。苏秦对楚王说：

> 仁人之于民也，爱之以心，事之以善言。孝子之于亲也，爱之以心，事之以财。忠臣之于君也，必进贤人以辅之。[3]

法家声言：

> 臣事君，子事父，妻事夫，三者顺则天下治，三者逆则天下乱。[4]
>
> 父之所以欲有贤子者，家贫则富之，父苦则乐之。
>
> 孝子，不非其亲。[5]

在先秦百家之中，老子是对孝看得最淡的，老子只是希望不破坏自然意义上的孝的存在，并且将孝视作是家庭内部的伦理，而没

---

① 王焕镳撰：《墨子集诂（上册）·兼爱下》，上海古籍出版社 2005 年版，第 388 页。
② （魏）王弼注，楼宇烈校释：《老子道德经注校释》，中华书局 2008 年版，第 45 页。
③ （西汉）刘向编辑：《战国策·楚三》，齐鲁书社 2005 年版，第 166 页。
④ 张觉校注：《韩非子校注·忠孝》，岳麓书社 2006 年版，第 687 页。
⑤ 张觉校注：《韩非子校注·忠孝》，岳麓书社 2006 年版，第 688 页。

有将其社会化和政治化。而法家和儒家对孝道最为重视，但是两家对于孝的理解却并不相同。韩非子发展出最严格的忠孝观，并借此直接批评"孔子未知孝悌忠顺之道也"，对将孔学奉为经典实例的尧、舜、汤、武的行为作为反面教材进行了猛烈的批判，认为儒家违反了忠孝观，实行了"乱术"，是天下大乱的原因。

需要澄清的是不只是孔子倡导孝，孝并不是孔学的"专利"，倡导孝是先秦百家的共识。在泛儒学化和泛孔子化的思维定式中，孝被认为是儒家特有的思想，这是不符合历史事实的，是错误的。

三、孔孝

孔子在《论语》中对孝的论述并不多，却以定义式的、概括性的语言确定了孝的功能和作用，明确了孝对于仁的规定性，在孔学的概念体系和理念中这是绝无仅有的。孔子关于孝的这种明确性表明了孔子对于孝的思考和定位的成熟性，与他对仁的多层次的、因人而异的或者说犹豫的、试探性的和充满不确定性的解释形成了强烈的反差。从孝与仁的关系上看，仁是从孝派生出来的，是孝的社会化。

然而我们必须看到，孔子对于孝的认知具有强烈的孔学色彩，并不同于他所崇敬的西周的孝。可以看出，孔子对于孝进行了再塑造，对孝进行了改造和重新定义，这使得在诸子百家中，孔学的孝被赋予了最多的道德意义和功能，成为了一个最具创造力的伦理概念。因此，孔学的孝是具有鲜明孔学特征的孔孝。

孔孝在对传统的孝的再塑造中有破有立。其破在于孔子将孝道从西周的宗法制的意识形态中剥离了出来，将其去宗教化和去政治化，也就是说孔孝不再是指国家意识形态和作为政治制度的宗法制度，而是在纯粹个人层面上的道德观念和行为，是成为孔子特定的君子必须具备的道德原则和行为规范。孔学关于孝的立的一面体现在它从孝中推演出了仁这个新的哲学概念和范畴，将个人家庭伦理范畴的孝带出家门，并将其精神社会化，变成了仁。仁是孔学独创的概念，它不仅在许多方面代表孔学，并且从孔学开始仁便成为儒学和中国哲学史中的一个十分重要的概念和范畴。

孔子将孝当做一个独立的和单独的概念和范畴，而不仅仅是周朝的宗法制度中的孝。这样，孔子便将孝从周朝的意识形态的重要组成部分中剥离出来，将孝看做是一般性的、普遍性的人性的组成部分，看做是道德的核心组成部分，看做是普遍性的行为准则。

孔子对于孝的再塑造对孔子思想具有十分重要的意义，它的作用又是双重的，即除了表现在推演出了仁的概念这样的正面作用之外，孔孝在孔学与现实政治之间又树立起了一道篱笆，为孔子主张德政的政治观念制造了内在的逻辑障碍和外在的功能障碍，使孔学最终无法完成与现实政治的接轨。

孔子将孝重塑为君子的个人伦理学的重要基础。孔孝被孔子赋予了独特的内在规定性。孔孝的特质有：

（一）孔孝是纯粹的伦理学概念

孔子批判了春秋时期对孝的流行理解。《论语·为政》载：

> 子游问孝。子曰："今之孝者，是谓能养。至于犬马，皆能有养。不敬，何以别乎？"

其实，孝的原意是"畜"，是豢养，后来进化为赡养。

《礼记·祭统》中说："孝者，畜也。"孔子却不同意将孝仅仅看做是赡养父母，将这个层次的孝道等同于豢养。孔子将孝推进到"敬"的层次。敬是伦理学的范畴，超越了生物层面和物质层面的孝。

纵观孔子在《论语》中所有关于孝悌的言论，它们都是从君子的人格结构的塑造的角度来加以阐释的。例如：

> 子曰："弟子，入则孝，出则弟。"（《论语·学而》）

> 子曰："父在，观其志；父没，观其行。三年无改于父之道，可谓孝矣。"（《论语·学而》）

子曰："出则事公卿，入则事父母，丧事不敢不勉，不为酒困，何有于我哉？"（《论语·子罕》）

这都表明孔子将孝悌看做是君子的道德标准和行为准则，是君子的人格结构的重要组成部分。

（二）孔孝的层次性

除了对于物质生命延续的敬重之外，孔孝还包括人文含义，孔孝不仅是将孝敬给予自己生命的父母，也包含着遵循父母（主要是父亲）所体现的人文传统。《论语·学而》载：

曾子曰："慎终追远，民德归厚矣。"

这句话虽然是从曾子之口说出，但是最得孔子孝道真传的曾子无疑说出了孔学对于孝的理解。孔学认为，认真办理父母的葬礼，追思祖先，民众的品德便会变得厚重。这里包含着继承先人文化的含义。而上面所引述的"三年无改于父之道"，除了孔子认为子女要以三年守孝来回报"三年免于父母之怀"的养育之恩之外，还包括要继承和尊重父亲的主张和意志的含义。

（三）孔孝与意识形态绝缘

如前所述，在西周的宗法制度中，孝道的一个重要功能是祭祀祖先。西周的孝道则不仅仅是伦理学范畴，更是宗教范畴和政治范畴。西周的意识形态便是将孝道宗教化和政治化。但是，孔孝斩除了西周孝道的宗教性和政治性，将孝道看做单纯的个人伦理学，孝的载体是君子个人，而不再是国家和部族等组织。孔学中没有宗教观，也没有宇宙观，孔子的着眼点是君子个人的道德规范和行为准则，这就使孔孝在强化了其伦理学意义的同时，对西周孝道的宗教性和政治性进行了去功能化，这实际上是在否定周礼的内在逻辑和价值。

孔子对孝的再塑造和再定位造成了孔学内在的逻辑冲突，这种冲突在孔子试图将其思想过渡到政治主张时便暴露了出来，并且演变成了外在的功能障碍，使孔学最终无法作为政治学在现实政治中立足。

（四）孔孝中的父子相隐观

孔孝中的父子相隐观不仅是孔孝的重要的属性，对于整个孔学都有极为重要的影响，在许多方面定义了孔学的价值观。在中国哲学史的研究中，父子相隐也是历来的孔学研究加以忽略的一个重要方面。

《论语·子路》载：

> 叶公语孔子曰："吾党有直躬者，其父攘羊，而子证之。"孔子曰："吾党之直着异于是：父为子隐，子为父隐，直在其中也。"

父子相隐明确地表明了孔学的价值选择和立场，表明了孔学为了实现个人的孝而不惜破坏社会道德和国家法律的理念，将个人的道德和价值追求凌驾于国家法律和社会道德标准之上的极端个人主义的价值观。

在春秋晚期的特定历史环境下，父子相隐并不仅仅对个人产生影响，而是具有广泛社会性的观念。虽然礼崩乐坏使以氏族为核心的社会系统受到了冲击，传统的观念也开始松动，但是完全以地域为核心的社会系统还没有建立起来，传统的氏族观念仍然是主流的社会形态，在这种条件下，狭义的父是指亲生父亲，而广义的父则可以指父亲一辈的氏族内的其他男性，而对于子也是同样如此，因此父子相隐可以被视为是适用于整个氏族的原则，如此这般父子相隐就具有相当广泛的适用范围了，而其适用范围的扩大与孔子式的君子的数量是成正比的，君子的数量越多，那么社会上奉行父子相隐的概率也就越高，国家法律受到违背和践踏的概率也越高。由此，父子相隐观对孔学的内在逻辑和理念造成了巨大的伤害，形成了诸多悖论。这将在下文关于孔学的悖论一章进行深入的分析。

（五）孔孝重父轻母

孔孝对于父母是区别对待的，对于父亲的孝要远远高于对母亲的孝。孔子在《论语》中大谈孝道，其实孔孝更多的是指对父亲的孝，对母亲的孝是大打折扣的，仅限于亲情这个底线而已。为了对父亲尽孝，儿子可以不顾一切，甚至为父而隐，践踏一切道德和法律。除了父子相隐之外，《论语》中对于父亲的孝道要严格得多。《学而》载：

> 子曰："父在，观其志；父没，观其行。三年无改于父之道，可谓孝矣。"

可见，孔孝是由对于父亲的孝来决定的。虽然父亲是一家之主，孝敬父亲无可厚非，但是对于孔子来说情况并非如此，这是因为孔子对于女人一直持有根深蒂固的偏见和歧视。《论语·阳货》载：

> 子曰："唯女子与小人难养也！近之则不孙，远之则怨。"

在此，孔子以明确的口气表达了他对于女人的鄙视，认为女人在自己眼里与小人一样可鄙。孔子在此并没有限定是哪一类女人，而是指所有的女人，自然包括同为女人的母亲在内。比鄙视更甚的是孔子对于女人地位的定性。《论语·泰伯》载：

> 舜有臣五人而天下治。武王曰："予有乱臣十人。"孔子曰："才难，不其然乎？唐虞之际，于斯为盛。有妇人焉，九人而已。"

在孔子眼中女人并不属于人的范畴，即使是王后也不算是人。既然王后都不是人，难道作为女人的母亲就会是人吗？如果是，那么孔子的逻辑简直是混乱得一塌糊涂。

孔子对于父母之孝的差异性对待体现了孔子缺乏伦理学层面上的平等观念，正是因为孝是不平等的，作为孝的外化的仁也是不平等的，不同的人表现出不同的仁，体现在不同的仁的标准。孔礼特别强调上下尊卑的等级秩序，这本身是一种社会性的和政治上的不平等。由其君子伦理学与政治学之间的递延性逻辑关系可以看出，孔学在政治观念上的不平等可以直接追溯到最基本的伦理学和孝的层面上。

孔孝在父母之间的不平等性同时说明，相比于血缘和物质生命因素，孔孝更加注重孝的人文意义。这是因为孔子认为母亲是人的物质生命的代表，而父亲则是人文传统的代表。

（六）孔孝是孔子理解礼制的渠道

孔子拒绝从政治和意识形态的层次理解西周的礼制，其重要的表现是孔子是从孝这个个人伦理学的角度来理解礼和礼制的，由此孔学的礼学观也与西周的礼制大相径庭了。

《中庸》明确地用孝道来解释政治学和王权，这种表达方式并不是发自孔子，而是对孔学的一种延伸性的演绎。这种尝试并没有违背孔学的伦理学本质和个体性原则，可以说是对孔学的思想精髓的一种理论概括和总结，同时也是将孔学的个人伦理学向政治学进行转化的一轮新的理论努力。

第二节　孔学的仁

"仁"字是会意兼形声字，早在甲骨文中便已经产生了，在中山鼎上也发现过金文的仁字。《说文解字·人部》说："仁，亲也。从人，从二。"也就是说仁的本意为以人道待人，即讲仁爱。

仁字也曾在《尚书》和《诗经》中出现过。在《尚书·金滕》中："予仁若考"，在《诗经·郑风·叔于田》中："徇美且仁"，又在《诗经·齐风·卢令》中："其人美且仁。"这个仁是仪文美备的意思，并没有深刻的内涵。

孔子第一个为仁赋予了哲学意蕴，将其变成了哲学概念。从孔子开始，仁便成为了中国哲学史中一个重要的哲学范畴。可以说，孔学的许多思想都是围绕着仁展开的，仁也始终是孔学和整个儒学的一个重要概念。

一、孔学的仁是孝道的外化

孔子是从孝中推演出仁这个概念的。仁是孝的外化，是将家庭中的伦理外化为个人在社会中的道德标准和行为准则。通过将孝从家庭内部的道德标准和行为准则向社会化道德标准和行为准则的过渡，孔子的伦理学完成了从个体的伦理学向社会化的、普遍的伦理学的过渡，实现了个人与社会在道德标准和行为准则方面的一体化。孔子对此直言不讳。在《论语·学而》中，孔子说道：

> 孝弟者也，其为仁之本与！

这句高度概括性的话，阐述了孝悌与仁之间的关系，指出仁的本质是孝悌，孝悌是仁的内核。这是孔子思想的一个最重要的核心和轴心。

二、仁的本质

孔学的仁是完全的君子伦理学意义上的概念和范畴。把握住仁的君子伦理学本质是理解孔学的钥匙和关键。

仁是孝的泛化和外化。孝是仁的核心，之所以会如此是因为仁是泛化了的孝，孝在进行道德性的泛化之后形成了仁，仁是被社会化了的广义的孝悌。孝是针对特定的目标的，即父母，而一旦将对待父母的尊敬、感恩等道德原则适用于其他人，便泛化为了具有普遍性的仁。当仁被付诸人的行为在社会实践中被实施时，仁便被外化为具有社会性的行为了。

在《论语》中，除了从正面来阐述和表现仁孝关系的诸多段落之外，一段从反面来体现仁孝关系的对话则能更有力地揭示两者之间的逻辑关系。《阳货》载：

> 宰我问："三年之丧，期已久矣。君子三年不为礼，礼必坏；三年不为乐，乐必崩。旧谷既没，新谷既生，钻燧改火，期可已矣。"
>
> ……

宰我出。子曰："予之不仁也！子生三年，然后免于父母之怀。夫三年之丧，天下之通丧也，予也有三年之爱于其父母乎！"

孔子的学生宰我认为三年之丧太长，一年就可以了，但是孔子认为宰我的孝不够，于是便痛斥他"不仁"。如果说孝是仁之本的话，那么不够孝或者说孝得不够便无法是仁了，更不要说不孝了。这个反面的例证说明在孔子看来孝对于仁具有不可置疑的、强大的决定性，是不允许有丝毫折扣的。

三、仁的层次性

对于仁这个核心概念孔子并没有给出一个完整而统一的定义。一般的解释将孔子对仁充满了随机性的多元化的解释理解为孔子因材施教的范例，在《论语》中便有多种不同侧面和层次的解释。如：

颜渊问仁。子曰："克己复礼为仁。"（《论语·颜渊》）

子曰："刚毅木讷近仁。"（《论语·子路》）

司马牛问仁。子曰："仁者其言也訒。"（《论语·颜渊》）

樊迟问仁。子曰："爱人。"（《论语·颜渊》）

子张问仁于孔子。孔子曰："能行五者于天下，为仁矣。""请问之。"曰："恭、宽、信、敏、惠。恭则不侮，宽则得众，信则人任焉，敏则有功，惠则足以使人。"（《论语·阳货》）

樊迟问仁。子曰："居处恭，执事敬，与人忠，虽之夷狄，不可弃也。"（《论语·子路》）

樊迟问仁。子曰："仁者先难而后获，可谓仁矣。"（《论语·雍也》）

仲弓问仁。子曰："出门如见大宾，使民如承大祭。己所不欲，勿施于人。在邦无怨，在家无怨。"（《论语·颜渊》）

据近代学者谢无量在其《中国哲学史》中的统计，孔子的仁共包含了 49 个德目，涵盖了几乎所有的德行①。实际上，在孔学中，任何的道德品质都可以被归结为仁，这使仁不再具有严格的定义性。这表明了孔子对于仁的把握的犹豫和不确定，对于孔子来说仁实际上就是道德本身。

虽然具有明显的不确定性和试探性，但是孔子对于仁的方向定位却是明确的。综合孔子对仁的各种描述可以看出孔子始终将仁定位为君子伦理学的重要范畴，将仁作为君子最高的道德标准和行为准绳。也就是说，孔子的仁的本质并不是政治范畴，只有当孔子将君子伦理学的道德乌托邦主义平移到政治领域之后，仁才成为君王的必要素质，成为德政观的核心内容。

第三节　孔学的礼

同孔孝一样，孔学的礼也具有特定的规定性。孔礼是建立在对周礼的割裂基础上的，孔学不再是意识形态的一部分，而成为君子伦理学的重要内容。

一、礼的渊源

首先必须明确的是礼的最初起源是氏族社会的礼俗。但是礼俗只是社会化的礼，并不具备国家的功能，其中只有一小部分转化成了后来的礼。随着族群国家的成立，礼便被赋予了国家的功能，而绝大多数的礼也是通过人为的制定而成的，是国家权力自上而下完成的，是一种政治行为，礼也变成了礼制，成为国家意识形态的组成部分。

礼是夏商周三朝的意识形态和国家制度的组成部分，是在历史上创造了数千年的思想观念和行为规范，是中国上古时期现实政治

---

① 谢无量：《谢无量文集（第二卷）：中国哲学史》，中国人民大学出版社 2011 年版，第 65 页。

中的国家制度，也就是说礼并不是儒家的发明，更不是儒家的专利。孔子或许是将三朝的礼作为他的课程之一讲授给他的学生，在他的授课过程中也曾经编辑和使用过关于礼的教材和历史文献。前儒学是所有学派中对礼最为重视的，儒家对于礼的阐释和理解也被认为是对礼的正统的传授，但是儒家绝不能因此而垄断礼，将礼本末倒置地看做是孔学和儒家的专利。古往今来许多学者质疑儒家对古代礼的解释，认为它们只是儒家眼中的礼，而不是三朝礼的真实情况。

礼与宗教有着本质性的联系。王国维认为："奉神人之事，通谓之礼。"[①] 郭沫若认为："大概礼之起于祀神，故其字后来从示，其后扩展为对人，更其后扩展而为吉、凶、军、宾、嘉各种仪制。"[②] 礼不仅起源于祭祀鬼神和祖先，礼的核心内容也在于此，而宗教观和鬼神观则是礼的灵魂。

因此，对于礼还要根据客观的历史实际为准，将儒家对于礼的阐释看做理解礼的途径和方法，而不能将儒家与礼混同起来，而对于孔子对礼的割裂则更要注意加以鉴别和区别。要将礼学从儒家的束缚中解放出来，纳入中国意识形态史和历史学的范畴，要在历史事实的基础上建立起客观和历史性的"礼学"。

二、周礼

西周的礼即周礼表现为两个层次的内容。第一个层次是社会层面上的礼。礼产生于氏族社会，最初的表现形式是礼俗，礼俗就是社会层面的礼。这个层次的礼是形而下层次的礼，是礼的低级形态。礼的第二个层面即其高级形态随着国家的产生和成熟而出现。在国家的产生和成熟过程中，礼逐渐被政治化，成为国家意识形态和政治制度的重要组成部分，这种形态的礼已经是礼制，即政治化了的礼和作为国家上层建筑的礼制。

---

① 王国维：《观堂集林》（上册），中华书局 1959 年版，第 291 页。

周礼对于周朝具有特别重要的意义，发扬着极其重要的政治功能。

1. 周礼是国家制度。

根据史料记载，礼制是夏商周三朝的本质特征之一，夏商周三朝都是建立在族群国家①基础之上的族群帝国，礼制就是族群帝国维系与各个族群国家的关系的意识形态和一整套行为规范。礼制在三朝发挥着核心的国家功能，"礼以体政"②。礼制是精神性和物质性的结合体，可分为意识形态和贵族的日常行为规范这两个层面。礼制的精神性是礼制的意识形态层面，礼制的物质性是礼制的物质形式，包括各种礼器、礼仪服装、祭祀用的各种牺牲和贡品等。

礼制的内涵在这三朝中并不相同，但其政治功能却处于日益强化之中。据甲骨文的披露，商朝时期已经形成了复杂的礼制，各种祭祀、祷告和牺牲等都是按照固定的仪式持续进行的，礼制的选择如规模、用器、牺牲的种类和数量等都有严格的限定。礼制在西周得到了进一步的发展，更加系统化和意识形态化。

所谓的"周公制礼"是说周公制定了周朝的礼制。周公在西周建立之初，根据周朝的特定的政治需要将前朝尤其是商朝的礼仪制度进行修订，将其融入了西周的宗法制度形成了周朝独特的礼制。西周的礼已经完全国家化了，西周之礼的本质是政治化了的礼制。

2. 周礼是意识形态。

在周礼中，礼制是国家意识形态的重要组成部分，礼制是通过上帝崇拜和祖先崇拜来体现宗法制度的，通过遵循重大场合的各种

---

① 关于夏商周时期的国家性质长期以来一直是政治学的空白，由于20世纪中国考古学的发展使中国学术界不得不对这个问题进行思考，思考的结果是用"古国"和"方国"等模糊的词语加以表达。笔者认为这个历史时期的国家形态是族群国家，所谓的族群国家是指建立在血缘基础上的，以氏族、聚落、部落和部落联盟为基本社会单位的国家，而建立在对诸多的族群国家的征服和降服之上的帝国形态也已经出现，夏、商、周就是族群帝国。这些问题会在另文中加以详述。

②《左传·桓公二年》。

礼仪制度，如祭祀、庆典、葬礼等所用的礼具的数量和规格等来体现帝国、国家和士大夫之间的等级制度，通过君王与诸侯国国王以及士大夫等人之间的礼节来体现个人之间的尊卑关系。不同等级的贵族使用不同的礼仪。违反了礼制的规定要受到严厉的惩罚，因此作为意识形态的礼制还包括法律方面的内容，以发挥法律功能。

商朝的礼制具有普遍的宗教性，主要体现在向上天和祖先祭祀和祷告的仪式规范上。西周的礼制继承了商朝礼制的宗教性，这种宗教性与宗法制度相结合，体现在对于祖先的神灵化和祭祀祷告中。必须强调的是，礼的主要特征是其所具有的宗教性和礼仪制度规定的严格性。受到祭祀的祖先具有神的地位，是被当做神灵来崇拜的，有时候很难分清上帝和祖先之间的区别。正是因为礼具有宗教性，所以才具有礼仪制度规定的严格性。

3. 周礼是法律体系。

虽然在礼俗层面上周礼还保留着氏族内部的社会规范和行为原则，但是周礼不再只是规范个人之间的关系和维护宗法制度下的等级秩序的软性制度，而是包括大量的法律内容在内的硬性的、完整的法律体系，这在《礼记》中得到了充分的反映。《礼记》中的《曲礼》《王制》等篇系统地记载了西周礼制下的法律体系。《礼记》中的内容虽然有被后世学者修订和润色的成分，但是其主体仍然比较完整和系统地记载了先秦的礼仪制度，大部分内容的可靠性是应该得到认可的。

4. 周礼的社会层面。

礼的低级形态在西周的社会层面上仍然得以流行，这既是礼制的反映，也是对上古礼俗的传承。作为社会层面的西周之礼包括贵族、士大夫和士人等阶层在日常生活中迎来送往的行为规范，如礼具等物质体现和具体场合的个人交往过程中烦琐的行为规范。礼具包括鼎、衣服座驾、玉器等物质形式和各种场合不同等级的个人具体的行为规范。根据《仪礼》等史籍的记载，西周在结婚、酒宴、各种聚会和庆典等方面的仪式、程序、规模等方面都有一定的社会规范。

三、孔礼

孔礼就是孔学的礼。礼是孔学十分重要的范畴，在孔学的概念体系中，礼与仁互为表里，也是孔子的政治观的组成部分。但是，礼并不是一些学者所称的是孔学的核心范畴。按照孔学的逻辑，礼来自于仁，是仁的表现形式，处于逻辑链条的末端，礼是仁孝的结果，是君子伦理学的外在表现，而不是其生成的来源。礼可以解释孔学中的一些理念，而孔学中的许多观念却是独立于礼而存在的。将礼认为是孔学的核心范畴是牵强的。

与具有独创性的仁的概念不同，孔学中的礼并不是孔子的独创，而是从历史上继承下来的。孔子虽然并没有对礼做出概括性的定义，但是对于周礼有深入的研究，他对礼的认识来自于对历史文献的研读，也在社会生活实践中处处留意学习。他对礼的认识因此体现了孔子对于上古历史的传承性。关于对古代文献的研读，孔子说道：

子张问："十世可知也？"

子曰："殷因于夏礼，所损益可知也；周因于殷礼，所损益可知也。其或继周者，虽百世可知也。"（《论语·为政》）

子曰："夏礼，吾能言之，杞不足征也；殷礼，吾能言之，宋不足征也。文献不足故也。足，则吾能征之。"（《论语·八佾》）

在从实践中学习周礼的方面孔子同样孜孜不倦。《论语·乡党》载：

（孔子）入太庙，每事问。

孔子认为，商朝的礼传至于夏礼，周礼传至于商礼。虽然如今关于夏礼的唯实史料凤毛麟角，但是孔子的言论起码证明了夏朝是存在礼和礼制的，并且是商礼和周礼的历史渊源。但同时，孔子也认为夏礼、商礼和周礼是不同的，代表着不同的理念和制度。在这三种礼的范式中，孔子最为推崇周礼：

　　子曰："周监于二代，郁郁乎文哉！吾从周。"（《论语·八佾》）

这是《论语》中一句十分著名的句子，对于绝大多数的学者来说它几乎对孔学与周礼之间的关系进行了定性，以至于李泽厚认为："无论哪派研究者恐怕很难否定孔子竭力维护、保卫'周礼'这一事实。"[①]

孔子曾经认真研究过礼，并且十分推崇周礼，这是事实，但是这并不表明孔子对于礼的理解是与周礼一脉相承的。对此，郭沫若已经有所察觉。郭沫若认为，"不过就在礼这一方面，时代也依然限制了他。他在形式上特别注重古礼"，"他对于礼，一方面在复古，一方面也在维新"[②]。实际上，孔子对于周礼有着自己独特的理解并且形成了自己关于礼的观念即孔礼，而孔礼与周礼是大相径庭的。

（一）孔子对于周礼的割裂

孔子对于周礼的理解是片面的，他将周礼的两个层面割裂了开来。孔子否定了周礼的宗教和政治层面，剔除了周礼的核心部分即作为意识形态的以宗法制度为基础的政治制度，从伦理学的层面上去理解和重塑礼。孔子对于周礼的理解在于其低级形态即社会伦理层面，也就是说孔子只看重周礼的形式，而剔除了周礼作为国家上层建筑的高级形态。之所以如此是因为孔子并不承认礼的宗教性，同时孔子关于礼的政治内涵的观点与周礼也没有关系。

1.孔子不承认礼的宗教性。

孔子对于宗教采取的是阳奉阴违的态度，虽然表面上参与宗教

---

　① 李泽厚：《新版中国古代思想史论》，天津社会科学出版社 2008 年版，第 11 页。
　②《孔墨的批判》，载郭沫若：《中国古代社会研究》，河北教育出版社 2004 年版，第 552 页。

的礼仪，但是在内心中对于宗教和神鬼是抵制和否定的。在《论语·先进》中孔子说道：

> 季路问事鬼神。子曰："未能事人，焉能事鬼？"

这句话明确表明了孔子的价值取向，即以现世价值为绝对的核心和重点，将全部的注意力放在对现世事物的思考之上，对于以鬼神为代表的宗教事宜则完全不去理会。

在《论语·述而》中孔子对于宗教的态度是：

> 子不语：怪，力，乱，神。

其中的"怪"指各种怪诞离奇的事情，可以引申为包括祥瑞和天象在内的现象；神是指神灵，即宗教。这表明孔子并不相信天人感应之说，也没有天的概念和理念，事实上也不相信神灵和宗教。绝大多数论者多侧重于孔子在此处的唯物主义和无神论倾向，而忽略了孔子的这些言论所表现出来的宗教观和关于礼的真正态度。

由于三朝的礼在很大程度上就是礼的宗教化或者说是被宗教化了的礼制，否认了宗教就否定了礼作为国家上层建筑的高级形态，就是将礼制的政治功能和灵魂剔除掉了，失去了灵魂的礼就变成了单纯的礼仪安排和礼器这些肤浅的物质形式，而孔学的礼就只能是社会层面上的礼、低级形态的礼和个人伦理学的礼。

2. 孔礼的政治性与周礼不同。

在孔子的政治观中，礼占有重要的地位。孔子关于两者之间关系最著名的论述包括：

> （子）曰："为国以礼。"（《论语·先进》）
>
> 子曰："克己复礼为仁。一日克己复礼，天下归仁焉。"（《论语·颜渊》）

由此可以看出，孔子用仁来规定礼，认为仁才是礼的内核，这与周礼敬天畏鬼的宗教观是完全不同的。孔子所说的"复礼"表面上或许是周礼，实际上却是他以孔孝和仁道为核心的君子伦理学。

（二）孔礼的本质

作为具有独立性的孔礼，有其独特的本质，即君子伦理学。

1.孔礼是周礼的形式层面。

在《论语·八佾》中，孔子说道：

> 人而不仁，如礼何？

这说明在孔子眼中，礼是仁的外化，是仁的规范化和仪式化，仁与礼互为里表，没有仁就没有礼。

孔子虽然没有对礼做出严格的定义，但是他是在君子伦理学的层面上来阐释礼的功能的。例如：

> 子曰："君子博学于文，约之以礼，亦可以弗畔矣夫！"（《论语·雍也》）

> 子曰："君子义以为质，礼以行之，孙以出之，信以成之，君子哉！"（《论语·卫灵公》）

> 子曰："不知命，无以为君子也；不知礼，无以立也；不知言，
>
> 无以知人也。"（《论语·尧曰》）

> 子曰："非礼勿视，非礼勿听，非礼勿言，非礼勿动。"（《论语·颜渊》）

可见，礼是君子伦理学的一个重要范畴，是君子的重要行为准则。礼对于士人是如此重要以至于不遵循礼就不会成为君子。

按照孔学的方法，政治学就是将其君子伦理学平移到政治实践之中，作为君子伦理学重要内容之一的礼自然会被孔子赋予政治性的含义。关于礼的政治性可见下文"孔学的德政观"部分。

2.孔礼重视礼仪过程中的节俭。

孔子只关注周礼的形式，这从孔子对于礼的简约程度的强调上得到了印证。对此，《论语》有如下记载：

> 林放问礼之本。子曰："大哉问！礼，与其奢也，宁俭；丧，与其易也，宁戚。"（《八佾》）

　　子曰："奢则不孙，俭则固。尤其不孙也，宁固。"（《述而》）

　　子曰："麻冕，礼也。今也纯，俭，吾从众。拜下，礼也。今拜乎上，泰也。虽违众，吾从下。"（《子罕》）

　　在这些关于礼的讨论中，孔子绝口不提礼的内在的精神内涵，而只在礼仪的节俭问题上大做文章，将节俭问题看做是"礼之本"，这验证了孔子对于周礼的双重性的立场，即参与礼，却只重视礼的表现形式，对于周礼的内涵和意识形态功能则绝口不提，这种双重性的立场是孔子割裂周礼的具体表现。

　　3.孔礼的重心在个人举止方面。

　　孔礼的本质是君子伦理学，这从孔子对于个人行为举止的重视上得到了验证。为了突出孔子对于日常生活中的礼仪的极度重视，《论语》不惜大段大段地记录孔子的各种规矩。例如，在饮食上，孔子对于礼的要求达到近乎苛刻的地步，这在《乡党》等篇目中有所记载：

　　食不厌精，脍不厌细。食饐而餲，不食。色恶，不食。臭恶，不食。失饪，不食。不时，不食。割不正，不食。不得其酱，不食。

　　肉虽多，不使胜食气。唯酒无量，不及乱。沽酒市脯不食。不撤姜食，不多食。

　　祭于公，不宿肉。祭肉不出三日。出三日，不食之矣。

　　食不语，寝不言。虽蔬食菜羹，瓜祭，必齐如也。

　　《乡党》中还记录了孔子对于衣服着装的讲究：

　　君子不以绀緅饰，红紫不以为亵服。……吉月，以朝服而朝。

　　齐（斋戒），必有明衣（浴衣），布。齐必变食，居必迁坐。

　　关于坐法，孔子说："席不正，不坐。"（《论语·乡党》）关于睡觉，孔子说："寝不言。"（《论语·乡党》）关于驾驭马车和乘车、谈话、与朋友见面等孔子都十分讲究。

相比之下，在对待周礼的本质如祭祀方面，孔子却说要"敬鬼神而远之"（《论语·雍也》），"未能事人焉能事鬼"（《论语·先进》）。对周礼的两个层面的强烈反差体现了孔子对于周礼的真正看法，也表现出了孔礼只是被孔子割除了其精神内涵之后所剩下的空洞的形式的事实。

四、孔子是"非礼"之人

如果孔子真的要以恢复周礼为己任，那么他一定会强调周礼的内在精神实质，而不仅仅只停留在周礼的礼仪形式之上，但是孔子却只强调和重视周礼的礼仪形式和其形而下在个人举止层面的规范，而对于周礼的本质即其宗教性和意识形态内涵则采取了表面上应付实际上否定的虚与委蛇的做法。孔子对于周礼的割裂由此昭然若揭。这表明，孔子虽然唯礼是尊，教导弟子们要"非礼勿视，非礼勿听，非礼勿言，非礼勿动"（《论语·颜渊》），但是孔子的行为却多处违背了礼的基本要求，成为一个非礼之人。

孔子以个人身份办私学本身就是非礼的，也就是说孔子用以安身立命的职业和生活方式是建立在非礼之上的；孔子私自修改和编撰国家文献也是非礼之举；孔子的君子伦理学也不属于周礼的范畴，所提出的仁道也是非礼思想。

五、《中庸》中的孝和礼

《中庸》重新论述了孝与礼的关系，用孝来系统地解释礼，实际上是对孔子对于礼的片面理解和割裂的一种修正（这将在唯实主义对于子思儒学的唯实解构中进行系统剖析）。

第四节 孔学的义

义字的起源要早于仁，在甲骨文中便发现了此字。义字从羊、从我，原义当为屠宰牛羊以祭祀，后引申为"宜"，即合适和适宜①，然而适宜的标准却大有不同。在先秦百家中，义成为孔学和先秦儒学的一个重要概念，被赋予了强烈的伦理学色彩。

虽然不如对仁一般刻意地解释和强调，孔子也曾多次在《论语》中提及义。孔子并没有规定义的内涵，然而很明显孔子的义是道德性的义，是从属于仁的，是其道德主体性的组成部分。孔子没有将仁与义并列，使之成为一对对应的范畴，《论语》中不存在仁义的提法。

在孔子看来，义是君子的重要属性，是"君子之道"的组成部分，没有义便不会成为君子，要成为君子就必须有义。君子从政就是要将义付诸实施，"行其义"是君子为官的行为准则。可见，义不仅是君子用来束己的，也是用来约束别人的。这实际上体现了孔子的对等道德观，即于他于己要使用相同的道德标准，自己与他人之间不存在道德的差异性。

第五节 孔学的忠

忠这个概念对于挖掘孔学的本质以及对于董学和孔学的辨正具有特别重要的意义。通过这个概念，孔学的真实价值观会得以本色地呈现，可以澄清孔学与董学本质性的区别，这不仅对于认清董学与孔学之间的根本性的不同提供重要的观念事实证据，也可以清晰地看出孔学的观念事实和价值观是如何长久以来受到误解的。由于孔学的忠具有独特的内涵，与以董学为基础的中国文化中主流的忠

① 参见古衍奎编：《汉字源流字典》，语文出版社 2008 年版，第 42—43 页。

的观念在本质上不同，因此不妨称之为孔忠。

在整部《论语》中，孔子提到忠有 10 次。6 次是在君子伦理学层次上，另 3 次是在政治学层次上，还有 1 次不够明确。

一、君子伦理学层面的孔忠

孔忠的君子伦理学特征通过忠与恕的关系表现出来。

（一）作为君子道德品质的忠

忠是孔子所提倡的君子的品质之一，在《论语》中孔子共有 6 次在君子伦理学层面上提到忠。孔子将忠与信并列使用，形成了忠信的复合词。

> 子以四教：文，行，忠，信。（《述而》）

> 子曰："君子不重，则不威，学则不固。主忠信，无友不如己者。过，则勿惮改。"（《学而》）

> 子张问崇德辨惑。子曰："主忠信，徙义，崇德也。"（《颜渊》）

> 子曰："十室之邑，必有忠信如丘者焉，不如丘之好学也。"（《公冶长》）

这四段是说孔子在教学中强调君子应具备的品格，前者提到了四种品格即读书、行为、忠诚和信任，后者提到了对于朋友应该持忠信的态度，这样才能谦虚地向朋友学习。这些都是在君子伦理学层次上论述忠。孔子在这个层面上的忠主要是针对朋友而言的，而并不是针对国家和君王的。

在《论语·季氏》中，忠再次被提及：

> 孔子曰："君子有九思：视思明，听思聪，色思温，貌思恭，言思忠，事思敬，疑思问，忿思难，见得思义。"

显然，孔子此处是在讲"九思"，即从九个方面来规定君子的行为。然而此处的忠并不是忠诚的意思，而是指诚实，即说话时要诚实，不可说谎。

（二）忠与恕

孔学的忠还通过与恕的对应关系得以阐述。《论语·里仁》载：

> 子曰："参乎！吾道一以贯之。"曾子曰："唯。"
>
> 子出，门人问曰："何谓也？"
>
> 曾子曰："夫子之道，忠恕而已矣。"

孔子此处所说的"吾道"显然是指孔子毕生发展和提倡的君子之道，即君子伦理学内规定的君子应具备的内在的道德品质和行为规范。对孔学忠恕观的解析见下文。

二、作为政治品格的忠

孔子将入仕作为君子自我实现的重要步骤和平台，如何与君王相处自然成为君子观的重要组成部分。而提到君臣关系就不能不提到作为臣下的政治品格的忠。在孔学中，孔子在政治层面上的忠的观念在其君臣观和君民观中得到了阐述。

（一）君臣观中的忠

1. 君臣之间的忠是有条件的选项。

孔学的君臣观关于忠的界定在《论语》中得以表现：

> 定公问："君使臣，臣事君，如之何？"
>
> 子对曰："君使臣以礼，臣事君以忠。"（《八佾》）
>
> 子曰："所谓大臣者，以道事君，不可则止。"（《颜渊》）

这个简短的对话概括了孔子的君臣观，由于在古代国君往往被认为是国家的化身，君臣观实际上也体现了个人／臣与国家之间的关系。从这句话中我们可以看出：

首先，君臣之间的关系是一种相互对等的交换关系，是君的礼与臣的忠之间的交换。

其次，礼与忠的交换并不是必然的，而是有前提和条件的，只有在君以礼对待臣之时，臣才会以忠回应，也就是说如果君不以礼对待臣，臣就没有任何义务和责任对国君和国家保持忠诚。

显而易见，这与董学的三纲五常的核心观念"君为臣纲"是完全对立的。君为臣纲认为国君为阳，臣为阴，阴阳之间不是有条件的交换关系，而是一对不可分割的范畴。臣对于君保持忠诚是没有前提和条件的，臣对君保持忠诚是臣注定的使命、义务和责任。董学的忠是皇权主义的核心范畴，它所体现的是爱国主义的观念，所表达的是国家主义的价值观。而孔子的君臣观体现的则是个体性原则，是君子伦理学的延伸，国君和国家只是君子体现和实现自身价值的一个外在载体而已，没有半点的爱国主义理念和国家主义的价值观。

孔子的行为也最经典地注释了孔学的君臣观和对于国家的观念。他周游列国，在各国之间逐利，甚至还要归顺晋国的反叛者佛肸，这种行为就连孔子自己也觉得不妥，"累累若丧家之狗"（《史记·孔子世家》）。

2. 君臣之义。

在政治学中，忠／忠诚更多地体现在两种不对等的上下级之间的关系，对国家、民族和君王的忠诚莫不如此，是具有强烈的责任感和义务感的；而义则是两种基本上平等的实体之间的关系，尤其体现在朋友之间，义主要是一种自发性的感情，其中责任感和义务感的成分是很低的，要远远低于忠。

在孔子及其弟子看来，君臣之间的关系并不是忠的关系，而是义的关系。君臣之义出现在《论语·微子》中：

> 子路从而后，遇丈人，以杖荷蓧。
>
> 子路问曰："子见夫子乎？"
>
> 丈人问："四体不勤，五谷不分，孰为夫子？"植其杖而芸。
>
> 子路拱而立。
>
> 止子路宿，杀鸡为黍而食之，见其二子焉。
>
> 明日，子路行以告。
>
> 子曰："隐者也。"使子路反见之。至，则行矣。

子路曰："不仕无义。长幼之节，不可废也；君臣之义，如之何其废之？欲洁其身，而乱大伦。君子之仕也，行其义也。道之不行，已知之矣。"

这个段落非常著名，古往今来常被论者引用，但是对其中的内涵却众说纷纭。虽然君臣之义的提法同样出现在其他的先秦学派之中，例如墨家，但是孔学对于君臣之义的理解却有其独特的内涵。这个故事在以下方面展示了孔学的观念：

第一，从这位丈人之口折射出了孔学在当时的士人阶层中的看法。孔子带领一班弟子周游列国在春秋晚期应该是在士人阶层比较轰动的一件事，以至于士人阶层对于孔子、其行为和孔学都有一定的看法，这使孔学有了知名度，但是一些有识之士对于孔学却持负面的和批评的看法，该段中的丈人便是其中之一。丈人认为孔子不事稼穑，脱离实际，不足以为人师。

第二，丈人身体力行了另一种士人的存在方式，那就是选择归隐。虽然孔子也时常念叨"道不行，乘桴浮于海（《论语·公冶长》）"，但是在实践中孔子始终抱着世间的名利不肯撒手，即使突破了任何道德底线也不愿去做隐者。隐者选择不仕真正体现了"洁其身"的情操和道德标准，这是孜孜以求世间名利的孔门远远达不到的。孔子对于隐者的境界心知肚明，因此对于隐者怀着敬佩之意，在《论语》中多处表达了要与隐者交流的愿望。而子路等孔门弟子则对于帮助过他们的隐者出言不逊，横加指责，完全没有孔学所要塑造的谦谦君子之风。

第三，子路道出了孔学关于君臣观的一个重要方面，那就是君臣之义的观念。在孔学看来，君臣之间的联系并不是必然的，士人并不存在对于君王和国家必然的责任感和义务感，一切都是有条件的，都要取决于君王对于自己的态度，只有在君王"使臣以礼"的时候臣子才会"事君以忠"，两者完全是一种个人之间的感情关系。也就是说，《论语·八佾》中孔子所说的"君使臣以礼，臣事君以忠"的本质就是君臣之义，义要远远高于忠，忠只是君臣之义之下的一个选项而已。

3. 忠于职守。

《论语·颜渊》载：

> 子张问政。子曰："居之无倦，行之以忠。"

孔子是在说在职位上要勤奋工作，不知疲倦，要忠诚地执行政务。此处的忠是相对于职务而言的，强调的是一种职业操守和素质，与忠君并无直接关系。

另，《论语·宪问》载：

> 子曰："不在其位，不谋其政。"

> 曾子曰："君子思不出其位。"

在此虽然没有出现忠的字眼，然而显然孔子此处的言论与忠和责任相关。在孔子看来，忠和责任是职务性的品质，作为官员是有对国家和君王尽忠和履行职务的义务的，一旦他不再担任官员，那么对于国家和君王便不再存在尽忠和履行政务的责任了，可见孔子的忠是忠于职守而已。孔子于此再次限定了忠的条件。

（二）君民观中的忠

在君民观中，孔子同样论述了他关于忠的观念。君民观的忠分为两个导向，即君对于民的导向和民对于君的导向。

君对于民的导向就是君王如何使民众对其尽忠，也就是关于忠的根据的问题。《论语·为政》载：

> 季康子问："使民敬、忠以劝，如之何？"

> 子曰："临之以庄，则敬；孝慈，则忠；举善而教不能，则劝。"

孔子认为，要使百姓忠诚君王就必须孝顺父母，慈爱幼小，以身作则。这明显是将君子伦理学的道德主体性应用于国家政治之中，是孝的个体性原则向国家政治的过渡。君民观中的忠与君臣观中的忠一样是有条件和前提的，是一种交换关系。这与董学的国家主义的忠在价值观上同样是对立的。

民对于君的忠是关于民对于君王的忠诚是否存在条件和在何种条件下才应该尽忠的问题。对此孔子并没有论及。然而从孔子曾经多次论及关于君子在何种条件下应该为国效力的言论中，我们可以窥见民对于君王的忠诚问题。《论语·公冶长》载：

> 子谓南容："邦有道，不废；邦无道，免于刑戮。"
>
> 子曰："道不行，乘桴浮于海。"

也就是说，如果国家有道，君子才应该为国效力，如果国家无道，君子就应该明哲保身，即使是泛舟四海也不应该为国效力。既然连为国效力都要有如此条件，就不要奢望这些孔家君子们为国尽忠了。

由此可见，孔学的君民观直接和间接地阐述了孔子关于忠的观念。无论在何种层次上忠都是有条件和前提的，都是一个选项，民众都不存在爱国主义的必然性。

三、孔忠暴露了孔学政治观重要的局限性

孔忠是最能体现孔学的价值观，也是最能体现孔学与董学本质差异的理念之一。

（一）孔忠在孔学中的地位

1.孔忠是属于君子伦理学的概念。

孔忠在孔学的概念体系中居于边缘的地位，虽然孔子将忠列入君子应具备的道德品质之中，但是它并不是三达德之一，其地位与孝、仁、义和礼等无法同日而语，是孔学概念体系中较低层次的品质。

2.孔忠属于义的范畴。

作为君子伦理学范畴的忠并没有能够如仁和礼等概念一样被平移到政治领域中。通过以上对孔学的君臣观和君民观的唯实分析可以发现，在孔学的政治观中确定君臣关系的不是忠，而是义，忠变

成了臣子一个有条件的选项，君臣之间的关系被看做是义的关系。忠的平移失败也证明了君子伦理学与政治学是本质上完全不同的领域，君子伦理学的道德观念是无法在政治学这块土壤中生存的。

3. 孔忠不是国家主义的忠诚观。

孔忠的条件性的限定揭示出了孔学权力观和国家观的缺乏，在此情况下，孔子无论是在逻辑还是理念上都无法得出国家主义的忠的观念，不仅暴露了孔学在体系性上的弊端，也形成了与孝等范畴的悖论（参见下文之"孝与忠的悖论"）。忠直接关乎个人对于君王和国家的责任和义务，而缺乏了对于责任和义务的深入认知，要得出国家主义的忠诚观是不可能的，而这恰恰是孔学只能从个人得失的层面上来理解忠的根源。孔子从来没有从正面讨论过君王对于臣民的责任和义务，孔学主张德政观，但是仁和礼只是权力运行的政策方向和形式而已，尚不是国家权力的本质，孔子在政治观上的肤浅既是孔学缺乏权力观的表现，也是孔子无法构建出系统的政治观的内在原因。

4. 孔忠不忠于周朝。

孔学在国家层面上缺乏忠诚的观念，这是否意味着孔子的忠诚有着其他的政治载体尤其是周王室呢？答案是否定的。因为孔子周游列国却从来没有尝试去周朝所在地，在《论语》中无论是孔子还是与他共同周游的学生都没有提过将周朝王室所在地作为旅行的目的地。孔子所论之礼是孔礼，而不是周礼，即被他裁剪之后所剩下的周礼的仪式，孔子谴责新兴国家僭越周礼的行为，可他自己却从未提及要在现实中用自己的行为来实现周礼。可见在孔子心目中作为残羹冷炙的周朝王室不再是值得尊重或者注意的政治实体，也自然构不成他尽忠的对象。

5. 董学的忠诚观是中国文化的主流。

需要特别强调的是孔忠与董学的忠存在巨大的体系性壁垒，也是与如今中国人所理解的忠君爱国的思想价值观念完全格格不入的。而相比之下，董学的核心是逻辑严密的政治哲学体系，董学的目的就是要在哲学层面上论证皇权主义的合理性和正统性，为皇权主义设计出一整套具有实用性的国家政治制度和体制，并且在政策层面上进行"顶层设计"，使皇权主义能够牢固地根植于社会的土壤之中，形成国家与社会的良性互动，以实现皇权对于国家和民众的责任和义务。忠作为董学伦理学的重要支柱之一是三纲五常的国家伦理学的支柱性理念，它体现了国家主义的君臣观。忠已经超越了道德范畴成为臣子和国民对于皇帝和国家应该承担的义不容辞的责任。这种价值观不仅与孔学迥然不同，其境界也显然超越了孔学。

6. 孔忠是个被扭曲的观念。

观念唯实主义挖掘出了孔忠的本质，但是对于孔忠后世却存在着深刻的误解，这种误解是孔学和儒学之间的关系被严重扭曲的哲学重灾区。最典型的事例发生在所谓的新文化运动中。以陈独秀等人为代表的新文化运动的发起人将董学三纲五常的国家伦理学纳入了孔学，认为以"君为臣纲"为基础的三纲五常是孔学的核心和本质，提出了要清算中国的"封建"文化就必须要清算孔子的三纲五常，要清算三纲五常就必须首先打倒君为臣纲的忠诚观[①]。这显然是董冠孔戴的谬误，不幸的是这个谬误却成了那个时代的知识分子和青年学生的"共识"。

第六节 孔学的道

道是老子哲学的核心概念。老子的道是个抽象的概念，它包括"有"和"无"这两个范畴。在《老子》的第一篇，老子便开宗明义地对道这个概念进行了界定：

---

① 参见陈独秀之《一九一六年》《宪法与孔教》《旧思想与国体问题》《孔子与中国》等文章，《新青年·精选本》（上），中国书店 2012 年版。

道可道，非常道；名可名，非常名。无，名天地之始；有，名万物之母。故常无，欲以观其妙；常有，欲以观其微。

孔学也有道的概念，并且出现的频率还很高。在孔子眼中，道主要是指他的君子伦理学中的道德规范，这点孔子自己说得很清楚：

子曰："君子道者三，我无能焉：仁者不忧，知者不惑，勇者不惧。"子贡曰："夫子自道也。"（《论语·宪问》）

子曰："参乎！吾道一以贯之。"曾子曰："唯。"

子出，门人问曰："何谓也？"

曾子曰："夫子之道，忠恕而已矣。"（《论语·里仁》）

除此之外，孔学的道还有两层含义，一是指周朝的礼乐制度，二是指一般性的道德观念和行为准则。对此，《论语》中都有记载：

子曰："富与贵，是人之所欲也；不以其道得之，不处也。贫与贱，是人之所恶也；不以其道得之，不去也。"（《里仁》）

子曰："朝闻道，夕死可矣。"（《里仁》）

子曰："士志于道，而耻恶衣恶食者，未足与议也。"（《里仁》）

子曰："三年无改于父之道，可谓孝矣。"（《论语·里仁》）

子谓南容："邦有道，不废；邦无道，免于刑戮。"（《公冶长》）

子曰："道不行，乘桴浮于海。"（《公冶长》）

子曰："齐一变，至于鲁；鲁一变，至于道。"（《雍也》）

子曰："志于道，据于德，依于仁，游于艺。"（《述而》）

宪问耻。子曰："邦有道，谷；邦无道，谷，耻也。"（《宪问》）

子曰："邦有道，危言危行；邦无道，危行言孙。"（《宪问》）

子曰："人能弘道，非道弘人。"（《卫灵公》）

子曰："道不同，不相为谋。"（《卫灵公》）

可见，不论是在哪个层次上，孔学的道都不是形而上学范畴，而只是形而下的具体应用范畴，这与老子哲学的形而上学层次的道是不同的。

第七节 孔学的天

天和命并不是孔学体系的重要概念，孔子对它们虽然偶有提及但是它们仍然是伦理学的概念，孔子从来没有在形而上学的高度来解释过天的概念，也没有触及天人关系的命题。但是，辨清孔学的天的概念对理解孔学具有特别的意义，因为它在董学与孔学的比较中起到至关重要的作用。同时，孔学的天的概念是皇权主义作伪的重要内容之一，也是在中国哲学史产生了纠缠不清的混乱的概念和范畴。

在《论语》中，孔子七次提到了天：

子畏于匡，曰："文王既没，文不在兹乎？天之将丧斯文也，后死者不得与于斯文也；天之未丧斯文也，匡人其如予何？"（《子罕》）

子曰："天生德于予，桓［魋］其如予何？"（《述而》）

公伯寮愬子路于季孙，子服景伯以告，曰："夫子固有惑志于公伯寮，吾力犹能肆诸市朝。"子曰："道之将行也与？命也；道之将废也与，命也。公伯寮其如命何！"（《宪问》）

子曰："莫我知也夫！"子贡曰："何为其莫知子也？"子曰："不怨天，不尤人，下学而上达。知我者，其天乎？"（《宪问》）

子曰："予欲无言。"子贡曰："子如不言，则小子何述焉？"子曰："天何言哉？四时行焉，百物生焉，天何言哉？"（《阳货》）

孔子曰:"君子有三畏:畏天命,畏大人,畏圣人之言。"(《季氏》)

颜渊死,子曰:"噫!天丧予!天丧予!"(《先进》)

虽然在"四时行焉,百物生焉,天何言哉"中的天可以比较通顺地做大自然来解释之外,孔子在上述绝大多数对天的使用上都是模棱两可和含糊不清的[1]。孔子的得意门生子贡说"夫子之言性与天道,不可得而闻也",也起码说明了天这样的抽象的范畴并不是孔子教学和思考的重点。孔子一以贯之的思维方式一向是注重形而下的具体的实用性,对于高远的形而上学概念和命题采取的完全是回避和敬而远之的态度,这与孔子对于鬼神和宗教的态度是十分相似的。但是"道之将行也,命也;道之将废也与,命也。公伯寮其如命何!"这句话则明确地暴露了孔子真实的天命观。在这句话中,天就是命,命就是宿命。在"天丧予"这句话中,孔子更是直接地赋予了天以宿命论的内涵。他在悲痛中呼喊的天就是百姓日常口中的"老天爷"。对于什么是宿命孔子没有进行解释,这使得孔子的天命观颇有一层神秘主义的色彩。正因如此,将孔子的天解释为具有人格意志的上帝(如冯友兰[2])是不准确的。

由此可见,孔子的天就是命,就是指宿命。用宿命论的天来解释孔子对于天的使用则在逻辑和内容上都顺畅起来了。在孔子看来,天与命是相同的、具有一体性的,人在天命面前是无能为力的,只能被动地承担天命的结果。

天道这个概念在春秋晚期已经存在,但是孔子却并没有使用它,这从子贡的"性与天道,不可得而闻也"(《论语·公治长》)这句话中得到了证实。也就是说,孔学不存在形而上学意义上的天道观(进一步的分析可见后文关于孔学天道观的分析部分)。

---

① 李泽厚也反对将孔子的天命观解读为有神论和孔子的天具有人格意志的说法。参见李泽厚:《论语今读》,生活·读书·新知三联书店 2004 年版,第 249 页。

② 参见冯友兰:《中国哲学史》(上),重庆出版集团/重庆出版社 2009 年版,第 53—54 页。

第八节　孔学的性

《论语》曾经两次提到性的概念：

子曰："性相近也，习相远也。"（《阳货》）

子贡曰："夫子之文章，可得而闻也；夫子之言性与天道，不可得而闻也。"（《公冶长》）

从性相近习相远这句话可以看出孔子是在实用和具体层次上来看待性这个概念的，也就是说孔学的性是指人的性情，可以引申为人性。但是关于人性的内涵孔子并没有说明，更没有从抽象的哲学意义上加以概括和总结，以至于如子贡这样孔子得意的弟子也没有听到孔子关于人性的言论。孔子之后的儒生对于性的概念进行了重大发挥，尤其是陆王心学形成了以心性为核心的哲学体系，开辟了儒学的内向维度，但是对于孔子来说，性还不是个重要的概念，他也并没有赋予它以更加深刻的哲学内涵。

第九节　孔学的德

德虽然是孔学概念体系中的一个重要概念，然而孔子并没有明确地对德进行定义性的阐述。从《论语》中关于孔子对德的运用来看，德与仁在内涵上是相互重叠的概念，只是表现方式和应用的范围有所不同。

如前所述，孔子往往用仁来明指各种具体的品德，以至于仁几乎包括了孔子提到的所有君子所应具备的道德品格。孔子只是用仁德来互动，并没有用德直接与具体的道德品格发生关系。因此可以说相对于仁德具有总体性和抽象性的特征。

虽然也将仁直接应用于政治层面上，然而孔子更喜欢将德用于对政治和君王的描述上，以至于用德政观来概括孔子的政治观较其他名称更为准确。《论语·为政》载：

子曰："为政以德，譬如北辰，居其所而众星共（拱）之。"

另，《论语·颜渊》载：

季康子问政于孔子曰："如杀无道，以就有道，何如？"

孔子对曰："子为政，焉用杀？子欲善，而民善矣！君子之德风，小人之德草，草上之风必偃。"

第二十七章　孔学的核心理念

以上述的核心概念体系为单元和载体，孔子展开了对孔学的一系列观念的阐述。本章将根据观念唯实主义的原则和方法，从孔学的唯实材料中系统地阐释孔学的一些核心理念。

第一节　君子观

君子观是孔学最核心的理念。孔子对于君子的规定就是孔学的君子伦理学的内容。君子观是理解孔学的观念事实和价值观的基础。

一、士人与君子

据《史记》等文献记载孔子是私生子，出身十分卑贱，在等级森严的春秋时期应该属于贱民阶级。然而通过自己的努力，孔子以教师的身份摆脱了耕种生活，算是进入了士人阶层。在50岁时开始从政，从县令一直上升为鲁国的大司寇和代理国相，跻身于大夫阶层，这在当时可谓是个奇迹。但是在罢官之后，孔子的社会地位一落千丈，又跌入了士人阶层，在周游列国时多次三餐不保，其"落水狗"的境遇与流民几乎无异。幸有富裕的弟子的帮助，孔子才能活着回到鲁国继续从事教书生涯。从孔子的一生来看，孔子应属士人阶层。

士人阶层是在西周的国家制度衰落和崩溃之后出现的新的社会阶层。一些原本依托于诸侯国的大夫阶层在国家体制的转型过程中失去了原有国家体制的保护，形成了更为独立的士人阶层。孔子绝大多数的学生也是士人。孔子的目的是要通过对他们进行教育对这个落魄的阶层进行改造和重新包装，帮助他们重新找到生活技能和社会定位。孔子的方案是将士人提升为君子，掌握一定的知识和技能，进入国家体系之中为国君所用，成为国家官僚体系中的官僚。

在孔子眼中，君子是士人阶层中的精英和楷模，是学习了他编撰的六经之后有学问的士人。孔子教育学的全部目的就是要塑造君子，而塑造君子的人格类型就是孔学的核心内容。

二、孔学的理想人格

孔学的理想人格有两种，一是圣人，二是君子。

关于圣人，《论语》载：

> 子贡曰："如有博施于民而能济众，何如？可谓仁乎？"
> 子曰："何事于仁，必也圣乎！尧舜其犹病诸！"（《雍也》）
> 子曰："圣人，吾不得而见之矣，得而见君子者，斯可矣。"（《述而》）

按照孔子的标准，圣人就是能够完全实现仁的人，是能够成为君王的君子。显然，圣人是理想人格的最高境界，堪称是完美的化身。事实上，这个境界是如此之高以致很难达到，无论在现实还是历史上都不存在，即使是被孔子尊为古代君王典范的尧舜也无法达到。按照这个标准，孔子也无法达到，对此孔子也承认。《论语·述而》载：

> 子曰："若圣与仁，则吾岂敢？"

三、君子的标准

既然圣人是难以企及的，那么就只有追求君子了，孔子对于理想人格的追求也集中在君子之上，孔学就是围绕着君子的标准、成为君子（"成人"）的方法和君子在不同的情境下应该如何行为而展开的。

《论语》记载了孔子关于君子的人格类型的各个侧面，实际上都是围绕着孝、仁和礼的关系展开的，由于个人素质、性格、生活环境的不同，仁有多个侧面，而孝和礼则相对固定，是超越君子的个性和生活际遇的。具体来说孔子强调了君子应该具备的如下品质。

（一）君子的内在品质

在《论语》中孔子关于君子的内在品质的论述很多，这些品质可以主要概括为"三达德"和忠恕观。

1. 三达德。

在《论语·宪问》中，孔子提出了三达德的标准：

> 子曰："君子道者三，我无能焉：仁者不忧，知（智）者不惑，勇者不惧。"子贡曰："夫子自道也。"

仁、智和勇是君子的三个道德标准。这三个标准比较抽象，它们是理想化的君子必备的素质，是君子人格的核心构件。对于有志成为君子的人孔子提出了具体的行为标准：

> 子曰："弟子，入则孝，出则弟（悌），谨而信，泛爱众，而亲仁。行有余力，则以学文。"（《论语·学而》）

孔子关于君子的言论还有：

> 子贡问君子。子曰："先行其言而后从之。"（《论语·为政》）

> 子曰："君子不器。"（《论语·为政》）

（1）仁与知的并举。

仁是君子内在品质的重要依托，这是不言而喻的。孔子认为仁是通过知来体现的，为此孔子十分强调知识的重要性，孔子常把仁与知并举。

> 子曰："知者乐水，仁者乐山。知者动，仁者静。知者乐，仁者寿。"（《论语·雍也》）

从他对知的使用可知孔子的知是指知识，而不是智慧。"知者乐水"是说对于知识的学习是个不断流动的过程，永远不会停止。"仁者乐山"是说行仁义的君子应该坚守自己的道德理念，在各种事态面前岿然不动。

孔子十分强调学习，将不断地学习看做是对君子的要求，而并没有提倡君子应该进行独立而深刻的思考。君子是道德的典范，在自我实现的过程中，对于孔礼的了解已经足够，君子的思考主题也应该是关于道德和礼的思考。这从孔子所总结的"九思"中可以进一步看出。《论语·季氏》载：

> 孔子曰："君子有九思：视思明，听思聪，色思温，貌思恭，言思忠，事思敬，疑思问，忿思难，见得思义。"

九思包括日常生活中的各个方面，是要规范君子在行为上体现出对于道德的遵守，要谨言慎行。而要做到谨言慎行就必须要言之有据，要做到言之有据，就要见多识广，择善而从。对此，孔子说道：

> 子曰："盖有不知而作之者，我无是也。多闻，择其善者而从之；多见而识之；知之次也。"（《论语·述而》）

除此之外，《论语》中所记载的孔子关于学习的言论十分丰富。例如：

> 子曰："学而时习之，不亦说乎？"（《学而》）

> 子曰："知之者不如好之者，好之者不如乐之者。"（《雍也》）

> 子曰："温故而知新，可以为师矣。"（《为政》）

> 子曰："多闻，择其善者而从之。多见而识之，知之次也。"（《述而》）

> 子曰："学而不思则罔，思而不学则殆。"（《为政》）

孔子不仅要求他的学生要勤奋学习，他自己也是十分好学之人，在好学这点上孔子确实是言传身教、以身作则的典范。

孔子为什么如此强调学习呢？这与孔子的思想方向密切相关。孔子崇尚周礼，以复兴周礼为目标，虽然孔子实际上割裂了周礼，去掉了其思想内容和灵魂而只重视周礼的形式，但是要熟悉、掌握和在日常生活中熟练地践行周礼繁复的仪礼也是要花费大量的时间和精力去认真学习的。孔子将历史作为教学的主要内容，因为《诗》、《书》、《礼》和《乐》等都属于历史学的范畴，需要勤奋学习才可以了解和掌握。

（2）勇与意志力量。

孔子的君子人格不仅包括谦卑的学习态度，也包括勇气和抗争的意志力量。不耻下问和谦虚的学习态度是在和平时期实现君子的方法，而孔子对于勇气和抗争精神的强调则是要求君子在敌对和对抗的氛围下要用勇气来坚守自己的价值观。

《论语·雍也》载：

> 子曰："文质彬彬，然后君子。"

这是指在和平时期君子的状态。而在对抗的氛围下，即生命与君子的道德原则产生了激烈冲突的情况下，君子该如何选择和表现呢？

《论语》载：

> 子曰："仁者必有勇。"（《宪问》）
>
> 子曰："刚毅木讷，近仁。"（《子路》）

《论语》中记载的一个事件注释了孔子对于君子的意志力量的强调：

> 在陈绝粮，从者病，莫能兴。子路愠见曰："君子亦有穷乎？"
>
> 子曰："君子固穷，小人穷斯滥矣。"（《卫灵公》）

这个故事在《史记·孔子世家》中也有记载。在陈国孔子一行人陷入绝境，几乎被困死。在此情况下孔子仍然要求弟子们坚守君子的标准。对"君子固穷"有两种解释，朱熹的解释是君子固然有穷困的时候，但也不可以像小人一样乱来，而程子的解释是君子就应该固守穷困①。

那么君子的勇气要到什么程度呢？《论语·卫灵公》载：

> 子曰："志士仁人，无求生而害仁，有杀身以成仁。"

为了求仁，君子要不惜以命相搏，君子即使牺牲了自己的生命也不会坐视仁受到侵害。可见，孔子的君子具有刚烈的性格，具有为了实现理想而殉道的决心和意志力量。

然而，孔子认为君子的勇是要受到义的约束的，勇是在实现仁的过程中所表现出来的勇气，而不是蛮勇。《论语·阳货》载：

> 子路曰："君子尚勇乎？"
>
> 子曰："君子义以为上，君子有勇而无义为乱，小人有勇而无义为盗。"

没有了义的制约，勇便会为乱为盗，走到仁的对立面。

2. 忠恕观。

作为君子的品德，忠恕观是必备的素质，忠恕观甚至被曾子认为是孔学的本质。《论语·里仁》载：

> 子曰："参乎！吾道一以贯之。"曾子曰："唯。"
>
> 子出，门人问曰："何谓也？"
>
> 曾子曰："夫子之道，忠恕而已矣。"

孔子此处所说的"吾道"显然是指孔子毕生发展和提倡的君子之道，即君子伦理学所规定的君子应具备的内在的道德品质和行为规范。忠恕观阐述了对等道德观，这是孔学在先秦百家中与众不同的独特理念。

曾子此处的"夫子之道"就是孔子的吾道，也就是说此处的忠仍然是君子伦理学层次上的忠，这从恕的内涵上得到了进一步的验证。《论语》中有两处提到了"恕"这个概念，除了此处之外，《论

---

① （宋）朱熹撰：《四书章句集注》，中华书局 1983 年版，第 161 页。

语·卫灵公》载：

　　子曰："其恕乎！己所不欲，勿施于人。"

　　这说明了对等道德观的反向原则。而正向的原则就是仁，《论语·雍也》载：

　　子曰："夫仁者，己欲立而立人，己欲达而达人。"

　　孔子的这句话虽然是用来解释仁的，但是由于孔子将仁和恕的概念等同使用，因此可以推断出孔子的仁道和忠恕观是具有一体性的，忠恕观就是仁道的内容。《论语·颜渊》载：

　　仲弓问仁。子曰："己所不欲，勿施于人。"

　　因此，从孔学的逻辑上看，忠也是仁的内涵，它代表着对等道德观的正向原则，与恕的反向原则形成了一对对应的概念。

　　孔子为何要用恕来解释仁？《论语》中并无记载，但是可以推断这与孔子的亲身经历有关联，是孔子对于不相信、反对和诋毁其君子伦理学和道德主体性的人的一种包容和宽恕的态度。在周游列国的路途中，嘲讽、打击和迫害孔子师徒的人大有人在，孔子和弟子们也因此而屡次陷入困境甚至生命不保。对于反对和迫害自己的人，人们可以以眼还眼以牙还牙，以激烈的对抗方式进行反驳；也可以淡然处之，以包容和宽恕的态度相应对，孔子选择了第二种方式。对于这些人孔子没有嫉恨和反击，而是进行了宽恕，恕体现了孔子高尚的道德情操和与人为善的君子品格。而忠恕观中的忠则表达了在困境中对于自己的要求，那就是要坚持对于自己的主张的忠诚、信心和信念，即使饱经磨难、屡受侮辱也永不放弃。忠恕观从于人于己两个层面体现了孔子在逆境和失败中对于自己理想的坚忍不拔的信念和高风亮节，宽恕反对者和敌人的道德境界。

　　在《论语·宪问》中关于忠的记载是：

　　子曰："爱之，能勿老乎？忠焉，能勿诲乎？"

　　由于缺乏上下文，此处的忠可以从政治层面也可以从君子伦理学层面加以解释，然而不论是哪个层面，此处的忠都是针对民众而言的，与君王和国家无关。

3. 艺术气质。

孔子认为君子应该具有艺术气质，孔子将《诗》和《乐》作为教材正缘于如此。《论语·阳货》载：

> 子曰："小子何莫学夫诗？诗，可以兴，可以观，可以群，可以怨。"

孔子认为诗能够使正面的情绪得以升华（"兴"），可以提高观察力（"观"），可以加强与别人的沟通（"群"），也可以发泄不满和怨气（"怨"）。其中的兴和怨尤其重要，兴可以促进道德的感召力和感化力，发挥"正能量"，怨气得以发泄，负面情绪得以排除，人的情绪可以重归平衡，而不至于走极端，这正是从正反两面来陶冶情操的过程和方法。在此，孔子强调的是君子应该具有通过艺术来控制和驾驭自己的负面情绪使正能量得以发挥和升华的能力。正是因为孔子发现了艺术具有如此的心理调节和陶冶情操的功能，他才经常将礼、乐和诗并提：

> 子曰："兴于诗，立于礼，成于乐。"（《论语·泰伯》）

而孔子也是个音乐人，他对音乐的喜爱可谓是到了痴迷的程度。《论语·述而》载：

> 子在齐闻《韶》，三月不知肉味，曰："不图为乐之至于斯也。"

《论语》记载了多处孔子评价音乐的段落，不仅如此，孔子还自言曾整理过古乐。《子罕》载：

> 子曰："吾自卫反鲁，然后正乐，《雅》、《颂》各得其所。"

可见，孔子如修订《诗》一样曾经对《乐》进行过同样的处理。

孔子强调君子应该懂音乐是与孔礼相一致的。古礼重视音乐在礼仪中的功能，在各类祭祀和庆典中都必须有音乐进行烘托，这实际上是对音乐进行了政治化的应用，这从考古中不断发掘出来的编钟等制作复杂精美的大型古代乐器得到了证实。孔礼重视周礼的仪式和形式，自然不会忽略音乐。

令人遗憾的是，在孔子身后没有因为音乐才能而被史书记载的弟子，而后来的儒家包括孟子在内也不再强调音乐的作用了。《乐》应该是在儒家保存的古代典籍中最不受重视的一种，也是流传最为困难的一种，以至于《乐》在西汉董仲舒时期便已经失传了。

（二）君子与小人的对比

孔子在阐述君子的内在品质时经常使用的一个方法是对比法，在君子与小人的对比中直观而形象地说明君子的理想人格。《论语》中关于君子与小人的对比很多，孔子主要从心态、义与利、言与行等方面入手来阐释君子伦理学的道德品格和行为方式。例如：

子曰："君子周而不比，小人比而不周。"（《为政》）

子曰："君子坦荡荡，小人长戚戚。"（《述而》）

子曰："君子怀德，小人怀土；君子怀刑，小人怀惠。"（《里仁》）

子曰："君子喻于义，小人喻于利。"（《里仁》）

孔子关于君子和小人的对比折射出了孔子在日常生活中对于社会的观察力，这些生动而言简意赅的对比显然是孔子善于学习的具体实践成果。

（三）君子与君王的关系

孔子认为，以仁孝为内在本质，君子才有了得以安身立命的根本。由此才能够通过君子将君子伦理学的道德主体性平移到政治层面，才能够实现孔子的道德乌托邦主义的政治理想。

显然孔子没有进行系统归纳，然而通过孔子的言论可以将君子与君王的关系归纳为作为臣子的君子如何为君王服务与作为君王的君子如何治国两个方面。君子在这两个层面上都要以德政作为国家政策的基本原则。君子与君王的关系体现在孔学的君臣观和君民观之中（可参见前述内容）。而当君子成为君王时，他便更应该义不容辞地实现德政，将君子伦理学的道德品质和原则作为国家政策贯彻到政治行为之中。

在君子与君王的关系中，孔学提出过"君臣之义"的命题，再次暴露了孔学内在逻辑上的一个悖论。君子虽然追求政治的德政化，但是这并不包括对君王和国家的忠诚观念。这个悖论在子路与丈人的激辩中得到了直接的体现。可参见上文"孔学的忠"部分。

（四）有为的君子观

孔子提倡有为和入仕的君子观。作为国家史官的老子洞悉国家权力运作的内幕和历史的跌宕起伏，对于国家和政治具有冰冷的感悟，在晚年更是遁入深山，隐居而自得。与老子相比，孔子对于国家和政治存在着始终如一的积极看法，即使在颠沛流离中屡次碰壁而沦为丧家狗也没有消磨孔子积极入仕的价值观。孔子视仕途为君子实现自身价值的重要平台，始终鼓励士人要与国家权力合作，将自己纳入有道之君和有道之邦的权力体系之中。由于道德主体性的存在，孔子对于国家和政治的热情并不是盲目而无条件的。对于无道之君和无道之邦孔子认为应该采取退避三舍、拒绝助纣为虐的回避立场。孔子说道：

> 子谓南容，"邦有道，不废；邦无道，免于刑戮"。
>
> 子曰："道不行，乘桴浮于海。"（《论语·公冶长》）

虽然在言语上辨别出在有道和王道的政治面前君子应该有良知和勇气进行选择，但在实践中孔子的行为却是相反的，他并不管他所投奔的国家是否有道，而只看这个国家是否能够收留他和一班弟子，是否能够提供暂时的温饱。

四、实现君子的手段：践行观

孔子强调读书学习，认为学习不仅是成为君子的必要途径，也是君子必须具备的重要品德。而学习不仅要读书，还要在实践中去践行，而践行观是孔子的君子观的重要内容。所谓的践行观就是要将孔学的君子伦理学的原则和所学内容付诸实践，在日常生活和行为举止中得以贯彻和体现。

《论语·雍也》载：

> 子曰："谁能出不由户？何莫由斯道也？"

孔子用没有人能不经过门而走出屋子这样浅显形象的比喻来说明践行对于君子伦理学的重要性，在孔子看来，只靠读书而不去践行是无法成为君子的。

孔子强调君子要少说多做，要通过行为来体现君子的内涵：

> 子曰："巧言令色，鲜仁矣！"（《论语·学而》）
>
> 子曰："君子欲讷于言而敏于行。"（《论语·里仁》）
>
> 子曰："君子耻其言而过其行。"（《论语·宪问》）
>
> 子曰："论笃是与，君子者乎？色庄者乎？"（《论语·先进》）

孔子还提倡向其他人学习，而不只是死读书。《论语·述而》载：

> 子曰："三人行，必有我师焉。择其善者而从之，其不善者而改之。"

可见孔子在学习的过程中具有十分谦虚的态度，他善于观察别人，不耻下问，一旦发现别人身上的长处便会加以学习，即使是发现了他们的短处也会引以为鉴，做到有则改之，无则加勉。

孔子的践行观提倡君子要注意自己的外在行为方式，君子的外在行为就是要体现仁，要在行为方式上贯彻礼，这与孔子对于礼的认识是一脉相承的。由于孔子无力面对周礼中的意识形态方面的内容，孔礼只是继承了周礼中的个人和社会层面的礼仪形式，因此孔子更加重视君子在社会生活中的仪表、举止和行为规范。

孔学的践行观提出了个人内在的道德认知和外在行为的命题，对于后世的儒家尤其是陆王心学具有启发性。然而从观念事实上看，孔学的践行观与陆王心学的知行观是不同的。孔学的践行观所要表达的是要将知识付诸实践，在外在的行为举止上体现出君子伦理学的道德原则。而陆王心学的知行观所涉及的哲学命题范围则要大得多，除了包括伦理学的道德认知和实践问题之外，它们在很大程度上是从抽象的甚至形而上学的层面来探讨人的认知和行为之间的复杂关系，这些哲学探讨远远超出了孔学的范围。

五、君子的自我实现在于自主性的行为

从孔学的践行观和对意志力量的强调可以看出，孔子强调的君子自我价值的实现手段是内在性的和自发性的，而不在于外在性的赋予和强制，是由内而外的，而不是从外而内的。

《论语·述而》载：

子曰："仁远乎哉？我欲仁，斯仁至矣。"

这句话以高度浓缩的方式深刻地阐述了孔子对于君子的道德实现的方法在于个人的自主性的选择和实践。

《论语·颜渊》载：

子曰："为仁由己，而由人乎哉！"

这句话表明君子践仁成人完全是个人努力的结果，孔子将个人的自主性在君子自我实现中的作用绝对化了。孔子又用伯夷叔齐的典故来强调自主性原则，认为他们"求仁得仁，无所怨"（《论语·述而》）。

在孔子看来，君子的道德主体性的生成来自于个人内在性的自我赋予，君子实现道德理想的动力同样来自于个人的内在性和自我选择性，而独立于外在的神灵、宗教和国家权力等力量。孔子对于价值自我实现的方式的选择深刻地体现了他的个体性原则的价值观和方法论，与宗教和国家主义的价值观和方法论形成了强烈的反差。

六、君子的楷模

孔子提出的三达德和九思等君子的品格标准都是围绕着仁孝礼

三个方面来进行的，这说明仁孝礼正是君子伦理学的核心。缺乏了仁这个核心，知和勇便都失去方向，九思也失去了目的性，君子的社会性也正是要在群体生活中体现出君子之仁。仁是孝的道德理念的外化和社会化，孝是仁的直接依据、基础和来源，因此仁孝是君子道德品格的核心。孔礼则是仁在君子的行为举止和待人接物等方面所要表现出的品质。

孔子设定的理想的君子的实现即"成人之道"是要通过不断的学习来加深道德修养，并且要在日常生活中加以践行，目的是要跻身于公职，通过为国出力而自我实现，即安身立命和获得富贵。孔学的个体性和自主性的成人之道实际上已经指明了君子的内在自我提高是外在成功的基础这样由内而外的实现路径，而内在的修养则是君子之所以成为君子的基点，外在的成功是内在的道德性的外化，它不应该因外在的境遇而有所改变。关于这一点孔子在《论语·宪问》中曾经进行过具体阐述：

子路问成人。

子曰："若臧武仲之知，公绰之不欲，卞庄子之勇，冉求之艺，文之以礼乐，亦可以成人矣。"

曰："今之成人者，何必然？见利思义，见危授命，久要不忘平生之言，亦可以为成人矣。"

前一段孔子强调的是君子的内在道德修养，包括三达德、不欲以及外在的礼乐，这是从正面来阐述成人。曾子儒学对于正面的成人之道进行了进一步概括和归纳，提出了"修齐治平"的君子成人之道。而后一段则将君子置于具体的情境之中，从逆境中如何行为，尤其是"久要不忘平生之言"一句从反面即久处贫穷和不顺中仍然要坚守内在的君子标准，强调的是坚忍不拔的意志力量。

孔学的成人之道是一种高度理性化的自我实现路径，是道德乌托邦主义的表现，在现实中是不可能实现的。在现实世界中，孔学所面临的更为实际的问题是在无法将内在的自我修养转化为外在的成功时君子将如何应对。为此，孔学的答案是孔颜乐处。

对于孔学来说，它们不会承认这样的成人之道是具有致命缺陷的，其逻辑与方法是无法与现实世界接轨的。孔学认为君子无法成人是缺乏必要的政治前提，那就是所服务的国家要有道，即不违背德政，如果国家无道，君子则要避而远之，不应该以牺牲和损害自己的道德原则而谋求富贵。理想的君子体现的就是孔学的义利观，就是要将义置于利之前，只有符合了义的利才要去争取，否则则要极力回避。这就需要君子能够做到能进能退，而其中最难做到的是能退，也是君子最重要的品德。能够真正践行孔学的义利观，能够安贫乐道，这在孔学中便是孔颜之乐或者孔颜乐居的境界。

孔颜之乐就是"曲肱饮水之乐"。《论语·述而》载：

> 子曰："饭疏食饮水，曲肱而枕之，乐亦在其中矣。不义而富且贵，于我如浮云。"

曲肱饮水之乐由其弟子颜回的箪食瓢饮之乐得到了进一步的体现。据《史记·孔子世家》记载，颜回，字渊，鲁国人，是孔子前期最重要的弟子之一，也是孔子最为得意的学生。颜回理解孔子的思想最深，并且能够在行为上践行君子的品德，而其中最突出的品德就是他的安贫乐道。《论语·雍也》载：

> 子曰："贤哉，回也！一箪食，一瓢饮，在陋巷，人不堪其忧，回也不改其乐。贤哉，回也！"

> 子曰："回也，其心三月不违仁，其余则日月至焉而已矣。"

但是颜回却早逝而去，这给孔子以极大的精神打击，以至于大呼"天丧予"。颜回的早逝使他没有真正实现君子的完整历程，他没有能够实现入仕的理想。而那些成功地实现了入仕理想的弟子却并不屑于按照孔学的标准来裁定自己的行为，或许他们已经知道依靠孔子的道德乌托邦主义的君子伦理学是无法成功入仕的，也无法实现他们的人生理想，有如此想法最典型的弟子是冉有。关于孔子与冉有的关系会在下文"孔子缺乏战争观"和"孔学的道德乌托邦主义"两部分进行分析。

第二节　义利观

孔学的义利观与其君子观密切相关，是君子伦理学的重要组成部分，是君子应必备的重要品格。在孔子看来，一个人要成为君子就必须能够正确地处理义与利的关系，就必须掌握孔学的义利观。在孔子最先提出了义利观之后，这个观念便成为儒家思想的核心构件之一，受到后儒的推崇、继承和发展。

孔子从义与利的对应关系来看待两者的关系，义与利由孔子开始而形成了一对对应范畴。孔子认为：

见利思义。（《论语·宪问》）

义然后取。（《论语·宪问》）

不义而富且贵，于我如浮云。（《论语·述而》）

可见，孔子并不否定利，他看重的是利的种类和获利的方式。在孔子看来，只有将利置于义利观的框架下来衡量，在义利关系上利才有意义，将是否符合义看做某种特定的利是否应该获取的具有约束性的前提条件。孔子主张先义后利，只有在符合义的约束性条件之下才可以取利，而当义与利发生冲突时，即利不符合义的要求时，则要毫不犹豫地取义舍利。

义虽然是个君子伦理学的概念，然而义与孔学的其他伦理学概念一样也被平移到了政治学范畴之内，成为君子、大臣和君王应该共同拥有的品格。这可见于《论语》的记载：

君子喻于义。（《里仁》）

子谓子产："有君子之道四焉：其行己也恭，其事上也敬，其养民也惠，其使民也义。"（《公冶长》）

君子之仕也，行其义也。（《微子》）

上好义，则民莫敢不服。（《子路》）

按照孔子的递延法，当义利观被平移到政治学领域之后，它便成为孔学德政观的组成部分了。

第三节　政治观

孔学具有政治视野，《论语》中论述政治的篇目很多，有学者认为《论语》只是记述孔子个人言行的论集的观点是不确切的。可以说登上政治平台是孔子的君子伦理学的一个重要内容，是其道德主体性的重要内涵，也是孔子毕生奋斗的目标。孔子的问题不在于不重视政治，而在于他的学说无法介入现实政治，而这种状况的根源在于他没有形成切实可行的政治观。

一、政治观在孔学中的地位

孔子十分关注政治，这不仅表现在孔子的言谈和教学中，也表现在孔子的行为上，孔子周游列国的目的就是要将其君子伦理学与政治接轨。孔子对于政治的关注是从其君子伦理学派生出来的。孔子对居身世外的隐者持有敬意，孔子在周游列国的过程中多次有所表达。但是孔子所要塑造的理想君子并不是遁世的隐者，而是要参与国家政治生活的入世者，只有在天下无道的情况下君子才要遁世，即所谓的"天下有道则见，无道则隐"（《论语·泰伯》）。政治被孔子视为士人成为君子和君子实现自身理想和价值的重要平台和媒介。

但是对于政治的重视和利用并不能说明孔子具有明晰的政治理论。通过对其观念事实的研究可以发现孔学并没有独立而完整的政治理论，孔学关于政治的观点只是其君子伦理学的延伸，是君子伦理学的边际价值。《论语·为政》载：

或谓孔子曰："子奚不为政？"

子曰："书云：'孝乎为孝，友于兄弟，施于有政。'是亦为政，奚其为为政？"

这表明在孔子看来孝悌就是政治，政治就是将孝悌应用于国家事务之中。《论语·颜渊》载：

> 齐景公问政于孔子。孔子对曰："君君、臣臣、父父、子子。"

同样地，《论语·宪问》载：

> 子路问君子。子曰："修己以敬。"曰："如斯而已乎？"曰："修己以安人。"曰："如斯而已乎？"曰："修己以安百姓。"

而更能体现出君子伦理学与政治学关系的是孔子的"五美四恶观"。《论语·尧曰》载：

> 子张问孔子曰："何如斯可以从政矣？"
>
> 子曰："尊五美，屏四恶，可以从政矣。"
>
> 子张曰："何谓五美？"
>
> 子曰："君子惠而不费，劳尔不怨，欲而不贪，泰而不骄，威而不猛。"
>
> 子张曰："何谓惠而不费？"
>
> 子曰："因民之所好而利之，斯不亦惠而不费乎？择可老而劳之，又谁怨？欲仁而得仁，又焉贪？君子无众寡，无小大，无敢慢，斯不亦泰而不骄乎？君子正其衣冠，尊其瞻视，俨然人望而畏之，斯不亦威而不猛乎？"
>
> 子张曰："何谓四恶？"
>
> 子曰："不教而杀谓之虐；不戒视成谓之暴；慢令致期谓之贼；犹之与人也，出纳之吝，谓之有司。"

在这些话语中孔子都使用了一个方法，都指向了一个方向，即他试图将君子伦理学上升为政治学，用君子伦理学来解释政治学。在孔子看来，政治学与其君子伦理学在原则上是具有同一性的，政治的原则已经是君子伦理学的原则。这种观点在方法论上体现了孔学的递延法，即将君子伦理学的原则原封不动地平移到政治领域，同时也典型地体现出了孔学的道德主体性。

由此可见，孔子是通过君子伦理学来认识政治学的，其政治观是从其君子伦理学派生出来的。孔学的核心是君子伦理学，只是在探讨君子如何实现自己的价值时孔学才出现了政治学。在孔学中，政治的作用只是作为君子伦理学的陪衬而存在的。在由君子伦理学向社会性和政治学转化过程中，君子表现出来的品质形成了一定的政治观，这就是德政观。

二、孔学政治观的内容

孔学的政治观包括为德政观和正名观。

（一）德政观

孔子并没有从正面来详述德政观的内容，这使其德政观在内容上具有模糊性，在结构上处于从属地位，这些特点使得后世对于孔学政治观的看法也歧义丛生，有的称之为仁政观，有的称之为仁道观，等等。这种混乱局面长期存在本身便说明了孔学并没有明确而系统的政治观。如何命名还要从孔学的唯实史料来攫取材料。《论语·为政》载：

子曰："为政以德，譬如北辰，居其所而众星共（拱）之。"

"为政以德"实际上是孔子对于自己的政治观的概括，因此将孔学的政治观归纳为德政观更准确，是符合孔学的观念事实的。在孔学的概念体系中，德覆盖了仁、义、礼等概念，而将仁、义、礼等概念单独抽出来都不甚全面，都无法概括孔学全部的政治观点。

从生成上看，孔学的德政观是由孔学的核心即君子伦理学派生出来的，德政观只是君子伦理学的边际表现，是孔学的道德主体性在政治上的一种体现，或者说德政观只是体现君子伦理学的一个平台和载体而已。受制于君子伦理学，孔子并没有直视政治问题，没有从正面来尝试解决政治命题，虽然他经常讨论政治，却都是在讨论君子伦理学时才会从各个侧面顺便提及政治，这个特点在《论语》中表现得十分充分。孔学的德政观就是在政治层面上实践君子伦理学的仁、义和礼的道德原则，实际上就是将道德主体性作为政治的唯一内容，将政治看做是道德主体性在国家层面上的实践。但是，由于缺乏现实性，这种实践的设想是无法付诸实施的，而由于缺乏现实性和实践性，孔学的德政观就只能是道德万能论、道德乌托邦主义和政治无为主义。道德万能论、道德乌托邦主义和政治无为主义是孔子将君子伦理学转化为政治理念的过程中自然得出的逻辑结果。

作为君子伦理学的派生物，在结构上，孔学的德政观不具有独立性，也无法形成系统性；在内容上，孔学的德政观十分单薄和模糊，在逻辑上自相矛盾，不同的观念之间存在悖论，相互拆台。

（二）正名观

孔子十分强调正名。孔子关于正名的重要性论述在《论语》中是最连贯、最具有逻辑性的一段。《论语·子路》载：

> 子曰："名不正，则言不顺；言不顺，则事不成；事不成，则礼乐不兴；礼乐不兴，则刑罚不中；刑罚不中，则民无所措手足。故君子名之必可言也，言之必可行也。君子于其言，无所苟而已矣。"

这句话表明，孔子的正名观不仅是其政治观的重要组成部分，还被提高到了能否有效治国的关键地步。

正名观反映出了孔子思想的两种倾向：一方面，孔子要正的"名"就是礼，就是礼乐制度；另一方面，正名的根据是君子的言行，是君子伦理学。孔子是在说要恢复礼乐制度只能通过君子来完成，只能通过君子的言行来实现。这再一次证明了孔子欲将君子伦理学上升到政治层面的思路，同时也反映了孔学的礼与纯粹恢复西周的礼制是完全不同的。实际上，孔子要恢复礼乐制度并不是作为国家意识形态和政治制度的西周礼制了，而只是在周礼的形式掩盖之下的孔子的君子伦理学而已。

正名观与孔学的道德主体性也密切相关，下文有关部分将对此进行探讨。

（三）孔子的乌托邦世界

从本质上看，孔学的最终目的是要建立起一个贯彻其道德主体性原则的乌托邦国家，这是孔子的道德乌托邦主义在政治上的体现。而能够体现孔子乌托邦的是尧舜禹时期无为而治的国家形态。对此，《论语》中有明确的记载：

> 子曰："大哉，尧之为君也！巍巍乎，唯天之大，唯尧则之。荡荡乎，民无能名焉。巍巍乎，其有成功也！焕乎，其有文章！"（《泰伯》）

> 子曰："巍巍乎，舜禹之有天下也，而不与焉。"（《泰伯》）

> 子曰："无为而治者，其舜也与？夫何为哉？恭己正南面而已矣"。（《卫灵公》）

> 颜渊问为邦。子曰："行夏之时（历法），乘殷之辂，服周之冕，乐则韶舞。"（《卫灵公》）

可见，在孔子心目中尧舜禹是理想的君王，包括夏礼、殷礼和周礼等古礼是其道德乌托邦理想的具体内容，其中周礼的贡献只在于形式上的礼仪而已，这就是孔子为何说他要复礼却同时割裂了周礼的原因。

这表明许多人认为的孔子是要恢复西周的国家制度的判断是不符合孔学的观念事实的。然而孔子要部分地恢复正在被淘汰的旧体制，孔子具有复古的保守而顽固的一面是不可否认的。在思想深处，孔子对于周礼充满了敬佩之意，对于周礼的创始人周公满怀崇拜之情。除了"克己复礼"这句名言之外，《论语》对于他在这方面的言论多有记载，例如：

> 子曰："周监于二代，郁郁乎文哉！吾从周。"（《八佾》）

> 子曰："如有周公之才之美，使骄且吝，其余不足观也已。"（《泰伯》）

孔子对于复古的赞许在此溢于言表，然而必须强调的是孔子要"从"的是周的"文"，即周礼所体现的理念尤其是形式，而并不是西周的王权，他欣赏的是周公的"才"和"美"，而并不是他作为王权的实际掌握者的身份。这些差异表明孔子并不是要恢复西周的王权，体现了孔子对于政治现实的无奈，也折射出了他的道德乌托邦理想与周礼的微妙关系。孔子对于西周和周公微妙的赞扬与对于尧舜在政治上的颂扬形成了反差，而这种反差恰恰表明了孔子道德乌托邦主义的真正寄托。

三、孔学的德政观是政治无为主义

孔学的道德乌托邦主义是建立在对现实性主题的回避和否定基础之上的，孔子的理想王国是建立在道德主体性基础之上的乌托邦世界，道德理想是其理想的原则和标准。正是由于与政治现实性的脱节，孔子的道德主体性与政治无为主义形成了必然性的逻辑链条。道德乌托邦主义是孔学的道德主体性的本质特征，道德万能论是孔学对于现实政治的本质的理解，政治无为主义则是前两者在政策和政治手段上的下游结果。

"无为"这个术语出自老子的《道德经》，但是无为并不是老子学派一家的政治主张。如同老子的"道"被包括孔学在内的其他先秦学派所接受和使用一样，无为同样被纳入了孔学的政治主张。许多人认为老子的道家哲学强调的是无为而治，认为道家哲学提倡政治无为主义，其实这种观点是不准确的。老子的无为观不是无为而治，而是"无为而无不为"，无为表达的是运用国家权力的方式，无不为才是真正的政治意愿，表达了道家是要积极地进行国家治理的政治观，只是老子理想的国家形态是小国寡民，而反对诸侯国的兼并和国家统一。因此，老子的无为是小国寡民的"不应为"，其无为而不为的政治观意味着国家并不是要放弃对权力的应用，只是要弱化国家权力对于社会的干预，使国家权力在一种宽松和放任的状态之下得到更大的发挥，因此道家的无为而治并不是政治无为主义。

真正提倡政治无为主义的是孔子。孔学的无为是"不必为"，认为只要"为政以德"便可以"譬如北辰"，"居其所"便可以众星捧月般地拥有和统治天下了。孔子甚至认为有为的思想是多余的，甚至是可笑的，所以他以嘲讽和不屑的语气反问道："夫何为哉？"为什么还要有为呢？端正地面南而坐便足够了！

《论语·子路》载：

> 子曰："其身正，不令而行；其身不正，虽令不从。"

在孔子看来，只要统治者是作风正派的君子，那么他颁布的政令便会主动得到执行；如果统治者作风不正，那么他的政令便没人服从。可见孔子将君子和政治家、将伦理学与政治实践完全混为一谈了。而实际上，道德乌托邦主义只能导致政治乌托邦主义，只能导致政治无为主义。

孔子对于道德乌托邦主义的执着使他自视甚高。《论语·子路》载：

> 子曰："苟有用我者，期月而已可以，三年有成。"

孔子这种自信折射出了孔子生活在自己道德乌托邦主义的幻觉里，折射出了他与现实政治的差距之大。由此可见，孔子的无为而治的思想是不成熟的，他的道德万能论是典型的道德乌托邦主义，是一种十分被动和脱离实际的观念。

由于缺乏现实性和实践性，孔学德政观的本质特征无法逃脱道德乌托邦主义的桎梏。当孔学的道德主体性被平移到政治领域时，孔子的德政观也顺理成章地体现为政治无为主义，受困于道德乌托邦主义，孔学与现实政治游离得越来越远了。孔学的德政观不是根据现实政治的实际需求来规定其内涵，而是试图通过君子伦理学的内在规定性来改变社会的现实性，将现实的政治需求置于君子伦理学的先验的内在规定性之下。因此，德政观表现为由内而外的特征，是一种根据君子内在的道德理想来规定政治行为的政治理想主义，这种政治理想主义体现在国家行为上只能是政治无为主义。

在道德乌托邦主义和道德万能论的指导之下，孔子并不是要弱化国家权力的应用，而是认为只要君王以道德为本，而不必强化法治，不必大力发展经济和农业，不必进行战争和否定战争，信心满满地认为如此这般无为百姓便会蜂拥而来，"天下归仁"（《论语·颜渊》）了，他心目中理想的世界便会实现了。

不难发现孔学的道德乌托邦主义和道德万能论都是建立在对现实政治的非理性的回避和否定基础之上的。政治无为主义是道德乌托邦主义在国家治理方面的逻辑结果。表现在理念上，孔子除了道德之外对于现实中的各种问题不理不睬，《论语》中极少论及具有现实性的命题，除了道德说教之外空洞无物。表现在行为上，孔子可谓是同样极端地贯彻了政治无为主义，他周游列国却不敢触碰任何实际的政治议题，一旦被问及诸如富国强兵和战争等问题便即刻连夜逃离。因此，孔学的政治无为主义是其道德乌托邦主义和道德万能论的下游表现。

孔子关于无为而治的主张在《论语》中被记录了下来：

子曰："无为而治者，其舜也与？夫何为哉？恭己正南面而已矣。"（《卫灵公》）

颜渊问为邦。子曰："行夏之时（历法），乘殷之辂，服周之冕，乐则韶舞。放郑声，远佞人。郑声淫，佞人殆。"（《卫灵公》）

可见，孔子将无为而治看做是古代圣王的治国方法，也是孔学理想的治国方法。孔子认为只要在历法、车子和服饰上符合古礼，不播放靡靡之音，远离小人，国家便可以治理好了。这显然是地道的政治无为主义。

孔子的道德乌托邦主义与其政治无为主义是互为表里密不可分的。孔子以恢复古代礼制为理想的仁政主张是无为的政治主张，其无为性主要体现在对国家外向行为的主动放弃上。孔子不主张通过战争来推行仁政，来恢复周朝的礼乐制度，而认为只要诸侯国在国内恢复了礼乐制度，其他国家便会俯首帖耳，便会"慕名而来"，主动归顺该国，接受该国的统治和领导。这便是孔学的道德乌托邦主义和政治无为主义。

即使是要复古，也要给出复古的手段，指出国家的正确的行为方式，但是孔子却只提复古理念，而无法提出复古的方法。他认为只要君王重新遵守和奉行周朝的礼仪制度便可以立于不败之地，这不是政治哲学，更不是政治家的所作所为，这只是书生的幻想。

对国家行为的幻想使孔子主动放弃了实行国家外向行为的主动权，由于认为战争是违反德政的，孔子实际上主张放弃战争和战争准备，将国家的命运毫无保留地寄托在德政之上。在激烈的国家间竞争的环境下，这无疑等于一种自杀行为。而任何稍微具有清晰头脑和现实感的君王和政治家都不会让这种等同于自杀行为的德政观来干预国政。

四、孔学的德政观无法成为国家意识形态

提倡政治无为主义的孔学德政观是无法与现实的国家政治接轨和相融合的，而只要一个国家的政治行为保持现实主义，孔学的德政观便无法成为国家意识形态。孔学的这个特点从孔子14年周游列国的惨痛失败中得到了无数次的印证。实际上，在结束周游列国之后，孔子在他的祖国鲁国仍然有影响国家政治的机会。在孔子学生冉有的举荐之下，鲁国执政季康子将孔子接回了鲁国，孔子在蹉跎漂泊之后终于能够体面地回到阔别已久的故乡。季康子迫不及待地向孔子问政。《论语·颜渊》载：

> 季康子问政于孔子曰："如杀无道，以就有道，何如？"
>
> 孔子对曰："子为政，焉用杀？子欲善，而民善矣！君子之德风，小人之德草，草上之风必偃。"

　　这个对话很有趣，好像是鸡同鸭对话一样。季康子是在谈论现实政治，谈论如何用刑法来治国，以及政治手段和政治目的之间的关系问题；孔子则是讨论道德乌托邦主义，天马行空地讨论道德和君子的"威力"，而与现实国家政治丝毫没有发生关系。季康子听后一定感觉自己是在与一个太空人说话，心中的满腹热望可能在瞬间就结为冰块了。季康子当然不会重用一个太空人来治理自己的国家，于是孔子再次回到了最为熟悉的被打入冷宫的状态之中。

　　这个机会有可能是孔子与国家权力距离最接近的一次，因为这是在自己的国家，双方具有更多的信任感和亲切感，尤其是孔子的学生再有在鲁国任高官，还刚刚立了大功，自然向季康子少不了说孔子的美言。可即使是如此的天时地利，季康子仍然拒绝了孔子的主张，这只能再次印证了那个铁一般的事实：孔学的德政观不适合国家政治，更不适合成为国家意识形态。

　　除了由道德主体性派生出来的政治无为主义与春秋时期的政治现实性格格不入之外，孔子只能在现实政治中屡次碰壁和失败了。君子伦理学是孔学的出发点，遗憾的是它也成为孔学最后的避难所了。

第四节　教育观

　　面对时代巨变的大潮，孔子的立场是复杂的，他选择了中庸，在复古与时代新潮中进行折中，以个人作为突破口创立了君子伦理学。而如何发扬君子伦理学和通过道德救国呢？答案在于孔子作为私塾教师的身份。为了吸引学生前来求学，教师必须要有教授给学生的东西，孔子的卖点在于他能够将士人打造成君子，从而在政府部门谋得一官半职，这样学生一生的生计便有了保障。也就是说，君子伦理学是孔子教学的内容，将学生培养成君子是孔子教学的目的。

正是在这种目的性的驱使之下，孔子才发展出了君子伦理学，孔丘才成为孔子。

一、孔子是第一批教师中的佼佼者

据考证，孔子并不是中国历史上第一个教师，在孔子同时代还有其他以私人身份教学的教师，如传说被孔子杀害的少正卯也是与孔子同时在鲁国行教的私人教师。然而显然孔子是第一批私人教师中最为出色和成功的一位。孔子也提出了中国历史上第一个系统而明确的教育观。实事求是地讲，教师职业在中国能够发扬光大与孔子的身体力行是分不开的。

孔子的本质就是一名教师。孔子名下各种眼花缭乱的头衔都是后来的皇权别有用心地强加在他头上的，是皇权主义意识形态作伪的产物，而并不属于本初的孔子。在董仲舒和汉武帝共同构建的公羊模式之中，孔子被装扮成了公羊模式的意识形态的代言人而粉墨登场，一个民办教师和落魄士人被打造成了充满神话色彩的神人和圣人，但实际上他只不过是皇权政治的一个玩偶。

要诚实和科学地看待中国哲学史就必须"去孔子化"，即摘掉戴在孔子头上的各种帽子，彻底清洗掉抹在孔子脸上和身上的各种胭脂和涂料，恢复孔子作为一名教师的本色身份和历史角色。

二、孔子教育观的目的

《论语·卫灵公》载：

> 子曰："君子谋道不谋食。耕也，馁在其中也；学也，禄在其中也。君子忧道不忧贫。"

孔子的这句话十分经典，它露骨地阐明了孔子教学的目的性，就是要使学生摆脱自食其力的劳动者和农民的身份，变成吃国家俸禄的官员，这是孔子从事私塾教育和发展君子伦理学理论的唯一目的。

孔子的教育是私人教育，目的是要教育个人如何能够加入国家的官僚体系，成为衣食无忧的官员，这决定了孔子的教育观是自下而上的育人观。孔子还没有完全发现国家在教育过程中的作用，还不能从国家的高度来理解教育，还无法将教育与国家政治有机地联系起来，使教育成为国家行为的组成部分。因此，孔子的教育观与董学的皇权主义和国家主义的教化观是完全不同的。

三、孔子教育的内容：六艺

孔子教学的内容历来有所争议，但这无法掩盖作为教师的孔子的多才多艺的能力和魅力。

（一）关于六艺的两种解释

孔子教育的内容就是六艺。然而对于何为孔子的六艺却有不同的解释。一种解释认为这六艺是礼、乐、射、御、书和数。礼就是关于古代特别是西周的礼仪制度；乐是音乐，但又不单纯是作为艺术的音乐，而是带有礼仪制度性质的音乐；射是射术，是古代武士的一种重要的武艺和战斗技能；御是驾驭马车的技能，马车是春秋时期最重要的交通工具，战车也是军队重要的作战工具，是当时的重型武器；书是识文断字，制作文案，也可以是包括诗歌在内的文艺创作；数是算数，是基本的生存技能。这个六艺文武兼修，具有很强的实用性和伸缩性，可以根据学生的不同素质而把握分寸，做到因材施教。这与孔子的教学理念颇为吻合。

另一种说法认为孔子教育的内容是古代典籍，是后来成为五经的六艺。这个说法最早并不是出现在儒家著作中，而是出现在对孔子和儒学颇有微词的庄子著作中。后人认为六艺是指五经等古代典籍的说法皆以此为据。但是，如前所述，这种说法是不准确的。如前文考证，在六艺中能够成为孔子教材的只有《诗》《书》《礼》和《乐》，而《易》和《春秋》不是孔子的教材。因此，孔子的教材只是"四艺"，这与六艺的说法相矛盾。司马迁在《史记·孔子世家》

中提到孔子"成六艺",却仅仅列出了此四艺,无法自圆其说。

第一种说法中的礼、乐和书与第二种说法重合,《礼》自然是"礼"的教学内容,《尚书》也可能被列入其中,《乐》是"乐"的内容,《诗》是"书"的内容,也有可能包括《尚书》。也就是说,第一种说法能够包容第二种说法,而第二种说法则无法与第一种说法兼容。

(二)真实的孔子六艺

真实的孔子六艺是第一种说法,即指礼、乐、射、御、书和数这六种实在的技能,而并不是后来的五经。后世将六艺与五经混为一谈是汉武帝扶植董学为国家意识形态的一个步骤,也是董仲舒托孔入世策略的一招棋。

在汉武帝按照董学的宏观政治设计构建国家意识形态的大一统之际,五经博士制度成为统一国家和社会思想的重要举措。为了增加五经的权威性而对六艺的内涵进行了移花接木的调整,并且通过孔子和儒学的对手之口以加强其可信性。五经等古代典籍在战国时期成为儒家等学派特别重视的古代文献,庄子这句话便将作为公共资源的六艺判给了儒家,成为一门一派的私有财产,这无疑人为地拔高了孔子和儒学的地位,同时又排斥了其他先秦学派,可谓是一箭多雕。作为公羊学家的司马迁在《史记》中又对这种宣传从历史的角度加以渲染,但是他只能列出四艺。即使无法自圆其说,六艺的内容还是变成了五经,并且成为正统和官方的说法。这种似曾相识的做法与董仲舒的托孔入世策略如出一辙。

(三)孔子具有多元化的才能

要辨别孔子所教的六艺是指哪几种可以从孔子教学的目的来分析。孔子教授六艺的目的一方面是要弟子学习古代的历史知识,更重要的是通过学习它们来提高个人的修养,成为君子,而成为君子的目的是要在国家的官僚体系中供职,以便取得公务员的"铁饭碗"。据司马迁在《史记·孔子世家》中记载:"孔子长九尺有六寸,人皆谓之'长人'而异之。"换算成现代度量，孔子的身高大概在一米九三左右，不仅现代在中国人中可谓是高大威猛，在古代尤其如此。《论语·子罕》载：

> 达巷党人曰："大哉孔子！博学而无所成名。"子闻之，谓门弟子曰："吾何执？执御乎？执射乎？吾执御矣。"

孔子听到别人夸赞他博学而不求虚名时，便对弟子说："我的专长是什么呢？是驾车呢？是射箭呢？我看还是驾车吧。"这反映出孔子在驾车和射箭方面都是高手，也折射出御和射都是他所教授的六艺的内容。

孔子精通射术和御马术，也是音乐人。这在《论语》中也有记载，《述而》一章内便有两处：

> 子于是日哭，则不歌。

> 子在齐闻韶，三月不知肉味，曰："不图为乐之至于斯也。"

《史记·孔子世家》记载孔子删定《诗》成三百零五篇，"皆弦歌之，以求合《韶》《武》《雅》《颂》之音"。

孔子多元化的个人素质和能力完全胜任文武兼工的教学任务，而孔子之所以将六艺作为教学内容大概也是根据自己的能力量身打造的，而诸多的弟子纷至沓来投入门下求学或许也是看到了孔子文武兼修的课程设置吧。

四、孔子的教育方法

孔子的教育方法灵活而具有针对性，对后世产生了巨大影响。

（一）有教无类

有教无类是孔子教育观的重要原则，它打破了过去由贵族垄断知识的传统，赋予了所有的士人以受教育的权利。孔子接纳学生的条件只有一个，即束脩（一块干肉），只要能够付得起这个"学费"，就可以成为孔子的学生，而不存在等级、年龄、地域等其他条件。因为有了这些束脩孔子也可以脱离农业劳动，专心从事教书育人的事业。从孔子开始，教师第一次成为能够自食其力的职业。

孔子最初的想法很有可能只是为了扩大生活物品的来源以便能够生存下去，但是有教无类在客观上对西周以宗法制为基础的等级森严的社会秩序造成了冲击，提倡了在教育面前的平等精神。这与孔子极力要维护周礼的等级秩序又是矛盾的，体现了孔子的理想主义向现实和"五斗米"的妥协。

然而，必须看到孔子的有教无类是针对士人阶层而言的，能够付得起束脩的人家是有一定经济基础的，试图脱离农民阶级和劳动人民的阶层，也就是说孔子的有教无类是不包括广大的劳动人民的。孔子对于等级秩序的冲击体现在上层即士大夫和士人之间，而不是要打破所有的阶级限制。徐复观认为"在中国文化史中，由孔子而确实发现了普通的人间，亦即是打破了一切人与人的不合理的封域，而承认只要是人，便是同类的，便是平等的理念"，并且"孔子打破了社会上和政治上的阶级限制，把传统的阶级上的君子小人之分，转化为品德上的君子小人之分……使社会政治上的阶级，不再成为决定人生价值的因素"[①]。这个判断夸大了有教无类的范围，将孔子无限拔高，是不准确的。

虽然属于"歪打正着"，但是孔子这种完全开放式的教育观在中国古代社会是巨大的突破，在当时的社会条件下是具有进步性的，有教无类也为后来中国的教育树立了一个重要原则，这对于中国文化和文明的传承具有重大的意义。

（二）因材施教

孔子认为教育必须因材施教，要根据个人的能力和爱好进行个体化的教育，而不能按照统一的标准和规范来要求所有的学生，这是一种个性化的教育方法，即使是在当代也具有先进性。从《论语》中可以看出，孔子在教学活动中的确贯彻了因材施教的教育方针，

---

① 徐复观：《中国人性论史》，华东师范大学出版社 2005 年版，第 41 页。

例如，根据不同的学生孔子对于仁的解释截然不同，深浅有异，侧重点也各不相同；同时孔子针对每个学生的性格、素质和特点能够通过不同的方法来加以启迪，而不是填鸭式的教育方法，更不是强迫式的棍棒教育。

（三）庶富教的三步骤论

孔子的教育观强调自主性原则的自我实现，但是孔子还是在一定程度上看到了国家对于国民教育的重要作用。《论语·子路》载：

> 子适卫，冉有仆。子曰："庶矣哉！"
>
> 冉有曰："既庶矣，又何加焉？"
>
> 曰："富之。"
>
> 曰："既富矣，又何加焉？"
>
> 曰："教之。"

孔子来到卫国，看到这里人口众多，不仅发出了要先富之再教之的感慨。孔子虽然没有明确说明要以何教民，但是很明显孔子是希望用仁道来教育国民。实际上，孔子在此只是即兴而发而已，孔学的道德乌托邦主义无法实行与国家权力的接轨，要国家来教育国民也只能是一句空话而已。

（四）愚民政策

《论语·泰伯》载：

> 子曰："民可使由之，不可使知之。"

这句话是说老百姓可以被驱使，却不可以让他们知道为什么。这显然是最直白不过的愚民政策。

但是，有些致力于将孔子圣化的人却极力要做另外的解释，走得最远的是康有为。康有为将这句话如此断句：民可，使由之；（民）不可，使知之 [1]。即如果老百姓有能力的话，就由他们自由行动；如果老百姓没有能力的话，就要告诉他们如何行动。多加了两

---

[1] 李泽厚：《论语今读》，生活·读书·新知三联书店 2004 年版，第 232 页。

个逗号，孔子摇身一变成了为民请愿的民主斗士，要比西方的民主观念早了两千年。当然，这是康有为的主观臆断。对严格强调等级秩序的孔子来说，诸侯国的君主违背了周礼的舞蹈礼节都要被咒骂成"是可忍孰不可忍"，他能让老百姓自由行动吗？郭沫若从另一个方面进行了辩解。他认为此处的"可"和"不可"有"应该不应该"和"能够不能够"两个意思，前者的含义是愚民政策，而后者则是要开发民智，孔子是在指后者。但是这个解释无法理顺"由"和"知"的关系，因此无法解释得通。

实际上，此处的"民"并不包括普通的劳动人民，如同孔子的"人"不包括奴婢和女人一样。孔子对于民始终抱有深刻蔑视和歧视，认为他们比小人还令人不齿。孔子唯恐他们破坏礼仪，是绝不会为这种人主张民主和自由行动的，而所谓的开发民智也并不包括劳动人民。孔子的教育是针对士人阶层的，其君子伦理学是要将士人培养成君子，而不是要把普通的劳动者培养成有知识、有文化、有判断力的人。

五、孔子教育的价值观定性

从以上分析可以看出，孔子的教育观是一种自发性的自我教育，是一种将学习作为手段来实现自我充实、自我完善一直到自我实现的教育方式。孔学的教育观是建立在自主性原则基础之上的教育观。因此从价值观上看，这是一种以个体性原则为基础和规范并且向个人主义倾斜的价值观。孔子教育弟子们，如果国家有道就要为国家服务，如果国家无道就要避世，保持道德的自我完善，实现安贫乐道的"孔颜之乐"。不论哪种人生选择，它所要达到的目的在于君子个人价值的实现，并且以君子个人的价值观来裁定和衡量国家的价值，而不是国家主义自上而下的以实现国家利益为目的的价值观。

孔学的教育观在中国文化中长期存在，士人／读书人阶层都有主动学习和自我完善的内在动力，但是在公羊模式形成之后，士人/读书人阶层的目的已经不再是实现孔学的道德理想，而是与国家主义的价值观紧密地相结合了。科举制的成功普及使读书人将学习四书五经作为通向高官厚禄的捷径，也就是说读书人的成功不再是孔学的个人认定，不再是仁道的道德认定，而是国家的官僚认定和国家主义的功能性认定，君子内在的安贫乐道的孔颜之乐被现实的功名观完全取代。孔学的教育观已经被董学的教化论彻底取代，被有机地纳入了国家主义的教化论之中。

第五节　中庸观

中庸是被后人强调的孔学的一个重要的概念，对中庸的分析本可以放在《孔学的概念体系》一章中，但是由于对中庸的理解歧义纷呈，存在着严重的人为嫁接甚至作伪情况，使它成为孔学研究中最混乱的概念之一，因此有必要在此将其单独列出，在更为广阔的哲学背景之下进行分析。

从词义学上看，中就是中间的意思，从哲学上看是一种对权重的把握，要取中而不是两极，因此中强调的是平稳和保守，而不是冲动、极端和冒险。历史上对庸有多种解释。朱熹的解释是"平常也"，并且引述了程子说的"庸者，天下之定理"。这种解读在元明清时期成为正统的解释。

一、孔子的中庸

孔子的中庸到底为何义，这只有从孔学的观念事实中才能准确地把握。

（一）《论语》中孔子对于中庸的提法

《论语·雍也》载：

> 子曰："中庸之为德也，其至矣乎！民鲜久也。"

此句是《论语》中唯一一次出现中庸这个概念。在《论语》的其他地方，中庸这个概念虽然并没有出现，但是根据其内涵来判断显然是讨论中庸，"中行""中权"等概念与中庸是可相互替代的同义词。例如：

子曰："过犹不及。"（《先进》）

子曰："不得中行而与之，必也狂狷乎！狂者进取，狷者有所不为也。"（《之路》）

子曰："君子惠而不费，劳尔不怨，欲而不贪，泰而不骄，威而不猛。"（《尧曰》）

（子）谓："虞仲、夷逸，隐居放言，身中清，废中权。我则异于是，无可无不可。"（《微子》）

（二）孔子的中庸是德行

孔子的中庸是指一种德行，一种被百姓久已忽略的德行。通过孔子对中庸的具体规范可以看出，孔子的中庸完全是君子伦理学的范畴，是君子应该具备的温和适中、恰当适度的道德标准和行为准则。

（三）孔子的中庸是为人处世的方法

如果对孔子的中庸进行引申的话，它也可以被解读为君子为人处世的方法、行为的权重把握。为了做到不偏不倚、恰当适度，君子对事物的判断和言行就要具有分寸感，不走"过"和"不及"的两个极端，事事保持稳妥的中间路线。因此，孔子的中庸是君子的折中主义的安身立命的方法。

需要强调的是孔学的中庸还不是一种哲学方法论，而只是君子伦理学的一个道德范畴和君子做人的原则，孔子从来没有赋予中庸任何哲学上的功能和意义，也没有将其应用于解决哲学命题。

二、《中庸》里的中庸

《中庸》里的中庸较孔子的中庸则发生了质的变化，已经脱离了孔子的原意。在层次上，《中庸》里的中庸超越了伦理学的领域，变成了一个抽象的哲学概念，被置于本体论的高度，这与孔子的中庸显然是不同的；在内容上，《中庸》里的中庸变成了"诚"，而诚并不是孔学概念体系中的主要概念，《中庸》里的诚不仅是个新的概念而且被置于本体论的地位，与道等同。举例《中庸》所载：

> 诚者，天之道也；诚之者，人之道也。

> 唯天下至诚，为能经纶天下之大经，立天下之大本，知天地之化育。

这些提法严重偏离了孔学，与孔学的偏离如此遥远以至于几乎没有关系了。这个被玄化了的新的中庸只是子思或者子思学派的观点，而与孔子和孔学没有关联。

三、对中庸的理解需要被清理和正名

后来的读书人并不去辨别两个中庸的不同内涵和意义，笼统地将其看做是孔子的中庸思想，违背了孔学关于中庸观念的事实性。无论是研究孔学还是广义上的儒学都要根据观念唯实主义对中庸的概念进行鉴别和正名。

对中庸理解的另一个偏差是对其进行过渡引申①，甚至将其变成了一个不可捉摸的、玄而又玄的、具有神秘主义色彩的概念，这与孔子的原意也是相违背的，同样违反了历史唯实主义的原则，也是需要加以鉴别和正名的。

第六节 死亡观

如同任何文化形态一样，中国文化从源头起就重视对于死亡的

---

① 对中庸的过度引申的案例可参见叶自成、龙泉霖：《华夏主义——华夏体系 500 年的大智慧》，人民出版社 2013 年版，第 207—220 页。

价值的探索，与西方、犹太和印度文化不同，中国文化虽然也重视用宗教的视角来审视生命和死亡，也存在灵魂说，但是中国文化并没有将宗教作为解读死亡的唯一维度，相比之下，在现实世界来"解决"死亡问题是中国文化的重点。祖先在去世后转化为神灵的观点在上古时期一直存在，在商朝达到了顶点，商朝隆重繁复和多样的对于鬼神的祭祀也包括对于祖先的祭拜。西周从商朝对于宗教的沉迷中开始清醒过来，将目光更多地投向了现实世界，重建了价值观。西周的价值观是以血缘为纽带的宗法制度，虽然宗法制度继承了氏族社会的许多传统和观念，但是西周以宗法制度为基础设计的一整套国家制度和管理体系在实践中是成功的，为西周带来了几百年的强盛国运。

而当历史进入春秋时期之后，西周的上层建筑和国家制度却开始了逐渐瓦解崩溃的过程，人们的精神世界也开始迷失。孔子试图用个体性的方法来恢复西周井井有条的秩序体系，将孝作为君子伦理学的核心概念不仅具有重整河山的目的，也包含着重振逐步陷入迷茫的人的精神世界的用意。而人的精神世界的一个不可回避的重要命题就是如何对待死亡对于个体生命的毁灭。孔学对于孝的强调回答了这个问题。《论语》中有多处记载了孔子讨论生死，孔子以明确的语气阐述了他对于死亡的观念。《论语·先进》载：

季路问事鬼神。子曰："未能事人，焉能事鬼？"

曰："敢问死。"曰："未知生，焉知死？"

这句话体现了孔学对于宗教和鬼神的淡漠立场，明显地表明孔学的价值观是建立在现世基础之上的，孔子对人正在进行中的生命的关注要远重于对过世的人的关注，认为死亡是从属于生命的，只有在理解了现世生命的价值和意义之后才会理解死亡。

而对于死亡孔子没有表现出悲戚和凄凉的态度。《论语·里仁》载：

子曰："朝闻道，夕死可矣。"

　　孔子认为生命的价值并不在于肉体的存在，而在于精神境界的完善，与人的精神境界的升华相比，肉体存在与否并不重要，甚至可以认为在孔子眼中肉体的功能只是精神境界升华和完善的物质载体而已。

　　对于时间的流逝孔子有一句著名的言论：

　　　　子在川上曰："逝者如斯夫！不舍昼夜。"（《论语·子罕》）

　　对于时间的流逝，对于生命的短暂，孔子发出了无奈的感慨。虽然也透露出哀伤，但是这种哀伤是淡淡的，并没有失落无助的凄茫，反而表现出了一种从容和接受的态度。

　　对于死亡孔子表现出了豁达和乐观的心境，也表现出了一种大无畏的舍我其谁的气概。而这种气概是君子在成人过程中必备的一种素质，是三达德的要件之一。《论语·卫灵公》载：

　　　　子曰："志士仁人，无求生而害仁，有杀身以成仁。"

　　这句话振聋发聩地表现出了孔子这种对于死亡的态度。

　　孔子能够有如此豁达和乐观的死亡观是因为他认为死亡并不是个体生命和价值的终结和毁灭，原因是他从孝道之中看到了个体生命的有限性能够融于族类生命的相对无限性，不仅个体的肉体生命可以从子嗣中得以流传，人的精神遗产即人文和道同样可以通过孝道来予以继承以至于发扬光大。这无疑在个体层面上再现了周礼的宗法制的孝道的精髓。

　　孔学的死亡观与东西方的宗教将生命寄托于死亡和灵魂的观念是完全不同的，也与道教畏惧死亡而力求通过炼丹等方法来延续个体生命的做法大相径庭。但是，也必须注意到孔学将对个体生命的有限性的克服寄托于孝道的观念与董学将个体生命的价值寄托于国家主义的价值观是迥异的。

第七节　夷夏观

夷夏观是中原文化如何看待周边其他族群的态度和立场。在先秦时期，华夏人与其他族群的人相互混居，在形而下的层次上看，他们的服饰、发型、食物、语言和风俗习惯等是不同的，而在行为举止上华夏人则遵循着一套礼仪，这种礼仪也表现在国家行为上。华夏人相对于"北狄、东夷、西戎和南蛮"具有普遍的优越感，先秦所谓的华夷之辨实际上就是对于这种优越感的自觉确认。而孔子的夷夏观则代表激进的观点。

孔子的夷夏观在《论语·八佾》中得到了充分的反映：

> 子曰："夷狄之有君不如诸夏之亡也。"

对于孔子来说，诸夏是以西周的宗法制度和礼仪文化作为意识形态并且接受西周政权统治的居于中原地区的诸多诸侯国的总称。孔子的这句话可谓是浓缩了孔子的夷夏观，它表达了这样几层含义：

第一，孔子对于华夏文化的优越性具有近乎偏执的自信。

第二，孔子的观念中绝没有大一统的概念。在孔子激进的华夏文化优越感面前，孔子对于所谓的夷狄的文化优越感不仅暴露出了蔑视和歧视，甚至已经到了敌意的程度，这妨碍了他产生大一统和大统一的理念。

第三，鉴于孔子的夷夏观，通过平等的文化交流和互动等和平手段来实现华夏文化的融合和大一统对于孔子来说是不可能的。

第四，《论语·宪问》载：

> 子曰："微管仲，吾其被发左衽矣。"

孔子认识到战争手段对于维护华夏文化的重要性，对于即使被他所鄙夷的管仲也不得不低头妥协。但是同时，孔子又没有通过其他手段例如战争来将夷狄文化纳入华夏文化的主张，因此对于孔子来说通过战争手段来实现华夏文化的大一统同样是不可能的。对于管仲的矛盾态度体现出了孔子的政治无为主义和现实政治的脱离，同时也暴露出了孔学内在的逻辑断裂。

由此可见，孔子的夷夏观体现出孔学与作为董学核心理念之一的大一统理论格格不入，也与中国文化中的对于周边外来文化的包容态度背道而驰。

一些学者对于孔子的夷夏观却持相反的立场[①]，认为中国文化中对于外来文化的包容态度来自孔子，这是对孔学的观念事实的不了解，是对于孔学和儒学与中国文化关系的误解，归根结底仍然还是受了将孔学圣化和泛化的思维定式的左右。

---

① 参见徐复观：《中国人性论史》，华东师范大学出版社 2005 年版，第 43—44 页。

第二十八章　残缺的孔学

本章集中于对孔学的体系性的分析。

根据观念唯实主义的分析可以看出孔学的核心是君子伦理学和教育学。教育学是孔子为实现君子伦理学中的规定而采取的具体措施，是为君子伦理学服务的。君子伦理学向政治领域进行了延伸和平移。但是孔学并不是哲学体系。

根据观念唯实主义，哲学的体系性即哲学体系是建立在严密的概念体系基础之上的，要构建成哲学体系必须要在所有的关键性的哲学领域中都有成熟的理念，并且在不同的哲学领域之间要建立起统一的逻辑链条，形成一个逻辑同一体。孔学在这两方面显然都不具备，因此将孔学称为哲学体系勉为其难。而中国历史上历来将孔学视为哲学体系的提法只是泛儒学化和将孔子圣化的行为，这是不符合孔学的观念事实的。然而恢复孔学作为伦理学和教育学的真貌却要与两千多年来关于孔学的思维定式发生严重的冲突。

中国哲学史有一个有趣的现象，就是将孔子视作万能的哲学家，认为孔子的主张包括了许多并不存在的概念、理念和理论，对孔子进行没有限度的过度解读和拔高。这种做法显然是对孔子圣化和神化的延续，是中国哲学史泛孔子化和泛儒学化的思维定式的表现。这种方法拒绝从正面看到孔子主张中的"无"，而硬要推演出孔子的"有"，先入为主地认为"像孔子这样的圣人"一定会有一个完美的哲学体系，其中包含着他根本就没有涉及理念和理论，将其他思想家的成果都归功于孔子。泛儒学化是将孔子圣化的副产品，将孔子视为圣人必然会导致泛儒学化。这种思维定式来自于中国传统文明时期皇权的意识形态作伪，皇权主义为了维护其公羊模式将孔子圣化，成为士人阶层的榜样，以便将他们纳入国家机器的运行轨道上来。为了达到这个目的，官方意识形态将许多观念无中生有地和孔子与儒学联系了起来，甚至画上了等号，这种做法显然是缺乏观念事实基础的，不仅扭曲了孔子，扭曲了孔学的思想，也扭曲了中国哲学史。

这种作伪在传统文明时期自然不可撼动，但是在已经进入了新时代的当今中国则要对其进行重新的考量和评估，而重新考量和评估的标准只能是历史事实和观念事实，即历史唯实主义和观念唯实主义是可靠的重估方法。

根据历史唯实主义和观念唯实主义的原则，研究孔学如同研究任何人的思想一样必须依据他的言论和著述，必须要以他的观念事实为唯一的基础，而绝不能望文生义、无中生有，以先入为主的圣化、神化和朝拜的心态来代替观念事实和科学精神。孔学只是关于君子行为规范的伦理学，并且停留在了伦理学和教育的领域，没有形成哲学体系，这一事实是必须加以客观承认的。

孔子的思想方法刻意地回避一些深入而抽象的哲学范畴和命题，而只对具有实用性的具体的日常问题感兴趣[①]。孔子的这种思想方式是无法形成形而上学理论的，因为从方法论上看，形而上学需要高度抽象的概念体系和注重思辨的方法论，这些显然都是孔学所欠缺的；而从理念上看，哲学就是要通过思辨来探讨和解决一些抽象的形而上学的命题，对这些根本命题的思考和回答是建立任何哲学体系必不可少的要件，无论在古代还是现代都是如此，孔学也没有形成独立而系统的宇宙观、人性论和宗教观。因此，按照严格的哲学标准来衡量，孔学还缺乏抽象性、逻辑性和系统性，还没有达到哲学的高度和深度。

---

① 李泽厚认为，孔子"总以'如何做'来回答'什么是'。不是'what'而是'how'，才是儒学关注所在"。参见季泽厚：《论语今读》，生活·读书·新知三联书店 2004 年版，第 245 页。

孔子思想并非哲学体系的另一个重要的原因是他思想中存在着大量悖论，其思想中的主要概念相互矛盾、相互冲突和相互否定的逻辑错误比比皆是。过多的悖论的存在无不表明孔学是缺乏逻辑性的，其思想在方法上和理念上是支离破碎的。

正是因为这些悖论的存在，后人研究孔子的著作可谓是汗牛充栋，但是在经历了两千多年的研究之后人们仍然对孔子的思想和价值取向莫衷一是，学者们往往都就孔子思想中的某种具体陈述来发表意见，实际上多有以偏概全的弊病。正因如此，中国思想界至今无法对孔子思想进行准确的基本定论，在许多问题的价值取向上也难以取得一致的意见，这种现象在世界哲学史中堪称是绝无仅有的怪现象。

第一节　孔学没有形而上学

中国上古哲学的宇宙观和形而上学是通过阴阳观和天人之辨来体现的。孔子虽然提到过天的概念，但是孔学的天却并不是形而上学意义上的天，孔子并没有形成自己的宇宙观和形而上学。缺乏形而上学是孔学的重要特征，它不但使孔学的道德主体性失去了哲学根基，也使其伦理说教显得单薄和缺乏逻辑性。

一、孔学没有阴阳哲学

中国先秦哲学的宇宙观和自然观是通过阴阳观和五行观来体现的。如前所述，孔子并没有接受阴阳观和五行观，同时他也没有提出自己的宇宙观和自然观，孔子对此甚至不愿意谈及。因此，孔学在宇宙观和自然观方面是完全空白的。

任何哲学体系都要包括对宇宙和自然的看法，宇宙观和自然观是构成哲学体系不可或缺的系统性的要件。孔学缺乏这两个系统性的要件便无法形成哲学体系，是其系统性的缺失。在中国先秦哲学史中，老子哲学、墨家思想等都基本具备了哲学体系的雏形，相比之下孔学缺乏系统性的特点是十分突出的。

阴阳观和五行观是先秦哲学中最能体现辩证法思想、充满了思辨色彩的形而上学观念，它们代表了先秦哲学的形而上学思想的最高成就。但是孔学却并没有阴阳观，也没有五行观，这令一些后世的学者大惑不解。徐复观写道："最奇怪的是，在儒家系统中，不仅《论语》中没有阴阳的观念，连认为是出于子思的《中庸》及战国中期的孟子，也同样没有阴阳的观念。"[①]

在先秦百家中，荀子曾经使用"阴阳"的字眼，如：

> 故曰：天地合而万物生，阴阳接而变化起，性伪合而天下治。
>
> （《荀子·礼论》）
>
> 是天地之变，阴阳之化。（《荀子·天论》）

但是此处的阴阳仅限于字眼而已，本义与天地无异，只是一种泛指的用法。考虑到荀子思想中并没有形而上学体系和其反对天道的思想本质，可以认为此处的阴阳字眼并不具有特定的阴阳观的内涵和逻辑。大概在战国后期阴阳观十分流行，阴阳二字已经成为士人惯用的词汇，荀子也不可避免地受到了影响。

先秦流行的五行观在孔学和儒家思想中也不存在。这表明包括孔学在内的先秦儒学与先秦的形而上学传统是隔绝的。

徐复观对于先秦儒学缺乏阴阳观的困惑说明他已经看到了原著中所展现的真正的孔学与被后世所认为的孔学之间名不副实的事实。但是他却无法理解这种现象。其实，这个现象反映出了董学与孔学之间的巨大差异性，而这个谜题的答案就在于董学与孔学和儒学两者之间的关系在被人为地扭曲之后所出现的董冠孔戴的现象。

[①] 徐复观：《阴阳五行及其有关文献的研究》，《中国思想史论集续篇》，上海书店出版社2004年版，第43页。

二、孔子的天命观

孔学是否具有关于天的系统观念？如果有，它的本质如何？这些问题对于董学和孔学的比较研究具有重要的意义，是认清两者本质的重要的节点之一，因为它牵涉到了孔学是否具有形而上学和本体论这样重大的命题。然而对于孔学的天的观念历来存在着争议。主流的观点认为孔子有天道观，它不仅奠定了儒家的天道观的基础，也是中国古代哲学的天人之辨的基础。但是这种看法是错误的，是违背了孔学的观念事实的。

要认清孔子关于天的观念还是要遵循观念唯实主义的原则，就必须从孔子的言论中寻找依据，看看孔子关于天和命的观念事实到底如何。在上文对孔学的概念体系的分析中已经看到了孔学对于天的性质的定性，这在很大程度上也就展现出了孔学关于天的观念事实。孔子在《论语》中多次提到天和命，并且将两者并列使用，孔学是存在天命观的。孔子的天就是命，就是指宿命。孔子的天命观就是宿命论。在孔子看来，天与命是相同的，是具有一体性的。人在天命面前是无能为力的，只能被动地承担天命的结果。郭沫若认为孔子的命不是指"神定的运命"，也"不能解释为神所预定的宿命"，而是指"自然界中的一种必然性"。果真如此的话，那么孔子的命就成为客观规律了，孔子就成为唯物主义者了。这显然已经脱离了孔学的观念事实，实际上只是郭沫若自己的意见而已。

天道概念在春秋晚期是存在的，但是孔子却并没有给予充分的关注，这从子贡的"性与天道，不可得而闻也"这句话中得到了证实。也就是说，孔学并不存在形而上学意义上的天道观。所谓孔学的天道观是后人的推断，认为孔学具有形而上学意义上的天道是不符合孔学的观念事实的。

认清这个观念事实是辨正董学与孔学的本质的一个极其重要的内容，也是一个极其重要的尺度。孔学与董学在本质上是完全不同的，很大的原因在于两者关于天的认知是迥异的。

在董学和孔学关于天的观念事实得以澄清之后，我们认识到：孔学和儒家的天道观来自于董学的天的形而上学，是从董学移花接木过来的，而这种移花接木正是皇权主义意识形态作伪和后人将孔子圣化的一个极其重要的方面。

三、孔学没有本体论思想

孔学将道德置于其思想的核心和逻辑的出发点，形成了道德主体性。将孔学的道德观归纳为主体性而不是本体论是因为道德在本质和方法上无法承担本体论的哲学功能和使命，虽然以道德为核心可以推论出一系列的观念并自成体系，但是道德性并不具有事实性，基于道德的逻辑演绎和思辨可以呈现出本体论的一些特征，但是它无法如形而上学般地从根本上解决哲学命题，无法成为本体论。唯实主义的事实性原则对于形而上学和本体论的这个规定性对于孔学来说同样适用，孔学的道德乌托邦主义只能是主体性，主体性已经达到了道德在哲学上所能够达到的极限。

在《论语·学而》中，孔子说道：

君子务本，立本而道生。孝悌者也，其为仁之本与。

虽然孔子提到过"本"这个概念，并且强调"务本"和"立本"的行为，但是，孔子所说的"本"是作为士人的人格类型和个人／君子的行为规范，是伦理学意义上的本，而不是本体论的本。

或许孔子认为，相比于道德和君子伦理学，宇宙观和自然观并不重要，只要有了道德万能论便万事大吉了，君子面临的一切问题便可迎刃而解了，因此，《论语》通篇并没有关于本体论的任何论述。

孔学将道德作为核心和逻辑原点，具有道德主体性，但是道德主体性并不是一种本体论。没有理由为了坚持泛儒学化和泛孔子化或者为了保持对孔子的神话和崇拜而违背哲学固有的规律，认为孔学一定会具有形而上学和本体论思想。

如前所述，孔学的天不是本体论的概念，孔学没有建立以天为核心的本体论的任何企图，孔子的天命观也不是形而上学思想，而只是一种伦理学范畴内的宿命论思想。而孔学的其他概念也同样没有涉及本体论思想。

（一）孔孝不是本体

三代尤其是西周的孝道为宗教、伦理学和政治学的许多重要的命题提供了现实的答案，在西周的宗法制度崩溃之后，孔子继承了其孝道的伦理学方面，形成了孔孝。但是，孔孝削弱了西周孝道的哲学和政治性质，虽然作为单纯的伦理学理念孔孝可以被孔子演绎出仁道，但是孔孝无法成为本体论的概念承担形而上学的哲学功能。

（二）仁不是本体

如前所述，在《论语》中关于仁的论述很多，但是孔子都是在君子伦理学的范畴内讨论仁，对于孔子来说仁的本质始终是君子的一种素质和品质。

在孔学中，仁被泛化为多种道德品质，实际上就是道德本身，这样的仁并不具备构成形而上学的本体论意义上的本体的内在素质，而只是对以道德为唯一的标准来衡量事物的世界观和价值观的描述，它体现的是对道德的绝对重视，是"应该是"而不是"事实是"，它并不具备形而上学的事实性和普遍性的本质特征和内在规定性。从这个意义上看，仁不能也永远不可能达到形而上学的高度，更不用说成为形而上学的核心和基础的本体了。而如果强行将道德视为本体论的话，就等于否定了形而上学的必要性和价值，等于回避了关于世界存在的根据和最基本属性和特征的命题，如此的哲学就只能退化到缺乏体系性的哲学片段的阶段和地步了。

在孔学的体系中存在仁和道的概念，后来学人将两者合称，认为孔学存在"仁道"。这种概括无可厚非，只是在定位上一定要注意：仁道是一种道德主体性，是关于个人行为的伦理学观念，它不是道德本体论，更不是本体论和形而上学理论。

（三）礼不是本体

如前所述，孔子在割裂了周礼之后形成了孔礼，而孔礼只是周礼的形式，不再具有意识形态的内涵，而沦为完全的君子伦理学关于社交礼仪的繁文缛礼了。另外，从主观上看，孔子从来没有将礼提到形而上学的高度来构建本体论的构想。

四、拒绝承认孔学缺乏形而上学的启示

孔学被后人认为是无所不包的哲学体系，孔子被认为是圣哲，流行至今的观点仍然将中国哲学的一切思想种子、逻辑起点和哲学成就都归功于孔圣人，这已经成为中国哲学史的常识性结论和不容置疑的思维定式。其实，通过观念唯实主义对于董学和孔学在形而上学领域的观念事实的唯实比较可以看出，孔学的形而上学"成就"完全是从董学的天的形而上学中来的，是皇权主义的意识形态作伪的重要成果之一。

汉武帝时期之后的皇权主义对于孔子的角色不断加强作伪，在哲学领域的进一步泛化和深化终于形成了这种远离观念事实的思维定式。只有打破泛儒学化和将孔子圣人化的思维定式，才能够看清孔学和孔子的真正面貌，才能够看清董学的博大精深和对于中国文明所做出的伟大贡献。

同时必须清醒地认识到，像徐复观这样以善读原著著称的学者也无法理解先秦儒学的名不副实的现象反映了中国哲学史被人为扭曲现象根深蒂固的程度以及这种人为的扭曲所造成的迷局的深刻性和复杂性。要打破这种被反复重复了两千多年之久的谎言，要破解中国哲学史的迷局，要彻底打破这种思维定式和偏见是艰巨的过程。

第二节 孔学没有人性论

孔子是否具有人性论同样是关于孔学的"热点"问题。这个问题也要根据观念唯实主义来客观而公正地加以分析。

在所有哲学领域中，人性论具有特别之处，那就是任何人都会发出关于人生和人性的见解和感慨，也就是说人性观具有超越哲学家和哲学的广泛性。但是，关于人生和人性的一些支离破碎的观点是无法达到人性理论的高度的，而只能算是简单而基本的人生经验和感悟。要上升到人性理论的高度必须将对于人性的思考置于哲学的语境之中，形成深刻、明确而系统的观点，要具有内在严密的逻辑性。在世界哲学史上，能够达到这个高度并提出关于人性的理论的哲学家寥寥无几，而孔子绝不在这个少数人之列。孔学思想强调君子的个体性，突出个人的价值，但是孔子并没有进一步对人性做出深入的哲学探索。

一、孔子不言人性

孔子并没有将人与性联系起来使用，故并无人性这个复合性概念。然而《论语》中两次出现了"性"，所指当为人性。

其一《论语·公冶长》载：

> 子贡曰："夫子之文章，可得而闻也；夫子之言性与天道，不可得而闻也。"

这句话明确地表明了孔子思想中并没有人性论和天道观的事实。有孔子的崇拜者不相信孔子没有关于人性与天道的理论，强迫性地认为孔子一定会有这些理论，只是孔子的学生没有听到，或者是孔子没有跟学生们讲述，或者子贡没有听到而已[①]。这样的解释便陷入了将孔子神化和圣化的神秘主义的泥潭中了，以主观臆断强迫

---

① 参见牟宗三：《心体与性体（上）》，上海古籍出版社1999年版，第186页。

代替客观的观念事实是没有说服力的。

子贡是孔门七十二贤之一，被后世孔门弟子奉为孔门十哲之一，堪称是孔子最出色的学生之一。他还精于理财，是孔子弟子中最富裕的学生，资助了孔子周游列国的所有费用。据《史记·仲尼弟子列传》记载，子贡为了本国鲁国免受齐国的侵略而大展纵横家之骗术，造成了春秋后期各诸侯国之间的一场大混战，导致不可一世的吴国被卧薪尝胆的越国所灭，不仅成就了吴越之间一段非常著名的传奇，也深刻地改变了春秋晚期中国政坛的走向和格局。这样聪明绝顶的得意门生都无法听到孔子关于"性与天道"的说教，那孔子的人性理论又是讲给谁听的呢？

事实上，孔门弟子也曾向孔子提出过质疑，询问孔子是否向他们讲述了他所知道和思考的一切，对此孔子明确地表态：

子曰："二三子以我为隐乎？吾无隐乎尔。吾无行而不与二三子者，是丘也。"（《论语·述而》）

孔子的话就是在用人格担保他对于弟子绝没有隐瞒，语气之重在《论语》中是绝无仅有的。坚持孔子一定有深奥的人性论和天道观的达人们是否读过这句话呢？

其二《论语·阳货》载：

子曰："性相近也，习相远也。"

这段话经常被后人当做孔子关于人性的论断而被频繁引用。然而实际上这句话既不是关于人性的性质和本质的论述，也不是关于人性的道德判断，而是提出了人性的一个特征，即具有近似性，而人们生活的习俗却大相径庭。"性相近"十分模糊，具有多种可能性，其中虽然隐约地包含了人性具有先天的同一性的趋向，然而近似性和同一性并不相同，因此据此无法得出孔子认为人性具有先天的同一性的结论。尤其是孔子在此并没有说明这个"性"的内涵到底是什么。"习相远"则相对更明确一些，后天的影响对于人的生活习俗和习惯具有可塑性。要把这句话概括为孔子对于先天和后天因素对人的成长的某种理解是准确的，但是它完全不足以支撑人性观。对此，以弘扬孔学为己任的宋儒程子也不得不承认。朱熹在《论语集注》中载：

> 程子曰："此言气质之性，非言性之本也。若言其本，则性即是理。"

朱熹转载程子的评论显然表明他也同意这个说法。

还有一个问题就是孔学关于人的范围的看法。《论语》中孔子经常提到"人"，但是他并没有界定他眼中的人到底是指怎么样的人。《论语·乡党》载：

> 厩焚。子退朝，曰："伤人乎？"不问马。

马厩着火，孔子问人而不问马，可见相比于在古代十分重要的马匹[①]，孔子还是重视人的，这是孔子个体性原则和价值观的具体体现。徐复观认为："在中国文化史中，由孔子而确实发现了普通的人间，亦即是打破了一切人与人的不合理的封域，而承认只要是人，便是同类的，便是平等的理念。"[②]这个判断与孔子的本意相去甚远，让我们来看看孔子是如何限定人的范围的吧。

《论语·泰伯》载：

> 舜有臣五人而天下治。武王曰："予有能臣十人。"孔子曰："才难，不其然乎？唐虞之际，于斯为盛。有妇人焉，九人而已。"

周武王说自己有 10 个能臣，其中包括武王之妻，孔子却说只有 9 人，因为孔子认为女人不是人。孔子历来对女人持有偏见，曾说"唯女子与小人难养也！近之则不孙，远之则怨"（《论语·阳

---

① 在古代，马不仅仅是只有君王、贵族和官员等才有资格使用的交通工具，更是王权礼仪的载体。马匹同样是战略资源，马匹的数量和质量是一个国家军事实力的表现和衡量标准。在西汉时期，汉武帝为了获得大宛的良马而多次劳师远征西域，不惜代价地获得了良种马就是一个重要的事例。

② 徐复观：《中国人性论史》，华东师范大学出版社 2005 年版，第 41 页。

货》)。孔子对女人的歧视之深已经不将其视为人了。这也说明孔孝并不包括母亲在内。关于孔孝的悖论可见后文。

另在《孟子·梁惠王上》中记载的孔子关于祭祀的一句话也透露了一些内情:

> 仲尼曰:"始作俑者,其无后乎!"

对于这句话包括朱熹等后儒在内历来有不同的解读。然而最有可能的情况是,孔子认为春秋后期用陶俑来代替人祭违反了周礼等上古礼仪的规定,是对上天的大不敬,是对周礼的破坏,也就是说孔子是坚持要用人祭的,而对用陶俑来代替人祭的做法破口大骂。人祭是用奴婢来陪葬或者作为牺牲在祭礼时献给鬼神和祖先的做法,是奴隶制的残忍手段。孔子显然并没有将奴婢看做是人,对奴婢的价值看得如牲口一般轻贱。在孔子眼里,君子和小人虽然在道德等级上不同,却都是人,小人包括不相信孔子的仁孝之道的人以及从事稼穑的劳动人民,却仍然是自由人。由此可见,孔子的人并不是一个具有普遍性的概念,其中并不包括女人和奴婢在内被阶级地位割裂的一部分人。

有些学者认为孔子的人包括了一切人类[1],其证据来自于孔子在《论语·微子》中所记载的一句话:

> 孔子怃然曰:"鸟兽不可与同群,吾非斯人之徒与而谁与?"

这是孔子在听到弟子子路受到隐士的羞辱之后发出的一句感慨。孔子这句话表明了自己是人类的一员,因此无法与鸟兽一起生活,而只能生活在人类之中。但是,这只是孔子对于自己的生物种类的一种认知,而与其人性观和关于人的哲学范畴并无关系。孔子否定女人和奴婢是人,这是在价值观上对于人的范畴的认定,这并

---

[1] 参见徐复观:《中国人性论史》,华东师范大学出版社2005年版,第44页;杨国荣:《善的历程——儒家价值体系研究》,华东师范大学出版社2009年版,第14页。

不表明孔子认为女人和奴婢在生物意义上不是人，是鸟兽的一种。也就是说，孔子认为女人和奴婢是生物意义上的人并不表明孔子认为他们是具有哲学和道德意义上的价值观的与他自己一样的人。

通过孔子关于人性的片言只语可以看出，孔子关于人性的观点是十分有限的，而缺乏人性理论是孔学作为哲学思想的一个重要缺失。孔子关于人性的零星片语、仁道思想和道德主体性等对于后来的儒者或许具有深刻的启迪作用，以至于孟子形成了性善论的人性论，但是孟子的人性论并不是孔学本身的思想，两者代表先秦儒学发展的不同历史阶段，不应该加以混淆。

二、对孔子在人性问题上的不实之论

一些学者认为孔子并没有明确的人性论，而仍有些人认为孔子具有完整而深刻的人性理论。通过以上对于孔子关于人性所表达的观点可以看出，后一种说法严重违背了观念唯实主义的原则。在中国哲学史上，众多的学者却拒绝接受孔子没有人性论的事实，坚持认为孔子具有完整而深刻的人性理论，这与孔学本身的观念事实是不相符的，是经不起推敲的。

许多学者将孔子的仁论与人性论等同起来，认为仁论就是孔子的人性论思想。这是不对的。仁是孔子最强调的道德素质，是君子必须具备的道德修养和标准，是任何欲作君子的人都应该追求的道德修养和行为准则。孔子思想的核心即君子伦理学就是建立在对仁的追求之上的。但是，仁并不是人性的组成部分。孔子从来没有说过仁是人性，将仁看做是人性在逻辑上也站不住脚。

有些学者将孔子"上智下愚"的观点也认为是孔子关于人性的观点①，孔子在《论语·阳货》中说道：

　　唯上智与下愚不移。

---

① 李中华主编：《中国人学思想史》，北京出版社 2005 年版，第 37 页。

生而知之者，上也；学而知之者，次也；困而学之，又其
次也；困而不学，民斯为下矣。

很明显，孔子在此是在对学生的类型和学习能力进行分析，与
人性论是完全没有关系的，将其视作孔子关于人性的观点是牵强附
会、违背孔学的观念事实的。

第三节 孔学没有宗教观

从孔学本身的观念事实来看，在虚与委蛇的态度之下孔子对于
宗教是持明确的否定态度的。缺乏宗教观也是孔学的鲜明特色之
一。孔学在此与中国上古的哲学传统和意识形态划清了界限，也体
现了一定程度的理性，但是同时孔学也因此而使自己陷入了进退无
据的尴尬的逻辑困境之中。一些中外学者却无视孔学这样的观念事
实，仍然强行声称孔学是一种宗教，是孔教或者儒教。康有为力挺
此说，却无观念事实根据，其武断的断言只是匪夷所思的汗漫之言。
在现代和西方仍然有人认为孔学是儒教，如现代新儒学的代表人物
之一牟宗三[1]、德国社会学家马克斯·韦伯等认为孔学／儒学是一种
宗教。李泽厚认为孔学是一种"半宗教"[2]，实际上也承认了孔学具
有宗教的性质，这从他认为孔学"将政治、伦理、宗教三者交融混
合在道德之中""形成了中国式的政教合一"[3]的观点中得到了反映。

孔学／儒学是否是宗教的命题可以分为两个层次来理解，一是
孔学本身是否是宗教，二是孔学是否被当做宗教。不论从哪个层次
来看，孔学／儒学都不是宗教，这是观念唯实主义根据孔学的观念

---

[1] 牟宗三坚称孔学是儒教的原因在于反击20世纪上半叶一些哲学界的崇洋媚外者对于中国
文化缺少宗教思想的攻击，但是捍卫中国文化和哲学必须根据观念唯实主义来进行，失去了
观念事实基础的反击不但不能有效回击对于中国哲学和文化的诋毁，反而会误入歧途，迷失
了自己。

[2] 李泽厚：《论语今读》，生活·读书·新知三联书店2004年版，第3页。

[3] 李泽厚：《论语今读》，生活·读书·新知三联书店2004年版，第17页。

事实所得出的结论。此处只针对第一种理解进行剖析，对第二种理解的分析将在论及"孔学与意识形态"之处进行。

一、孔学打破了早期中国哲学的宗教传统

孔学的一个重要的特征就是孔子对于鬼神和宗教所采取的貌合神离、阳奉阴违的两面性态度，这表明孔子放弃了包括周朝在内的上古时期的宗教和神学传统。孔子对于宗教和神学的否定在表面上采取了虚与委蛇的态度，而在理念上孔子并不接受任何关于宗教和鬼神的观点。也就是说，孔子出于实用主义的功利目的在情感上并没有断然地批驳鬼神的存在，在许多场合还表现出了对于鬼神的敬畏，但是在理念上孔子是否认鬼神存在，否定宗教合理性的。《论语》中的许多条目记录了孔子对于宗教所采取的阳奉阴违的回避和逃避的态度，这种虚伪的态度也明确地表达了孔子对于宗教和鬼神的拒绝。

《论语·雍也》载：

> 樊迟问知。子曰："务民之义，敬鬼神而远之，可谓知矣。"

这种态度和行为显然是参加一般性的社交活动或者是聚会时的表现，虽然心不在焉却又不得不表现出一定的礼貌，装出一副感兴趣的样子，表面上看似客气，实际上是敷衍和应付的虚伪和世故的做法。

《论语·先进》载：

> 季路问事鬼神。子曰："未能事人，焉能事鬼？"
> 曰："敢问死。"曰："未知生，焉知死？"

这句话明确表明了孔子的价值取向，即以现世性作为绝对的核心和重点，将全部的注意力放在对现世事物的思考上，对于以鬼神为代表的宗教事宜等身外之物、身后之事和彼岸之世则完全不会花心思去理会。宗教的最基本的要素就是对于来世和神灵/鬼神的尊重、崇拜和敬畏，而对于这个最基本的要素也要冷漠置之，继而否

认来世和神灵价值的立场唯一可能的解释就是缺乏宗教观。

但是缺乏宗教观并不等于不参加或者不重视祭祀神灵/鬼神的宗教仪式，这对于孔子来说尤其如此。《论语·八佾》载：

> 祭如在，祭神如神在。子曰："吾不与祭，如不祭。"

孔子说如果要祭祀就要认真，就好像真的相信神存在一样，孔子不参加祭祀，因为他不相信鬼神存在。孔子并不相信古代以祭祀祖先和鬼神为核心的礼的本质，而只是对祭祀活动的礼仪程序感兴趣，这种虚伪的两面性栩栩如生地表明了孔子对于古代的礼的看法的割裂。

孔子对于神灵/鬼神之事看得是十分低的，甚至将其列为最荒谬的不可理喻的胡言乱语的一种。《论语·述而》载：

> 子不语：怪，力，乱，神。

其中的"怪"指各种怪诞离奇的事情，可以引申为包括祥瑞和天象在内的现象。这表明孔学不相信天人感应说，也没有天的概念和理念。其中的神指鬼神。"乱"是指各种荒诞不经的、精神错乱的"蠢事"。在此孔子以最不耐烦的口气再次明确地表明了孔学没有宗教观的观念事实。

用近现代西方哲学的视角来看，这或许可以解释为孔学具有"朴素的唯物主义思想"，孔子只相信自己可以看得见摸得着的具体的形而下的事物，而对于宗教完全抱着回避的态度。但是这种态度却使孔学与当时的思维方式产生了隔阂甚至对立。被孔子看做是政治理想并且要极力加以复古的周礼恰恰是建立在宗教基础之上的。

孔子对于周礼的矛盾的态度不但在逻辑上产生了歧义，更使孔学在现实政治中根本无法融入王权的运行之中。众所周知，孔子的理念并不是一套富国强兵的实际方案和政策设计，而只是强调要恢复周朝的礼教。这样便产生了孔子如何将自己的主张与现实政治和国家权力相结合的问题。既然孔子无法为自己的学说与国家的意识形态和王权的运行找到一个合理的切入点，而主张以文教治国的孔子最合适的切入点不可能发生在富国强兵之上，唯一的机会只能表现在思想和意识形态方面，而拒绝继承周礼的宗教观的孔学却自己主动剥夺了这样唯一的切入点。无法为各国带来富国强兵的现实政治利益，又无法提供意识形态方面支撑的孔子被众多的国王所冷落是最自然不过的后果了。孔子的政治主张的这种缺憾在他自己的论述中同样得到了明确的反映。《论语·学而》载：

　　子曰："道千乘之国，敬事而信，节用而爱人，使民以时。"

　　这句话集中地体现了孔子对于治理诸侯国的政治主张，明确地表述了孔子治国的几大原则和行为规范。后代学者对于这段话评价极高。朱熹对此评价道："言治国之要，在此五者，亦务本之意也。"程颐评价道："此言至浅，然当时诸侯果能此，亦足以治其国矣。圣人言虽至近，上下皆通。此三言者，若推其极，舜尧之治亦不过此。"①

　　从这段话可以看出，孔子的政治缺乏富国强兵之策，也没有意识形态的支撑。孔子看重的是国家的行为方式的合理性、道德性和伦理性，而不是行为的效果，因此不会给国家带来富国强兵的现实功效。一个国家假如实行了孔子的主张，在行为获得了道德性的同时，却仍然无法在诸侯争雄中占得任何优势，行为的道德性和合理性无法转化为现实的政治效果，那么到头来国家行为的道德性和合理性也无法得以保持，最终仍然会被放弃，任何有政治经验的国君都会看得很清楚。孔子的"敬"是敬"事"，即做事时要慎重和谨慎，而不是敬"天"和敬"神"。孔子的主张无法为诸侯国带来任何新的意识形态的支撑，使它们在合法性和正统性方面获得任何新的证明和力量。说到底，"敬事而信"只是老生常谈，任何人都可以说得出口，而根本不是什么政治主张。由此可见，缺乏宗教观无疑成为孔子周游列国却无法被任何一个国家所接纳的根本原因之一。

---

　　①（宋）朱熹撰：《四书章句集注》，中华书局1983年版，第49页。

二、孔学的鬼神观

鬼神观带有浓重的迷信成分，是宗教的初级和低级形式，在中国上古时期鬼神观是十分普遍的现象。孔子却并不相信鬼神，这体现了孔子较为理性的一面，但是同时也缺乏宗教观的事实。《论语》明确地记载了孔子对于鬼神的态度，由此进一步清楚地表明了孔子没有宗教观的事实。《论语》中共有五处涉及了孔子对于鬼神和祭祀的看法：

> 祭如在，祭神如神在。子曰："吾不与祭，如不祭。"（《八佾》）

> 季路问事鬼神。子曰："未能事人，焉能事鬼？"（《先进》）

> 樊迟问知。子曰："务民之义，敬鬼神而远之，可谓知矣。"（《雍也》）

> 子曰："非其鬼而祭之，谄也。"（《为政》）

> 子疾病，子路请祷。子曰："有诸？"子路对曰："有之。"《诔》

> 曰：'祷尔于上下神祇。'"子曰："丘之祷久矣。"（《述而》）

很明显，孔子从内心里并不相信鬼神，他更加看重祭祀的礼仪程序，参加祭祀只是为了做做样子，不要显得过于另类并因此而得罪别人，可谓是心不在焉。孔子在病中祈祷鬼神并不表明他真的相信鬼神，而是与孔子思想深处的浓重的宿命论观念直接相关。

三、孔学的祥瑞观

在《论语·子罕》中，孔子说道：

> 凤鸟不至，河不出图，吾已矣夫！

这说明孔子相信关于河图洛书的传说，相信神秘的先兆即祥瑞。实际上这与孔子笃信宿命论的人生态度是一脉相承的。孔子将自己的使命与河图洛书相联系，认为自己肩负着神秘的使命，如果这句话真的是出自孔子之口，孔子到了晚年对于自己的自我评价是相当高的。但是，孔子对于祥瑞的涉及仅此而已，同样是在"打擦边球"，单凭此言无法也不宜做过度的解读。

孔子或许听闻过"西狩获麟"，而将它作为孔子因此停止写作《春秋》的说法则明显具有后人演绎的成分，动机是要将孔子进行圣化和神化的包装。从内容上看，西狩获麟是一种典型的灾异论的结论，极有可能是后世笃信灾异论的董学学者的附会，而作为灾异论的发扬光大者和实践者董仲舒或者其弟子的嫌疑是最大的。如前所述，董仲舒的《公羊传》便以孔子获知西狩获麟结尾，这或许是董仲舒圣化孔子的一种刻意安排，也是他托孔入世策略的一个步骤。

四、孔学缺乏宗教观的哲学意义

孔学缺乏宗教观是一个具有体系性意义的观念事实。

（一）孔学缺乏天人关系的演绎

接受天人感应的哲学观念可以采取两种方法，即要么从天和人之间的自然关系入手，要么从宗教观入手。荀子从两者的自然关系入手，认为天和人是两个独立的范畴，否认两者之间存在感应，这是对中国上古哲学传统的挑战。中国上古的哲学传统相信天人之间存在着神秘的感应，在找不出科学的依据时便将这种关系推向了宗教。商朝将宗教推向了顶端。

从孔子关于宗教、鬼神和祥瑞等方面的言论可以看出，孔子并没有采纳两种方法的任何一种，如此这般，孔子便无法演绎天人关系。缺乏对天人关系的演绎表明孔学并没有系统的形而上学。

一些学者认为孔学存在天人之辨，甚至认为"天人关系的界定，可以视为儒家价值体系的逻辑起点"①。此处的"儒家价值体系"是指被泛化了的儒学，是将董学纳入了儒家的结果，如果将作为儒家源头的孔学也以天人关系作为其逻辑起点就违背了孔学的观念事实了。如前所析，对于孔学来说，天既非自然亦非宗教，只是宿命。

（二）孔学割裂了周礼

在周礼中，祖先被看做是神灵，是鬼神的一种，被置于宗庙加以崇拜，宗庙代表王权和诸侯权力的合法性和延续性，是以周礼为核心的周朝意识形态的基石，同时也是一套完整的国家制度。春秋时期的国家意识形态虽然较西周时期有所松动，但是仍然延续着周礼，仍然具有强烈的宗教成分，仍然将祖先的宗庙和社稷看做是王权最重要的组成部分。

缺乏宗教观使得孔学失去了传统的延续性，由于神学因素是上古的哲学思想的重要组成部分，回避宗教观就相当于与上古的哲学思想和意识形态产生了断层，对中国上古哲学的逻辑线索进行了割裂。由于祭祀是周礼的核心，祭祀所体现的鬼神观／宗教观是周礼的灵魂，是周礼的以宗法制为基础的上层建筑的意识形态，否定了祭祀就等于否定了鬼神观／宗教观，就等于否定了西周的意识形态。孔子对周礼如此裁剪割裂了周礼，形成了徒具周礼外表的孔礼。

孔礼是孔学的本质性的组成部分，割去传统的鬼神／宗教观对孔子的思想造成了负面的影响，使孔子的思想无法继承周礼内在的理念和逻辑，使孔学变得支离破碎和逻辑混乱，陷入了既不相信鬼神和宗教又不得不遵守供奉鬼神的宗教仪式的尴尬境况之中，陷入了表面上要复古实际上却不想真正地复古，也无法复古，更无法创新的矛盾状态。缺乏鬼神观和宗教观暴露出了孔学处于一种"四不像"的游离和尴尬之中的状况。孔礼的形成使得孔学变得支离破碎，相互矛盾，缺乏体系的完整性和逻辑的严密性，也暴露了孔子

---

① 杨国荣：《善的历程——儒家价值体系研究》，华东师范大学出版社2009年版，第3页。

的思维不够深入和深刻的缺点。由于中国上古时期的神学是与礼学和宇宙观相互通融的，孔学缺乏宗教观使孔礼变得片面，也使孔子与宇宙观绝了缘。

这样一个令人惊诧的事实便呈现在了我们面前：宣称"吾从周"的孔子对周朝的意识形态和行为方式的理解并没有深入到其内核之中；旨在恢复周礼的孔学对周礼的核心构成却采取了虚与委蛇的立场，有意地与它保持距离；强调要"克己复礼"的"礼"在孔子眼中只是周礼的片段而已，孔子对于周礼/周朝文明的理解已经脱离了文明的层次，而退化到了单纯的文化层次上。可见，孔子割裂了周礼，丢掉了周礼作为意识形态的灵魂，而只看重其伦理学的部分和外在的礼仪形式，形成了徒具其表的孔礼。

有人会说，孔子"不语"神，并不包括宗庙中的神灵，暗示说孔子虽然没有宗教观，但是他对于周礼中的神灵还是相信的，言外之意就是说孔子并没有割裂周礼。但是这种辩解是无力的，不仅孔子和孔子的弟子们并没有做出如此的区分就连力图复兴孔学的南宋理学也没有做出如此的区分和分析。如在朱熹的《四书章句集注》中关于这段话的注释便没有加以区分，他的注释是：

　　鬼神，造化之迹，虽非不正，然非穷理之至，有未易明者，故亦不轻以语人也。[1]

朱熹的注释明显避重就轻，含糊其辞。朱熹推断孔子是因为怕他的某些学生不能理解而故意不轻易说出他对神的看法。这完全是一种在神秘主义和个人盲目崇拜心理作祟之下而进行的过度解读，是将孔子圣化和神化的表现。除了在此处涉及了孔子关于神的观点之外，现存的文献也没有表明孔子曾经对"明白人"阐述过关于神的观点和理论。

---

[1]（宋）朱熹撰：《四书章句集注》，中华书局1983年版，第98页。

（三）孔子为何要割裂周礼

孔子割裂周礼的动机产生于现实与理想之间的冲突，体现了孔子对于处在政治和意识形态大变动时期的政治现实的无奈的应对方法。孔子割裂周礼的主要目的是对于新兴国家的王权合法性问题的回避和逃避立场。

从周礼中剪除宗教观等于剪除了证明王权的合法性问题，体现了孔子对于春秋时期统一君权衰落、新的诸侯国崛起这样的政治现实的抵制。孔子没有勇气去证明新兴国家的王权是不合法的，因为他还要依靠这些国家来接纳他的主张，实现其理想，但同时孔子又认为这些新兴国家破坏了周礼，其王权是不合礼制的、不合法的。这种矛盾的心态体现了孔子在现实中的生存压力和道德理想之间的冲突。孔子摆脱这种冲突的方法是虚伪和回避。对于周礼孔子采取虚与委蛇的应付态度，这是因为周礼的仪式和形式是其君子伦理学的组成部分，否定了它们就等于否定了君子伦理学的外在的道德要求即行为规范。于是乎孔子只能将周礼割裂，将其意识形态部分割除，而保留了其中的形式部分，形成了孔礼。对于周礼中通过祭祀天地来强化君权合法性和正统性的部分孔子则采取了回避的立场，以便不正面与各个新兴王权产生冲突。这就是孔子在私下里以"是可忍孰不可忍"来咒骂作为新兴国家采取八佾的天子礼仪，而在行为上又花了生命中最好的 14 年来周游列国，极力要讨得这些新兴国家的认可的原因。

（四）孔学不是唯物主义和"理性主义"

孔子没有宗教观只能说明孔子没有继承中国历史上的宗教传统，而并不意味着孔子在思想上是唯物主义的。孔子只是消极地回避宗教观，在很大程度上由此可以认为孔子并不是个唯心主义者，但是孔子并没有鲜明地反对和批判鬼神和宗教，更没有用唯物主义的逻辑和无神论的立场来论证鬼神不存在的合理性，孔子对于鬼神和宗教的阳奉阴违和模棱两可的两面性不能定性为唯物主义。

一些学者认为孔学具有理性主义的原则。得出这种结论应该是基于孔子没有宗教观和孔子注重观念的实用性。但是，这与孔学的观念事实是不相符的。孔子没有宗教观，但是孔子却并不反对和排斥宗教，对于鬼神他采取阳奉阴违的两面手法。孔子注重观念的实用性，但是他的思维中却充斥着宿命论和明显的神秘色彩。孔子对于鬼神的双面性、他的宿命论的天命观和他对祥瑞的态度等都说明他并非相信所谓的理性主义，而只是表明他的思想一直处于一种进退无据的不确定性和神秘主义之中。显然混沌的状态和思维方式都无法与理性画上等号。诚然，孔子的宿命论和神秘主义与商周时期宗教的地位相比是严重弱化了的，孔学更多地着眼于自己对自己行为的道德把握，但这与欧洲近现代注重科学认识论的理性主义是风马牛不相及的。

孔子的某些言论看似强调实用性和具体性，而实际上孔学的本质是一种道德乌托邦主义，孔子的基本立场和出发点都是在现实中并不存在的道德主体性，都是试图用道德原则来衡量和裁剪政治和社会现实，与在理念上的道德乌托邦主义相比，孔子在细节上对实用性的重视显然是微不足道的。因此，将孔学冠以理性主义是不准确的。

第四节　孔学的政治观的缺陷

如前所述，孔学是有政治观的，但是孔学的政治观还没有达到政治哲学的高度，孔学的政治观还不是政治哲学。与董学逻辑严密、环环相扣的皇权主义政治哲学相比，孔学的政治观显得残缺、幼稚和矛盾重重。

政治哲学的核心是关于国家权力的系统理论，而国家观和权力理论是其两个相辅相成的核心领域，这是因为权力总是要由一定的组织载体加以体现，而国家是人类经过漫长的历史历程发现的最适合人类的权力载体。另外，价值观也是政治哲学的重要构件，只是与伦理学的价值观不同，政治哲学的价值观是附属于国家观和权力理论这两个核心的。虽然会包含许多价值判断的内容，但是国家观和权力理论必须建立在历史事实的基础之上，即具有历史哲学的内容，不严格地尊重历史事实性是无法建立起经得起推敲和时间检验的国家观和权力理论的。而且，有了价值观并不一定就会产生权力理论和政治哲学，零散的政治价值观并不能与系统的和逻辑严密的权力理论和政治哲学相提并论。

孔学的结构决定了它无法形成系统的政治理论。孔学以个人伦理学为核心，政治学只是个人伦理学的边际价值，在功能上是附属于前者的。孔学以君子的个人价值实现为最终目的，其基本原则是个体性原则，在这个原则之下国家被看做是个体之外的诸多外在要素的一种，虽然不能排除孔子并不否认国家是外在要素中最重要或者比较重要的一种，但是国家仍然是处于从属地位的。

人们会说我们不能强求孔子在两千五百多年前就发展出系统的国家观和权力理论，而要用历史的眼光来看待孔学。这是有一定道理的。的确，在春秋中后期，中国的政治思想发展仍然不够充分，孔子缺乏其他政治思想的刺激和相对多元化的学术环境来促使他发展国家观和权力理论。但是同时我们必须看到，政治哲学发展最重要的动力来源于政治实践，来源于国家行为实践的时代性需求。孔子所处的春秋时期处于中国政治实践大变动的时代，旧的政治体制和意识形态逐渐衰弱，新的政治势力和国家形态逐渐形成和强化，可以说春秋时期的时代性是产生新的政治思想的绝佳时期。老子哲学就是在这种时代背景之下应运而生的。同样在缺乏多元化学术环境的刺激之下，老子发展出了他的国家观和权力观，在理论的系统性和成熟度上要高出孔子许多。虽然孔子创立了君子伦理学，也可谓是一种思想创见，但与老子相比，更为关注政治和提倡个人有为的孔子似乎错过了创建系统性的政治学理论的绝佳历史机会。

一、孔学没有权力观

为何要特别提到孔学没有权力观的命题？这是因为是否具有明确而系统的权力观是鉴别一种思想的属性的重要标准，成熟而系统的政治哲学是一定要有权力观的。而孔学缺乏权力观的事实在春秋时期激烈变动的政治格局的背景下更加清晰地衬托出了孔学的真实面目。由于董学具有复杂的权力理论，因此进行董学与孔学的系统的唯实比较，权力观问题是无法绕开的一个重要领域。

（一）权力理论是政治哲学的核心内容

任何系统的政治哲学和理论都不能缺乏权力理论，权力理论是任何政治哲学和理论的核心组成部分，是任何政治哲学和理论都不可或缺的构件。缺乏权力理论便不是政治哲学，而孔学不仅缺乏系统的权力理论，就连权力观也是附带的，可以说孔学并没有明确的权力观。

权力理论包括两个层次，第一个层次是关于权力形态的理念。春秋时期已经在现实政治中出现的权力形态[①]包括王权和帝权。王权是指诸侯国所行使的权力，它具有准国家权力的功能。王权一方面是在相对独立的诸侯国中的最高权力形态，负责对国内的所有事务的管理；但是另一方面王权是由中央政府赋予的，即其合法性来源于中央政府，在权力运行过程中又必须按照中央政府的礼仪制度来履行职责，因此王权又不具有完全的独立性，对于中央政府仍然具有严重的依附性。所谓的帝权就是凌驾于各个诸侯国之上的中央政府，是在王权之上的权力形态。帝权虽然是比王权高一级的权力形态，但是它还没有进化到皇权阶段，可以说是一个放大了的或者加强版的王权。帝权对它治下的诸侯国握有生成和取消的权力，帝权为诸侯国制定礼仪制度，诸侯国要服从帝权的意志。关于权力形

[①] 先秦时期对于权力形态都统称为君权，它包括各种权力形态，内涵十分模糊，诸侯国国王和天子都可以被称为君王。

态的理念是权力观的高级层次。

在春秋中后期，另一种新的权力形态——霸权出现了。霸权并不是以国家为载体的权力形态，而是诸侯国外在地位的体现。在帝权处于弱势，已经无法履行其职能的情况下，周朝面临着内部秩序的混乱和崩溃的危险，还有面对外部的入侵一些强大的诸侯国代替周朝行使了部分帝权，使周朝的内部秩序可以勉强地得以维持，并且代替帝权领导了对外族入侵的反击。春秋五霸便是霸权的代表。

权力理论的低级层次是关于权术的理念，是关于权力掌握者即帝王和国王如何有效地行使权力以便有效地使国家按照帝王和国王的意志来运作的技能。商家和法家是先秦学派中在权术的理论和实践方面最为突出和成功的学派。

但在孔学中这些都是空缺的。可见孔子对于时代的政治变化是漠视的，表现出孔子对于时代性的否定和抗拒的立场。

（二）孔学没有权力理论

身处于政治实际发生巨变的时代潮流之中，孔子对于国家权力的变化是缺乏敏感性的，这对于思想家来说是不可原谅的致命缺陷。派生于道德乌托邦主义的德政观遮住了他的双眼，使他对于现实政治的各种变化一概加以漠视和否定。孔学的政治观包括德政观和正名观，在孔学中看不到任何关于加强君权的权威性的独立而系统的论述，更不要说理论了。

孔学试图将其君子伦理学上升和过渡为一种政治理论，劝导君王实现德政。其君子观也从士人的角度督促士人要与君王进行合作，帮助君王实行德政。但是，这些都不是权力理论，更不是提倡加强君权的思想。不仅如此，孔子对于新的权力形态霸权也处于十分矛盾的状态。孔子一方面谴责第一个霸主齐桓公破坏了礼制，僭越了帝权；另一方面却又不得不对齐桓公和管仲的历史功绩加以称赞。相对来讲，孔子对于齐桓公的谴责是主要的方面，他只是迫不得已才承认齐桓公和管仲的历史功绩，显得勉强和言不由衷。

缺乏系统的权力理论是孔学在体系方面的一个缺失，它说明了孔学无法成为有效的政治理论，而这也是孔学与董学和公羊学的最根本性的区别之一。孔学缺乏权力理论的事实与其缺乏宗教观而割裂周礼是相辅相成的。

（三）董学是中国哲学权力理论的最高成就

孔学缺乏权力理论的事实除了表明其政治观的缺陷之外，在与董学进行系统哲学比较时，这个缺失显得尤其重要，因为它与董仲舒具有里程碑意义的和对于中国文明的形成发挥了极其重要影响的皇权主义的政治哲学形成了强烈的对比和反差。

董学具有明确、完整和独立的政治哲学体系，其核心就是作为权力理论的皇权主义。董仲舒的皇权主义理论是十分成熟的权力理论，将中国的政治学提高到了完善而系统的层面上，不仅在理论上实现了突破，终结了先秦子学关于权力观的各种探讨，在实践中也成功地塑造了公羊模式。由此可见，董学的权力理论无论是在中国政治哲学史还是政治实践中都是革命性的。

二、孔学没有系统的政治观

从结构上看，孔学的政治观并不具有独立性，是从属于其君子伦理学的，孔学的政治观只是其君子伦理学的延伸而已，是君子实现安身立命的依托和外在手段。孔子的君子伦理学并不鼓励士人改变国家政治，而是适应国家政治，以求得安身立命和飞黄腾达的机会。孔子只是将国家政治视为功利性的客体和实现君子的个体性价值的外在载体和手段。孔子对于政治学的定位决定了他既缺乏发展系统的政治观的主观意图，也限制了发展出系统性的政治观的可能性。

在春秋时期，社会上并没有职业分工，也没有士人可以出卖技能的劳动力市场，在政府部门谋得一官半职是读书人唯一不用参加农业劳动而又能安身立命的途径。孔子教学的目的就是将士人培养成君子，以便在政府部门获得铁饭碗和饭票。这就是孔子将参与国政设定为君子的职业选择，视为最高的人生理想的目的。孔子思想的核心就是要将他的学生引上仕途，即所谓的"学而优则仕"。当然，孔子的君子伦理学是有原则和条件的，当国家政治黑暗、国君无道时，孔子提倡像颜回一样安贫乐道的生活方式，箪食壶浆，身居陋巷，一贫如洗，却乐此不疲；对于有仁德的君王孔子才鼓励弟子们入仕。

从方法论的角度来看，孔子的做法是要通过仁使士人的道德标准泛化为社会化的道德标准，从而将君子伦理学上升到政治层面，实现仁从个体化向社会化和国家化的过渡。孔子关于仁的观点属于君子伦理学自不用说，他的礼学观同样是君子伦理学的组成部分，即孔子是从伦理学的角度来看待礼学的。有碍于此，在内涵上孔子并没有独立而系统的政治观，他关于政治的观点是作为君子伦理学的派生物而引申出来的，它所谓的德政只是君子伦理学在国家政治层面的平移而已。

虽然孔子对于君子伦理学向政治学的过渡并没有直接的表达和明确的论述，但是孔学已经奠定了这种过渡的一切要件，其五美四恶说已经将君子伦理学与政治学画上了等号。后来的《大学》则专门阐述了从君子伦理学向政治学的过渡，即所谓的"三纲领"和"八条目"，即修齐治平的理念。该书被认为并非孔子所作，而是由孔子的学生曾参的学生所作。从清代以来更有学者不断对《大学》的作者和成书年代提出质疑，认为该书是荀子（冯友兰观点）、孟子（郭沫若观点）和秦汉之际（徐复观观点）的作品。

虽然在考据学上仍然众说纷纭，但是《大学》体现出了孔学的一些基本理念则是显而易见的。

三、孔学没有国家观

与权力理论相互渗透的国家观或者较国家观更为全面和系统的

国家理论是政治哲学的核心内容之一，是最能体现政治哲学本质和特色的理论之一，因此成熟的政治哲学一定会有健全的国家观。遗憾的是，身处国家形态发生巨变时代的孔子如同对权力观一样对于国家采取了漠视的态度，置身于时代变革之外。孔子的言论表明他并不真正理解国家，也不愿意在国家这个命题上做过多的思考，如同他不愿在天和宗教问题上做深入的思考一样。人们也就不必期望这种状态下的孔子能够提出某种关于国家的正确观念和理论了。

（一）国家只是家的放大版

春秋时期是国家形态发生巨大变革的历史时期，旧的以氏族血缘为基础的国家形态逐渐被以地缘为基础的新兴国家所取代，作为国家经济基础的农业生产也由过去的以氏族为基本单元（包括生产资料尤其是土地的分配和生产过程及赋税单元）的井田制向以个人为基本单元的新型生产关系形态过渡，这在中国历史上是里程碑式的政治变化。但是这种变化对于孔子来说却意味着"礼崩乐坏"，是要加以否定和纠正的。

孔子理想的政治状态是以尧舜禹时期为代表的上古时期，它们代表着孔子的道德乌托邦，而这个道德乌托邦的内涵是十分模糊的，并不是现实而具体的国家形态。更重要的是孔子几乎没有将国家看做是一个具有独立行为规律的政治实体，而只是区别于自己的家庭的另一个更大的家庭。可以说孔子只看到了"家"而没有看到"国"，国家只是被视为家庭的放大版和延伸。

（二）国家的行为原则就是君子的道德原则

从国家行为的原则看，孔子将国家视为一个君子的家庭，于是有了君子便有了国，君子的道德理念和行为原则都被原封不动地移植到了国家上，将国家视为君子伦理学的自然延伸。在国家观上，孔子的方法论是其君子伦理学的递延法。

这种理念和方法论必然导致孔子具有扭曲的对于国家的理解。孔子仍然将国家利益等同于君子的个人利益，将国家行为等同于个人行为，将君子伦理学的道德原则等同于国家的行为原则，将君子个人的价值观等同于国家的价值观，这显然否定了国家具有其特定的整体利益，否定了国家内部的多样性和复杂性。这表明，孔子在抵制新兴国家的兴起的同时，在一定程度上也否定了作为独立的政治实体的国家存在的必要性。

（三）孔子对于国家功能的理解

对于孔子来说，国家只是一种区别于个体性的存在，其功能只是君子要实现自身价值不得不加以利用的外在媒介和平台。孔子从来没有从国家的视角来看待个体或者其他的范畴，从来没有涉及国家主义价值观的维度。

（四）不存在国家的外向维度

孔子既然否定了国家利益的独立存在，也就否定了国家追求国家利益的必要性。从国家间政治的角度看，国家便不存在了外向维度，国家的外向行为也同君子伦理学一起变成了只知道实现仁道的被严重弱化了的存在。

从更低的层次来看，孔子没有留下关于外交的系统论述，而这种残缺对于缺乏国家观的孔学来说是十分自然的。孔子没有健全的国家观，没有战争观，否定国家利益的独立性，在这种情况下，国家与国家之间的关系便退化为君子之间的关系，探讨国际关系的行为特色、建立国家行为的原则便没有任何必要性了。对于孔子来说，只要君主如同谦谦君子一样满口仁义道德，其他国家便会臣服，别国的百姓便会蜂拥而至，天下便会归心，西周的礼制便会恢复了。

（五）孔学没有国家政治制度设计

由于孔学没有系统的政治观，更没有独立的国家观，孔子也就不可能提出对于国家政治制度的设计。对于日益兴起的新兴国家孔子显得手足无措，虽然将参与国政视为君子自我实现的一个必要的台阶和平台，却无法提出具有可操作性的政治措施，而只能宣扬脱离实际的道德乌托邦主义，这实际上是画饼充饥。

事实上，孔学根本谈不到对国家政治制度的设计，因为这在孔学中是完全缺乏的。孔子从来没有做出任何关于国家政治制度的讨论，甚至连片言只语都没有，这无疑反映出了孔学并非政治哲学的实质。

相比之下，董学则直接提出了对国家政治制度的全面设计方案，其核心就是皇帝制度。董学的皇权主义的制度载体就是皇帝制度，是皇权的至上性权威和制约机制的巧妙体现。董学的皇帝制度是建立在对秦朝的"秦式皇帝制度"的全面改造基础上完成的，这次改造使皇帝制度成为中国政治史和制度史上最具有决定性的国家制度革命。也正是在对皇帝制度的升级基础之上，汉武帝才能够建立起公羊模式。由董仲舒和汉武帝共同构建和打造的公羊模式成为中国文明在两千多年的历史进程中终极的国家制度模式。

具体来讲，公羊模式是在对中国历史上的国家政治制度和体制进行了重大的重构基础上建立起来的，改造的目的就是要通过削弱相权来加强皇权的至上性。为此，汉武帝建立起了中外朝制，一方面是为了建构公羊模式培养和培训公羊学的行政官员和人才，另一方面是为了将决策权控制在皇帝手中，将以丞相为首的官僚机构变成行政执行机构。另外，在董仲舒的提议下，公羊模式又建立起了察举制的文官选拔机制、通过《春秋》断案的司法机制等。

孔子并不真正关心国家的运行，这是由其君子伦理学的目的性所决定的。为了实现安身立命的理想，国家政治制度等课题对于君子们来说既相关也不相关。相关是因为君子们要依靠国君的使用才能够获得饭碗，如果国君拒士人于门外，只重视赳赳武夫，这些君子们便"失业了"，衣食无着；不相关是因为君子们仰望虚幻的道德乌托邦，对于现实中的政治巨变无能为力，而在更低的层次上看，这些君子关注的是自己的饭碗，在能够保障自身利益的前提下，国家采取什么样的政治制度、国家如何运作与自身并不直接相关。

显而易见，在对国家政治制度的设计上，董学和孔学存在着本质上的差异。

第五节　孔学缺乏法制观

孔子的德政观是道德主体性的政治体现，是道德乌托邦主义，是建立在对于法制的否定和抵制之上的。无论是在具体的言论还是从他担任过鲁国代理国相的短暂实践来看，孔子一直都用道德来否定和抵制法治。

1.孔学抵制和否定法治的言论。

孔子曾言：

> 听讼，吾犹人也。必也使无讼乎！（《论语·颜渊》）
>
> 道之以政，齐之以刑，民免而无耻；道之以德，齐之以礼，有耻且格。（《论语·为政》）

孔子否定了"齐之以刑"的做法，提倡要"齐之以礼"，已经要用礼治来代替法治，而孔礼实际上就是孔子君子伦理学的道德原则。孔子所谓的以礼治国的实质就是要放弃法律，用道德来代替法律。

孔子的父子相隐说同样是对法律的否定和对法治的对抗。孔子理想的君子是将个人的孝道置于国家法律之上，如果真的由这样的君子来治理国家，这个国家便一定不是法治的国家，一定是由追求个人价值实现和崇尚极端个人主义的"君子们"所组成的极其腐败和混乱的社会。

在《左传》中记载了孔子反对晋国铸刑鼎的一大段言论，集中表述了孔子对于法治的敌视，可以作为参考。《左传·昭公二十九年》载：

> "冬，晋赵鞅、荀寅帅师城汝滨，遂赋晋国一鼓铁，以铸刑鼎，著范宣子所为刑书焉。仲尼曰：'晋其亡乎？失其度矣！……贵贱不愆，所谓度也。……今弃度也而为刑鼎，民在

鼎矣，何以尊贵？贵何业之守？贵贱无序，何以为国？且夫宣子之刑，夷之蒐也，晋国之乱制也，若之何以为法！'"

孔子认为晋国铸刑鼎就等于失去了贵贱秩序，而一旦失去了尊贵秩序就只能亡国了。

2.孔子抵制和否定法治的实践。

孔子在实践中也抵制和否定法律。在《孔子家语》和《荀子》中记录了孔子担任大司寇（即司法部长）时如何以"无讼"的方法来处理父子之间的法律纠纷。有一个父子相讼的案子搞得满城风雨，孔子却将其压下不予办理。后来父亲撤诉，孔子便不了了之了。一手将孔子提拔上来的鲁国执政季恒子很不高兴，认为孔子作为司法部长应该依法办案，让百姓都知道守法的重要性，岂可如此不了了之。孔子却说："上失其道而杀其下，非理也。不教以孝而听其狱，是杀不辜。"（《孔子家语·始诛》引《荀子·宥坐》）。

这个案子实际上体现了孔子的父子相隐的原则。由此可见，孔子刻意要将君子伦理学的道德原则生搬硬套到国家政治层面之上，用君子伦理学的原则来指导国家的司法和政治，用道德说教来代替法律。孔子仅在大司寇位置上坐了不到四个月便被炒鱿鱼，背井离乡而去，这说明孔子的道德乌托邦主义从一出笼便开始了漫长的碰壁进程，只是孔子并没有认识到这一点，反而将失败的原因归咎于季氏当权，幻想在别的国家能够付诸实施。可以说，孔子在政治上是幼稚的，而孔子周游列国的经历再次证明了孔学的政治观在现实政治中是没有任何生存土壤的。

3.孔学与经学的冲突。

孔子有意识地在观念上否定法治，在行为上抵制法治，违背了六经的原则。《尚书》和《礼记》都十分重视法律在国家治理中的作用，已经形成了正确处理德与法、礼与法的原则。《尚书·吕刑》是中国第一部比较完整地保存下来的法律文献，对于西周时期法律的原则进行了系统规范。由此可见，法律手段是西周治国的重要国家机制，从西周初期到后期始终贯穿如一。

孔子说"吾从周"，可是他却并不接受西周对于法治的重视，在言论和行为中处处违背西周重视法治的治国理念。孔子口口声声强调周礼，可是却违背《礼记》中所记载的上古和周礼中关于礼与法的互动理念，片面地强调以礼代法。人们常说孔子以恢复古制为其政治理想，这是不准确的。从孔学的观念事实来看，孔子是在割裂上古和周礼，对于法治的抵制和否定就是其中的一个方面。

4.法制观不容于道德乌托邦主义。

如前所述，孔学的政治观是德政观，而孔学德政观的本质是道德乌托邦主义和政治无为主义。孔学的德政观斩断了与现实性的联系，失去了实践性的机会，将道德视为唯一的万能药，排斥法治观和法制手段，结果只能导致政治无为主义。因此可以说孔学的道德乌托邦主义不可能生成如商学和法家的法制观，而法制观的缺乏又强化了孔学道德乌托邦主义的色彩。

抵制和否定法治是孔子抵制和否定春秋时期崛起的新兴国家的行为方式的一个重要方面。新兴国家不再重视过去的血缘关系，打破了氏族内部依靠礼来柔性地制约人们行为的温情脉脉的方式，代之以一视同仁的法律条文，而一旦人们违背了法律将受到法律的惩罚。对于这种全新的国家治理方式孔子是极其抗拒的。孔子的齐之以礼就是明确的要以孔礼来对抗日益兴起和普及的依法治国的政治趋势，而父子相隐则是这种抵制的具体的理论依据。

第六节　孔学缺乏战争观

系统的战争观是所有政治哲学的重要组成部分，是所有认真的政治哲学家都必须面对的命题。没有战争观的政治哲学是没有资格被称作政治哲学的。这是因为在现实的国际政治的博弈和国家存在中，战争是无法回避的行为手段，逃避战争不但无法成功，反而会在战争中导致惨痛的失败和生灵涂炭。逃避了战争，也就是逃避了政治现实，而逃避了政治现实就无法成就政治哲学。

在先秦百家中，如果说商学派充分意识到了战争在战国时期的国家博弈中的主动性作用和价值，并且成功地以战争为中心塑造了秦国的国家行为模式的话，那么孔学和前儒学则试图逃避战争，对于战争这个重要的国家行为杠杆视而不见。孔学的道德乌托邦主义将战争视作洪水猛兽，盲目地排斥和回避战争，避之唯恐不及。孔子或许不知道回避了战争也就等于回避了现实政治，也就斩断了孔学与时代的联系，也就注定了孔学被摒弃的命运及其人生的悲剧。

董学充满辩证法的深刻与广泛的战争哲学是它与孔学在理念上的又一个重要分野。在战争这个无论是对国家的现实存在还是政治哲学来说都至关重要的领域，董学不仅实现了对所有前儒学理论的超越，更体现出董学与孔学在价值观上的本质不同。

一、《论语》对战争的提及

《论语》中直接提到孔子对战争的言论有七处。其中一处是孔子请求发动战争，载于《宪问》：

> 陈成子弑简公。孔子沐浴而朝，告于哀公曰："陈恒弑其君，请讨之。"

这是发生在齐国的政治事件，孔子却要鲁国国君出兵征讨，这是因为孔子认为臣弑杀国君是大逆不道的事件，是对于周礼的等级秩序的严重破坏，孔子在此所宣称的是"为礼而战"的观念，即使这种战争是干涉别国内政、是侵略战争也在所不惜。在春秋晚期的特定历史时期，孔子的这种战争观是脱离了时代的。春秋各国对于战争手段的认识早已经超越了为礼而战的水平。

第二处语在《述而》：

> 子之所慎：齐，战，疾。

孔子慎重对待祭祀、战争和疾病。慎重对待是什么意思呢？这从孔子对于祭祀的态度中可以看出来。如前所述，孔子对于祭祀的态度是"敬鬼神而远之""不语怪力乱神""吾不与祭，如不祭"。由此可见，孔子所谓的慎就是回避，就是否定，像避实就虚地否定祭祀一样地否定和回避战争。

第三处则记述了孔子在周游列国的政治实践中对于战争的立场和行为方式。《论语·卫灵公》载：

> 卫灵公问陈于孔子。孔子对曰："俎豆之事，则尝闻之矣；军旅之事，未之学也。"明日遂行。

国王亲自询问战法，对于具有立国强兵的实干派政治家来说这是个极佳的机会，而孔子却演出了一幕闹剧。卫国国王问孔子战时的列阵之法，孔子称没有学过，第二天便不辞而别了。孔子的行为表明他或许真的不知列阵之事，或许是略知一二而不愿讲。不管孔子是否知兵，他对于战争的逃避态度确实确凿无疑。

《论语》第四次直接提到战争是通过对于兵即军事在国家政治中的地位而发的，语载于《颜渊》：

> 子贡问政。子曰："足食，足兵，民信之矣。"
>
> 子贡曰："必不得已而去，于斯三者何先？"
>
> 曰："去兵。"
>
> 子贡曰："必不得已而去，于斯二者何先？"
>
> 曰："去食。自古皆有死，民无信不立。"

孔子认为军事是国家存在的必要要素，却并不是最重要的要素，最重要的要素是民众的信任。这种观点在某些情境下如长久的和平时期不能说是错的，但是在春秋晚期新兴国家已经开始将战争手段作为国家政治最重要的手段，战争已经开始成为时代主题的情况下，孔子将军事排在最后一位无疑有坐以待毙、束手就擒之嫌。按照孔子的治国方略，一个国家或许可以获得道德上的圆满，但是这个国家一定是最先被灭掉的。这个结局就是孔学的道德万能论和政治无为主义能带给一个国家的最终命运。

第五次语载于《述而》：

> 子路曰："子行三军，则谁与？"
>
> 子曰："暴虎冯河，死而无悔者，吾不与也。必也临事而惧，好谋而成者也。"

这个对话体现了孔子对于个人参战的看法，表达了孔子谨慎好谋的明智立场，但它并不牵涉战争观，并没有提供关于孔学的战争观的直接线索。

确认孔学缺乏战争观并不是说孔子完全忽略战争存在的事实，也不是说孔子要放弃军队，孔子是道德乌托邦主义者和政治无为主义者，但是他并不是外星人。孔子认为国家还是要行使战争功能的，要教导民众来进行战争准备。《论语·子路》载：

> 子曰："善人教民七年，也可以即戎矣。"
>
> 子曰："以不教民战，是谓弃之。"

二、对孔子与冉有的关系的认证

孔子缺乏战争观的事实由他和学生冉有的关系得到了认证。

《史记·孔子世家》中有个故事牵涉到了孔子与战争的关系，这里需要理顺一下。孔子的学生冉有被鲁国当政者季氏所召。在对齐战争中，冉有立下殊功。季氏问冉有是从何处学会打仗的，冉有回答说是从孔子那里。季氏于是决定要召回周游列国的孔子。孔子于是在周游列国14年之后受到了掌权的季氏意想不到的礼遇，颇为体面地回到鲁国。季氏于是急切地问政于孔子，可是孔子脱离实际的应对令季氏十分失望，最终没有重用孔子。季氏或许已经发现冉有所言非实。季氏的怀疑是有根据的。原来，在冉有离开孔子之前，孔子的另一位学生子赣与冉有早已有了约定："子赣知孔子思归，送冉求（冉有），因诫曰'即用，以孔子为招'云。"就是说，子赣郑重地嘱咐冉有一旦受到重用之后一定要向鲁王推荐孔子，因为孔子已然高龄，思归心切。冉有推荐孔子显然名不副实，而是另有所图。冉有或许从孔子那儿学到了射箭等技能，但是他不可能学到战术和战略。这是因为冉有对于孔子的主张并不信服和接受，这在他与孔子的对话中体现了出来。

《论语·雍也》载：

> 冉求曰："非不说之子道，力不足也。"
>
> 子曰："力不足者，中道而废，今女画。"

冉求不接受孔子的主张，被孔子发现或者听到了，于是孔子对其进行责问，于是冉有辩解道，自己并不是不喜欢孔子的学说，只是自己的能力不够啊，孔子认为冉有不是不能达到他的要求，而是不愿意罢了。这就是冉有提前离开孔子而返回鲁国入仕的原因。

冉有辅佐鲁国的季氏治理国政，使鲁国再度强盛起来，却让孔子极其不爽，甚至断绝了与冉有的师徒关系，可谓是十分极端，那个满口仁义道德提倡中庸和仁德的老夫子突然间不见了踪影。

《论语·先进》载：

> 季氏富于周公，而求也为之聚敛而附益之。
>
> 子曰："非吾徒也，小子鸣鼓而攻之可也。"

在此，孔子与其说是断绝了与冉有的师徒关系，倒不如说是继续执迷不悟地斩断与现实政治之间的联系。自己的学说在现实中碰壁，却不允许自己的学生拒绝他的乌托邦幻想，成为安邦治国、于国于民有利的相才。

三、孔子缺乏战争观的原因分析

从以上分析中可以看出，孔子认为除了作为国家最基本的保家卫国功能之外，值得通过战争来解决的事只有一件，那就是为礼而战，而对于其他事件孔子都认为不值得以战争方式解决，都采取了回避和逃避的立场，这种立场使孔子置身于春秋晚期的现实政治之外，是对新兴国家开始通过战争手段来争夺国家利益和重新确定自己的地位和存在方式的否定。

孔子对于战争行为的漠视使孔学在战争观上出现了空白，这种空白是孔学的道德主体性和政治无为主义的直接表现，是与孔学的道德乌托邦主义的价值观一脉相承的。从理念上看，孔学的基本理念是道德主体性之下的道德万能论和对等道德观，道德是解决一切政治问题的万能药，而对等道德观最典型的体现就是其忠恕观。忠恕观强调的是"己所不欲，勿施于人"，这与通过暴力和杀人手段来获取利益是直接冲突的。按照孔子的逻辑，既然自己不想被杀死，就不要杀死别人，这就完全否定和剥夺了战争的任何道德依据和存在的合理性。另外，孔学的义利观也促使孔子不愿直视战争。孔学的义利观主张先义后利和见利思义，而新兴国家通过战争来获得利益的行为与这种观念是直接冲突的。

对于孔子来说，战争被视为与道德论相对立的另一个极端，对此孔子只能坚守一极，同时自然而然地排斥另一极。

四、董学的现实主义的战争哲学

孔学道德乌托邦主义和政治无为主义及缺乏战争观的事实与董学的系统的战争观形成了鲜明的对比。与孔子根据对等道德观而在理念上否定战争、在现实中漠视和逃避战争相反，董学无论在理念上还是现实政治中都不回避和排斥战争，而是正视战争，对于战争的政治功能给予了充分的重视和肯定，因此发展出了系统、现实而有效的战争观。董学的荣复仇的战争哲学与孔学的道德乌托邦主义的忠恕观形成了强烈的对比。董学的战争观接受和认同战争的道德性和正义性，认为战争是通过平乱抗暴得到国家存在与自保和实现大一统不可或缺的行为手段，为了自身的国家存在和荣誉，对穷凶极恶的敌人进行彻底的复仇是光荣、合理和正义的行为。正因如此，董学和公羊学才能够被汉武帝所重视并且被提升为国家意识形态，维持和巩固了中国文明的大一统。

在战争观上孔学充分地暴露了它作为一个学派的弱点，成为孔学和儒学最大的软肋之一。同时，董学和公羊学的战争观也表现出了它的现实性、成熟性和平衡性。

第七节　孔学没有经济观

孔子从来没有正面讨论过经济学的命题，虽然他偶尔也会流露出对于经济的点滴看法，但这并不能构成成形的经济观。可我们仍然可以从孔子的总体思路中推断出他对于经济的一些看法。

孔子视上古和西周的等级秩序为理想的政治和社会秩序，而维持这个秩序的经济基础在于井田制的经济体制，孔子对此也有所认识，在孔子看来要保持西周式的政治和社会等级秩序就要保持以井田制为基础的经济体制。

在《论语》中孔子关于经济的论述有两处，分布在《季氏》和《卫灵公》中。前者讨论了贫富不均的问题，算是一个总体的经济原则：

> 孔子曰：……丘也闻有国有家者，不患寡而患不均，不患贫而患不安。盖均无贫，和无寡，安无倾。

康有为在《论语注》中认为："均，各得其分。"此处的"均"并非平均，而是要按照不同的等级和尊卑秩序来进行分配。这个理解是恰当的，与孔子对于礼的理解是一脉相承的。而这种一脉相承实际上体现了孔子对于作为维持西周等级秩序的经济基础的井田制的必要性的认识。春秋晚期各个新兴国家开始以土地和财富来重新认定自身的地位，而不再以在宗法体系中的血缘位置来界定自己的价值，各个国家开始开疆拓土，对于过去的自耕农进行新的剥削和采取新的管理方式，这种方式提高了生产力，使国家的财富激增，却同时破坏了过去氏族的相对平等的社会秩序和经济体制，对于孔子而言是不符合其义利观的，因此孔子站在"义"的立场上对新兴国家的行为进行谴责。但是，孔子此言似是从旁观者的角度发出的，而并没有提出任何均贫富的具体的政策建议。

孔子鲜明地提出了君子的谋生之道，同时也强调了孔学的一个鲜明的特征，那就是对于农业和劳动者毫不掩饰的鄙视和歧视，认为劳动者是小人，强调是君子就不能是劳动者，是劳动者就永远不会成为君子，将劳动者与君子置于对立的两极。《论语·卫灵公》载：

> 子曰："君子谋道不谋食。耕也，馁在其中也；学也，禄在其中也。君子忧道不忧贫。"

孔子的这句话十分经典，它直接阐明了孔子教学的目的性和君子伦理学的价值观的落脚点。孔子教学的目的就是要使学生摆脱农民的身份，变成吃国家俸禄的官员／公务员，这是孔子从事私塾教育和发展君子伦理学理论的目的。而这样的人生理想促使孔子只谈道德乌托邦主义，而不谈实际的政治现实，也不会正视实实在在的生活。

孔子对于劳动者的鄙视充分地体现在对于学生樊迟的评价之上。《论语·子路》载：

> 樊迟请学稼。子曰："吾不如老农。"请学为圃。曰："吾不如老圃。"

> 樊迟出。子曰："小人哉，樊迟也！……夫如是，则四方之民襁负其子而至矣，焉用稼？"

学生要学稼穑之技便被骂为小人。小人是孔子对人最低的评价，几乎就是骂人的话，可见孔子对于劳动者的鄙视和歧视之深。

最能体现孔子的理想的君子是颜回，"安贫乐道"的行为成为"孔颜居乐"的组成部分。其实，从另一个角度来看，所谓的孔颜居乐就是饿死也不劳动的行为。为了表明自己是君子，孔子和颜回忍饥挨饿也不肯放下架子去田间地头劳作。墨子对此进行了剖析：

> 立命缓贫，而高浩居，倍本弃事，而安怠傲，贪于饮食，

惰于作务，陷于饥寒，危于冻馁，无以违之。[1]

这个对于儒家君子的评价可谓是入木三分。

因此对于以追求道德理想为君子价值归宿的孔子来说，是不可能将自己降低到与小人为伍，为小人出谋划策的。在这种人生观的指引下，孔子自然不会重视经济和经济学，自然不会形成系统的经济观。

---

[1] 王焕镳撰：《墨子集诂（下册）·非儒下》，上海古籍出版社 2005 年版，第 937—938 页。

第二十九章　孔学的内在逻辑悖论

　　孔子创立了新的伦理学即君子伦理学，这是孔子的理论创新，也是孔学的内核。如前所述，君子伦理学表明，孔学或许还没有达到哲学的高度，然而孔学的确是具有明确的价值观的，并且孔子对于他的价值观倾其一生进行宣传和实践。孔子之言是在宣传他的价值观，孔子之行是试图在国家政治层面上践行他的价值观。但是孔子对于这个价值观的定位却出现了严重的错误，那就是他要赋予他的个人伦理学以某种政治功能，将其平移到国家政治层面。而在这个平移过程中，孔学内在的逻辑混乱便迸发了出来，形成了许多逻辑和理念上的悖论。由于孔学在逻辑上的混乱和众多悖论的存在，作为一种观念体系的孔学是无法成立的，可以说悖论的存在注定了孔学失败的命运。

　　孔学的失败是双重的：除了在逻辑和义理上多处处于自相矛盾之中和无法自圆其说之外，孔学的失败还表现在现实政治层面上，孔子带领一班弟子周游列国 14 年，在所到国家无不碰壁。

　　早在战国时期，墨家、商家和韩非等后期法家便对孔学进行了系统批判。墨家对孔学和儒家进行系统批判，其说主要集中在对于儒家的君子说的义理和孔子及其弟子的政治品行上，文见《墨子·非儒》。商家对于孔学和儒学的批判更具有实用性，要从国家政策层面禁止百姓读《诗》《书》，认为儒生多言误国，是对农战政策的破坏，文见《商君书·农战》等诸篇。韩非子对于孔学和儒家于政治上的害处更是出言犀利，认为"儒以文乱法"[①]，将儒生列为

---

　　① 张觉校注：《韩非子校注》，岳麓书社 2006 年版，第 656 页。

于国有害无利必须加以铲除的"五蠹"①之一。

但是在孔子被列为圣人之后，盲目的尊孔者对于这些批判视为异端加以无视，而在所谓的"独尊儒术"之后，古往今来官员和学者将孔学的双重失败的历史事实视为禁忌而不敢正视，对其双重失败的内在哲学根据更是不敢触及，这是中国哲学史上的一个重要缺憾和误区。唯实主义认为，孔学的双重失败是客观事实，是具有必然性的，墨家、商家和韩非子对于孔学和儒家的批判是有观念事实和历史事实根据的。

孔学双重失败的必然性首先体现在其所有重要的伦理学概念都存在逻辑和理念上的悖论，而这些逻辑和理念悖论使得孔学无法建立起经得起推敲的君子伦理学，也无法将其平移到政治学的领域，无法获得与现实的国家政治实现对接的机会。

发掘出孔学在核心概念上的内在悖论不仅在很大程度上等于认清了孔学的本质，也挖掘出了孔学双重失败的根源。

第一节 孔学的核心概念之间的悖论

孔学并不是哲学体系，除了一些重要的命题缺失之外，孔学内部缺乏逻辑性形成了诸多内在的悖论，这对于孔学来说更为致命。

一、孔孝的悖论

孔学的逻辑和理念的出发点是孝，孝是孔学得以生成的原发动力源。孔学的孝即孔孝与西周的孝道并不相同，也就是说孔孝已经不再是作为西周宗法制度基础的孝道。由于父子相隐的存在，孔孝与孔学概念体系中的其他重要概念都产生了逻辑矛盾，形成了一系列的悖论。

---

① 张觉校注：《韩非子校注》，岳麓书社 2006 年版，第 668 页。

（一）孔孝与政治的内在矛盾

在西周的宗法制度中，孝道的一个重要的功能是祭祀祖先。西周的孝道则不仅仅是伦理学范畴，更是宗教范畴和政治范畴，孝道在伦理学、宗教和政治学范围之内不仅游刃有余，而且是将三者进行有机联系的合理载体。西周的意识形态便是将孝道宗教化和政治化，伦理学范畴内的孝成为宗教和政治制度的内在根据。但是，孔子打破了孝的功能，他斩除了西周孝道的宗教性和政治性，将孝道看做是单纯的个人伦理学，孝的载体是君子和个人，而不再是国家和部族等组织，他对孝道的宗教性和政治性进行了去功能化的改造。也就是说，孔孝体现的是个体性原则，与周礼强调整体性和制度性的宗法制的孝道不同。

孔子对孝的再塑造和再定位造成了孔子思想内在的逻辑冲突，这种冲突在孔子试图将其思想过渡到政治主张时便暴露了出来，并且演变成了外在的功能障碍，使孔学最终无法作为政治学在现实政治中立足。

（二）孔孝重父轻母

孔孝对于父母是区别对待的，对于父亲的孝要远远高于对母亲的孝，这种将父母区别对待的做法在感情上是无法被"正常人"接受的，在理念上则形成了孔孝的悖论。

之所以如此，与孔子对女人持有的偏见和歧视密切相关（可见前文《孔孝》部分）。

孔子在《论语》中大谈孝道，其实孔孝更多的是指对父亲的孝，对母亲的孝是大打折扣的，仅限于亲情这个底线而已。为了对父亲尽孝，儿子可以不顾一切，甚至为父而隐，践踏一切道德和法律。

可见，孔子的君子伦理学并不包括女人，既然连人都不是，女人是不可能奢望成为君子的。孔子在满口宣讲仁义道德的同时，却将为人母的女人踩在脚下，而在孔子看来这种精神分裂的仁义道德观就是君子应该必备的"素质"。

（三）孔孝与仁的悖论

孔子明确指出孔孝是仁之本，仁就是孔孝的泛化、外化和社会化，这显然是仁孝关系积极的一面。然而，孔孝与仁的关系还有与仁相对立的取向，即非仁或者是恶的一面。孔孝是盲目的，是不存在道德考量和标准的，在孔孝面前是不存在道德的，这通过孔学的父子相隐观清楚地表现了出来。也就是说，孔孝可以转化为仁，但孔孝也可以转化为非仁或者恶。孔孝与仁的关系呈现出相互对立的悖论。

而实际上，孔学中孔孝与仁的悖论推翻了孔子欲构建的道德主体性的逻辑基础。孔子宣传孝、仁和礼，宣扬"克己复礼为仁"，将道德推到了主体性的极端地位；孔子同时提倡"己所不欲，勿施于人"的对等道德论，将个人的道德观等同于其他人的道德观。然而，从逻辑上看，有了父子相隐便不可能有仁，没有了仁就不存在礼，所谓的"克己复礼为仁"变成了一句空话。父子相隐摧毁了孔学个人伦理学的一切逻辑基础，使其君子伦理学变成了自相矛盾、无法自圆其说的悖论。父子相隐腐蚀了孔子想宣称的一切，釜底抽薪般地推翻了其道德主体性的一切理念基础和逻辑，对等道德观也变成了妄语。

（四）孔孝与法治的悖论

孔孝不仅与忠相排斥，孔孝与法治同样存在着激烈的冲突。《论语·子路》载：

> 叶公语孔子曰："吾党有直躬者，其父攘羊，而子证之。"
> 孔子曰："吾党之直着异于是：父为子隐，子为父隐，直在其中也。"

这个关于父子相隐的段落十分有名，但后世的学者并没有重视起这个理念在孔学体系中的逻辑功能。父子相隐观是孔学的君子伦理学内在的矛盾，也使其君子伦理学无法完成向政治学的平移和过渡，形成了多重的悖论。

父子相隐实际上表明了孔子为了孝而破坏法律和道德，将个人的道德凌驾于国家的法律和社会道德标准之上的价值观。虽然有些学者如朱熹认为"父子相隐，天理人情之至也。故不为求直，而直在其中"①，但是这种狡辩显然是无法服众的。按照现代的法律来看，父子相隐就是伪证罪。按照孔子以孝为仁之本的逻辑，任何人都可以将如此的孝推广成社会行为，而如此的儒家仁治会把国家变成什么样呢？显而易见，孔子不负责任的思维将孔学和儒学送入了政治学和社会道德的悖论中。

（五）孔孝与国家主义的悖论

父子相隐是孔学以孝为核心的个体性价值观的缩影。父子相隐不仅体现了孔学孝的本质，也表明孔子个体性原则有向极端化和绝对化发展的倾向。父子相隐将个人价值置于国家和社会之上，在其个体性原则中完全不存在国家主义的地位和考量。这与以国家主义为最高价值原则的董学是针锋相对的，是为中国文化中的集体主义和国家主义所不容的。

父子相隐体现了孔子"独特"的责任观。既然父子能够为了偷盗之事作伪证，其他的法律和道德准则当然也不在话下了，一个人和一个家庭为了血亲的责任便可以抛弃对于社会和国家的法律责任和道德责任，置其于不顾了。于是乎在一己私情面前，不仅国家的法律和基本的社会道德准则不存在了，君子对于国家和社会的责任都不存在了，由此可见，孔子的所谓君子只是一个自私自利的人，他可以为了履行孝的义务而违背国家的法律，践踏社会道德和违背公民的基本责任。

如前所述，父子相隐具有泛化的基础。如果泛化成为现实，那么孔孝向社会性所转化的便不再是仁，而是非仁和恶了。

---

① （宋）朱熹撰：《四书章句集注》，中华书局1983年版，第146页。

二、孔学中关于仁的悖论

除了与孔孝的悖论之外，仁与孔忠和孔礼都存在冲突，形成了新的悖论。

（一）仁与孔忠的悖论

作为孔学君子伦理学中最为重要的概念之一的仁也存在诸多的悖论，除了孝与仁之间的悖论之外，仁与孔忠也是一对悖论。

如前所述，仁几乎包含了孔学君子伦理学中的所有的道德观念，然而唯独缺乏对于国家的忠诚。缺乏对于国家和本族的忠意味着孔子所声称的"仁者爱人"变成了一句空话。既然君子可以为了一己私利（以自我实现的名义）而为国家的对手、敌人甚至叛乱者效力，这就等于是背叛自己的祖国和族群，还何谈"爱人"，何谈"仁"呢？

孔子的行为也最经典地注释了他所极力宣传的仁和孔忠之间的悖论。孔子周游列国，在各国之间逐利，甚至还要归顺晋国的反叛者佛肸。这种行为表明，孔子对于自己的国家没有忠诚可言，对于自己的人民没有仁爱可言，他孜孜以求的只是个人的所谓价值的实现，实际上就是自己的生计和前程。

（二）仁与孔礼的悖论

在孔学中，仁与礼是两个最重要的概念。在孔子对君子伦理学的设想中，两者应该形成互为表里、相辅相成的关系。孔子之所以要恢复周礼，是因为周礼体现了仁的原则，与他的仁道是相辅相成的。而"克己复礼为仁"说明了恢复周礼是孔子的仁的内容。按照周礼行事是仁的行为方式，是仁的具体表现形式。也就是说，仁和孔礼是君子伦理学的道德原则，同时也应该是孔学的君子伦理学向政治学平移过程中的组成部分。但是在逻辑上两者却没有形成如此的关系。仁和礼的关系经不起推敲，两者无法完全相容，甚至处于相互矛盾和冲突的状态。

仁和孔礼的冲突在政治层面上表现得尤为直接。仁是士人的个人伦理学，是君子观，孔子试图用仁来塑造君子的道德观和行为规范，而古代的礼仪被孔子借用成为其个人伦理学的一部分，因此孔子说"克己复礼为仁"。但是同时，如前所述，孔子对礼的理解并不是周礼，而是孔礼，是被他割裂了的周礼，被割裂之后礼无法与仁形成对应的关系，使仁无法被合理地平移到政治行为中，在如此情况下，仁和孔礼形成了一对无法相互转化和支撑的悖论。

（三）仁与恶的悖论

由于父子相隐观的存在，除了孔孝与仁成为悖论之外，孔学的仁与恶也直接形成了悖论。《论语·里仁》载：

> 子曰："苟志于仁矣，无恶也。"

孔子说如果一个人有志于求仁，那么他就不会变成恶人或者行恶行。这是一种将仁孝理想化的逻辑，但是孔子在此却忽略了他的仁孝逻辑的另一面，即如果父子相隐能够存在并得以泛化的话，那么孔孝、仁和恶将变成同义词。

第二节　孔学在政治观上的悖论

孔学的政治观以德政观为主，而德政观是极其脆弱的一种观念，不但经不起现实政治的检验，在逻辑理念上同样经不起推敲。之所以如此，正是因为孔学在政治观上存在相互矛盾和相互拆台的悖论，这就是德政与礼之间的悖论。

由于仁孝在君子伦理学中居于核心地位，孔学的德政观自然要以仁孝为核心，而孔子在谈论和评价政治人物尤其是上古的圣王时都要称赞其德。而礼也是德的重要组成部分。孔子说"为国以礼。"（《论语·先进》），足见礼在孔子的政治观中的重要地位。在孔子眼中，德是由仁、孝和礼构成的，仁、孝和礼难分彼此，它们是孔学的德政观的基本内容。孝是仁的内在根据，仁是孝的外化，是礼的内核，仁与礼仍然是互为表里的关系，而德政就是要兴仁尊礼。

《论语·颜渊》载：

> 子曰："克己复礼为仁。一日克己复礼，天下归仁焉。"

孔子虽然说要"复礼"，即要恢复周礼，但是他的礼是被他割裂了的礼，与西周的宗法制的礼制系统并不相同。《论语·八佾》载：

> 孔子谓季氏："八佾舞于庭，是可忍也，孰不可忍也？"

《史记·孔子世家》载：

> 季氏亦僭于公室，陪臣执国政，是以鲁自大夫以下，皆僭离于正道，故孔子不仕。

这两段虽然没有出现礼字，但显然是谈论孔子对于周礼的认识。在《论语》和《史记》等唯实史料中，这两段最接近孔子对于礼的内涵的看法了。它们的共同之处在于孔子极其重视周礼中对于尊卑上下的等级秩序的划定，从其对季氏的激烈谴责和不仕的行为来看，孔子显然将等级秩序看做是周礼的本质了，以至于对于它们的违背和冒犯等于践踏了周礼本身。孔子对于礼的理解在《论语·季氏》中得到了进一步的强化：

> 孔子曰："天下有道，则礼乐征伐自天子出；天下无道，则礼乐征伐自诸侯出。……天下有道，则政不在大夫。天下有道，则庶人不议。"

这句被后世经常引用的话再次体现了孔子对于等级秩序的重视，体现了孔学的德政观及其孔礼的观念。在《论语·子路》中，孔子再次强调了等级秩序与礼的关系，认为君王是礼能够得到贯彻实施的关键：

> 上好礼，则民莫敢不敬。

但是，孔子的这些论述也同时暴露了孔子对于礼的片面理解。等级秩序只是周礼的表现形式，其内在的宗教性和政治制度才是周礼的灵魂。孔子只是看重周礼的表面形式，而舍弃和否定了周礼内在的核心。

孔子为何如此强调礼在维持等级秩序上的作用呢？这牵涉到孔子对于礼的政治和社会功能的理解。《论语·学而》载：

> 有子曰："礼之用，和为贵。先王之道，斯为美；小大由之。有所不行，知和而和，不以礼节之，亦不可行也。"

这段话虽然并不是出自孔子之口，然而显然体现了孔子的观念。礼的功能在于保持国家和社会的和谐，避免纷争。礼能起到保持国家和社会和谐的作用就是因为礼维持了社会的等级秩序，使贵贱上下各得其所，按照自己应有的地位行事。

既然礼有如此的政治功能，那么如何能够使礼发挥出这种功能呢？孔子将其归于正名观念上。由此，正名观念也成为孔子的礼的观念的组成部分。

第三节　君子伦理学与政治学的悖论

孔学的内核是君子伦理学，政治学是其外延性的应用，但是这样的关系却并不成立，以至于形成了悖论。

一、伦理学向政治学递延的悖论

将君子伦理学向政治学递延是孔学的核心理念和方法，但是这种递延是不成功的。在递延的过程中形成了君子伦理学与政治学之间的悖论，这首先体现为孔学德政观与孔礼的悖论。

孔子的政治主张是要将他的以仁孝为本的君子伦理学上升到政治层面来主导国家的政治行为，以便恢复周礼的等级制度和仪式程序。这种观点明显是逆时代潮流而动的。周朝之所以逐渐崩溃正是因为它的礼乐制度已经无法作为国家意识形态有效地维持国家的正常运转，正是礼乐制度的弊端得以显露的结果。春秋时期的各诸侯国之所以与东周的中央政府渐行渐远正是因为东周政府无法依靠礼乐制度来维护国家的统一，在东周政府越来越行之无效的情况之下，各诸侯国才不得不另辟蹊径寻找他途来维护本国的生存。而孔子却要各国走回头路，却又拿不出任何新的主张。孔子犯下了一个逻辑错误，将行为的结果当成了原因，将逻辑秩序头尾倒置，混淆了春秋各国的国家行为的因果关系。如果孔子真是"圣人"，那么他就应该能够理解为什么周朝的意识形态和国家行为模式无以为继，要被各个国家所抛弃，并且在承认现实的基础之上为国家的发展指出未来的方向，而不是简单地认为国家应该回归过去的"美好时光"。

孔学的核心是君子伦理学，目的和归宿是要为士人寻求在处于转型的乱世中的安身立命和实现道德理想之道，政治只是实现其君子伦理学的背景、舞台、手段和方式，是君子伦理学的一个延伸，政治在孔学中仅仅是作为君子伦理学的边际价值而存在的。在孔学中，政治学在逻辑和理念上是服从于君子伦理学的。孔子如此处理两者的关系是错误的，实际上人为地扭曲了两者的本质，造成了孔学的悖论。春秋时期的现实政治是国家权力实体的转化，由西周统一的王权向各个诸侯国转移，但是这种权力实体的转移并不意味着国家权力的弱化。在春秋战国时期，国家权力一直处于强势地位，对于社会仍然具有绝对的控制能力，个人的生存空间是极其有限的，孔子将君子伦理学置于政治学之上，这无异于用个体性原则为主导的价值观否定权力本位的价值观。孔子着力宣传道德主体性虽然表达了要争取更多的个人活动空间的诉求，却无力改变春秋时期向更加强大的权力本位迈进的时代现实，孔子的主观愿望与现实政治不可避免地形成了悖论。孔学的道德乌托邦主义和政治无为主义与春秋晚期现实政治的冲突在孔子与冉有的关系上得到了具体的反映。（可参见前文《孔学缺乏战争观》部分）

孔学只是一种脱离了实际的道德乌托邦主义和政治无为主义，对于开始处于国家间竞争和对抗的春秋时期的现实政治不但于事无补，反而，会将新兴的国家引入歧途。

二、对等道德观与国家行为的悖论

孔学以忠恕观为代表的对等道德观主张要打破自己与他人之间的藩篱，实行道德上的一视同仁和平等，主张对人如己。这种理性化的观念在个人伦理学上是向善的，是无可厚非的，不妨一试，毕竟做好人和善人应该受到提倡和鼓励，总比盘算着做恶人和小人要好。但是在国家层面上，忠恕观和对等道德观就是极其危险的道德乌托邦主义的观念了。国家之间的关系更注重利益，道德约束更加薄弱，即所谓的"只有永远的利益，没有永远的朋友"，只要国家这个政治实体存在，国家行为就只能是以利益关系为主导的关系。如果如孔学般将个人伦理学范畴的对等道德观递延到政治学中用来指导国家行为，那么这个国家便会陷入困境，利益不断地受损和遭受侵害，甚至具有亡国的危险。

古今中外的文明史表明，没有一个国家可以以道德立国并且能够保持长久的国家存在和繁荣。即使是宣称以宗教立国的国家在国家行为中仍然是具有现实性的。在政治学领域，孔学的对等道德观能够将一个国家引入歧途，会促使它在道德乌托邦主义的幻觉中沦为现实政治的失败者。

三、君子与政治家的悖论

孔学的核心是强调道德的个人内在性的君子伦理学，孔子进而认为君子的这种内在的道德性的外化就是理想的政治家的标本，在君子和政治家之间画上了等号。这条道路无论是在逻辑还是实践中都是行不通的，君子等同于政治家形成了孔学的又一个悖论。

从逻辑上来分析君子和政治家之间的关系可以从正向和反向两个方向进行。从正向来看，君子通过个体性和自主性原则可以进行道德修炼，这无可厚非，是可以实现和达到的，但是道德完人却并不一定能够成为成功的甚至合格的政治家，政治家所需要的素质和能力与作为道德完人的君子是完全不同的。政治家的功能是要驾驭国家权力来实现国家利益，为了国家和民众整体服务，他的工作与只在乎个人行为的孔学君子是根本不同的。反向来看，一个出色的政治家并不一定是个君子，甚至可能是在道德上不完善的个人，而一个道德周全的君子却无法转化为一个合格的政治家。古今中外的优秀政治家罕有道德完人，也就是说历史事实否定了孔学的观点。

在孔子之后的《大学》进一步地概括了孔子的这个观点，提出了"修齐治平"的模式，这个模式具体地描述了君子成为政治家的步骤和过程，宛如一个君子从内圣到外王的固定模具。实际上这是将君子等于政治家的这个悖论进一步极端化，是道德乌托邦主义的又一次再现。

四、有为与无为的悖论

在孔子的观念中一直存在着有为和无为的矛盾。在个人层面上，孔子提倡有为，这种有为表现为士人在向君子转变过程中的主动性和努力；而在政治层面上，孔子则提倡无为，是典型的政治无为主义。

孔子政治上的无为主义是中国儒学研究的一个盲点和误区。说它是盲点是因为人们对孔子的政治无为主义并不重视，也鲜有研究涉及；说它是误区是因为人们经常把孔子提倡的个人的有为主义与政治上的无为主义相混淆，误以为孔子在政治上也提倡有为。实际上，君子有为论和政治无为主义共存于孔学之中。孔子政治上的无为主义是孔子思想的重要组成部分，是孔子的君子伦理学和道德主体性在政治领域的递延。君子的有为体现在君子要入仕和加入国家的官僚体系，而在政治决策上孔子则是政治无为主义者，两者形成了一对悖论。

孔子有为的君子观和无为主义的政治主张形成了鲜明的对比。有为的君子观无法转化为有为的政治主张和国家行为。相反，有为的君子观只能导致国家行为的"不必为"。有为入仕的君子在进入了国家权力机构之后并没有太多的事要做，唯一可做的便是不做祸国殃民的坏事，使国家、君主和君子个人保持道德上的纯洁，因为孔子认为，只要这样就可以带来国泰民安，征服别国并使夷狄前来归附。这是一种玄妙的道德万能论。

五、君子的道德观与儒者政治品行的悖论

孔学的本质是以孝为核心的君子伦理学，其重要的理念是要将君子伦理学平移到政治学，并且用来规定政治学，用君子伦理学的道德主体性来主导国家的政治行为。但是在这个平移过程中，孔子却表现出了与君子伦理学截然相反的政治品行，所谓的践行观不仅没有实现，反而在君子的道德观和其不忠而佞的政治品行之间形成了悖论。

在前面分析孔学概念体系的部分中我们已经看到，在《论语》中孔子所提及的忠与董学的忠具有本质上完全不同的内涵，体现完全对立的价值观。孔子的个人行为对于孔忠进行了最生动的阐释。孔子背弃祖国鲁国开始了周游列国的行为实际上体现了他缺乏对于祖国的忠的观念，只要某个国家能够对其礼遇，部分地接受他或者其观点，孔子便可以为这个国家服务，而一旦这个国家的君王言辞与其意见相左或者所受到的礼遇有所减弱，孔子便可以立即走人，没有任何留恋。这种没有半点忠诚可言的行为很难与真诚的政治家联系起来。

最能体现其政治品行的是孔子两次未遂的企图投奔叛乱者的行为。其中一次是要投靠晋国的叛乱者佛肸。《论语·阳货》载：

佛肸召，子欲往。

子路曰："昔者由也闻诸夫子曰：'亲于其身为不善者，君子不入也。'佛肸以中牟畔，子之往也，如之何？"

子曰："然，有是言也。不曰坚乎，磨而不磷；不曰白乎，涅而不缁。吾岂匏瓜也哉？焉能系而不食？"

佛肸的叛乱行为确有其事，这在《左传·哀公五年》《墨子·非儒》和《史记·孔子世家》中都有记载。在此，我们看到，为了从政孔子到了饥不择食的地步，不惜抛弃其仁义道德。对于子路的质疑和诘问，孔子只能以磷要发光和瓜是用来吃的而不是用来挂着看的来进行搪塞。

第二次是要投靠自己的祖国鲁国的叛乱者公山弗。《论语·阳货》载：

> 公山弗扰以费畔，召，子欲往。
>
> 子路不说，曰："末之也已，何必公山氏之之也？"
>
> 子曰："夫召我者，而岂徒哉？如有用我者，吾其为东周乎？"

公山弗叛乱也是历史事实，《史记·孔子世家》和《左传·定公十二年》也有记载。在《左传》中公山弗被记作公山不狃；《孔子世家》记载公山与阳虎是同党，阳虎叛乱时，公山曾进行响应，此处所指的叛乱当是公山的第二次叛乱。佛肸是叛乱者，但是他背叛的毕竟是晋国，而公山弗所背叛的却是孔子的祖国鲁国。看来孔子对于叛乱是"情有独钟"，几次要投身于叛国者的怀抱。对孔子的行为在当时也不乏批评者。难怪墨家要对孔子和儒家弟子的叛乱癖好大肆讨伐了。

对于孔子缺乏对国家忠诚的批评竟然在《论语》中也有记载。《论语·宪问》载：

> 微生庙谓孔子曰："丘何为是栖栖者与？无乃为佞乎？"孔子曰："非敢为佞也，疾固也。"

微生庙将疲于奔命、在各国流窜的孔子看做是佞人。"佞"这个字是严重的指谪，不仅全面否定了一个人的人格，更彻底否定了一个人的政治品格，稍有自尊心的人一般是无法接受的，但是心虚的孔子却不敢辩驳和回击，只能以自己有病来敷衍了事。显然，一个佞字直接戳中孔子缺乏忠的观念和行为的要害，就连孔子自己也不得不承认。

在孔子对于叛乱的癖好尤其是欲投公山弗的未遂叛逆事件中，孔子对于祖国鲁国的立场和对于忠诚的观念昭然若揭了，一个潜在的叛逆者和佞臣的孔子形象生动地展现在了人们眼前。这两次未遂的投奔叛乱者的企图充分表明了孔子的政治品行。孔子口口声声说要"复礼"，对于季氏等新兴贵族凭借经济实力而非血统掌握国家政权不予认可，但是这些叛乱者难道就具有正统性和合法性，就能够成为其"复礼"的载体吗？实际上这些叛乱者同样是新兴贵族，他们叛乱的原因在于争权夺利，而与复礼没有任何关系。孔子欲投靠叛乱者的欲望不仅不符合他的道德主体性，也显现出了不成熟的政治见识，再次暴露了孔子的道德主体性与现实政治格格不入，也使孔学的君子伦理学与时代性之间的悖论再次显现。

虽然这个事件将孔子绝没有任何对于国家忠诚的观念的事实昭然天下，但是令人费解的是后来的学者对于这段最能体现孔学本质和孔子品行的段落却绝无提及。缺乏对于国家的忠诚是先秦儒家的价值观的组成部分和传统，不仅为战国时期的孟子所效仿，也为大量的其他儒家弟子所模仿。

在个人与国家的关系上，孔学显然是站在个人的立场上无条件地排斥后者，体现在他唯己主义的价值观上。孔子无法正确看待和处理个人利益和价值与国家利益和价值之间的关系，中间缺乏的恰恰是忠这个品德。由于缺乏对于国家的忠，孔子可以为了个人的所谓理想而放弃士人对于国家的责任，实际上是唯己主义对于国家主义的否定。这表明孔学没有国家主义因素，从个人利益出发的君子伦理学是与国家主义相排斥和对立的。这种价值观与董学所倡导的国家伦理学直接对立，充分地体现出两者不同的价值取向。

孔子的政治品行也受到了墨家的批判。《墨子·非儒》对于孔子和儒家的言行进行了评价，认为：

　　　　孔某盛容修饰以蛊世，弦歌鼓舞以聚徒，繁登降之礼以示仪，务趋翔之节以观众。

其道不可以期世，其学不可以导众。

这些都是对孔学君子伦理学与政治学之间的悖论进行的抨击，可谓击中了要害。

第四节　立德与立功的悖论

孔学的道德乌托邦主义在国家行为上进行了整体的选择，这种选择在政治措施上必然导致政治无为主义，也将立德与立功进行了割裂和对立，形成了一对悖论。

孔学在立德和立功之间的进退失据在孔子对于齐桓公和管仲的评价上得到了典型的反映。孔子一方面要坚守道德主体性，贬斥两人；另一方面却因为要享受两人的功利行为和战争所带来的政治实惠，不得不对其所取得的历史功绩加以认可和赞扬。可见孔学无法平衡立德和立功之间的结构性关系，也暴露出了孔学的道德主体性和政治无为主义的无效性。

齐桓公在管仲的帮助下通过富国而达强兵，通过强兵而使齐国成为春秋时期的第一个霸主，代替了摇摇欲坠的东周王权，于内维护了中原诸国的秩序和和平，于外抵御了北狄等外族的入侵，维护了华夏文化圈免遭暴力涂炭。齐桓公和管仲的行为方式与孔子的道德原则相冲突，将孔子置于进退两难的尴尬境地。孔子一方面谴责两人不知礼，作为诸侯国行僭越之举。《论语·八佾》载：

子曰："管仲之器小哉！"

或曰："管仲俭乎？"曰："管氏有三归，官事不摄，焉得俭？"

"然则管仲知礼乎？"曰："邦君树塞门，管氏亦树塞门。邦君为两君之好，有反坫，管氏亦有反坫。管氏而知礼，孰不知礼？"

孔子认为管仲不知礼，管仲是不符合孔子心目中的君子的道德和行为标准的。

另一方面他们所取得的成就使包括孔子在内的华夏人民普遍受益，得到人民的广泛拥戴，孔子不得不承认二人之功，这实际上是向现实政治妥协。《论语·宪问》载：

　　子贡曰："管仲非仁者与？桓公杀公子纠，不能死，又相之。"

　　子曰："管仲相桓公，霸诸侯，一匡天下，民到于今受其赐。微管仲，吾其被发左衽矣。岂若匹夫匹妇之为谅也，自经于沟渎而莫之知也。"

孔子接受了管仲在现实政治中所取得的成就，虽然是无奈之举，但却是必须要做的姿态，否则便要冒天下之大不韪了。但是，对于齐桓公和管仲迫于无奈的部分承认只是个案，并没有改变孔子无视战争在国家行为中的巨大作用的道德乌托邦主义的价值观，孔子轻视和抵制战争的原则立场并没有改变。

在中国的政治思想中，立德和立功一直是一对对应的范畴，在整个春秋战国时期始终没有理顺。商鞅的商学将立功作为唯一的基点，将其绝对化和极端化，在秦国以"虎狼之师"横扫四方的同时也因为置立德于不顾而受人诟病，即使在秦始皇取得了统一六合的历史性伟业之后也仍然为人所不齿。孔学和儒家则处在另一个极端，它们将立德作为唯一的基点，将其绝对化和极端化，形成了以道德主体性为核心的道德乌托邦主义和政治无为主义，这种学说被现实政治所拒绝和排斥，始终无法与国家权力进行对接。直到董学出现之后，立德和立功才找到了平衡点，公羊模式也随之形成。

第五节　孔学在价值观上的悖论

孔学在总体上是道德乌托邦主义的价值观，而在内部并未形成统一性的逻辑链条，以至于形成了诸多的价值观悖论。

一、个体性原则与国家观之间的悖论

孔学最根本的冲突是个体性原则和国家观之间的悖论。而这个悖论直接关系到孔学的价值观，也就是说，孔学的价值观，是反国家主义的，是与董学相对立的，是与中国传统文明的价值观念相违背的。

孔子不理解国家，也不在乎国家，因此他在理论上拿不出健全的国家观，在实践上也没有关于国家利益的意识。如前所述，孔子是从君子伦理学的角度来看待国家的，将国家视为个人伦理学的逻辑延伸，将个人伦理学的道德原则套用在国家政治上，试图用个人伦理学的价值观和行为准则来指导国家的价值观和行为方式，将国家作为实现君子个人理想的媒介和平台。

这个思路体现了孔学将个体性原则凌驾于国家之上的价值观，而个体性原则一旦被置于如此高度便已经变成了个人主义的范围了。孔子由此而得出的政治理念不仅与现实的政治相脱节，也是反国家主义的。正是因为其脱离现实的理想主义和反国家主义倾向，孔子才被他到达的所有诸侯国所抛弃。从中国传统文明的价值观来看，孔子的个体化和个人主义的价值观与传统的中国文化也是格格不入的。

二、孔学的实用性与道德乌托邦主义之间的悖论

孔学漠视非现世的任何事物，这使孔学否定宗教和神学，回避形而上学，而只将目光集中在现世的事物和目标上，这种思维方式的确具有实用主义的典型特征。一些学者如李泽厚等便认为实用主义是孔学最重要的特征。

孔子重视对于细节的把握，尤其是在学习方法上更是如此，孔子也更重视对于眼前问题的关注，而对于天和鬼神等形而上学命题

和宗教命题则敬而远之。但是，这并不能表明孔子是强调实践性和实用性的思想家，实际上孔子在将双眼从形而上学和宗教的实践中收回之后并没有将它们放在现实事物之上，而是牢牢地盯在了道德王国，由此孔子在方法论上存在着实用主义的具体性与道德乌托邦主义的非现实性之间的悖论。

在方法上，孔子表面上对实际性给予重视，但是他的着眼点和目的并不在于实践性，而在于要从其道德主体性的原则来衡量事物和人物，要践行其君子伦理学的道德原则，就不可避免地使其在试图把握具体事物时在视角和方法上陷入道德乌托邦主义中，从而导致脱离现实的不切实际性。

三、孔学缺乏鬼神观与信奉宿命论之间的悖论

在前文关于孔学的概念体系和天命观的分析中已经发现，孔子的天命观就是宿命论，孔子对于天命有着发自内心的莫名的敬畏。但是，这种对于宿命的敬畏与其缺乏宗教观和鬼神观形成了悖论。

孔子不可能如郭沫若想象的那般认为天命是"自然界的必然性"，孔子的天命观只能是宿命论，虽然这种宿命论是在孔子不承认存在鬼神的前提下获得的。这个悖论体现了孔子在形而上学和宗教观上进退维谷的矛盾心态，折射出了其思想的犹豫性和不成熟性。

第三十章　孔学的方法

方法论是哲学比较的重要方面，对于董学与孔学的唯实比较同样如此，只是令人遗憾的是两者之间并无法形成有效比较。这是因为孔学并没有自觉性的方法论意识，也不存在具有逻辑性的和成熟的方法论，这与董学的逻辑严密、始终如一地贯穿于董学整个体系的立体性和多元性的方法论相比显然无法构成平等的唯实比较对象。

虽然如此，在孔学具体而凌乱的思绪下面同样也有相对固定的思维方式，对此我们也要进行挖掘和概括。如前所述，孔子对于春秋晚期的时代巨变只能进行妥协，只能采取迂回的方法来宣传他的复礼的理想。孔子的方法正是在这个过程中展开的。

一、个体性原则

个体性原则是孔学的重要原则和理念，也是最重要的方法，是孔子看待事物的视角。

（一）以个人作为突破口

个体性原则是孔学的价值观的基本原则，同时也是孔学首要的方法，是孔学视野的出发点。孔学看待他人、社会和国家都是从个人出发的。孔子将个体性原则贯穿于其伦理学的始终，形成了以个人为核心和载体的君子伦理学，个体性原则决定了君子伦理学的基本视角和立场，即孔学看待他人和社会的基本视角和自下而上地看待国家和政治的基本立场。

孔子的这个选择是十分值得注意和玩味的。孔子的最终目的是要复礼，即恢复周礼状态下的国家和社会等级秩序。按照常理孔子应该选择氏族作为自己学说的基本载体才更符合周礼的逻辑，因为周礼就是以氏族为基本单元和载体的，但是孔子所选择的载体并不是氏族，也不是国家和国家权力，而是个人。孔子在整体立场上是保守的，他要复礼就必须抵制和否定新兴国家的行为，然而新兴国家恰恰是打破旧的氏族体制，开始强调个人的国家形态，不仅个人意识开始觉醒，以个人为基本单元的经济体制和政治体制也开始形成。孔子或许敏锐地察觉到了这点，才因势利导也将个人作为承载其理念的组织载体。因此可以说孔子能够选择个人作为其学说的突破口和载体体现了他对于时代性的感悟。以个人作为载体使孔子与时代潮流有了共同点，新兴国家是通过个人打破旧的宗法体制，获得新的经济和政治利益，而孔子要以个人作为突破口实现对礼崩乐坏的时代潮流的逆转，将新兴国家重新带回到它们正在打破的旧的体制中去。

（二）君子的价值认定和实现在于个人的自主性

孔子的个体性原则规定了君子的道德主体性的价值的来源和实现这个价值的途径和方法。孔子对于君子价值实现的践行观和意志力量的强调表明，孔子所强调的自我价值的实现手段是内在的和自发性的，而不在于外在性的赋予，是从内而外的，而不是从外而内的，这从孔子所说的"我欲仁，斯仁至矣"（《论语·述而》）得以高度概括地阐述，而其"为仁由己，而由人乎哉"（《论语·颜渊》）则更加直白地阐明了君子自我实现完全在于个人的自主性而不在于任何其他因素。

在孔子看来，君子的道德主体性来自于个人的内在性，君子实现道德的动力仍然来自于个人的内在性，在于个人的自主性的选择和实践，不仅个人道德价值的生成在于个人的自我赋予，个人道德价值的实现也在于自我践行，这就没有给外在性留下任何的空间和余地，也就是说个人道德价值的生成和实践与神灵、宗教和国家权力等外在因素没有任何关系。孔子对于价值自我实现的方式的选择深刻地体现了他的个体性原则的价值观和方法，与上古和西方的宗教观认为个人价值的生成和实现在于上帝的观念以及和董学的个人的价值和实现方法在于国家和皇权的国家主义的价值观和方法论形成了强烈的反差。

（三）由内而外的方法

孔学对于君子实现价值的方法在于个人的自主性的规定表明孔学的方法是由内而外的路径，将由外而内的路径彻底堵死了。孔子的成人之法在于自身的道德修养和自我完善。孔子不厌其烦地强调学习的重要性和身体力行的践行观，目的正在于此。这表明孔学眼中的价值实现完全是个人行为，与神灵、上帝和国家没有任何的关系。

（四）由下而上的方法

孔学试图通过个体性原则和自主性原则来实现道德乌托邦主义，由此可见孔学所依赖的行为主体是个人，而不是国家权力，孔子选择的是由下而上的方法。

（五）重塑士人阶层

孔学既然选择了由内而外和由下而上的方法，他所依赖的行为主体就不可能是国家了，事实上孔学所依赖的行为主体是士人阶层。孔学就是要将士人阶层中的可造之材打造成君子，通过君子来实现孔学的道德乌托邦主义。

然而，必须强调的是孔子所关注的个人并不是泛指社会上所有的个人，而是士人这个特定的人群和阶层，孔学的目的就是要通过教学实践将士人变成他心目中的君子。因此，孔学的个人伦理学就是君子伦理学。孔学的个体性原则是君子的个体性原则。

孔子的方法是要改变士人阶层，将他们变成自己所设定的君子，通过君子来影响社会，改变国家的政治行为，实现他的复礼理想。可见，孔子重塑士人是要将他们变成实现复礼理想的政治力量和阶级工具。

二、递延法

既然选择了个人作为自己学说的突破口，孔子所面临的下一个命题就是如何使个体性原则超越个体性的限制而具有普遍性。孔子的答案是"递延法"。

所谓的递延法从逻辑上看就是将一个概念在内涵不变的前提下通过扩大其外延使之获得新的实用空间和意义的方法。孔子就是依赖递延法试图将其以孔孝为核心的概念体系应用于政治领域从而构建了其道德主体性。

孔学的递延法包括两次跨越的尝试。第一次跨越是在伦理学内部进行的，是从孔孝向仁的递延。对等道德观是这次递延尝试的逻辑中介：既然人和人之间在道德上应该是对等的，那么自己恪守的道德准则同样应该适用于其他人，自己的孝行应该可以外化成具有普遍性的社会道德准则，由此，孝便可以向仁进行转化。这次递延标志着孔学从个人伦理学向社会性的跨越，孔子试图将在血缘家庭和家族内部的道德准则即孔孝泛化成社会伦理学。从理念上看，这样的递延确是无可厚非的，也具有一定的可诉求性，但在逻辑上却无法站得住脚，当触碰到更深的层次时，孔学的递延法却变成了一个自相矛盾的悖论，自己对自己进行了釜底抽薪。

任何概念之间的递延都属于思辨的范畴，只要不违反事实性并且能够建立起理念和逻辑上的必然性和合理性，概念之间的递延都是有成立的可能性的。然而必须强调的是，概念之间的递延都包括正面递延和负面递延的两面性，成功的递延包括正面递延和负面递延两个层次，它们好比两只脚支撑着任何理念和概念的成功递延。也就是说，在概念实现正面的递延时，一定也要考虑负面是否也存在着相同性质和程度的合理性，并且要考虑当负面递延会对正面的递延造成削弱时如何来进行解释和化解。如果做不到合理的解释和化解，那么负面递延将对正面递延造成逻辑和理念上的破坏，使概念之间的递延造成无法自圆其说的困境。不幸的是孔学的递延恰恰陷入了无法自圆其说的困境之中。这是因为，从孔孝向仁的过渡是正面的递延，是具有合理性的理念，也就是说在正面递延中对等道德观在逻辑上并不存在障碍。但是当孔孝包含了负面的内容即不道德的或者是反社会的成分时，如果再使用对等道德观，孔孝便无法递延成仁了，而是递延成非仁甚至恶了。在此，对等道德观将孔孝向仁的递延置于了二律背反的悖论之中：从正面递延来看，道德的孔孝可以外化成具有社会性的"爱人"的仁；而从负面递延来看，当不道德的孔孝进行外化时，孔孝变成了无视法律和他人利益的恶的根据和源泉，这便走到了孔学的仁的对立面了。

孔子义正言辞地维护的父子相隐正是一种负面递延。父子相隐摧毁了对等道德观这个横跨在孔孝和仁之间的逻辑桥梁。由于父子相隐的存在，人与人之间在道德上的对等不存在了，对等道德观成了一句空话，孔孝向仁的递延也无法实行了。孔学于是陷入了如此的悖论之中：要么否认父子相隐，维持孔孝向仁的递延；要么承认父子相隐，而这就意味着孔孝无法有效递延成仁。孔子显然选择了后者，这无疑为孔学的道德主体性抽去了一根大梁。由于父子相隐的存在，孔孝不再是仁，而是一种非道德的反社会和践踏法律的行为；由于父子相隐的存在，孔学的仁孝变成了自相矛盾的悖论。如此这般，孔学以仁孝礼为核心的道德主体性只靠正面递延这一只脚是无法站立的，只是个跛脚的理念。因此，孔学在仁孝关系之间尝试的第一次递延是不合逻辑的，孔孝是无法完成向仁的全面过渡的。

孔学的第二次递延是试图从君子伦理学向政治学的过渡。与第一次对内在性的道德品质进行外化，从而实现向社会性和普遍性的过渡不同，孔学的这次递延是要将君子伦理学的原则平移到政治领域，是要通过平移完成伦理学对政治学的同化。相比于第一次递延的尝试，孔子的第二次递延尝试无论是在正面还是负面都是极其失败的。首先，政治学与伦理学是在性质上完全不同的领域。伦理学的原则是根本无法适用于政治学的，这是个基本的认知，而孔子却对此茫然无知。具有合理性的伦理学原则在政治学领域会走向反面，起到适得其反的作用。伦理学中的道德性在政治学中可以变得迂腐、无为、无效，从而无法有效地维护甚至损害国家利益，如此一来，伦理学的道德原则变成政治学的非道德性，完全走向了对立面。其次，由于仁孝关系存在内在的悖论，孔学的君子伦理学在道德理念上并不成立，具有无法弥补的内在缺陷，将这样的伦理学原则应用于政治学会造成国家行为的混乱。如果所有的人都以孔孝的名义实行父子相隐，那么这个国家便不存在法治了，也不存在道德了，孔子所谓的仁德也就变成了一句空话，整个国家便会陷入混乱之中。更为致命的是，这种混乱的状态和法治的缺失会使国家无法采取有效的行为，会严重地削弱国家的实力，最终导致国家的衰落和灭亡。难怪孔子周游列国推销他的道德主体性主张，却无一例外地遭到了所到诸侯国的冷遇和摒弃。

三、中庸方法

如前所述，孔子眼中的中庸只是君子的一种道德品质，只是在日常生活中为人处世的方法，孔子并没有将其视为真正哲学意义上的方法论，然而在其哲学实践中，中庸也成为孔子应对时代巨变的一种选择。孔子一方面以道德乌托邦作为其最高和最终的理想，另一方面又接纳了时代性对于个体性的重视，这就使孔学变成了一种要将个体性作为实现道德乌托邦的载体的折中的学说，在宏观布局上体现了中庸的方法。

第三十一章　孔学的价值观

在根据观念唯实主义的原则分析了孔学的概念体系及其各种理念的观念事实之后，孔学所体现的价值观便呈现在我们的面前。概括地说，孔学的价值观的核心就是道德主体性，它以君子伦理学为核心，又递延到了政治领域之中。除了对孔学的道德主体性进行剖析之外，本章对在逻辑上支撑孔学的道德主体性存在的一些内在的价值原则也会根据观念唯实主义的价值分析法进行深入挖掘。

一、道德主体性

孔学的最根本的原则就是道德主体性。道德主体性可以分为内在道德的主体性和外在道德的主体性，对于孔学来说，内在道德无疑居于压倒性的核心位置。内在性的道德是孔学绝对而唯一的价值标准。这个标准不但主宰着个体性原则，也主宰着相当于个体的所有其他要素的价值判断。

孔学的内在性的道德主体论是围绕着孝、仁、礼、义等概念而展开的。孔孝是孔学的道德主体性和个人伦理学的核心，是仁和礼的逻辑原点，仁和礼都是从孔孝派生而出，都是孔孝在不同层次和不同程度上的外化。孔孝是孔学个人与社会和国家的接触点。以孔孝为基础的仁从个体性向社会性和国家性的渗透和输出是孔学的道德主体性的全部内容和方法。

（一）道德主体性的基本特征

道德主体性具有先验性、独断性和理想性等特征。这些特征在孔学中都有典型的表现。

1. 理念的根据和逻辑的出发点。

本体论是形而上学的核心和最高层次，是一个哲学体系的内核和基础，是一切哲学理念和逻辑演绎的出发点。作为本体论的核心事实性一定是对一切事物的本质、存在方式和行为规律的最根本性的抽象和概括。因此，事实性是形而上学的最基本的标准，形而上学就是关于最具有普遍性的事实性的运行规律的哲学理论。另外，形而上学要获得整个世界的最具有普遍性的事实性，从哲学方法论上看，归纳法是最基本的思维方法，任何哲学思辨和演绎都只能在归纳法的基础上进行，只有这样才能够在核心概念和方法论上与事实性保持一致，才能够将事实性贯彻到思维和思辨的整个过程之中。

从形而上学的这两个标准来衡量，道德是不具有本体论的资格的。道德只是对于人类社会的一种规范和认知，并不适用于物质世界。宇宙观并不是道德观必要的要素和构件。道德是对人类行为的一种价值判断和描述，所探讨的是"应该是"的问题，而不是"事实是"的命题。同时，在方法论上，道德并不是要对人类行为本身的客观规律进行归纳和总结，它可以在各种道德概念和范畴之间进行大量的演绎，但是这些演绎都是缺乏事实性基础的。也就是说，在非事实性或者缺乏事实性的基础上，道德无法总结出和建立起完善而合理的本体论理论。

但是，将道德拔高到本体论的高度却是哲学史中的一种现象，这是哲学史上的一个偏差和误区。在拒绝接受道德本体论的同时，我们也必须承认道德被赋予了某种本体论的性质和特征，即主体性。道德主体性就是将道德置于核心地位来推演世界观和价值观的方法。道德主体性有两种：一种是将道德置于本体论的地位，试图构建一种形而上学理论和系统；另一种是将道德置于逻辑和理念的核心地位，试图用道德理念来推演出各种伦理学理念，用道德逻辑演绎出各种关于人类行为的逻辑。前者将道德视为看待世界的最高原则，成为判断的唯一标准和裁定事物价值的唯一准绳；后者的目的并不在于构建一种形而上学理论，虽然在伦理学范畴内道德是尊，但它却并不涉及宇宙观的命题。

对道德的拔高在古今中外的哲学史中都存在。在西方道德本体性体现在宗教之中，基督教和伊斯兰教等宗教都将服从上帝和安拉的意志和指令看做是人的最高道德，能否遵守最高道德是人在接受末日审判时的唯一依据。在中国哲学史上并不存在道德本体性的哲学思辨，而道德主体性的哲学却大行其道，儒家思想就是最典型的例子。儒家思想显然缺乏形而上学的理念，其关于道德的所有演绎和说教都只是道德主体性。或许孔子认为他的君子伦理学已经足以主导那个时代了，才认为形而上学是不必要的，才认为只要把握住了道德便掌握了认知世界和人生的钥匙。即使是在世界哲学史范围内，儒家思想也是典型的和极端的道德主体性。孔子是儒家的创始人，孔学始终是儒家思想的内核，之所以如此正是因为儒家思想继承了孔学的道德主体性。

2. 先验性。

道德主体性的道德原则是固定和不变的，道德主体性的方法就是用固定的道德原则来约束现实世界，这个思维方式是先验性的。孔学的道德原则是孝、仁、礼、义等，对于孔子来说这些道德原则是超越现实世界和超历史的，现实世界和历史进程必须适应这些道德原则，除此之外它们没有别的选择。孔学的先验论在正名观中得到了体现，对此一些学者已经有所认知。例如杨国荣便认为："正名之本意是以名正实，从价值观上说，也就是使社会现实合乎既定的价值原则。这种观点既具有先验论的性质，又使一般的原则变成了凌驾于现实之上的教条，从而打上了某种独断论的印记。"[①]

3. 独断性。

先验性同时也意味着独断性。道德主体性认为道德是事物、世

① 杨国荣：《善的历程——儒家价值体系研究》，华东师范大学出版社2009年版，第38页。

界和人生最高的和唯一的原则，并且将其先验性地应用于对于事物、世界和人生的判断，是独断性的表现。孔学以道德原则来要求人和国家而不容旁鹜，认为人的目的就是要成为君子，国家的使命同样是要贯彻君子伦理学的道德原则，如此一来，孔子赋予了道德主体性无可争辩的绝对性，同时也体现了不折不扣的独断性。

虽然孔子的学生子夏认为"大德不逾闲，小德出入可也"（《论语·子张》），即在大节上要守住底线，而在小节上有点出入无伤大雅，试图要弱化孔学的道德独断性，然而这并不能削弱孔学的道德主体性的本质。

4.道德乌托邦主义。

从价值观上看，用道德主体性来判断一切事物，将国家视为实现道德理想的载体，这是一种极端形态的道德理想主义的表现。这种理想主义通过孔学在君子伦理学中所表现出的先验性和独断性得到了典型表现。为了实现道德的乌托邦式的理想，孔学逃避现实，而从不考虑人民和国家的实际利益和命运，这已经是一种极端化了的道德理想主义，是一种脱轨了理性的道德乌托邦主义，是一种只求主观价值的实现而不顾客观后果的自杀性的道德乌托邦主义。

当道德乌托邦主义试图与政治进行衔接时，就不可避免地导致政治无为主义的出笼。从逻辑上看，价值观对于政治观起着决定性作用，这在孔学中得到了典型的印证。

（二）孔学道德主体性的表现形式

君子伦理学及其政治化是孔学道德主体性的表现形式。

1.君子伦理学。

孔学的道德主体性的核心是其君子伦理学。孔学的所有概念和理念都是在论述士人如何变成君子，而完成这种转变的唯一途径在孔子看来只能是伦理学，君子伦理学是其道德主体性所依赖的最重要的载体和表现形式。

为士人变成君子进行引路是孔子的教育观的唯一目的。孔子的教育观和教育实践都是围绕着这个目的来设计和实施的。

2. 政治学的伦理学化。

作为君子伦理学的延伸，孔学的触角也渗透进了政治学，但是政治学在孔学中的地位是从属于伦理学的，对于孔学来讲政治的意义是作为君子自我实现的外在平台而已。孔子将君子伦理学的概念和理念平移到政治学之中，将政治学变成了道德主体性的辅助性的载体。

如前所述，孔学政治观的主体就是德政观，而德政观无法摆脱道德主体性的桎梏，在政治策略上落实为政治无为主义。

（三）孔学的重要道德原则

孔学主要的道德原则包括道德万能论、对等道德观和政治无为主义等。

1. 道德万能论。

孔子试图依靠道德的力量来重置他所理解的古代制度，在赋予了道德以主体性地位的同时却忽略了对经济、军事、外交等其他一切杠杆和手段的运用，幻想单纯依靠道德这个单一的工具来实现他所谓的理想制度。不言而喻，这是一种不折不扣的道德万能论。

《论语·为政》载：

> 子曰："为政以德，譬如北辰，居其所而众星共（拱）之。"

这句话典型地体现了孔子的道德万能。道德万能论是道德乌托邦主义必然的逻辑延伸，是后者对于政治学本质的理解。

孔子的道德万能论和道德乌托邦主义更为典型地体现在孔子将君子伦理学的原则平移到国家政治中的观念上，这就是"五美四恶论"。

五美四恶论将孔学的君子伦理学与政治学之间的关系表述得十分清楚，明白无误地阐明了孔子认为政治学与君子伦理学具有同一性的观点。在孔子看来，只要能够做君子便可以治理好国家，因为只要将君子的道德原则和为人处世的标准平移到国家政治中，国家便可以自动治理得井井有条，便可以万事大吉了。

2. 对等道德观。

由孔学的个体性原则和道德主体性凝聚而成的最重要的道德结论是对等道德观。纵观孔子的君子伦理学，对等道德观占有重要的地位，它不仅是孔学的道德主体性的重要内涵之一，也是对中国的传统道德观念产生过巨大影响的一种道德说教。

所谓的对等道德观是指将其他人看做是与自己对等的人，对待别人与对待自己采用相同的行为标准。对等道德观体现在孔学的仁道和忠恕观中。《论语》载：

> 子曰："夫仁者，己欲立而立人，己欲达而达人。"《雍也》
> 仲弓问仁。子曰："己所不欲，勿施于人。"《颜渊》

孔子用同样的话语来解释恕。《论语·卫灵公》载：

> 子曰："其恕乎！己所不欲，勿施于人。"

而孔子用对等道德观来解释仁道和忠恕观，这表明两者实际上是一体的。对等道德观可分为正向和反向的原则。反向的原则是"恕"，而正向的原则就是仁，此处的仁也可以用忠来体现。

对等道德观由己度人，利用统一的道德原则来看待自己和他人，解除了人与人之间的道德障碍和隔阂，铲除了人与人之间由于双重的道德衡量标准而产生冲突的可能。对等道德观的基础是人与人之间真正在道德上的"平等"观念。

对等道德观是孔孝向仁过渡过程中的逻辑根据。仁是内在的道德原则，其他的先秦学派同样强调类似的概念，如墨家的爱人和兼爱等主张，但是其他学派缺乏的正是对等道德观。孔孝能够外化为仁成为具有普遍性的社会道德准则正是因为对等道德观起到的桥梁作用。因为对等道德观的存在使作为内在的和氏族家庭内部的道德原则得以外化为社会性的具有普遍意义的道德准则，指导人与人之间的交往和在社会中的行为方式。

但是，对等道德观在理论上并不完善，因为它没有回答人如何应对别人对自己的态度和行为的问题。当其他人对你以礼相待时，按照孔子的仁的道德原则毫无疑问是要以礼和仁德甚至加倍的善意回报，这是正面的对等道德观；可是如果别人对你无礼、冒犯和伤害甚至要谋害你时应如何应对，孔子对此并没有回答。可是在现实生活和现实政治中，受到别人的无礼对待和恶人恶国的刻意侵害是常态，而如何应对在孔学中却是空白。这个空白由董学的负面对等道德观进行了补充。

正面的对等道德观是孔学的道德主体性推演出来的具体的道德标准和行为规范。虽然它在纯粹的伦理学上达到了很高的境界，但是在现实政治中并不具有可行性和普遍性，一旦在政治上付诸实施会成为束缚国家行为的枷锁，使一个国家在如狼似虎的国际竞争之中过于谦让，成为可欺的对象，也会失去各种政治先机，将自己置于不利的地位。

3. 政治无为主义。

孔学不存在独立的政治观，孔学的政治观只是其君子伦理学的延伸而已，君子伦理学的道德主体性就是孔学的政治观的本质，德政观是孔学的政治观的本质的表现。德政观显然是道德主体性在政治上的表现形式。

德政观是一种道德独断论，是政治无为主义的表现。孔子主观地认为只要将君子伦理学的道德观念在政治上付诸实施，一切现实的政治问题便都会迎刃而解，孔子为此将德政与法治对立了起来。

《论语·颜渊》载：

> 季康子问政于孔子曰："如杀无道，以就有道，何如？"
>
> 孔子对曰："子为政，焉用杀？子欲善，而民善矣！君子之德风，小人之德草，草上之风必偃。"

这是鲁国的执政季康子听从了孔子的学生冉有的建议，在孔子从周游列国生死未卜的漂泊回国之后向孔子问政的对话。孔子一生的理想是要将其学说付诸政治实践，为此他不惜离开鲁国，甚至投靠叛乱者，而当机会送到孔子面前的时候，孔学的政治无为主义的德政观却让已经走在新兴国家改革前列的鲁国执政大失所望。新兴国家使用严刑峻法来镇压和强迫民众是不可取的，但是对于政治家来说，孔子的言论或许比严刑峻法更不可接受。孔学道德主体性只能转换为政治无为主义，而政治无为主义的天真和道德乌托邦式的臆想与独断是无法让现实中的政治家认同的。

德政观在孟子儒学中被发展成了仁政观，按照相同的价值取向形成了相对来说更加完善的儒家政治观。不管在实践中是多么的不切实际，德政观和仁政观代表了儒家思想的政治观念，对于中国传统文明的读书人产生过很大的影响。

4.对战争的否定。

作为道德主体性和德政观的组成部分，孔学认为战争违反了德政观，是与仁和礼相对立的，因而孔学基本上彻底否定和放弃了对于战争的应用。

孔学的道德主体性是极端化了的具有独断性的政治思想，而否定和放弃战争则是其最极端和最独断的观念。为了体现道德主体性，孔子已经完全脱离了现实，进入了自己所设定的道德独断的悖论中。

二、个体性原则

个人／士人是孔学的本体。个人是孔子的伦理学最关注的对象群体。与此相适应，个体性原则是孔学的伦理学的最基本的原则，是孔学看待他人、社会和国家的出发点、前提和基础。个体性原则决定了孔学平等地看待他人和社会的视角和自下而上地看待国家和政治的基本立场。

孔子的最终目的是要复礼，即恢复周礼状态下的国家和社会等级秩序，但是孔子所选择的载体并不是氏族、国家，也不是国家权力，而是个人，这点十分值得注意。孔子抵制和否定新兴国家的行为，但是新兴国家恰恰是打破了旧的氏族体制，开始强调个人的国家形态。孔子或许敏锐地察觉到了这点，才因势利导也将个人作为承载其理念的组织载体。孔子如此选择体现了他对于时代性的感悟能力。

孔子所关注的个人是士人这个特定的阶层，孔学的目的就是要通过其教学实践将士人变成他心目中的君子。因此，孔学的个人伦理学就是君子伦理学。孔学的个体性原则是君子的个体性原则。

如何从士人的视角出发来看待、解释和适应外部的世界构成了孔学的君子伦理学的全部内容。这个价值观所涉及的其他范畴如他人、社会、君王和国家等等都是按照君子的标准和视角展开的，都是君子伦理学价值观的表现载体。

三、自主性原则

孔学的道德主体性以个人价值为单元，在价值的表现方式上则强调个人自我实现的自主性原则。

道德具有个人的内在性和社会性两个层面。这两个层面对于人的存在是不可或缺的两个维度。道德的内在性凝聚着个人对于自己生命价值趋向的选择，强调的是个人行为的动机，体现的是个人对于自己的期许和理想；道德的外在性体现的是人的社会性，而社会性就是人与人之间的多重错综复杂的利益和功利网络。道德的外在性强调的是个人行为的社会效果，道德的内在性在一定程度上要通过道德的外在性来表现和实现。为了完成价值实现，道德的社会性不可避免地要与国家权力发生关系，而与国家权力发生关系的方式决定了价值观的实现手段，价值观选择何种实现手段是价值体系的重要组成部分。

孔学的个体性原则表明孔子选择了价值的内在性的实现方式，这就是其道德自主性。孔子对于君子价值实现的践行观和意志力量的强调表明，孔子所强调的自我价值的实现手段是内在的和自发性的，而不在于外在性的赋予，是从内而外的，而不是从外而内的。道德自主性规定了君子的道德主体性的价值的来源和实现这个价值的途径和方法。《论语·述而》载：

> 子曰："我欲仁，斯仁至矣。"

在孔子看来，君子的道德主体性来自于个人的内在性，君子实现道德的动力仍然来自于个人的内在性，在于个人的自主性的选择和实践。不仅个人道德价值的生成在于个人的自我赋予，个人道德价值的实现也在于自我践行；不仅道德的生成在于个人的自主性，道德的保存和坚守同样在于个人的自主性。《论语·卫灵公》载：

> 子曰："知及之，仁不能守之；虽得之，必失之。知及之，仁能守之。"

对道德的认知相对容易，而如果没有仁的话，对道德的保持却不容易，很容易得而失之。这就是孔子将孔颜居乐作为道德楷模的原因。

孔学关于道德的个体性和自主性的原则没有为外在性留下任何空间，也就是说个人道德价值的生成和实践与神灵、宗教和国家权力等外在因素没有任何关系。孔子对于价值自我实现的方式的选择深刻地体现了他的个体性原则的价值观和方法论，与上古和西方的宗教观认为个人价值的生成和实现在于上帝的观念以及董学的个人的价值和实现方法在于国家和皇权的国家主义的价值观和方法形成了强烈的反差。

孔学的自主性原则侧重个人的内在性。孔学的君子伦理学以道德的内在性为出发点，孔孝是孔学的道德内在性的理念和逻辑的原点，通过这个原点，孔子推演出了其他的道德理念和原则，因此可以说孔学更侧重于道德的内在性。虽然孔学的君子伦理学的重要目的之一是要成为吃"官饭"的官僚，具有强烈的功利性，但是当外在的功利性与内在的道德原则方式产生了冲突时，孔学则坚定地选择了道德的内在性，并且为了道德的内在性而放弃社会的功利性，哪怕为此而生活窘迫也在所不惜。孔学并不因这样的选择而后悔，也没有表现出悲壮的情怀，而是赋予了其怡然甚至陶然的情绪，这就是安贫乐道的"孔颜之乐"。孔子最欣赏的弟子颜回就是这种道德选择的榜样。

孔学的个体性原则和自主性原则所采取的是由内而外的自我实现路径。孔学将君子实现价值的方法寄托于个人的自主性的方法论也是因此而设定的。孔子同时将由外而内的路径彻底堵死了。孔子的成人之法在于自身的道德修养和自我完善。孔子不厌其烦地强调学习的重要性和身体力行的践行观，其目的正在于此。自我成人与宗教和国家权力等外在因素没有任何关系，国家只是实现和体现君子的内在道德价值的载体而已。

四、唯己主义倾向

孔学对于个体性原则和自主性原则的把握并没有体现出中庸，孔学在许多方面已经出现了唯己主义的倾向。

在先秦哲学中有一种唯己主义的价值取向和学说，其重要的代表人物是庄子和杨朱。所谓的唯己主义就是将个人放在绝对中心的位置，用个人利益作为绝对的价值标准来判断任何事物，当其他人和事物有任何危害个人利益的倾向时便采取断然的措施加以回绝。如此一来，唯己主义便与社会割断了互动的纽带，等于为了个人而杜绝了社会。这种价值取向的必然结果是反国家主义。要维护个人的利益只有在水边林下成为避世的隐士才能做到，而事实上庄子的哲学立场也正是断绝与社会的联系，弃绝国家，到"大自然"中追求自己内在价值的实现了。杨朱的著作并没有流传下来，但是在《孟子·尽心上》中暴露了他的一句话，却足以体现先秦唯己主义的精华："杨子取为我，拔一毛而利天下，不为也。"

孔学的个体性原则的情况则比较复杂。从正面来看，孔学的个体性并没有掉入唯己主义的误区。孔子强调平和而中庸的处事态度，自然不会如此般地走极端。孔子在强调个人的内在道德的优先性的同时，并没有斩断与社会和国家的联系和互动，没有将个人与社会和国家对立起来，只是试图使君子的道德原则在政治领域得以实施和贯彻。孔子虽然欣赏安贫乐道的人生态度，但这并不是回避和敌视国家和社会。孔子的君子伦理学是向社会和国家开放的人生态度，是鼓励士人入世和入仕的行为方式。孔子十分重视士人个体与外部世界的各种要素的和谐，这包括不以个人的利益取代其他人的利益，即所谓的对等道德观。孔子强调仁和孝等道德原则，目的之一就是要削弱和限制个人的自我价值赋予和利益的膨胀，而将其纳入与外部世界的各种要素和平共处的轨道。

但是，从负面来看，孔学的个体性原则却跌入了唯己主义的泥潭，使得孔学的道德主体性的逻辑变得并不完善和合乎逻辑，父子相隐以釜底抽薪的方式打断了孔学的个体性原则与社会和国家之间的互动关系，使孔学具有了唯己主义的独断倾向。

从总体上看，孔学的个体性原则的确立意味着国家主义原则和价值观的丧失。对于孔学的君子伦理学来说，国家只是君子的外部世界的一个要素而已，为了君子的道德内在性的实现，孔孝可以毫不犹豫地推翻任何道德的社会性表现，露出唯己主义的真实面目。这表明孔学的个体性原则规定了士人是从自己的视角和利益来衡量国家，而不是从国家的视角和利益来衡量自己，具有反国家主义的价值取向。

把握这一点对于理解孔学的政治观十分重要。政治观只是孔子的君子伦理学的延伸而已，是士人在追求道德完善和成为君子过程中无法回避的要素。从国家主义的高度来理解孔学的伦理学是本末倒置的错误方法。

第三十二章 孔学的本质

从政治目的上看，孔学可以概括为以德救世。所谓以德救世就是要以道德主体性来对抗新兴国家的价值观和行为方式，建立起以道德立国的乌托邦国家。事实上，无论是孔子提倡的道德乌托邦主义的君子伦理学还是其政治无为主义的德政观都在强调一个理念，那就是通过道德来挽救一个"礼崩乐坏"的时代，将个人道德作为迈向道德乌托邦的桥梁。孔学的目的是要通过君子们的努力根据君子伦理学的道德原则建立起一个道德的乌托邦国家，西周的礼制是其道德乌托邦理想的重要根据。新兴国家践踏周礼和漠视道德的行为是孔子要拯救的对象，周礼则更接近他的道德乌托邦理想。这就是孔子说他要复礼却同时割裂了周礼的原因。

孔学生成于孔子对于春秋晚期时代巨变的进退维谷的矛盾状态。孔子否定春秋晚期在国家权力形式、国家形态、经济体制和国家行为方式等方面发生的所有政治理念和实践的变化，将恢复周礼视为理想的政治状态。但是作为一介书生，孔子虽然极力抗争却难以改变政治现实，出于对自己生计和生命的考虑，在许多方面不得不进行妥协。这种进退维谷的状态表现在孔学上就是孔子一方面宣称要恢复周礼，一方面又不敢得罪新兴国家的君王和贵族，不敢对后者违背礼制的行为进行正面的抗争和谴责，对于一些本质性的问题虚与委蛇，避而不谈，他在宗教观 / 鬼神观上的立场就是妥协的典型表现。因为宗教观 / 鬼神观直接涉及新兴国家的王权合法性和正统性的最大问题，孔子不敢公然否定新兴国家的王权具有合法性和正统性，而只能避而不谈。在这种情况下，孔子选择了君子伦理学作为突破口。在孔子创立的君子伦理学中，他对许多旧的传统和新的观念的使用都发生了变化和扭曲，在相同的概念下却包含着孔学独特的理解。周礼在经过割裂之后变成了徒具其表的孔礼，宗法制在被割去了意识形态内涵之后变成了孔孝。孔子试图通过君子伦理学的道德主体性来救世，而在方法上则要力图促使新兴国家迂回地回到过去，继续采取古代的国家形态、意识形态和行为方式，实施的是"曲线救国"的策略。

但是，孔子的道德救世的理念和曲线救国的迂回策略都不成功，遭受了双重的失败，既在理念上失败，在现实政治中更是惨败。

根据对孔学的观念事实的研究，观念唯实主义认为孔学的本质就是以孔孝为核心和基础的君子伦理学。历来都将仁作为孔学的核心概念，但是孔子对于仁的使用是十分宽泛和不严谨的，孔子口中的仁实际上就是道德的代名词。孔学的目的是要塑造君子的人格类型，创造出君子的行为模式，是为君子打造的个人伦理学，即君子伦理学，并且通过君子之手来"复礼"。君子的人格类型就是将人生和国家的行为方式纳入道德乌托邦主义的轨道，将仁作为个人安身立命和国家存在的基础，君子的人生理想就是变成官僚，君子的行为模式就是不事劳作，依靠宣讲仁义道德来安保一生。孔子认为，一旦这样的君子能够如愿以偿掌握国家政权，复礼的使命便会自然而然地得以实现了。这种个体性的道德实现手段显然又是道德乌托邦主义和政治无为主义。

从观念史的角度来看，孔学称不上严格意义上的哲学，它不是形而上学，不是政治哲学，也不是宗教。孔学应该还处于向严格意义上的哲学迈进的前哲学时期。黑格尔认为，"孔子只是一个实际的世间智者，在他那里思辨的哲学是一点也没有的——只有一些善良的、老练的、道德的教训，从里面我们不能获得什么特殊的东西"①。中国的学者并不接受黑格尔的这个评价，认为他对于中国历史和文明发展的道路缺乏同情和理解，也许潜意识中还有日耳曼人所惯有的那种偏见和傲慢②。说黑格尔不太理解中国的历史和文明或许不假，但是我们必须正视他对于孔学的评价。这个评价来自于创立了一个庞大的哲学体系的西方哲学巨擘之口，在哲学的技术层面上可谓切中要害，不能以偏见和傲慢之说来笼统地遮掩孔学本身的残陋。从本书对于孔学的观念事实的分析来看，在纯粹的哲学技术层面上孔学作为如此不成体系和悖论百出的思想是令人扼腕的，无法获得真正的哲人的欣赏。虽然历史性和时代性会为孔学的简陋做出某种辩解，但是这些都无法完全遮蔽孔学的观念事实的状态。

不可否认的是孔学的视野和研究范围相当狭窄，孔子的真正身份③是为了生计而教书的私塾先生，而孔子对于中国文化的真正贡献也在于他作为中国历史上第一个出色的教师以及他对用来做教材的古代典籍的重视和保存。超过这些结论都有悖于观念事实和历史事实，都是后人强加在孔子身上的化妆品和装饰物。

伦理学是关于人的社会存在中应该具有的行为规范和价值观的学说。个人伦理学是以个人为中心的关于个人的价值观的伦理学，是讨论特定的个人群体的道德规范和行为标准的伦理学。君子伦理学是个人伦理学的一种，是孔学的核心。孔学的君子伦理学就是在春秋时期的特定历史环境之下关于君子的价值观和士人如何成为君子的伦理学说。孔子认为春秋时期的士人阶层的理想就是要成为君子，孔学的全部出发点和归宿都是在教导士人如何变成君子，这也正是孔子作为教师的卖点。因此孔学的个人伦理学就是君子伦理学。孔学超出君子伦理学的任何范畴和理念都是从其君子伦理学派

---

① ［德］黑格尔著，贺麟、王太庆等译：《哲学史讲演录》（第一卷），商务印书馆2013年版，第130页。

② 韩星：《孔学述论》，陕西师范大学出版社2008年版，第15页。

③ 韩星：《孔学述论》，陕西师范大学出版社2008年版，第15页。

生出来的，都是为其君子伦理学服务的，都是缺乏系统性的。

孔学的展开过程体现了孔学内部的两次跨越。第一次跨越是在伦理学内部的扩展，第二次跨越是试图将君子伦理学向政治学说进行转化。孔子人生的绝大部分精力和时间都用在了践行第二次跨越，为此他花费了14年的时光周游列国来推销他的学说。但是这个努力彻底失败了，孔学仍然只是君子伦理学，并没有完成向政治的平移和转化，孔学在理念和实际上始终是君子伦理学，而不是政治哲学。

孔学缺乏权力理论、国家观和战争观的事实折射出了孔学的本质，也充分地表明了孔子在新的时代背景下与现实政治脱节的立场，这是对孔学进行分析和定性不容忽视的方面。它说明了孔学的实质并不是政治哲学，而只是君子伦理学的观念事实，说明了孔子只是为了实现君子伦理学才不得不接触国家等政治问题。同时，我们不能假定孔子曾经说过要恢复西周的礼制就认为孔子全盘接受了西周的国家政治制度，进而认为西周的国家制度就是孔子理想的国家政治制度。孔子割裂周礼的做法表明孔子对于西周的政治制度的处理方式，我们无法在逻辑上将孔子的政治观与西周的宗法制的意识形态和国家制度画上等号。

如同其他的先秦学说一样，孔学也有内在的理念和逻辑。然而，通过观念唯实主义的剖析可以看到，孔学有限的理念是片面的和不完整的，逻辑是不成熟的，充斥始终的自相矛盾的混乱和悖论使其处处无法自圆其说。这种状态恰恰体现了孔子试图实现"复礼"和不得不对现实政治进行妥协的进退维谷的矛盾心态，而孔子不仅没有有效地应对时代巨变，在逻辑上也没有整合清楚自己的思想。但是，孔学在中国哲学史、政治和文化上却始终享受着至尊的崇高地位，这种状态的出现并不是来自孔子思想的力量和魅力，而是皇权主义使然。在皇权主义的导演之下，内容支离破碎、逻辑混乱和与现实隔绝的孔学和儒学摇身一变成为中国哲学的主流。根据唯实主义，对于孔学和孔子的人为抬高的评价是缺乏事实性基础的，是不切实际的。意识形态的作伪又促使后来的官方学者和文人不断地将孔学泛儒学化，将孔子圣化。

虽然在先秦时期对孔学始终不乏质疑的声音，尤其是墨家、商家和法家对于孔学的政治功能和儒生的政治品行进行过尖锐的批判，但是在孔子被人为地圣化之后，这种质疑和批判的声音便基本上绝迹了，代之以对孔子、孔学和儒家毫无原则性可言的圣化、神化和泛化，严重地践踏了中国古代哲学观念史的事实性和严肃性。如今皇权主义的意识形态已经成为历史，但是被其严重作伪的中国哲学史仍然没有得到纠正。总而言之，通过观念事实来分析和判断孔子和孔学并且对其进行定位极其重要，只有如此才能看清孔子和孔学的本质，才能澄清自古以来关于孔子和孔学的各种误判和错谬的思维定式，才有可能建立客观、公正和科学的中国哲学史。

第三十三章　孔学对于中国哲学的
真正意义

　　虽然按照观念唯实主义的方法分析，孔学作为一种哲学体系绝无成立的可能性，甚至作为哲学思想也勉为其难，但是孔学的观点仍然具有可取之处，对于中国哲学观念史仍然具有影响力，这种影响力不仅体现在儒家思想内部，也通过董学和公羊模式与皇权主义进行了连接，从而对中国社会和文化产生了影响。

　　孔学是儒学的思想基础，孔子是儒家学派的创始人，孔子的观点也对后来其他先秦思想流派产生过影响，董仲舒也从孔学中吸收了思想营养，并且孔学对于古代历史文献的传承也起到了重要的作用，《尚书》《诗经》《仪礼》等文献由于作为孔学的教材而能够得以保存，孔学在文献学方面的贡献要比其他的先秦思想流派都大。因此，孔学仍然具有它的思想价值和文献学价值。

　　孔子对孝的改造在政治上是不成功的，但是在伦理学上却具有十分重要的意义。孔子或许并没有意识到他的伦理学的价值，这种价值在董学和公羊学中得到了真正的挖掘，并且在现实政治中得到了展现。

一、道德主体性的遗产

　　孔学的道德主体性留下了伦理学理念的遗产，它们主要体现在孔孝和对等道德观上。

（一）孔孝的意义

　　孔子试图将属于个人范畴的孝进行外化形成仁的道德品格，而仁一旦能够实现就可以克服人性的痼疾——道德观和价值观的二元对立性。虽然经过孔子的裁剪孝变成了孔孝，但是孝的观念仍然在西周的宗法制度崩溃之后能够以道德品格的形式留存，孔子应该说做出了不小的贡献。

1. 孔孝是独特的伦理学理念。

春秋时期的"礼崩乐坏"的重要表现之一就是孝道的崩溃。孝道的崩溃表现在政治层面上就是臣下弑君、儿子弑父及对宗法制度和封建制度的破坏。由于孝道的崩溃，春秋时期的中国处于人心混乱、道德沦丧的境地。但是，这种混乱状况的出现并没有埋葬孝的价值，反而使人们更加深切地感觉到了孝道的宝贵和重要的社会作用。孝于是被升格为春秋时期的受到关注的重要的伦理学命题。孔子也借此对孝进行了改造，提出了孔孝，发展出了以仁孝为核心的君子伦理学。

2. 孔孝是孔子的君子理想人格类型中的重要基础。

历来的中国哲学史和儒学史都将仁和礼作为孔子思想的核心，这是不准确的。孔子强调仁这是无可争议的，但是前面的唯实分析已讲清孔子的仁并不是具有严格的内在规定性的概念，仁是所有道德品质的综合体，实际上就是具体化了的德。从孔学的逻辑线索来看，孔子的仁只是孔孝在社会层面的扩展而已，是将孔孝的精神和理念进行外化，将其从家族内部扩展到了非家庭成员，并且试图将其递延到政治学，也就是说仁只是孔孝在不同对象上的反映而已。按照孔学的逻辑，最大的仁便是孔孝，最高的德也是孔孝，没有了孔孝，孔礼和德便无从谈起。因此，孔孝是理解孔子的君子伦理学的枢机。

3. 孔孝对于中国文化中的生死观的影响。

孔学的生死观对于中国文化产生了深刻的影响，孝道之所以能够在中国文化中深入人心在一定程度上是因为它为克服和化解中国人对于死亡的恐惧起到了安抚作用。

孔学对于宗教和鬼神的淡漠立场明显地表明孔学的价值观是建立在现世基础之上的，孔子对人正在进行中的生命的关注要远重于对过世的人的关注。孔子认为，生命的价值并不在于肉体的存在，而在于精神境界的完善。与人的精神境界的升华相比，肉体存在与否并不重要，甚至可以认为在孔子眼中肉体的功能只是精神境界升华和完善的物质载体而已。对于死亡孔子表现出了豁达和乐观的心境，也表现出了一种大无畏的舍我其谁的气概。

孔子能够有如此豁达和乐观的死亡观是因为他认为死亡并不是个体生命和价值的终结和毁灭，因为他从孝道之中看到了个体生命的有限性能够融于族类生命的相对无限性，不仅个体的肉体生命可以从子嗣中得以流传，人的精神遗产即人文和道同样可以通过孝道来继承以至于发扬光大。这无疑再现了周礼的宗法制的孝道的精髓。

孔学的死亡观与东西方的宗教将生命寄托于死亡和灵魂的观念是完全不同的，也与道教畏惧死亡而力求通过炼丹等方法来延续个体生命的做法大相径庭。但是，也必须注意到，孔学将对个体生命的有限性的克服寄托于孝道的观念与董学将个体生命的价值寄托于国家主义的价值观是迥异的。

4.孔孝对于中国政治的影响。

虽然孔学和儒家并没有与国家政治进行接轨，但是孝的理念却始终受到国家权力的重视，这与孔学和儒家思想不无关系。西汉在汉高祖刘邦时期就十分重视孝，以至于孝被贯于西汉汉高祖之后所有皇帝的名号之前，汉惠帝是孝惠皇帝、汉文帝是孝文皇帝、汉武帝是孝武皇帝等。在汉武帝建立公羊模式之后，在董学的皇权主义和国家主义伦理学的影响之下，国家对于忠的重视超过了孝，但忠孝仍然作为一对对应的范畴被看做是所有官员最重要的两项道德标准，贯穿于中国传统文明的始终。

（二）对等性的道德观

对等道德观不仅是先秦儒家独特的理念，是孔学的君子伦理学最具有创见性的理念，同时它对于中国哲学史具有特别重要的意义，这种特别重要的意义在于西方文明的二元对立的道德观形成了鲜明对比的事实性上得到了突出的体现。

所谓的二元对立的道德观是人与人之间在道德上是不对等的，为了实现自己的欲望就必须侵害其他人的利益，侵害其他人的利益是实现自己的欲望的必要手段。否定了人与人之间的道德对等性是不可能承认人与人之间存在其他形式和形态的平等性的，因此西方价值观所宣传的平等观念并不存在逻辑上的合理性，在实践中也是缺乏任何实在的意义的。而当政治道德上的不平等性体现在国际关系和种族关系上时便会衍生出种族主义、社会达尔文主义等意识和理论。在历史上，西方国家和文明对于二元对立的道德观的利用是如此地极端，以至于造成了西方国家行为的失控和整体性的异化。西方文明虽然强调"平等"，但是这种平等只是一种乌托邦式的幻想。对等道德观与二元对立的道德观成为中国文明和西方文明之间最根本的差异之一。

（三）通过重塑士人阶层来影响国家政治

孔子的君子伦理学以个体性原则为载体，将个人作为实现政治理想的载体。孔子的方法就是通过重塑士人的价值观来影响国家行为。

孔子的君子伦理学虽然在理念上和实践中经历了双重失败，但是他的教育观却深刻地影响了董学，董学的教化论虽然是自上而下的国家主义的路径，但是其落脚点同样要通过对于士人的重塑来推行新的价值观，从而改善国家存在的方式和状态。如此一来，孔学的个体性原则与董学的皇权主义和国家主义便有机地结合在了一起。

二、孔子对古代文献学和中国文化的贡献

辨明了孔子六艺的真正内容便可以对孔子的教育对于中国文化所做出的贡献进行评价了。

有人认为孔子使用五经等古代文献作为教学的六艺对于中国的统一做出了贡献，因为孔子采用了统一的教材，而教材使用了同样的中国文字，并且由于这些教材的传播增加了中国文化的凝聚力。这并没有错，孔子起码没有鼓吹分裂，没有采用"四夷"的语言来教学，然而孔子的贡献却不能被过分扩大。如前所述，如果孔子确实使用了古代文献作为教材的话，那么被孔子用作教材的只能有四经，即《诗》《乐》《礼》和《书》，四书是古代典籍，是公共资源，而并不是孔子的创造，上古时期的华夏在四经中使用共同的文字也是一种历史现象，并不是孔子使然。况且在战国时期华夏各国使用统一文字的现象已经不再存在，各国都有各自的语言，以至于相互间的文件都很难阅读。是秦始皇在统一六国之后采取了"书同文"的政策，废除了六国的"古文"，再次统一了中国文字。千万不要把秦始皇的历史功绩再张冠李戴到孔子的头上了。如果中国上古时期不存在几千年辉煌的历史和灿烂的文化，单靠孔子的教学和宣传是绝不可能产生共同而牢固的文化心理的。我们不能因为尊重孔子就认为孔子的贡献要大于中国上古史吧？如果说孔子和儒家在保存古代文献方面做出了一定的贡献的话，那么这种贡献也只是推波助澜而已，而绝不能得出孔子是在有意识地通过教学来重新统一中国的结论。

三、对教育的重视

本色的孔子是一名出色的教师，孔学对于中国传统文化的教育观产生了重要的影响。

（一）全民教育的理念和实践

从孔子教学的客观效果来看，虽然孔子的学生跨越了国家和阶

级的界限，具有开放性，然而他的学生和弟子却并没有对中国的历史进程做出过突出的贡献，绝大多数人都是默默无闻的中下层人士，并没有如孔子所愿成为政界的显赫人物。

两个例外是冉有和子贡。据《史记》记载，冉有在与孔子周游列国时便被在鲁国当权的季氏相中，被召回鲁国担任官员。在他率领鲁国军队成功抵御了齐国的入侵之后，被提升为相当于宰相的高位。正是在冉有的力谏之下，孔子才能够在国外颠沛流离了14年之后重返鲁国。而另一个学生子贡则十分另类。子贡也是鲁国人，他为了挽救鲁国免受齐国的入侵，曾经纵横捭阖，穿梭于齐、吴、越等国之间，对当时的国家政治产生了不小的影响，然而具有讽刺意味的是子贡的理念和行为方式决然不是什么孔学和儒家，而是与后来的合纵连横之术颇为相似，通过说谎编制了一个欺骗和背叛的大网。

值得注意的是冉有和子贡所获得的成功都不是依靠孔学，冉有依靠的是孔子所极力排斥的战争，子贡则依靠类似于战国时期苏秦、张仪的纵横之术。一心想要培养出君子的孔子如果看到他的得意门生成为如此"小人"不知会有何种感想。

（二）为董学的教化观提供了社会土壤

虽然孔学的教育观并没有如孔子所愿培养出以君子身份功成名就的显赫的官员，但是他的开放性的教育观却为中国社会留下了一笔丰富的遗产。通过读书来改变自己内在的素质和际运成为贫寒之士的一个选择。孔子可谓是为不甘平庸、具有上进心的平民子弟打开了一扇窗户。

董仲舒推出的国家主义的教化论是离不开士人热衷读书的风气的。如果西汉的士人不看重和推崇读书，那么他和汉武帝所制定的五经博士制度就不可能受到天下士人的响应，士人阶层也不可能被顺利地转化为读书人，俯首帖耳地被纳入皇权主义的仕途上来。

第四部　董学与孔学是完全不同的哲学思想

通过上述对董学与孔学所做的系统的唯实解析比较，我们可以得出明确的结论：董学与孔学是两种价值观截然不同的思想体系。而历来的中国哲学史都将董学看做是儒学的一种，这在理论上是极不准确的，是错误的结论，不符合董学和儒学观念事实。事实上，能否解开和厘清董学与孔学以及先秦儒学之间的各种谜团和错综复杂的关系正是能否正确和准确地理解中国哲学史的枢机。

从两种思想的概念体系和理念内涵、体系性、方法论等方面来审视，董学与孔学都完全不同，在逻辑的严密性、体系的完整性和思想的深度上，董学都要远高出孔学。两者的本质也完全不同：董学的本质是政治哲学，核心是皇权主义，目的是要在政治实践中确立皇权主义的统治，实现大一统；而孔学的本质是个人伦理学，核心是以孔孝为基础的道德主体性，目的是要实现道德乌托邦主义。而从意识形态的高度来看，孔学是董学的一个组成部分和子系统，董学在各个重要的方面都能够涵盖孔学和先秦儒学，而孔学除了提供一些个人伦理学的原则之外，无法与董学进行有效的唯实比较。

第三十四章　董学与孔学对于时代危机的不同立场

任何哲学的产生和发展都离不开时代性的土壤，而处于危机中的时代则是哲学获得突破和发展的催化剂，这点对于孔学和董学同样适用。而孔子和董仲舒对于时代危机所采取的不同立场能充分地反映出两者不同的本质。

第一节　孔子对于时代危机的立场

孔子所处的春秋末期是个大变革的时期。社会危机与个人选择都存在着不确定性和探索性。

一、孔子所处时代的危机

春秋时期是大变动的时期，国家、社会意识形态和文化几个方面都发生了质的变化：

（一）中国的政治一体性的瓦解

中国从一个具有政治一体性的国家出现离心倾向在春秋时期开始展开。周王室的内迁使周的君权受到了沉重打击，不仅周王朝在诸侯国中的威信日益丧失，周的国家体制、意识形态等上层建筑都开始崩塌，整个春秋时期就是周王室逐渐衰落的过程。同时，春秋时期也是诸侯国逐渐崛起的历史过程。在周王朝的权力束缚逐渐松弛的情况下，各个诸侯国开始表现出更多的自主性，更加依靠自身的判断、利益和实力来决定自己的行为方式。

（二）春秋时期出现了新的权力形态——霸权

政治一体性的瓦解使中国出现了权力真空，周王室虽然在名义上仍然被尊为王庭，但是已然失去了中央权力的实力、威信和资源，已经无力号令诸侯了，霸权的出现填补了中央权力的真空。春秋五霸实际上代替周王朝在一定程度上起到了保护中原诸国免受外敌入侵、调节诸侯国之间的各种争端、维护国家和平的职能。

（三）宗法制下的权力结构开始崩塌

春秋时期的政治巨变不仅体现在一体化的瓦解，在各个诸侯国内部，建立在宗法制基础上的王权结构也开始崩塌。郭沫若对此现象进行了概括："当时的王权事实上是式微了，就是各国的诸侯事实上已多为卿大夫所挟制，而卿大夫又逐渐为陪臣所凌驾，大奴隶主时代的权威已经是被社会否认了。"[1]

（四）春秋时期的经济体制开始发生变化

周的宗法制的上层建筑是建立在井田制的经济基础之上的。井田制是以氏族为单元来占有和分配土地资源的农业经济体制，具有较高的公平性和平均性，但它也意味着农民劳动积极性不足和劳动生产率低下的弊端。在宗法制逐渐瓦解的情况下，井田制同样开始崩溃，越来越多的私人开始私自开疆拓土，将先开发的土地纳入自己的名下，而不再依赖上层的赏赐和划拨。诸侯国在阻止这种私有化的经济形态无力的情况下，反而会获得更多的税收，于是在春秋中期，初税亩在鲁国率先得到了法律承认。这种情况逐渐在其他诸侯国扩展开来。

（五）新的国家形态开始出现

政治上的自主性的提高，经济上的土地私有制的发展，这些因素打破了族群国家的血缘基础和纽带，强有力地推动诸侯国开始向新的政治实体过渡，促使了新的国家形态的出现。这些新兴国家就

---

[1] 郭沫若：《孔墨的批判》，载《中国古代社会研究》，河北教育出版社2004年版，第556页。

是以地缘为基础的、以个人而不是以氏族为单位的国家形态。新兴国家的实力不再是与周王室的辈分的远近大小，而是自己国家地域上的资源和人口的数量；经济单位不再是共同劳作和平均分配的氏族，而是有劳动能力的个人和家庭。

在新兴国家中，国家行为发生了重要的变化。

1. 战争成为国家行为的重要手段。

在周王室强盛时期，各个诸侯国之间的矛盾都要上报周王室而不能在诸侯国之间擅自解决，而周王室可以通过宗法制用劝解和协调的方式来化解矛盾，将诸侯国之间的矛盾扼杀在萌芽状态，因此在西周时期诸侯国之间并没有发生大的战争。但是随着周王室的式微和宗法制度的崩溃，周王室通过和平手段来化解诸侯国之间的矛盾的威信和能力已经不复存在，各个新兴国家不得不依靠自己获得国家资源和维护国家利益。霸主虽然能够在一定程度上解决一些矛盾，但是由于霸主本身也是诸侯国之一，往往是利益争夺的直接或者潜在的参与者，霸主往往通过自己强大的实力使自己获得更多的土地和利益，这使得霸主缺乏公平性，而强化国家实力、获得霸主地位便成为春秋时期实力较强的诸侯国共同追求的目标。这些因素都使新兴国家更加重视战争的作用。实力较强的诸侯国希望通过武力或者武力胁迫来获取更多的土地和国家利益，而实力较弱的诸侯国也不得不通过防御性的战争来自保。因此，在春秋时期战争的重要性空前提高。

为了加强军力，各个诸侯国都开始从国家体制入手积累军事资源，将战争的物资准备制度化。由鲁国开始实施的"作丘甲"就是这样的国家制度。丘是古代的地方基层组织的一极，其下有邑和井，其上有甸，四个丘为一甸[1]。据《汉书·刑法志三》记载，各诸侯国原来是以甸作为基本单位来征收军赋的。据《公羊传》记载，鲁国

---

[1] 王维堤、唐书文撰：《春秋公羊传译注》，上海古籍出版社 2005 年版，第 343 页。

在成公元年（公元前 590 年）开始作丘甲，即开始按照丘来征收军赋。作丘甲使鲁国的军赋增加了 4 倍，大大地提高了鲁国的军事实力，也使其他国家纷纷效仿。这个制度变化反映了春秋晚期新兴国家之间的战争变得日益频仍和惨烈的现实，同时作丘甲也促进了战争的力度，使诸侯国之间更加依赖军事实力来解决矛盾和获取利益。

2. 法治成为国家内部治理的重要手段。

为了适应私有制农业的新型经济体制和在频繁的战争中获胜，法治成为新兴国家治理内政所倚重的重要手段。《左传·昭公六年》记载，郑国国相子产率先"铸刑鼎"，将法律条文刻在鼎上让国人都可以看到，这是中国法制史上的一件大事，表明法律已经不再被贵族所垄断秘不示人，而是要让全体国民都知道，以便加以遵守和知晓犯法所要受到的惩罚以及量刑标准。法治代替了过去的以血缘亲情为基础的礼制，犯法者要一视同仁地受到法律的制裁。后来的郑国国相邓析认为铸刑鼎太不方便，于是"作竹刑"，将法律条文写在竹简上，这大大加强了法律的普及，增加了法治的效力。这表明，在新兴国家中，国家权力对于社会的控制力加强了，国家对于个人行为的限制加强了，社会的价值观发生了重大的变化。

（六）价值观的变化

春秋时期在国家形态和国家行为上的这些变化实际上体现了价值观的巨变，即从西周的以氏族为核心的价值观向以个体为核心的价值观的过渡。价值观的变化体现在这些方面：

1. 立功为首。

任何国家要存在要生存都必须具备自卫能力，都必须保障自己的既得利益，而一个国家要发展和壮大就必须占有新的资源或获得新的利益。春秋时期的新兴国家正是意识到了这一点，它们争夺的目标正是人口和耕地等国家资源，而争夺的方式不再是通过血缘的排位和周王朝的决断和分配，而是依靠自主的战争手段从别的国家夺得，这种新的国家行为方式实际上体现的是强调立功的价值观。立功成为春秋时期的新兴国家的价值观基础，在战国时期得到了强化，达到了高潮。

立功为首的观念还渗透到了诸侯国内部，使宗法制下的权力结构逐渐崩塌。来自于血缘和周王朝任命的权威不再受到看重，个人能力受到了更多的看重，成为新的权力结构的原则。这个变化导致了社会结构的巨变，其中最重要的变化就是士人阶层的崛起。所谓的士人阶层就是没有宗法制下的高贵血统，而是依靠自己的能力和本事立足的阶层。在某种程度上，整个春秋战国时期就是士人阶层的演绎史，他们成为决定国家兴亡最活跃的要素，也是最直接的力量。

2. 立功手段的变化。

要立功，一个国家就必须提高国家实力，在春秋时期国家实力提高的体现是要么需要占据强大的政治地位，要么拥有强大的战争能力，而战争手段的强化和经济生产力的提高被认为是提高国家实力的重要途径。这就必然引起一连串的国家治理方式的连锁变化。法治被认为是新的治理国家的有效方法。而要建立法治就必须破旧立新，即在建立法治的同时必须打破旧的以血缘为基础的宗法制度，而这就必然导致"礼崩乐坏"的政治局面。

3. 先秦百家的价值观。

先秦百家则是对于这种价值观变化的各种回应，虽然它们提出了不同的具体方案，但是却都接受了时代在价值观上的变化，分歧集中于个体性原则的方向和国家行为的方式，这对于孔学来说同样如此。老子的主张是保守自持的小国寡民理论；墨家对于国家形态的变化所带来的各种负面影响十分抗拒，力图以战止战，试图用自保性的社团来取代新兴国家；商家看重的是国家权力的独断化、高度的国家主义和大刀阔斧的具有极度侵略性的系统的战争行为；法家则强调法律在强化王权和国家治理中的地位和作用；庄子和杨朱等则回归到了绝对的个体，否定了国家对于个人的作用，完全逃避和脱离了政治；而孔学则试图通过道德乌托邦主义来主宰这个变化的过程，使之不至于战争化和功利化。

二、孔子的选择

作为一个勤奋好学的学者和曾经担任过鲁国高官的士人，孔子感觉到了这些时代巨变。孔子对于时代巨变采取何等立场却存在争议。

郭沫若认为，"孔子的基本立场是顺应着当时的社会变革的潮流的……大体上他是站在代表人民利益的方面的"①。然而，一些学者如李泽厚等认为，"孔子在这个动荡的变革时代，明确地站在保守、落后的一方。除了在政治上他主张维护'礼'的统治秩序、反对'政''刑'之外，在经济上，他主张维持原有的社会经济结构"②。"孔子维护周礼，是保守、落后以致反动的（逆历史潮流而动）。"③

事实上，孔子对于时代巨变采取何种立场还需按照观念唯实主义的原则和方法来加以审视和判断，这样才能得出全面的结论。实际上，根据孔子的言行，他对于时代潮流存在相当复杂的矛盾心态，并没有一味地否定和反对，也没有全部地接受和迎合，而是选择了对抗与迎合共存的矛盾立场，试图按照新兴的思潮将滚滚而来的时代潮流推回到过去。

（一）孔学的出发点和目的是要建立道德乌托邦国家

如前所述，从本质上看，孔学的最终目的是要建立起一个贯彻其道德主体性原则的乌托邦国家，这是孔子的道德乌托邦主义在政

---

① 郭沫若：《孔墨的批判》，载《中国古代社会研究》，河北教育出版社2004年版，第543页。
② 李泽厚：《孔子再评价》，载《新版中国古代思想史论》，天津社会科学出版社2008年版，第15页。
③ 李泽厚：《新版中国古代思想史论》，天津社会科学出版社2008年版，第17页。

治上的体现。而能够体现孔子的乌托邦的是尧舜时期无为而治的国家形态，而并不是西周宗法制度下的国家。

道德乌托邦国家的理想使他在价值观上否定和抗拒新兴国家的理念和行为，孔学的君子伦理学就是基于对时代潮流的否定和修订。从孔子对于礼与法的立场可以清晰地看到这一点。孔子反对新兴国家以立功为首的价值观，提出了以道德主体性为核心的君子伦理学与其对抗。正因如此，孔子顽固地坚持要"齐之以礼"，以礼治国，反对"齐之以刑"，即新兴的法治方式。为此他竟在担任鲁国司徒时试图用礼来断案，而将法律弃之不顾。在很快被罢免之后，孔子不惜带着弟子周游列国也是出于同样的目的。

（二）在方法上妥协

但是孔子在方法上却采取了妥协的立场，在现实面前不得不低头，避免与新兴国家的正面对抗。因为他不敢公开地忤逆所到之国的国君，而只能采取虚与委蛇的态度，对于一些敏感的话题如新兴国家王权的合法性和正统性、宗教观、战争观等采取了回避和逃跑的做法。孔子虽然在骨子里仍然是坚持复古的顽固派，但是在表面上也不得不进行一些妥协，否则他的命运或许会比"累累若丧家之狗"更加悲惨。

孔子内在的固执和表面上向现实的一些妥协使他不得不割裂周礼，形成他自己的一套概念体系，于是孔孝和孔礼应运而生，但是这些扭曲的理念使孔学内部的逻辑遭到了破坏，不仅使孔学的体系性不复存在，也使孔学在许多命题上形成了悖论。

（三）中庸的方式

孔子虽然对于这种价值观所带来的政治层面的动荡采取了否定的态度，但是在方法上却也吸收了时代潮流的精华。这从孔子以个体性和自主性来构建他的君子伦理学得到了充分的显示。春秋时期的价值观巨变的核心正是在打破宗法制的氏族主义价值观的同时强调个人的价值，在许多方面可称为个人或者个性的一次历史性的解放。孔学的君子伦理学就是以个体性为单元的，而且对自主性的强调将这个新的价值观推向了新的高度，这表明孔子在价值观上对新的时代潮流具有高度的认同性。而这种认同性和对于政治变化的否定和抗拒体现了孔子面对时代巨变的矛盾性和妥协性，这也就是孔学内部存在诸多悖论的根本原因。孔学的君子伦理学本质上体现了孔子试图将士人阶层道德化来改变价值观变化过程中过于功利化的趋势。孔子的出发点是善的、仁慈的，但是他的道德乌托邦主义和政治无为主义在方法上却与日趋讲求现实性和功利性的国家行为背道而驰。

孔子的窘境决定了孔子不可能与时代潮流发生激烈的正面对抗，作为一个落魄士人和私塾教师他没有发动正面对抗的能力和资本，而只能选择迂回和相对含蓄的方式。孔子并没有公开宣称要原封不动地照搬周礼，而是开辟了新的理论途径，即利用宣传道德主体性的理念，通过对君子伦理学所体现的个体性价值观的弘扬来促使新兴国家放弃新的行为方式，让道德观促使新兴国家的君王"良心发现"，从而实现"曲线救国"。

三、孔学在春秋战国时期的存在状态

孔学在孔子的时代即春秋后期是在全方位都失败的理论。

（一）孔学没有上升到政治层面

孔子除了君子伦理学之外并没有其他的关于国家、国家权力和意识形态的理论。在这种情况下要说服诸侯国国王重新恢复周礼或者使其将孔子的伦理学与国家权力进行结合并没有任何理论的、现实的和利益的基础，更没有对接点。更甚的是孔子基于道德万能论的德政观不但不是与现实的国家行为实行对接，反而与国家的目的和行为发生了冲突，它自身也进入了近乎荒谬的境地。这表明孔子的政治主张从一开始便是与春秋时期的现实政治相脱节的，这注定了孔子屡试屡败的结局。

在孔子的观念里，政治理想和政治现实始终无法在理念和逻辑上共处，两者时常处于矛盾的状态。对于孔子来说，"复礼"是他最重要的政治理想，是居于首位的政治尺度和标准，华夏观是相对次要的政治标准。在礼与华夏观不发生正面冲突的情况下，礼是占有绝对地位的标准；虽然在两者发生正面冲突的情况下，孔子不得不向政治理想稍作让步，向现实政治低头，但是这种临时抱佛脚式的让步并不能够将他的政治主张与现实的政治联系起来，使两者融为一体。

孔学内在的悖论尤其是君子伦理学与政治学之间的悖论妨碍了孔学与国家权力的结合，孔子周游列国的经历表明了孔学的理念被各国的君王所排斥，儒家成了被国家和社会所摒弃的笑话。

（二）孔学没有被接纳为国家意识形态

孔子在周游列国的过程中饱受挫折，所到的所有国家都拒绝接受孔学，这意味着孔学根本无法与国家政治实现接轨，上升为国家意识形态。春秋战国时期，虽然孔学由于重视教育和保护古籍而受到一些人的尊重，甚至在战国时期曾与墨家并列被一度称为"显学"，但是孔学始终是一种民间学派。

（三）士人没有融入国家机构

由于孔学的道德乌托邦主义与当时的政治现实无法接轨，孔子周游列国仍然无法被其中任何一国所接受。孔子虽然号称拥有三千弟子，但除了冉有、子路和子贡等极个别人以外，其他人始终游离于国家权力之外，挣扎于社会边缘，无法跻身于国家政治之中，更不能形成一股现实中的政治力量。孔学无法实行士人阶层与国家权力的对接。

在饱受奚落和冷遇之余，孔子和他的弟子们始终被拒绝在国家权力和官僚体系之外，无法拿到令其魂牵梦绕的铁饭碗。孔子也只能重新回到鲁国，晚年以教书度日，他的弟子们也各奔东西。虽然有些人如子夏等继承了孔子的衣钵以教师为业，在保存了古籍的同时也传播了孔子的思想，但他们始终"受困于"草野之间，无法如孔子所愿成为吃官饭的官僚。可以说，孔子打造的君子的人格类型在现实中彻底碰了壁，而这种状态一直延续到整个战国时期和董仲舒之前的秦朝和西汉初期。

第二节　董仲舒对于时代危机的立场

西汉初期是处于全方位危机的时代，并不存在所谓的"文景之治"。文景之治是后儒为了攻击汉武帝而杜撰出来的，是违背历史事实的。"文景之治"的提法最早是由极力要否定汉武帝一手建立起的公羊模式，并且对汉武帝进行反攻倒算的所谓贤良文学提出的，最早记录了"文景之治"的历史文献是《盐铁论》，该书记载了贤良文学和以桑弘羊为代表的汉武帝政策的维护者之间针锋相对的辩论。"文景之治"的提法必须根据历史唯实主义加以纠正，恢复对于这个时代状态的准确认知。

一、董仲舒所处时代的全方位的危机

西汉王朝初、中期处于全面而深刻的系统性危机之中，国家内外交困，令汉武帝忧心忡忡。

（一）西汉初期的皇权危机

西汉初、中期政权所面临的最大危机是皇权受到王权的挑战。国家行政官员的几近枯竭也让汉武帝一筹莫展。

1. 来自王权的持续性挑战。

为了夺取国家政权，刘邦不得不采取了分封制的奖励制度，那些同他一起征战获得功勋的部下在打败项羽这个劲敌之后都被分封为诸侯国国王，建立起众多的王权，这实际上恢复了西周的封建制度。虽然中央政府所占有的国土面积要比任何一个诸侯国都要大，但是这种优势仅存在于中央政府和单一诸侯国的比较之中，如

果将所有的诸侯国的国土面积和治下的百姓人数相加的话，诸侯国所占有的资源要超过中央政府。而中央政府并没有有效的政治手段直接将其治下的社会要素都转化为国家要素，变成国家的经济和军事实力。相反，各个拥有相对狭小疆域的王国却能够对它们治下的社会建立起个人威望，实施更有效的统治，对社会要素进行更深入和全面的控制，从而在更大的程度和比例上将社会要素转化为国家要素。

虽然汉高祖刘邦建立了实际上的封建制度，但是他并没有建立起能够有效地控制和管理这些诸侯国的制度和机制，仅靠他个人的威望有效地驾驭这些桀骜不驯的功臣几乎是不可能的。当初在楚汉战争中的结盟具有明显的暂时性和功利性，刘邦与各个将领之间在个人层面上相互之间的罅隙也逐渐转化为猜疑和不信任，最终酿成后者的不断反叛。汉初诸侯国层出不穷的反叛事件反映了刘邦无法在政治和个人层面上驾驭这些昔日的战友和同盟者，而只能重新回到战场上，通过军事手段来解决问题。这种状况表明西汉虽然在名义上继承了秦朝的大统一的历史成果，但是真正的皇权仍然没有牢固地建立起来。

刘邦虽然平定了异性诸侯国的叛乱，但是他并没有收回各个王权，而是任命刘姓家族的人担任国王，确立了"非刘不王"的原则，这实际上是用血缘的纽带来代替制度和体制以试图解决王权和皇权之间的冲突，只是将原来的以论功行赏为基础的封建制度变成了以宗法制为基础的封建制度，这是向西周的宗法制封建制的倒退，是复古和对历史的反动。事实证明宗法制的封建制度仍然不是能够与皇权相适应的国家制度。刘姓国王仍然不断地挑战皇权，王权与皇权之间的冲突不但没有弱化和消失反而得到了强化。在刘邦去世之后一直到汉武帝之前，王权和皇权之间的对抗始终是中央政权所面临的最重大的政治挑战。如果说皇权与个别诸侯国之间的矛盾已经使中央政权无法进行有效应对的话，那么在诸多的刘姓王国将其国家行为凝聚成合力要共同挑战皇权的情况下，其实力对比便有可能超过汉初的中央政府所能够驾驭的国家实力，一场要消灭皇权的政治危机便会以内战的方式表现出来。而这种最坏的情况在汉景帝时期的吴楚七国之乱中终于爆发了出来。汉景帝朝之所以能够平定吴楚七国之乱并不是在战略层面上的成功和在实力对比上的优势使然，而是取决于战术上的胜利，取决于周亚夫知己知彼、老谋深算的固守不战的拖延战术。

虽然吴楚七国之乱得以平息，但是诸侯国的王权对于皇权仍然是潜在的政治挑战，它们仍然潜伏在全国各地威胁着皇权，削弱着中央政府的权威和对于国家的控制。

2.国家官源的枯竭。

西汉初期国内政治的另一个挑战来自于官源的日趋干涸。西汉初期的官僚都是来自于刘邦的开国功臣及其后代。刘邦、汉惠帝、吕后、汉文帝和汉景帝都没有建立起新的国家官僚体制的人员基础，而是仍然重用老臣进行国家的行政管理，将老臣的作用发挥到了极致，甚至连刘邦的车夫也被委以重任。老臣们居功自傲，排斥士人阶层，这通过汉文帝时士人贾谊的遭遇典型地表现了出来。对于这种内斗身为皇帝的汉文帝也无能为力。随着时间的流逝，在养尊处优的环境中长大的功臣后代的素质严重退化，不但不能为国家分忧，反而每每成为破坏国家法治的势力，如周亚夫般有能力的人才几近枯竭，《史记》的《世家》和《列传》中充斥着功臣后代被革职、削爵和杀身灭族的记载。

这个时期的官源危机直接与黄老之学的强势有关。黄老之学强调无为而治，提倡的是被动的治国理念，在个人层面上提倡避世的人生态度和处事原则，缺乏进取心，也没有教育的传统，信奉老子哲学的信徒更注重个人的感受，对国家采取的是若即若离的态度。尤为重要的是老子学说认为要对民众实施"愚民政策"，这是他的小国寡民和无为而治的政治主张的组成部分。《老子》说道：

> 古之善为道者，非以明民，将以愚之。民之难治，以其智多。古以智治国，国之贼；不以智治国，国之福。知此两者，亦稽式。常知稽式，是为玄德。玄德深矣，远矣，与物反矣，然后乃至大顺。[①]

老子的这段话是中国哲学史关于愚民政策最露骨的表述。不仅如此，老子将愚民政策提到了"玄德"的高度，给予了最高级的重视，而不实现愚民政策的国君则被视作"国之贼"，其谴责的力度已经到了极限。国君既然是国之贼，就失去了担任国君的资格，就应当被废除，由能够实行愚民政策的"明君"来取而代之。老子虽然强调无为、顺应民意，但是他的愚民政策实际上将国君和国家与社会和民众对立了起来。

与此同时，广大的士人阶层却没有任何途径进入国家的官僚体系，对汉朝既没有忠诚可言，也缺乏为国家贡献才能的渠道。这些身怀一技之长的士人阶层报国无门，开始向游侠／豪侠方向发展。这个趋势对于皇权和国家的稳固是十分不利的，如果任其进一步蔓延，游侠阶层很可能会站到皇权和国家的对立面形成一股反叛的政治力量。这种状况为司马迁所洞察，故在《史记》中有《游侠列传》一卷，可见其影响之大。

（二）西汉初期的地缘政治危机

由于缺乏强有力的中央政权，西汉初期的国家实力仍然屡弱，无法形成相对于周围民族和政权的实力优势，而军事实力强大的北方游牧民族对汉初政权构成了最大的威胁。西汉边界潜伏着严重的地缘政治危机。

1. 匈奴的严重威胁。

从汉朝建立之日起，汉初政权便一直处于来自北方的强悍的游牧民族匈奴的威胁之下。秦朝的灭亡为匈奴进入中原解除了防御。

---

① （魏）王弼注，楼宇烈校释：《老子道德经注校释》，中华书局2008年版，第167—168页。

为了镇压中原六国的起义和复国运动，秦二世将驻守在长城的 30 万秦军调入内地，但却被项羽所击败。秦始皇呕心沥血建立起来的北方长城防线已经因无兵驻防而瓦解，匈奴于是重返黄河南岸，收复了被秦始皇夺取的故地。《史记·匈奴列传》载：

> 匈奴单于曰头曼，头曼不胜秦，北徙。十余年而蒙恬死，诸侯畔秦，中国扰乱，诸秦所徙适戍边者皆复去，于是匈奴得宽，复稍度河南与中国界于故塞。

匈奴太子冒顿在谋杀了头曼之后自立为新单于，匈奴在冒顿的领导下建立了匈奴帝国，势力达到了顶峰。

秦末汉初时期中国北方的地缘战略形势由南方的汉朝、北方的匈奴、东方的东胡和西方的月氏四个势力构成。冒顿率先通过欲擒故纵的计策消灭了东胡，又乘势西进赶走了西方的月氏，此时的匈奴已经成为亚洲北方最强大的帝国。冒顿此时开始发兵南下进犯，《史记·匈奴列传》载：

> 南并楼烦、白羊河南王。（侵燕代）悉复收秦所使蒙恬所夺匈奴地者，与汉关故河南塞，至朝那、肤施，遂侵燕、代。是时汉兵与项羽相距，中国罢于兵革，以故冒顿得自强，控弦之士三十余万。

> 诸左方王将居东方，直上谷以往者，东接秽貉、朝鲜；右方王将居西方，直上郡以西，接月氏、氐、羌；而单于之庭直代、云中。

匈奴的崛起是秦汉之际最大的地缘政治变化。强大的匈奴不断南侵，中原北方的诸王不断归降匈奴，联合匈奴攻击汉朝领土。匈奴不但成为西汉政权最大的外部威胁，而且日益与中原的诸侯国相勾结，成为对西汉构成了巨大国家安全威胁的颠覆势力。而对于匈奴咄咄逼人的攻势，西汉王朝无力自保，屡屡受辱。

韩王信勾结匈奴试图在晋地反叛，汉高祖刘邦愤而发兵征讨，却中了匈奴的计谋陷入白登之围。史载谋士陈平设计说服了阏氏使冒顿退兵，汉高祖刘邦才得以侥幸脱逃①。从此，匈奴在地缘战略上取得了对西汉的绝对的优势。匈奴不但频频笑纳西汉进贡的大量财宝，不断地获得汉族的公主和美女，还一如既往地对西汉的北方侵袭不断。刘邦只有听从谋士刘敬的献计，通过与单于联姻才得以暂保平安。和亲可以是羁縻政策的措施，也可以是用皇族女人的身体和国家的财物来祈求和平的讨饶措施，而汉朝的和亲政策无疑属于后者，这无论对于国家还是刘氏家族来讲都是耻辱。而所谓的文景之治正是在这种屈辱的状态下"享受"着和平的。

在吕后当政之后，冒顿对于西汉更加轻视，他甚至写信给吕后要她嫁给他。对于冒顿来说这只是和亲政策的升级版而已，但是对于国家元首来说则是对作为实际上的国家元首的吕后不折不扣的侮辱，更是对西汉国家的极度蔑视。吕后却能够用"理智"战胜受辱之后反击的冲动而毫不动怒，坦然处之。这是"弱国无外交"在中国古代的体现。

在汉文帝朝，汉文帝不堪屈辱有过要出兵向匈奴复仇的冲动，但是他终究没有采取果断措施的勇气，最后还是不了了之。

2. 其他周边地区的脱离。

除了河套地区再次被匈奴侵占之外，原来被秦始皇纳入版图的东北的朝鲜和南方的三越也脱离了西汉政权，形成了事实上的独立王国。因此，在西汉初期，秦始皇所建立起的国家统一局面逐渐崩溃，国土面积逐渐缩小，国家的国际地位也一落千丈，成为匈奴欺凌和周围诸小国背叛的对象。

---

① 《史记》和《汉书》对此事的记载是阏氏出于防范汉朝的美女会抢夺她的地位和认为刘邦有天的保佑而说服了冒顿撤兵，这个解释明显过于牵强，单于精心地调动了40万匈奴精骑迢迢南下，是不可能如此便轻易罢手的。后来的史学界推测刘邦很可能对单于做出了更多的退让，包括向单于称臣。从后来西汉初年对待单于的态度和行为来看，这个推测并不是没有道理的。

（三）西汉初期的社会危机

西汉初、中期同样存在着严重的社会问题，令政府难以应对。

1. 严重的社会问题。

汉初的社会风气已经出现了明显的败坏的迹象。国民的价值观出现了问题。有识之士已经预见到了问题的严重性。

西汉初期的社会风气变得败坏，贾谊在《论定制度兴礼乐疏》中说道：

> 汉承秦之败俗，废礼义，捐廉耻，今其甚者杀父兄，盗者取庙器，而大臣特以薄书不报期会为故，至于凡俗流溢，恬而不怪，以为是适然而。夫移风易俗，使天下回心而乡道，类非俗吏之所能也。夫立君臣，等上下，使纲纪有序，六亲和睦，此非天之所为，人之所设也。人之所设，不为不立，不修则坏。

这段描述体现了汉初社会世风日下、道德伦理已经崩坏的状况。

社会的奢侈之风流行体现了社会的贫富差距已经达到了相当严重的程度。刘邦建立起来的军功爵政策已经不复存在，大量的自由农的土地被官员和大地主占据而自由农沦为奴婢和流民，社会积怨随时可能爆发成暴乱。

2. 游侠现象的产生。

西汉初期的一个突出的社会现象是游侠的出现。司马迁在《史记》中专门撰写了《游侠列传》，可见他们已经形成了一股不可小觑的社会力量。而所谓的游侠就是雄霸一方的豪侠，指身怀绝技的武士、各地的大户以及有影响力的文人。游侠属于士人阶层，他们依靠个人或者小集团的势力在地方上享有强大的势力。豪侠们按照自己的规则行事，成为游离于国家之外的社会势力和社会系统。

司马迁在《游侠列传》中写道：

> 今游侠，其行虽不轨于正义，然其言必行，其行必果，已诺必成，不爱其躯，赴士之厄困。

司马迁列举了汉初闻名于世的诸多游侠，这反映了当时社会上的游侠现象已经十分严重的事实。游侠现象代表了士人的发展方向，他们有逐渐与国家离心并且成为与国家分庭抗礼的政治势力的倾向。游侠们的影响力之大甚至可以直接上达国家的最高权贵，例如大将军卫青曾为郭解迁徙茂陵一事直接向汉武帝求情。游侠现象对于国家和皇权构成了威胁，如何应对这个挑战使其不至于构成对皇权的直接威胁是旨在加强皇权的汉武帝不得不加以解决的社会问题。

（四）西汉初期的意识形态危机

西汉初期的政治和社会危机与意识形态危机是直接相关的，它们在很大程度上互为因果。面对错综复杂的危机局面，汉朝的执政者们束手无策，而选择了错误的意识形态则加剧了这些危机。

1. 商学被痛斥。

汉高祖刘邦击败了劲敌项羽，通过军事手段实现了中国的第二次统一，是对秦朝的大一统局面的继承。但是汉初的统治者不希望以秦朝的行为方式来维持这个大一统的局面，而是极力要与秦朝的严刑峻法的行为方式划清界限，而对于秦始皇和秦朝的痛斥就是对其意识形态商学的痛斥。西汉初期的官员和学者众口一词地批判秦始皇和秦朝，将其视为反面的典型和失败的象征。事实上，要在汉初的政坛上立足任何人都必须要完成斥秦的规定动作，否则便失去了"政治正确性"。贾谊的《过秦论》将对秦朝的反思和批判推向了高潮，这种批判决定了商学不可能成为汉初的意识形态。

2. 儒学遭到挤兑。

事实上，西汉初期的统治者从一开始便留意和研究儒学。早在楚汉战争期间，便有秦朝博士叔孙通和学者陆贾向刘邦推荐儒学。叔孙通将秦朝的礼仪制度引入西汉宫廷，使君臣在朝廷上的举止符合儒家的礼仪程序。陆贾则向刘邦推荐儒学治国理念，提醒他可以靠马上得天下，不能马上治天下，刘邦一改歧视儒生的粗暴态度开始礼遇儒生和儒学，不仅他个人接受了陆贾一些重视儒学的建议，还让陆贾将所撰的《新语》逐篇逐句地高声念给他的功臣们听，而诸臣也多报以支持。《史记·陆贾列传》载：

> 陆生乃粗述存亡之徵，凡著十二篇。每奏一篇，高帝未尝不称善，左右呼"万岁"，号其书曰《新语》。

在陆贾的影响下，刘邦成为第一个去孔子的故乡曲阜访问的皇帝，"以太牢祀孔子"（《汉书·高祖纪》），孝也成为刘氏家族特别提倡的伦理原则。

从汉高祖刘邦开始，汉初统治者对儒生变得容忍和不再排斥，在汉文帝时期有不少专门研究儒家著作如《论语》等的博士，在汉景帝朝儒生也常在皇帝左右如辕固生等。但是即便如此，儒学仍然无法与国家权力进行正面的接轨。虽然从叔孙通开始，便有他的一些弟子加入了官僚队伍，但是他们的人数很少，且都是些负责礼仪的低级官员，广大的儒生仍然与国家权力绝缘。

这表明汉朝的儒学所扮演的负责朝廷礼仪等边缘性的角色对于现实政治绝无任何的帮助。如同在春秋战国时期一样，儒学拿不出应对现实政治问题的良策，也更不可能被升级为国家意识形态。

3. 黄老之学乃无可奈何的选择。

在此情况下，提倡无为而治的黄老之学成为汉朝统治者们无奈的政治选择。汉初的汉文帝和汉景帝侧重黄老之学，这种状况在汉景帝去世之后被他的皇后窦太后继承，一直延续到汉武帝执政初期。

黄老之学是对秦朝的商家和法家意识形态的矫枉过正，具有与秦始皇和秦朝划清界限的政治正确性。黄老之学所谓的无为的政策只是对秦朝的皇帝制度的惯性继承，具有暂时性和过渡性。

但是，老子的学说无法成为成熟而有效的国家意识形态。在未实现国家统一的战国时代，没有一个国家将老子的学说当做国家意识形态，这说明黄老之学并不能解决王权所面临的问题，而在完成了国家统一的汉朝所面临的政治局面要比战国时期更加复杂，老子学说更无法充分应对。因此，用老子学说来治国明显非常勉强，充其量只是过渡性的阶段。

尤其需要强调的是黄老之学的政治理念与西汉初期的政治现实存在冲突。黄老之学提倡的是小国寡民的治国理念，是被动的和保守的立场，这种理念和立场与西汉初期充斥各种危机的政治现实不相符。汉初需要的是能够全面应对国内的皇权不稳、地缘政治和社会问题日趋严峻的一揽子的解决方案，而不是被动的防御性和无为。黄老之学只能眼看着皇权和大统一遭到破坏和侵蚀而无能为力。

如此这般，以黄老之学为治国理念只能将国家置于逐渐分解的政治过程。西汉一方面继承了秦末战争和楚汉战争所形成的已经不完全的大统一局面，同时也造成了西汉初年弱国富民的政治现状。以黄老之学为治国理念的西汉王朝只能侥幸地延续被严重弱化了的大统一的政治局面，却无力驾驭这个庞大的国家，无力应付所面临的各种挑战和危机。事实证明黄老之学并不是解决时代危机的良药，内不能安邦，外不能定国，如慢性毒药一般逐渐地侵蚀西汉初期孱弱的病体。如果这种局面延续下去，西汉要么会在外国侵略之下亡国，要么会从内部瓦解，重新步入四分五裂、群雄逐鹿的政治局面。

（五）西汉初期的政治哲学危机

现有的学派都不足以为汉朝提供强有力的能够全面解决所面临的全方位危机的政治哲学和治国手段，而新的思想又无法出笼。汉文帝朝的贾谊在西汉初期是相对突出的思想者，他对于秦朝的弊政的批判尤为引人注目。贾谊还在太子地位的确立等方面为汉文帝提出了有益的建议，被汉文帝所采纳。但是贾谊并不是治国安邦之才，无法与功臣们共处，在被贬到长沙郡之后便英年早逝。

西汉初期实际上处于政治哲学的空白期，无论皇帝、官僚还是学者都束手无策。

二、董仲舒的应对

在西汉王朝面临深重危机的严峻时刻，董仲舒横空出世，为西汉也为中国历史和中国文明带来了董学，而汉武帝的英明使董学上升为国家意识形态，并且以此为基础打造出全新的公羊模式，不仅帮助西汉初期解决了各种危机，也将中国历史引入到正确的历史轨道上来，中国文明从此有了成熟的哲学、国家制度和意识形态的依靠。

作为思想深刻的哲学家，董仲舒对于时代危机洞若观火。扎根于时代性和现实性的政治现实主义是董学的坚实基础，而为盘根错节的时代危机提供根本性的和一揽子的解决方案是董仲舒全部哲学的最终目的。

董仲舒整合了先秦哲学的所有流派，考察了它们所涉及和探讨的所有命题，从中汲取了一定的营养，但是董仲舒绝没有任何复古的意图。董仲舒没有如老子般地悲观、被动和保守，后撤到小国寡民的无为而治的境地；没有如庄子般地回归自我，在自然人的层面上寻求自我实现；没有如墨家般地否定国家，试图通过创立新的帮会在乱世中获得一片绿洲；也没有如孔子般地通过勾画出道德乌托邦主义回避和逃避现实。董仲舒选择了向前看，通过创立新的哲学体系来解决现实问题，为国家和民族开辟一个全新的未来。董学是对于时代性和现实性的升华，是对先秦百家的扬弃。

董学是成熟的哲学体系，是因为董仲舒成熟地解决了一系列重大的哲学和政治命题，并且将其有机地融入了互动的系统之中。

第三十五章 董学与孔学在观念事实上的本质性差异

前几部根据观念唯实主义的原则和方法对董学与孔学进行了系统的唯实比较，对两者进行了唯实解构。基于此，我们可以对两者的异同做个正面的总结了。

第一节 两者在观念事实上完全不同

董学和孔学的概念体系存在着重大的差异，两者具有完全不同的概念体系。

首先是两者之间存在着不对称性和不对等性。董学的核心概念如天人合一、天人相类、阴阳、五行、大一统、"三世异辞说"等都是孔学所缺乏的。董学的天人合一哲学、阴阳五行哲学等得到了革命性变革，是孔学和儒学所没有的。因此董学与孔学在核心概念上的比较其实只能勉强为之。另外，董学的核心概念自成体系，不仅数量众多，其核心概念与孔学的核心概念也并不重合。孔学的核心概念虽然在董学中也有所涉及，孔学和儒学中的核心概念如"仁""道"等在董学中同样存在，但是其内涵却是不同的，并且它们也不是董学的核心范畴，其功能更是不同的。

更为重要的是，在按照观念唯实主义的原则对孔学和董学的核心概念进行对比之后，相信许多人会相当惊诧地发现这样的事实：两者的核心概念的构成完全不同，在相同的概念和范畴之下，如天、仁、义、德等内涵完全不相同，其差距之大甚至可以用天壤之别来形容。那些在字面上相同的概念和范畴却具有完全不同的内涵，也就是说它们之间存在无法克服的体系性壁垒。董学的核心概念如天人合一、阴阳五行、大一统等等都具有独创性，在孔学中根本不存在，即使是名义上相同的范畴如天、仁、义、忠等也存在无法逾越的体系性壁垒。

以上两种事实即概念体系的不对称和不对等以及核心概念之间的体系性壁垒奠定了两者是完全不同的哲学体系的观念事实基础，同时也有力地折射出了两种哲学思想之间的本质性的不同。

第二节　两者在理念上完全不同

董学和孔学的核心理念和原则完全不同，这体现在所有的重要方面。

一、形而上学

天人合一哲学是董学的重要理论内涵。天人合一哲学上承上古和先秦的天人感应说，将后者从莫名的、不系统的和不明确的感觉发展成了逻辑（相对）严密的、系统的和明确的形而上学思想。这是中国古代哲学在形而上学的最高成就，也成为支撑皇帝制度重要的意识形态支柱。

而孔学则并没有形而上学，孔学的天在其概念体系中只是边缘范畴，其实质是宿命论，与董学具有自然神特征的天完全不同。

天人合一哲学是通过阴阳这一对范畴来发挥功能的，阴阳五行哲学是天人合一哲学的延伸部分，同时也是董学辩证法的重要组成部分。阴阳辩证法是董学贯彻整个体系的逻辑线索，它使董学各个子系统的运行遵循同样的原则，在赋予了董学各个子系统以同一性的同时也使各个子系统之间形成了一个能够有机互动的相辅相成的总系统。

而通观《论语》，并没有出现过一次阴阳之言，孔学与阴阳哲学是完全无关的。

二、政治哲学

政治哲学是董学的核心，而孔学并没有政治哲学，其政治观只是君子伦理学的派生物。董学和孔学在这个领域的差别十分巨大。

（一）权力哲学

董学最重要的贡献是在中国哲学史和世界哲学史上首次确立了皇权主义的权力哲学，这对于中国文明的成熟具有决定性的意义。董学的天人合一哲学和阴阳辩证法的政治功能在于为皇权主义奠定形而上学和方法论的基础，建立在如此牢固哲学基础之上的皇权主义才能够受到两千多年的贤能哲人和帝王的支持和采纳。由此，皇权主义能够胜任由董学和公羊学所构建的新国家意识形态的核心和枢机，能够成为皇帝制度的理论源泉和基础，能够变成公羊模式的灵魂。

而孔学并没有权力观，在复古与现实政治的巨变面前，孔子进退维谷，没有看到春秋时期权力形态的激烈变化和新的趋势，也错过了发展权力观的历史机遇。

（二）大一统理念和原则

董学的核心和重心在于皇权主义的政治哲学，董学的大一统理念是其皇权主义的重要内容和原则。大一统是皇权主义的必要条件，是对皇权主义和皇帝制度的内在规定，也是皇帝制度的核心属性和特征。作为国家权力形态的王权与皇权之间的差异就在于能否全方位地实现并且维持住大一统的局面。在董学看来，大一统具有内向和外向的双重规定性。大一统的内向规定性是指皇权至上性，即皇权凌驾于国内任何政治势力之上，并且对其具有支配权和管辖权；大一统的外向规定性是指将整个天下置于皇权的控制范围之内，天下与国家变成了具有同一性的范畴。

孔学有政治观，但还没有达到政治哲学的层次。德政观是孔学的政治观的主要内容，而所谓的德政只是其君子伦理学的个人道德品性的平移和递延，这种将政治学置于伦理学之下的做法是对政治学的本质和功能的严重误解。孔学的政治观与现实脱节和绝缘，是十分幼稚的。

（三）立功与立德之间的关系

在先秦子学阶段，无论是在伦理学、政治哲学还是在国家行为的探讨上都没有取得立功和立德的平衡，立功和立德都意味着两种极端的价值观和国家行为方式，两者之间没有共存的可能性。孔学为了要立德而谴责和完全放弃了立功，商学为了要立功而践踏了立德，老子哲学既不要立功也不要立德，要的是小国寡民的最低限度的国家存在状态。不仅如此，先秦哲学还无法应对和完成从立功模式向立德模式的过渡和转换。秦国通过商鞅变法建立起了强大的立功模式，并借此统一了中国，但是在进入秦朝之后，秦始皇无法实行向立德模式的转变，在和平时期仍然对六国采取统一战争时期的严刑峻法，以至于官逼民反，秦朝在农民起义和六国复兴的浪潮中短祚速亡。

与先秦子学将立功和立德尖锐地对立起来不同，董学将立功和立德有机地统一起来，取得了两者之间的完美平衡，这是中国传统文明能够走向成熟的关键。董学不仅在哲学上解决了两者的平衡问题，更能够将这种平衡性付诸现实政治的实践，完成了公羊模式的构建。公羊模式在国家行为模式和国家体制上实现了立功亚模式和立德亚模式之间的平衡，两种亚模式根据不同的历史条件进行有机转化，解决了这个在战国时期和秦朝无法兼容的制度困局。立功模式提供了中国国家在建立时期的行为力度，将一切有碍实现大一统的阻力通过战争和暴力手段加以深度摧毁，是在王朝建立和文明复兴阶段不可或缺的行为方式；立德模式则在立功模式的基础之上放弃了战争和暴力，专心于用和平和道德的方式来治国，实现国泰民安，使国家和民众都生活在平和的社会环境之中。中国文明能够在两千多年的历史时期保持持续性和繁盛与公羊模式灵活的行为模式转化机制是密不可分的。

（四）战争哲学

董学对历史上的尤其是春秋时期的战争在哲学高度上进行了梳理和总结，对于战国时期的战争观尤其是商学的战争观进行了扬弃，形成了自己的战争哲学。

相比之下，孔学则回避和逃避战争，对战争避之唯恐不及，这是道德乌托邦主义和政治无为主义的典型态度，这样的态度显然无法发展出战争观和指导现实政治的实践。

三、伦理学

董学与孔学的本质性差异典型地体现在伦理学上。孔学的核心是君子伦理学，董学伦理学是国家主义伦理学。两者在概念、理念、功能和价值观上都完全不同。

（一）伦理学的价值观不同

董学的伦理学是国家主义的伦理学，即国家伦理学，而不再是孔学和儒家以个体性原则和自主性原则为内核的君子伦理学。董学的国家伦理学的出发点和道德标准是国家利益，是皇权的意志，个人要顺从国家和皇权，个人价值并不能够自主性地实现，而只能在国家的范畴内实现。国家伦理学不仅体现了董学和公羊学的核心价值观，是其本质属性，也是董学与孔学最直接的交锋，它是从正面以最直接的方式全面地否定了孔学的伦理学和价值观。董学的高明之处并不仅仅表现在对于孔学的否定和超越之上，而是能够在意识形态的高度扬弃和同化孔学的个体性的价值观，将其完美地纳入了董学和公羊学的体系之中，使之成为公羊模式的有机组成部分。

相比之下，孔学的核心是君子伦理学，君子伦理学是个人伦理学的一种，而个人伦理学又是伦理学的一个分支。孔学的君子伦理学的出发点、着眼点和归宿都是所谓的君子个人价值的实现，国家则只是个人价值实现的背景和平台而已。

（二）伦理学的地位不同

孔学的核心是伦理学，是个人伦理学，伦理学处于统领的地位，政治学只是其边际效益，也就是说对于孔学来说伦理学的地位要远高于政治学。

相比之下，在董学的庞大哲学体系之中，伦理学仅是其中的一个子系统，它从属于政治哲学，只是政治哲学的一个局部，政治哲学处于绝对的统领地位，伦理学处于附属地位。

董学和孔学对于伦理学截然不同的定位是两者不同的价值观的体现，是辨正两者本质不同的极其重要的纬度。

四、国家政策方面的不同

孔学虽然一直试图染指政治，但是却始终到处碰壁，这是由其道德乌托邦主义的价值观所决定的，其政治无为主义始终无法与现实政治接轨。而董学则始终奉行严格的现实主义立场，它所做的国家制度设计能够顺利地与国家行为接轨，并且在国家制度和国家政策层面上进行高瞻远瞩般的指导，五经博士制度便是一个典型的例证。

五经博士制度是董学通过古代文献表现出来的意识形态，是董学在国家制度和体制层面上的落实。五经博士制度不但对以董学为内容的国家意识形态做出了具体的表现，也是皇权与士人阶层的一体化进程，也是国家与社会有效互动的制度渠道。五经博士制度将具有独立精神的士人阶层改造为读书人阶层，从游离于国家制度之外的具有高度不确定因素的社会要素变成了皇权主义和国家的重要人才来源和社会支柱。正因如此，五经博士制度堪称是董学最重要的制度发明，是公羊模式能够稳固和魅力无限的根源。

第三节　两者在体系性上完全不同

从哲学理念层次上看，董学涉及了哲学所有领域和层次，有形而上学的天人合一理论、皇权主义的政治哲学理论、人性理论、国家伦理学，有关于国家体制的独创性理论，有将国家和社会视为有机体的教化论等。这些哲学理念不仅都能独立成篇，而且相互之间遵循共同的逻辑线索和主体，形成了具有严密逻辑性的哲学体系。

从哲学形式层次上看，董学是由众多的子系统组成的庞大的哲学体系，在天人合一的形而上学理论统领下，董学介入了所有的哲学领域，形成了具有董学鲜明特征的子系统，董学的各个子系统在共同的逻辑线索主导下形成了具有高度同一性的综合体，其体系的完整性、复杂性和严谨性在古代世界哲学史中都堪称独占鳌头，可以说是通过体系性表达哲学理念的卓越典范。

相比之下，孔学并没有体系性可言。孔学的核心是作为个人伦理学范畴的君子伦理学，虽然它也涉及政治领域，但是它们之间的联系缺乏现实性和逻辑性的基础，充斥着各种悖论，并不具备真正意义上的体系性，无法被称作是哲学体系。从形式上看，孔学的政治观只是其君子伦理学的有限递延，而这种递延是支离破碎的，在逻辑上是不成立的，同样无法构成哲学体系。

第四节　两者在方法论上完全不同

董学和孔学在方法论上的差距十分巨大。相比于董学多元化的系统性的逻辑同一的方法论，孔学的方法论显得十分单薄和混乱，这是其存在诸多内在悖论的重要原因之一。

一、方法论的取向不同

董学的方法论则是由上及下的方法论，也是由外及内的方法论。董学从天的形而上学出发，通过阴阳辩证法在逻辑上推导出天地与国家、皇权和个人之间的同一性的一体性关系。天人合一哲学典型地体现了这个方法论的总的原则和理念。

孔学的方法论是由内及外的方法论。它以个人的道德主体性为出发点和核心，由己及人地向社会和国家进行递延和推导。

从意识形态的角度来审视，这两种方法论具有主副和补充的关系。作为意识形态的董学的方法论是中国传统政治哲学的正统方法论，是皇权掌握者的原则和理念，皇权主义总是自上而下地教化民众。孔学的方法论则处在补充和边缘的地位，是读书人的方法论，也是皇权希望读书人认同和遵循的伦理观念。孔学的个人伦理学虽然与董学的国家主义伦理学在思路和价值取向上根本不同，但是孔学对于皇权主义却并无本质上的矛盾和冲突，经过董仲舒的扬弃和同化，孔学变得与董学的意识形态和国家政策设计殊途同归，对董学和公羊模式能够起到一定程度的补充作用。这就是皇帝在读书人之间大力提倡孔学的原因。

二、方法论的内容不同

同样地，方法论内容上的差异体现出董学与孔学之间的重要的差别。

董仲舒创立出了博大精深、逻辑严密、环环相扣的完整的哲学体系，他同样具有成熟而多元化的方法论，董学的最突出的特征之一就是充满了独创性的丰富而坚实的方法论。董学的阴阳辩证法等方法论代表中国辩证法的最高成就，宋学的太极哲学是对董仲舒的阴阳辩证法的延伸和发展。董学在解决具体问题的方法上也十分丰富，如常变论等都具有创造性。相比之下，作为中国第一位教育家的孔子虽然十分强调学习的方法，具有一定的观察问题的视角即个体性原则、自主性原则和递延法，但是孔子并没有方法论的自觉意识，他的思维方式和使用的方法还无法上升到严格的哲学方法论的高度。孔学的方法论与董学的方法论存在完全不同的取向。即使是在相同的方法论的使用上董仲舒与孔子也完全不同。例如，对孔子来说，正名的核心是回归到西周对于一些概念的规定之上；而对董仲舒来说，正名并没有具体的时代性，正名的核心是他自己对于圣人的规定的体会，即董仲舒不是按照古礼而是按照董学所特有的天的形而上学的原则和逻辑来为事物正名的。

从对董学方法论的分析可以发现，董学具有丰富的方法论系统，阴阳辩证法是董学方法论的扛鼎之作，这在中国哲学史上是无人能够望其项背的。相比之下，孔学还没有达到自觉地发展方法论的层次，孔子的思维方式仍然处于自发性的散乱阶段，这也就是孔学内部充斥逻辑悖论的原因。

第三十六章　董学与孔学在价值观上的本质性差异

如果说以上所列举的不同还偏重于哲学观念事实的技术层面的话，那么在此基础之上，最能体现两者本质性不同的方面则在价值观。董学与孔学是完全不同的价值体系，虽然出于政治功利的考虑，董仲舒曾经力挺孔子，并采取了托孔入世的策略，但是这种力挺只是要将孔学纳入董学之中，目的是要彻底改造孔学，并不表明董学与孔学拥有相同的价值观。

董学与孔学在价值观上的全面对立是观念唯实主义的一个重要的发现。通过唯实解构我们发现两者的价值观几乎完全是对立的和冲突的，甚至相互否定和难以共存。这个发现推翻了主流中国哲学史许多貌似定论的结论和思维定式，即董仲舒是儒学大师，他的哲学是儒学的一部分，是孔学和儒学在汉代的表现形式，是孔学的延续和发展，等等。这些已经成为定论的结论其实是经不起观念唯实主义推敲的，在观念事实面前根本无法站住脚。

孔学宣扬道德主体性的价值观，奉行个体性原则和自主性原则，出发点和落脚点都在于君子个人价值的实现；相比之下，董学所演绎和弘扬的则是现实主义的国家主义的价值观，个人价值被融入国家的价值，个人价值的实现体现在对于国家的贡献。正是因为董学与孔学在价值观上的南辕北辙的独立性决定了两者是完全不同的哲学思想的观念事实。正是因为观念唯实主义对于两者在价值观上的本质差异性的呈现，中国哲学史被长期埋没的真相才能够被挖掘出来，人们千百年来关于中国哲学史和中国文化的许多思维定式、认知误区和观念上的混乱才能够得以破除和澄清。

董学与孔学在价值观上的本质性差异体现在以下方面。

一、价值观的根据不同

孔学所遵循的是个体性和自主性的伦理学原则，这与董学的天人合一的形而上学和国家主义与皇权主义政治哲学完全不同。这个不同决定了两者具有不同的判断价值的根据，也因此使两者具有不同的价值判断的标准。

二、价值观的目的不同

孔学的目的是要将士人改造成君子，其价值体系的全部着眼点和归宿就在于实现君子伦理学，完成个人价值和道德乌托邦主义的实现。董学的价值体系的目的则是确保建立和维持繁荣昌盛的大一统的国家，其价值体系的目的在于实现国家的繁盛和国民的幸福，是国家价值和百姓整体价值的共同实现。董学的形而上学、政治哲学、伦理学和全部的关于国家制度的设计都是为了这个最终目的服务的，都是从属于这个价值目标的。

三、价值观的内容不同

孔学的价值观是具有唯己主义倾向的个体化的价值观，所谓君子的个人价值的实现是孔学价值观的全部内容，而国家利益则绝不是孔学价值观的着眼点。

董学的价值观是严格的国家主义的价值观，国家利益高于个人利益，个人利益只有服从国家利益才有所谓的价值可言。

四、两种本质不同的道德体系

强调道德是孔学和董学的共性，但是道德在两者中的地位和分量是完全不同的。道德是孔学的核心和轴心，孔学本质上是道德乌托邦主义，孔子提倡的是道德万能论，董学也强调道德的作用，道德是董学体系的逻辑链条中十分重要的一环。两者的道德观堪称是南辕北辙的。孔学的道德观是以个人为主体的道德观，体现在其君子伦理学中，是从下到上的道德观，试图用个人的道德观上升到政治层面上来主导国家行为；而董学的道德观则是国家主义的，体现在其国家伦理学中，是从上到下的道德观，道德是皇权与社会进行连接和控制社会要素的杠杆和工具。

两者的哲学基础也是完全不同的。孔学是单纯的伦理学，其社会化和政治化来自于对个人道德品性的平移和泛化，孔学的伦理学并不存在形而上学的哲学基础。相比之下，董学的道德观则是建立在牢固雄厚的哲学基础之上的，这个哲学基础就是天的形而上学，是天人合一哲学和阴阳哲学，道德观是这些形而上学哲学的一个推演和表现形式，是其庞大的哲学体系中的一个子系统，是实现皇权主义的政治学的政治手段。

两者的方法论也完全不同。孔学的方法论是个体性原则和自主性原则，其行为主体和核心是作为个人的君子，而君子仅仅是社会要素的一种而已。董学的方法论则完全是国家主义的，将道德作为皇权主义控制社会要素的一个杠杆和工具。因此，道德在孔学和董学中所起的作用和发挥的功能是完全不同的。

两者的政治逻辑也完全不同。孔学要实现君子的个人价值，国家权力是实现这个目的的外在媒介和平台。孔学的政治逻辑的出发点和核心是君子，其演绎过程仍然是紧紧地围绕君子个人来进行的。而董学要将个人的道德观完全纳入皇权主义的轨道，使其成为意识形态和政治体制的组成部分，个人无论是圣人、君子还是斗筲之徒都只是皇权所要控制的社会要素。皇权是董学政治哲学的重点，董学的政治逻辑的落脚点是国家与个人之间的平衡，是实现天人合一的理念。

虽然孔学和董学的道德观有一些交叉点，董学也强调道德观，对于孔学的一些范畴如仁、义等也给予重视，但是却重新定义了它们，与孔学形成了牢固的体系性壁垒。

第三十七章　董学与孔学在意识形态上的本质性差异

　　董学与孔学与意识形态的关系是受到了最严重的人为扭曲的一个方面，但它同时也是最能体现两者本质差异、历史功能和历史定位的层面，通过唯实主义的唯实双构的梳理也是最能厘清中国哲学史中的董冠孔戴现象和破解中国哲学史众多的谜团的层面。可以说厘清了董学和孔学在意识形态上的不同地位和历史功能就等于找到了真正理解中国哲学史和中国传统文明的一把钥匙。

　　董学被汉武帝提升为意识形态，中国传统文明的官方意识形态的主体是董学和公羊学，以董学和公羊学为基础汉武帝成功打造出了新的国家行为模式——公羊模式，董学于是成为延续了两千多年的中国传统文明的官方意识形态，董学和公羊学的理念成为中国传统政治哲学的绝对核心，这些都是历史事实。在公羊模式之下，孔学并没有如其他先秦学派一样受到抑制和摒弃，而是得到了皇权的利用，成为公羊模式复杂机器内的一个齿轮。出于维护皇权主义和皇帝制度的重大国家利益，皇帝们选择了孔子成为官方意识形态的形象代言人，而将这个意识形态的真正缔造者董仲舒打入冷宫，从而造成了中国历史上最大的一次意识形态作伪。对于中国哲学史来讲，这次的意识形态作伪不仅人为地扭曲了中国哲学史和思想史，也形成了中国哲学史的二元性结构。

第三十八章　董学和孔学比较小结

本章对董学和孔学的唯实解构和比较所得到的发现进行总结。

第一节　前哲学、哲学与哲学体系

思想有高低之分。有的思想并不乏观点，但是这些观点缺乏纵向的逻辑性。缺乏纵向的逻辑性的哲学是缺乏深度的，而缺乏逻辑深度的思想只能是"前哲学"的思想，即虽然具有哲学的某些特征却达不到哲学的层次。只有具有明确而牢固的纵向逻辑性的思想才能够被称为真正意义上的哲学。

而哲学也有高低之分。比较低级的哲学是散乱的哲学思想，它们不乏深度和创意，但是缺乏横向的逻辑性，在观点与观点之间缺乏明确的和内在的规定性，这种哲学可以被称为广义的或者宽松意义的哲学。高级形态的哲学是系统而完整的哲学思想，它覆盖哲学的所有主要的命题，具有纵向和横向的逻辑性，这些逻辑性围绕重要的命题形成一系列的子系统，并且能够在不同的子系统之间形成体系性和结构性的逻辑关系，这种哲学就是哲学体系，是严格意义上的哲学。

通过对观念事实的系统分析，我们会发现孔学仍然停留在前哲学的层面上。如果要把先秦儒学即经过孟子和荀子等人将孔学在横向上加以扩充而形成的儒学思想看做是哲学的话，那么先秦儒学还只能是前者，是宽松意义上的哲学。在中国哲学史上，老子哲学和董学是严格意义上的哲学体系，老子哲学自成体系，能够自圆其说，但是它并没有抓住春秋时期的时代脉搏，也无法抓住中国文明的走向。董学在横向和纵向上都远远超越了老子哲学，是中国哲学史上最成熟的哲学体系。与老子哲学尤其是董学相比孔学不免相形见绌，只有作为董学博大精深的哲学体系中的一个子系统和以董学为核心的意识形态的一个齿轮，孔学才被赋予了真正的哲学价值。

第二节　所着眼的行为主体不同

孔学着眼的行为主体是士人，要将士人阶层中的优秀分子打造成君子，而打造君子的方式就是君子伦理学，再通过这些君子自下而上地改变国家的政治行为。

董学的行为主体是皇权这一新型的国家权力形态的掌握者皇帝，董学的出发点和目的就是要建立皇权主义的政治哲学，即为皇权的完善和巩固奠定坚实的哲学基础，为皇权提供合理性和合法性，并且为了皇权在现实中的运作建立一整套行之有效的国家制度和机制。

由此可见，在哲学的目标和对象上，孔学和董学存在着明确的根本性差异。

第三节　董学与孔学的差异是本质性的

通过唯实主义的唯实解构已经明显地表明了这样的事实：董学与孔学的差异是全方位的和多层次的，是本质性的。

但是，历来关于董学与孔学之间关系的正宗和主流的观点是董学是儒学的一个派别，董学是"汉代儒学"，即儒学在西汉时期的表现形式；董仲舒被定性为"汉代儒学大师"，为"儒者宗"。这是关于董学的本质和董仲舒的历史定位的"政治上正确"的正宗提法，是从司马迁以来便流行的观念。虽然这些说法已经是中国哲学史传统的一部分，似乎已经成为不可撼动的定论，但是通过对董学和孔学的唯实比较却发现这个结论是错误的。它既不准确也不正确，它所反映的是中国传统文明时期皇权主义的政治正确性，但是如今那个时代已经成为历史。

将董仲舒定位为孔学／儒学在西汉时期的儒学，这是看到了春秋晚期和西汉初期的时代性，但是却忽略了这两个时代所具有的不同的时代性危机和哲学课题，认为春秋晚期的孔学／儒学能够解决西汉初期的全面危机恰恰是犯了时代性的错误。

中国传统文明时期皇权主义的意识形态刻意将董仲舒和孔子进行了人为的颠倒，是公羊道权术和意识形态作伪的典型表现。这个观点将董学的博大精深的哲学体系削足适履，强行地塞入了孔学的小鞋中；它刻意地拔高了孔子，而将董仲舒置于冷宫，将本该属于董仲舒的桂冠戴在了孔子的头上，形成了董冠孔戴的现象。这些公羊道的皇权主义的意识形态作伪通过司马迁的笔被载入了《史记》，在对董仲舒进行隐形化处理之后，又试图篡改董学的本质，将其纳入儒学。这些做法以最明目张胆的方式践踏了唯实主义的基本原则，体现了皇权主义扭曲历史事实和观念事实的程度之深。

然而，在中国传统文明结束之后，中国哲学史的这种扭曲仍然存在，这体现了这样一个事实：中国哲学史在某些方面，仍然承袭着皇权主义的立场。在皇权主义已经成为历史的一百年之后，过去的作伪仍然以主流和正统的方式流行，实在有些令人汗颜。

从逻辑上看政治上正确并不代表观念事实和历史事实的正确性，这对于包括中国哲学史在内的中国历史来说尤其如此。更为重要的是，如果说在中国传统文明时期，皇权主义对于中国哲学史的人为扭曲具有政治上的正确性而堂而皇之地流行的话，那么在21世纪的今天我们后来人有责任和义务清除过去的意识形态作伪，将被扭曲的事实重新找回来，根据客观性、公正性和科学性的唯实主义原则重新评估董学和孔学之间的关系，重构中国哲学史。

第五部　董学与孔学的重新定位

　　既然董学与孔学是本质上完全不同的哲学思想，关于两者关系的传统结论是错误的，那么两者之间的关系应该如何定位呢？本部根据唯实主义的方法和原则对两者的关系进行唯实重构。

第三十九章 被扭曲、误解和严重 低估的董仲舒

在董仲舒仍然在世时，他便开始受到各种陷害，董学也受到冲击，这些不公正的待遇集中体现在他与孔子关系的错位上。董冠孔戴凝结了董仲舒和董学所遭受的所有扭曲、作伪和压抑。

第一节 对董仲舒长达两千年的误读和压制

无论是从中国哲学观念史还是意识形态史的层次上看，董仲舒可以说是最被误解、最不被了解、最不被理解、最受争议、最受忽视和最受贬低的哲学家。董学和公羊学一直没有被公平和客观地认识，事实上董学和董仲舒在中国哲学史上遭受了长达两千多年的误解和压制，如何看待董学和如何评价董仲舒在中国哲学史上的地位已经成为中国哲学史的谜题。由于这些问题长期得不到解决，它们已经成为整个中国历史的盲点和死穴。如果不能够科学、客观和公正地评价董仲舒，那么对于中国历史的理解将仍然处在模棱两可之中，中国人对于自己的文明史的理解仍将在混沌之中。

而对董仲舒的不公平待遇集中反映了中国历史的权力游戏规则，也掩盖了中国哲学的真相和本质。从西汉至今两千多年的中国哲学都存在于董学思想的框架之内，中国历史在制度上都实施以董学思想为核心和基础的公羊模式，然而人们对于董仲舒的评价和理解却十分浅薄，甚至充满了偏见。对董仲舒的错误理解和不公平待遇使中国人对中国文明史和中国哲学史的理解产生了严重的偏差。

然而，要纠正这个中国哲学史上最大的冤案并不容易，因为这就必定要重写数千年的中国哲学史。对董仲舒的公正而客观的评价是摆在中国哲学史面前的一个最大的难题。我们不得不直面这样的选择，要么因循传统继续延续对董仲舒和中国哲学史的误解，要么为了给董仲舒公正客观的历史评价而重写中国哲学史。

可以说，重新评价董仲舒是正确理解中国哲学和中国历史的钥匙。

第二节　董仲舒的各种"头衔"

在饱受各种打压和忽略之时，董仲舒是中国哲学史上最具有争议的哲学家。对董仲舒的误解主要集中在将他纳入儒学，将他视作西汉儒学大师，这是迄今为止中国哲学史的主流看法。但是对于董仲舒哲学的这种定位显然不符合他的哲学思想的观念事实和历史事实，严重背离了观念唯实主义，必须加以纠正。

一、古代史家和学者对于董仲舒的评价和定位

在中国传统文明时期，董仲舒的历史地位被"隐杀"。作为皇权主义意识形态的缔造者，董仲舒是高度敏感的人物。在董仲舒在世时，汉武帝对其采取了"用其实而夺其名"的策略，在根据董学打造了新的国家行为模式之后便以莫须有的罪名将董仲舒下狱，虽然免死却将其罢官还乡。还乡之后，汉武帝仍然利用董仲舒为其皇权服务，却再没有让他出现在政坛，董仲舒晚年成为汉武帝政权幕后的隐形智者。后来的皇帝沿用了汉武帝对待董仲舒的方法，在沿用以董学和公羊学为基础的意识形态，按照公羊模式指导国家行为和用董仲舒的公羊道统驭大臣的同时，却将董仲舒完全忽略在历史的尘埃里，把荣誉戴在了孔子的头上，这实际上是对董仲舒历史地位的不折不扣的隐杀。

（一）儒家的一种

将董仲舒的哲学纳入儒家体系是中国传统文明时期的官方做法，是皇权主义的意识形态的要求，是政治目的性很强的说辞。不幸的是在学术界，古代史家和学者也将董仲舒定位为儒家。然而这种现象并不难理解，因为在中国传统文明时期并不存在独立于政治的哲学史，不存在有别于国家意识形态的价值和学术标准，所谓的学术思想不过是政治和意识形态的注释而已。

而融合了国家意识形态和学术观点对董仲舒做出如此评价的始作俑者是司马迁。

司马迁在《史记》中将董仲舒看做是极其普通的一位西汉儒者，没有专门为董仲舒立传，只是在《儒林列传》中将其列在末端，用了寥寥一百字对他一带而过，可谓是粗陋和简慢到了贬斥和诋毁的程度。对董仲舒的这种处理方法明显是刻意打压董仲舒^①，刻意人为地贬低和扭曲董仲舒的历史地位。由于《史记》在史学界取得了官方的认同，许多司马迁的一家之言等同于国家的官方观点，这使得董仲舒不仅在西汉更在之后的漫长历史时期受到了持续性的不公正对待和评价，使董仲舒对于中国哲学史和中国文明的历史功勋基本上被人为地抹杀殆尽，其历史定位变得十分低微。可以说，司马迁对于董仲舒的处理在很大程度上决定了董仲舒在中国哲学史和文明史上的定位，开了扭曲地评价董仲舒的先例，形成了对董仲舒延续至今长达两千多年的哲学和文化冤案。这种对董仲舒的哲学思想和历史地位的刻意扭曲、轻慢和贬低为后代的众多学者和历史学家所因循，造成了极其恶劣的历史影响。

（二）班固的卓越贡献

这种对历史事实的人为扭曲被东汉的著名历史学家班固看得真

---

① 司马迁对于董仲舒的处理方法也引起了当代一些历史学家的注意。如庄春波在其《汉武帝评传》中明确指出"《史记·儒林列传》对董仲舒容有贬辞"。见匡亚明主编：《中国思想家评传丛书》，南京大学出版社 2001 年版，第 94 页。

切，他试图改变这种状况。在其所著的《汉书》这一历史名著中，班固为董仲舒单独列传，评价颇高。虽然班固的努力并没有纠正司马迁对董仲舒的贬低和对历史事实的歪曲，也无法对董仲舒做出全新的历史定位，但是，班固的最大贡献在于在《董仲舒传》中记录下了董仲舒与汉武帝应答的《天人三策》。由于牵涉到汉武帝的诏书，班固一定是从皇家档案中抄录了这份历史文件，由于原件早已遗失，这份文件变得极其珍贵。从行文来看，班固所录的《天人三策》并不全，但是它们应该保存下了两人交流的大部分精华。这个文件的抄录使后人看到了真实的汉武帝和活生生的董仲舒，两位巨人在那个特定的历史时期对于哲学和政治的深刻交流改变了西汉的国运，也改变了整个中国文明在未来两千多年的存在方式和历史进程。由于保留了这些极其珍贵的历史文献，班固对于中国哲学史和中国历史都做出了十分重要的贡献。没有班固的慧眼和尊重历史的科学精神，后世对于中国哲学史的理解就只能陈陈相因地重复司马迁的扭曲和谬论，要恢复中国哲学史的原貌和真相就会变得几乎没有可能。从更高的层面来看，恢复董仲舒应该获得的历史地位是小，把握中国哲学史的真正主线和中国文明的真正思想和逻辑基点是大。无论从哪个层面上看，作为历史学家的班固都贡献斐然。

然而班固仍然将董仲舒列为儒家，将他视作"为世纯儒"和"为世儒宗"。这也成了东汉时期对董仲舒积极评价的主流观点之一。班固对于董仲舒的评价显然大大地高于司马迁，然而班固的历史贡献并不在此，而在于他为后人科学和客观地评价董仲舒提供了宝贵的历史文献。

（三）刘向的高度评价

西汉中后期的重要人物刘向对于董仲舒的认识十分深刻，给予了高度的评价。据《汉书·董仲舒传》载：

> 刘向称："董仲舒有王佐之材，虽伊、吕亡以加，管、晏之属，伯者之佐，殆不及也。"

刘向（公元前 79 年—前 8 年）是汉高祖刘邦同母少弟楚元王刘交的玄孙，贵为刘家王朝的宗室贵胄，曾在汉昭帝、汉宣帝和汉元帝三代朝廷担任要职，同时他也是西汉后期最有影响力的学者和思想家，与董仲舒仅相差几十年。刘向曾奉诏享有进入皇帝私人图书馆的特权，曾著《别录》，专门向皇帝介绍皇家秘藏书籍的内容。无论是为官还是为学，刘向的观点均可以代表刘家王朝宗室最隐秘的见解，最能反映西汉后期的政治状况和意识形态取向。刘向此番话是从董仲舒的个人能力和他对西汉王朝所起到的现实政治作用来进行评价的，将董仲舒的历史作用提到了王佐之才之首，超过了吕望和管子等人，这种高度评价代表了皇帝和刘氏宗族对于董仲舒的评价。

刘向之子刘歆与其父无论在学问还是人品上都截然不同，由于为了自己的私利而不惜出卖刘家社稷，他的话显得十分可疑。刘歆将董仲舒纳入了孔学的轨道，在肯定董仲舒的不同凡响的地位的同时，对于董学本质的认识已经出现了重大的偏差。

（四）董仲舒与谶纬学

将董仲舒视为谶纬学的"前驱"是当今对董仲舒的通用评价。但是董学与谶纬学之间的关系汉代学者看得很清楚。与董仲舒同时代的西汉的学者和历史学家包括司马迁和刘向和随后的东汉的历史学家尤其是班固并没有将董学与谶纬学相提并论。在董仲舒的著作《公羊传》和《春秋繁露》中没有发现关于谶纬的言论和理论。即使在倾向于贬低和压制董仲舒的《史记》中也没有董仲舒与谶纬有任何关系的记载。而更尊重事实的《汉书》中同样没有关于此事的任何记载。

将董仲舒与谶纬相联系是后人一种别有用心的伪托，是要借董仲舒达到特定的政治目的。从观念事实上看，这些提倡谶纬学的人明显是利用董仲舒的影响力，通过对董仲舒的理论的歪曲来粉饰谶纬学。通过谶纬来扭曲董仲舒和公羊学在西汉后期便已经开始，到王莽时期得以盛行。

　　霍光和桑弘羊延续了汉武帝后期的转型政策，国内经济和社会秩序逐步得以恢复，但是国内的各种反对势力却并没有停止，汉武帝的一整套国家行为方式受到了纯粹的儒家弟子的公开质疑和反对，汉武帝后期的政治经济危机已经蔓延到了意识形态领域。在这个背景之下，西汉政府采取了一系列措施化解对于董学和汉武帝的质疑。著名的盐铁会议给了公羊学家和儒家一次正面交锋的机会。同时，谶纬学开始出现和盛行。客观而论，谶纬学吸取了许多董学的因素，尤其是将孔子神化为神和将董学的灾异论演绎成了神学的先验论和目的论。但将董仲舒与谶纬学混为一谈是极其荒谬的，是对董学的无知和扭曲。

　　在这种情况下，对董仲舒的定位开始出现了耐人寻味的变化，学者开始对董仲舒采取回避的态度，并且对其评价也逐渐趋于负面。董仲舒甚至成为了谶纬学的代名词。这是完全没有根据的误解和诽谤。关于这点将在以下的有关章节加以分析和澄清。

（五）对孔子与董仲舒的关系有所认知

　　东汉的著名学者王充对于董学有比较深刻的认识，他对于董仲舒与孔子的思想之间的关系的评价十分耐人寻味。在《论衡·案书篇》中，王充总结道：

　　　　孔子终论，定于（董）仲舒之言。[1]
　　　　文王之文在孔子，孔子之文在仲舒。[2]

　　这是在迄今为止所有的中国古代文献以及近现代和当代书籍中唯一一次将董仲舒的重要性和历史地位与孔子相提并论的评价。

　　王充的判断具有重要的意义是因为王充并不是食俸禄的官员，而是私人学者。虽然王充还是希望通过他的思想和著作能够得到国

---

[1]（东汉）王充：《论衡》，上海人民出版社 1974 年版，第 439 页。
[2]（东汉）王充：《论衡》，上海人民出版社 1974 年版，第 214 页。

家的认可而谋得官位，但是在传统社会中他的思想所受到的来自官方的干扰已经算是很少的了，这才使他能够对中国哲学史做出相对公正而客观的判断。只是像王充这样的有着出众个人能力的"非既得利益者"的学者实在是凤毛麟角，绝大多数的学者读书都是为了当官，在当上了官之后，便成为国家意识形态的一部分，变成了既得利益者，他们的思想便无所谓客观和公正了。中国哲学史的真相便这样被淹没在了学者们逐利的脚步声中了。

令人遗憾的是王充对于董仲舒的历史地位的评价虽然具有独立性和高于前人对他的认同，可是他仍然没有看到董仲舒的哲学体系与孔学是完全不同的，并且已经在内容上远远高出了孔学，而是认为董学是孔学的真正延传，这种看法显然是不符合观念事实的，因此王充也无法发掘出董学的本质和真正的价值。

在郑玄完成对今文经学与古文经学的融合之后，东汉也名存实亡了，中国历史进入了三国时期。以三国为标志中国哲学史进入了一个新的时期。董学成了隐学，退出了思想和哲学界，董仲舒的名字虽然被偶尔提及，却变成了彻底的边缘人物，董学在中国观念哲学史中几乎完全消失了。

（六）对董学的忽视

与董仲舒的众多"头衔"相比，董学和公羊学则几乎没有"头衔"可言，从古至今董学和公羊学基本上处于完全受忽视的地位。在古代学者的著作中鲜有提及董仲舒的名字，更不用说以董学或者公羊学为研究重点了。在魏晋南北朝时期，公羊学只有在研究《公羊传》的时候才会被偶尔涉及，而《公羊传》在春秋学的研究中被置于边缘地位，《左传》才是春秋学研究的重点。宋儒们在使出浑身解数颠覆公羊学和公羊模式的过程中却很少直接提及董仲舒的名字，而是将重点放在了批判如大一统等公羊学原则上，宋朝理学的集大成者朱熹对于董仲舒也极少提及，虽然他的理学在本质上是对公羊学的回归。

二、近现代学者对董仲舒和董学的评价

中华民国的建立结束了中国长达两千多年的传统文明时期，将中国带入了政治动荡、文化迷失、经济落后、内战频繁和外族入侵的时期。从中华民族所遭受的内忧外患的程度上看，民国时期是中国历史上最黑暗、最危险的历史时期，中华民族面临亡国灭种的危险。国运的几乎崩盘不可避免地在中国哲学中得到强烈体现。中国传统哲学几乎遭到了毁灭性的打击，一方面受到了西方哲学极端的鄙视和诋毁，另一方面则受到了崇洋媚外者自我阉割的残害。虽然在西方思想的影响下，这一时期中国哲学史开始得以构建，但是种种构建努力却是不成熟和不成功的。这首先表现在中国哲学史的研究者（如胡适等）不敢平视自己和西方文化，也不敢正面地看待中国历史和哲学史。其次表现为此时的中国哲学史研究者还没有找到研究中国哲学史的有效方法论。显而易见，如此国运和心态下的中国哲学史是不可能展现中国哲学史的原貌和本质的。

但是，民国时期的中国哲学史研究也有几个亮点。其中最大的一个便是冯友兰对于董仲舒哲学的突破性认识，虽然这种突破还不足以打破两千多年来形成的董学与孔学之间的种种扭曲。

因此，从总体来看，如果说在中国传统文明时期董仲舒和董学遭到了皇权意识形态的"隐杀"的话，那么在近现代董仲舒和董学则遭受了"棒杀"，对董仲舒和董学的误解、歧视和诋毁达到了新的高度。

（一）儒家的一种

近现代学者的主流是将董仲舒定位为儒家的代表人物，认为他是西汉大儒，仍然将董学置于儒学的藩篱之中。

康有为是这种思想的代表人物。康有为虽然在清末起事，但是他强调变法的思想在许多方面是近现代思想的发轫，是当时的变法新思潮的一种反映，因此将其划入近现代思想更为合适。康有为试图通过复兴公羊学来倡导维新变法，但是他并不真正理解孔学，又

不了解董学，而是十分生硬地将两者强扭在了一起。从康有为对董仲舒和孔子所做的定位来看，他实际上延续了中国传统文明的意识形态的正统做法。康有为曾编撰《春秋董氏学》，将《春秋繁露》进行重新编辑和解读。在该书的《自序》中他将董学纳入了孔学之中，认为董仲舒通过《公羊传》叙述了"孔子之道"，"若微董生，安从复窥孔子之大道哉"！

　　钱穆对于董学的本质也有一定的深刻认识。他认为董仲舒的哲学虽借儒家之名，却并无儒家之实，"盖仲舒之学，实主阴阳"[①]。但是，钱穆又说董学源于道家、黄老，这表明他仍然无法在整体和本质上理解董学。钱穆最终将董仲舒定性为"大儒"。如果钱穆的这个"儒"是指有学问的人的话是准确的，因为董仲舒在当时是公认的学术大师和哲学家；但同时也是模糊和不确定的，因为任何有学问的人都可以被称作"大儒"；如果这个"儒"是指儒家的"儒"的话，那么就表明钱穆仍然将董仲舒列入了儒家。显然，钱穆的这个儒指的是后者。

（二）"阴阳家与儒者的合流"

　　康有为的大弟子梁启超虽然以助手的身份参与了康氏所有重要的著作，但是这并不代表他完全同意康有为的思想和观点，在对于董仲舒的看法上他便与他的老师不同。梁启超并没有全盘接受康有为关于董学的武断之论，而是看到了董仲舒对于阴阳学的整合，认识到董学并不是传统意义上的儒家思想。但是梁启超仍然认为董仲舒是个儒家，只是认为董仲舒是对阴阳五行观与儒家进行了结合的儒家。

　　只有极少数的民国学者能够根据董仲舒的思想来对董仲舒做出比较中肯的判断。冯友兰在民国时期可谓是比较有独立见解的一位中国哲学史家。冯友兰认为董仲舒的学说是"阴阳家和儒家的合

　　[①] 钱穆：《国学概论》，商务印书馆1997年版，第94页。

流"①。这表明他已经看出了董仲舒的学说与前儒学之间的重大差异。但是他却戛然而止，没有进一步阐述董学的真谛，而是仍然将董仲舒纳入了儒家的轨迹之内，将董学看做是儒学的一种，而没有真正打破对董仲舒的传统歧见。

冯友兰还总结说："董仲舒的主张行而子学时代终，董仲舒之学说立而经学时代始。"②冯友兰的这个总结或许是民国时期在中国哲学史上最重要的突破。冯友兰发现了董学在中国哲学观念史上划时代的作用，实际上肯定了董仲舒在中国哲学观念史上独领风骚的巨人地位。由此，中国哲学观念史的脉络得到了清晰的展现。然而，冯友兰并没有具体地梳理出董仲舒如何终结了子学时代，他意识到了董学的历史意义已经超越了哲学观念史的范围，但是并没有从意识形态的高度上理解董学，因此，董学在中国哲学史上全面的划时代意义仍然没有令人信服地得以呈现。这是冯友兰的另一个令人遗憾之处。

由此可见，冯友兰是民国时期最接近发掘出中国哲学史真相的一位哲学史家，他发现了董学的宝藏，却没有将其挖掘出来。

（三）尴尬的问号

也有学者已经窥到了董仲舒哲学与儒家思想本质上的不同，但是欲言又止。这种欲言又止实际上是不知所措。例如，顾颉刚曾诘问道："但劝汉武帝罢黜百家的董仲舒，他真是孔子的信徒吗？听了董仲舒的话尊崇儒家的武帝，他真行孔子之道吗？这不劳我细说，只消把董仲舒所作的《春秋繁露》，和记武帝事实最详细的《史记·封禅书》去比较《论语》，就会知道。"③但是，顾颉刚在此却戛然而止，留下了一个空洞而巨大的回音和问号。或许是因为顾颉刚是个历史学家，而不是哲学家和思想家，他并没有按照这个思路

---

① 冯友兰：《中国哲学简史》，新世界出版社 2004 年版，第 167 页。
② 冯友兰：《中国哲学史》（上），重庆出版集团／重庆出版社 2009 年版，第 25 页。
③ 顾颉刚：《汉代学术史略》，人民出版社 2008 年版，第 35 页。

探索下去。不幸的是，其他民国时期的学人亦然。

当代一些学者对于董仲舒的误解也发出了明确的不满。例如，马勇在《旷世大儒——董仲舒》中便谈道："很早以来，我就觉得我们学术界对作为学者的董仲舒似乎太缺少一种'学术风度'和'同情的理解'，一味地否定实在无助于对董仲舒思想的真切理解。而在我看来，如果不能恰当地评价董仲舒的思想与学术，那么对漫长的中国传统社会就很难建立正确的理解。"① 这或许是当代学者对董仲舒所受到的不公正的历史待遇发出的最直接的不满了。尤其是马勇及其他学者意识到董仲舒是理解中国历史的一个关键和要点。

但是，马勇同时又表示："（我）并非有意要做翻案文章，更不想为董仲舒思想的不足进行辩护。"② 如同顾颉刚一样，在提出了问题之后，又一次戛然而止，留下了又一个空洞的回音和又一个巨大的问号。

（四）谩骂

全盘西化的急先锋、美国实用主义哲学的传人、杜威的亲传弟子胡适认为"汉代是一个骗子时代"。徐复观据此认为，胡适实际上将董仲舒看做是"骗子头了"③。

对此，只能再次无语了。

三、当代学者对董仲舒的定位

当代学者对于董仲舒的认识仍然处于迷茫之中。这种迷茫又通过多种方式得以表现。

（一）神学

在 20 世纪的第二个 50 年，中国哲学史又被进行了一次重新梳理，这次梳理标志着对于董学认识和评价的一次重要转向，其影响

---

① 马勇：《旷世大儒——董仲舒》，河北人民出版社 2000 年版，第 336 页。
② 马勇：《旷世大儒——董仲舒》，河北人民出版社 2000 年版，第 336 页。
③ 徐复观：《两汉思想史》（第二卷），华东师范大学出版社 2004 年版，第 265 页。

一直延续至今。这次对董学的梳理可以说并不是完全学术性的，而是要配合新政权的建立而不可避免地要在思想领域进行的政治运动。它采用的方法论是阶级斗争法和被极"左"化了的"辩证唯物主义"，阶级立场成为为哲学家定性的唯一标准，唯物主义和唯心主义的定性成为对哲学流派进行评价的方法，对于任何一位哲学家来说只要扣上地主阶级或者是无产阶级的帽子就完成了任务，对于任何一种思想来说只要说明它是唯物主义的还是唯心主义的便可以万事大吉了。从学术上看，这种分析和评价方法很难说会有什么学术价值。

侯外庐等人的"中国思想通史派"是对中国古代哲学史进行政治审查的急先锋，他们的观点体现了新时期的意识形态要求，代表了官方的"正统"的观点。不幸的是董仲舒成为他们重点关照的对象之一。由此，董仲舒在中国哲学史的定位发生了变化：他的哲学被定义为"正宗神学"，是"神学目的论"，是"宗教化的唯心主义体系"，而董仲舒便"顺理成章"地变成了与人民为敌的封建神学家，变成了"中国的奥古斯都"。侯外庐等人认为董仲舒"编造了一套理论体系，把儒家学说改造成为神学""董仲舒以公羊春秋学为形式的哲学思想，是汉代神学的成熟形态，是谶纬的前驱。唯心主义本身是精巧的信仰主义，而董仲舒的唯心主义更是直接采取着宗教的形态"[①]。这个定位是建立在对董学的片面理解和歪曲基础之上的，恐怕他们并没有读完或者读懂董学的全部著作。可惜的是这样政治挂帅的切割和扣帽子一直为中国哲学史和思想史教科书所沿用。自新中国成立以来，董仲舒都是作为被批判的对象出现在中国哲学史中的，对其所有的评价都是否定性的和谴责性的。阶级斗争法和政治挂帅使董学在新的历史时期受到了极大的扭曲和伤害，作为在中国传统文明时期已经是中国哲学史上最大的受害者的董仲

---

① 侯外庐主编：《中国思想史纲》，上海书店出版社 2004 年版，第 124 页。

舒的不公、冤屈和谜团被进一步加重。侯氏政治审查报告的唯一亮点是看到了董仲舒哲学与儒学的不同，董学是"形式上为儒家，实质上为神学的思想"。

这一时期虽然随着政治运动的起伏也出现过不同于侯外庐对于董仲舒的定性的声音，但是他们所采用的方法仍然是阶级分析法和"辩证唯物主义"，只是在唯物主义和唯心主义的定性上有所分歧而已。

虽然同样代表了正统观点的张岱年看到了董仲舒哲学的独特性，但是他对于董仲舒哲学的评价仍然强调其"神学内容"。张岱年认为"（董仲舒）在新的历史条件下建立了以阴阳五行为框架的具有神学内容的新儒学体系"[1]。这个评价将孔学所回避的阴阳五行观看做是儒学的一部分，并且刻意强调董仲舒哲学中的"神学内容"。事实上，阴阳五行观与孔学是风马牛不相及的，是难以调和和共处的，将董仲舒的思想强行纳入儒学，即使是以"新儒学体系"的身份仍然有使用思想暴力之嫌。

当代新儒学的代表人物之一牟宗三直截了当地认为儒学是宗教，是儒教[2]。

（二）儒家的一种

近现代将董仲舒定位为儒家的观点被当代学者所继承。

蔡尚思先生认为董仲舒"是孔子学派的代表"[3]，李泽厚认为"以阴阳五行为框架的秦汉儒学和以心性本体为框架的宋明儒学，是继孔、孟、荀之后的两大儒学发展体系。它构成了儒学发展的第二期和第三期"[4]，并且"除孔（颜回、曾参）孟程朱陆这条'内圣'线

---

[1] 张岱年主编：《中国哲学发展史（秦汉卷）》，人民出版社1985年版，第359页。

[2] 参见《作为宗教的儒教》，载牟宗三撰，罗义俊编：《中国哲学的特质》，上海世纪出版集团2008年版。

[3] 蔡尚思：《中国礼教思想史》，上海古籍出版社2006年版，第52页。

[4] 李泽厚：《论语今读》，生活·读书·新知三联书店2004年版，第5页。

索外，儒学还有孔子（子贡、子夏）、荀子、董仲舒……这条极为重要的'外王'线索"①。这些都是违背了观念事实的评价。令人遗憾的是将董学强行纳入孔学和儒家却仍然是中国哲学史的主流看法，至今仍然如此。

也有一些学者虽然没有摆脱将董仲舒视为儒家思想代表的窠臼，但对于董仲舒与孔学和儒学的关系已经不那么极端和肯定了，细微的差异性开始出现了。例如，在王永祥所著的《董仲舒评传》中，对董仲舒做出了这样的评价："董仲舒是汉代的第一大儒，封建社会理论大厦的设计师和建造师，封建社会初期的有建树的思想家，同时，他还是汉代的第一大教育家。"②同时，作者还强调董仲舒"实现了对先秦诸子的真正综合，建构起了一套新的儒学体系"。虽然作者对传统中对董仲舒的贬低和误解有所不满，试图公正而客观地看待董仲舒，但是作者并没有真正触及董仲舒哲学体系的核心，进而抓住其哲学的本质，这就导致了他仍然将董仲舒的哲学放在儒学的框框内。主流的观点是将董仲舒归入西汉"醇儒"之列，并被看做是西汉醇儒的代表，这显然是承袭了司马迁等人的评价。如果说在中国古代这个说法③无可厚非，可以被看做是对皇权的意识形态政策进行曲意迎合的话，那么在中国封建时代结束之后仍然如此认识董仲舒便是不折不扣的错误了。

（三）顾左右而言他

在2007年出版的汇集了国内顶尖学者编纂的《中国历史大辞典》中，对董仲舒并没有做出定位，而从其他词条来看，对董仲舒和公羊学的解释显得模糊而空洞。在"罢黜百家"一条中写道："但汉武帝所尊崇的儒家已吸取了法家、道家、阴阳家有利于加强君权

---

① 李泽厚：《论语今读》，生活·读书·新知三联书店2004年版，第17页。
② 王永祥：《董仲舒评传》，南京大学出版社1995年版，第397页。
③ 在《汉书·叙传下》中，董仲舒被推为"为世纯儒"，在《汉书·刘向传》中，董仲舒被赞为"为世儒宗"。

的思想因素，与先秦以孔孟为代表的儒家有所不同。"[①]

（四）经学家

在《大辞海（哲学卷）》中，董仲舒被定性为"西汉哲学家，今文经学大师"[②]。

张岱年将董仲舒视作"经学家、哲学家"[③]。

《董仲舒珍闻》将董仲舒定性为"西汉时期著名的今文经学家、哲学家、教育家"[④]。这个评价在一定程度上摆脱了儒学的定式，是一个进步。

但是，将董仲舒定性为经学家是仍然没有看清董仲舒的思想本质是董学，并且董学凌驾于经学之上的事实。将董仲舒看做是哲学家则表现出对董仲舒的评价具有了中性和独立性的特点，虽然有一定进步，却仍然无法明确指出董仲舒思想的真正身份。

（五）"以儒家为主糅合了法家思想"

作为北京大学哲学教材的《中国哲学史》一直是中国大专院校的主流教材之一，参与编写和修改的人员包括张岱年、汤一介、楼宇烈等当代中国著名的哲学史专家，因此该书代表了中国哲学界近四十年时间里关于中国哲学史的主流思想。

该书 2001 年的修改版去掉了过于强烈的意识形态色彩，在对董仲舒哲学的评价中并没有流露出过于强烈的阶级斗争的"战斗性"，而在一定程度上体现了独立的思考和判断。该书对董仲舒的评价是"董仲舒是将儒家思想改造成为维护中央集权封建专制统治的思想体系的重要代表人物""董仲舒提出了以儒家思想为主而糅合了一些法家思想的封建思想体系"[⑤]。此外，该书将董仲舒哲学中

---

① 《中国历史大辞典（上）》（音序本），上海辞书出版社 2007 年版，第 55 页。

② 夏征农主编：《大辞海（哲学卷）》，上海辞书出版社 2003 年版，第 240 页。

③ 参见周桂钿：《董学探微·序言》，北京师范大学出版社 2008 年版。

④ 魏文华编：《董仲舒珍闻·序》，中国青年出版社 2006 年版，第 1 页。

⑤ 北京大学哲学系中国哲学教研室：《中国哲学史》，北京大学出版社 2001 年版，第 153 页。

的神学因素定性为"'天人感应'的神学目的论"，认为是"唯心主义"和"神秘主义"思想①，完全承接了侯外庐等人的评价。

这表明中国哲学史界的主流思想仍然将董仲舒哲学纳入儒家的轨道。这些局限性使它无法发掘出董仲舒哲学的本质，无法对董仲舒的哲学和在中国哲学史中的地位给出合理而公正的评价。

（六）董学

周桂钿对于董仲舒的评价另辟蹊径。在《董学探微》中他将董仲舒的学说归纳为"董学"。周桂钿明确地强调董学这个范畴，并且将其作为专著的书名，在对董仲舒的评价中这无疑是巨大的进步，是现当代对于董学研究的一大贡献。

周桂钿认为："中国历史上有三位特大思想家：孔子、董仲舒、朱熹。孔子是儒学创始人，董仲舒是经学大师，朱熹是理学大师。经学是汉代的儒学，理学是宋明时代的儒学。这三大思想体系是不同时期的儒学代表，是儒学发展的三个里程碑。"②"既然有孔学、朱子学，就不应该没有董学。"③

但是，周桂钿对于董学的研究仍然局限于哲学观念史的层次上，没有上升到董学作为中国传统文明时期意识形态的伟大作用，这就使他仍然将董学纳入儒学的范围，认为董学仍然是儒家内部的一种思想。这种归纳强调了董学与孔学之间的关联，但是却忽视了两者之间的本质性的差异。事实上，董学与孔学之间本质性的差异要远远大于两者之间的传承和关联。可见，周桂钿看到了董学的体系性和独立性，但是他对于董学的独立性的看法是有限的，仍然没有超越孔学的藩篱。周桂钿对于董仲舒的定位超越了以往，但是仍然没有真正客观地将董仲舒置于他所应得的位置。

---

① 北京大学哲学系中国哲学教研室：《中国哲学史》，北京大学出版社2001年版，第155页。
② 周桂钿：《董学探微·前言》，北京师范大学出版社2008年版，第3页。
③ 周桂钿：《董学探微·前言》，北京师范大学出版社2008年版，第4页。

（七）思想家

马勇是当代中国学者中对董仲舒的评价最接近实际的学者。他不仅看到了董仲舒在哲学观念史上的地位，也看到了董学作为意识形态对于中国历史进程的重要影响，这较冯友兰仅看到董仲舒在哲学观念史上的作用更近了一步。之所以能够做到这点，是因为他不自觉地采用了观念唯实主义的方法，根据董仲舒哲学的观念事实进行判断。在充满了各种"思维定式"的学术界，能够做到这点实属不易。

在《旷世大儒——董仲舒》^①中他评价道："董仲舒是秦汉时期也是中国历史上最重要的思想家之一。他的思想既是秦汉之前中国传统思想的系统总结，又是秦汉社会开辟新时代的思想独创""在他（董仲舒）之后直至辛亥革命发生时的两千年间，中国传统社会的政治结构与文化走向不能说完全按照董仲舒的设计而发展，但受其深刻影响则是学者不争的事实。"^②

这是到现在为止关于董学作为中国传统文明时期的意识形态最清醒的评价。将董仲舒定位为"思想家"是中性的用语，在保持了客观性的同时，打破了将其禁锢在儒家的藩篱中的传统，体现了对董仲舒的评价呈现出了独立性的倾向，这无疑使董仲舒在一定程度上得到了相对公正的对待。

在关于董仲舒哲学与孔子之间的关系问题上，马勇认为："如果说董仲舒忠实于孔子的学说，'孔子之文在仲舒'，则显然与历史事实不符……董仲舒的思想虽然与传统儒学有关，但又具有明显的本质区别。"^③

---

① 令人可惜的是，虽然作者马勇对董仲舒的评价明显地超出了儒家的范围，但是他的这本董仲舒传记却是作为《旷世大儒》丛书的一种出版的，董仲舒被当做儒家，是丛书所选定的十一位儒家之一。这里明显体现了丛书对于董仲舒评价的不统一和混乱。

② 马勇：《旷世大儒——董仲舒》，河北人民出版社 2000 年版，第 1 页。

③ 马勇：《旷世大儒——董仲舒》，河北人民出版社 2000 年版，第 295 页。

但是，作者仍然不时有意无意地将董仲舒的教学和著述置于儒家范围之内，从儒家的视角理解董仲舒的思想和活动。这也表明作者对于董仲舒的思想内核和历史定位仍然存在不确定性，仍然处在犹豫和徘徊的状态中。但是，"只是隔着一层纸"，无论是在治学方法还是结论的客观性上，对于触摸到中国哲学史的真相都已经处于"呼之欲出"的临界状态。

（八）嫁接董仲舒的董学

当代学者蒋庆在《公羊学引论》中"以公羊学传人自居者"，将公羊学看做是孔学的一部分，认为公羊学是儒学的政治哲学，这便根本性地颠倒了董学和公羊学与儒学的关系，将董学和公羊学嫁接到了孔学之上，而这是与历史事实严重冲突和违背的，是经不起唯实主义的推敲和检验的。

根据作者自己的解释，他的公羊学观点是对20世纪50年代曾经在台湾流行过的所谓的新儒学的反动和否定。新儒学认为儒家思想是心性之学，而不是政治哲学。这种观点并没有错，它道出了儒家思想的本质。问题在于新儒学没有看到公羊学的存在，儒学并不能够代表中国哲学，儒学只是董学和公羊学的一个局部和子系统，董学是逻辑紧凑、思想深刻的政治哲学，正是在董学的指导之下，中国传统文明才能够建立起公羊模式，成为两千多年中华民族强盛繁荣的核心。作者看到了新儒学的疏漏和荒唐之处，这是可贵的，但是将公羊学强行嫁接到孔学之上则犯下了新的错误。

（九）继续进行猛烈的谩骂

在新中国成立之后，中国哲学界一直试图对董仲舒进行重新评估，在褒贬之间各种激烈的观点可谓是不绝于耳。在"文化大革命"时期，董仲舒终于被定性了，否定的观点以极端的方式占据了上风。在"批林批孔"运动中，董仲舒也被"荣幸"地涉及其中。董仲舒被看做是孔子的"一丘之貉"，被定性为是"江湖骗子"。直到今天，仍然有人谩骂董仲舒，将他看做是"文化流氓"。

对于这种杂音自然不用加以理睬。

第三节　近现代对董学的不公正评价原因考

在皇权主义绝对控制下的中国传统文明时期，董仲舒和董学作为皇权所独享的幕后哲学和权术受到隐秘化处理是可以理解的，但是在中国传统文明时代已经结束之后，对于董仲舒和董学的边缘化仍然继续，这其中的原因值得深思。

一、对皇权主义作伪的延续

近现代对于董学的评价仍然是非事实性的，这在很大程度上是延续皇权主义的作伪结果，是一种思维定式和思维惯性所致。而在绝大多数的学者看来，辨别董学和孔学/儒学似乎并没有任何的意义和迫切性，因为无论是董学还是孔学/儒学都是被否定了的中国传统伦理和文化的组成部分，都是"垃圾"。

而对于一些有志于复兴中国传统哲学的学者们如新儒家来说，他们的眼睛盯着西方哲学与中国传统哲学的融合，而恰恰忽略了对于中国传统哲学的真正本质和主线的反思，仍然延续着泛孔学化的思维定式。

虽然侯外庐等人的"中国思想通史派"试图对董学进行重新的审视，不幸的是这种审视深深地陷入了政治审查的深渊之中，不但无法为董仲舒和董学正名，反而在对其误解之上又狠狠地踩上了几脚。

二、公羊学在清末的戏剧性的假复兴和衰落

清朝后期公羊学出现了一次复兴，当时的绝大多数学者对于这个现象颇感惊奇，这完全是不知公羊学为何物所致。康有为试图以今文经学提出一套变法之路，但是康有为对于公羊学的理解可谓是

十分肤浅，其干预时政的政治功利性要远远重于学术性。戊戌变法的流产使戊戌六君子人头落地，也使公羊学披上了"异端"和"不祥"的外衣，不仅在学界再次受到忽视和非议，在普遍的社会层面也受到某种避讳。这种冷落和避讳的状态转眼间已持续了一百多年。在现代，董学和公羊学可谓是冷门中的冷门，虽然近来出现了一些研究公羊学的著作，但是离把握公羊学的本质仍然相去甚远。即使是在权威的主流和权威的著作中有所提及，也是寥寥数语一带而过。

现代人对于公羊学的理解程度可以从主流的工具书的解释中窥见一斑。在当下的主流工具书中，对于公羊学的解释则充满了歧义和误解。例如，在《中国历史大辞典》中，"公羊学"一条将公羊学看做是"研治《春秋公羊学》、探求该书'微言大义'之经学派别"①。

在《大辞海（哲学卷）》中，"公羊学"连获得词条的资格都没有。在"公羊学派"一条中，"公羊学派"被看做是清朝的"常州学派"以及"今文经学"。显然辞书的编纂者对于公羊学并不了解和理解。

三、近现代在哲学史研究方法上的误区

清朝的结束意味着中国摆脱了传统文明形态，中国哲学史终于作为一个学术领域从皇权主义的意识形态桎梏之下获得了独立发展的机会，对于董仲舒哲学的研究和评价也有机会变成一个学术问题和哲学观念史命题。民国以来，中国哲学史逐渐形成了一个固定的学科，这是积极的历史进步。但是，一百年来，中国哲学史的发展却显得举步维艰。对于董仲舒哲学体系的研究水平和评价是中国哲学史的一个缩影。对董仲舒的评价和定位直接体现了董学的研究成

---

① 《中国历史大辞典（上）》（音序本），上海辞书出版社 2007 年版，第 777 页。

果。但是，中国哲学史的整体状况不能完全令人满意，长期以来对于董学的研究很难令人信服。从总体上看，董学研究存在两个问题，一是缺乏科学而严肃的治学态度，二是缺乏哲学史研究的有效方法。

（一）"反封建"的政治立场

作为中国传统文明核心的董学缔造者，董仲舒自近现代以来受到了全盘西化论者、改良者和"革命者"的棒杀。由于董仲舒在中国哲学史和中国文明史中的"隐形人"地位，董仲舒的名字很少被那些激进的全盘西化论者直接提及，他们将打击的对象更多地锁定在了中国传统文化的形象代言人孔子身上。在董学与孔学的关系被人为倒错的情况下，徒有其表的孔子和作为无冕之王的董仲舒在理念上实际上是一体的。因此，对孔子的批判和打倒就是对董仲舒的批判和打倒，"打倒孔家店"就是打击董学和公羊学的价值体系。

（二）"百家入座法"

在中国哲学史领域之内，主流的研究董仲舒哲学的方法仍然是中国哲学史惯用和至今仍然盛行的"百家学派对号入座研究法"。对于绝大多数人来讲，他们研究董仲舒哲学的方法并不是根据其观念事实，而只是抓住董学的只言片语，然后将其与先秦百家中的某一家取得联系，将董学纳入该先秦学派，于是乎便大功告成，完成了对董学的定性。例如，有人看到了董学的天的神性因素或者是灾异论，便认为董学的天是神学的天，董学是"神学目的论"，董仲舒是神学家，是中国的奥古斯都；有人看到了董学中的阴阳五行哲学，便认为董仲舒是阴阳学家；有人看到了董学中强调国家权力和关于社会秩序和等级的论述，便认定董仲舒是法家；有人看到董仲舒偶尔提及"无为"，便认定董仲舒继承了道家的衣钵，董学是道家；而绝大多数人则看到了董仲舒推崇孔子并且多次引述孔子的言论，便认定董仲舒继承了孔学，是儒家学说在西汉的代表。这种强行将董学纳入先秦百家的研究方法违背了观念唯实主义的基本原则，完全不具备科学性。

往轻里说，这种依据董学的片鳞只甲便对董学加以定性的态度并不是进行严肃的学术研究，是不可能构建出客观、公正和科学的中国哲学史的。往重里说，这种对待董仲舒和中国哲学史的方法是不折不扣的思想暴力，即置董仲舒的理论内容和实质于不顾，将其学说折筋断骨，将一个巨人分解之后强行塞入儒家的框框之内。这种违反了求实精神和治学规律的态度延续了两千多年来对于董仲舒的误解和扭曲，使中国哲学史深受其害。

自古以来，中国文化对于外来的观念素有"海纳百川"的开放胸怀，对于外来的佛教和近现代的西方思想和文化都能够以开放的心态研究和接纳，然而令人奇怪的是中国文化对于自己民族的哲学巨匠却抱着歧视和狭隘心态。这种不正常的心态不加以彻底解除会妨碍中国人对于自己的文化和文明本质的理解，不利于中华民族的真正崛起。

对于一些真正触及董学思想的本质的学者来讲，他们虽然发现了董仲舒的学说在本质上并不是孔学和儒学，惯用的与先秦学派对号入座的研究方法在董仲舒身上难以奏效，但是又找不到科学的方法论为董学定位，因此一片茫然。许多人不得不再次将董学纳入先秦百家之中，而最简单和最"安全"也是最"正统"的做法还是将董学肢解之后塞入儒家的框框里，只是将董学加入了各种限定，以突出董学的独特性，如"汉代儒学"等等。

（三）典籍诠释学

受西方现象学和诠释学的影响，有些当代学者从西方诠释学的角度解读公羊学，将董仲舒的公羊学看做是对孔子的《春秋》的诠释学的解读①。这种方法将公羊学与作为诠释公羊学的汉学相混淆，

---

① 参见徐雪涛：《公羊学解经方法——从公羊传到董仲舒春秋学》，广东人民出版社2006年版；刘国民：《董仲舒的经学诠释及天的哲学》，中国社会科学出版社2007年版。

虽然在"技术上"将对董仲舒的《公羊传》进一步具体化和细节化，但是对公羊学的本质仍然没有得出宏观和客观的把握，在方法论和理念上都是错误的。

四、学者本人的局限性

学问是由学者所作的，学者的个人素质和能力决定他的学问的质量。如同哲学家的横空出世具有偶然性一样，出色的学者的出现也具有偶然性。学者的个人能力是任何其他的因素所无法替代的。一个时代可以为学者创造出良好的做学问的环境，但是这仍然要学者个人来完成学问。有的时代精英辈出是因为这个时代有众多有出色能力的学者；有的时代的社会环境十分适合做学问，但是并没有大家出现，这是因为缺乏杰出的学者。对于具有高度敏感性和风险性的政治哲学来说更是如此。一个时代要出现一个真正的政治哲学家，不但需要他具有出类拔萃的才华，更需要他心系天下，对历史负责的责任感，更需要具有舍身忘己境界的思想"大侠"的出现。在皇权严酷的暴力高压之下，要在公羊模式之下再出现如董仲舒一样出色的政治哲学家是十分困难的。正因如此，在中国传统文明时代，中国哲学出现的大家可谓凤毛麟角，而真正具有独立性的中国哲学史几乎不存在。

具有现代意义的中国哲学史的时代环境出现在清朝结束之后，清朝结束之后的一百年提供了客观研究中国哲学史的社会环境和可能性，可惜的是，形成客观而公正的中国哲学史仍然任重而道远。

（一）近现代中国学者的心理状况

当一个人的心理处于危机状态的时候，他对于事情的判断便无法保持客观而准确，而当几代人的心理都处在危机之中的时候，是不可能进行客观而冷静的自我分析的，更不可能写出客观而准确的中国哲学史。

封建时代的终结是中国历史上最剧烈的、被迫进行的一次文明冲击，它使几代中国学者的思维受到了强烈的刺激。中国学者做出了形形色色的反应，发生了各种各样的分化。当时绝大部分的中国知识分子选择了自我否定和西化的价值取向，将中国文明和中国文化放在了失败者和弱者地位，用西方文明的标准审视和评价中国的文明和文化，而中国哲学成为首当其冲的受害者，中国哲学史成为西方文明肆虐的重灾区之一。

（二）近现代中国学者的一些学术盲点

近现代中国学者的心态失衡导致了诸多的学术盲点。这些学术盲点的存在妨碍了公正、客观和科学的中国哲学史的建立。

1. 不理解董仲舒的政治哲学意义。

绝大多数的近现代学者似乎满足于陈陈相因，全盘接受前人的观点和判断，而不愿意用自己的眼睛认真地看原著，不愿意用自己的大脑做出自己的判断，不愿意用自己的心灵体味自己真实的感知。这样的做法的确可以起到"事半功倍"的实际效果，但是却失去了一个学者对"真理"的追求、对"科学精神"的执着和对中国历史和民族的责任。

2. 对董仲舒哲学体系中的神学因素的不理解。

在中国历史上会有一种对董仲舒进行恶意批判的思潮。这种对董仲舒的恶意批判集中在他的哲学的"神学"方面，即将他看做谶纬之说的创始人并将他与谶纬画上等号。可以说，如何理解董仲舒哲学体系中的神学因素是评价董仲舒和董学以及中国哲学史的一个盲点。

中国当代对董仲舒学说的"正统"的定位是董仲舒的学说是封建神学，因为他宣扬了"天人感应的神学目的论"[1]"是汉代神学的成熟形态，是谶纬的前驱""直接采取着宗教形态"[2]，等等。这种指

---

① 任继愈主编：《中国哲学史》，北京大学哲学教材系列，北京大学出版社2001年版，第155页。

② 侯外庐主编：《中国思想史纲》，上海书店出版社2004年版，第124页。

责是缺乏观念事实支撑的。

3. 不知如何评价哲学体系与哲学观点的不同。

在中国哲学史的研究中，彻底搞清楚一个概念和范畴的本意、歧义以及生成和发展的来龙去脉和历史渊源已经不易，而能够正确和准确地评价一种哲学观点更难，而要比较和评价两个思想体系则难上加难。

4. 饱受"思维定式"的左右。

意识形态化、子学化、百家入座法、泛儒学化和圣孔等思维定式仍然是近现代的中国哲学史研究的主要方法。

第四十章　董学对孔学的再造

本书通过唯实主义的唯实解构，认为两千多年以来对于董仲舒和董学的种种隐杀和棒杀都是错误的，都践踏了董学对于中国哲学和中国传统文明做出的杰出贡献。那么，董学与孔学之间的真正关系又是怎样的呢？唯实解构解开了这个谜底。

第一节　董学拯救了孔学

通过唯实主义对于中国哲学史的观念事实和对于中国历史的历史事实的考察，我们认为董学拯救了已然濒于穷途末路的孔学和儒学。没有董学作为先秦百家学派一种的孔学和儒学会与商学、法家、墨家、黄老之学等一样变成纯粹的哲学观念史的一部分，成为历史的遗迹。董仲舒通过托孔入世的方法赋予了孔子和孔学与其他先秦百家不同的地位，而没有使之随其他学派被滚滚向前的历史和政治波涛卷走，被包含在了董学的体系之中成为新的意识形态的组成部分。如果说董仲舒利用孔子完成了入世的话，那么正是董学的这种假托和政治利用才拯救了孔学。

董学对孔学的革命性的整合和利用是中国哲学史上的一个划时代的事件，是中国哲学史和儒学发展史上的一个分水岭。从此之后，孔学成为董学的一部分，成为董学的形而下的形式和一个子系统。董学赋予了孔学以新的政治生命，为孔学找到了政治归宿，为孔学搭建了一个政治平台，这些都是孔学从春秋晚期开始一直在现实政治中挣扎，想达到却始终达不到的境界。由于董学的整合，孔学在中国历史上得以第一次与国家权力进行真正的对接，真正参与了国家权力的运作，这正是颠沛流离的孔子不惜一切代价所孜孜以求的。

由于这次革命性的角色转变，儒学也应该被分为两个阶段，即被董学整合之前的"前儒学"和被董学整合之后的"公羊儒学"。

第二节　董学改造孔学的具体方式

董学对孔学进行了改造和整合，不仅彻底地改变了孔学的价值观和儒生的社会地位，也使孔学和儒学的历史地位发生了根本性的改变。董学对孔学的改变具体表现在：

一、董学将孔学意识形态化

董学历史上第一次将孔学上升到了国家政治层面，将其与国家最高权力相结合，并且成为新的国家行为模式的组成部分。

依据董学理念而建立起来的五经博士制度使儒学与新的国家意识形态发生了关联，虽然这种关联是间接的和"打擦边球"式的。虽然董仲舒和汉武帝的五经并不是儒学的五经，而是董学和公羊学的五经，但是这个新的五经仍然与孔子发生关系，这个做法是董仲舒托孔入世的策略在国家层面的泛化体现，它造成了托孔入世的社会化，也成为中国哲学史被意识形态作伪的开始。

二、董学彻底改变了孔学的价值观

如前所述，董学和孔学的价值观是完全不同甚至对立的，但董学并没有因此而抛弃孔学，而是将其有机地融入了董学体系中。

（一）董学彻底地改变了孔学的君子伦理学

董学与孔学的价值观是完全不同的：前者是皇权主义和国家主义的伦理学，后者是个体性的君子伦理学；前者是自上而下的伦理学，后者是自下而上的伦理学；前者是由外而内的伦理学，后者是由内而外的伦理学；前者是以皇权和国家的教化论为实现手段的伦理学，后者是依靠个人的自主性来实现的伦理学。

在西汉初中期以构建皇权主义为核心的时代背景下，孔学的个人伦理学似乎难以融入国家的政治议程。但是，董仲舒对孔学进行了彻底的、系统化的改造，将其成功地融入了其皇权主义的伦理学和意识形态之中，使其教化论得以成功实施。

（二）董学将孔学上升为社会道德伦理标准

董学将孔学的伦理学和道德观念部分地融入了董学的"三纲五常"的国家主义的伦理学和社会道德伦理规范之内，使儒学成为新的公羊学的国家伦理学的组成部分。

三、董学将儒学上升为官僚体系的选拔标准

五经博士制度成为皇权主义驯化士人阶层的制度手段，也成为过滤士人的过滤器。通过这个过滤器，西汉终于确立了选拔官员的国家机制，解决了国家官员青黄不接的政治危机，同时士人阶层有了实现自身价值的捷径。皇权主义由此与社会确立了新的关系，士人阶层也从此被改造成皇权主义的附庸，成为蜷伏于五经博士制度之下的读书人。

四、董学彻底改变了儒生的社会地位

经过董学的改造和力挺，重新立世的儒学不再是酸儒的代名词，而演变成了功利的象征，孔学和儒学被改造成了具有具体的物质回报机制的学说，从象牙塔里被解放了出来，有幸变成了具体的通向荣华富贵的阶梯。儒生从孤僻的寒士身份转化为可以在一夜之间成为国家官员的精英阶层和功利阶层。

五、董学彻底改变了孔学的历史地位

董学使孔学从历史的角落走向了前台，根本性地改变了其历史

地位。

（一）董学使儒学从一种理念转化为社会和国家的行为实践

如果说孔学和前儒学还是一种道德说教的话，那么董学下的公羊儒学则已经是皇家意识形态和国家政策的组成部分了，孔学已然发生了质变，其地位已不可同日而语。

（二）董学赋予了儒学以意义

作为一种伦理学的前儒学在西汉初年已经处于四分五裂和僵化状态，作为一种思想已经失去了活力，奄奄一息地躺在病床上，没有董学的横空出世，不排除孔学和前儒学如同曾经作为显学而风靡一时的墨家等学说一样在社会和学术界中继续式微和消失的可能性。

第三节　董学对孔学价值观的扬弃和同化

董学能够从政治层面上利用孔学，根本原因在于董学按照自己的原则改造和同化了孔学的价值观。如前所述，从观念事实的层次上看，董学的价值观是皇权主义和国家主义的价值观，董学是从皇权和国家的角度自上而下地看待、评判和定义价值的，是从外而内地灌输价值的，孔学则是从君子伦理学的角度自下而上地理解价值的，是从内而外地扩展价值的，两者的价值立场是对立的和冲突的。但是，董学从国家主义的政治哲学的高度看待和利用孔学的个体性和自主性原则，将其融入了皇权主义的价值观，这是对孔学的一次政治上的宽容，更是一次价值观的扬弃和同化。可以说，没有董学对于孔学价值观的同化，董学便无法真正地在政治上利用孔学，无法在两千多年的历史进程中真正地同化、驯服和驾驭士人阶层，将其变成唯皇命为尊的读书人。因此，中国传统文明的历史事实有力地证明了董学对于孔学的价值观的改造和同化是十分成功的，这种成功典型地体现在政治功能之上。相比之下，董学对于孔学在学术和文献学层面上的改造和同化则并不彻底，在董仲舒和汉武帝离世之后，不同政治势力对于董学和公羊学的独尊地位进行了持续的干扰，不断的政治博弈使它们逐渐被冲淡，五经的逐渐扩容表明董学和公羊学的学术地位受到孔学和儒家的逐渐渗透和稀释，最终达到了理学这样的异动高潮。

第四节　董学与孔学在政治功能上呈现出了一体性

虽然董学与孔学是在本质上完全不同的两种哲学思想，在许多观念和价值观上处于对立的地位，但是通过董仲舒的改造，两者之间的关系发生了质变。董仲舒超越了两者哲学观念和价值观的本质分歧，在政治学上找到了将孔学融入董学的契合点，这使得两者之间的关系变得具有一定的相互包容性，在政治功能和目标上取得了一体性。

董学变成了孔学的母体，孔学成为董学的一个部分；董学是总系统，孔学是子系统，董学与孔学是总系统与子系统的关系；董学是全方位的国家意识形态，孔学是其中的文献学部分；以董学为意识形态基础的公羊模式是新型的皇权主义的国家行为模式，孔学是其构成要件之一；孔学变成了董学和公羊学的民间形态，是董学和公羊学的形而下形态；董学是总体性的哲学体系，充斥抽象的形而上学理念，孔学是董学的某些理念的具体化，是董学理念的表象和外衣。

第四十一章　董学与孔学关系的准确定位

从观念事实上看，作为先秦子学时代终结者的董学与孔学的关系在本质上和董学与其他先秦百家的关系是相同的，也就是说要从董学与先秦百家之间的关系来看待董学与孔学的关系。说董学终结了先秦百家子学等于说董学是孔学的终结者。在理论上董学终结了孔学，这是中国哲学史必须认清的一个要点。然而，孔学的历史际遇与其他先秦百家却有所不同，不同之处在于两点：一是董仲舒利用了孔子，采取了托孔入世的策略；二是在经学的生成和使用上董学与孔学发生了擦边球的关系，董学改造了孔学虽然在意识形态层面上经学总体上是成功的，但是在理论上却留下了难以理顺的盘根错节的谜团。

这些谜团的本质是董学与孔学之间在正名问题上出现了严重的混乱和人为的扭曲。孔子强调正名的重要性，但是孔学恰恰是借助在正名问题上出现的混乱而被扶上的圣坛，造成了中国哲学史巨大的扭曲。要解开中国哲学史之谜，构建真正的中国哲学史就必须聚焦正名问题。本书根据唯实主义的方法和原则对董学和孔学进行唯实双构，就是对董学与孔学之间的关系的一次正名。

第一节　董学与孔学的真正关系

董学与孔学的关系是形而上与形而下的关系，是总系统与子系统的关系，是国家意识形态与民间思想的关系。

一、孔学是董学形而下的层次

董学的意识形态化使董学与孔学之间产生了扑朔迷离的复杂关系。后人将两者混为一谈，笼统地使用"儒"和"儒学"来称呼董学和公羊学，将董学和公羊学看做是儒学的一个分支，如前所述，这是一种本末倒置的做法。

事实上，作为国家意识形态的董学和公羊学有两个层次，这两个层次也就是中国哲学史的二元结构。一个层次是作为皇家哲学和皇家意识形态即皇家治国之术的公羊学，这是其形而上的层次；另一个层次是董学、公羊学、经学、孔学和儒学的界限被刻意模糊化，甚至被混为一谈，这是董学和公羊学的形而下的层次。在中国哲学史上，董学和公羊学更多的是以形而下的层次和方式即儒学出现的，而作为形而上学的部分则遭遇了"隐形化"。

但是，对于社会上的读书人来说，区别公羊学与儒学并没有实际的和现实的意义。社会上的读书人并不在意他们所读的五经是忠实于孔学的五经还是经过了董学再创造的五经即作为董学的五经。读书人的目的只是要将五经当做博得功名和获取功名利禄的工具和阶梯，至于这个工具的内涵并不重要，何况董学是皇家的哲学，过于"较真"并不利于自己的功名追求，反而会有"犯上"和不忠之嫌。读书人永远达不到董学的真正层次，无法触及董学真正的功能，而只能成为董学原则和国家行为模式之下的一颗棋子，而这对于读书人来说已经足够了。

而对于皇帝们来说，他们也不介意，甚至喜欢用"儒学"代替董学和公羊学。这样便可以掩盖皇帝的真正意图，可以使自己的治国之术不至于被"公之于天下"使人人皆知，而且同时通过对儒学的包装和强调可以凸显皇帝的仁德，可谓是一箭双雕之举。

董学的核心部分即形而上部分的隐形化和形而下部分的"显形化"造成了人们对董学和公羊学的误解和误读，并最终形成了中国哲学史的一个误区。这个问题会在下面"中国哲学史的二元结构"

部分进行进一步分析。

二、观念事实层面上董学与孔学之间的关系

在观念事实层面上，孔学是董学的一个子系统和曲笔。

（一）孔学是董学的一个子系统

提倡和推崇孔学和儒学是中国传统政治的历史事实，这点应该得到确认，需要纠正的是对于孔学和儒学在中国哲学史和政治史中的地位和作用的无限夸大，是泛儒学化和将孔子圣化的思维定式。如同确认任何一种哲学体系在哲学史中的地位一样，要确立孔学和儒学的地位首先要确认它们的历史功能。哲学体系的历史功能可分为哲学观念史和意识形态史两种功能，评价孔学和儒学也必须从这两个功能入手。

在哲学观念史上，孔学和儒学是董学的一个子系统，受到了董学的彻底整合；在意识形态上，孔学和儒学是董学和公羊学的面子，是形象代言人。因此，从实际功能上我们可以看到孔学和儒学作为董学和公羊学的一个局部的事实。由此，我们便可以确认孔学和儒学的历史定位是作为董学和公羊学体系中的一个局部和子系统而存在的。

（二）孔学是董学的曲笔

由于皇权的介入，出于国家意识形态的现实政治需求，董学与儒学之间的关系受到了严重的扭曲，两者变得纠结不清，你中有我，我中有你，张冠李戴，眉目不清。董学和儒学的正名问题受到了空前的扭曲。

董学与儒学从西汉中后期开始经历过在政治和学术上的博弈，这种博弈在白虎通会议之后终于达到了政治和学术上的平衡，董学作为国家意识形态的定位无法动摇，曾经具有政治野心的古文经学失去了独立的政治性，学术地位受到了皇权的肯定，古文经学开始被定位为作为国家意识形态的董学的学术补充。郑玄将今文经学融

入古文经学实际上完成了在这种新的定位下的学术清理工作，彻底终结了两者在学术和政治上的博弈和差异。董学从此以儒学的面目出现，儒学的内容则不再是儒学，而是董学和公羊学。两者各居其所，对以董学和公羊学为核心和基础的国家意识形态进行了重新的包装。从此之后，儒学实际上成为董学和公羊学的曲笔。

第二节　另一种可能性

后来的哲学家对某个哲学概念进行内涵上的扩展和挖掘甚至重新定义在世界哲学史上也是不断发生的事情。能否接受另一种可能性，即接受传统的主流观点，认为董仲舒的董学确实是对孔学的一种发展，董仲舒只是延伸了儒学的内涵，或者说只是改变了儒学的定义而已，从而在儒学的名号之下孔学和董学还是可以相容和共存的？

但是，这种做法并不适合用来界定董仲舒和孔子之间的哲学关系，因为董学与孔学之间的关系已经远非哲学概念的扩展所能覆盖的了。

将董学视为儒学的一个发展阶段或者是分支的做法是历来的中国哲学史对待董仲舒和界定董仲舒和孔子两人思想的"正宗"做法。但是这种做法是中国传统文明时期对皇权意志的贯彻，它所体现的是中国传统文明的意识形态的立场，而非哲学史意义上的董学和孔学之间的关系。在哲学史的领域，绝无可能将两个在层次上有如此大的落差的哲学思想并列在一起，也绝无可能将在本质和价值观上完全迥异甚至对立的思想和价值人为地糅合在一起。中国哲学史的方法论的弊端之一就是用皇权和国家意志替代哲学史，国家权力的权威性和政治功利性剥夺了哲学史的学术性和客观性，使后者成为前者无条件的附庸和奴仆。要建立客观、公正和科学的中国哲学史就必须剔除这个弊端，消除这个思维定式。

第三节　董学与孔学关系上的错误结论必须加以纠正

作为意识形态的董学在国家权力的作用下多次被人为地扭曲，其地位与孔子一样成为政治玩偶和工具。虽然在功能上对于中国传统文明并没有造成实质性的伤害和负面的影响，甚至有利于公羊模式的维持和平稳发展，但是从哲学史的层次来看，种种的扭曲掩盖了中国哲学的真相，使中国哲学史失去了客观性和可靠性。如果说出于政治考量，这种扭曲在中国传统社会是可以容忍的话，那么在今天这种扭曲已经失去了被掩盖的必要性。在对中国哲学的历史性质进行分析时就必须打破历史上的功利性的利益考虑，正本清源，恢复两者各自的本来面目，摆正两者之间被长期扭曲了的关系。

第四十二章　董学是中国传统哲学的核心和主体

　　在过去两千多年里主流观点认为儒家思想是中国哲学的主导性思想，儒家不仅是中国传统文明时期的意识形态，也是中国文化的塑造者。但是，经过本书根据观念唯实主义所做的系统性唯实比较，我们发现历来被认为是儒家思想的许多观点和理念都来自于董学，孔学与董学之间存在严重的董冠孔戴的现象，传统的中国古代哲学史并没有客观地体现中国哲学思想的观念事实，而是皇权意识形态作伪的产物。真实的情况是，董学和公羊学居于中国哲学史的垄断地位，孔学只是作为董学的附属部分而存在的，是通过董学来发挥作用的。

　　董学是中国哲学史的一个分水岭，董仲舒系统地扬弃了先秦百家哲学，将其精华提炼出来融入了其充满了独创性的哲学体系中。而董学之后的中国哲学则再也没有能够达到其高度，只是用其他的方式重复或者丰富董学的逻辑和理念。不仅魏晋玄学如此，在宋明时期产生了广泛影响的宋学和朱熹理学也是如此。

第一节　董学作为中国哲学主体的表现方面

唯实主义认为董学是中国古代哲学的主体。这主要表现在：

一、中国哲学的形而上学
从形而上学层次上看，董学的天的形而上学尤其是其天人合一理论和阴阳辩证法一直代表中国传统哲学的最高成就，甚至就是中国传统哲学的形而上学的代名词。董学的天的形而上学终结了先秦百家种种形而上学的零碎思辨，将其中的一些重要理论进行了革命性扬弃，使其成为董学形而上学的有机组成部分。从董仲舒哲学体系成功入世之后开始，天人合一理论和阴阳辩证法等便成为中国古代形而上学的核心领域和范畴，朱熹理学和其他宋学流派虽然提出了一些新的概念，但也基本上是对董学形而上学的某些侧面和理念的强调，在逻辑、方法和理念上并没有带来本质性的变化。

二、中国传统文明的意识形态

从意识形态层次上看，董学提出了以天人合一理论为理念和逻辑基础的皇权主义的政治哲学，为解决汉初面临的种种危机提供了全面、有效和具有针对性的药方，汉武帝因此将董学上升为国家意识形态，并且给予了全方位的有效落实，构建了公羊模式的国家行为模式。据此，董学不仅将西汉从全面危机中挽救出来，并且为中国文明设计出一整套具有独特性的国家制度，中国文明从此在未来的两千多年里有了牢固的意识形态基础，有了固定的思想轨道和国家政治制度模式。

有人认为中国传统文明的治国术是"外儒内法"，这也是不对的。外儒没错，但是内法则是错误的，董学不是法家，董学远远高于法家。法家继承了商学的部分内容，而商学的理念已经被董仲舒所扬弃了，其中的一些要素如同其他先秦百家一样被有机地包含在了董学的体系之中。尤其是董学已经超越了秦国和秦朝试图通过文化暴力强迫士人阶层放弃思想多样性的手段，董学的制度设计正是要用经学和五经博士制度为士人阶层输入新的价值观，用察举制为士人阶层铺设一条实现个人价值的坦途和捷径，用功名利禄同化和收买士人阶层。商学和法家所提倡的一些严刑峻法在公羊模式中仍然被部分地保留了下来，只是它们都被巧妙地化解为阴阳五行哲学的义理，被赋予了来自天道的必然性，变成了令天下人心服口服的体现天意的理性政策。

三、中国传统文明的国家制度

从国家制度的层次上看，中国传统文明的核心是以皇帝制度为核心的公羊模式，而公羊模式正是汉武帝根据董学的原则创建起来的，董学从此始终保持作为皇权主义意识形态的地位。董学的中心是皇权主义的政治哲学，其制度设计在于重构国家不得不依赖缺乏正统性和合法性的皇帝制度，这正是西汉初期最大的政治危机。理念上合理、制度上完善、措施上可行而有效的皇帝制度由董学进行了革命性改造之后才在中国的政治土壤立足和扎下根。如果说秦始皇的皇帝制度还远远不够成熟，充满各种理念和制度上的缺陷、漏洞和陷阱的话，那么成熟的皇帝制度是由董仲舒从理念上构建起来并由汉武帝付诸实施的，两个划时代的伟人共同完成了对中国皇帝制度的革命性改制，共同创建了公羊模式。公羊模式从此便在未来两千多年中成为中国文明理想的国家行为模式，皇帝制度成为超越时空被中国社会的各个阶级和阶层都仰赖和信任的理想政治制度，而在漫长的中国历史的进程中还没有出现过比公羊模式和皇帝制度更适合中国更有效的国家行为模式和现实的政治制度。从民间通过考试挑选国家官员的察举制和科举制是董学的制度建设的重要内容，通过五经博士制度，它将高高在上的大权在握的皇帝和最基层的民众，将国家机器和散乱的各种社会要素，将管理国家的人才需要与社会精英结合在了一起，建成了一个上通下达、公平合理的竞争和选拔制度，为社会上最具有创造力、最活跃和最有影响力的社会精英提供了一条实现自身价值的坦途和捷径，这个堪称具有革命性和前瞻性的制度设计是由董仲舒率先提出来并帮助成功地付诸实施的。

在中国传统文明时期，皇帝可以轮流坐，朝代可以更换，但是国家意识形态没有变，皇帝制度没有变，在每次内乱和外族入侵之后国家重建之时，中国人无数次地将公羊模式作为理想的国家形态和政治制度，可以说公羊模式就是中国传统文明时期的终极模式。因此，说董学奠定了中国传统文明两千多年的历史进程是符合历史事实的。

四、中国传统文明的对外行为方式

从对外行为方式上看，董学同样塑造了中国文明的对外行为方式。如何处理地缘政治问题是任何完善的国家行为模式都不可回避的领域，董学和孔学的主张是尖锐对立和相互冲突的。董学具有明确的战争哲学，对于战争手段的运用是其政治大一统理论的重要组成部分。为了实现皇权主义的大一统，战争是必要的行为手段，这是董学的明确主张。董仲舒对于汉武帝讨伐匈奴的第一次战争是默许和支持的。董仲舒强调大一统的重要性，将其视为皇权主义的本质构件，而在现实政治中，中国的大一统是同心圆式的范畴，随着国力的强弱覆盖的地理范围也有所不同。秦始皇统一六国被认为实行了中国的大一统，然而当时秦朝的疆域是以中原地区为主的。中国的历朝历代是通过政治的方式逐渐扩充大一统的地理覆盖范围，而绝不是如孔子和孟子所提倡的作为道德乌托邦主义的政治表现形式的德政和仁政。孔学的德政观和孟子的仁政观认为只要君主实现德政和仁政，天下的百姓便会离开旧主蜂拥投靠仁主，仁主通过政治无为主义"不费一枪一弹"便可以统一天下了。中国历史的实践无数次地否定和抛弃了儒学的道德乌托邦主义和政治无为主义，证明了主导中国文明的国家行为的原则和理念绝不是与现实政治脱节的孔孟之道。

董学的战争哲学是以强调荣复仇的理念为核心展开的。所谓的荣复仇实际上是积极的自卫反击的战争战略。董学在《公羊传》中引经据典称颂春秋时期各种荣复仇的事例，这个理念显然极大地激励了汉武帝发动对匈奴的反击战，反击战的空前胜利不仅一雪几代人的耻辱，也从此扩大了大一统的范围，将河套地区、漠北南部和广大的西域纳入了中国的疆域。可以说，荣复仇的策略取得了历史性的成功，成为中国意识形态的一部分，更是公羊模式的重要组成部分，至今仍然主导中国的国防战略。相比之下，孔学和儒学回避和逃避战争的态度和行为显得多么苍白和无助。事实上，没有一个理念能够如战争哲学一般如此强烈地对比出董学和孔学之间的本质区别，反映对于国家行为的影响，体现对于一个民族命运的深远的规定性了。

五、董学的独立性

由于种种复杂的原因，董仲舒采取了托孔入世的策略，但这并不能够掩饰董学的独立性和原创性，虽然汉武帝并没有将董仲舒名副其实地置于他应得的地位，后来的皇帝更是选择孔子作为"形象代言人"，但这并不能剥夺董仲舒对于中国历史作出的杰出贡献。

但是长期以来，中国人却不假思索和想当然地认为这些董学的观念是典型的儒家思想，孔子是中国文化的导师，对于孔子和儒学近于疯狂地顶礼膜拜，而几乎浑然不知这些制度和观念都来自于董学，而不是孔学和儒家。皇权意识形态的作伪可谓深入人心，中国哲学史成为皇权主义作伪的最大受害者。

必须加以强调的是，中国哲学史和文化中的泛儒学化和将孔子圣化的思维定式是缺乏事实基础的，是人为编撰的一场政治秀。凡事皆儒、凡事皆孔的思维定式是荒谬的，是重构科学的中国哲学史的道路上必须彻底拆除的障碍物。

第二节　传统中国文明的主要价值观是董学而不是孔学

哲学是一种文明形态的灵魂，它塑造一个民族的文化和价值体系。传统文明时期的意识形态的二元结构使中国文化也形成了二元性结构，即在政治文化上隐秘地执着于董学和公羊学，而在大众文化上却盲从地崇拜儒学，奉孔子为偶像，将许多专属于董学和公羊学的观念和价值观归于孔子和孔学。

中国传统文明是政治挂帅的文明形态，奉行者崇尚国家和集体的价值观，而从来就不是尊崇个体主义原则和自主性原则的，从来都贬抑以个人利益为核心的价值观。政治挂帅意味着国家权力即皇权是决定社会各个阶层和阶级的价值观和行为方式最强有力的塑造者，在中国传统文明形态之下，不存在脱离了国家主义安排和设定的个人价值观。中国传统文明的这种状态和价值观是由西汉的汉武帝时期的意识形态和文化大一统所确定，并且在未来的两千多年里一直不断地得到强化。国家主义的价值观占据主导性的地位，这意味着董学是中国传统文明的核心价值观，而孔学和儒学的功能和存在形态要服从于国家主义的安排。

除了成功地塑造了适合中国传统文明的国家行为模式之外，或者说正是由于成功地塑造了公羊模式，董学对于中国文化施与了巨大的、决定性的深远影响，甚至可以说中国文化在很大程度上是由董学所完善的皇权主义塑造出来的，而传统中国文明塑造中国文化的理念和方法则直接来自于董学和公羊学。可以说，是董学和公羊学通过皇权主义塑造了中国文明的系统和结构，与此同时也完成了对于中国传统文化和价值观的锻造。具有讽刺意味的是，皇权对于孔子的人为拔高和对儒家无原则的泛化从反面体现出了国家权力对于一种文化的巨大的塑造力和塑造方式。经过无数次的官方重复，意识形态的作伪变成了一种思维定式，董学和孔学之间的身份置换和董冠孔戴变成了不容置疑的常识。将事实真相挖掘和呈现出来是唯实主义的历史责任。

虽然皇权有意地混淆董学和孔学的界限，将董学的理念含糊地统称为儒学，通过两千多年的皇权强制和各种方式的引导和暗示，董学的理念和价值观渗透于中国文化的各个层面和角落，成为中国文明和文化的核心组成部分。虽然董学对于中国文明和文化的影响是打着孔学的名义进行的，但是这并没有妨碍董学和公羊学的实际功能，反而以扭曲的方式强化了董学和公羊学的影响和渗透。董学是中国传统哲学的真正核心和主体，董学作为中国传统文明的意识形态的事实也决定了它是中国文明的政治理念、政治制度、道德伦理、行为方式和文化心理的真正基础，是中国传统文明的真正内核，是中国文明的真正精神脊梁，这些事实都是无法被掩盖和抹杀的。

因为董学对孔学的深刻而系统的扬弃和同化，董学和孔学之间的关系不再是对立的关系，而是不同层次的关系。因此承认董学的核心位置并不是要彻底否定孔学，而是要根据观念事实和历史事实来为两者进行重新的定位。孔学和儒学的定位是董学和公羊学的子系统，是其补充和人为的表现形式，是其面具。事实上，客观地追根溯源，我们会在各个层次和各个侧面上发现董学作为中国文化的核心明确的事实性。

一、董学对于中国传统文明的决定性影响

中国传统哲学史的二元性结构决定了中国传统文明的结构也具有二元性。事实上这种二元性的文明结构设计直接来源于董仲舒和汉武帝，是两人的"顶层设计"，前者通过哲学思想和制度方案，后者通过国家权力将其付诸实施。在其盛行的两千多年里，公羊模式取得了董仲舒和汉武帝希望看到的最佳的政治效果：在现实的政治层次上，皇帝们牢牢地掌握着皇权，稳坐在皇帝宝座之上，得心应手地驾驭着以皇帝制度为中心的庞大的权力体系号令天下，形成了实际上最有效的皇权主义的政治制度；在社会层次上，天下百姓一方面无条件地服从公羊模式下的皇权主义的权力体系的统治和管理，另一方面却认为皇帝所实施的是孔学的德政，认为主张仁孝的谦谦君子孔子才是皇帝制度的设计者和精神导师，而满口仁义道德

的孔子是不可能存有任何恶意和反叛精神的，是最值得信赖的。

实际上，这个二元性的结构设计对于社会精英来说并非复杂到令其难以看透的地步，但是士人阶层被实际的功利彻底地降服了，只要他们能够按照公羊模式的安排研读被公羊学化了的五经便可以被纳入国家官僚体系，高官厚禄唾手可得。士人们要证明自己的价值不就是要获得功名和财富吗？而读书应考便是证明自己个人价值的捷径和桥梁。董仲舒和汉武帝如此这般将社会上最具有创造力的、最不安定的士人阶层成功地转变为读书人，消除了有可能对皇权主义构成威胁的一个重要的潜在来源。唐宋明清的科举制度将这种以功名利禄换取顺从发挥到了极致，即使国家和社会上存在诸多的弊端，只要有了社会精英的坚决支持，皇权便可以稳固，公羊模式便可以付诸实施，社会便是基本稳定的。

这就是公羊模式的二元性结构重塑中国文明的方式，是公羊模式在中国能够保持稳定和取得无与伦比的成功的秘密。

二、董学对于中国传统文化的深层塑造

从中国文化和中国人的心理的层次上看，中国文化和中国人心理的许多传统观念都来源于董学，是在董学的深刻影响之下被塑造出来的。这种影响主要表现在以下方面。

（一）对于天的态度

中国文化对于天的态度既充满了敬畏又对其缺乏宗教性的盲目崇拜和狂热，这显然是董学的自然神的天人合一观的体现。中国人对于天并不是儒家敬而远之、口是心非的态度，而是实用主义的和极具包容性的，平时对于天并没有宗教性的信仰，也不会将其当做神来供奉，只是在具有个别而具体的需要时才临时抱佛脚对其顶礼膜拜，并且只要能帮上忙，膜拜的对象并不重要。中国人缺乏对于神的信仰的现象是中国文化的一个特征，在其他主要文化中并不存在。这与董学对于天的定位是一脉相承的。董学的天虽然具有最高

的权威，但是它并不是无所不知和无时不在的全能神，而只是自然神的延伸，这样的自然属性的天并不会直接干预天下百姓的个人生活，而只对作为天子的皇帝产生直接的威慑和制约作用，对于这样的天百姓自然不会不加理会，但也没必要日夜供奉，因为这样的信仰于事无补。这种若即若离的关系体现了中国文化中宗教性的缺乏和脆弱，为佛教在多灾多难的魏晋南北朝时期风靡中国南北提供了土壤。

（二）对于皇权和国家的态度

中国文化对于皇权是极度向往、崇拜、忠诚和服从的，皇帝被视作连接天地的天子，是具有神性的半人半神的人间最高权力的掌握者，他肩负着为天下苍生带来福祉的使命，皇帝制度是皇帝履行这个使命的国家制度，自然是不可违抗的，自然是绝对忠诚的对象。这种对于皇权的迷信显然来源于董学对于皇权主义的规定，是对于董学关于皇帝的定位及其统治天下的责任赋予和使命承担的规定性的认同和接受。中国人对于皇权主义和皇帝制度的信赖和迷恋是如此强烈以至于它们被视为不会改变的或者说不可或缺的国家权力形态和国家制度。中国传统文明时期的朝代可以改变，但是皇权主义和皇帝制度不会改变，只是换了一个君临天下的家族而已；社会民众可以鄙视、仇恨和反抗官僚，但是却能主动而自觉地将贪官污吏与皇帝和皇帝制度区分开来，绝大多数农民之所以揭竿而起是要铲除迫害他们的官僚，而不是针对皇帝[①]；即使农民起义军推翻了现有的皇帝和王朝，他们从不会和绝不会改变国家权力形态、皇帝制度和国家行为模式，而是要自己做皇帝，按照既定的公羊模式重复一

---

① 此处最典型的例子便是《水浒传》了，它未必反映了全部的历史事实，却准确地反映了古代中国人的文化心理。北宋的广大民众与国家官僚体系的冲突已经到了刀兵相见和你死我活的地步，但是即使如此，梁山的起义者们反抗的是迫害他们的个别官吏，而不是整个官僚体系，更不是皇帝，只要清除了这些害群之马，他们仍然愿意归顺朝廷，甚至不惜为国家献身平叛其他起义军。这就是宋江执意要招安的内在逻辑。

切。如果说中国文化对于天和神灵缺乏信仰的话，或许中国人的信仰已经献给了现实中的皇帝了。中国文化公羊模式的信仰产生了中国历史上王朝频繁更迭而国家意识形态和政治制度却从不会改变的现象，这个历史行为事实在世界文明史中是独一无二的。而相比之下，孔学和儒学只是个人伦理学，并没有涉及国家权力的学说和理念，在董学和公羊学的巨大影响力面前它们对于中国文化政治方面的影响是十分微弱的。

中国文化中根深蒂固的官本位意识是由董学的皇权主义派生出来的社会价值观。在皇帝制度下，不仅皇帝是半人半神的天子，他所重用的国家官僚都是社会中的精英分子，这些官僚享受着诸多的法定的特权，如免除赋税和劳役，是人上人的代名词。这种社会实践逐渐产生和强化了官本位的意识，形成了官本位的社会价值观。相比之下，孔学和儒学只是教人如何做君子，虽然董仲舒和皇权推崇孔子，将经学极力与孔子和儒学扯上关系，但是这并不会削弱官本位的社会价值观是由董学建立起来的事实。

（三）察举制和科举制的影响

董学对于中国文化的塑造作用在士人阶层体现得最为直接、深刻和持久。通过五经博士制度的设立，董仲舒为士人阶层铺设了一条自我价值实现的坦途和捷径，将这个一直游离于国家权力之外的士人阶层纳入到了国家体制之内，使这个社会上最具创造力和影响力却在政治上颇不稳定的知识分子们与皇帝制度实行了无缝连接。董仲舒的这个理念和制度设计对于改造中国文化取得了堪称分水岭般的革命性作用。对于皇帝而言，他们不但消除了社会上的一个潜在的不稳定因素，还为国家发现治理国家的官僚找到了持续不断的源泉，国家再也不会如西汉初期一样因为缺乏有能力的官僚而陷入人才危机和政治危机，皇权主义找到了有能力和可以加以信赖的官僚体制的支撑，使皇权主义有效地统治和管理幅员辽阔的大一统国家成为可能，中国社会也从此进入了一个稳定的历史时期。对于天下的士人阶层而言，他们从此以后不需再创造和设计出一些古灵精怪的方法来引起国家和权贵们的注意，而只需苦读经学参加国家举办的考试便可以功成名就，成为"人上人"。可以说董学直接定义和一劳永逸地改变了士人阶层的价值观，创造出了士人阶层通过成为国家官僚来实现自身价值的终极人生路径，这显然直接而典型地反映了董仲舒的教化论在士人阶层取得了巨大的成功。相比之下，孔学只教导士人要成为君子，而无法为其提供与国家权力衔接的途径，儒家教育出来的君子只能游离于国家权力之外而一事无成，抱恨终身。

通过科举考试完成读书人个人社会地位和身份的戏剧性升华的个人价值的实现方法更是董仲舒所倡导的五经博士制度的直接制度设计，是董学所确立和提倡的士人阶层的新的价值观的制度体现。从五经博士制度确立以来，国家通过读书考试在民间选拔官员的制度一直得到执行，并且在制度上处于不断完善和规模上逐渐扩大的过程中，到宋朝、明朝和清朝终于形成了科举为尊的"科举社会"。

（四）三纲五常的道德观

在中国伦理中居于核心地位的三纲五常直接来自于董学，在后来的朝代中不断得到强化，最终变成了"封建礼教"。

三纲五常所强调的对于国家的"忠"体现的是自上而下的国家主义的伦理学和价值观，忠所提倡的价值观不是孔学以追求君子为目的的个人价值的自我实现，而是在对于国家的贡献和牺牲中实现自己的价值，可以说与孔学的个体主义的价值观是背道而驰的。忠君爱国一直是中国的官员、士人阶层和读书人的最高行为准则。中国人往往将忠孝放在一起，成为读书人的双重追求，在国要忠，在家要孝，忠孝融合了董学和孔学的国家伦理学和个人 / 家庭伦理学，体现了中国传统意识形态的二重性。但是中国人又讲求"忠孝不能两全"，当国家主义与个人伦理学发生冲突时，董学对于国家的忠诚明显地要高于孔学和儒家的孝道，这正是董学的意识形态要求社会精英和国家官员要达到的境界。

在中国历史上，中国人饱受外来势力的侵略，中国文明多次处于岌岌可危的边缘，正是董学的国家主义对于国家的忠诚和价值观造就了一批又一批的爱国志士，他们带领中国人民多次通过抗争和反抗保存了中国文明的延续性。从北宋开始，包括理学在内的宋学开始挑战董学价值观，将孔学和儒学置于董学之上，四书的地位开始高于五经。意识形态的这个变化是与宋朝无法完成大一统并且偏安江南相对应的，宋王朝的历史和国际地位跌入了历史低谷，多次被辽国、金国和蒙古国所欺凌和打败，最终被蒙古铁骑彻底征服。在看到北方民族弯刀快马的战斗力的同时，宋朝内部缺乏战斗意志和抵抗外族侵略的决心也是一个重要原因。主张武力抗战的岳飞和文天祥无不受到内部的排挤和迫害，岳飞更被主张靠割地赔款来苟且偷安的宋高宗和秦桧杀害。

中国文化中的"天下为公"的观念更是来自于董学，而非孔学和儒家。天下为公是国家主义价值观的典型体现，与董学的三纲伦理学的忠的理念直接相关。

（五）对于战争的观念

董学的战争观对于中国文化的影响极其深远。中华民族并不是侵略成性的民族，中国从未以好战闻名，但是中国人是有血性的民族，从不会甘受外国的侵略和凌辱。正是这种血性使中国人无数次成功地击退了外国人的侵略和征服，维护了中国文明五千多年的持续性。中国又是讲究战争艺术而且具有深厚战争哲学传统的民族，早在春秋时期便有《孙子兵法》《孙膑兵法》等战争著作流传于世。董学所倡导的荣复仇的战争哲学可以说是继承和发扬了中国源远流长的战争传统，积极的防守反击战略已经深深地根植于中国人的血脉之中，成为中国人的基因符号。汉朝武将卫青、霍去病等人是董学的大一统理念孕育出来的第一代保家卫国的英雄，他们的事迹成为中国文化不可分割的一部分，霍去病的"匈奴未灭，何以家为"

的国家主义的家国观和道德观成为激励历代中国人的座右铭。中国人从此变成了"汉人"，使中华民族开始以强者的姿态立足于世界民族之林，令心怀叵测的异族感到惊惧。后来岳飞的"精忠报国"延续了霍去病的家国观，同样为中国人所传颂。很显然，儒学对于战争的回避和逃避与中国文化中的尚武传统是格格不入的。如果儒学被奉为中国传统文明的意识形态的话，中华文化或许早已经灭亡，中国早已经亡国灭种了。儒学会削弱中国人的血性，变得明哲保身，委曲求全，怯懦猥琐，这对于一个民族是有百害而无一利的。

（六）大义灭亲的价值观

中国文化的另一个重要的美德是大义灭亲，即为了国家利益而牺牲个人利益和情感，其本质是将国家主义的伦理置于个人伦理之上，使后者完全地、毫无保留地服从前者，这是典型的董学国家主义伦理学和价值观的表现。与此相似的还包括"小家服从大家""小义服从大义"等观念。这些都是对孔学的君子伦理学的孔孝、个体性的价值观的彻底否定。孔学的重要原则之一是父子相隐，这实际上将个人的孝道置于国家利益之上，用个人伦理来否定国家伦理。有幸的是，中国文化并没有接受孔学的价值观，而是坚定地接纳了董学的国家主义的伦理学和价值观。

所有这些中国文化的核心价值观都直接来自于董学，体现了作为国家意识形态的董学的不同层面。虽然孔学所倡导的孝道等价值观也是中国文化的重要组成部分，但是它绝非中国文化的全部。中国文化绝大多数的重要观念来自于董学而非孔学和儒家。

虽然在政治层面上，皇权主义通过扭曲董学和孔学的定位这个统治策略获得了成功，孔学在很大程度上混淆了董学和公羊学，但是在学术和哲学史层面上皇权主义却使中国哲学史受到了严重的扭曲，使得董学在中国哲学史的地位几乎完全被孔学和儒学所霸占，以至于从西汉开始中国的意识形态和文化一直刻意地人为拔高孔子而有意无意地忽略和忽视董仲舒，造成了中国哲学史上的千古谜案和冤案。这种政治对于学术的篡改应该结束了，是时候揭去皇权主义的伪造和面具，斩断皇权主义的脐带，恢复中国哲学史的真实面貌了。

第四十三章　中国哲学史的二元结构

　　唯实主义认为单纯的哲学观念史并不能揭示中国哲学史的本质和逻辑，也不是建立中国哲学史的正确方法。令人遗憾的是，至今为止的中国哲学史仍然属于中国哲学的观念史，尚未真正触及中国哲学的意识形态史部分。即使偶尔提到意识形态，在方法上也是从哲学观念史的视角来看的。更为重要的是，中国传统文明的意识形态似乎被认为并不需要做任何深入分析，一句"封建专制主义"和"腐朽落后"便可以稳妥地盖棺定论了。这是对中国哲学史和中国文明的亵渎。

　　只有抓住两条线索，即哲学观念史和意识形态史，以及它们在时间线条内的交织和互动，才能够真正揭示中国哲学史的本质，展现中国哲学发展的逻辑线索，构建符合事实性的完整而客观的具有二元结构的中国哲学史。

　　中国的第一部哲学史出自主张全面西化的胡适之手，他在20世纪初期出版的《中国哲学史大纲上册》被认为是现代第一部中国哲学史。第二部具有影响力的中国哲学史著作是冯友兰的《中国哲学史》。该书出版于1930年。迄今为止，这两部中国哲学史仍然位列最具影响力的中国哲学史著作。这两部哲学史都是观念史，只是按照时间顺序介绍了中国历史上的各种哲学观念。

第一节　中国哲学史的二元结构的内容

　　在中国传统文明之下，中国哲学史的主线是意识形态史，哲学观念史只处于边缘地位。绝大多数主流的哲学观念都是由意识形态决定和塑造的。这表明传统文明下的意识形态史有两个主轴，就是董学与孔学，两者之间的复杂关系形成了中国哲学史二元性的结构：一元是皇家意识形态和董学，另一元是作为国家主义的教化论的哲学。前者包括皇权主义的意识形态、皇帝制度和现实政治的机构设置即公羊模式，以及皇帝驾驭这个复杂的皇帝制度的统治术即公羊道。这些为皇帝所独享，是思想禁区，高高在上并且躲藏在暗处秘不示人。后者则被摆在了明处，是巩固皇家意识形态的思想工具。而国家主义的教化论哲学就是被皇权用来向社会尤其士人阶层提倡的用来教化国民的哲学观念。

人们会说如果意识形态也是哲学史的组成部分，那么在哲学观念史中同样可以表现出意识形态的功能和作用。这是有道理的，但是通过哲学观念史表达意识形态并不是哲学史最理想的方式。这是因为通过意识形态为主要线索表现哲学史更能体现哲学史运动和发展的规律，更能体现哲学史对于政治的影响以及对于国家行为和文明进程的历史性影响，这更接近国家行为的现实。而将意识形态融于哲学观念史中则将一个动态和立体的运动静态化和片面化，无法突出地表现出哲学史和意识形态与国家行为之间的历史性的互动关系和因果关系。另外，以意识形态为主要线索表现哲学史可以使哲学史与历史学建立更为直接的联系，将哲学史置于现实而具体的时代性中加以考察，而哲学观念史以哲学观念的变化为主线，无法建立起这种直接的历史关联。

第二节　教化论工具的历史嬗变

中国传统文明的意识形态，即中国哲学史的第二元的思想工具的内容，经历过一个蜕变的历史过程。由汉武帝所设定的五经博士制度是最早的教化论，其思想工具是经学。经学的本质是被公羊学化了的古代经典，这实际上将古代经典意识形态化和皇权主义化了。这些古代经典由于儒家的保存和传授而得以流传，但是它们并不是严格意义上的儒家经典，它们也同样受到先秦其他学派的重视，儒家只是在文献学上做出了更突出的贡献而已。董仲舒虽然并没有明确将这些古代经典当做儒学经典，但是为了"托孔入世"策略的实施也并没有声称它们不是儒家经典，这个模糊的界限似乎是有意而为之。

在董仲舒和汉武帝去世之后即刻开始了关于经学的内斗，经学被分为今文经学和古文经学，皇帝、大臣和民间学者都参与其中一较长短，围绕经学的争论实际上已经变成了政治斗争。为了平衡代表不同的经学流派的各种政治势力，汉武帝之后的皇帝们不得不多次将不同流派对于经典的解读纳入经学范围，以至于经学的范围被不断扩大，到唐朝时已经变成了十三经。经学不断扩大的过程也是公羊学对于五经的指导作用逐渐松动的过程，随着更多的书籍被纳入五经之列，五经中的公羊学色彩被逐渐地稀释。同样是解读《春秋》的《谷梁传》和《左传》也被列为经书，与《公羊传》并列。

直到宋朝，作为"真正的"或者说本色的儒学经典的四书终于取代了五经，孔学和孟子儒学成为教化论哲学，成为皇权新的思想工具。必须看到，即使是在南宋理学所推崇的本色的四书超过了五经而成为教化论的核心地位的时期，孔学的教育观仍然处于被意识形态化状态之下，发挥国家主义的教化论的系统功能。也就是说，虽然内容有所调整，但是公羊模式下的中国哲学的二元性结构仍然没有改变，反而有所强化。这也是理学和朱熹能够被皇权所接受并且得到大力推广的根本原因。

第三节 孔子的角色始终如一

自汉武帝时期以来，孔子的角色和功能却始终未变，孔子始终扮演着教化论的形象代言人的角色，发挥着为皇权主义的意识形态服务和宣传的功能，这就是皇帝和国家大力宣传孔子并将其圣化的动机。教化论的功能是要对社会上最活跃的要素即士人/读书人阶层进行价值观的灌输和思想钳制，使其彻底地接受和崇拜皇权主义，将其个人价值寄托于皇权主义的伦理学和官僚体系之中，成为一名为皇帝收买的走卒和螺丝钉，而不是将其闲置，更不会任凭其变成皇权的对立面和反抗力量。而对于如何把握和行使皇权这个复杂的利器则属于公羊道的范畴，是由皇帝所独享的秘籍，是不可告人和讳莫如深的，是绝不会向读书人和官僚阶层公开的，更不会进行宣传。

第四节　二元结构之下的董学和孔学

无条件地为皇权服务是中国古代哲学史的二元结构形成和存在的内在原因和逻辑基础。中国哲学史的这种二元性结构可谓是董学的阴阳哲学具体的"活学活用"的典范。两者的阴阳关系具有以下的表现形式：

一、"里子"和"面子"的关系

董学与孔学之间的阴阳关系可以用里子和面子的关系加以描述。以皇权主义为核心的公羊模式的理念之本是董学和作为其延伸的公羊学，但是皇权主义并没有选择以本来面目示人，而是将董学和公羊学藏在暗处，选择了孔子和孔学作为其形象代言人，将其作为面子放在了明处，也就是说董学和公羊学被皇权视为自己独占的秘密权术，而将有名无实的孔子和孔学作为政治工具，将它们涂脂抹粉充当自己的形象代言人，皇权主义的这个安排可谓体现了阴阳辩证法的精髓。

在这种阴阳相兼的二元性结构之下，作为里子的董学和公羊学与作为面子的孔子和孔学发挥出不同的政治功能，在不同的层次和从不同的侧面为皇权主义服务。作为国家最高权力掌握者的皇帝所遵循和恪守的是董学和公羊学的意识形态，里子里面包藏公羊模式和公羊道，而对于社会上的民众尤其是士人阶层和读书人则不遗余力地将孔子打扮成圣人，面子所展示的是孔学的温良恭俭让的谦谦君子形象，孔子的仁德和善面显然更有利于用公羊学的标准来自上而下地教化士人阶层，通过用公羊学的标准来为国家选拔官僚，将士人阶层改造为贯彻皇权意志的忠实工具。皇帝向国民尤其是读书人推行经学，推崇孔子，建立起了察举制和科举制，是以善面示人，而对于治国术皇帝是绝不会向读书人泄露的，即使是居于庞大的官僚体系之巅的丞相和宰相对于皇帝的治国术也只能靠揣摩和猜测，对于皇帝的心思也只能略知一二，无法洞悉其内部的机关，而丞相和宰相只是皇帝治国棋盘上的一枚棋子，其命运常常朝不保夕，随时会因为与皇帝的意志相抵触而丢官丢命，对此他们也只能感慨"伴君如伴虎"了。

显然，这种两重性的形成是意识形态作伪的结果，它造成了两千多年里对于中国哲学史的扭曲，中国哲学史一直在董学和儒学的悖论中雾里看花。

实际上，皇权主义始终试图将这个二元性分别推向极致。一方面，皇帝一直强化皇权的集权程度，希望将国家权力牢牢地掌握在皇帝一个人手中，历朝历代的有为皇帝都力争将大权独揽于一身，皇帝的集权程度从总体来看呈现上升趋势，在清朝的雍正和乾隆时期达到了顶点，雍正帝设立了军机处，使皇帝可以绕过整个官僚机构和法定的决策程序，将个人的意志和命令迅速而直接地落实到国家的任何角落和任何个人身上，实现了真正的"率土之滨，莫非王臣"；另一方面，汉武帝之后的皇帝们始终强化对孔子形象的包装和推广，不断为孔子"加官进爵"和歌功颂德，目的正是要力图将孔子这个皇权主义的意识形态的形象代言人的价值最大化，将孔子圣化还不够，将孔子宗教化是更高一层的目的，这个目的在袁世凯时期被明确地写入了"宪法"，孔学被明确地认定为孔教。

孔学本身根本不是什么宗教，相反孔学具有明确的反对和否定宗教的倾向，这在上文对于孔学的观念唯实主义的剖析中已经得到了唯实解析，但是皇权希望孔学变成百姓和读书人的宗教，只是由于孔学的理念与宗教和神学是相冲突的，再加上中国文化的早熟在西周时期开始便已经逐渐失去了宗教传统等原因，孔学始终无法如皇权所愿变成一种宗教。虽然如此，但在自上而下的拔高过程中，孔学被人为地泛化了，孔学被认为是中国文化中许多核心观念的出处，孔子被想当然地封为中国哲学和文化的代表。孔学的泛化和孔子的圣化随之成为了中国哲学史的思维定式，孔子头上的那顶假的高帽也似乎真的属于他了，他脸上被涂抹的油彩也似乎变成了他的皮肤了。

二、现象和本质的关系

中国哲学史的二元性还体现在董学和孔学之间的现象和本质的对应关系上。对孔子的圣化和对孔学的弘扬，根据孔学的孝悌等道德原则制定国家挑选人才的标准的做法只是皇权主义控制意识形态的一种手段，它们只反映了皇权主义本质的现象。如果说董学和公羊学是皇权意识形态的本质的话，那么孔子和孔学就是表现这个本质的现象。现象和本质虽然是一对对应范畴，但是两者的地位却从来都是不平等的，本质永远都是现象的决定因素，决定现象的生成、存在和表现方式，现象永远也无法脱离本质而独立生成、存在和自我表现。本质对于现象具有选择权，而现象只有被选择权，只能接受本质的选择，并且服从于本质。本质与现象的这种关系对于中国哲学的二元性来说尤其如此。作为国家意识形态的董学选择了孔学，就如同本质选择了一种特定的现象作为表现形式来体现自己的需求，作为现象的孔学只能是作为本质的董学的表现方式，而无法代替董学的地位。

三、目的和手段的关系

中国哲学的二元性还体现在董学和孔学之间的目的和手段的关系上。确立皇权的合法性和正统性，建立起牢固的皇权，强干弱枝，真正实现大一统，这是作为政治哲学的董学的根本目的，也是董学能够被汉武帝提升为国家意识形态的根本原因。相比之下，孔学并不是政治哲学，也并没有建立起与国家权力的直接关系，与皇权和皇权主义更是风马牛不相及，没有半点关系可言，董仲舒和汉武帝决定"独尊孔术"是因为董学从皇权主义的视角重新发现了孔学所具有为己所用的新的政治价值。而在事实上，在赋予了孔学以新的政治功能之后，孔子和孔学变成了皇权主义得力的工具，出色地发挥自己的功能，皇权的扶持是孔子受到尊重和孔学变得流行起来的真正原因。由此可见，孔子和孔学是董学火中取栗的一个爪子，董学是控制孔子和孔学的背后那只无形而有力的手。在作为皇权主义意识形态的董学面前，孔子和孔学并不存在任何独立的价值，而只是体现董学价值的延伸，是董学的表现手段。

四、主动与被动的关系

中国哲学史的二元性还体现在董学与孔学之间的主动和被动的关系上。前者是主动的，后者是被动的。中国哲学的意识形态和教化论哲学之间的二元性结构的一个副产品是两种之间单向的交通方式：中国古代哲学只存在自上而下的指令而不存在自下而上的交流。意识形态和董学体现的是皇帝的利益、意志和命令，是丝毫不可违背的圣旨，作为教化论的孔学只能服从而不求甚解。这是由皇权在意识形态和教化论哲学之间设置了一道后者不能触碰的防火墙。这道防火墙的存在不仅使皇帝与官僚体系之间存在不透明的情况，而且对于中国哲学史来说同样如此。

牟宗三对于中国政治与中国哲学史之间的隔阂现象颇有体会。他观察到："中国自秦、汉以来直至今日，形成其历史文化之严重结症者唯在政治一关之不透。"① 他认为南宋和明朝的灭亡都与政治的不透明密切相关，造成了严重的政治后果，他还认为南宋哲学家叶适（叶水心）、陈亮（陈同普）和明末的哲学三大家顾炎武、黄宗羲和王夫之都对此现象发生过感慨。这些先贤对于中国政治和哲学史之间的隔阂和不透明的观察实际是察觉到了中国哲学史的二元性，感觉到了皇权意识形态讳莫如深的运作方式与其对于孔学在表面上的吹捧完全是两回事。

五、董学对孔学的扬弃和同化

从根本上来看，董学之所以能够在政治上成功地利用孔学，能够将其成功地纳入以董学为核心和基础的意识形态和公羊模式，是因为董学成功地将孔学的个人伦理学融入了董学的国家主义的伦理学，将孔学的个体性和自主性为主的价值观同化进了董学皇权主义的价值观，在董学的政治哲学体系内为孔学的伦理学和价值观找到了一席之地。也就是说，董学在更高的国家主义和皇权主义的层面上完成了对孔学的个体性和自主性的伦理学和价值观的改造和同化。

六、"罢黜百家，独尊孔术"② 的真正含义

孔学在皇权主义中的政治功能和中国哲学史的二元结构的始作俑者正是皇权意识形态的缔造者董仲舒。

在与汉武帝答辩的《天人三策》之中，董仲舒率先提出了"罢黜百家，独尊孔术"这个著名的命题。但是，后人认为董仲舒是要严禁百家思想的传播，而将儒家思想一家置于意识形态地位。这是

---

① 牟宗三：《心体与性体》（上），上海古籍出版社 1999 年版，第 250 页。
② 历来的流行说法是"罢黜百家，独尊儒术"，这是后人对董仲舒向汉武帝的政策建议的概括，董仲舒并没有如此的提法。《天人三等》的原文是："臣愚以为诸不在六艺之科孔子之术者，皆绝其道，勿使并进。"故"罢黜百家，独尊孔术"应是更准确的概括。

不准确的，是错谬的，对于中国哲学史的混乱和董学与孔学关系的倒置起到了十分恶劣的影响。董仲舒这句话是对汉武帝说的，即其行为主体是皇帝，所指当然是皇权，他向汉武帝建议要加强皇权就必须实现思想大一统，这就要排除先秦百家思想的干扰，要对其加以禁止，而孔学和儒家是可以利用的，可以在士人阶层提倡儒家，促使他们只学习儒家思想。也就是说，这句话要从皇权主义和中国哲学史的二元结构的框架内加以理解。董仲舒是希望汉武帝对士人阶层提倡儒家思想作为实现思想大一统的举措，而不是要汉武帝和皇权采纳儒家作为意识形态。随着汉武帝将其全面采纳和有效地付诸实施，皇权主义的内向权力结构终于成形，皇权终于找到了将士人阶层纳入皇权和国家的政治轨道的途径，具有革命性意义的新的国家行为模式呼之欲出了。

　　而对于中国哲学史来说，这句话同样具有决定性的意义。它决定了中国哲学史的历史走向，在赋予了孔学以新的政治功能的同时，也确定了董学与孔学之间的关系，决定了中国哲学史的二元结构。

　　但是，这里面有一个技术性的障碍，就是董仲舒并不是要真正地独尊孔学，而只是将其作为政治工具使用，真正的孔学和儒家思想对于治国安邦是没有帮助的，因为其中并没有绝对服从皇权和大一统等公羊学理念，孔学与董学和公羊学之间存在理念和价值观上的鸿沟。为了化解这个矛盾，董仲舒便将五经伪托于孔子和儒家，将实际上体现公羊学的政治理念的五经硬说成是儒家经典。这实际上是一种意识形态作伪行为，也就是说是董仲舒开启了皇权主义的意识形态在哲学史领域内的作伪行为。但是，这种作伪严重地违背了孔学的观念事实，以至于漏洞百出，为后来的今文经学和古文经学之争埋下了种子。

第六部　董仲舒"托孔入世"策略考辨

通过本书前几部根据观念唯实主义的原则和方法对董学与孔学的唯实双构可以看出，根据唯实主义的标准，两者无论在概念体系、理念、方法论还是价值观上都是本质上迥异和相互对立的哲学思想，董学在各个方面和层次上都远高于孔学，孔学的价值仅仅在于被董学扬弃和同化之后而成为董学和公羊学意识形态的教化论的手段。作为哲学家，董仲舒的哲学成就和历史地位要远高于孔子，是中国传统文明的国家意识形态和公羊模式的缔造者。但是，董仲舒与孔子两人的历史地位并没有如实地得到反映，两者之间有盘根错节的扭曲和复杂而多层次的关系。两者之间表里相依、虚虚实实和身份互换的错综复杂关系是中国哲学史的一个难点和迷局，这也恰恰是正确理解中国哲学史的枢机。

董仲舒和孔子之间的错位关系是皇权主义作伪的结果，而这种作伪的始作俑者却是董仲舒。本部对董仲舒的托孔入世策略进行系统梳理和考辨。

第四十四章　董仲舒的"托孔入世"策略

托孔入世是董仲舒自主选择的策略。这个策略得到了皇权的强化，从而造成了董仲舒和孔子关系的换位。在皇权的反复作伪之下，中国哲学史的真相被掩盖了。

第一节　董仲舒"托孔入世"是历史事实

董仲舒之所以要采取"托孔入世"策略是有深刻的时代、政治、哲学和个人原因的。

一、董仲舒"托孔入世"的前提和必要性

董学与孔学之间的迥异和对立既是董仲舒托孔入世的事实基础，也是事实性前提，而董仲舒为了根据董学锻造出新的皇权主义意识形态，这种不同性赋予了董仲舒采取托孔入世策略的必要性。

二、董仲舒"托孔入世"的证据

董仲舒托孔入世策略的明确而强有力的证据就是五经的设置。如前所述，五经即《诗》《尚书》《仪礼》《易》和《春秋》等是上古流传下来的历史文献，并不是孔学和儒家创做出来的著作，先秦百家都重视和大量引述这些历史文献，儒家或许在五经的保存和流传方面的贡献更突出一些，但是这并不能将五经视为儒家著作的依据。如果董仲舒真的尊孔，那么他完全可以说服汉武帝将孔子的著作《论语》以及孔子的弟子孟子的著作《孟子》和其他的儒家著作如《孝经》、曾子儒学的《大学》和子思儒学的《中庸》等列为经

典，而不必用五经这样通用的古代文献强打擦边球了。而事实是董仲舒和汉武帝列五经为国家官方的意识形态经典，而将大量的真正属于孔学和儒家的著作弃之不用，或者仅仅作为五经的附属读物，如《大学》和《中庸》就被混编入了《礼记》之中。直呼其名而不见其实对待本色孔学和儒家著作的这种做法显然与所谓的"独尊孔术"相去甚远。

董仲舒对五经的设置体现了董仲舒要在董学和儒学之间建立起一个平衡点，即一方面为汉武帝以董学和公羊学为基础、以皇权主义为核心重塑国家意识形态服务，一方面又可以通过招抚士人阶层和儒生来稳定社会、化解国家政治危机。董仲舒是要用董学和公羊学的理念重新解读这些古代文献，可谓是一箭双雕的政治谋略。董仲舒和汉武帝打着孔子的招牌来装潢五经，具有政治欺骗性和误导性，是意识形态作伪的经典例子。

如果董仲舒不打着孔子和儒家的旗号推出五经博士制度，那么向士人阶层和读书人推介这个新的制度或许就不会那般顺利。而以孔子和儒家之名来招抚社会上的士人阶层，国家顺利地降服和同化了士人阶层，成功地将其纳入国家官僚体系之中，这不但可以为西汉解决国家官员断层的危机，更可以使历来桀骜不驯游离于皇权之外的士人阶层与国家制度接口，成为皇权和国家的建设性的支柱，而非具有不确定性的不稳定的社会要素。而这种政治状态正是董学和皇权主义求之不得的。

第二节　"罢黜百家，独尊孔术"的唯实解构

明确了董仲舒对于孔学和儒学虚与委蛇的伪托做法就可以唯实解构"罢黜百家，独尊孔术"。

如前所述，在与汉武帝答辩的《天人三策》之中，董仲舒率先提出了"罢黜百家，独尊孔术"这个著名的命题。普遍性的观点认

为董仲舒这是要严禁百家思想的传播，将儒家思想一家置于意识形态地位。这是不符合观念事实和历史事实的，是错谬的，这个错谬对于中国哲学史的混乱和董学与孔学关系的倒置产生了十分恶劣的影响。这句话是董仲舒对汉武帝说的，即其行为主体是皇帝，所指的是皇权，他在向汉武帝建议要加强皇权就必须实现政治大一统，而要真正实现政治大一统就必须首先要思想大一统，而这就要排除观点林立的先秦百家思想对于思想大一统的干扰，要加以禁止，而对于孔学和儒家则要采取不同的方法，要加以利用而不是打压，可以在士人阶层提倡孔学和儒学，促使他们只学习儒家思想。也就是说，董仲舒是希望汉武帝对士人阶层提倡儒家思想作为实现思想大一统的举措，而不是要汉武帝和皇帝本人采纳和实施孔学和儒家思想，那皇帝要采纳和实施什么样的哲学思想作为皇权主义的指导思想即意识形态呢？这当然是董学了。随着汉武帝全面地采纳和有效地实施董学，也贯彻落实了董仲舒的"罢黜百家，独尊孔术"的建议，皇权主义的内向权力结构终于成形，皇权终于找到了将士人阶层纳入皇权和国家的政治轨道的途径，具有革命性意义的新的国家行为模式呼之欲出了。

但是，在将董学确立为皇权意识形态和将公羊学的五经确立为意识形态经典的过程中有一个技术性的障碍需要加以克服，那就是董仲舒并不是要真正地独尊孔学，而只是将其作为政治工具使用，真正的孔学和儒家思想对于治国安邦是没有帮助的，因为其中并没有绝对服从皇权和大一统等公羊学理念，孔学与董学和公羊学之间存在理念和价值观的鸿沟。为了克服这个技术障碍，董仲舒便将五经伪托于孔子和儒家，将实际上体现公羊学的政治理念的五经硬说成是儒家经典，于是一种皇权意识形态的作伪行为便轰轰烈烈地展开了。

从这个过程中可以看到，是董仲舒开启了皇权主义的意识形态在哲学史领域内的作伪行为。那么，董仲舒为什么要伪托孔子呢？下一章对此会进行全面而深入的分析。

第四十五章　董仲舒的"托孔入世"策略剖析

在明确了董仲舒托孔入世策略的事实性基础和逻辑根据之后，下一步要分析的就是董仲舒采取托孔入世策略的具体动机、做法和效果了。

第一节　新哲学如何入世是个难题

在人类哲学观念史上，任何新哲学的入世都是极其复杂的过程。

一、哲学与人类行为

在人类历史上，对于人类文明的总体和任何特定的国家来说，新哲学的诞生都是备受瞩目的大事，这是因为哲学会对人类的思想、价值观和行为方式产生重大的影响。人类的行为是自发性的，在很多情况下是基于本能的，而本能具有盲目性，人类的行为会发生在认知和价值判断之前，人类或许也会从直接的行为中获益，但是直接的行为更多的是鲁莽，人们对于行为本身的性质和潜在的价值却往往存在疑虑，往往被不确定性所笼罩，不具有持续性和稳定性，更不会全面了解行为的合理性和逻辑规律，因此直接的行为会更多地带来失误、错误和失败。行为的不确定性需要人类的认知来做出梳理、改进和提升，这包括对于客观事物的经验性的总结和知识的获取和积累，也包括对于人类自身的不断了解和认知，这两种

777

认知的综合会形成价值上的判断，系统的价值判断的最高级、最复杂和最具说服力的层次就是哲学。也就是说，从本质上看，哲学的功能和使命就是为人类行为的性质和潜在的价值做出系统性的判断。这种系统性的判断在很大程度上会影响人类的下一步行为。被哲学否定的行为方式会被人们抛弃，被哲学肯定的行为方式会被人们继续和发扬，会迸发出强大的自信和力量。在很大程度上，哲学主导了人类历史的进程。

二、新哲学入世的难题

思想是人类最有力的精神力量。思想指导人类的行为，思想的变化会导致人类行为的变化。而哲学则是人类最高层次的思想，是最成熟和系统的思想，也是最有力量的思想。具有独创性的哲学的诞生总会对人类的精神世界和行为产生巨大的影响和冲击，而新的哲学体系的出现会孕育各种层次的革命的种子，会意味着新的意识形态的诞生。当革命发生在政治哲学层面并且被广泛的社会层面所认可和接受时，一个国家和民族的命运就会改变，新的文明形态就会诞生，人类历史进程也会因此而发生激烈的改变。哲学的特殊性和重要性使新的哲学的诞生不会是顺利的过程。对于国家统治者来说，对于新的哲学思想总是密切注意严加防范的。有些政权不惜采取极端的手段来剿灭和扼杀新的哲学思想，例如欧洲中世纪的宗教裁判所，19 世纪对于马克思思想的围剿和镇压，在中国历史中对于与国家意识形态不同的哲学思想进行镇压的事例延绵不绝，秦始皇的焚书坑儒是最典型的一个。

对于哲学家尤其是政治哲学家来说，他需要认真应对的事情有两个：一是如何包装自己的思想，如何向社会推广自己的思想；二是要尽力保护自己，不要受到国家权力的扼杀和戕害。前一个是战略性的问题，后一个是策略性的和战术性的问题，如何在两者之间找到一个平衡点是哲学家不容回避的重要问题。在古今中外的思想史上，一种思想尤其是哲学体系如何入世对于其影响力会产生巨大的制约性。能否入世和以何种方式入世直接关系到这个思想和哲学能否对时代、国家和社会发挥影响和发挥多大的影响，这对于董仲舒来说同样如此。

三、新哲学入世的方式

在世界哲学史上，新哲学的入世方式有以下几种：

（一）对抗型

对抗型的入世方式是从体系之外对现有的主流哲学思想和意识形态进行正面的挑战和冲击，试图一举击溃主流思想，甚至取而代之。对抗型的入世方式是一种最直接和最有潜在冲击力同时也是风险最高的入世方式。虽然会因为公开的对抗、争议和辩论而发挥出巨大的冲击力和影响力，但是这种对国家权力和正统权威的正面挑战会对哲学家造成巨大的伤害，其哲学思想也会受到诋毁和封杀。当然，真正有创见的哲学思想终究会闪光的，权力和权威并不会将它们真正扼杀，时间是公正的。

在西方思想史上，新教、启蒙和马克思列宁的思想是对抗性入世方式的代表。马丁·路德的新教思想采取了与罗马教廷进行直接的正面对抗的策略，公开揭露和谴责天主教在理念上的谬误和罗马教廷在道德与行为上的种种罪恶、制度上的缺陷、教会人员无止境的贪婪和腐化。起源于英国的启蒙思想在法国以暴力革命的方式爆发，这就是法国大革命。法国大革命使诸多的新思想的提倡者死于非命，不仅引起了多次内战，还引发了欧洲国家之间的一系列战争。法国大革命促使拿破仑登上了历史舞台，他以宪法的形式保持住了革命的果实，却使法国在经历了战场上的辉煌之后几乎被外国所瓜分。马克思和列宁站在工人阶级的立场上公开批判资本主义的严酷的剥削制度及其种种丑恶和罪恶，号召人民群众通过暴力革命的方式推翻资本主义统治，建立属于由工人阶级当家作主的由无产阶级专政的新国家。新教和马克思列宁的对抗型的入世方式对于当时的时代造成了强烈的冲击，不仅永久性地改变了西方国家的内部政治版图，还挑起了无数次国家间的战争，如三十年战争、国内的起义和内战，无数的国家政权被更迭。

相比于强调正面对抗的西方国家，中国对抗型的思想家并不多见。商鞅可以说是先秦时期对抗性哲学家的典型。商鞅为了将富国强兵的商学付诸实施不惜与秦国的整个旧贵族阶层进行对抗。这种极端的方法是冒了巨大的风险的。有幸的是，商鞅得到了开明君主秦孝公的支持，秦孝公给予了他无条件的信任和支持，这种信任和支持是商鞅能够进行变法的前提、基础和保障，是秦国能够从一个落后的边夷国家一跃成为战国时期的虎狼之师的先决条件。但是商鞅的对抗性的行为方式终于还是受到了其反作用力的打击，在秦孝公去世之后他受到了复辟的旧贵族们的残忍报复，被五马分尸。明朝末期的李贽则是在中国历史进入了公羊模式之后以对抗方式入世的思想家，他堪称是这个时代的一个极其罕见的典型。晚年的李贽放弃了世俗的一切牵挂，以自己另辟蹊径的思想挑战正统的意识形态和道德观念。由于屡次与当朝权贵对抗，自然遭到了无休止的陷害，以至于最终在狱中自杀。李贽虽然勇气可嘉，其效果却并不理想，其思想被看做是不入流的另类，对中国哲学的影响是十分有限的。李贽的不足在于他的思想体系的深度和力度不够，还不足以撼动主流的哲学思想和意识形态。

（二）超越型

超越型的入世方式也是从体系外入手，试图通过用新的思想代替现有的主流哲学思想、宗教和意识形态。它与对抗型的入世方式的不同点在于它不是通过激烈的争辩和斗争摧毁现有的主流思想，而是避其锋芒，更注重强调自身在理念上的优越性，试图通过超越而不是对抗和摧毁的方式取代现有的主流思想。

在西方历史上，超越型策略是宗教性思想入世最常用的方法。

佛教、基督教和伊斯兰教等的入世和传播无不采用这种方式。宗教思想的创始人把自己打扮成先知和神灵的代言人等，以救世主的身份传播自己的思想。通过这种方式，新的宗教思想得以获得更多的信徒，在没有正面对抗的情况下成功地超越和取代了旧的宗教。

在中国历史上，孔子和孟子是先秦时期试图以超越方式入世的典型。两人试图按照自己的理解来改变国家行为方式，他们毕其一生周游列国，试图说服君王将孔学和儒学付诸政治实践，却绝不对现行的国家行为方式进行公开的谴责，尽量不与权贵发生正面的冲突，而总是避重就轻地谈论自己的道德乌托邦主义的优越性。只是两人虽然能够保全生命，但是孔学和儒学最终没有被任何一位国王所接受，他们试图以超越方式入世的努力失败了。

（三）顺其自然型

顺其自然型是指那些并不需求主动入世的思想，能否入世和被社会接受并不是思想家刻意关心的问题，一切顺其自然。

在西方历史上最著名的顺其自然型的入世方式当属哥白尼的日心说了。哥白尼的日心说的革命性的冲击力是全方位的，作为一种颠覆性的宇宙观它永久地改变了中世纪的欧洲对于外部世界的认知前提，为后来的哲学和科学革命打下了基础。虽然创立了具有颠覆性的伟大理论，哥白尼却没有选择对抗性的入世方式，而是将自己的发现隐藏了起来，直到多年之后才暴露于世。哥白尼学说的这种入世方式在很大程度上是由中世纪罗马天主教教廷对于新思想的残酷的绞杀政策所决定的。而为了免遭教廷迫害，哥白尼不得不委曲求全，几乎扼杀了自己的学说。

在中国哲学史上顺其自然型的思想家可以分为两类。一类是由其放达的价值取向决定的，最典型的是先秦的老子和庄子。老子和庄子等人的思想并不积极寻求入世，而是强调思想的内向性，所看重的是价值的自我肯定，而自己的思想和哲学入世以及能否对社会产生作用并不是他们在意和追求的目标。另一类是由严苛的政治环境决定的无奈。最典型的时期是明末清初时期。明朝的灭亡给予明末的学者以极大的思想冲击。在清朝统治确立下来之后，大批学者开始反思中国文明为何能够被相对落后的满清所征服，其中引发了不少深刻的思想反思，王夫之、顾炎武和黄宗羲三人为其代表。他们每个人都著作等身，取得了丰富的学术成果，具有高超的学术性，但是在满汉敌意充斥的政治氛围之下，他们思想的学术价值却与时代格格不入。有鉴于此，他们并不奢望其著作能够入世，而只能在弟子和家庭内部流传。王夫之的著作在隐没了几十年后才由其孙子刊刻成书，在社会上流传。若非其孙子的见识和努力，后人或许永远不会知道这个时期在乡野隐藏着这样一位具有深刻洞见的思想家了。

（四）学术型

学术型的入世方式是通过学说、哲学思想的创造力和质量入世，是一种通过学术性实现超越的入世方式。这种入世方式占据了当时的学术制高点，会在学术界引起关注，通过学术界再向全社会进行渗透和扩展。

在古希腊哲学史上，学术型的入世方式的代表是亚里士多德。亚里士多德经过在柏拉图阴影下的多年蛰伏，发展出了自己的庞大的哲学体系，其广度和深度不仅全面超过了他的老师柏拉图，也成为整个西方世界最权威的思想体系。亚里士多德的形而上学等哲学思想成为超越时代的正统哲学，主导了西方哲学思想达一千多年之久。德国哲学家康德和黑格尔采用的是纯粹思辨的学术型的入世方式，他们很少介入时事政治，但是其哲学思想对于西方文明的意识形态却起到了强化作用。

学术型的入世方式在中国哲学史上同样存在，宋学尤其是程朱理学、陆九渊和王阳明的心学以及明末清初的顾炎武、王夫之和黄宗羲等都是如此。程朱理学具有明确的政治使命，但是在处理方法上程朱却选择以纯粹的学术思想入世。陆王的心学注重对人的内心的挖掘，同样强调学术性的作用。顾炎武、王夫之和黄宗羲等思想家作为明朝的遗老拒绝与清朝合作，其探讨哲学和历史的动力不再强调政治对抗性，而试图通过分析历史得失进行学术性的探讨和总结。

（五）妥协型

妥协型的入世方式是将体系外的新思想和新哲学通过一定的方式转化为体系内的思想的入世方式。这种入世方式避免与现有的主流思想和意识形态的正面冲突和对抗，更注重效果，常以一种柔韧的方式达到成功入世的目的。妥协型的入世方式注重实效，能够审时度势，根据自己哲学的特点、根据不同的对象制定准确的智慧的入世方式。妥协型的入世方式可以说是一种委曲求全的入世方式。它旨在在自己的哲学原则和世俗的潮流之间取得平衡，即在形式上可以迎合世俗的潮流，但在原则上则绝不会让步；哲学家可以牺牲功名，却绝不会放弃自己的哲学底线。

在西方哲学史上，妥协型的哲学家不乏其人。希腊哲学史的巨匠柏拉图以苏格拉底学生的身份著书立说，所有的观点都是通过老师之口阐述的。然而，如果说柏拉图的前期著作中还保留了许多苏格拉底的思想的话，那么其中晚期著作则完全是通过苏格拉底之口所表述的自己的思想了。柏拉图所采取的是"托苏入世"的方法。鉴于苏格拉底在古希腊城邦的影响力，尤其是他的冤死更增加了人们对他的关注度，柏拉图的托苏无疑大大地削弱了他宣传自己思想的各种障碍，使柏拉图很快声名鹊起，成为当时最著名的哲学家。

笛卡尔的思想开创了西欧哲学的自主性，以怀疑一切的前提审视世界，以自己的眼睛衡量和判断一切。但是为了获得主流的经院哲学的接受，笛卡尔不得不做出重大的让步，与经院哲学达成妥协。笛卡尔的妥协虽然削弱了其哲学的独创性和革命性，但他的思想却回避了与经院哲学的正面冲突，成功完成了入世。莱布尼茨为了使自己的思想能够被上流社会所接受可谓绞尽脑汁，甚至不惜发展出两种貌似矛盾的思想，以至于后人分不清哪些才是他的真实思想，不得不费了许多功夫才得以确认莱布尼茨真正的哲学内涵。

毫无疑问的是，董仲舒堪称是世界哲学史上妥协型入世最杰出的代表。他的托孔入世的策略绕过了政治和学术上的各种险滩和暗礁，成功地与皇权接轨，使其哲学发挥出了最大的影响力。这种成功的程度甚至也超出了他自己的设想。但是在其哲学成功入世的另一面，董仲舒却遭遇了历史的极大不公，作为无冕之王深藏于他一手缔造的伟大的中国文明幕后达两千多年之久。

第二节　董仲舒的入世策略选择

为了超越和取代伪托黄帝的黄老之学，董仲舒不得不伪托另一位古人孔子。可以说，用古人击败古人是董仲舒"以毒攻毒"的战术选择。

董仲舒托孔的方法有三个：第一，通过《公羊传》"借壳上市"；第二，在《天人三策》中假借孔子之名提出董学的主要观点和政策要点；第三，在董学成功入世之后，在《春秋繁露》中系统地阐述自己的哲学体系，表达对孔学的真实看法和评价。

一、将孔子圣化

董仲舒拔高孔子的目的是要将其圣化。在董仲舒看来，孔子的地位越高越有利于董学的成功入世。然而需要注意的是，虽然将孔子圣化的人为拔高也包含一定的神秘主义和宗教性的穿越时空和先验性的成分，但是董仲舒并没有将孔子神化，也没有试图将孔学宗教化，这与西汉后期兴起的纬书力图神化孔子以及一些皇帝和伪皇帝要将孔学变成国教的做法是不同的。

董仲舒圣化孔子的典型说法是"孔子为汉代立法"，即早在三百年前的孔子便已经预料到了西汉将兴，并且为之立法。如前所述，汉代的国家制度完全是由董仲舒设计出来的，与孔子没有任何的关系，所谓的"孔子为汉代立法"没有任何的观念事实基础和历史事实基础。董仲舒的托孔入世的策略就是将董学为汉代的制度设计嫁接到孔子身上，将属于自己的帽子戴在了孔子的头上。

二、董学由体系外的思想转化为体系内的思想

董仲舒为何要通过假借孔子来入世呢？这与孔子的独特身份和地位有关。孔子是失败了的智者，是悲剧性的历史人物，他和儒家的教育实践造就了诸多的弟子和追随者，在先秦时期已经有人将其视为圣人。汉兴以来的学者和儒者如陆贾、贾谊和晁错等也对孔子十分推崇，在陆贾的影响下汉高祖刘邦甚至拜谒了孔子在曲阜的故居，成为中国历史上第一个造访孔子故乡的皇帝。可以说，无论是皇权还是读书人在一定程度上都已经接受了孔子作为智者甚至圣人的身份，孔子成为体系内的历史人物。假托孔子，董学便可以从体系外的新哲学变成体系内的固有思想，皇帝、权贵、学者还是社会上的儒生对其的抗拒便会大大减少，会使董学的入世变得更为容易。

第三节　董仲舒"托孔入世"策略的实施

董仲舒对于其"托孔入世"策略的实施可谓十分老练多谋，多次成功实施瞒天过海之计，得以达到预定的目标。

一、《公羊传》中的托孔

通过撰写《公羊传》托孔入世是董仲舒策略的第一步。

董仲舒将作为史书的《春秋》改写成了作为政治哲学著作的《公羊传》，在其中提出和演绎了董学的公羊学的一些核心概念和理念，尤其是"大一统"理论和灾异论等。

例如,《公羊传·隐公三年》载:

> 经文:三年春王二月己巳,日有食之。

> 传文:何以书?记异也。……日某月某日朔日有食之者,食正朔也。其或日,或不日,或失之前,或失之后。失之前者,朔在前也;失之后者,朔在后也。

这是为公羊学后来的"改正朔"的政策建议进行概念上的解释,显然是公羊学的展开,是为董学的皇权主义的改制进行铺垫。

再有,《公羊传·僖公十五年》载:

> 经文:乙卯,晦,震夷伯之庙。

> 传文:……曷为大之?天戒之,故大之也。

晦是指白天太空灰暗,董仲舒认为这是天在警戒鲁国的当权者季氏,在自然界的异象与地上的君王行为之间建立起了直接的因果关系,这显然是公羊学的理念和逻辑。

董仲舒在《公羊传》的结尾处突出地记述了西狩获麟的典故,用孔子自己的口说出了未来新哲学的诞生。《公羊传·哀公十四年》载:

> 经文:十有四年春,西狩获麟。

> 传文:……孔子曰:"孰为来着!孰为来着!"反袂拭面,涕沾袍。……西狩获麟,孔子曰:"吾道穷矣!"

这显然是与董仲舒宣称的"孔子为汉代立法"相矛盾的。孔子已经说明了来者不会是他,因为他的道已经山穷水尽了,该退出历史舞台了。这个来者是谁?孔子退出之后谁将登上历史舞台?董仲舒为董学的横空出世铺平了道路,埋下了伏笔。

在董仲舒的行文中,他只是将孔子作为一个符号和象征来加以利用,而对孔学的观念事实和孔子的行为和角色却并不在意。这从《公羊传》中也得以明显地体现。《公羊传》对"颊谷之会"的处理方法便很能说明问题。

颊谷之会发生在鲁定公十年。当时孔子作为鲁定公的宰相参加了与齐国国王的会谈。孔子针锋相对挫败了齐国想要以兵劫持鲁定公的阴谋。孔子的表现可谓是大义凛然、有勇有谋，被认为是孔子政治生涯的最大亮点。在《左传》和《谷梁传》中对颊谷之会都有十分详细的描写，还加以刻意渲染，但是《公羊传》对此做出了完全不同的冷处理，没有做一个字的注解。

显然，董仲舒对于孔子所谓的"政治成就"并不以为然，认为这段历史对于他的公羊学理论也没有任何的帮助，因而选择完全忽略。这显然不是真正崇拜偶像的做法和态度，甚至对孔子颇有些简慢之意。

董仲舒的辞指论是理解董学与孔学之间关系的重要的切入点。辞指论表面上是解释孔子的用辞与旨意之间的关系，实际上是解释孔子的经文与董学的传文之间的关系，是董仲舒托孔入世的方法论基础。通过辞指论董仲舒举重若轻地引出了他自己的哲学，以"和平的"、非对抗的方式完成了对孔学的假借。

二、《天人三策》中的托孔

据《汉书·董仲舒传》记载，在与汉武帝面对面的《天人三策》的问答中，董仲舒多次提到了《春秋》，用来演绎他的观点和逻辑。但是，董仲舒所引述的《春秋》并不是孔子的《春秋》，而是董仲舒自己的《春秋》，是被《公羊传》化了的《春秋》。在《天人三策》中这样的例子很多，其中最能体现董仲舒托孔入世的一句话是：

《春秋》大一统者，天地之常经，古今之通谊。

通过对孔学的唯实解构，我们已经知道孔学中从来没有大一统的概念和观念，孔子在《春秋》经文中也从来没有提出过大一统的概念和思想，大一统是董仲舒创建的概念，是董学和公羊学的皇权主义的核心政治哲学概念和理念①。显然，董仲舒所说的《春秋》并不是孔子的《春秋》经文，而是说他对于孔子经文的传文即他自己的公羊学。

董仲舒将《春秋》和大一统强拉在一起并不是即兴而为，这关乎他对于孔学的一贯态度。在《春秋繁露》中董仲舒多次阐明了《春秋》不是恒定的真理，而是要随着时势的变化而变化的"常变论"思想：

> 《春秋》无通辞，从变而移。（《春秋繁露·竹林》）

这与他认为大一统是"常经"和"通谊"的思想看起来是矛盾的。其实，如果看清了董仲舒所采取的托孔入世的策略和方法，这种看似矛盾的现象便可迎刃而解了。

在《天人三策》中，董仲舒谈道：

> 孔子作《春秋》，上〔揆〕之天道，下质诸人情，参之于古，考之于今。故《春秋》之所讥，灾害之所加也。《春秋》之所恶，怪异之所施也。书邦家之过，兼灾异之变。

这段话将孔子看做是灾异论的提倡者，认为孔子在《春秋》中提出了灾异论。但是，这是与实际情况完全相违的。从最能代表孔子真正思想的《论语》中我们已经看到，孔子的天与董仲舒的天完全是两回事，虽然字面相同，却存在巨大的体系性壁垒。孔学的天是指宿命论，而并不是自我宇宙观和自然观的天，孔学中也缺少天道观；《春秋》经文中的确有关于自然灾害的记载，虽然不能完全否认孔子暗示自然灾害和怪异的自然现象与君王行为之间的关系，但是孔子却从未将它们与君王的政策和行为直接联系起来，在两者之间建立逻辑上的因果联系。灾异论完全是董学和公羊学的理论，是其天人合一的形而上学的重要组成部分。董仲舒在此处的托孔同

---

① 清朝学者庄存与在《春秋正辞》中持同样的看法，关于董仲舒的这句话他认为"此非《春秋》事也。治《春秋》之义莫大焉"。即他认为大一统跟孔子的《春秋》无关，完全是公羊学的力量。参见陈其泰：《清代公羊学》（增订本），上海人民出版社 2011 年版，第 55 页。

样十分明显。

在《天人三策》的最后，董仲舒以直言不讳甚至咄咄逼人的方式得出了他的纯粹的董学结论，即建议汉武帝要"罢黜百家，独尊孔术"，这实际上是告诫汉武帝要将董学作为皇权主义的意识形态（关于"罢黜百家，独尊孔术"的唯实解构可见本书的相关部分）。

三、《春秋繁露》中的托孔

从写作方式，尤其是其中所提到的历史事件和理念看，《春秋繁露》中的绝大部分文章是董仲舒晚年时期的作品，由于他的哲学已经成功入世，被汉武帝采纳为国家意识形态，董仲舒也抛开了许多托孔的托词，直接地论述他的理论，也公开了他对孔子和《春秋》的真实看法。在《春秋繁露》中，董仲舒全面展开了他的董学的哲学体系及其逻辑推理过程，展示出了作为独立的和具有独创性的董学的真面目。虽然在《春秋繁露》中董仲舒仍然借孔子之口演绎他的哲学，多次提到和引述《春秋》，但是，此处的《春秋》乃是从属于《公羊传》的《春秋》，乃是董仲舒的公羊学的《春秋》，而不再是孔子的《春秋》。具体的分析过程可详见下文"董仲舒在董学成功入世之后的态度变化"一节。

第四节　董仲舒托孔不托儒

作为儒家学派的创始人，孔子与儒家具有不可分割的关联，这是不言而喻的。但是，将儒家和孔学画上等号却是错误的。孔学代表儒家的生成时期的原发状态，是儒家思想的一种和一个阶段，而儒家在孔子之后在理念上多有发展和分化，也就是说儒家思想比孔学范围更大。

董仲舒对此可谓洞若观火。在将孔子圣化和托孔的同时，对于其他的儒家则态度迥异。董仲舒对于先秦儒家的另外一个代表人物孟子的态度在《春秋繁露》中得到了直白无误的表述，这与他对于孔子虚与委蛇的态度大相径庭。董仲舒的政治哲学理念与孟子是尖锐对立的，董仲舒并没有掩饰对于孟子的态度，而是对其进行了不留情面的、直言不讳的批判，这在董仲舒的所有文章中是绝无仅有的。在《春秋繁露》中的《深察明号》和《实性》两文，董仲舒通过对孟子的性善论的人性论的系统批判提出了他自己的人性理论（可参见本书董学的人性理论部分）。

而对于荀子董仲舒则充满了欣赏。据载董仲舒曾"作书美孙卿"，遗憾的是这本书失传了。董仲舒对于荀子的态度与批评和贬抑孟子的态度形成了对比，这是因为荀子思想中有一些观念是与董学暗合的。

董仲舒对于同为先秦儒学代表人物的孔子和其他前儒学的代表人物的不同处理方法明确地说明了董仲舒对于先秦儒学的真正评价，即他只是视孔子为抛砖引玉的台阶，对孔子进行实用主义的再包装和政治利用，而在理论上则并不相信和欣赏儒学的真实立场。

在孔子去世之后，先秦儒学发生了分化，韩非在《韩非子·五蠹》中说在战国后期已经有至少八个派别的儒家学说在社会上流传，而各个派别之间各有特色。这八个流派都宣称自己是孔学的正统继承人，地域特色、私学特色等在对孔学进行继承的同时也使其原义得到了不同的解读和衍变，其文本和理念又互不认同。董仲舒完全跨越了儒学内部的流派之争，而回归到儒学的源头孔子身上，这实际上表明了他对儒学传承的某种程度上的漠不关心。显然这种漠不关心的态度绝不是真正的崇拜孔子和笃信儒家的儒生应该有的。对于孔子之后的儒学流派董仲舒毫不留情地进行批判和修正，在对儒学的人性论的处理上，在系统地批判和否定了孟子的性善论之后，董仲舒对于荀子的性恶论也同样进行了批评和修正，使其成为他自己的人性理论的反例。

由此可见，董仲舒并不是儒家弟子，作为董学和公羊学的创始人他的最重要的使命是推行他自己的哲学思想解决时代和国家所面临的系统性危机，而复兴、整顿和统一处于混乱状态的先秦儒学显然与这个目标是冲突的。董仲舒出于实用主义的目的选择了托孔入世策略，而与儒学保持了距离。了解董仲舒这个人，研读董学，就必须要看清董仲舒对于儒学的真正态度和立场。至于董仲舒所提出的"独尊孔术"并不代表他是托儒的，他在此处的儒实际上就是指孔学，这从他在《天人三策》中屡屡假借孔子的言论而绝口不提其他儒家代表人物的表述中得到了反映。另外，既然董仲舒要利用孔学实施其皇权主义的教化论的政策，这个字眼上的模糊并不会造成负面影响，反而会更有促进作用。

第五节　对董仲舒"托孔入世"策略的历史原因的分析

董仲舒采取托孔入世的策略具有深厚的时代和历史文化背景，而政治因素同样起着重要的作用。

一、董仲舒所处的时代背景

董仲舒是在皇权处于进退维谷、西汉王朝处于内外交困的系统性危机以及国家处于意识形态真空期的时代背景之下创建了他的哲学体系的。在思想混乱的时期，思想斗争是最激烈的，相互攻讦也是最没有原则和底线的。在这样充斥政治和思想斗争的历史背景下寻求将其独创的哲学体系入世，董仲舒首先不得不面对的仍然是那些坚持继续奉行黄老之学的政治势力的压力和挑战，而要推出董学，董仲舒就不可避免地对黄老之学和其他子学流派进行质疑、交锋、尖锐的批判乃至彻底的否定。董仲舒将自己的学说远托孔子不但可以在政治上保护自己，也可以增加自己学说的说服力和战斗力。而保护自己的人身安全变得十分重要和迫切。

董仲舒在汉景帝时期便为《春秋》博士，但是这时的董仲舒的董学体系很有可能还没有最终完成，董仲舒仍然处于艰苦的努力过程中，这也给了他对皇帝的行为进行仔细观望和分析提供了机会。他一定会看到信奉黄老之学的窦太后对于儒生们的高压，看到了辕固生等人所受到的令人匪夷所思的羞辱。更为严重的是，黄老之学与儒学的公开对立和冲突已经超出了学术之争，演变成了政治斗争。窦太后对黄老之学的偏执对于汉景帝是严重的掣肘，使他处于无奈之中，既不敢过度地扶持儒生，更不敢探讨新的思想，接触新的哲学。

这样压抑而沉重的政治气氛使董仲舒无法公开地推广他的哲学理论，而也正是在这时董仲舒对于如何入世的问题不得不花费心思进行巧妙的设计，以免惹祸上身。董仲舒《公羊学》中的公羊学思想是不大可能在汉景帝时期出笼的，相反，《公羊传》的开篇独创性地引出了大一统的理论与黄老之学南辕北辙，其中的灾异论和在篇尾的"西狩获麟"等将孔子刻意拔高等，很有可能会给董仲舒带来政治上的迫害。董学思想是无法为窦太后和朝廷中其他信奉黄老之学的王公贵族所接受的。因此在汉景帝一朝，董仲舒只能以一个《春秋》学学者的身份担任博士，而无法和不敢公开地推广他的哲学思想。在汉武帝继位之后，这个新皇帝如何看待董学中直接干预皇权的言论和理论仍然是巨大的未知数。

二、假托古人是惯常的做法

中国文明具有深厚的祖先崇拜传统，这种传统演化为中国文化中厚重的历史感，它渗透于中国文化的各个方面，也包括思想和哲学方面。先哲的思想和著作意味着权威性和正统性。传统势力会成为新哲学的障碍，官方或者学术界认为新哲学与传统思想相抵牾而拒绝接受新哲学，甚至会因此而迫害提出新哲学的哲学家。同样地，传统势力也可以成为新哲学的桥梁和"护身符"，能够与历史和现实成功地嫁接，完成对新哲学的救赎。从先哲的思想和著作中寻找根据和获得支持，以便证明自己的思想和观点同样具有某种权威性和正统性是中国学术史的惯常的思维方式，是新的哲学和哲学家都惯常采用的方法。早在西汉初期，学者陆贾便对此有明确的认识。在他的《新语·术事》中写道：

> 世俗以为自古而传之者为重，以今之作者为轻。

董仲舒深刻地理解并且成功地利用了这一点，对自己的新哲学和自己的人身进行保护，在传统势力的"迷彩服"之下，"暗度陈仓""瞒天过海"，成功地将自己的新哲学入世，并且保护了自己不至于受到皇权和传统势力的迫害。

三、思想自由受到践踏

哲学和思想创新在经历了战国时期的辉煌之后便跌入了低谷，子学的价值直线下降，其在社会上和君王眼中的地位也随着时间的推移而递减，以至于在秦始皇统一中国尤其是焚书坑儒之后便几乎绝迹了。秦始皇的焚书令对于中国哲学史和思想史的冲击极大，不仅焚毁了大量的先秦古籍，从而改变了中国哲学史的文献基础和文献形态，更在于它改变了中国思想家和哲学家表达自己思想的方式。秦始皇的焚书坑儒实际上通过赤裸裸的和公开的国家暴力的方式否定和镇压了思想和学术自由，旨在消除人的自由意志。既然已经领教了国家权力对于思想者的毁灭性的作用，哲学家们便不再敢于直抒胸臆了。经过秦始皇的这次打击，思想犹在，哲学犹在，但是思想者和哲学家的人格独立和尊严已经不在了。

四、中国古代哲学的惯常表达方式 ①

在中国古代哲人们表达自己思想的方法有四种。

---

① 从唐朝中期开始，中国哲学又出现了一种新的表达方式，即通过古文表达思想。通过古文表达哲学思想是古文复古运动的一个重要内容。为了增加可信性，从韩愈开始，学者们刻意通过古文表达哲理，标榜继承儒学的道统。这种方式在宋朝被继承下来，使其成为宋学的重要哲学阐述方式。

（一）经解方法

所谓的经解方法是以对古代典籍的注解、训诂和疏证为由将自己的思想系统地渗透到对经典原文的解释之中。解决方法是上古时期十分常见的方法，最常用的是对《易》的解释。据载对于《易》先秦有《连山》《归藏》和《周易》三种，分别是夏朝、商朝和周朝对于八卦的解释。

（二）直论方法

所谓的直论方法是以自己的名义直接阐述自己的见解和著书立说。战国时期的百家争鸣是这种方法的全盛时期，各种背景的学者纷纷以自己的名义直接阐述自己的独立思想和见解，形成自己的学派。直论方法体现的是思想者享有言论自由，可以自由地表达自己的思想的学术状态，在这种自由状态下的哲学和思想的表达和著述也可以称为"子学著述方法"。

从唐朝中叶开始，直论方法有所复苏，古文运动的倡导者韩愈就以直论的方法著写了关于"道统"的系列文章。在堪称中国哲学史上第二个百家争鸣时期的宋学时期直论法进一步发展，欧阳修、苏轼等都曾著写过不少的"论"，如《正统论》《易论》等。不过有趣的是，对于宋学来说用直论方法著述更多的是在学者们的青年时期，而在他们进入了官僚体系之后便很少使用这种方法了。这或许表明，虽然直论方法更具有冲击力，但是却显得锋芒毕露、咄咄逼人，而在中国传统文化中容易获得抵制而更难以被社会所完全接受。而在取得了一些功名之后，他们无不通过经解这种更含蓄和"成熟"的方式阐明自己的见解。这种哲学写作方式的转变也从一个侧面体现了中国传统文化对于哲学写作方式的塑造力，而这种塑造力在董仲舒的时代是同样存在的。

（三）弟子著述

孔子宣称"述而不作"，即只通过口头表达自己的思想，而拒绝用著书立说的方式记载和保存自己的思想和观点。但是，孔子并没有禁止他的弟子们将其思想和观点诉诸文字，最能体现孔子思想的《论语》便是由他的弟子们记述他的"语录"而成书的。这个方法在先秦曾经流行，儒家、商家和墨家等都系统地采用了这种方法。弟子著述除了记述老师的思想之外，对于思想的传承所起的作用十分巨大，这也是中国古代学术思想的传承特别重视师承和家法的现象形成的重要原因。

但是这个方法并不适用于董学。虽然拥有众多的弟子，董学的成文成书却是由董仲舒个人所完成的，董仲舒的弟子们对于董学的传承所起的作用也很有限。这或许与董仲舒垂帘相隔的教学方法有关，更与其性格有关。他过于沉醉于自己的思想和著述，而并不长于培养能够在其身后继承和发扬其学说的优秀弟子团队，以至于在去世之后并没有出现能够全面继承其衣钵的大师级的弟子。司马迁是其弟子中最出名和最有作为的一个，但是他与董仲舒的关系却十分复杂，远远地超出了师徒传承的单纯关系。而缺乏大师级的弟子使董仲舒的哲学在其身后的流传不利，最终被《谷梁传》和古文经学所超越。另外，也是更为重要的一点在于董学一经出世便已经不再是民间的学术思想，而是国家意识形态，弟子们无法再如其他学派一样地阐述和传播老师的思想，这个权力被国家收回，如何解释董学变成了国家意识形态，成为了国家特权。

在沉寂了一千多年之后，依靠弟子著述的方法在宋朝的理学得到了最大的发扬，二程除了《易传》之外并没有系统的著述，其思想主要是由其弟子记录而成。理学大师朱熹虽然笔耕不辍，但是他的弟子们的记述仍然构成了朱熹思想的重要组成部分，洋洋洒洒、多达140卷的《朱子语类》是研究朱熹和理学的必读书。

（四）伪托古人方法

子学著述方法在春秋战国时期是最直接的表达自己的方法，但是在西汉初中期已经失去了春秋战国时期的那种宽松的政治环境，思想者们正在从完全丧失了思想自由的秦始皇暴力行为之下缓慢地苏醒，无法采取子学著述方法。在这样特定的历史环境和学术氛围之下，伪托古人先贤即经解方法无疑变成了最稳妥的哲学著述和入世方法。董仲舒选择这个最佳的方法是符合当时的时代性的。

五、董仲舒为何选择孔子作为伪托的载体

董仲舒选择孔子作为他的伪托载体是经过深思熟虑的权衡的。

（一）董学的对手是黄老之学

董学的直接对手是黄老之学，董学和公羊学的目的就是要取缔黄老之学，为陷入系统性危机的西汉王朝提供新的意识形态和全方位的解决方案。而黄老之学有两个核心人物，即老子和黄帝，黄老之学的理念实际上是老子的政治哲学，黄帝的伪托和传说的色彩更浓重。因此，战胜黄老之学的关键在于战胜老子，而战胜老子的最佳办法是"以毒攻毒"，找出一个与老子时代和身份相同或者相似的对手，用"平等的对决"战而胜之，这才具有说服力。孔子与老子都是春秋晚期的哲人，两人都是士人身份，而不是如周公和子产般的位高权重的当权者，两人的学说在先秦都颇受瞩目，近百年来都一直拥有诸多的弟子和拥趸。因此，从与黄老之学和老子竞争的策略上看，孔子无疑是最佳选手。

（二）孔学有太多的留白

从本书对于孔学的唯实解构可以看出，孔学从本质上看还没有达到严格意义上的哲学标准，还不具备完整的体系性，内部也充满逻辑悖论。即使是作为一种散漫的思想，孔学也有太多的留白，它缺乏形而上学，缺乏宗教观和人性论等这些哲学所必须深究的领域和命题，而只是专注于个人伦理学。孔学提倡的是道德乌托邦主义和政治无为主义，只强调道德而忽略了所有其他的人类行为方式和要素，并逃避现实政治。孔学是种温软善良的道德说教，不似商家、墨家和法家一样锋芒毕露，咄咄逼人。从孔学和儒学的传承来看，作为一个学派的先秦儒学在西汉初期已经形如朽木，变得十分僵化

保守，失去了理论创造力和思想活力。从儒生的政治角色来看，他们始终无法真正地与国家权力接轨，成为国家机器的组成部分，而只能在民间发挥草根的作用，无法发挥具有影响力的政治功能，作为民间士人、教师和读书人的儒生为人强调温良恭俭让，虽然令人同情，却并不令人反感。从文献学角度上看，先秦儒学在先秦和汉初一直处于混乱状态，流派众多，典籍分散而不系统，因此在技术层面上有很大的伸缩空间。

董仲舒曾经研习百家之学，对于包括先秦儒学在内的百家思想都十分熟悉。利用孔学达到自己的政治目的对于董仲舒来说可谓驾轻就熟。综合来看，孔学和儒学具有很强的可利用性和可操作性，纵观先秦百家，孔学是最容易被董学改造的，也是最能够被董学和公羊学驾驭的。

（三）方法论根据

孔学虽然是古代的思想，并且在几百年中一直得以传承，但是董仲舒轻易地就找到了托孔入世的方法论根据，那就是辞指论。以辞指论为依托，董仲舒"顺理成章"地为他的托孔入世的策略找到了方法论根据。董仲舒在《春秋繁露·竹林》中说道：

> 见其指者，不任其辞。不任其辞，然后可与适道矣。

这句话的前两句是解释辞指论，后两句才是重点，说明只有"不任其辞"才有可能"适道"，即只有不拘泥于孔子的言论才有可能真正找到真理。托孔入世不仅找到了方法论上的坚实根据，也表达了董仲舒对于孔学和他的董学的真正看法，即孔学只是他获得真理的媒介而已，而真理是他自己的哲学。在这里，董仲舒公开地阐明了他对于孔学与董学的真正看法。

（四）可以获得更广泛的支持

虽然儒学在汉初并不能够战胜黄老之学上升为国家意识形态，堪称处于与黄老之学共存和争锋的状态，但是从史籍的记载中可以看到，当时在全国各地的民间儒生仍然是各种学派中人数较多的，人数要多于信奉黄老之学的人数。这种情况并不奇怪，而是与两个学派对于教育的态度直接相关的。儒家重视教育，重视儒学的私传，尤其是在孔子的故乡鲁国，儒学在民间作为伦理道德和一种学问仍然受到重视，是当地最重要的学派。而黄老之学虽然在齐国仍然得以传承，但是范围则局限于少数上层人士中间。在西汉初年，其他学派则明显地处于式微状态。曾经是战国时期显学的墨家弟子几乎绝迹，在汉初已经失去了社会基础。而其他学派如阴阳学和纵横学等只在政客中有影响，其受众面向来十分狭窄；兵家和农学家则以特定职业为受众面，只在军人和农民中间具有实用性的价值，不会成为政治主张全面上升到政治层面。因此，纵观全社会，除去当下受到官方重视的黄老之学之外，具有最广泛的社会基础的学派就是儒学。因此，在利用儒学可以为董学获得更广泛的社会反响和支持的同时，还可以将众多的儒生转化为信奉董学和公羊学的士人。

汉武帝一朝的实践表明，儒生确实成了董学得以扩展的基础，他们被汉武帝的五经博士制度等成功地转化为公羊学士人；汉武帝并没有将董仲舒立为宗师，不排除在他的心底是为了更直接地笼络住天下儒生的心而刻意地牺牲了董仲舒个人所应得的名誉和地位。汉武帝为了构建公羊模式，为了取得政治上的成功，践踏了中国哲学史的事实性，将其引入了歧途，成为中国哲学史的意识形态作伪的始作俑者。

（五）承接其他学者的说法

将孔子进行圣化并不起始于董仲舒，在董仲舒之前的学者已经明确地将孔子圣化了，虽然这种言论只是个别儒生的一家之言，在西汉初期并不是学术界和政界的主流。陆贾在其著作《新语》中便将孔子称作"后圣"，与作为先圣的伏羲和作为中圣的周文王并列成为三圣，对孔子地位进行了无限的拔高。

在其《新语·道基》中，陆贾如此评价孔子：

> 礼义不行，纲纪不立，后世衰废，于是后圣乃定五经，明

六艺，承天统地，穷事查微，原情立本，以续人伦，宗诸天地，攥修篇章，垂诸来世，被诸鸟兽，以筐衰乱，天人合策，原道悉备，智者达其心，百工穷其巧，乃调之以管弦丝竹之音，设钟鼓歌舞之乐，以节奢侈，正风俗，通文雅。

陆贾将孔子看做是与伏羲和周文王并列的"圣人"，伏羲是"先圣"，周文王/周公为"中圣"，孔子为"后圣"。由此可见，陆贾是汉朝将孔子圣化的第一人，他将孔子提到了无以复加的圣人地位。

（六）政治上的正确性

陆贾对于孔子的拔高和圣化对汉高祖刘邦起到了重要的影响，这从他破天荒地访问孔子的故乡曲阜和在政治上强调孝以及对待儒生态度的扭转得到了反映。据《汉书·高祖下》记载，刘邦在从家乡沛县返回长安时刻意绕道到了孔子的家乡曲阜，"以太牢①祀孔子"，开创了帝王祭祀孔子的先例。

但是，汉高祖刘邦对孔子的礼遇和尊重并没有转化成国家政策，虽然先秦儒学已经渗透到了国家制度、意识形态和官僚体制之中，但是汉武帝之前的皇帝和掌权者并没有刻意为孔子个人采取任何特别的措施，儒学与黄老之学处于某种微妙的平衡与对峙状态。而就思想本身来讲，儒学与黄老之学也无力分出高下，都不能成为汉朝基业完整而有说服力的国家意识形态。虽然孔子因为陆贾对他的圣化而受到了刘邦空前的礼遇和尊重，但是孔子并没有因此而走上圣坛。

董仲舒利用了这个状态，在对孔子的礼遇和尊重的基础上再推一把，再进一步。因为有了汉高祖刘邦尊孔的先例，董仲舒可以放心地拔高和伪托孔子，而不会犯下"政治错误"。

---

① 按照最早的周朝礼制，太牢是指古代祭祀所使用的牲畜，使用牛马猪羊祭祀称作太牢。后来更强调祭祀的等级。天子祭祀皆称太牢，诸侯祭祀皆称少牢。因此，太牢是最高等级的祭祀。

（七）孔学和儒学在汉武帝时期的尴尬地位

孔学和儒学在西汉初中期的地位十分尴尬，这为董仲舒利用它们提供了契机。

1. 在西汉初期一直到汉武帝时期，孔学和儒学一直处于一种颇为尴尬的地位。

一方面，在陆贾等人的荐举和推广之下，"在马背上得天下"的汉高祖刘邦和他的功臣改变了对于儒生轻视甚至歧视的态度，西汉王朝开始尊重儒生，开始强调孝道，接受了按照儒家文献记载而设定的宫廷礼仪，刘邦还破天荒地拜访了曲阜孔庙，成为中国历史上拜访孔庙的第一位皇帝。在汉文帝和汉景帝朝，研究儒家文献的学者与其他百家一样被尊为博士，有《论语》博士和《孟子》博士等。可以说，西汉初期的儒家地位并不突出，被看做是百家思想的一员，儒生是诸多的"高参"和"智囊"之一，也并没有如许多人所渲染的那样受到信奉黄老之学的窦太后等人的刻意排挤，至于儒生的受辱事件应该只属个别事件。另一方面，儒家思想对于西汉初期所面临的各种危机却束手无策，毫无办法。在登基初期，汉武帝似乎对于儒家还抱有一线希望，任命了一些儒生出任高官，还以极高的礼遇接待了在当时最受尊重的儒生申生。但是这位申生在与汉武帝的谈话中对于如何治国安邦却绝无半点计策，只能不着边际地重复孔子的一些陈词老调，这让汉武帝十分错愕和失望。由此可见，强调道德乌托邦主义和政治无为主义的孔学和儒学是不可能为西汉王朝提供任何有价值的治国安邦之策的，汉武帝无法依靠儒家实现其宏才伟略。他只能另辟蹊径，寄希望于通过颁布招贤令的方式寻求新的理论和新的思想领袖。

正是在这种背景之下，董仲舒才能够横空出世，正是在这种背景之下汉武帝才会对董仲舒相见恨晚，才会全盘接纳董学和公羊学，才会以它们为蓝本重振国运，才会开启与董仲舒共塑公羊模式的历史性的伟大工程。

2.孔学和儒家渴求入世。

董仲舒托孔入世的一个重要原因在于孔学具有巨大的可塑性，与其他先秦百家学派相比，孔学与儒学是最有可能加以改造并且完成与董学的对接的。

虽然作为哲学和政治主张的孔学充斥内在的缺陷和悖论，儒学在汉初已经处于僵化的境地，失去了理论的创造力和对国家的影响，但是儒家的三个立场却是任何其他的学派所不具备的。它们是积极的入世态度、强调教育的传统和以仁孝立本的伦理观。对儒家的这三个立场进行合理的引导，儒家便可以与国家政权进行有效的连接。从儒家弟子的角度来看，他们可以获得梦寐以求的入仕机会，为国家的运作贡献自己的才智，这正是从孔子到孟子再到汉初的儒生所苦苦追求却又求之不得的。从国家的角度来看，将儒生纳入国家的行政官员的轨道可以解决汉初已经相当严重的官员青黄不接的困境，为国家官员提供源源不断的勤劳、忠实和仁孝的潜在人才基地，这无异于为汉朝的立国和强国找到了一个重要的支柱。

反观黄老之学则缺乏一个阶层与国家进行合理对接和过渡的可能性。黄老之学强调无为，提倡的是避世的人生态度和处事原则，缺乏进取心，也没有教育的传统，信奉老子哲学的信徒都以个人的感受为核心，对国家疏远甚至排斥和抗拒，无法成为国家官员的潜在的人才基地。可以说，黄老之学作为国家权力的掌握者的行为方式无可厚非，但是作为一种国家意识形态和治国之术则具有内在的弊端，无法实现国家与社会的融合。

（八）对自己的保护

董仲舒是位现实的哲人，对于皇权的洞知使他处处小心谨慎和明哲保身。

1.董仲舒的进退观。

董学是以皇权主义的政治哲学为核心的哲学体系，这意味着它是直接干预朝政的哲学思想，本身具有相当大的政治风险，一旦得不到皇帝的认同便具有失败的可能，而一言不慎便可能带来麻烦甚至杀身之祸。对此，董仲舒具有深刻的体会和思想准备。董仲舒对于因言获罪的风险的体味直接来自于他的辞指论。

作为辞指论重要内容之一的正辞与诡辞之辩实际上是两种历史方法。这两种历史方法适用于不同的历史对象。《春秋》中有三世说，即"有见三世，有闻四世，有传闻五世"，其中的"有传闻"和"有闻"都属于古代史，而"有见"则是当代史。对于古代史，《春秋》多用正辞，而对于当代史则大量地运用了诡辞或称"微其辞"。对此，董仲舒在《春秋繁露·楚庄王》中进行了解释：

> 义不讪上，智不危身。

> 世逾近而言逾谨矣。此定、哀之所以微其辞，以故用则平天下，不用则安其身，《春秋》之道也。

这既是对"《春秋》之道"的总结，也是董仲舒对于思想家安身立命的人生之路的感悟。思想家绝不能因言获罪，成为自己思想的牺牲品，为了救世而将自己变成祭品。这大概就是董仲舒一生所奉行的明哲保身的人生信条的出处吧。从董仲舒的一生来看，他始终贯彻了他的"用则平天下，不用则安其身"的理念，能够在仕途的蹉跎、汉武帝的恩威并重以及小人们的陷害之下，始终保持心态的平和，始终保持了哲人的超越感和距离感，将自己的生命依托在哲学创造之上。

2. 董仲舒的幸运。

在汉武帝即位之后，西汉的政治和学术气氛逐渐发生了变化，出现了新的气象，也为董仲舒哲学的出世提供了历史机遇。事实上，董仲舒正是在新皇汉武帝继位之后才正式将其哲学体系正面地"隆重"推出，并且选择了与皇帝直接面谏的方式进行自我推介。在与皇帝直接交锋的《天人三策》中，董仲舒将其哲学的精华和重要的政策建议和盘推出，其力度是十分强大的，甚至采用了说教的语气，这对于一向深谋远虑、谨小慎微的董仲舒来说是不同凡响的行为。

这是因为董仲舒从汉武帝身上看到了他要真正变法图强的决心，而这对于已经基本上完成了董学体系构建的董仲舒来说无疑是个千载难逢的机会。董仲舒敢于如此冒险不能不说在某种程度上是因为他借用了孔子的外壳，采取了托孔入世这个保护伞。因此，《公羊学》正式定稿和入世的时间应该在汉武帝继位之后，这也就是汉武帝要通过《天人三策》才能够了解到董仲舒的思想而不是通过《公羊传》的原因。

从董仲舒的立场上看，如果说大一统理论受到汉武帝的赏识的可能性较大的话，那么灾异论则在两可之间。因为汉武帝虽然信奉鬼神和符命论，但是对于灾异论的态度则是未知数。尤其是结尾处的"西狩获麟"说更宣称新的天子将出现，代替西周而起。对于这样的"为一王之法"的干预皇权的著作，没有任何人有把握会得到如汉武帝一般有雷霆之威的帝王的接受和垂青，即使是为了当朝正名之书和为了当今皇帝出谋划策之书，却仍然冒着巨大的堪称粉身碎骨的政治风险。伪托孔子入世便成为投石问路明哲保身的万全之策，进可攻退可守——失败了由孔子和其他将孔子圣化的学者共同承担罪责，成功了便可分得进献之力和一辈功名。由此可见，托孔入世体现了董仲舒圆妥和周全的出世风格及洞悉人性的政治智慧。

第六节　"托孔入世"的效果

对于董仲舒来说，托孔入世取得了四个效果，这四个效果对于中国文明史的构成、中国历史的进程和中国哲学史的形态都产生了决定性的影响。

一、董学得以成功入世

董仲舒的托孔入世的策略取得了巨大的成功，他的哲学被雄才大略的明君汉武帝所全盘接纳，上升为国家意识形态。汉武帝从此迈出了他重塑中国文明的半个世纪的振聋发聩的历史脚步，中国文明也从此进入了既定的轨道，按照固定的模式运行了两千多年。

二、托孔入世避免了为董仲舒引来杀身之祸

如果说对于董仲舒来说托孔入世在哲学层面上获得的成功甚至超出了他最初的设想的话，那么在人身安全方面，这个保护伞避免了董仲舒身败名裂。这从《汉书·董仲舒传》和其《春秋繁露》中得到了反映。

董仲舒第二次出任江都相可以说是个苦差事，面对骄横的易王的慢待使他如坐针毡，以至于在公孙弘就任丞相之后，曾经斥责公孙弘"从谀"的董仲舒不得不放下身段主动写信给他，自称"误被非任，无以称职"，建议他能"大开萧相国求贤之路，广选举之门"，实际上提出了再次调往中央的请求。这个机会是伪善而工于心计的公孙弘求之不得的，他没有遂董仲舒所愿将其调往中央，而是将其平行迁调到胶西国任相。

同易王刘非一样，胶西王刘端"亦上兄也"，其残暴较刘非有过之而无不及。刘端对于中央派遣来的国相和高官十分仇恨，已经多次谋杀了两千石的朝廷命官。于此可以看出刘端对于中央政府并不买账，具有反叛朝廷和自己做大的野心。他的理想十分可笑，是想效仿齐桓公和越王勾践称霸诸侯，这个过时的野心在汉武帝朝无异于谋反。公孙弘将强调大一统的董仲舒调往胶西国就是算定了董仲舒与刘端肯定会产生冲突，这无异于将董仲舒推入火坑，将其置于时刻有杀身之祸的险境之中。

董仲舒来到胶西国之后，刘端倒也毫无隐瞒，直言他希望董仲舒能够像春秋时期齐国的管仲和越国的范蠡等名臣一样辅佐他成就霸业，对董仲舒说"桓公决疑于管仲，寡人决疑于君"，这无异于胁迫董仲舒谋反，背叛汉武帝和中央政府。对此，董仲舒做了如下

的回答：

> 仁人者正其道，不谋其利；修其理，不急其功，致无为，而习俗，大化，可谓仁圣矣，三王是也。《春秋》之义，贵信而贱诈。诈人而胜之，虽有功，君子弗为也。是以仲尼之门，五尺童子，言羞称五伯。为其诈以成功，苟为而已也，故不足称于大君子之门。五伯者，比于他诸侯为贤者，比于仁贤，何贤之有？譬犹珷玞比于美玉也。（《春秋繁露·对胶西王越大夫不得为仁》）

董仲舒在此以孔子作为挡箭牌，依靠托孔而得以脱身。

《史记》和《汉书》载，董仲舒因"恐获罪"或者"恐久获罪"而托病辞官应该就是指此事而言。作为心系天下的哲学家，董仲舒很少记述个人的事情，却在晚年详细记下了这次交锋，可见这件事对于董仲舒个人的影响力之大。

三、个人的荣誉和地位的丧失

托孔入世的成功对于董仲舒个人来说却并不是完全的福音，在他的哲学体系取得巨大成功的同时，董仲舒的仕途却举步维艰，受到诬陷入狱几乎被处死。对于董仲舒来说，对他打击最大的应该是他对西汉王朝和中国文明所做出的伟大贡献没有得到承认，理应属于他的功绩和荣誉被剥夺了。这种复杂而异化的状况一定是董仲舒在制定托孔入世的策略时万万没有想到的，以至于在晚年写出了伤感沉重的《士不遇赋》。

四、董冠孔戴的作伪成为正统

董冠孔戴对于中国文化尤其是哲学史产生了极其深远的影响，这主要体现在孔子地位被无限拔高、董仲舒被忽略和中国哲学史二元结构的形成上。

（一）孔子弄假成真地走上圣坛

从个人角度来看，托孔入世的最大受益者非孔子莫属。在构建公羊模式过程中，汉武帝采取了一系列的"形象工程"，孔子被选定为公羊模式的"形象代言人"，由此，孔子阴差阳错地变成了国家意识形态和公羊模式的符号和象征。

在现实生活中饱尝失败的落魄的私人教师被尊奉为中国的第一圣贤，一个鼓吹道德乌托邦主义者成为现实政治中为汉制法的圣人，一个逃离现实的流浪者成为洞悉中国历史和未来走向的先知，一个始终想通过吃官饭获得温饱的"君子"变成了能够扭转中国历史进程的"素王"。这个华丽转身有点戏剧性和太离谱了，其中讽刺意味有点太强烈了。一场人为操纵的政治秀弄假成真地变成了一场哲学史上的闹剧，皇权就能变成如此的戏法，皇权主义的作伪就能如此地颠覆历史和人生的事实性。

出于种种无奈，董仲舒选择了托孔入世的策略，令他意想不到的是这个策略成就了孔子，孔子"依董入圣"，冠冕堂皇地扮演起了假圣人，并且一演就是两千多年。

（二）董子成为"无冕之王"

那个真正为汉朝制法的董子却被推下了神坛，董子的地位被孔子调包了。汉武帝在阳光下抹去了为他构建了公羊模式的意识形态的董学，隐去了董仲舒应得的荣誉和历史地位。而这一抹去和隐去就是两千多年，公羊模式不仅在汉朝被贯彻了下去，而且也被视为中国文明的政治制度的理想模式。但在现实的王朝政治忠实地追求、贯彻和丰富完善公平模式的历史进程中，人们却看不到董仲舒了，董仲舒真正成为了中国文明的无冕之王。

（三）中国哲学史的二元结构得以形成

这次董冠孔戴对中国哲学史造成了翻天覆地般的影响，中国哲学史的二元结构得以形成。其中的一元是被皇帝们所独享的皇权主义的董学和公羊学，另一元是皇帝们向公众和士人阶层极力推广的孔学和儒学。前者始终躲藏在阴暗处,控制着皇权和整个国家的一举一动,后者则以孔子的名义向社会招纳精英,用高官厚禄换取对皇权的忠诚。

第四十六章 董仲舒在董学成功之后的态度变化

董仲舒在董学上升到国家意识形态之后仍然延续他的托孔入世的策略，只不过这时的托孔入世已经是国家行为了，体现着汉武帝的皇帝意志和国家的价值取向。晚年的董仲舒在传播董学时则更侧重于对自己思想的系统阐述，在绝大部分在致仕之后所著的《春秋繁露》中更公开和鲜明地阐明自己的真实观点，对于孔子和《春秋》的真实的看法和定位也表露其中。

第一节 董仲舒继续假托孔子阐述董学的理念

在《春秋繁露》中，董仲舒继续了在《天人三策》中假托孔子和《春秋》之名阐述董学原则的做法。董仲舒在《竹林》和《玉英》等篇中，系统地提出了辞指论。辞指论明确了孔学与董学之间的关系。

董仲舒认为研究《春秋》并不在于其"辞"，而在于其"指"。董仲舒在《春秋繁露·精华》中说道：

> 今《春秋》之为学也，道往而明来者也。然而其辞体天之微，故难知也。弗能察，寂若无；能察之，无物不在。是故为《春秋》者，得一端而多连之，见一空而博贯之，则天下尽也。

这段话实在是托孔入世的最佳"广告词"。《春秋》由于年代古远而无法知道其深意，不按照董仲舒的解释来读该书就会白读，不会有任何收获，只有按照董仲舒的解释才能够获得真知，而一旦获得了真知则天下之事无所不晓。这个力捧《春秋》的广告实际是在推广和褒奖董学和公羊学。虚孔而实董、假经而真传是董仲舒托孔入世策略的本质。

董仲舒单独归纳出了"十指论"作为辞指论的组成部分，写成了《春秋繁露·十指》。董仲舒认为《春秋》中共有"十指"，即十个要旨：

> 举事变见有重焉，一指也。见事变之所至者，一指也。因其所以至者而治之，一指也。强干弱枝，大本小末，一指也。别嫌疑，异同异，一指也。论贤才之义，别所长之能，一指也。亲近来远，同民所欲，一指也。承周文而反之质，一指也。木生火，火为夏，天之端，一指也。切刺讥之所发，考变异之所加，天之端，一指也。

由此可以看出，董仲舒对于《春秋》的总结完全是"口是心非"和"指桑说槐"，甚至"指鹿为马"。董仲舒在此完全忽略了孔学的核心价值观即君子伦理学，以及孔子关于"仁"和"礼"的阐述，而是阐述董学的一些基本原则，如大一统、灾异论、天道观等，并且是用董学的原则诠释孔子的《春秋》，而非相反。

孔子的思想是完全回避"天"的，而绝没有关于所谓的"天之端"的概念和观念，而天的哲学则是董学的形而上学的核心概念体系，是其最高的哲学范畴。孔子更没有五行之说，孔子也不可能信奉五行之说，事实上董仲舒此处所引的"五行终始说"是战国后期的齐人邹衍的理论，董仲舒之所以将孔子绑架到五行终始说的营地，完全是为他自己创造的旨在证明西汉王朝合法性的"五行论"寻找新的线索和载体。而"强干弱枝"在孔子的思想中更不存在。孔子时期并没有皇权，也不存在封建制和集权制的争论，所谓的"强干弱枝"是起始于西汉初期的封建制和集权制之争，是西汉初年的皇帝从汉文帝一直到汉武帝为了削弱对中央政权构成了威胁的地方诸侯国的权力而采取的削藩策背后的理论根据；董仲舒在此是为了向西汉政权加强皇权的政策表示支持，而这正是公羊学的大一统理论的一个重要的政策表现。关于其中的"常变论"见下文的分析。

十指论表明董仲舒已经不再回避用董学改造孔子和其《春秋》的哲学原则和方法了。除了《十指》之外，在《盟会要》《正贯》等集中论述《春秋》的篇章中，董仲舒进一步阐述和强化了他的十指论。

由此可见，董仲舒的"十指论"是从他的董学的不同层次和侧面重新解读孔子和其《春秋》，试图将其纳入自己的董学和公羊学的体系，是对他的《天人三策》中利用托孔入世的方法的再一次使用。在《春秋繁露》中董仲舒系统而全面地阐述了他对于孔子和其《春秋》的真实看法，而"十指论"可被看做是董仲舒明确道出他对孔子和《春秋》的真实看法之前的一次过渡性的铺垫，在逻辑和行文节奏上起到了承上启下的作用。

值得留意的是董仲舒对于"指"字的使用。虽然"指"可以理解为要旨之意，但是对于董仲舒来说，这个"指"却另有深意。徐复观认为："《竹林》第三：'辞不能及，皆在于指'……由文字所表达的意义，大概不出于《公羊传》的范围。文字所不能表达的'指'，则突破了《公羊传》的范围，而为仲舒所独得，这便形成他的《春秋》学的特色。"[①] 徐复观的洞察力一举道破了董仲舒托孔入世的方法和策略。

第二节　董仲舒对于《春秋》经文的真实看法

《公羊传》在董学中占有重要的地位。它是公羊学的主要载体之一，也是汉武帝力挺董学和董仲舒的主要载体。通过《公羊传》

---

① 徐复观：《两汉思想史（第二卷）》，华东师范大学出版社 2004 年版，第 208 页。

董仲舒提出了作为其政治哲学重要原则的大一统和灾异论等理念，而所采用的方法论主要是以传代经。那么董仲舒对于《春秋》经文的真实看法又是什么呢？本节将对此进行唯实解析。

一、董仲舒否定了《春秋》的核心价值

董仲舒在《春秋繁露·精华》中说道：

> 所闻，《诗》无达诂，《易》无达占，《春秋》无达辞，从变从义，而与以奉人。

这句话对《春秋》的评价是十分重的。《春秋》以"微言大义"的"春秋笔法"而成为儒家的经典，孔子对于字辞的选择和运用体现了孔学的是非观和价值观，而这种是非观和价值观正是儒家的核心和精髓。董仲舒认为"《春秋》无达辞"，这就在很大程度上否定了《春秋》的核心价值以及所谓的"春秋笔法"，为董学与孔学和先秦儒学划清了界限，为董学全面超越孔学打下了认知基础。

同时，这句话也表达了董仲舒对于五经的真实看法，而这种看法是与他对《春秋》的看法一脉相承的。董仲舒并没有把五经看做是不可触碰的经典而加以盲目崇拜，反而对它们充满了批判精神。他在《春秋繁露》中会时常引用《诗经》中的诗句加强自己的论述，但是引用《易经》的例子却很少。从"《易》无达占"这句话中可以看出，董仲舒将《易经》看做是纯粹的占卜之术，并且认为占卜之术是不可靠的，不是哲学研究的范畴。阴阳学是董学的重要的方法论，也是其天的形而上学的重要的概念和范畴，董仲舒在《春秋繁露》中对阴阳学进行了创造性的发展，但是董仲舒并没有将阴阳学与同样重视阴阳观的《易经》相混同，这是颇耐人寻味的。

董仲舒在《春秋繁露·竹林》中说道：

> 《春秋》无通辞，从变而移。

虽然对"无通辞"可以放在孔子对于春秋诸国发生的类似事件做出了不同的评价的上下文中进行狭义的解释，但是同样可以作为

评价孔子观点的原则进行解读。从董仲舒对孔子和《春秋》的阐释来看，董仲舒明显地并没有拘泥于春秋时期发生在诸国的具体的事件之上，而是推而广之进行的"广义"的处理。既然董仲舒认为孔子的言辞并不是"放之四海而皆准"的、能够超越时间和时代的"绝对真理"，那么董仲舒在此也就为他利用孔子的经文引入他的"变"和"移"打开了逻辑大门，他的公羊学理论便可以堂而皇之地进入孔子和《春秋》的领地而进行公羊学的耕种了。

二、董仲舒通过辞指论从孔学过渡到了董学

以辞指论为依托，通过诛意不诛辞的方法，董仲舒"顺理成章"地为他的托孔入世的策略找到了方法论根据。董仲舒在《春秋繁露·竹林》中说道：

> 见其指者，不任其辞。不任其辞，然后可与适道矣。

这句话的重点在于"不任其辞"四字，只有"不任其辞"才有可能"适道"，即只有不拘泥于孔子的言论才有可能真正找到真理。于此，托孔入世不仅找到了方法论上的坚实根据，也表达了董仲舒对于孔学和他的董学的真正看法，即孔学只是他获得真理的一个媒介而已，真正的"道"则是其董学。在这里，董仲舒公开地阐明了他对于孔学与董学的真正看法。

三、董仲舒认为孔学要服从于董学

在打开了借孔子和《春秋》的经文发挥自己的理论的逻辑大门之后，董仲舒下一步的工作便是系统地利用《春秋》的经文加以董学的发挥和阐述，"常变论"便是董仲舒系统地阐述辨别董学与孔学之间的真正关系的方法论，也是在两者之间架起的防火墙和董学的护身符。与常变论相关的还有经权论。经权论同样体现了董学的辩证法原则，可以看做是常变论的一种延伸。

在《春秋繁露》中，董仲舒多次强调常变论，而这也被应用到

了对孔子的《春秋》的评价上。董仲舒认为：

> 《春秋》之道，固有常有变。变用于变，常用于常，各止
> 其科，不相妨也。(《春秋繁露·竹林》)

> 《春秋》固有常义，又有应变。(《春秋繁露·玉英》)

> 《春秋》有经礼，有变礼。(《春秋繁露·玉英》)

虽然对于常变论也可以做狭义的理解，即在《春秋》经文的范围内加以说明[①]，但是这种方法显然不是作为公羊学家大家的董仲舒处理《春秋》经文和常变论的方法。事实上，董仲舒的常变论既是对《春秋》语境和历史范围内的一种阐释，更是将常变论作为公羊学的一种方法和原则。常变论体现了董仲舒的时代观。在包括孔子所处的春秋时期在内的任何历史时期中所体现出的历史规律，以及人们对于这些历史规律的认识，如孔子在《春秋》中所体现出来的原则，可以被视为"常"和"经"，但是董仲舒所在的西汉时期是新的时代，新的时代特有的规律，是不能够用旧时代的"常"与"经"来套用的，而是要根据新的事实和现实即"变"和"权"作为新的行为准则和新的哲学的依据，这就是董仲舒的常变论和经权论所要表达的内涵。董仲舒在对《春秋》的解读中提出这个原则明显是有针对性的。这个针对性就是要告诉人们要以常变论和经权论的原则来看待《春秋》的经典和观点。由此可见，常变论和经权论是辩证法的方法，而辩证法是贯穿于整个董学中的方法论。

根据常变论，董仲舒拒绝将《春秋》的经文看做是"真理"，而是认为其中的理念是有"常"有"变"的，这就为否定任何孔子的言论铺平了道路。在此，孔子的观点无疑是常，董仲舒的观点是变。而何为常、何为变都是要由董仲舒来确定的。而一旦被董仲舒认为可以更改的变，董仲舒便拒绝用孔子的常来加以翻案。

在《春秋繁露·竹林》中，董仲舒说道：

---

① 可参见周桂钿：《董学探微·常变论》，北京师范大学出版社 2008 年版，第 275—279 页。

故说《春秋》者，无以平定之常义，疑变故之大则。

这句话进一步明确地表明了董仲舒关于董学与孔学之间的关系的认定。董仲舒认为变故是"大则"，即更高的或者是最高的原则，其地位是远高于孔子的常义的。这也就是说孔子的观点要服从于董仲舒的观点，孔学要服从于董学。

四、董仲舒对于《春秋》的态度和处理方法

在《春秋繁露》的各篇中穿插着董仲舒对于他如何治《春秋》的方法的揭示。这些论述很可能是董仲舒对弟子们讲学时说出的话，它们明确地表达了董仲舒对于孔子的《春秋》的真实看法。董仲舒在《春秋繁露·竹林》中说道：

由是观之，见其指者，不任其辞。不任其辞，然后可与适道矣。

此处的"任"虽然有学者解释为"用也"[1]，但是实为"信任"和"相信"之意。董仲舒明确指出对于孔子的用辞是不必相信的，而只有不相信他的用辞才能够论道。这就再明确不过地否定了孔学的概念体系，从而否定了孔子的思想，不但不要相信他的用辞，更不要将孔子的观点看做是"道"。相反，只有否定了孔子的用辞和观点才能够"适（适即到达，符合和顺应之意）道"，而这个"道"就是董学。

董仲舒在《春秋繁露·玉杯》中进一步论证道：

是故论《春秋》者，合而通之，缘而求之，五其比，偶其类，览其绪，屠其赘。

这句话表明了董仲舒绝没有把《春秋》当做是金科玉律，而是在其手中按照自己的意愿可以任意"排列组合"和雕琢的原材料，《春秋》能够变成什么样的作品完全取决于董仲舒，而不是孔子和

---

[1] 钟肇鹏主编：《春秋繁露校释（校补本）》（上卷），河北人民出版社2005年版，第88页。

《春秋》。这不但透露了董仲舒主观上对于孔子的真正态度，也从主观上证明了董仲舒是后世流传本的《公羊传》的真正作者的现实可能性甚至必然性。

董仲舒在《春秋繁露·玉杯》中说道：

> 《春秋》赴问数百，应问数千，同留经中，援比类，以获其端；卒无妄言，而得应于《传》者。

这句话直白地将传文放在了经文之上，也明确地点出了《公羊传》的本质在于董仲舒的传文，而不在于孔子的经文，即公羊学的本质在于董仲舒的思想即传文，而不是孔子的观点即经文。董仲舒的这句话也清楚地表明了今文经学的本质就是公羊学，而后来爆发的所谓的今文经学与古文经学之争在很大程度上就是各自作为董学一部分的公羊学与孔学之争。董仲舒的这句话可以说直抒胸臆地说明了董学与《公羊传》之间的真正关系，是必须要加以重视的。

董仲舒在《春秋繁露·玉英》中说道：

> 《春秋》之书事，时诡其实，以有避也……然则说《春秋》者，入则诡辞随其委曲而后得之。

这句话再次具体地揭示了董仲舒对于孔子的《春秋》的真实看法。董仲舒并不认同所谓的孔子"微言大义"，而是将孔子处理史实的方法称作"诡其实"，即认定了孔子的《春秋》不符合历史事实，具有明确的批判和否定之意。但是董仲舒既没有受到孔子方法的蒙蔽，更不会盲目地接受孔子对于史实的解释，而是在了解了孔子对于史实的"扭曲"之后得出公羊学自己的看法和结论，即"随其委曲而后得之"。这无疑再次证明了董仲舒对于孔子和《春秋》经文的真正看法，也再次认证了董仲舒是《公羊传》的真正作者的现实可能性。

类似的言论和评价在《春秋繁露》的其他篇章中还有多处。例如：

> 《春秋》记天下之得失，而见所以然之故，甚幽而明，无

传而著，不可不察也。泰山之为大，弗察弗见，而况微眇者乎？
按《春秋》而适往事；穷其端而视其故，得志之君子，有喜之
人，不可不慎也。(《春秋繁露·竹林》)

今《春秋》之为学也，道往而明来者也。然而其辞，体天
之微，故难知也。弗能察，寂若无。能察之，无物不在。是故
为《春秋》者，得一端而多连之，见一空而博贯之，则天下尽
矣。(《春秋繁露·精英》)

总之，董仲舒在《春秋繁露》中直白而明确地阐明了他对于孔
子、《春秋》经文和孔学的看法，用他自己的嘴说明了《公羊传》
的本质，明确了他的公羊学与孔学之间的真正关系。唯实主义关于
事实性的主客观有机融合性的标准和原则通过董仲舒自己的观点得
到了不容置疑的主观认知。这是观念唯实主义的生命力和说服力，
也是彻底认清董学与孔学之间真正关系不可或缺的要点。

五、"春秋决狱"中的董学

除了在政治上为公羊模式提供了意识形态基础之外，董仲舒还
将董学引入了法律领域，这就是其"春秋决狱"的方法和原则。春
秋决狱中的"春秋"仍然指董学的《公羊传》，而不是孔学的经文。
刘向在《别录》中以《公羊决狱》来称呼春秋决狱便是最有力的证
明。刘向作为皇族贵胄和一代学问大师，其使命自然与汉朝的王朝
命运紧密相连，而他的博学和能力主要体现在意识形态上为汉朝把
关的功能上，况且刘向的时代与董仲舒和汉武帝朝相距不远，他的
判断当然更接近问题的本来面目，在哲学观念史和意识形态上都具
有无与伦比的独特优势。

春秋决狱的方法只在董仲舒和汉武帝在世的时候盛行，两人具
有高度的共识和默契，在两位巨人去世之后，这种方法似乎也退出
了历史舞台，在正史中见不到了，董仲舒所撰的大量的关于春秋决
狱的书籍也散佚了。然而如同董学对于皇权主义的国家制度的所有

改造和重塑一样，董仲舒的春秋决狱的成果并不是体现在历史文献之上，而是体现在国家制度的构建之上。董学所倡导的皇权主义经过汉武帝的打造形成了完整而有力的公羊模式，已经体现在了中国文明的最高层次，董仲舒和汉武帝的历史使命始终伴随着中国文明在未来两千多年的历史进程之中，始终与中华民族的政治命运休戚与共。从西汉后期开始，尊崇孔学的儒生都无法用孔孟儒学的原则直接断案。春秋决狱的出现和消失也说明了董学和公羊学与儒学之间存在着本质性的差异。

董学的本质是政治哲学，那董仲舒为何要晚年在法律上处心积虑地创立春秋决狱的方法呢？这个奥秘是看清董仲舒与汉武帝之间真正的关系的一把钥匙，通过这把钥匙可以看到董仲舒与汉武帝之间的合作关系，换句话说春秋决狱是两个巨人之间的合作的延续。春秋决狱的目的和使命无疑在于为汉武帝在内政上通过扫除异己的政治势力巩固皇权，汉武帝虽然是旷世明君，但是汉武帝朝各种试图削弱和瓦解皇权的政治阴谋一直存在，这在《史记》和《汉书》中始终是重要的内容和主题。对于汉武帝的挑战就是对于董学和公羊学的挑战，就是对公羊模式的挑战，董仲舒和汉武帝之间的盟友关系始终是明确的和不容置疑的。这种挑战在汉武帝发动第二阶段的讨伐匈奴的战争中表现得尤其明显，而这个时期恰恰是董仲舒归隐田园的晚年时期，也是他倾力打造春秋决狱的时期。

刘向说董仲舒具有王佐之才，董仲舒直到晚年仍然致力于辅佐汉武帝，这是董仲舒作为为汉武帝打造公羊模式的幕后推手和精神向导的另一个有力的佐证。

第四十七章 "托孔入世"对于
中国哲学史的影响

为了使自己庞大复杂的哲学体系能够被当权者所重视和接受，董仲舒不得不采取了托孔入世的策略。然而这个策略所产生的影响是十分复杂和多方面的，已经超出了董仲舒的预料。它对于中国哲学史的影响尤其深远，遮掩了中国哲学史的真相，形成了一个长达两千多年的迷局。

第一节 孔子"依董入圣"

董仲舒托孔入世的直接后果是孔子历史地位的翻天覆地的改变，依靠董仲舒的运作，孔子由春秋末期的一个落魄的教师一跃而成为能够洞悉和把握历史的先知，变成了能为几百年后才建立的汉朝制法的圣人。

一、孔子从平民变成了圣人

孔子通过董仲舒的托孔入世策略戏剧性地完成了华丽的转身。

（一）孔子的尴尬处境

孔子的以周礼为核心的政策在鲁国很快就碰了壁，孔子在自己的祖国鲁国无法立足了，其思想被排斥，政策主张被废除，孔子被迫离开鲁国远走他乡，实际上成了一名无家可归的政治流亡者。

在政治流亡过程中，孔子绝没有对任何国家忠诚的观念，他所要求的仅仅是被所到的国家收留，获得温饱。作为回报，要赢得温饱必须对所在的国家有所贡献，而当孔子提出他的理念之后，令人尴尬的是所有的国家都拒绝接受他的主张。这种来自不同国家的否定孔学的一致性是十分令人深省的。孔子在流浪了14年后始终没有找到政治归宿，变成了自己也不得不承认的无法在社会上立足的"丧家之狗"。

（二）孔子走上圣坛

饱尝失败和落魄的孔子在董学中被尊奉为中国哲学的第一圣贤，成为为汉制法的圣人，成为洞悉中国历史和未来走向的先知，成为能够扭转中国历史进程的"素王"。这个转变充满了讽刺的意味。

在构建公羊模式的过程中，汉武帝采取了一系列的"形象工程"，孔子被选定为公羊模式的"形象代言人"，由此，孔子阴差阳错地变成了国家意识形态和公羊模式的符号和象征。

二、儒学开始出现模糊性

托孔入世策略的成功实施，尤其是在皇权介入之后，儒学开始出现了模糊性，其外延被打破，董学和公羊学的原则和内容被嫁接到了儒学之上，儒学从一个单纯的个人伦理学变成了政治哲学，中国哲学开始了十分纠结的历史，从此以后中国哲学史便开始包含太多的非事实性，在许多核心命题上并没有反映出观念事实，而只是反映了意识形态的作伪，反映了皇权的意志。董学与孔学的关系、儒学与经学之间的关系始终十分模糊，始终是雾里看花，对于其理解也是五花八门。这或许正是皇权所要达到的局面。

这种现象的产生完全是由于汉武帝朝意识形态的作伪行为造成的。不仅孔子代替了董仲舒成为公羊模式的代言人，儒学也摇身一变成了比经学更大的范畴，儒学也开始替代董学和公羊学的哲学和历史地位。中国哲学史的扭曲、冤案和谜团由此发生。

第二节　董仲舒的隐形化和"董冠孔戴"现象的出现

从汉武帝朝开始，中国哲学史开始出现一种奇特的董冠孔戴的扭曲现象：一方面，董子和孔子的哲学和历史地位进行了人为的互换，董子和董学的光环被拱手让给了孔子和孔学，孔学成为"有名无实"的状态，被人为地拔高，董学诸多的核心概念和理念被错误地归入了孔学名下；另一方面，董学则变得"有实无名"，处于被剥夺和被窃夺的状态，一直以"隐学"的形式而存在。这种董冠孔戴的现象使中国古代哲学史变成了一个扑朔迷离的迷局。

这种董冠孔戴的现象是皇权主义作伪的直接结果，它一方面将孔子抬到了不属于他的圣坛，而另一方面中国哲学的真正巨擘董仲舒却被隐形化了。

（一）董子成为"无冕之王"

真正通过董学为汉朝制法的董子走下神坛，而汉武帝构建公羊模式的意识形态不仅使董学、公羊模式在汉朝被贯彻了下去，而且也被视为中国文明的政治制度的理想模式在现实的王朝政治中始终被忠实地追求、贯彻和丰富、完善。董仲舒真正成为了中国文明的无冕之王。

（二）董学的隐形化

由于皇权的干预和策划，上升为国家意识形态的董学变为了隐学。说它是隐学并不是因为其影响不在或者是削弱了，恰恰相反，上升为国家意识形态的董学内化成了公羊模式，尤其是被制度化成了皇帝制度内的各种体制和机制，成为皇权运行的哲学指导思想和制度保障。说它成为隐学是因为出现了在读书人中不见其名的现象。在读书人眼中，儒学才是最重要的学问，科举考试考的是经学而不是《春秋繁露》和《天人三策》，所谓的儒家经典才是读书人获取功名、出人头地的踏脚石。在汉朝之后，董学的隐形化和儒学的泛化不断得到强化，掀起了一次又一次的浪潮，如此这般，读书人满眼都是孔子，孔子仿佛真的就是中国哲学和价值观的代言人了，孔学和儒家思想被无原则地无限泛化，董学的范畴和理念统统被纳入了孔学门下，孔学和儒学仿佛真的是中国文明的哲学基石了。而与此同时，董学则日益与现实世界脱节，变成了一般读书人无法触及的神秘学问和隐身哲学，而董学的创始人、国家意识形态的缔造者董仲舒逐渐在读书人眼中消失了，不仅科举考试中绝不提及，历代的学者对于董学几乎茫然无知，直到清朝的乾嘉学术后期董仲舒的《公羊学》才再次引起了学界的注意，而直到清朝末期其《春秋繁露》才由苏舆整理注释。康有为曾以公羊学之名实行革新变法，但是他对于公羊学并不理解。总之，在西汉之后，董子这样的中国文明的奠基人和哲学巨擘却几乎变成了被人忽略的隐身人。

第三节　董冠孔戴的生成和孔学正统化的原因考辨

将董仲舒和孔子地位颠倒的董冠孔戴现象的形成和传承具有多方面的原因。董仲舒的托孔入世策略虽然是始作俑者，但皇权主义的作伪才是最重要的根源。

一、董仲舒成为自己的托孔入世策略的始作俑者和受害者

托孔入世方法的始作俑者正是董仲舒。对于董仲舒来说，采取托孔入世的策略是把双刃剑，并且无论是有利的还是不利的一面都十分锋利，都具有巨大的杀伤力。

为了使其哲学体系能够成功入世，被社会、学界尤其是皇帝所接受和采纳，董仲舒假借孔子的策略，一些他独创的哲学概念、理念和理论等都是假借孔子之名引出的，为了使其哲学和理念获得皇家和社会的接受和认同，他不惜美化孔子，将孔子圣人化。他为汉朝设计的一整套权力体系和制度被说成是五百年前的孔子"为汉立法"，孔子成了能够把握历史的神。在董仲舒的精心策划和有条不

紊的实施之下，托孔入世的策略取得了空前的成功，他的哲学体系说服了一代英皇汉武帝，被全盘接纳，上升为国家意识形态，一时间董学和公羊学成为风头无两的显学。

但是，这样的成功似乎超出了董仲舒的设计和预料，在成功之后其负面的效应也开始显现，甚至出现了"尾大不掉"的失控局面。在对王朝和国家做出了卓越贡献的同时，董仲舒无法再摆脱孔子的假面显现自己的真身了。草草致仕还乡，在晚年专注于著书解惑或许是董仲舒为了澄清事实而无奈做出的努力。但是此时的董仲舒已经首鼠两端，他必须保持分寸，以免造成董学与孔学之间的敌对和论战，如果这种情况发生，董仲舒将前功尽弃，前期的成功也将化为乌有。这就是为什么在《春秋繁露》中，董仲舒可以说是微妙但又十分明确地阐明了自己对于孔学的真正看法，却仍然有些"犹抱琵琶半遮面"，不肯过于暴露其意图，这种做法显然准确地折射出了董仲舒的矛盾和纠结的立场。

二、汉武帝的二元法

汉武帝对于董学和董仲舒的处理方法体现出了明显的二元制。一方面，汉武帝对于董学推崇备至，董学始终是汉武帝打造全新的公羊模式的指导纲领和意识形态，他对于董学的推崇可谓终生不渝；另一方面，出于种种考虑和作为复杂的宫廷较力的结果，汉武帝对于董仲舒的处理方法则与他对待董学的态度大相径庭。汉武帝并没有将活生生的董仲舒树立为董学和公羊学的旗帜，给予董仲舒应得的荣誉和地位。在现实政治中，汉武帝选择了更具有行政能力的老于世故的公孙弘来出任丞相，刻意将公孙弘打造为当时的士人的偶像；在历史层面上，汉武帝选择了孔子作为他的公羊模式的代言人，而将公羊模式的意识形态的哲学基础即董学和公羊学的创始人董仲舒"打入冷宫"。汉武帝的这个做法为意识形态的作伪铺平了道路。后来的汉朝皇帝和官员不断强化被放在了董仲舒坛位上的孔子塑像，不断地强化这个意识形态的作伪行为。

作为奉行皇权主义的皇帝，汉武帝采取一切手段垄断国家权力，巩固自己的个人权威和皇帝制度。在汉武帝强化皇权的过程中，董仲舒也成为皇权主义的牺牲品，只是具有讽刺意味的是，恰恰是董仲舒为汉武帝设计了一整套皇权主义的政治哲学和制度体系。汉武帝对于作为国家意识形态奠基人的董仲舒所采取的二元制的做法体现了汉武帝的深厚的城府和驾驭人才和控制政局的能力，他不但如愿基于董学和公羊学建立起了强大的公羊模式和皇帝制度，同时也消除了董仲舒的现实威胁，使其无法形成对于皇权主义的挑战和对于他的威胁。虽然在政治上可谓老谋深算并且获得了成功，但是他亏欠董仲舒一个现实中的公平，更是一个历史地位的公正评价。虽然或许并非汉武帝的主观意愿，但是他的行为客观上促使了董仲舒被压抑和扭曲的历史地位的形成，他由此也成为中国哲学史上最大的哲学冤案和迷局的始作俑者。汉武帝对于董仲舒的处理方法使董仲舒甚感委屈，以至于使这个并不计较功名利禄的高洁的哲人董仲舒在晚年也为自己的命运深感不公，写出了《士不遇赋》这样悲叹生不逢时和为己鸣冤的文章。

汉武帝与董仲舒的关系是错综复杂的。作为皇帝，汉武帝始终是主导者，他在处理与董仲舒的关系时体现出了突出的政治理性。正是他的图强变法才为董仲舒的横空出世创造了历史条件，他的政治需求和个人的果决才使董学能够上升为国家意识形态，成为作为新的国家行为模式——公羊模式的哲学基础。董仲舒遇到汉武帝这样的明君是其幸运。同时，汉武帝却并没有将属于董仲舒的荣誉和地位公平地授予他，而是将其始终置于幕后，这也是对皇权的一种保护。

三、皇权主义的政治权谋和作伪

对于皇权主义来说，其意识形态的出发点和归宿无疑是皇权主义自身的利益，是对皇权的无条件的巩固和强化，而其他的任何人和物都是手段和媒介，这其中当然也包括事实性在内。董仲舒和孔子都是皇权主义棋盘上的棋子，都是公羊道的手段。明白了这点，就不难理解董仲舒和孔子地位的倒挂了，就不难理解为何中国哲学史出现了董学和孔学之间的董冠孔戴的现象了。

对于皇权来说，孔子是历史人物，具有无限的可塑空间；相比之下，董仲舒是当代人，他是活生生的具体存在的人，其可塑性是十分有限的。在董仲舒和孔子之间，孔子无疑是更具有包装性的工具。更何况董仲舒也推崇孔子，将其视为圣人。这种现实主义的利益权衡决定了皇权一定会选择孔子而不是董仲舒作为其意识形态的代言人。

皇权主义对于意识形态的严厉限制是董仲舒和董学隐形化的十分重要的原因。天学、皇帝、皇帝制度等是禁忌，是思想上的"紫禁城"。在汉朝之后的许多朝代讨论天象是死罪，即使是官员也是如此。在这种条件下，以天人合一哲学和皇权主义为核心的政治哲学自然成为皇帝的专利，而与官僚体系和社会上的百姓绝缘。

将董学专利化是将孔学大众化和泛化以及将孔子圣人化的另一面，两者是一枚硬币的两面。制造这枚硬币体现了皇权主义的作伪，由此造成了国家意识形态的二元结构。

四、汉武帝的争议性伤及董仲舒

作为国家意识形态的缔造者，董仲舒的重要性具有特别的敏感性。由于董学的命运与汉武帝紧密相连，董仲舒的敏感性不可避免地受到后世对于汉武帝评价的影响甚至左右。

生前威武的旷世皇帝汉武帝在去世之后便开始在政治和学术上受到反对汉武帝的各种敌对势力的系统性质疑、反对、拆台和诋毁，这其中不仅包括曾经被汉武帝打压和惩罚过的皇族、官僚和文人，甚至包括继承了他的皇位的子孙。正是在后来的皇帝的默许和亲自参与与指导之下，汉武帝之后的政坛上出现了几次连续不断的声势浩大的在政治和学术上质疑和反对汉武帝、董学和公羊学、公羊模式和各种政策的行为。规模巨大、影响深远的盐铁会议、石渠阁会议、古文经学运动以及王莽篡汉等重大历史事件的进行和发生削弱了汉武帝的威信，动摇了他的地位，这也不可避免地使董仲舒受到牵连，削弱了他的威望和历史地位，动摇了董仲舒在中国哲学史上的定位，在原先的模糊性之上又为董仲舒的历史评价问题蒙上了政治敏感性。

董仲舒历史地位的人为制造出来的模糊性和政治敏感性为后世别有用心的政客和恶儒利用董仲舒达到不可告人的目的提供了机会。王莽利用董学和公羊学理论中的天人感应理论为他的篡汉运动服务，恶儒则将他的天人感应理论认定为谶纬学的滥觞，使董仲舒的英名受到了严重的侵害，以至于后世的学者和读书人更加难以看清真实的董仲舒，为客观而公正地评价董仲舒的历史贡献加深了难度。

五、后世官学的因循就错

在中国传统文明时期，官学包括哲学、科举和官方史学等。官学是国家意识形态和皇家意志的具体体现，而并不是事实性的代表。公羊模式是以皇权主义为核心的国家行为模式，皇帝制度是公羊模式的主轴。在这种情况下，皇帝的意志无疑是不可置疑的，是不存在任何讨价还价和争论的空间的。后世的官学无疑会毫无保留地体现皇帝的意志，而事实性是没有任何现实价值的虚幻的原则。也就是说，官学只能无条件地贯彻皇帝的意识形态作伪，不会冒着杀头的危险触碰和冒犯董学这样的皇家禁忌。于是，皇权主义的选择不折不扣地体现在了历代官学之中，官学所体现的只能是皇帝的意志，而绝不会是对事实性的尊重。

因此，中国历史上的浩繁的史学资料并不全是唯实史料。但是它们却是在绝大多数情况下关于历史事实的唯一依据。中国哲学史的无奈同样贯穿于中国历史学之中。只有将中国哲学史和中国历史学置于意识形态的范畴之内，这些哲学和历史史料才会具有更加深刻的意义。

六、后世儒者的利益驱动

根据董仲舒的设计，汉武帝推出了五经博士制度，成功地将桀骜不驯的士人阶层纳入了皇权主义的轨道之上，将士人阶层改造成了读书人和儒生。读书人所关注的是自己个人价值的实现，也就是"朝为田舍郎，暮登天子堂"的升官发财的人生理想，对于他们来说国家意识形态和皇帝的心态与行为是他们唯一关注的对象。也就是说，儒生们关注的是无条件地尊重和践行皇帝的意志，只要这样便可以受到皇帝的青睐，在事业上飞黄腾达。因此，汉武帝朝之后的儒生们并不关心董仲舒的地位和董学的状况，而只关注与自己的利益直接相关的载体，这就是孔子、孔学和儒学。

七、对董学的"为皇者讳"原则

在中国传统文化中存在对于皇家事物回避的原则，是"为尊者讳"的升级版。这个传统是皇权主义的组成部分。皇帝是天子，与皇帝相关的事物都是其他人不能提及的，无论是大臣还是百姓。皇帝、皇帝父母和祖先等人的名字在国家和社会的文献和文书中都不得直接提及，与它们重复的字都要用通假字代替，没有通假字的甚至要创造出新字。没有实行"为皇者讳"被看做是对皇帝的大不敬，会获得重罪。

在意识形态这样的问题上同样存在回避的做法，这在皇权主义时期是十分正常的做法。由于已经上升为皇家意识形态，董学和公羊学自然也要"享受"回避的待遇。而这种回避便转化成了传统文明时期的中国哲学史的一个最大的避讳和禁区。也就是说，中国古代哲学史的二元制结构的形成在很大程度上与"为皇者讳"有关。董学和公羊学是皇家的治国原则，不经皇帝允许大臣和儒生是不得评头论足和过问的，否则便是重罪，甚至会带来杀身之祸。而专攻皇帝权术的公羊道则更是皇帝个人的禁地，是专属于皇帝个人的权术。在汉朝之后的许多朝代讨论天象是死罪，即使是国家高级官员也不例外。在这种条件下，以天人合一哲学和皇权主义为核心的政治哲学自然成为皇帝的专利，而与官僚体系和社会上的百姓绝缘。董学中的天学、皇帝、皇帝制度等是禁忌，是思想上的"紫禁城"。皇权主义对于意识形态的严厉限制是董仲舒和董学隐形化的十分重要的原因。

　　不言而喻，对皇家政治的回避原则对于中国传统文明时期的哲学史的编撰具有重大的影响，也深刻地影响了中国哲学史。无论官员、学者还是从事科举考试的读书人都不会冒犯皇家而妄提董学的内容给自己带来灾祸。他们能够接触到的、被提倡进行研究和践行的只能是国家政治和意识形态的形而下层次，即儒学。

　　正因如此，才会出现皇帝制度下的皇权与相权之争。即使是一人之下万人之上的丞相和宰相也无权过问皇家事，也不得擅入皇家的意识形态的"紫禁城"。皇帝时刻提防丞相／宰相的深层次原因在于：他们只是官僚体系的一部分，是皇帝的工具，皇帝如何使用这个工具是皇帝的事情，皇帝绝不会容忍受到工具的制约，如果工具不好用就只能换一换了，工具不听话的结局就是被毁灭。

　　在官员和学者议论国政的时候，他们也习惯性地以借助儒家的名头进行，这实际上是"托孔入政"的策略，与董仲舒当初的"托孔入世"策略如出一辙。

八、本末倒置和削足适履影响中国哲学史

　　如果说将董学和公羊学与孔学和儒学的关系进行本末倒置的颠倒不但没有对公羊模式产生负面的影响，反而有利于公羊模式的成

功的话，那么本末倒置和削足适履则对中国哲学史产生负面影响，使中国哲学史始终处于扭曲的状态之下。

历代的学者采用了本末倒置的研究方法，从孔学和儒学的角度研究董学和公羊学，而不是从董学和公羊学的角度了解和理解孔学和儒学；采用削足适履的研究方法，将董学和公羊学肢解和分割，将董学和公羊学的片断放入孔学和儒学中进行衡量。这种本末倒置的错误方法在 21 世纪正在进行伟大复兴的当今中国是该寿终正寝了。

参考书目

Ⅰ 中国古典哲学原著

（东汉）班固编，（清）陈立撰，吴则虞点校：《白虎通疏证》（上、下），中华书局1994年版。

（清）陈寿祺撰，曹建墩点校：《五经异义疏证》，上海古籍出版社2012年版。

陈戌国撰：《礼记校注》，岳麓书社2004年版。

程俊英：《诗经译注》，上海古籍出版社2004年版。

承载撰：《春秋穀梁传译注》，上海古籍出版社2004年版。

（唐）韩愈，阎琦校注：《韩昌黎文集注释》（上、下），三秦出版社2004年版。

（明）黄宗羲，李伟译注：《明夷待访录译注》，岳麓出版社2008年版。

（明）黄宗羲，沈芝盈点校：《明儒学案》（修订本），中华书局2008年版。

（宋）黎靖德编：《朱子语类》（共八册），中华书局1986年版。

李民、王健撰：《尚书译注》，上海古籍出版社2004年版。

李泽厚：《论语今读》，生活·读书·新知三联书店2004年版。

（汉）刘向、刘歆撰，（清）姚振宗辑录，邓骏捷校补：《七略别录轶文·七略轶文》，上海古籍出版社2008年版。

（汉）贾谊撰，阎振益、钟夏校注：《新书校注》，中华书局2000年版。

金永译解：《周易》，重庆出版集团／重庆出版社 2006 年版。

（清）康有为撰，朱维铮编校：《康有为卷》，河北教育出版社 1996 年版。

（清）康有为：《大同书》，上海古籍出版社 2005 年版。

（汉）陆贾撰，王利器校注：《新语校注》，中华书局 1986 年版。

（北宋）欧阳修：《欧阳修全集》（全五册），中华书局 2001 年版。

（清）皮希瑞撰，周予同注释：《经学历史》，中华书局 2008 年版。

（清）皮希瑞：《经学通论》，中华书局 1954 年版。

钱宁重编：《新论语》，生活·读书·新知三联书店 2012 年版。

（战国）商鞅撰，张觉校注：《商君书校注》，岳麓书社 2006 年版。

（战国）尸佼撰，（清）汪继培辑，朱海雷撰：《尸子译注》，上海古籍出版社 2006 年版。

汤志钧编：《康有为政论集》（上、下），中华书局 1981 年版。

（宋）王安石撰，李之亮笺注：《王荆公文集笺注》（上、中、下），四川出版集团／巴蜀书社 2004 年版。

（魏）王弼注，楼宇烈校释：《老子道德经注校释》，中华书局 2008 年版。

（魏）王弼撰，楼宇烈校释：《王弼集校释》（上、下），中华书局 1980 年版。

（东汉）王充：《论衡》，上海人民出版社 1974 年版。

王利器校注：《盐铁论校注》（上、下），中华书局 1992 年版。

王焕镳撰：《墨子集诂》（上、下），上海古籍出版社 2005 年版。

王均林、周海生译注：《孔丛子》，中华书局 2009 年版。

王受宽撰：《孝经译注》，上海古籍出版社 2004 年版。

王维堤、唐书文撰：《春秋公羊传译注》，上海古籍出版社 2005 年版。

（宋）王应麟撰，孙通海点校：《困学纪闻》，辽宁教育出版社
1998 年版。

许苏民：《李贽评传》，南京大学出版社 2006 年版。

杨柳桥撰：《庄子译注》，上海古籍出版社 2006 年版。

杨天宇：《仪礼译注》，上海古籍出版社 2004 年版。

杨天宇：《周礼译注》，上海古籍出版社 2004 年版。

张觉校注：《韩非子校注》，岳麓书社 2006 年版。

张觉校注：《荀子校注》，岳麓书社 2006 年版。

张玉春等译注：《吕氏春秋译注》（上、下），黑龙江人民出版
社 2003 年版。

钟肇鹏主编：《春秋繁露校释（校补本）》（上、下），河北人民
出版社 2005 年版。

（宋）朱熹撰：《四书章句集注》，中华书局 1983 年版。

庄辉明、章义和撰：《颜氏家训译注》，上海古籍出版社 2006
年版。

II 中国哲学研究

北京大学哲学系中国哲学教研室：《中国哲学史》，北京大学出
版社 2001 年版。

卞孝萱、张清华、阎琦：《韩愈评传》，南京大学出版社 1998
年版。

蔡方鹿：《朱熹经学与中国经学》，人民出版社 2004 年版。

蔡尚思主编：《十家论孔》，上海人民出版社 2006 年版。

蔡尚思主编：《十家论墨》，上海人民出版社 2004 年版。

蔡尚思主编：《十家论易》，上海人民出版社 2006 年版。

蔡尚思：《孔子思想体系 孔子哲学之真面目》，上海古籍出版

社 2013 年版。

蔡尚思：《中国思想研究法》，上海古籍出版社 2013 年版。

蔡尚思：《蔡尚思文集》，世纪出版集团 / 上海人民出版社 2001 年版。

蔡尚思：《中国礼教思想史》，上海古籍出版社 2006 年版。

陈爱平译注：《阴阳家语录》，重庆出版集团 / 重庆出版社 2008 年版。

陈独秀等主撰：《新青年·精选本》（上、中、下），中国书店 2012 年版。

陈鼓应：《易传与道家思想》，商务印书馆 2007 年版。

陈美东：《中国古代天文学思想》，中国科学技术出版社 2007 年版。

陈鹏：《现代新儒学研究》，福建人民出版社 2006 年版。

陈其泰：《清代公羊学》（增订本），上海人民出版社 2011 年版。

成云雷：《先秦儒家圣人与社会秩序解构》，上海古籍出版社 2007 年版。

东风桥：《孟子现代读》，上海书店出版社 2002 年版。

杜维明主编：《思想·文献·历史：思孟学派新探》，北京大学出版社 2008 年版。

段熙仲：《春秋公羊学讲疏》，南京师范大学出版社 2002 年版。

冯时：《中国古代的天文与人文》，中国社会科学出版社 2006 年版。

冯友兰：《冯友兰自选集》，首都师范大学出版社 2008 年版。

冯友兰：《中国哲学简史》，新世界出版社 2004 年版。

冯友兰：《中国哲学史》（上、下），重庆出版集团 / 重庆出版社 2009 年版。

高令印：《简明中国哲学通史》，厦门大学出版社 2002 年版。

方光华：《中国古代本体思想史稿》，中国社会科学出版社

2005 年版。

龚鹏程：《唐代思潮》，商务印书馆 2007 年版。

顾颉刚：《汉代学术史略》，人民出版社 2008 年版。

郭沫若：《中国古代社会研究》（外二种），河北教育出版社 2004 年版。

韩星：《孔学述论》，陕西师范大学出版社 2008 年版。

（宋）范仲淹：《范仲淹全集》（上、中、下），四川大学出版社 2007 年版。

洪志刚主编：《梁启超经典文存》，上海大学出版社 2003 年版。

侯外庐主编：《中国思想史纲》，上海书店出版社 2004 年版。

侯文莉：《儒学与意识形态》，四川大学出版社 2011 年版。

胡适：《中国中古思想史长编》，华东师范大学出版社 1996 年版。

黄朴民：《何休评传》，南京大学出版社 1998 年版。

姜广辉主编：《中国经学思想史（共四卷）》，中国社会科学出版社 2003 年版。

蒋国宝主编：《多元价值审视下的中国哲学》，时代出版传媒股份有限公司 / 安徽人民出版社 2012 年版。

蒋庆：《公羊学引论》，辽宁教育出版社 1995 年版。

焦桂美：《南北朝经学史》，上海古籍出版社 2009 年版。

金景芳：《周易通解》，长春出版社 2007 年版。

晋文：《桑弘羊评传》，南京大学出版社 2005 年版。

（清）康有为、梁启超等著，董洪利、方鳞 选编：《孟子二十讲》，华夏出版社 2008 年版。

（清）康有为著，姜义华、张荣华编校：《新学伪经考》，中国人民大学出版社 2010 年版。

康中乾：《魏晋玄学》，人民出版社 2008 年版。

孔繁：《荀子评传》，南京大学出版社 1997 年版。

顾颉刚：《古史辨自序》，河北教育出版社 2003 年版。

李喜所、元青：《梁启超传》，人民出版社 1993 年版。

李学勤：《周易溯源》，巴蜀书社／四川出版集团 2006 年版。

李学勤、朱伯崑等著，廖名春选编：《周易二十讲》，华夏出版社 2008 年版。

李渊庭、阎秉华整理：《梁漱溟先生讲孔孟》，上海三联书店 2008 年版。

（明）李贽：《焚书 续焚书》，中华书局 2009 年版。

李泽厚：《新版中国古代思想史论》，天津社会科学出版社 2008 年版。

李中华主编：《中国人学思想史》，北京出版社 2005 年版。

［美］江文思（James Behuniak）、安乐哲（Roger T. Ames）编，梁溪译：《孟子心性之学》，社会科学文献出版社 2005 年版。

梁启超、郭沫若等著，廖名春选编：《荀子二十讲》，华夏出版社 2009 年版。

梁漱溟：《东西文化及其哲学》，上海世纪出版集团 2006 年版。

林存光：《历史上的孔子形象——政治与文化语境之下的孔子和儒学》，齐鲁书社 2004 年版。

刘成国：《荆公新学研究》，上海古籍出版社 2006 年版。

刘国民：《董仲舒的经学诠释及天的哲学》，中国社会科学院 2007 年版。

刘海峰、李兵：《中国科举史》，中国出版集团／东方出版中心 2004 年版。

刘梦溪主编，朱维铮编校：《康有为卷》，河北教育出版社 1996 年版。

刘元彦：《吕氏春秋：兼容并蓄的杂家》，生活·读书·新知三联书店 2008 年版。

龙建春：《阴阳家简史》，重庆出版集团／重庆出版社 2008 年版。

马洪林：《康有为评传》，南京大学出版社 1998 年版。

马勇：《旷世大儒——董仲舒》，河北人民出版社 2000 年版。

牟宗三撰，罗义俊编：《中国哲学的特质》，上海世纪出版集团 2008 年版。

牟宗三撰：《心体与性体》（上、中、下），上海古籍出版社 1999 年版。

欧阳哲生编：《胡适选集》，吉林人民出版社 2005 年版。

钱穆：《国学概论》，商务印书馆 1997 年版。

沈玉成、刘宁：《春秋左传学史稿》，江苏古籍出版社 1992 年版。

施丁、廉敏主编：《史记研究》（上、下），中国大百科全书出版社 2009 年版。

宋志明：《现代新儒学的走向》，北京师范大学出版社 2009 年版。

孙伟平：《价值哲学方法论》，中国社会科学出版社 2008 年版。

王长坤：《先秦儒家孝道研究》，四川出版社 / 巴蜀书社 2007 年版。

王国维：《观堂集林》（上、下），中华书局 1959 年版。

王国维，周锡山编校：《王国维集》（全四册），中国社会科学出版社 2008 年版。

王青：《扬雄评传》，南京大学出版社 2000 年版。

王水照、朱刚：《苏轼评传》，南京大学出版社 2004 年版。

王伟：《吕氏春秋思想新探》，天津古籍出版社 2011 年版。

王永祥：《董仲舒评传》，南京大学出版社 1995 年版。

魏文华编：《董仲舒珍闻》，中国青年出版社 2006 年版。

韦政通编：《中国思想史方法论文集选》，世纪出版社 / 上海人民出版社 2009 年版。

吾淳：《中国哲学的起源》，上海人民出版社 2010 年版。

吴德新：《法家简史》，重庆出版集团 / 重庆出版社 2008 年版。

吴前衡：《〈传〉前易学》，湖北长江出版集团/湖北人民出版社 2008 年版。

吴松庚：《贾谊》，岳麓书社 2008 年版。

武树臣、李立：《法家思想与法家精神》（修订版），中国广播电视出版社 2007 年版。

吴通福：《晚出〈古文尚书〉公案与清代学术》，上海古籍出版社 2007 年版。

向晋卫：《白虎通义思想的历史研究》，人民出版社 2007 年版。

萧萐夫、许苏民：《王夫之评传》，南京大学出版社 2002 年版。

［日］小野泽精一、福永光司、山井涌编，李庆译：《气的思想》，上海世纪出版社 2007 年版。

谢无量：《谢无量文集（第二卷）：中国哲学史》，中国人民大学出版社 2011 年版。

徐道勋、徐洪兴：《中国经学史》，世纪出版集团/上海人民出版社 2006 年版。

徐复观：《两汉思想史》（共三卷），华东师范大学出版社 2004 年版。

徐复观：《徐复观论经学史二种》，世纪出版集团/上海书店出版社 2006 年版。

徐复观：《中国思想史论集续篇》，上海书店出版社 2004 年版。

徐复观：《中国人性论史》，华东师范大学出版社 2005 年版。

徐兴无：《刘向评传》，南京大学出版社 2005 年版。

徐雪涛：《公羊学解经方法——从公羊传到董仲舒春秋学》，广东人民出版社 2006 年版。

许纪霖、宋宏编：《史华慈论中国》，新星出版社 2006 年版。

许苏民：《顾炎武评传》，南京大学出版社 2006 年版。

《李贽评传》，南京大学出版社 2006 年版。

薛明扬：《中国古代预言》，九州出版社 2008 年版。

严正：《五经哲学及其文化学的阐释》，齐鲁书社 2001 年版。

杨国荣：《善的历程——儒家价值体系研究》，华东师范大学出版社 2009 年版。

杨国荣：《实证主义与中国近代哲学》，华东师范大学出版社 2009 年版。

杨泽波：《孟子评传》，南京大学出版社 1998 年版。

叶自成、龙泉霖：《华夏主义——华夏体系 500 年的大智慧》，人民出版社 2013 年版。

于琨奇：《秦始皇评传》，南京大学出版社 2002 年版。

（唐）瞿昙悉达撰，常秉义点校：《开元占经》（上、下），中央编译出版社 2006 年版。

张大可：《司马迁评传》，南京大学出版社 1994 年版。

张岱年：《中国哲学史方法论发凡》，中华书局 2012 年版。

张岱年等：《国学今论》，辽宁教育出版社 1991 年版。

张岱年等著，苑淑娅编：《中国观念史》，中州古籍出版社 2005 年版。

张岱年主编：《中国哲学发展史》，人民出版社 1985 年版。

张立文：《朱熹评传》，南京大学出版社 1998 年版。

张其昀：《孔学今义》，北京大学出版社 2009 年版。

张实龙：《董仲舒学说内在理路探析》，浙江大学出版社 2007 年版。

张涛：《秦汉易学思想研究》，中华书局 2005 年版。

赵伯雄：《春秋学史》，山东教育出版社 2004 年版。

郑大华：《梁漱溟传》，人民出版社 2001 年版。

郑良树：《商鞅评传》，南京大学出版社 1998 年版。

钟肇鹏、周桂钿：《桓谭　王充评传》，南京大学出版社 1993 年版。

周桂钿主编：《中国传统政治哲学》，河北人民出版社 2007 年版。

周桂钿：《董学探微》，北京师范大学出版社 2008 年版。

周辅成：《论董仲舒思想》，上海人民出版社 1961 年版。

朱汉民、肖永明：《宋代〈四书〉学与理学》，中华书局 2009 年版。

朱维铮编校：《周予同经学史论》，上海人民出版社 2010 年版。

朱义禄：《儒家理想人格与中国文化》，复旦大学出版社 2006 年版。

III 中国历史

安作璋齐、熊铁基：《秦汉官制史稿》（第二版），齐鲁书社 2007 年版。

（东汉）班固撰：《汉书》，中州古籍出版社 1996 年版。

陈其泰：《史学与民族精神》，学苑出版社 1999 年版。

（晋）陈寿撰，（南朝宋）裴松之注：《三国志》，中华书局 2006 年版。

陈戌国撰：《春秋左传校注》（上、下），岳麓书社 2006 年版。

陈业新：《灾害与两汉社会研究》，上海人民出版社 2004 年版。

陈振：《宋史》，上海人民出版社 2003 年版。

邓广铭：《北宋政治改革家王安石》，中国出版集团 / 生活·读书·新知三联书店 2007 年版。

邓广铭：《邓广铭自选集》，首都师范大学出版社 2008 年版。

邓小南：《祖宗之法：北宋前期政治述略》，生活·读书·新知三联书店 2006 年版。

杜维运：《史学方法论》，北京大学出版社 2006 年版。

（南朝宋）范晔：《后汉书》，浙江古籍出版社 2000 年版。

冯天瑜：《"封建"考论》，武汉大学出版社 2006 年版。

傅斯年：《史学方法导论》，中国人民大学出版社 2009 年版。

（晋）葛洪撰，周天游校注：《西京杂记》，三秦出版社 2006 年版。

葛剑雄：《中国疆域的变迁》，上海锦绣文章出版社、上海故事会文化传媒有限公司 2007 年版。

［日］工藤元男著，［日］广濑薰雄、曹峰译：《睡虎地秦简所见秦代国家与社会》，上海古籍出版社 2010 年版。

（清）顾炎武：《日知录集释（全校本）》（上、中、下），黄汝成 集释，乐保群、吕宗力点校，上海古籍出版社 2006 年版。

郭沫若：《青铜时代》，中国人民大学出版社 2005 年版。

郭沫若：《奴隶制时代》，中国人民大学出版社 2005 年版。

侯外庐：《侯外庐史学论文选集》（上、下），人民出版社 1987 年版。

侯外庐：《中国古代社会史论》，河北教育出版社 2000 年版。

胡厚宣、胡振宇：《殷商史》，上海人民出版社 2003 年版。

姜鹏：《汉武帝的三张面孔》，华东师范大学出版社 2012 年版。

金铁木：《帝国军团——秦军秘史》，中华书局 2004 年版。

景爱：《中国长城史》，上海人民出版社 2006 年版。

李昌宪：《司马光评传》，南京大学出版社 1998 年版。

李华瑞：《宋史论集》，河北大学出版社 2001 年版。

（宋）李焘撰：《续资治通鉴长编》，中华书局 2004 年版。

李雪慧等编：《中国皇帝全传》，中国华侨出版社 2008 年版。

梁启超：《中国历史研究法》，凤凰出版传媒集团、江苏文艺出版社 2008 年版。

林干等：《塞北文化》，内蒙古教育出版社 2003 年版。

林剑鸣：《秦汉史》，上海人民出版社 2003 年版。

林晓平：《先秦诸子与史学》，中国社会科学出版社 2009 年版。

（西汉）刘向编集：《战国策》，齐鲁书社 2005 年版。

刘志琴：《张居正评传》，南京大学出版社 2006 年版。

蒙曼：《武则天》，广西师范大学出版社 2011 年版。

施丁、廉敏主编：《史记研究》（上、下），中国大百科全书出版社 2009 年版。

（宋）司马光编：《资治通鉴》（全四册），中华书局 2007 年版。

（西汉）司马迁：《史记》，浙江古籍出版社 2000 年版。

（清）孙楷：《秦会要》，世纪出版集团和上海古籍出版社 2004 年版。

田广金、郭素新：《北方文化与匈奴文明》，江苏教育出版社 2005 年版。

（元）脱脱等撰：《宋史》，中华书局 1985 年版。

王国维著，周锡山编校：《王国维集》（全四册），中国社会科学出版社 2008 年版。

王国维：《观堂集林》（上、下），中华书局 1959 年版。

（清）王夫之：《读通鉴论》（全三册），中华书局 1975 年版。

（清）王夫之：《宋论》，中华书局 1964 年版。

王晖：《商周文化比较研究》，人民出版社 2000 年版。

王艳辉：《张家山汉简〈二年律令〉与汉代社会研究》，中华书局 2010 年版。

（宋）王应麟：《汉制考 汉艺文志考证》，中华书局 2011 年版。

（宋）王应麟：《困学纪闻》，辽宁教育出版社 1998 年版。

王永建：《全祖望评传》（上、下），南京大学出版社 2011 年版。

王仲荦：《魏晋南北朝史》，上海人民出版社 2003 年版。

（唐）魏征等撰：《隋书》，中华书局 1973 年版。

吴晗：《朱元璋传》，北方文艺出版社 2009 年版。

（宋）徐天麟撰：《西汉会要》，上海世纪出版股份有限公司 / 上海古籍出版社 2006 年版。

余英时：《士与中国文化》，上海人民出版社 2003 年版。

（宋）章樵纂：《古文苑》，中国书店出版社 2012 年版。

张金光：《秦制研究》，上海古籍出版社 2004 年版。

张希清等主编：《澶渊之盟新论》，上海人民出版社 2007 年版。

张正明：《秦与楚》，华中师范大学出版社 2007 年版。

周锡山：《汉匈四千年之战》，上海画报出版社 2004 年版。

庄春波：《汉武帝评传》，南京大学出版社 2001 年版。

IV 中国经济史

赵德馨主编：《中国经济通史》（共十二册），湖南人民出版社 2002 年版。

V 考古学和简帛学

丁四新主编：《楚地简帛思想研究（三）——"新出楚简国际学术研讨会"论文集》，湖北长江出版集团 / 湖北教育出版社 2007 年版。

《楚竹书与汉帛书周易校注》，上海古籍出版社 2011 年版。

冯时：《中国天文考古学》，中国社会科学出版社 2007 年版。

何介钧：《马王堆汉墓》，文物出版社 2004 年版。

李零：《郭店楚简校读记（增订本）》，中国人民大学出版社 2007 年版。

Li Xueqin: Chinese Bronzes: A General Introduction，Foreign Languages Press 2007.

VI. 文字学、训诂学和目录学

陈祖武、朱彤窗：《乾嘉学派研究》，河北人民出版社2007年版。

高明：《中国古文字学通论》，北京大学出版社1996年版。

胡奇光：《中国小学史》，上海人民出版社2005年版。

梁启超：《清代学者整理旧学之总成绩》，商务印书馆1997年版。

戚志芬：《中国的类书、政书和丛书》，商务印书馆1991年版。

唐兰撰：《中国文字学》，上海古籍出版社2005年版。

余嘉锡：《目录学发微》，中国人民大学出版社2004年版。

（清）章学诚撰，王重民通解：《校雠通义通解》，世纪出版集团/上海古籍出版社2009年版。

VII 宗教与古代神话著作

丁山：《古代神话与民族》，商务印书馆2005年版。

丁山：《中国古代宗教与神话考》，上海文艺出版社1988年版。

李国荣：《帝王与佛教》，团结出版社2008年版。

VIII 工具书

古衍奎编：《汉字源流字典》，语文出版社2008年版。

谭其骧主编：《简明中国历史地图集》，中国地图出版社1991年版。

夏征农主编：《大辞海（哲学卷）》，上海辞书出版社2003年版。

（汉）许慎撰，（清）段玉裁注，许惟贤整理：《说文解字注》，凤凰出版传媒集团、凤凰出版社 2007 年版。

《中国历史大辞典》（上、中、下）（音序本），上海辞书出版社 2007 年版。